Die Kostenkonzeption des Bundes-Bodenschutzgesetzes
unter besonderer Berücksichtigung der Altlastenthematik

Europäische Hochschulschriften
Publications Universitaires Européennes
European University Studies

Reihe II
Rechtswissenschaft

Série II Series II
Droit
Law

Bd./Vol. 3646

PETER LANG
Frankfurt am Main · Berlin · Bern · Bruxelles · New York · Oxford · Wien

Eike Albrecht

Die Kostenkonzeption des Bundes-Bodenschutzgesetzes unter besonderer Berücksichtigung der Altlastenthematik

PETER LANG
Europäischer Verlag der Wissenschaften

Bibliografische Information Der Deutschen Bibliothek
Die Deutsche Bibliothek verzeichnet diese Publikation in der Deutschen Nationalbibliografie; detaillierte bibliografische Daten sind im Internet über <http://dnb.ddb.de> abrufbar.

Zugl.: Leipzig, Univ., Diss., 2002

15
ISSN 0531-7312
ISBN 3-631-39679-1

www.peterlang.de

Für Bruno und Zoe

Vorwort

Die vorliegende Arbeit wurde im Winter-Semester 2001/2002 von der Juristenfakultät der Universität Leipzig als Dissertation angenommen. Schrifttum und Rechtsprechung wurden noch bis Ende 2002 berücksichtigt.

Mein besonderer Dank gilt Herrn Prof. Dr. Martin Oldiges, der die Arbeit betreut und das Erstgutachten erstellt hat, für die überaus zügige Durchführung des Promotionsverfahrens nach Einreichung der Arbeit. Herrn Prof. Dr. Christoph Degenhart danke ich sehr für die Bereitschaft, das Zweitgutachten zu erstellen. Mein ganz besonderer Dank gilt Herrn Prof. Dr. Lothar Knopp, der als Spiritus rector die thematische Anregung für die Arbeit gegeben hat und das Drittgutachten erstellt hat. Er stand mir darüber hinaus nicht nur jederzeit und uneingeschränkt mit Rat und Tat zur Seite, sondern hat den Fortgang der Arbeit kritisch begleitet und durch vielfältige Anregungen sehr gefördert.

Außerdem möchte ich mich ganz herzlich bei meinen Eltern für ihre unbedingte Unterstützung, insbesondere bei meinem Vater für zahlreiche Recherchen, Diskussionen und die kritische Durchsicht bedanken, sowie bei meiner Frau Tanja für die Übernahme der Korrekturarbeiten und für ihre Geduld.

Cottbus, 13. Januar 2003 Eike Albrecht

Inhaltsverzeichnis:

Die Kostenkonzeption des Bundes-Bodenschutzgesetzes unter besonderer Berücksichtigung der Altlastenthematik

Vorbemerkung

Altlast bedeutet Kostenlast. Diese Aussage hat nichts von ihrer Bedeutung verloren. Jeder, der von der Behörde zur Sanierung von Bodenkontaminationen herangezogen wird, muss mit erheblichen finanziellen Belastungen rechnen. Dies betrifft jedoch nach den Regelungen des Ordnungsrechts in Bund und Ländern nicht nur den Verursacher, der mit einer kostenpflichtigen Inanspruchnahme möglicherweise noch rechnet, sondern auch häufig unbeteiligter Dritte. Dies ist beispielsweise dann der Fall, wenn ehemalige Industrie- oder Deponiegrundstücke mit Wohngebäuden überbaut werden oder Privatgrundstücke durch unerlaubte Abfallbeseitigung oder sonstige Ursachen von Seiten Dritter derart kontaminiert werden, dass eine Sanierung aus Gründen der Gefahrenabwehr erforderlich ist. In diesen Fällen muss der an der Verunreinigung schuldlose Eigentümer damit rechnen, von der Behörde kostenpflichtig zur Sanierung herangezogen zu werden, insbesondere dann, wenn die Ermittlung des Verursachers auf Schwierigkeiten stößt. Solche Fallgestaltungen bergen ein nicht unerhebliches Ungerechtigkeitspotential.

Solche Fallgestaltungen lassen sich auch nicht über ein Einschreiten der öffentlichen Hand in angemessener Weise lösen. Zum einen ist es in den meisten Fällen nicht möglich, eine Sachverantwortlichkeit der Allgemeinheit für die zu beseitigenden Kontaminationen zu begründen. Dies mag in Fallgestaltungen, in denen die Verunreinigungen Folge von Verhaltensweisen sind, die durch bzw. für die Allgemeinheit vorgenommen wurden oder von denen die Allgemeinheit zumindest profitierte, noch begründbar sein. Mit diesem Argument könnte man zwar für (Ur-)Altlasten aus der Rüstungsproduktion und aus der Zeit des industriellen (Wieder-)Aufbaus oder für von der Allgemeinheit verursachte Summationsschäden eine gesellschaftliche Gesamtverantwortlichkeit rechtfertigen. In den meisten Fallgestaltungen hat die Allgemeinheit mit den entsprechenden Kontaminationen jedoch nichts zu tun, weshalb insbesondere angesichts des bekannten Zustands der öffentlichen Haushalte kaum begründet werden kann, weshalb sie nennenswerte finanzielle Beiträge zur Finanzierung von Sanierungsmaßnahmen leisten sollen.

In diese Problematik hinein ist nun am 1. März 1999 das neue Bundes-Bodenschutzgesetz in Kraft getreten, welches die bestehenden Regelungen in den Bundesländern zum Komplex der Bodensanierungen abgelöst hat. Mit dem Bundes-Bodenschutzgesetz werden weitreichende Hoffnungen dahin verknüpft, nunmehr ein bundeseinheitliches und effektives Instrumentarium zu haben, mit dem die Problematik der Bodenschädigungen und der Altlasten gelöst werden kann.

Das Bundes-Bodenschutzgesetz ist kein völlig neues Gesetz, sondern in weiten Teilen eine Fortentwicklung und Zusammenfassung der bisherigen Rechtslage in den Bundesländern. Aber auch nach Inkrafttreten des Bundes-Bodenschutzgesetzes ist primäres Problem bei Bodenverunreinigungen die Klärung der Kostentragungslast.

Welche Ansätze zur Lösung des Finanzierungsproblems staatlicherseits im Hinblick auf die Beseitigung von Bodenkontaminationen verfolgt wurden, wird in Kapitel 1 der vorliegenden Arbeit dargestellt. Aber nicht nur die öffentliche Hand wird bei der Lösung der Finanzierungsfrage bei Bodenverunreinigungen gefordert, sondern auch der von einer Altlast betroffene Grundstückseigentümer. Bodenkontaminationen bedeuten für den betroffenen Grundeigentümer ein erhebliches Risiko. Zum einen droht die behördliche Inanspruchnahme, zum anderen sind etwaig geplante Nutzungen für das Grundstück wegen der Verunreinigungen nicht mehr oder nur noch eingeschränkt möglich. Für ihn stellt sich, unabhängig davon, ob es sich um einen Investor handelt, der ein Entwicklungsvorhaben zur Wiedernutzung einer Brachfläche betreibt, oder ob es sich um einen Privaten handelt, dessen Grundeigentum verunreinigt ist, die Bodenkontamination vor allem als Investitionsproblem dar. Ob sich eine Investition in ein solches Grundstück lohnt oder nicht, ist eine Frage, die erst dann entschieden werden kann, wenn die Nutzen- und die Kostenfaktoren bekannt sind und gegeneinander abgewogen wurden.

In Kapitel 2 werden die bisherigen Regelungen in dem für Bodenkontaminationen einschlägigem Bundesrecht sowie die Rechtslage der Bundesländer dargestellt, vor allem unter Berücksichtigung der kostenrelevanten Regelungen der Verantwortlichkeit sowie der bestehenden Kostenausgleichsregelungen, soweit in den Ländern hierzu Vorschriften existierten.

In Kapitel 3 schließlich wird das Bundes-Bodenschutzgesetz behandelt. Da das Altlastenproblem vor allem ein Finanzierungsproblem ist, stehen die Regelungen des Bundes-Bodenschutzgesetzes, in denen eine Kostenverteilung vorgenommen wird, im Mittelpunkt der Bearbeitung. Dabei erstreckt sich die Kostenkonzeption des Bundes-Bodenschutzgesetzes nicht nur auf den Bereich der sekundären Kostenerstattungs- und Ausgleichsregelungen. Vielmehr hat wegen des weiterhin geltenden verwaltungsrechtlichen Grundsatzes, nach dem der ordnungsrechtlich Verantwortliche auch kostenpflichtig ist, maßgeblichen Einfluss auf die Verteilung der Kostenlasten. Im Bereich der primären Verantwortlichkeit gibt es im Regelfall drei Gruppen von möglichen Verantwortlichen bzw. Kostenpflichtigen für Sanierungsfinanzierungen, nämlich einen oder mehrere Verursacher, ein oder mehrere Zustandsverantwortliche sowie die öffentliche Hand. Damit stellt sich die Frage, wer von diesen und in welchem Umfang bei Weitergeltung bisheriger ordnungsrechtlicher Grundsätze wie Effektivität der Gefahrenabwehr und des Verhältnismäßigkeitsgrundsatzes für Sanierungsmaßnahmen kostenpflichtig herangezogen werden kann.

Mit dieser Arbeit soll untersucht werden, auf welche Weise der Gesetzgeber durch das Bundes-Bodenschutzgesetz versucht hat, auf der einen Seite die bisher festgestellten Gerechtigkeitslücken zu schließen und auf der anderen Seite für einen umfassenden Katalog von potentiell zur Sanierung Verpflichteten zu sorgen, mit dem der Staat von Sanierungskosten entlastet werden kann. Außerdem wird der Anwendungsbereich der Haftungserweiterungen des Bundes-Bodenschutzgesetzes im Vergleich zum bisherigen Recht untersucht. Dabei ergeben sich bei näherer Betrachtung der im Bundes-Bodenschutzgesetz vorgenommenen Haftungserweiterungen verschiedene Probleme, die in der bisher erschienenen Literatur und auch in der Rechtsprechung nur zum Teil vertieft behandelt und gelöst wurden. In die Diskussion über das neue Bundes-Bodenschutzgesetz hinein ist das wegweisende Urteil des Bundesverfassungsgerichts zur Frage der Begrenzung der Zustandsverantwortlichkeit ergangen. Dieses wird erhebliche Auswirkungen auf die bodenschutzrechtliche Entwicklung haben, auch wenn die tatsächlichen Auswirkungen auf die Rechts- und Verwaltungspraxis sich noch nicht vollständig absehen lassen.

Die Neuerungen des Bundes-Bodenschutzgesetzes werden zudem Auswirkungen auf zivilrechtliche Fallgestaltungen haben, insbesondere im Hinblick auf Grundstückskaufverträge und auf Miet- bzw. Pachtverträge. Diesem für die Praxis wichtigem Thema ist ein weiterer Abschnitt gewidmet.

Zuletzt wird das virulente Problem der Sanierungsfinanzierung bei Sanierungen durch die öffentliche Hand angesprochen, das schon mehrfach Thema in der juristischen und politischen Diskussion war. Bisherige Bemühungen, zusätzliche Mittel für die öffentliche Hand zu erschließen, sind in Kapitel 1, die aktuelle Diskussion im Zusammenhang mit dem Inkrafttreten des Bundes-Bodenschutzgesetzes am Ende des Kapitels 3 dargestellt.

Kapitel 1: Kostensituation bei Bodenverunreinigungen und Altlasten

A. Bodenverunreinigungen und Altlasten in der Bundesrepublik Deutschland

In der Bundesrepublik sind gegenwärtig ca. 362.700 Altlastverdachtsflächen erfasst, wovon etwa 111.300 in den neuen Bundesländern liegen[1]. Je nach Wahl des Sanierungsverfahrens liegen die für eine Sanierung sämtlicher Altlastverdachtsflächen geschätzten Kosten zwischen 184 Mrd. und 925 Mrd. DM für die alten Bundesländer und zwischen 75 Mrd. und 113 Mrd. DM für das Gebiet der ehemaligen DDR[2]. Die Ausgaben für Sanierungs- und Sicherungsmaßnahmen werden jedoch volkswirtschaftlich als sinnvoll eingeschätzt[3].

Zu diesen Kosten sind noch die Kosten für sonstige Maßnahmen im Bereich von Bodenverunreinigungen und Bodenschädigungen zu zählen, die in dieser Bearbeitung jedoch unberücksichtigt bleiben sollen[4].

Da insbesondere in den neuen Bundesländern die Sanierungskosten aus verschiedenen Gründen[5] – Auflösung von staatseigenen Betrieben oder Übergang auf die Treuhandanstalt[6], keine Rückwirkung von westdeutschen Umweltrechtsstandards[7]

---

1 Inklusive Berlin; Zusammenstellung des UBA von Oktober 2000 auf der Grundlage von Angaben aus den Bundesländern, abgedruckt in: altlasten spektrum 2001, 51.

2 Knopp/Albrecht, Altlastenrecht in der Praxis, 2. Aufl. 1998, Rn. 15 m.w.N.

3 Venhorst, EntsorgungsPraxis (1 – 2) 1991, 19.

4 So wird alleine der volkswirtschaftliche Schaden durch Nutzungsbeschränkungen und Aufgabe landwirtschaftlicher Flächen durch Bodenkontaminationen auf 38 – 83 Mio. DM pro Jahr geschätzt; vgl. Hübler/Schablitzki, Volkswirtschaftliche Verluste durch Bodenbelastung in der Bundesrepublik Deutschland, 1991, S. 197. Für konkrete Maßnahmen gegen Bodenschädigungen im Bereich der Forstwirtschaft wurden in der Bundesrepublik Deutschland im Verlauf der letzten Dekade jährlich zwischen 27,6 Mio. DM (1998) und 82,1 Mio. DM (1991) ausgegeben; vgl. Bundesministerium für Verbraucherschutz, Ernährung und Landwirtschaft (Hrsg.), Bericht über den Zustand des Waldes 2000, 2001, S. 56. Siehe auch BVerfG, NJW 1998, 3264 (3266), das von 66 Mio. DM an Bundesmitteln für 1988 spricht. Dazu kommen noch mittelbare Auswirkungen, wie Ausgaben für entsprechende Forschungsprojekte oder auch Steuermindereinnahmen wegen der Möglichkeit für betroffenen Waldbesitzer gem. § 34b Abs. 1 Nr. 2 EStG bei sog. Kalamitätsnutzungen durch neuartige Waldschäden einen ermäßigten Steuersatz geltend machen zu können; Seeger, in: Schmidt, EStG, 21. Aufl. 2002, § 34b Rn. 11.

5 Vgl. hierzu auch unten unter Kap. 1 B III 1.

6 Jetzt: Bundesanstalt für vereinigungsbedingte Sonderaufgaben (BvS), mit der Folge, dass die Treuhandanstalt als Eigentümerin von verunreinigten Betriebsgrundstücken oder als Verfügungsberechtigte Zustandsverantwortliche ist; vgl. zu dieser Thematik ausf. Dombert, BB 1992, 1579 ff.; Enders, DVBl. 1993, 82 (90). Auch in Fällen des § 11 Abs. 2 TreuhandG (Gesetz zur Privatisierung und Reorganisation des volkseigenen Vermögens –TreuhandG) v. 17. 6. 1990 (GBl. I DDR), S. 300, geänd. durch G v. 22. 3. 1991 (BGBl. I, S. 766), in denen die Treuhandanstalt nicht selbst, sondern selbständige Treuhandunternehmen Eigentümer sind, wird im Widerspruch zur Treuhandargumentation (vgl. hierzu die von der Treuhandanstalt vertretenen Thesen zu *„Haftungsfragen der Treuhandanstalt“* vom Januar 1992, abgedruckt in ZIP 1992, 446 ff.) eine (Durchgriffs-) Haftung der Treuhand angenommen; vgl. Dombert, BB 1992, 1579 (1582 f.); Timm/Schöne, ZIP 1992, 969 (976); Weimar/Bartscher, ZIP 1991, 69 (72 ff.); einschränkend Rehbinder, DVBl. 1991, 421 (427); a.A. Enders, DVBl. 1993, 82 (88).

auf dem Gebiet der neuen Länder, Schaffung bestimmter gesetzlicher Ausnahmetatbestände[8] – häufig nicht auf einen kostenpflichtigen Privaten abgewälzt werden können, stellt sich das Problem verunreinigter Flächen vor allem auch als Finanzierungsproblem für die öffentliche Hand dar. Aber auch private Sanierungspflichtige stehen zum Teil vor erheblichen kontaminationsbedingten finanziellen Belastungen.

B. Finanzierung von Sanierungsmaßnahmen

Eine unbegrenzte Finanzierung von Maßnahmen zur Sanierung des Bodens und/oder des Grundwassers durch private Investoren oder die Inanspruchnahme von Sanierungspflichtigen[9] ist faktisch oder rechtlich nicht möglich, weshalb zunehmend die öffentliche Hand verpflichtet ist, solche Maßnahmen selbst durchzuführen[10].

Im Bereich der Finanzierung durch die öffentliche Hand ist zu unterscheiden zwischen der Finanzierung durch den Bund und der Finanzierung durch einzelne Länder. Auch wenn grundsätzlich die Länder originär für die Finanzierung von Bodensanierungen zuständig sind[11], so gibt es doch einige Bereiche, in denen sich auch der Bund kostenmäßig beteiligt.

I. Überblick über die Finanzierungsmaßnahmen des Bundes

Zum einen sind die gezielte und unmittelbare Finanzierung für die Sanierung von Bodenkontaminationen durch den Bund aus dem Bereich des Bund-Länder-Abkommens zur Altlastenfinanzierung[12] zu nennen sowie die Sanierungsfinanzierung im Bereich der militärischen Altlasten[13]. In beiden Fällen stellt der Bund in beträchtlichem Umfang Mittel zur Altlastensanierung bereit. Weiterhin ist der Bund bei eigener Verhaltens- oder Zustandsverantwortlichkeit sanierungspflichtig[14].

Zum anderen gibt es die Fälle, in denen der Bund sich an der Beseitigung von Bodenkontaminationen mittelbar finanziell beteiligt, wie z.B. im Bereich der Technolo-

---

7 Vgl. hierzu SRU, Altlasten II, 1995, Tz. 274, 279 ff. Damit konnten Verantwortlichkeiten nach der Wiedervereinigung im Wesentlichen (nur) auf Vorschriften des allgemeinen Polizei- und Ordnungsrechts gestützt werden; vgl. hierzu unten unter Kap. 2 B IV 2. b) (4).

8 Der Eigentümer eines Grundstücks, der vor dem 1. 7. 1990 keine Verfügungsgewalt über sein Eigentum hatte, kann in Sachsen eine Haftungsfreistellung nach § 8 SächsABG (Sächsisches Abfallwirtschafts- und Bodenschutzgesetz in der Fassung der Bekanntmachung v. 31. 5. 1999; SächsGVBl., S. 261), der Nachfolgeregelung des bekannten § 10 Abs. 6 SächsEGAB (Erstes Gesetz zur Abfallwirtschaft und zum Bodenschutz im Freistaat Sachsen v. 12. 8. 1991 (GVBl., S. 306), beantragen oder war gem. § 20 Abs. 1 S. 1 Nr. 5 ThürAbfAG für Verunreinigungen nicht verantwortlich; siehe hierzu unten unter Kap. 1 B III 2. n) und Kap 2 B III 2. b) (1) (b); vgl. auch SRU, Altlasten II, 1995, Tz. 301.

9 Vgl. hierzu unter Kap. 3 D I.

10 Hübler/Schablitzki, Volkswirtschaftliche Verluste durch Bodenbelastung in der Bundesrepublik Deutschland, 1991, S. 140.

11 Die Finanzierungsverpflichtung folgt gemäß Art. 104a GG der grundgesetzlichen Aufgabenzuweisung; Maunz, in: Maunz/Dürig, GG, Losebl., Stand Juni 2002, Art. 104a Rn. 10; siehe in Bezug auf Altlastensanierungen auch Brandt, Altlastenrecht, 1993, S. 60; Heilmann, LKV 1994, 305 (308 f.).

12 Siehe dazu ausf. unter Kap. 1 B II 1. sowie unter Kap. 3 E II 2.

13 Siehe hierzu unten unter Kap. 1 B II 2.

14 Heilmann, LKV 1994, 305 (309); vgl. auch BVerwG, NVwZ 1999, 421 zu Kontaminationen auf Fernstraßenparkplatz.

gie- und Städtebauförderung und der Förderung der Infrastruktur oder durch Strukturhilfemittel[15]. Diese Finanzierungsansätze auf Bundesebene haben aber gemeinsam, dass sie nicht primär für die Sanierung von Altlasten gedacht sind. Andernfalls würde gegen entsprechende verfassungsrechtliche Vorgaben der Art. 30, Art. 83, Art. 91a, Art. 104a GG[16] verstoßen werden, nach denen den Bundesländern die verfassungsrechtliche Kompetenz und Verpflichtung für derartige Auf- und Ausgaben zugewiesen sind[17]. Derart finanzierte Sanierungsmaßnahmen werden vielmehr nebenbei zur Erreichung weitergehender Ziele durchgeführt. Daher wird auch in Zukunft die Finanzierung der systematischen Sanierung der bundesdeutschen Altlasten hauptsächlich von den Ländern getragen werden.

II. Einzelne Finanzierungsmaßnahmen des Bundes

Eine vollständige oder teilweise Sanierungsfinanzierung durch den Bund erfolgt in folgenden Bereichen:

1. Freistellung nach dem URG/Verwaltungsabkommen

Der Bund beteiligt sich im Bereich des Bund-Länder-Abkommens zur Altlastenfinanzierung vom 1. Dezember 1992[18] an den Kosten für bestimmte Sanierungsmaßnahmen[19]. Dieses Abkommen kommt dann zur Anwendung, wenn einem Investor, der einen ehemaligen DDR-Betrieb von der Treuhandanstalt bzw. von der Bundesanstalt für vereinigtes Sondervermögen (BvS) übernommen hat, eine Freistellung nach Art. 1 § 4 Abs. 3 URG[20], der so genannten Altlastenfreistellungsklausel[21], erteilt wurde.

Erklärter Zweck der Freistellungsregelung war es, Investitionsentscheidungen zu erleichtern, indem man das kaum vorhersehbare Altlastenrisiko auf die öffentliche Hand verlagerte[22]. Jedoch befürchteten die zuständigen Länder großflächige Verunreinigungen[23] und damit unkalkulierbare Haushaltsrisiken durch eine große Zahl an

---

15 Siehe hierzu unten unter Kap. 1 B II 3. – 5.

16 Grundgesetz für die Bundesrepublik Deutschland v. 23. 5. 1949, zuletzt geänd. durch G v. 26. 11. 2001 (BGBl. I, S. 3219).

17 Maunz, in: Maunz/Dürig, GG, Losebl., Stand Juni 2002, Art. 104a Rn. 12; VGH München, BayVBl. 1997, 660 (661); vgl. auch Kühl, Strategien zur Finanzierung der Altlastensanierung, 1994, S. 124 f.

18 Verwaltungsabkommen über die Regelung der Finanzierung der ökologischen Altlasten v. 1. 12. 1992 (BAnz. 1993, S. 2842), geänd. durch Verwaltungsabkommen v. 10. 1. 1995 (BAnz, S. 7905); vgl. auch bzgl. Braunkohlesanierungen das Ergänzende Verwaltungsabkommen über die Regelung der Finanzierung der ökologischen Altlasten in der Fassung v. 10. 1. 1995 über die Finanzierung der Braunkohlesanierung in den Jahren 1998 – 2002 (VA Braunkohlesanierung) v. 18. 7. 1997.

19 Ausf. hierzu: Eisenbarth, in: Franzius/Bachmann (Hrsg.), Sanierung kontaminierter Standorte und Bodenschutz 1996, 1996, S. 305 (310 ff.).

20 Umweltrahmengesetz (URG) v. 29. 6. 1990 (GBl. DDR, S. 649), zuletzt geänd. durch Art. 12 des Gesetzes v. 22. 3. 1991 (BGBl. I, S. 766).

21 Siehe hierzu unten unter Kap 2 C.

22 SRU, Altlasten II, 1995, Tz. 300; Michael/Thull, BB-Beilage 30 zu Heft 24/1990, 1 (4); vgl. auch Versteyl, in: Kunig/Paetow/Versteyl, KrW-/AbfG, 1998, Einl. Rn. 47.

23 Obwohl zahlreiche spektakuläre Fälle bekannt wurden, sind die neuen Länder nicht die befürchtete ökologische Erblast bisher ungekannten Ausmaßes; vgl. SRU, Altlasten II, 1995, Tz. 3, 228 und 248.

Anträgen auf Freistellung[24]. Um zu verhindern, dass deshalb Freistellungen nur in geringem Umfang erteilt würden, entschlossen sich der Bund und die betroffenen Länder, über das Altlastenfinanzierungsabkommen eine Kostenteilung vorzunehmen[25]. Nach diesem Abkommen zahlt der Bund bei bestimmten Bodenverunreinigungen[26] 60% und das jeweils betroffene Land 40% der anfallenden Kosten[27]. Bei Großprojekten und bei der Braunkohlesanierung steigt der Bundesanteil auf 75%[28].

2. Sanierung militärischer Altlasten

in weiterer Bereich, in dem der Bund selbst Altlasten saniert, ist die Sanierung von aufgegebenen oder noch genutzten militärischen Liegenschaften[29], so z.B. die Sanierung von Bundeswehr- oder NVA-Liegenschaften[30], aber auch die Sanierung von Liegenschaften der Gast- bzw. Besatzungsstreitkräfte, wie der amerikanischen, britischen, kanadischen, französischen und sowjetischen Armee[31]. Von den Besatzungsstreitkräften verursachte Altlasten sind nach deren Abzug vom Bund zu sanieren[32]. Hierfür hat die Bundeswehr ein Altlastenprogramm entwickelt. Damit werden in den alten Bundesländern seit 1989 systematisch Altlastverdachtsflächen auf Bundeswehr- und NATO-Liegenschaften ermittelt[33]. Ab 1990 wurde die Erfassung auf die neuen Bundesländer ausgedehnt[34]. 1994 waren in den alten Bundesländern von insgesamt 1.355 Altlastverdachtsflächen schon 1.154[35], in den neuen Bundesländern von 1.900 Altlastverdachtsflächen immerhin 553 in Bearbeitung[36].

---

24 SRU, Altlasten II, 1995, Tz. 326.

25 SRU, Altlasten II, 1995, Tz. 326.

26 Der Begriff „*Altlast*" wird in der Freistellungsklausel nicht verwendet und erfasst z.B. auch Grundstücke von noch laufenden Betrieben; vgl. hierzu unten unter Kap. 2 C I.

27 SRU, Altlasten II, 1995, Tz. 326.

28 Zum Ganzen Eisenbarth, in: Franzius/Bachmann (Hrsg.), Sanierung kontaminierter Standorte und Bodenschutz 1996, S. 305; SRU, Altlasten II, 1995, Tz. 326; Gottschalck, BB 1997, 845 (849 f.).

29 Zu Fragen der Begriffsdefinitionen in diesem Zusammenhang vgl. SRU, Altlasten II, 1995, Tz. 332 ff. Der hier verwendete Begriff „*militärische Altlasten*" folgt der vom Umweltrat vorgeschlagenen Definition als Oberbegriff für „*Altstandorte der Militärproduktion*" und „*Altstandorte des Militärbetriebs*"; vgl. SRU, Altlasten II, 1995, Tz. 336 f.; bei nicht bundeseigenen Grundstücken erstattet der Bund den zuständigen Ländern die Sanierungskosten; vgl. Hübler/Schablitzki, Volkswirtschaftliche Verluste durch Bodenbelastung in der Bundesrepublik Deutschland, 1991, S. 145.

30 Antwort des Verteidigungsministeriums auf eine entsprechende Anfrage des Verfassers; vgl. auch Brandt, Altlastenrecht, 1993, S. S. 209; SRU, Altlasten II, 1995, Tz. 402; BT-Drs. 10/6972, S. 32.

31 Vgl. die umfassende Darstellung in SRU, Altlasten II, 1995, Tz. 407 ff. für Westdeutschland, Tz. 412 f. für Ostdeutschland und Tz. 414 für Berlin, jew. m.w.N.

32 Brandt, Altlastenrecht, 1993, S. 213; die Kosten hingegen sollen zu Lasten der ausländischen Streitkräfte gehen; vgl. BT-Drs. 11/6972, S. 32.

33 SRU, Altlasten II, 1995, Tz. 345.

34 SRU, Altlasten II, 1995, Tz. 345.

35 Davon befanden sich 968 (= 84%) im Stadium der Erfassung und Erstbewertung, 165 (= 14%) im Stadium der Untersuchungs- und Gefährdungsabschätzung und 21 (= 2%) im Stadium von Sanierungs- und Sofortmaßnahmen; vgl. SRU, Altlasten II, 1995, Tz. 345 sowie Tabelle 3.4 und 3.5.

36 Davon befanden sich 396 (= 72%) im Stadium der Erfassung und Erstbewertung, 133 (= 24%) im Stadium der Untersuchungs- und Gefährdungsabschätzung und 24 (= 4%) im Stadium von

In den Fällen, in denen Altlasten durch die NVA oder die Bundeswehr verursacht wurden, steht der Bund als Verursacher[37] bzw. im Falle der NVA als deren Rechtsnachfolger[38] in der Kostenverantwortung. In den Fällen der Stilllegung von militärischen Liegenschaften der Gaststreitkräfte kommt eine Verantwortlichkeit des Bundes als Eigentümer in Betracht, da das Eigentum an diesen Liegenschaften nach Beendigung der militärischen Nutzung regelmäßig dem Bund zufällt[39]. Außerdem lässt sich eine Kostenverpflichtung des Bundes für diese Kosten, ebenso wie für Altstandorte der Militärproduktion[40], aus Art. 120 GG begründen, soweit es sich um so genannte Kriegsfolgelasten handelt, die ihre (alleinige) Ursache im Zweiten Weltkrieg haben[41]. Weiterhin ist der Bund für die von den in öffentlich-rechtlicher Organisationsform betriebenen Munitionsanstalten (so genannte MUNAS) und für die von den Betreibergesellschaften für Kampfstofffabriken (Montan, heute IVG-AG) verursachten Bodenkontaminationen verantwortlich[42].

In der Praxis führt die Durchführung der Sanierung von militärisch verursachten Bodenkontaminationen jedoch zu erheblichen Schwierigkeiten, insbesondere bei Bodenverunreinigungen mit hohem Gefährdungspotenzial. Weil der Bereich hoheitlicher Tätigkeit berührt ist, können die Länder den Bund nicht zur Sanierung kontaminierter militärischer Liegenschaften verpflichten[43]. Deshalb bleibt der polizeiwidrige Zustand trotz der Bindung der (Bundes-)Exekutive an Gesetz und Recht nach Art. 20 Abs. 3 GG bestehen[44], solange der Bund nicht aus eigenem Antrieb saniert.

3. Technologieförderung

Im Rahmen der Technologieförderung stellt der Bund über das Bundesforschungsministerium in nicht unerheblichem Umfang Gelder für die Erforschung und Entwicklung neuer Technologien zur Erfassung, Untersuchung, Bewertung, Sicherung und Sanierung von Bodenkontaminationen zur Verfügung[45]. Dies betrifft insbesondere

---

Sanierungs- und Sofortmaßnahmen; vgl. SRU, Altlasten II, 1995, Tz. 345 sowie Tabelle 3.4 und 3.5.

37 Brandt, Altlastenrecht, 1993, S. 203.

38 Die Bundeswehr in der Nachfolge der NVA; vgl. Brandt, Altlastenrecht, 1993, S. 208.

39 SRU, Altlasten II, 1995, Tz. 404.

40 Z.T. auch als *„Rüstungsaltlasten"* aus der Zeit vor 1945 definiert; vgl. BT-Drs. 11/6972, S. 1 f.

41 Auf Grundlage des Allgemeinen Kriegsfolgengesetzes (AKG) v. 5. 11. 1957 (BGBl. I, S. 1747); vgl. BT-Drs. 11/6972, S. 32; siehe hierzu auch BVerfGE 9, 305 (323 f.); Siekmann, in: Sachs, GG, 2. Aufl. 1999, Art. 120 Rn. 15; vgl. auch SRU, Altlasten II, 1995, Tz. 404; Heilmann, LKV 1994, 305 (309 f.). Im Umweltbericht 1990 wird hierfür eine Summe von jährlich etwa 50 Mio. DM genannt; vgl. Umweltbericht 1990 des Bundesministers für Umwelt, Naturschutz und Reaktorsicherheit, BAnz. 145a v. 7. 8. 1990, S. 172.

42 Brandt, Altlastenrecht, 1993, S. 204 f.; die Verantwortlichkeit besteht unabhängig davon, ob die Bundesrepublik dabei Rechtsnachfolger des Deutschen Reichs oder mit diesem identisch ist; vgl. zur Diskussion Dietlein, Nachfolge im öffentlichen Recht, 1999, S. 45 Fn. 39 m.w.N.

43 Knopp/Albrecht, Altlastenrecht in der Praxis, 2. Aufl. 1998, Rn. 366; Wallerath/Strätker, JuS 1999, 127 (130); vgl. aber OVG Lüneburg, ZfW 1980, 314 (317); das bei sehr weitgefassten Begriff der nicht-hoheitlichen Betätigung von einer Nichtvollstreckbarkeit ausgeht; vgl. hierzu auch OVG Schleswig, NVwZ 2000, 1196 (1198 f) und jüngst Britz, DÖV 2002, 891 ff.

44 Wallerath/Strätker, JuS 1999, 127 (130).

45 Allein für die im Zeitraum von 1990 bis 1999 durchgeführte Fördermaßnahme *„Modellhafte Sanierung von Altlastenstandorten"* stellte das Bundesministerium für Bildung und Forschung 85 Mio. DM zur Verfügung (ca. 40 % der Projektgesamtkosten); Zahlen nach altlasten spektrum 2001, 48; Bis 1989 betrug das Finanzvolumen des Bundes rund 180 Mio. DM; vgl. Brandt,

Forschungsprojekte, die über das Umweltbundesamt in Dessau/Berlin[46] (UBA) oder über die Deutsche Forschungsgemeinschaft (DFG) vergeben werden[47].

4. Städtebauförderung

Weiterhin fördert der Bund im Rahmen der Städtebauförderung[48] (§§ 136 ff. BauGB[49]) oder im Rahmen der Förderung von städtebaulichen Entwicklungsmaßnahmen zur Sanierung von Innenstädten[50] (§§ 165 ff. BauGB) Sanierungsmaßnahmen[51]. Rechtlich möglich ist dies, wenn das kontaminierte Grundstück in einem Gebiet liegt, das städtebauliche Missstände aufweist[52]. Insbesondere bei der Umgestaltung ehemaliger Industrieflächen zu stadtnahen Wohngebieten wird häufig eine Bodensanierung durchgeführt werden müssen. Allerdings ist bei diesem Finanzierungsposten, der beispielsweise von 1988 bis 1990 ein Volumen von 6 Mrd. DM hatte[53], kaum festzustellen, welcher Anteil hiervon für die eigentliche Altlastensanierung verwendet wird.

5. Förderung der Infrastruktur und Strukturhilfemittel

Infrastrukturmaßnahmen des Bundes, z.B. der Bau von Fernstraßen und Schienenwegen oder die Erschließung von Industriegelände, können ebenfalls zum Mitteleinsatz des Bundes für die Sanierung von Altlasten führen, wenn im Zusammenhang mit einer solchen Baumaßnahme vorhandene Bodenverunreinigungen beseitigt oder gesichert werden[54]. Dies wird im Falle des Baus von Fernstraßen seltener, im Falle des Baus von Schienenwegen im Hinblick auf so genannte Bahnaltlasten hingegen häufiger der Fall sein.

Weiterhin können Bundesmittel im Rahmen von Infrastrukturinvestitionen oder über Strukturhilfemittel für Sanierungen von Bodenverunreinigungen ausgegeben werden.

Altlastenrecht, 1993, S. 223; Kühl, Strategien zur Finanzierung der Altlastensanierung, 1994, S. 149, kommt auf 84 Mio. DM für den Zeitraum von 1977 bis Februar 1988; Stietzel/Schött, altlasten-spektrum 1993, 12, kommen auf über 180 Mio. DM für den Zeitraum 1967 – 1991. Nach Angaben des Umweltministeriums im Umweltbericht 1990 wurden bis 1990 rund 180 Mio. DM investiert; vgl. Umweltbericht 1990 des Bundesministers für Umwelt, Naturschutz und Reaktorsicherheit, BAnz. 145a v. 7. 8. 1990, S. 172.

46 Vgl. hierzu § 1 Abs. 2 und Abs. 2a Gesetz über die Errichtung eines Umweltbundesamtes – UBAG – v. 22. 7. 1974 (BGBl. I, S. 1505) zuletzt geänd. durch G v. 2. 5. 1996 (BGBl. I, S. 660).

47 SRU, Altlasten II, 1995, Tz. 183.

48 Vgl. hierzu Krautzberger, in: Battis/Krautzberger/Löhr, BauGB, 8. Aufl. 2002, § 164a Rnrn. 1 ff. sowie § 164b Rnrn. 1 ff.

49 Baugesetzbuch (BauGB) in der Fassung d. Bekanntmachung v. 27. 8. 1997 (BGBl. I, S. 2141, ber. BGBl. I 1998, S. 137).

50 Vgl. hierzu Krautzberger, in: Battis/Krautzberger/Löhr, BauGB, 8. Aufl. 2002, § 164 Rn. 2.

51 Breuer, NVwZ 1987, 751 (753).

52 Brandt, Finanzierung der Altlastensanierung im Abfallbereich, UBA, F+E-Vorhaben, FKZ 103 03 307, 1987, S. 33 f.

53 Umweltbericht 1990 des Bundesministers für Umwelt, Naturschutz und Reaktorsicherheit, BAnz. 145a v. 7. 8. 1990, S. 172.

54 Vgl. Umweltbericht 1990 des Bundesministers für Umwelt, Naturschutz und Reaktorsicherheit, BAnz. 145a v. 7. 8. 1990, S. 172; siehe auch Albrecht, in: Knopp/Löhr, Bundes-Bodenschutzgesetz in der betrieblichen und steuerlichen Praxis, 2000, Rn. 243.

Denkbar ist dies über Maßnahmen nach dem Gesetz zur Verbesserung der regionalen Wirtschaftsstruktur[55] oder nach dem Investitionsförderungsgesetz[56].

6. Durchführung von Gemeinschaftsaufgaben nach Art. 91a f. GG

Weitere Sachverhalte, in denen die Finanzierung von Sanierungsmaßnahmen vom Bund getragen werden, können über die oben geschilderten Fälle hinaus grundsätzlich jede vom Bund ergriffene oder in Auftrag gegebene Maßnahme sein, welche die Sanierung von Bodenkontaminationen beinhaltet. Dies können alle Fallgestaltungen der Bundesverwaltung und der Bundesauftragsverwaltung sein, bezüglich derer die Finanzierung in Art. 104a GG geregelt ist[57], sowie die Fälle der Durchführung von Gemeinschaftsaufgaben nach Art. 91a f. GG mit der dort geregelten Finanzierungsaufteilung[58]. Als Beispiel hierfür sei der vom Bund (mit-) finanzierte Hochschulbau angeführt, so dass eine anteilsmäßige Mitfinanzierung von Sanierungsmaßnahmen durch den Bund denkbar ist.

7. Zinsvergünstigungen durch bundeseigene Banken zur Sanierung von Bodenkontaminationen

Durch die Gewährung zinsgünstiger Darlehen für Zwecke der Sanierung von schädlichen Bodenveränderungen oder Altlasten durch staatliche Banken fördert der Bund – zumindest mittelbar – die Finanzierung von Bodensanierungen. Hier sind im Besonderen die von der mehrheitlich bundeseigenen Kreditanstalt für Wiederaufbau (KfW)[59] und von der ebenfalls dem Bund gehörenden Deutschen Ausgleichsbank (DtA)[60] aufgelegten Umweltprogramme zu nennen, in denen Freiberufler oder Unter-

---

55 Gesetz über die Gemeinschaftsaufgabe „*Verbesserung der regionalen Wirtschaftsstruktur*" – GRW – v. 6. 10. 1969 (BGBl. I, S. 1861), zuletzt geänd. durch Art. 11 d. G v. 24. 6. 1991 (BGBl. I, S. 1322); vgl. hierzu Brandt, Altlastenrecht, 1993, S. 227.

56 Art. 35 d. Gesetzes über Maßnahmen zur Bewältigung der finanziellen Erblasten im Zusammenhang mit der Herstellung der Einheit Deutschlands, zur langfristigen Sicherung des Aufbaus in den neuen Ländern, zur Neuordnung des bundesstaatlichen Finanzausgleichs und zur Entlastung der öffentlichen Haushalte (Gesetz zur Umsetzung des Föderalen Konsolidierungsprogramms – FKPG) v. 23. 6. 1993 (BGBl. I, S. 944, 982); zuletzt geänd. durch G v. 9. 9. 1998 (BGBl. I, S. 2858). Über dieses sog. Investitionsförderungsgesetz Aufbau Ost werden – anstelle des aufgehobenen Strukturhilfegesetzes v. 20. 12. 1988 (BGBl. I, S. 2358), aufgehoben durch G v. 16. 3. 1992 (BGBl. I, S. 674), geänd. durch G v. 25. 8. 1992, (BGBl. I, S. 1547) – den neuen Ländern und Berlin jährlich 6,6 Mrd. DM für Infrastrukturmaßnahmen zur Verfügung gestellt, aus denen auch Umweltschutzmaßnahmen finanziert werden.

57 Vgl. im Einzelnen hierzu Siekmann, in: Sachs, GG, 2. Aufl. 1999, Art. 104a Rnrn. 1 ff., 21 f.; speziell zur Altlastensanierung siehe Kühl, Strategien zur Finanzierung der Altlastensanierung, 1994, S. 136 ff.

58 Vgl. hierzu Krüger, in: Sachs, GG, 2. Aufl. 1999, Art. 91a Rnrn. 9 ff.

59 Die KfW gehört zu 80% dem Bund, zu 20% den Bundesländern; vgl. KfW (Kreditanstalt für Wiederaufbau) Geschäftsbericht 1999, 2000, S. 6.

60 Die Beteiligungsverhältnisse der DtA gestalten sich wie folgt: Bundesrepublik Deutschland: 40,6%; Bund (ERP-Sondervermögen): 53,3%; Bund (Sondervermögen Ausgleichfonds): 6,1%; vgl. Commerzbank (Hrsg.), Wer gehört zu wem – Beteiligungsverhältnisse in Deutschland, 20. Aufl. 2000, S. 212. Das Bundeswirtschaftsministerium und das Bundesfinanzministerium haben aber eine Neuordnung ihrer Förderaktivitäten beschlossen. Hierzu sollen die Anteile an der DtA an die KfW abgegeben werden; vgl. Pressemitteilung des Bundesministeriums für Wirtschaft und Technologie v. 15. 6. 2000 sowie die gemeinsame Presserklärung der DtA und der KfW v. 17. 1. 2001. Die Veräußerung der (Bundes-) Anteile der DtA an die KfW wird dem Vernehmen nach bis ca. Mitte 2001 durchgeführt sein.

nehmen für bestimmte Umweltschutzmaßnahmen Investitionskredite zu einem günstigen Zinssatz beantragen können[61]. Zu den derart geförderten Umweltmaßnahmen gehören beispielsweise die Beseitigung von bestehenden Boden- oder Gewässerverunreinigungen als typische Gefahrenabwehrmaßnahmen sowie Maßnahmen zum Boden- und Grundwasserschutz.

Diese Gewährung von Zinsvergünstigungen wirkt sich jedoch nur indirekt aus und ist mit direkten Zuschüssen nicht vergleichbar. Solche könnten seitens der genannten Banken für die Sanierung von Bodenkontaminationen aus verfassungsrechtlichen Gründen ohnehin nicht vergeben werden, da für diese Aufgaben die Bundesländer zuständig sind und dies somit gegen die im Grundgesetz geregelte Kompetenzverteilungen verstoßen würde[62].

III. Sanierungsfinanzierung in Deutschland

1. Kostentragung und Sanierungsfinanzierung in den neuen Bundesländern

Für die Sanierung von Altlastverdachtsflächen in den neuen Ländern werden Kosten veranschlagt, die je nach Berechnungsweise zwischen 48 und 113 Mrd. DM betragen[63]. Da in den neuen Ländern – auch nach Inkrafttreten des Bundes-Bodenschutzgesetzes – seltener als in den alten Ländern auf einen Handlungs- oder Zustandsstörer als Kostenpflichtigen zurückgegriffen werden kann, sieht sich die öffentliche Hand vermehrt in der Finanzierungsverantwortung. Die Gründe für die fehlenden Heranziehungsmöglichkeiten von Sanierungsverantwortlichen sind vielfältig. Hauptgrund ist, dass wegen des in der DDR vorgegebenen Wirtschaftssystems der Boden im nennenswerten Umfang von Privaten kaum verunreinigt worden ist. Privat geführte Unternehmen gab es vor allem im Bereich des Handwerks[64], im Bereich des Groß- und Einzelhandels[65] und in der meist im Nebenerwerb betriebenen Landwirtschaft[66] sowie in den freien Berufen[67]. In diesen Bereichen sind jedoch nennenswerte Bodenverunreinigungen vergleichsweise selten festzustellen.

---

61 Antragsberechtigte sind Unternehmen der gewerblichen Wirtschaft, Freiberufler, Nachfolgegesellschaften der Treuhandanstalt sowie bestimmte Betreibermodelle der Entsorgungswirtschaft und Unternehmen, an denen die öffentliche Hand, die Kirchen oder karitative Unternehmen beteiligt sind.

62 Maunz, in: Maunz/Dürig, GG, Losebl., Stand Juni 2002, Art. 104a Rn. 12.

63 Knopp/Albrecht, Altlastenrecht in der Praxis, 2. Aufl. 1998, Rn. 15.

64 Die Zahl der privaten Handwerker (einschließlich mithelfender Familienangehöriger) lag 1987 bei 110.000 (Statistisches Jahrbuch 1988 der Deutschen Demokratischen Republik, 1988, S. 111), die in 81.069 Betrieben arbeiteten (1980: 112.500 in 83.821 Betrieben und 1955: 320.000 private Handwerker und mitarbeitende Familienangehörige; vgl. Statistisches Jahrbuch 1981 der Deutschen Demokratischen Republik, 1981, S. 90, 158). Von diesen war nur ein geringer Teil in Sparten tätig, die gemeinhin als altlastenrelevant anzusehen sind. So existierten nur 662 private Handwerksbetriebe im Bereich Chemie; vgl. zum Ganzen Statistisches Jahrbuch 1988 der Deutschen Demokratischen Republik, 1988, S. 178.

65 1987: 37.500 Berufstätige im privaten Groß- und Einzelhandel einschließlich mithelfender Familienangehöriger, Statistisches Jahrbuch 1988 der Deutschen Demokratischen Republik, 1988, S. 111.

66 Nach Ende der Kollektivierungsphase in der Landwirtschaft im Jahre 1960 gab es nur noch 28.238 „*übrige Betriebe*" (privater Erwerbsgartenbau, Einzelbauern in Splitteranlagen, Weingärten und private Obstanlagen und kircheneigene Betriebe). Diese bewirtschafteten insge-

Großflächige Kontaminationen des Bodens[68] wurden vor allem durch die großen Industriekombinate[69], durch die aus Devisengründen betriebenen Deponien für „*Westabfälle*"[70]und durch die großflächige und intensive Bodennutzung der LPG[71] verursacht. Da diese Wirtschaftseinheiten trotz der zentralwirtschaftlichen Struktur in der DDR selbständig handeln konnten, sind sie als Verursacher von Bodenverunreinigungen hierfür grundsätzlich polizeirechtlich auch verantwortlich[72]. Inwieweit diese Wirtschaftseinheiten tatsächlich in der Lage waren, Gefahren für den Boden zu verhindern, spielt hier keine Rolle, da es im Bereich der Verursacherhaftung nicht auf ein Verschulden ankommt[73]. Daraus ergibt sich, dass die Verantwortlichkeit für Bodenkontaminationen in diesen Fällen nicht beim sozialistischen Zentralstaat, sondern bei den einzelnen Wirtschaftseinheiten anzusiedeln ist. Damit war die Treuhandanstalt bzw. die BvS verantwortlich für die ehemaligen Industriekombinate und volkseigenen Betriebe, die in Treuhand- bzw. BvS-Töchter umgewandelt wurden[74]. Da diese Tochterunternehmen wirtschaftlich und rechtlich von der Treuhand bzw. BvS als Muttergesellschaft beherrscht wurden, war der Bund im Wege der Durchgriffshaftung[75] polizeirechtlich verantwortlich[76]. Um solche Betriebe überhaupt privatisieren zu können, musste die Treuhand bzw. die BvS den Erwerber regelmäßig von der Haftung freistellen oder die Haftung übernehmen[77].

---

samt 7,3% der landwirtschaftlichen Nutzfläche; so Eckart, Agrargeographie Deutschlands, 1998, S. 330; vgl. auch Petschow/Meyerhoff/Thomasberger, Umweltreport DDR, 1990, S. 69; Zimmermann/Heller, Der Verkehrswert von Grundstücken, 2. Aufl. 1999, S. 337. 1987 waren noch 5.900 Berufstätige als private Einzelbauern und Gärtner (einschließlich mitarbeitender Familienangehöriger) tätig; vgl. Statistisches Jahrbuch 1988 der Deutschen Demokratischen Republik, 1988, S. 111. Private agrarische Bodennutzung fand darüber hinaus durch LPG-Mitglieder als privates Wirtschaften (LPG Typ I, II) oder in Form einer privaten Hoflandwirtschaft (LPG Typ III) statt; zu Einzelheiten vgl. Eckart, Agrargeographie Deutschlands, 1998, S. 328 f. m.w.N.

67 1987 lag die Zahl der freiberuflich Tätigen bei 12.500, Statistisches Jahrbuch 1988 der Deutschen Demokratischen Republik, 1988, S. 111.

68 Die Verunreinigungen des Bodens erfolgten in der DDR im Übrigen entgegen geltender Gesetze; vgl. SRU, Altlasten II, 1995, Tz. 285; Müller/Süß, altlasten spektrum 1999, 91 (94).

69 Vgl. SRU, Altlasten II, 1995, Tz. 228.

70 Oehler, DVBl. 1990, 1323 (1324).

71 So waren im landwirtschaftlich geprägten Gebiet des heutigen Bundeslandes Mecklenburg-Vorpommern 47% der ermittelten Altstandorte derzeit durch die Landwirtschaft genutzt; vgl. SRU, Altlasten II, 1995, Tz. 238. Aber auch im industriellen Kernland der DDR im Bereich des heutigen Bundeslandes Sachsen-Anhalt befindet sich ein Drittel der Altstandorte im Bereich von landwirtschaftlich genutzten Flächen; vgl. SRU, Altlasten II, 1995, Tz. 242. Insbesondere in den Großbetrieben der tierischen Produktion kam es zu hohen räumlichen Konzentrationen im Umgang mit Gülle und Silagesickersäften und anderen organisch stark belasteten Flüssigabfällen. Im Bereich der Agrochemischen Zentren (ACZ) wurden vielerorts Verunreinigungen durch Agrochemikalien festgestellt; vgl. SRU, Altlasten II, 1995, Tz. 251.

72 Bickel, BBodSchG, 3. Aufl. 2002, § 4 Rn. 22; Müller/Süß, altlasten spektrum 1999, 91 (94); Knopp, BB 1991, 1356 (1358).

73 Bickel, BBodSchG, 3. Aufl. 2002, § 4 Rn. 22; siehe hierzu ausf. unten unter Kap. 3 D I 2. a).

74 Nach § 11 Abs. 1 TreuhG; Gesetz v. 17. 6. 1990 (GBl. I DDR 33, S. 300), zuletzt geänd. 9. 8. 1994 (BGBl. I, S. 2062); Art. 25 EV v. 31. 8. 1990 (BGBl. II, S. 889); vgl. Dombert, BB 1992, 1579 (1581); Steding, Neue Justiz 2000, 281 (283).

75 Siehe zum Komplex der Durchgriffshaftung ausf. unten unter Kap 3 D 2. d) (3).

76 Dombert, BB 1992, 1579 (1582 f.).

77 In Bezug auf vertragliche Übernahme von Sanierungskosten, die im Regelfall zwischen 50% und 70% lagen; vgl. SRU, Altlasten II, 1995, Tz. 324.

Für den Bereich der Zustandshaftung bestand gleichfalls eine umfangreiche Verantwortlichkeit des Bundes. Nach der Wiedervereinigung ging das Eigentum an Grundstücken der Kombinate, der Volkseigenen Betriebe (VEB) und der LPG oder volkseigenen Güter (VEG), soweit diese Eigentümer waren, zum größten Teil an die Treuhandanstalt und später an die BvS bzw. an rechtlich selbständige Treuhandunternehmen über[78].

Die Treuhand bzw. BvS wurde außerdem unmittelbare Eigentümerin von Grundstücken aus dem Partei- und Massenorganisationsvermögen, aber auch von Flächen aus dem Immobilienbestand des früheren Ministeriums für Staatssicherheit (MfS), wozu auch Schießplätze, Wartungs- und Instandsetzungseinrichtungen gehörten[79], soweit diese nicht bereits nach dem 1. Oktober 1989 neuen öffentlichen oder sozialen Zwecken zugeführt worden waren[80]. Damit verbleibt auch hier der größte Teil der Kostenlast bei der öffentlichen Hand[81].

Weiterhin wurde der Boden in erheblichem Umfang durch die militärische Nutzung[82] verunreinigt. Für militärische Altlasten der NVA haftet die Bundesrepublik als Rechtsnachfolger der DDR[83] ohnehin[84].

In den Fällen, in denen Grundstückseigentümer von der DDR enteignet wurden, ist nicht damit zu rechnen, dass die Eigentümer gerade die sanierungsbedürftigen Grundstücke zurückfordern werden und auf diese Weise die öffentliche Hand entlasten. Diesem Umstand wurde in manchen Bundesländern dadurch Rechnung getragen, dass durch die Schaffung entsprechender Sonderregelungen die Entlassung eines solchen Grundstückseigentümers aus der Zustands- oder Kostenverantwortung möglich war[85]. Allerdings hat das gleichfalls eine Überwälzung der Finanzierungslasten auf die öffentliche Hand zur Folge.

2. Sanierungsfinanzierung und Organisation in den einzelnen Bundesländern

Ungeachtet der dargestellten Situation in den neuen Ländern sind Bodenkontaminationen ein gesamtdeutsches Problem[86]. In den meisten Bundesländern wurde daher

---

78 Siehe hierzu Knopp, BB 1991, 1356 (1358).

79 Vgl. hierzu ausf. Dombert, BB 1992, 1579 (1580).

80 Art. 21 Abs. 1 S. 2 EV; hierzu auch Dietlein, Nachfolge im Öffentlichen Recht, 1999, S. 549 f.

81 Zur vermögensrechtlichen Zuordnung von Alt-Deponien an die kommunalen Gebietskörperschaften; siehe Siederer, LKV 2001, 192 ff. m.w.N.; Zur Altlasten-Freistellung auch unten unter Kap. 2 C.

82 Zu Altlasten der Westgruppe der (ehemaligen) sowjetischen Truppen (WGT) vgl. SRU, Altlasten II, 1995, Tz. 342 ff.

83 Die Bundesrepublik ist nicht Gesamtrechtsnachfolgerin der DDR, sondern hat für verschiedene im Einigungsvertrag geregelte Komplexe die Nachfolge angetreten; vgl. Dietlein, Nachfolge im Öffentlichen Recht, 1999, S. 102 m.w.N.

84 Siehe oben unter Kap. 1 B II 2.

85 Der Eigentümer eines Grundstücks, der vor dem 1. 7. 1990 keine Verfügungsgewalt über sein Grundeigentum hatte, kann in Sachsen eine Haftungsfreistellung nach § 8 SächsABG, der Nachfolgeregelung des bekannten § 10 Abs. 6 SächsEGAB, beantragen oder war gem. § 20 Abs. 1 S. 1 Nr. 5 ThürAbfAG für Verunreinigungen nicht verantwortlich; siehe hierzu unten unter Kap. 1 B III 2. n) und Kap 2 B III 2. b) (1) (b); vgl. auch SRU, Altlasten II, 1995, Tz. 301.

86 Knopp/Albrecht, Altlastenrecht in der Praxis, 2. Aufl. 1998, Rn. 1.

versucht, an die tatsächlichen Verhältnisse angepasste Sanierungsfinanzierungsmodelle zu schaffen. Diese sollen zunächst für jedes Bundesland dargestellt und schließlich klassifiziert werden.

a) Baden-Württemberg

In Baden-Württemberg werden die Polizeikosten – gemeint sind die Kosten, die für die Abwehr einer Gefahr für die öffentliche Sicherheit und Ordnung entstehen – den Landkreisen durch das Land gem. § 52 Abs. 2 S. 2 LKrO BW[87] erstattet, soweit die Landkreise nicht anderweitig Ersatz für diese Kosten, z.B. durch Inanspruchnahme eines Verantwortlichen, erlangen können. Stadtkreise werden hier über den pauschalen Finanzausgleich gem. § 11 FAG BW[88] finanziell unterstützt. Soweit eine Kommune, z.B. in ihrer Stellung als Zustandsverantwortliche, selbst zur Sanierung einer Altlast verpflichtet ist[89], besteht die Möglichkeit, aus dem so genannten Kommunalen Altlastenfonds[90] Finanzierungsunterstützung zu beantragen[91]. Dieser Fonds wird zu 25% durch das Land und zu 75% aus dem kommunalen Investitionsfonds (kommunaler Finanzausgleich) finanziert. Der Fonds verfügt jährlich über 70 Mio. DM; das Land kann über 70 Mio. DM pro Jahr Verpflichtungsermächtigungen eingehen[92]. Über diesen Altlastenfonds werden Altlastenerkundungen zu 100% gefördert, die Kosten für Sanierungsmaßnahmen regelmäßig zu 50%, in Härtefällen aber auch bis zu 90% übernommen. Der Antrag ist in vierfacher Ausfertigung beim jeweiligen Stadt- bzw. Landkreis einzureichen[93]. Über diesen Antrag entscheidet ein beim Umwelt- und Verkehrsministerium eingerichteter Verteilungsausschuss[94].

Der früher beschrittene Weg, über die Erhebung einer Sonderabfallabgabe Sanierungen zu finanzieren, für die der Pflichtige nicht oder nicht vollständig herangezogen werden konnte[95], musste nach der Entscheidung des Bundesverfassungsgerichts[96] zur Zulässigkeit von Sonderabfallabgaben aufgegeben werden.

---

87 Landkreisordnung Baden-Württemberg in der Fassung v. 19. 6. 1987 (GBl., S. 289), zuletzt geänd. durch Art. 3 VermessungsG-ÄndG v. 8. 11. 1999 (GBl., S. 435).

88 Finanzausgleichsgesetz Baden-Württemberg in der Fassung v. 1. 1. 2000 (GBl., S. 14).

89 Umweltbundesamt (Hrsg.), Internationale Erfahrungen zur Altlastensanierung, 1995, Kap. 2.1, S. 11.

90 Vgl. hierzu SRU, Altlasten II, 1995, Tz. 172; Umweltbundesamt (Hrsg.), Internationale Erfahrungen zur Altlastensanierung, 1995, Kap. 2.1, S. 11; Erbguth/Stollmann, UPR 1996, 281 (294).

91 Vgl. hierzu auch Winter, Fondslösungen im Umweltrecht, 1993, S. 44 f.

92 Siehe Staatshaushaltsplan Baden-Württemberg für 2000 und 2001, Kap. 1005, Titelgruppe 883 89-5 FKZ 623.

93 Punkt 7.2.2 der Richtlinien des Umweltministeriums über die Zuwendung für die Förderung von Maßnahmen zur Erhebung altlastenverdächtiger Flächen und zur Behandlung kommunaler altlastenverdächtiger Flächen und Altlasten v. 20. 11. 1994 (GABl. v. 19. 7. 1995, S. 340), S. 340 ff.

94 Punkt 4 der Grundsätze des Umweltministeriums über die Finanzierung der Behandlung kommunaler Altlasten v. 20. 11. 1994 (GABl. v. 19. 7. 1995, S. 340), S. 340.

95 Vgl. hierzu Umweltbundesamt (Hrsg.), Internationale Erfahrungen zur Altlastensanierung, 1995, Kap. 2.1, S. 11.

96 BVerfGE 98, 83 ff.

Im Bereich der privaten Altlastensanierung konnten für die Unterstützung von Härtefällen im Jahr 2000 1,7 Mio. DM und für das Jahr 2001 1,5 Mio. DM zur Verfügung gestellt werden[97].

b) Bayern

Im Freistaat Bayern besteht seit 1989 die Gesellschaft zur Altlastensanierung in Bayern mbH (GAB), deren Gesellschafter zu gleichen Teilen der Freistaat Bayern und die bayerische Wirtschaft in Gestalt eines Vereins zur Altlastensanierung sind[98]. Mitglieder dieses Vereins sind alle namhaften bayerischen Unternehmen[99], aber auch viele kleinere Betriebe[100]. Der finanzielle Beitrag der Vereinsmitglieder orientiert sich am jeweiligen Abfallaufkommen. Bis 1998 betrugen die von beiden Gesellschaftern zur Hälfte aufgebrachten Mittel der GAB 6 Mio. DM pro Jahr[101]. Zwar verpflichteten sich der Freistaat und die Industrie im so genannten Umweltpakt, für den Zeitraum von 1998 bis 2008 die eingebrachten Mittel auf das Doppelte zu erhöhen[102], wegen Problemen hinsichtlich der Finanzierung auf Seiten der Wirtschaft bleibt es jedoch bis auf Weiteres bei der bisherigen Mittelausstattung. Die GAB saniert industrielle/gewerbliche Altlasten[103], bei denen kein Verantwortlicher für die Sanierung verpflichtet werden kann, und ist damit Träger der Altlastensanierung.

Weitere Landesmittel werden Landkreisen und kreisfreien Städten aus dem kommunalen Finanzausgleich (Art. 7 Abs. 4 FAG) zur Verfügung gestellt, sofern die Kosten für die Ermittlung von Altlasten im Rahmen der Amtsermittlung oder für Ersatzvornahmen in diesem Bereich nicht von dritter Seite, insbesondere von Seiten des Störers, aber auch z.B. von Seiten der GAB, getragen werden[104], und die Kosten den Betrag von 4 DM pro Einwohner und Jahr übersteigen[105]. Mittelständische Unternehmen, die für eine Altlastensanierung keine ausreichenden Finanzmittel haben, können aus einem im Zuge der „*Offensive Zukunft Bayern Teil II*" gebildeten Altlas-

97 Staatshaushaltsplan Baden-Württemberg für 2000 und 2001, Kap. 1005, Titelgruppe 892 89-6 FKZ 623.

98 SRU, Altlasten II, 1995, Tz. 173; Erbguth/Stollmann, UPR 1996, 281 (293 f.).

99 Albrecht, in: Knopp/Löhr, Bundes-Bodenschutzgesetz in der betrieblichen und steuerlichen Praxis, 2000, Rn. 217, insbes. Fn. 621.

100 Der Bayerische Handwerkstag sagte im Rahmen des Umweltpaktes Bayern zu, bei den Kammern, Verbänden und Betrieben für eine Vereinsmitgliedschaft zu werben; vgl. Keune, Der Umweltbeauftragte, Heft 7, Juli 1999, 8, 11.

101 Winter, Fondslösungen im Umweltrecht, 1993, S. 47.

102 Keune, Der Umweltbeauftragte, Heft 7, Juli 1999, S. 8, 11.

103 Kommunale Altlasten werden nicht finanziert, da sich die Kommunen nicht an diesem Modell beteiligen; vgl. SRU, Altlasten II, 1995, Tz. 173. Da aber im Falle kommunaler Altlasten mit der jeweiligen Gemeinde ein Verantwortlicher greifbar ist, wäre deswegen eine Finanzierung durch die GAB ohnehin nicht in Frage gekommen.

104 Grundsätzlich zählten die Kosten der Ersatzvornahme zum Sachaufwand, der nach Art. 53 Abs. 2 BayLKrO i.V.m. § 5 Nr. 12 der VO zur Ausführung des Art. 53 Abs. 2 LKrO v. 17. 12. 1956 (BayRS 2030-3-1-1-1) von den Landkreisen zu tragen ist. Trotz der außerordentlich hohen Belastungen im Falle von Altlastensanierungen, ist die Gültigkeit der Regelung bestätigt worden; vgl. VGH München, BayVBl. 1997, 660 (663); siehe hierzu auch Gößl, in: Sieder/Zeitler/Dahme/Knopp/Gößl, Bayerisches Wassergesetz, Losebl., Stand Mai 2001, Art. 68a Rn. 47.

105 Vgl. Gößl, in: Sieder/Zeitler/Dahme/Knopp/Gößl, Bayerisches Wassergesetz, Losebl., Stand Mai 2001, Art. 68a BayWG Rn. 47 m.w.N.

tensanierungsfonds mit bis zu 100.000 ECU je Antragsteller unterstützt werden[106]. Aus diesem mit 100 Mio. DM bestückten Fonds werden die Zinserträge zur Zinsverbilligung bei Darlehen im Zusammenhang mit Altlastensanierungen zur Verfügung gestellt. Die hierfür verfügbaren Gelder betragen zur Zeit jährlich etwa 7 Mio. DM.

c) Berlin

Berlin ist wie alle anderen Bundesländer gemäß der verfassungsrechtlichen Kompetenz- und Finanzierungsverteilung in Art 104a GG für die Beseitigung polizeirechtswidriger Zustände verantwortlich[107], muss aber im Gegensatz zu den Flächenstaaten keine internen Finanzierungsregelungen treffen. Damit erfolgt in den Fällen, in denen kein Verantwortlicher für die Beseitigung von Bodenverunreinigungen, die eine Gefahr für die öffentliche Sicherheit und Ordnung darstellen, herangezogen werden kann, die Finanzierung durch die Stadt Berlin.

Grundstücke im Ostteil der Stadt unterfallen ferner dem Geltungsbereich der Freistellungsregelung nach dem URG. Ein besonderes Förderprogramm für die Sanierung von kontaminierten Grundstücken existiert darüber hinaus, abgesehen von einem Grundwasserentnahmeentgelt gem. § 13a BWG[108] zur Abwehr von Gefahren für das Grundwasser[109], aber nicht.

d) Brandenburg

In Brandenburg werden öffentliche Maßnahmen der Altlastensanierung ab der Sanierungsuntersuchung gemäß der Richtlinien über die Gewährung von Finanzhilfen des Ministeriums für Umwelt, Naturschutz und Raumordnung zur Förderung von öffentlichen Maßnahmen der Abfallwirtschaft, der Altlastensanierung und des Bodenschutzes vom 15. März 1996[110], vom 28. April 1998[111] und vom 18. Juli 2000[112] unterstützt. Die Förderung ist nicht auf Personen des öffentlichen Rechts beschränkt.

---

106 Richtlinie für Zuwendungen an mittelständische Unternehmen der gewerblichen Wirtschaft zur Altlastensanierung (Bayerisches Altlastenkreditprogramm) v. 27. 5. 1997 (AllMBl., S. 455).

107 Vgl. Brandt, Altlastenrecht, 1993, S. 60.

108 Berliner Wassergesetz (BWG) v. 23. 2. 1960 (GVBl., S. 133) in der Fassung v. 3. 3. 1989 (GVBl., S. 605), zuletzt geänd. durch G v. 10. 7. 1999 (GVBl., S. 390).

109 Vgl. hierzu SRU, Altlasten II, 1995, Tz. 174.

110 Richtlinie über die Gewährung von Finanzhilfen des Ministeriums für Umwelt, Naturschutz und Raumordnung des Landes Brandenburg zur Förderung von öffentlichen Maßnahmen der Abfallwirtschaft, der Altlastensanierung und des Bodenschutzes v. 15. 3. 1996 (Amtsblatt für Brandenburg, S. 358).

111 Richtlinie über die Gewährung von Finanzhilfen des Ministeriums für Umwelt, Naturschutz und Raumordnung des Landes Brandenburg zur Förderung von öffentlichen Maßnahmen der Abfallwirtschaft, der Altlastensanierung und des Bodenschutzes v. 15. 3. 1996 (Amtsblatt für Brandenburg, S. 484).

112 Richtlinie über die Gewährung von Finanzhilfen des Ministeriums für Umwelt, Naturschutz und Raumordnung des Landes Brandenburg zur Förderung von öffentlichen Maßnahmen der Abfallwirtschaft, der Altlastensanierung und des Bodenschutzes v. 18. 7. 2000 (Amtsblatt für Brandenburg, S. 514).

e) Bremen

Maßnahmen der Kommunalbehörden im Rahmen der Ersatzvornahme werden durch das Land Bremen getragen. Im Bereich der Sanierung von Altablagerungen werden Mittel aus dem Abfallgebührenaufkommen verwendet[113].

Daneben sind im Investitionssonderprogramm (ISP) des Landes Bremen zur Stärkung der heimischen Wirtschaft aus dem Gesamtvolumen von 4,8 Mrd. DM für den Zeitraum von 1994 bis 2004 rund 200 Mio. DM für die Sanierung von Altlasten vorgesehen[114]. Gefördert werden im Grundsatz Maßnahmen zur Wiedernutzung von Industrie- und Gewerbebrachen oder die Erschließung neuer Gewerbeflächen. In beschränktem Umfang können über diese Mittel aber auch Maßnahmen finanziert werden, die der Verbesserung des Wohnumfeldes dienen, im Ausnahmefall auch Sanierungsmaßnahmen, die zur Abwehr einer Gefahr für die öffentliche Sicherheit und Ordnung zwingend erforderlich sind.

Das Altlastenbudget des Investitionssonderprogramms wird durch den Senator für Bau und Umwelt verwaltet. Aus diesem Budget können bei privaten Vorhaben Zuschüsse zum Ausgleich von Fehlbeträgen im Rahmen einer Wirtschaftlichkeitsanalyse gewährt werden. Bei Vorhaben der öffentlichen Hand kommt aber auch eine Vollfinanzierung der Altlastensanierung in Betracht.

f) Hamburg

In Hamburg selbst gibt es kein gesondertes Programm zur Finanzierung der Altlastensanierung. In Einzelfällen, wie bei der Sanierung der Deponie Georgswerder, konnte über Verhandlungen eine Beteiligung der Industrie erreicht werden. In diesem Fall haben sich zehn Unternehmen der chemischen und der mineralölverarbeitenden Industrie mit 23,4 Mio. DM an der Sanierung beteiligt[115]. Angesichts der erheblichen Kosten ist dies jedoch nicht ausreichend. So werden die Kosten alleine für die Sicherung der Deponie Georgswerder auf 4,5 Mio. DM pro Jahr geschätzt[116]. Im Finanzplan der Freien und Hansestadt Hamburg für die Jahre 1996 bis 2000 (Stand 31. Dezember 1995) sind für Untersuchungsmaßnahmen jährlich ca. 10 Mio. DM eingestellt. Für Sanierungen wurden dort Mittel zwischen 12,8 Mio. DM für 1997 und 55,9 Mio. DM für 1999 eingeplant[117]. Tatsächlich sind im Haushalt der Umweltbehörde nur ca. 40 Mio. DM pro Jahr für Amtsermittlungsmaßnahmen, für Ersatzvornahmen in diesem Bereich sowie für Sanierungsmaßnahmen auf Grundstücken, die im Eigentum der öffentlichen Hand stehen, vorgesehen. Der Finanzplan für 2000 – 2004 sieht für Untersuchungs- und Sanierungsmaßnahmen sowie für Einzelprojekte pro Jahr

---

113 SRU, Altlasten II, 1995, Tz. 175 m.w. Einzelheiten.

114 Antwort des Senators für Bau und Umwelt v. 23. 11. 1999 auf eine entsprechende Anfrage des Verfassers.

115 SRU, Altlasten II, 1995, Tz. 176.

116 Bürgerschaft der Freien und Hansestadt Hamburg, Drs. 16/1155 v. 29./30. 6. 1998, S. 6; die Sicherungskosten betragen laut Kilger (Umweltbehörde Hamburg) mittlerweile ca. 217 Mio. DM; vgl. von der Lippe, altlasten spektrum 2000, 72.

117 Bürgerschaft der Freien und Hansestadt Hamburg, Drs. 15/5644 v. 11. 6. 1996, S. 6.

zwischen 36,8 Mio. DM und knapp 50 Mio. DM vor[118]. Bis zum Jahr 2010 sollen für alle städtischen Grundstücke die Sanierungsverfahren abgeschlossen sein[119].

g) Hessen

In Hessen stehen für die Sanierung kommunaler Altlasten Fördermittel im Rahmen der Altlastenfinanzierungsrichtlinie (AFR)[120] zur Verfügung. Maßnahmen zur Sanierung ehemaliger kommunaler Deponien werden über Mittel aus einer jährlichen Altlastenfinanzierungsumlage der entsorgungspflichtigen Gebietskörperschaften sowie einem zweckgebundenen Anteil aus dem kommunalen Finanzausgleich gefördert[121]. Aus dem kommunalen Finanzausgleich werden darüber hinaus auch Sanierungen von ehemaligen kommunalen Gaswerkstandorten unterstützt. Für eine orientierende Untersuchung von altlastverdächtigen Flächen steht ein Festbetrag von 30.000 DM für die Erkundung der Gefährdungsabschätzung und Bewertung des weiteren Untersuchungs-, Sicherungs- oder Sanierungserfordernisses zur Verfügung[122]. Der Fördersatz für Maßnahmen zur Sanierung kommunaler Altlasten beträgt in der Regel 70-90% der zuschussfähigen Kosten. Der Rest ist von der sanierungspflichtigen Gemeinde, dem sanierungspflichtigen Kreis oder einem Zusammenschluss solcher zu tragen[123].

Zur Förderung der Sanierung gewerblicher Altlasten ist ein Fonds geplant, an dem sich auch die Wirtschaft beteiligen soll. Die früher verwendeten Mittel aus der Sonderabfallabgabe stehen jedoch wegen der hierzu ergangenen Entscheidung des Bundesverfassungsgerichts nicht mehr zur Verfügung[124].

Derzeit werden gem. § 6 HGruwAG[125] für die Finanzierung der Sanierung von gewerblichen Altlasten Mittel aus der Grundwasserabgabe verwendet. Dieses Gesetz

---

118 Vgl. im Einzelnen Finanzbericht 2001 der Freien und Hansestadt Hamburg, Investitionsplan 2000 bis 2004 (Anlage 16 zum Finanzbericht 2001), S. 209 f. Die Zahlen ergeben sich aus den Einzelpositionen 8700.787.01 (Untersuchungs-, Vorbereitungs- und Nachsorgemaßnahmen bei Untergrundverunreinigungen), 8700.787.06 (Vorbereitung von Sanierungsmaßnahmen), 8700.787.07 (Baudurchführung von Sanierungsmaßnahmen), 8700.787.32 (Sanierung der Deponie Brümmer), 8700.787.46 (Sanierung Moorfleeter Brack) und 8700.787.90 (Fortlaufende Sicherung, Überwachung sowie Unterhaltung und Erneuerung von Sanierungsanlagen und -bauwerken). Nicht enthalten sind in diesen Zahlen die Aufwendungen im Zusammenhang mit Bodenkontaminationen durch Munitions- und Kampfstoffe, Position 8700.787.02, die sich in der Größenordnung zwischen 3 und 4 Mio. DM bewegen bzw. eingeplant sind; vgl. Finanzbericht 2001 der Freien und Hansestadt Hamburg, Investitionsplan 2000 bis 2004 (Anlage 16 zum Finanzbericht 2001), S. 209.

119 Vgl. Bürgerschaft der Freien und Hansestadt Hamburg, Drs. 16/1155, S. 3.

120 Richtlinie für die Förderung von Untersuchungen und Sanierungen kommunaler Altablagerungen und Altstandorte (Altlasten-Finanzierungsrichtlinien – AFR) v. 20. 12. 1989 (Hess StAnz. 1990, S. 132), ergänzt durch Erlass v. 1. 8. 1994 (Hess StAnz. 1994, S. 2970).

121 Umweltbundesamt (Hrsg.), Internationale Erfahrungen zur Altlastensanierung, 1995, Kap. 2.1, S. 12.

122 Antwort des Hessischen Ministeriums für Umwelt, Landwirtschaft und Forsten v. 24. 3. 2000 auf eine entsprechende Anfrage des Verfassers.

123 Umweltbundesamt (Hrsg.), Internationale Erfahrungen zur Altlastensanierung, 1995, Kap. 2.1, S. 12.

124 BVerfGE 98, 83 ff.

125 Hessisches Gesetz über die Erhebung einer Abgabe für Grundwasserentnahmen (Hessisches Grundwasserabgabengesetz – HGruwAG) v. 17. 6. 1992 (GVBl. I, S. 209), zuletzt geänd. d. ÄndG v. 22. 12. 2000 (GVBl. I, S. 623).

tritt jedoch gem. § 13 S. 2 HGruwAG mit Ablauf des Jahres 2004 außer Kraft. Träger der Altlastensanierung für den gewerblichen Bereich ist die Hessische Industriemüllgesellschaft – Altlastensanierungsgesellschaft (HIM ASG)[126].

h) Mecklenburg-Vorpommern

Nach der Altlastenfinanzierungsrichtlinie des Landes Mecklenburg-Vorpommern[127] können sanierungspflichtige Kommunen oder kommunaldominierte Gesellschaften für die Erhebung und Behandlung kommunaler Altlastverdachtsflächen Fördermittel in Höhe von regelmäßig 50% der anfallenden Kosten erhalten. Bei Ersterkundungen können bis zu 80% des Finanzbedarfs, im Rahmen eines Sonderprogramms in Verbindung mit einer Beschäftigungsförderung können bis zu 90% der Kosten übernommen werden.

i) Niedersachsen

In Niedersachsen existiert nach dem Scheitern der Sonderabfallabgabe vor dem Bundesverfassungsgericht[128] derzeit kein spezielles Programm zur Finanzierung von Altlasten. Zum Teil werden gem. § 47h NWG[129] Mittel aus der Wasserentnahmegebühr gem. § 47 NWG zur Erkundung und Bewertung von Altlasten im Zusammenhang mit der Trinkwassergewinnung verwendet[130]. Bei Sanierungsmaßnahmen zur Beseitigung einer Gefahr für Leib und Gesundheit von Menschen sowie bei im Wege der Ersatzvornahme von der unteren Bodenschutzbehörde durchgeführten Sanierungs- oder Sicherungsmaßnahmen trägt das Land die Kosten gem. § 11 NBodSchG[131], soweit die untere Abfallbehörde keinen Kostenersatz von einem Verantwortlichen erlangen kann und auch nicht anderweitig Ersatz erhält[132].

k) Nordrhein-Westfalen

Der Versuch in Nordrhein-Westfalen, über ein Lizenzmodell[133] die Sanierung von Altlasten zu finanzieren, wurde vom Bundesverfassungsgericht nach einer Vorlage

---

126 SRU, Altlasten II, 1995, Tz. 177; Umweltbundesamt (Hrsg.), Internationale Erfahrungen zur Altlastensanierung, 1995, Kap. 2.1, S. 11 f.

127 Richtlinie für die Förderung von Untersuchungen und Sanierungen kommunaler Altablagerungen und Altstandorte (Altlasten-Finanzierungsrichtlinie – AlaFR), Amtsblatt für Mecklenburg-Vorpommern 1993, S. 1520 ff.

128 BVerfGE 98, 83 ff.

129 Niedersächsisches Wassergesetz (NdsWG) in der Fassung v. 25. 3. 1998 (GVBl., S. 347) geänd. durch Art. 6 des Gesetzes v. 21. 1. 1999 (GVBl., S. 10).

130 SRU, Altlasten II, 1995, Tz. 178.

131 Gesetz zur Einführung des Niedersächsischen Bodenschutzgesetzes und zur Änderung des Niedersächsischen Abfallgesetzes (NdsBodSchG) v. 19. 2. 1999 (GVBl. I, S. 206).

132 Die Ersatzleistung des Landes für Maßnahmen, die im Wege der Ersatzvornahme durchgeführt werden stehen jedoch unter Haushaltsvorbehalt und bedarf einer vorherigen Kostenübernahmeerklärung des Landes; vgl. Brandt/Smeddinck, NdsVBl. 1999, 149 (154).

133 Auch bekannt – nach dem damaligen nordrhein-westfälischen Umweltminister – als *„Matthiesen-Modell"*; vgl. Versteyl, UPR 2000, 297; zu weiteren Einzelheiten zum Lizenzmodell vgl. auch Umweltbundesamt (Hrsg.), Internationale Erfahrungen zur Altlastensanierung, 1995, Kap. 2.1, S. 12; Schmeken, in: Schink/Schmeken/Schwade, Abfallgesetz des Landes NW, 2. Aufl. 1996, § 10 Nr. 3.1.3.4.

vom OVG Münster[134] als verfassungswidrig eingestuft[135]. Das Lizenzmodell verpflichtete die Abfallentsorger, eine der (zahlenmäßig begrenzten) Lizenzen für die Behandlung und Lagerung von Abfällen zu erwerben, wobei durch die Beschränkung des Wettbewerbs das Investitionsrisiko des Abfallentsorgers verringert wurde. Der hierdurch erlangte „*Vorteil*" wurde über das Lizenzentgelt abgeschöpft[136]. Diese Mittel flossen gem. § 34 AAVG[137] dem Altlastensanierungsverband (AAV)[138] zu, der damit Ermittlungen, Sanierungsuntersuchungen, die Sanierungsplanung und die Sanierung für den verantwortlichen kommunalen Maßnahmenträger finanzierte[139].

Das Bundesverfassungsgericht sieht im Erfordernis, eine Lizenz zu erwerben, ein weiteres sachbezogenes Zulassungskriterium, das zu den bundesrechtlich im Abfallgesetz[140] bzw. im Kreislaufswirtschafts- und Abfallgesetz[141] geregelten Voraussetzungen tritt[142]. Der Bund hat nach Ansicht des Bundesverfassungsgerichts jedoch von seiner Kompetenz, Zulassungskriterien für die Behandlung und Lagerung von Abfällen festzulegen, durch die entsprechenden Regelungen im damaligen Abfallgesetz umfassenden Gebrauch gemacht. Der Bund hat damit eine Sachfrage im Bereich der konkurrierenden Gesetzgebungskompetenz abschließend geregelt, so dass die entgegengesetzte landesrechtliche Regelung insoweit unwirksam ist[143].

Trotz dieser Entscheidung soll der AAV nach Ansicht der Landesregierung und verschiedener Verbände weiter arbeitsfähig gehalten werden, weil die dort gebündelten Fachkenntnisse kostengünstige Sanierungen ermöglichten[144]. Finanziert werden könnte der AAV ähnlich wie in Bayern und Rheinland-Pfalz über eine gemeinsame Finanzierung durch das Land und die Entsorgungswirtschaft[145], die zu diesem Zweck bereits einen AAV-Förderverein gegründet hat[146].

---

134 Beschluss v. 23. 1. 1996; ZUR 1996, 208 ff. m. Anm. Schoeneck.

135 BVerfG, Beschluss v. 29. 3. 2000, NWVBl. 2000, 330 ff. = UPR 2000, 304 ff.; m. Anm. Versteyl, UPR 2000, 297 ff.

136 Siehe hierzu im Einzelnen die Regelungen der Verordnung über die Festsetzung der Lizenzentgelte nach dem Landesabfallgesetz (Lizenzentgeltverordnung) v. 8. 6. 1989 (GV, S. 334); zum Ganzen auch Winter, Fondslösungen im Umweltrecht, 1993, S. 43.

137 Abfallentsorgungs- und Altlastensanierungsverbandsgesetz (AAVG) v. 21. 6. 1988 (GV., S. 268, ber. S. 355), zuletzt geänd. durch G v. 9. 5. 2000 (GV, S. 439).

138 Gemäß § 1 AAVG ausgestaltet als Körperschaft des Öffentlichen Rechts.

139 Gemäß § 2 AAVG; vgl. auch SRU, Altlasten II, 1995, Tz. 179; außerdem fließen dem AAV die Beiträge der Verbandsmitglieder zu; vgl. Erbguth/Stollmann, UPR 1996, 281 (294).

140 Gesetz über die Vermeidung und Entsorgung von Abfällen (Abfallgesetz – AbfG) v. 27. 8. 1986 (BGBl. I, S. 1410, ber. S. 1501) zuletzt geänd. durch G v. 12. 9. 1996 (BGBl. I, S. 1354), außer Kraft getreten zum 6. 10. 1996.

141 Gesetz zur Förderung der Kreislaufwirtschaft und Sicherung der umweltverträglichen Beseitigung von Abfällen (Kreislaufwirtschafts- und Abfallgesetz – KrW-/AbfG) v. 27. 9. 1994 (BGBl. I, S. 2705), zuletzt geänd. durch G v. 3. 5. 2000 (BGBl. I, S. 632).

142 BVerfG, UPR 2000, 304 (305).

143 BVerfG, UPR 2000, 304 (305).

144 AAV (Hrsg.), AAV-Mitteilungen, Ausgabe 1, 2001, S. 1.

145 AAV (Hrsg.), AAV-Mitteilungen, Ausgabe 1, 2001, S. 1.

146 Zur Zeit wird, wie auf einen entsprechende Anfrage des Verfassers v. 20. 3. 2001 zu erfahren war, versucht, diesen Verein auch tatsächlich zum Leben zu erwecken, indem zum einen die Anerkennung der Gemeinnützigkeit angestrebt wird und zum anderen die Realisierung von Finanzierungszusagen der Vereinsmitglieder eingefordert wird.

Neben dem – jetzt verworfenen – Lizenzmodell besteht seit 1985 ein Landesförderprogramm. Aus diesem werden jährlich zwischen 30 und 45 Mio. DM (für 2000: 32 Mio. DM) für Maßnahmen von Kommunen oder von über eine kommunale Mehrheitsbeteiligung dominierten juristischen Personen des Privatrechts bzw. von Eigenbetrieben zur Verfügung gestellt.

l) Rheinland-Pfalz

In Rheinland-Pfalz ist in der Nachfolge von einem seit 1986 bestehenden Kooperationsmodell[147] seit dem 1. April 1998 ein auf zehn Jahre angelegtes Kooperationsmodell zwischen dem Land und der heimischen Wirtschaft vereinbart[148]. Hierfür sollen pro Jahr 3,5 Mio. DM zu gleichen Teilen vom Land und von der Wirtschaft aufgebracht werden[149]. Inzwischen wurden, nachdem es anfängliche Schwierigkeiten bei der Erfüllung der Finanzierungszusage auf Seiten der Industrie gab[150], das erste Projekt in Idar-Oberstein in Angriff genommen[151].

Nach dem Konzept dieses Modells sind Kreise und kreisfreie Städte sowie Zusammenschlüsse und Gebietskörperschaften Begünstigte. Finanziert wird die Sanierung von Altlasten, sofern dies aus Umweltgründen geboten und der Zuwendungsempfänger zur Sanierung verpflichtet ist.

m) Saarland

Eine geplante Abgabe auf Reststoffe, die nach einer Variante nur auf Sonderabfälle, nach einer anderen Variante aber auch auf Hausmüll, hausmüllähnlichen Gewerbeabfall und Bauschutt erhoben werden sollte[152], wurde in Erwartung einer bundeseinheitlichen Lösung zurückgestellt[153]. Nach Aufgabe dieser Planungen besteht derzeit im Saarland kein gesondertes Programm zur Finanzierung von Altlastensanierungen. Die Erfassung, Untersuchung und Überwachung von Altlasten ist Aufgabe der zuständigen Behörde. Sanierungen, bei denen kein Verantwortlicher verpflichtet werden konnte, wurden bisher aus Landes- und Kommunalmitteln finanziert.

n) Sachsen

Der Freistaat Sachsen hat mit der Einführung einer landesrechtlichen Freistellungsregelung einen eigenen Weg zur Finanzierung von Altlasten gewählt.

---

147 Dieses Modell trat zum 31. 12. 1993 außer Kraft; vgl. SRU, Altlasten II, 1995, Tz. 180; Knopp/Albrecht, Altlastenrecht in der Praxis, 2. Aufl. 1998, Rn. 147; vgl. auch Breuer, NVwZ 1987, 751 (757 f.); Weyers, DS 1988 (1/2) 13 (19); Winter, Fondslösungen im Umweltrecht, 1993, S. 46 m.w.N.; Schmeken, in: Schink/Schmeken/Schwade, Abfallgesetz des Landes NW, 2. Aufl. 1996, § 10 Nr. 3.1.3.

148 Vgl. Pressemitteilung des Ministeriums für Umwelt und Forsten v. 1. 4. 1998.

149 So § 2 Abs. 1 S. 3 des Kooperationsvertrags, zu beziehen über das Ministerium für Umwelt und Forsten.

150 Antwort des Ministeriums für Umwelt und Forsten v. 11. 8. 1999 auf eine entsprechende Anfrage des Verfassers.

151 Vgl. Pressemitteilung des Ministeriums für Umwelt und Forsten v. 9. 10. 2000.

152 DIHT, 1991, S. 33.

153 Knopp/Albrecht, Altlastenrecht in der Praxis, 2. Aufl. 1998, Rn. 152.

Gemäß der Freistellungsregelung in § 8 SächsAGB bzw. der Vorgängerregelung in § 10 Abs. 6 SächsEGAB[154] kann der Grundstückseigentümer auch in den Fällen von der Sanierungspflicht befreit werden, die nicht von der o.g. Freistellungsregelung des URG erfasst werden. Der betroffene Eigentümer hat jedoch einen Eigenanteil von im Regelfall 10% der Kosten aufzubringen. Die Kontrolle der Altlastenbehandlung und der Finanzierung wird über einen mit den Regierungspräsidien verbundenen Projektcontroller wahrgenommen.

Neben dieser in den Bundesländern einmaligen zusätzlichen Freistellungsregelung existiert in Sachsen eine Förderrichtlinie[155], nach der 25 Mio. DM pro Jahr vorrangig für die Sanierung von Altlasten, die im Besitz der öffentlichen Hand sind, ausgegeben werden können. Daneben können auch kleinere bis mittlere Unternehmen der gewerblichen Wirtschaft sowie nicht nach dem URG freigestellte Eigentümer von Altlast(verdachts)flächen begünstigt werden. Voraussetzung ist auch hier eine angemessene Eigenbeteiligung des Zuwendungsempfängers.

o) Sachsen-Anhalt

In Sachsen-Anhalt werden gemäß der Zuwendungs-Richtlinie zur Förderung von Maßnahmen zur Abfallwirtschaft, Altlastensanierung und zum Bodenschutz[156] die Erkundung und die Sanierung von Altablagerungen und Altstandorten gefördert. Zuwendungsempfänger können neben Kommunen auch juristische und natürliche Personen des Privatrechts sein, deren Sanierungsmaßnahmen bis zu 85% gefördert werden können[157].

Seit dem ersten Quartal 2000 befasst sich die Landesanstalt für Altlastenfreistellung mit der Durchführung von Maßnahmen der Altlastensanierung und deren Finanzierung[158].

p) Schleswig-Holstein

Nachdem auch in Schleswig-Holstein die Finanzierung von Altlastensanierungen durch eine Landes-Abfallabgabe wegen Verfassungswidrigkeit[159] nicht mehr möglich ist, werden die hier benötigten Mittel derzeit aus dem Haushalt aufgebracht. Zuwen-

---

154 Vgl. hierzu Fouquet, Die Sanierungsverantwortlichkeit nach dem Bundes-Bodenschutzgesetz, 2000, S. 111 f.

155 Richtlinie des Sächsischen Staatsministeriums für Umwelt und Landesentwicklung für die Förderung von Maßnahmen der Altlastenbehandlung im Freistaat Sachsen v. 13. 8. 1997 (Sächsisches Amtsblatt v. 11. 9. 1997, S. 980 ff.).

156 Richtlinie über die Gewährung von Zuwendungen zur Förderung von Maßnahmen zur Abfallwirtschaft, Altlastensanierung und zum Bodenschutz v. 12. 9. 1995 (MBl. LSA, S. 2118) geänd. durch Erlass v. 29. 4. 1996 (MBl. LSA, S. 1368).

157 Vgl. zu einem Abgabenkonzept auch Bizer/Ewringmann, Abgaben für den Bodenschutz in Sachsen-Anhalt, S. 18 ff.

158 Gesetz über die Errichtung einer Landesanstalt für Altlastenfreistellung – Sachsen-Anhalt – v. 25. 10. 1999 (GVBl. LSA, S. 336); vgl. Pressemitteilungen Nr. 123 v. 9. 9. 1999, Nr. 130 v. 16. 9. 1999 und Nr. 34 v. 3. 4. 2000 des Ministeriums für Raumordnung und Umwelt des Landes Sachsen-Anhalt.

159 BVerfGE 98, 83 ff.

dungsempfänger sind gemäß den Altlastenförderungsrichtlinien[160] Gemeinden, Kreise, kreisfreie Städte, Ämter und amtsfreie Gemeinden sowie Zweckverbände. Im Wege der Projektförderung können bis zu einer Höhe von 40% der Kosten Zuschüsse gewährt werden. Derzeit sollen die Förderrichtlinien aber überarbeitet werden.

Ferner ermöglicht das novellierte Landesabfallwirtschaftsgesetz[161], Nachsorgekosten für stillgelegte Deponien, die Teil der öffentlich-rechtlichen Entsorgungseinrichtungen sind, bei der Gebührenbemessung einzustellen. Damit wird eine Finanzierungsmöglichkeit für Maßnahmen im Bereich der Altablagerungen eröffnet. Als vorerst befristete Maßnahme für die Jahre 1999 – 2001 werden Zuschüsse für die Wiedernutzbarmachung von belasteten Gewerbeflächen im Rahmen des Landesprogramms „*Arbeit, Bildung, Innovation*" gewährt.

Darüber hinaus können für den gesamten Bereich von Altlastensanierungen zinsgünstige Kredite aus dem so genannten Kommunalen Investitionsfonds in Anspruch genommen werden[162].

q) Thüringen

Durch einen Anfang 1999 zwischen der BvS und dem Freistaat Thüringen abgeschlossen Generalvertrag über die abschließende Finanzierung von ökologischen Altlasten ist die Zuständigkeit für die weitere Umsetzung der Maßnahmen einschließlich der Verwendung der Mittel in die Verantwortlichkeit des Freistaats übergegangen[163]. Die BvS zahlt abschließend einen Pauschalbetrag[164] in ein vom übrigen Haushalt unabhängiges Sondervermögen ein, aus dem Altlastensanierungen finanziert werden. Vorteil dieser Vorgehensweise ist für das Land, dass die Maßnahmen unter struktur- und regionalpolitischen Aspekten gesteuert werden können. Auch ist zu erwarten, dass sich durch die Bündelung der Zuständigkeiten beim Land eine Verfahrensbeschleunigung bei Sanierungen ergeben wird. Für den Bund bedeutet die Abgabe der Finanzierungsverwaltung an das Land eine Verwaltungsvereinfachung. Die Übertragung der Aufgaben der BvS auf den Freistaat Thüringen stellt darüber hinaus einen weiteren Schritt zur verfassungsrechtlichen Normalität dar, nach der die Länder für landesbezogene Maßnahmen der Umweltpolitik in politischer und finanzieller Hinsicht zuständig sind[165].

Altlastensanierungen außerhalb der Freistellungen nach dem URG können durch die Inanspruchnahme von Fördermitteln bezuschusst werden. Im Rahmen des Förder-

---

160 Vorläufige Richtlinien für die Gewährung von Zuwendungen für die Sanierung von Altlasten (Altlastenförderungsrichtlinien) v. 15. 4. 1992 (Amtsblatt für Schleswig-Holstein 1992, S. 301 ff.).

161 In der Bekanntmachung der Neufassung des Landesabfallwirtschaftsgesetzes (Landesabfallwirtschaftsgesetz – LAbfWG) v. 18. 1. 1999, (GVOBl. Schl.-H., S. 26).

162 Siehe hierzu die Richtlinien zum Kommunalen Investitionsfonds (§ 19 FAG) v. 19. 2. 2001 (Amtsbl. Schl.-H., S. 162); zum Ganzen auch Ministerium für Naturschutz und Umwelt des Landes Schleswig-Holstein (Hrsg.), Altlastensituation in Schleswig-Holstein, 1995, S. 80 ff.

163 Vgl. hierzu BT-Drs. 14/596, S. 1 f.; Pietras/Zimmermann, altlasten spektrum 1999, 355 (358).

164 Abzüglich der bereits geleisteten Zahlungen sind zum 1. 4. 1999 rund 346,9 Mio. DM und zum 1. 4. 2000 rund 96,9 Mio. DM ausgezahlt worden; vgl. BT-Drs. 14/596, S. 3.

165 Pietras/Zimmermann, altlasten spektrum 1999, 355 (360); im Übrigen strebt die BvS mit den restlichen neuen Ländern ebenfalls abschließende Regelungen zur Frage der Finanzierung ökologischer Altlasten an; vgl. BT-Drs. 14/596, S. 4.

programms Altlasten[166], das ausschließlich aus dem Landeshaushalt finanziert wird, können Maßnahmen der Untersuchung, Sanierung und Überwachung von Altlasten gefördert werden. Die Förderung erfolgt über eine Anteilsfinanzierung, nach der einem kommunalen Zuwendungsempfänger bis zu 80% und sonstigen Zuwendungsempfängern[167] bis zu 60% der förderfähigen Ausgaben ersetzt werden können.

IV. Einordnung und Klassifizierung der Sanierungsmodelle

Die verschiedenen Finanzierungsstrategien der einzelnen Bundesländer lassen sich in unterschiedliche Sanierungsmodelle kategorisieren[168]. Einige Modelle sind verfassungsrechtlich umstritten oder wurden schon wegen Verfassungswidrigkeit aufgehoben[169]. Deswegen ist eine Konzentrierung der Länderinitiativen auf bestimmte, rechtlich zulässige Modelle zu erwarten[170].

1. Abgabenmodelle

In einigen Bundesländern wurde versucht, über die Errichtung eines Sonderabgabesystems eine neue Finanzquelle zur Sanierung von Altlasten zu schaffen. So sahen die Modelle in Baden-Württemberg, in Niedersachsen und in Schleswig-Holstein die Finanzierung von Altlastensanierungen durch eine Landes-Abfallabgabe vor. Diese Modelle sind vom Bundesverfassungsgericht als verfassungswidrig beurteilt worden[171] und stehen daher als Modell bei der derzeitigen Rechtslage nicht zur Verfügung. Eine ähnliche Konzeption plante das Saarland mit einer Abgabe auf Reststoffe.

In Bremen werden über die Erhebung einer Abgabe auf bestimmte Abfälle Maßnahmen der Altlastensanierung finanziert. Gem. § 3 Abs. 1 BremAbfAG[172] lagen die Sätze ab Januar 1996 zwischen 100 und 300 DM je Tonne.

Da sich auf Bundesebene seit langem keine Lösung der Finanzierungsprobleme bei Bodensanierungen, z.B. über eine bundeseinheitliche Abfallabgabe abzeichnet[173], wäre die Eröffnung von Handlungsmöglichkeiten für die Länder auf diesem Gebiet wünschenswert. Dazu müsste aber das Kreislaufwirtschafts- und Abfallgesetz geändert werden, um die verfassungsrechtlichen Schwierigkeiten zu vermeiden, die schon

---

166 Richtlinie des Thüringer Ministeriums für Landwirtschaft, Naturschutz und Umwelt für die Förderung von Maßnahmen zur Altlastenbehandlung im Freistaat Thüringen – Förderrichtlinie *„Altlasten"* –, (Thür. StAnz. Nr. 22/1997, S. 1175).

167 Dies können sein: Natürliche Personen, juristische Personen des öffentlichen Rechts (mit Ausnahme des Bundes) sowie juristische Personen des privaten Rechts, ausgenommen noch nicht privatisierte Treuhandunternehmen, Richtlinie des Thüringer Ministeriums für Landwirtschaft, Naturschutz und Umwelt für die Förderung von Maßnahmen zur Altlastenbehandlung im Freistaat Thüringen – Förderrichtlinie *„Altlasten"* –, (Thür StAnz. Nr. 22/1997, S. 1175).

168 Vgl. hierzu auch die – wenn auch nicht ganz aktuelle – Zusammenstellung bei SRU, Altlasten II, 1995, Tz. 171.

169 Siehe hierzu oben unter Kap 1 III 2. a), g), i) und p).

170 Versteyl, UPR 2000, 297 (300).

171 BVerfGE 98, 83 ff.; siehe hierzu auch oben unter Kap. 1 B III 2. a), g), i) und p).

172 Bremisches Abfallabgabengesetz (BremAbfAG) v. 24. 11. 1992 (GBl., S. 639), geänd. durch G v. 29. 10. 1996 (GBl., S. 313).

173 Vgl. hierzu Versteyl, UPR 2000, 297.

zum Scheitern des nordrhein-westfälischen Lizenzmodells vor dem Bundesverfassungsgericht führten[174].

Eine solche Änderung könnte in Form einer Öffnungsklausel im Kreislaufwirtschafts- und Abfallgesetz erfolgen, beispielsweise durch eine zusätzliche Regelung etwa mit dem Wortlaut: *„Die Länder können weitergehende Regelungen zur Erhebung einer Abfallabgabe für die Sanierung von Bodenkontaminationen treffen."*

2. Altlastenfonds in Verbindung mit Abgabenlösungen

In der Diskussion über die Finanzierung der Sanierung von Bodenkontaminationen wurde regelmäßig auf im Ausland praktizierte Fondsmodelle verwiesen[175], so z.B. auf den niederländischen Luftverschmutzungsfonds[176] oder den US-amerikanischen Superfund[177]. Auch im deutschen Recht existieren eine Reihe von Fondsmodellen zur Finanzierung von Umweltschäden. Hier ist die Bergschadensausgleichskasse nach § 122 BBergG[178], der baden-württembergische Naturschutzfonds nach § 11 NatSchG BW[179] oder der Klärschlammentschädigungsfonds nach § 9 DMG[180] i.V.m. der Klärschlamm-Entschädigungsfondsverordnung[181] zu nennen, wobei die ersten beiden nicht primär die Beseitigung von Bodenkontaminationen zum Ziel haben. Eine Zweckbindung zur Sanierung von Bodenverunreinigungen enthalten hingegen die Abwasserabgabe gem. § 13 AbwAG[182] sowie einige in den Bundesländern diskutierte Modelle. Soweit diese – wegen möglicher Beeinträchtigungen der grundgesetzlichen Kompetenzverteilung und Finanzverfassung verfassungsrechtlich umstrittenen[183] – Modelle überhaupt verwirklicht wurden[184], zeigte sich jeweils recht schnell,

---

174 BVerfG, Beschluss v. 29. 3. 2000, NWVBl. 2000, 330 ff. = UPR 2000, 304 ff.; siehe auch oben unter Kap. 1 B III 2 k) mit Hinweisen zur Problematik.

175 Siehe die ausf. Darstellung bei Rehbinder, in: Endres/Rehbinder/Schwarze (Hrsg.), Haftung und Versicherung für Umweltschäden aus ökonomischer und juristischer Sicht, 1992, S. 120 (130 ff.); vgl. auch den Vorschlag der ATV-DVWK zur Einrichtung eines nichtstaatlichen Fonds, Pressemeldung 18/2000.

176 Rehbinder, in: Endres/Rehbinder/Schwarze (Hrsg.), Haftung und Versicherung für Umweltschäden aus ökonomischer und juristischer Sicht, 1992, S. 120 (131 f.); siehe hierzu auch Kinkel, ZRP 1989, 293 (297).

177 Kinkel, ZRP 1989, 293 (297); Rehbinder, in: Endres/Rehbinder/Schwarze (Hrsg.), Haftung und Versicherung für Umweltschäden aus ökonomischer und juristischer Sicht, 1992, S. 120 (133 ff.).

178 Bundesberggesetz (BBergG) v. 13. 8. 1980 (BGBl. I, S. 1310), zuletzt geänd. durch Art. 4 Abs. 9 d. G. v. 26. 1. 1998 (BGBl. I, S. 164); vgl. hierzu Boldt/Weller, BBergG, 1984, § 122 Rnrn. 1 ff.

179 Gesetz zum Schutz der Natur, zur Pflege der Landschaft und über die Erholungsvorsorge in der freien Landschaft (Naturschutzgesetz – NatSchG) in der Fassung v. 29. 3. 1995 (GBl. S. 386); zur Verfassungsmäßigkeit der Ausgleichsabgabe siehe BVerwGE 74, 308 ff.

180 Düngemittelgesetz (DMG) v. 15. 11. 1977 (BGBl. I, S. 2134) zuletzt geänd. durch G v. 20. 7. 2000 (BGBl. I, S. 1045); vgl. hierzu auch die Pressemitteilung des DStGB v. 13. 2. 1997.

181 Verordnung über den Klärschlamm-Entschädigungsfonds (Klärschlamm-Entschädigungsfondsverordnung – KlärEV) v. 20. 5. 1998 (BGBl. I, S. 1048).

182 Gesetz über Abgaben für die Einleitung von Abwasser in Gewässer (Abwasserabgabengesetz – AbwAG) in der Fassung der Bek. v. 3. 11. 1994 (BGBl. I, S. 3370).

183 Siehe hierzu ausf. Rehbinder, in: Endres/Rehbinder/Schwarze (Hrsg.), Haftung und Versicherung für Umweltschäden aus ökonomischer und juristischer Sicht, 1992, S. 120 (147 ff.); Kinkel, ZRP 1989, 293 (298); Breuer, NVwZ 1987, 751 (759 f.) jew. m.w.N.

dass das durch die Sonderabgaben zu erzielende Aufkommen zur Sanierung eines nennenswerten Teils der jeweils in den Ländern vorhandenen Altlasten bei weitem nicht ausreicht[185]. Außerdem ist die Finanzierung von bereits eingetretenen Gefährdungen oder Schäden durch Fondsmodelle schwieriger sicherzustellen, da in einen Fonds vor allem solche Unternehmen eintreten, die einem erhöhten Heranziehungsrisiko ausgesetzt sind[186].

Durch das baden-württembergische Abfallabgabengesetz[187], das rückwirkend aufgehoben wurde[188], wurden einem Sanierungsfonds zufließende Sonderabfallabgaben erhoben. Aus diesem Fonds sollte die Sanierung von industriell und gewerblich verursachten Altlasten, deren Verantwortliche nicht oder nicht vollständig zur Sanierung herangezogen werden konnten, finanziert werden.

3. Lizenzmodell

Mit der Novellierung des Landesabfallgesetzes 1988[189] und mit der Verabschiedung des Gesetzes über die Gründung des Abfallentsorgungs- und Altlastensanierungsverbandes NRW vom 21. Juni 1988[190] versuchte das Land Nordrhein-Westfalen eine Lösung zu finden, welche die besonderen Bedingungen im Land berücksichtigt[191]. Nach diesen Vorschriften waren die Behandlung und Ablagerung von Sonderabfällen nur nach Erteilung einer Lizenz zulässig. Die hierdurch eingenommenen Beträge wurden dann zu mindestens 70% zur Sanierung von Altlasten herangezogen[192].

Das Bundesverfassungsgericht hat mit Beschluss vom 29. März 2000 das nordrhein-westfälische Modell wegen Verstoßes gegen grundgesetzliche Kompetenzbestimmungen als verfassungswidrig eingestuft[193]. Der nordrhein-westfälische Weg scheidet daher als Modell aus.

---

184 Siehe hierzu im Einzelnen Kloepfer, Umweltrecht, 2. Aufl. 1998, S. 316 f.; allerdings bestanden hier erhebliche verfassungsrechtliche Bedenken; vgl. nur umfassend Breuer, NVwZ 1987, 751 (759 f.) m.w.N.

185 Brandt, Altlastenrecht, 1993, S. 232, Fn. 50.

186 Borchert, Altlastensanierung in der Bundesrepublik Deutschland im Spannungsfeld zwischen mikro- und makroökonomischer Rationalität – Anforderungen an eine kosten-nutzenorientierte Ordnungspolitik im Bereich von Genehmigungen für Reinigungsanlagen und Deponierungen, 1991, S. 88 f.; vgl. im Hinblick auf die ähnlich gelagerten Fallgestaltungen im Hinblick auf den Abschluss von Versicherungen; Stobbe, Mikroökonomik, 2. Aufl. 1991, S. 467 f.

187 Landesabfallabgabengesetz (LAbfAG) v. 11. 3. 1991 (GBl., S. 133).

188 Gesetz zur Aufhebung des Landesabfallgesetzes v. 5. 5. 1997 (GBl., S. 177).

189 Abfallgesetz für das Land Nordrhein-Westfalen (Landesabfallgesetz – LAbfG) v. 21. 6. 1988 (GV. NW. S. 250)

190 GVBl. S. 268, 355; die Einzelheiten über die Erhebung der Lizenzgebühren sind in der Rechtsverordnung v. 8. 6. 1989 (GVBl. S. 334) geregelt.

191 Vgl. hierzu auch Breuer, NVwZ 1987, 751 (760 f.) m.w.N.

192 Brandt, Altlastenrecht, 1993, S. 231.

193 BVerfG, NWVBl. 2000, 330 ff. = UPR 2000, 304 ff.; mit Anm. Versteyl, UPR 2000, 297 ff.; siehe oben unter Kap. 1 B III 2. k).

Außerdem haben die Beträge aus der Lizenzierung längst nicht einen Umfang erreicht, der zur Lösung des nordrhein-westfälischen Altlastenproblems nennenswert hätte beitragen können[194].

4. Kooperationsmodell

Das bundesweit erste Kooperationsmodell zur Sanierung von Altlasten ist die in 1986 erzielte Regelung in Rheinland-Pfalz[195]. Weitere Abkommen wurden verhandelt in Baden-Württemberg, Bayern, Berlin, Hessen, Schleswig-Holstein und im Saarland[196]. Kennzeichen von Kooperationsmodellen ist, dass das Altlastenproblem von Wirtschaft und Staat gemeinsam gelöst werden soll. Abgeschlossen wurde neben dem rheinland-pfälzischen Abkommen, das aber zum 31. Dezember 1993 ausgelaufen ist[197], nur noch die bayerische Kooperationslösung[198]. Obwohl diese jetzt seit zehn Jahren existiert und eine Fortführung für weitere zehn Jahre vereinbart wurde[199], ist doch festzustellen, dass hierdurch allenfalls Einzelfälle gelöst werden können, und dass die eingesetzten Mittel für eine umfassende Lösung des Altlastenproblems nicht ausreichen[200]. Dies wurde aber auch nicht erwartet, da sich die gewerbliche Wirtschaft, ohne dazu polizeirechtlich verpflichtet zu sein, freiwillig an der Sanierung von kontaminierten Grundstücken beteiligt.

Ein niedersächsisches Kooperationsmodell blockierte die niedersächsische Wirtschaft. Sie habe ihren Beitrag zur Lösung des Altlastenproblems schon durch die Zahlung auf rechtskräftige, aber auf das verfassungswidrige Abfallabgabengesetz[201] gestützte Kostenheranziehungsbescheide geleistet[202]. Weitere Initiativen zum Abschluss eines Kooperationsmodells, die dem Vernehmen nach immer wieder ins Gespräch gebracht werden, sollen wie aus dem niedersächsischen Umweltministerium zu hören war, erst wieder in einiger Zeit gestartet werden.

5. Umweltgenossenschaften

Bislang lediglich diskutiert wurde ein Genossenschaftsmodell zur Sanierung von Altlasten[203], das ähnlich wie das System der kollektiven Arbeitsunfallversicherung durch Berufsgenossenschaften funktionieren könnte[204]. Ein solches Modell, dem grund-

---

194 Brandt, S. 232; kritisch auch SRU, Altlasten II, 1995, Tz. 179.

195 Brandt, S. 229; Winter, Fondslösungen im Umweltrecht, S. 46.

196 SRU, Altlasten II, 1995, Tz. 182; zum Ganzen vgl. auch Brandt, S. 229 m.w.N.

197 Siehe oben unter Kap. 1 B III 2. l).

198 GAB, Gesellschaft zur Altlastensanierung in Bayern; vgl. hierzu Knopp/Albrecht, Altlastenrecht in der Praxis, 2. Aufl. 1998, Rn. 146.

199 Siehe oben unter Kap 1. III 2. b).

200 SRU, Altlasten II, 1995, Tz. 173.

201 Niedersächsisches Abfallabgabengesetz v. 17. 12. 1991 (GVBl., S. 373).

202 Die Gesellschaft zur Finanzierung der Altlastensanierung in Niedersachsen (GfA), deren Anteil zu zwei Dritteln vom Land und zu einem Drittel von der gewerblichen Wirtschaft gehalten wurden, hat sich deswegen inzwischen aufgelöst; vgl. SRU, Altlasten II, 1995, Tz. 178.

203 Siehe hierzu Wagner, Kollektives Umwelthaftungsrecht auf genossenschaftlicher Grundlage, 1990, S. 104 ff.; auch Marburger/Gebhard, in: Endres/Marburger (Hrsg.), Umweltschutz durch gesellschaftliche Selbststeuerung, 1993, S. 116 ff.; Kinkel, ZRP 1989, 293 (295 f.); Geisendörfer, VersR 1988, 421 (422).

204 Rehbinder, in: Endres/Rehbinder/Schwarze (Hrsg.), Haftung und Versicherung für Umweltschäden aus ökonomischer und juristischer Sicht, 1992, S. 120 (126 f.).

sätzlich Praktikabilität bescheinigt wird[205], stößt jedoch auf die selben verfassungsrechtliche Vorbehalte im Hinblick auf die grundgesetzliche Finanzverfassung[206] und die Gesetzgebungszuständigkeit wie die Fondsmodelle[207].

6. Pflichtversicherung

Als weiteres Finanzierungsmodell zur Sanierung von Bodenschäden werden Versicherungslösungen genannt[208]. Pflichtversicherungen, mit denen auch die Sanierung von Bodenkontaminationen finanziert werden können, bestehen bislang lediglich im Bereich der Kfz-Haftpflicht-Versicherung nach § 1 PflVG[209], wenn die Verunreinigung durch den Gebrauch eines Fahrzeugs verursacht worden ist. Daneben wird der Inhaber von bestimmten Anlagen gem. § 19 Abs. 1 UmweltHG[210] zur Deckungsvorsorge für Schäden verpflichtet, die durch den Anlagenbetrieb verursacht worden sind, was faktisch wegen § 19 Abs. 2 UmweltHG zu einer Versicherungspflicht führt[211]. Weiterhin ist der Nachweis des Abschlusses einer Umwelthaftpflichtversicherung im abfallrechtlichen Bereich gem. § 7 Abs. 2 Nr. 1 e) und f) TgV[212] Voraussetzung für die Erteilung einer Transportgenehmigung nach § 49 KrW-/AbfG und gem. § 6 EfbV[213] Voraussetzung für die Anerkennung als Entsorgungsfachbetrieb gem. § 60 KrW-/AbfG[214]. Daneben haben viele Betriebe weitere freiwillige Versicherungen abgeschlossen, von denen für den Bereich von Bodenschäden v.a. die Gewässerschadens- und Betriebshaftpflichtversicherung relevant sind. Während die Gewässerschadenshaftpflichtversicherung auch Eigenschäden, also auch Bodenkontaminationen auf dem eigenen Grundstück erfasst[215], sind durch die obligatorischen Betriebs-

205 Rehbinder, in: Endres/Rehbinder/Schwarze (Hrsg.), Haftung und Versicherung für Umweltschäden aus ökonomischer und juristischer Sicht, 1992, S. 120 (126 f.); Wagner, Kollektives Umwelthaftungsrecht auf genossenschaftlicher Grundlage, 1990, S 241 f.; zweifelnd Kinkel, ZRP 1989, 293 (296); Geisendörfer, VersR 1988, 421 (422).

206 Siehe hierzu ausf. Rehbinder, in: Endres/Rehbinder/Schwarze (Hrsg.), Haftung und Versicherung für Umweltschäden aus ökonomischer und juristischer Sicht, 1992, S. 120 (147 ff.).

207 Vgl. hierzu Kinkel, ZRP 1989, 293 (298); a.A. mit ausf. Begründung Wagner, Kollektives Umwelthaftungsrecht auf genossenschaftlicher Grundlage, 1990, S. 243 ff.

208 Rehbinder, in: Endres/Rehbinder/Schwarze (Hrsg.), Haftung und Versicherung für Umweltschäden aus ökonomischer und juristischer Sicht, 1992, S. 120 (129 f.).

209 Gesetz über die Pflichtversicherung für Kraftfahrzeughalter (Pflichtversicherungsgesetz) v. 5. 4. 1965 (BGBl. I, S. 213).

210 Umwelthaftungsgesetz (UmweltHG) v. 10. 12. 1990 (BGBl. I, S. 2634); siehe hierzu Schmidt-Salzer/Schramm, Kommentar zur Umwelthaftpflichtversicherung, 1993, Rn. 2.58.

211 Schloën, in: Wussow, Unfallhaftpflichtrecht, 14. Aufl. 1996, S. 586; Frank, Umweltrecht und Wirtschaft, 2000, S. 300; kritisch hierzu Jörissen, in: Kormann (Hrsg.), Umwelthaftung und Umweltmanagement, 1994, S. 95 (97).

212 Verordnung zur Transportgenehmigung (Transportgenehmigungsverordnung – TgV) v. 10. 9. 1996 (BGBl. I, S. 1411).

213 Verordnung über Entsorgungsfachbetriebe (Entsorgungsfachbetriebeverordnung – EfBV) v. 10.9. 1996 (BGBl. I, S. 1421).

214 Pflichtversicherungen sind daneben noch wegen entsprechender landesrechtlicher Regelungen für Abfallanlagenbetreiber obligatorisch; siehe hierzu Vogel, Bodenschutz 1998, 58 (59).

215 Limberger/Koch, VersR 1994, 394 (395); Schimikowski, VersR 1998, 1452 (1457); vgl. auch Jörissen, in: Kormann (Hrsg.), Umwelthaftung und Umweltmanagement, 1994, S. 95 (98); zum Deckungsumfang der neuen sog. Bodenkasko siehe Eigen, TerraTech 1999, 23.

haftpflichtversicherungen lediglich Fremdschäden[216] und damit nur ein Teil der möglichen Bodenschädigungen versichert.

Dieser Zustand war Anlass, über die Einführung einer Haftpflichtversicherung zu diskutieren[217], allerdings werden die Vorteile einer solchen Pflichtversicherung im Gegensatz zu den häufig ohnehin bestehenden freiwilligen Versicherungen[218] als gering eingeschätzt[219]. Eine Haftpflichtversicherung gegen Bodenschäden kann darüber hinaus einen Beitrag zur Lösung der Altlastenproblematik nur leisten, soweit der Verursacher der Kontamination zum Zeitpunkt der Inanspruchnahme bekannt und noch existent ist. Eine solche Versicherung schützt somit lediglich gegen die Gefahr der Insolvenz[220]. Erfolgversprechender und effektiver wird hingegen das in Schweden gesetzlich geregelte Modell einer Schadensversicherung angesehen, bei dem das potenzielle Opfer eines Umweltschadens auf Kosten des Verursacherkollektivs versichert wird[221], weshalb diese Versicherungslösung einem Schadensfonds ähnelt[222]. Für die Zukunft wird dieses Problem darüber hinaus durch die Verwaltungspraxis der Genehmigungsbehörden entschärft, die zunehmend im Rahmen des Genehmigungsverfahrens den Nachweis über den Abschluss einer entsprechenden Haftpflichtversicherung fordern[223].

7. Sonderabgaben und Zwecksteuern

Eine entsprechende Bundesratsinitiative der Hansestadt Hamburg zur Einführung einer Zwecksteuer auf bestimmte chemische Grundstoffe[224] wurde aufgrund verfassungsrechtlicher Bedenken im Hinblick auf kompetenzrechtliche Bestimmungen[225]

---

216 Vogel, Bodenschutz 1998, 58 (60); Limberger/Koch, VersR 1994, 394 (395 f.); Eigenschäden nach einem Brandfall sind darüber hinaus auch durch eine Feuerversicherung nicht abgedeckt, ebenso wenig, wie Schäden durch brandbedingte Grundstückskontaminationen; vgl. Erichsen, in: Landeshauptstadt Stuttgart (Hrsg.), Kommunales Altlastenmanagement Baden-Württemberg, 1996, S. 138; siehe zum Ganzen auch Schimikowski, Umwelthaftungsrecht und Umwelthaftpflichtversicherung, 5. Aufl. 1998, Rnrn. 388 ff.; Sanden, in: Franzius/Wolf/Brandt (Hrsg.), Handbuch der Altlastensanierung, 2. Aufl., Stand Dez. 1999, KZ 10513, Rn. 40.

217 Rehbinder, in: Endres/Rehbinder/Schwarze (Hrsg.), Haftung und Versicherung für Umweltschäden aus ökonomischer und juristischer Sicht, 1992, S. 120 (129 f.) m.w.N.; vgl. auch Brandt, Altlastenrecht, 1993, S. 419 ff.; Wagner, Kollektives Umwelthaftungsrecht auf genossenschaftlicher Grundlage, 1990, S. 32 f.; Wagner/Fichtner, in: Wagner (Hrsg.), Altlasten und Entsorgungsökonomie, 1987, S. 22.

218 Sog. Bodenkasko; vgl. hierzu Schimikowski, VersR 1998, 1452 (1458 f.); zu den Änderungen im Bereich der Bodenkasko- und Umwelthaftpflichtversicherungen durch das Inkrafttreten des BBodSchG; vgl. nur Schimikowski, VersR 1998, 1452 (1455 ff.); Klinkhammer, VP 1998, 201 ff.; Vogel, Bodenschutz 1998, 58 ff.; Knopp, in: Knopp/Löhr, Bundes-Bodenschutzgesetz in der betrieblichen und steuerlichen Praxis, 2000, Rnrn. 620 ff.

219 Geisendörfer, VersR 1988, 421 (422).

220 Rehbinder, in: Endres/Rehbinder/Schwarze (Hrsg.), Haftung und Versicherung für Umweltschäden aus ökonomischer und juristischer Sicht, 1992, S. 120 (129).

221 Rehbinder, in: Endres/Rehbinder/Schwarze (Hrsg.), Haftung und Versicherung für Umweltschäden aus ökonomischer und juristischer Sicht, 1992, S. 120 (129 f.).

222 Rehbinder, in: Endres/Rehbinder/Schwarze (Hrsg.), Haftung und Versicherung für Umweltschäden aus ökonomischer und juristischer Sicht, 1992, S. 120 (130).

223 Vogel, Bodenschutz 1998, 58 (59).

224 BR-Drs. 386/86; siehe hierzu Breuer, NVwZ 1987, 751 (759); Wagner/Fichtner, in: Wagner (Hrsg.), Altlasten und Entsorgungsökonomie, 1987, S. 22.

225 SRU, Altlasten I, 1990, Tz. 729 ff.

nicht weiter verfolgt. Bei entsprechender Ausgestaltung als bundesrechtliche Lenkungssteuer zur Verwendung als Finanzhilfe nach § 104a Abs. 4 S. 1 GG könnte eine solche Zwecksteuer jedoch in verfassungskonformer Weise erhoben werden[226].

8. Steuerliche Förderung von privatwirtschaftlichen Finanzierungsformen

Die Sanierung von kontaminierten Grundstücken kann darüber hinaus durch entsprechende privatwirtschaftliche Fondsfinanzierung erfolgen. Die Effektivität eines solchen privatwirtschaftlichen Finanzierungsmodells hängt in großem Maße davon ab, inwieweit hierfür steuerliche Vorteile in Anspruch genommen werden können[227]. Diese könnten beispielsweise über Verlustzuweisungen realisiert werden. Für eine erfolgreiche private Fondsfinanzierung ist jedoch eine zumindest mittelfristige Kalkulierbarkeit im Hinblick auf steuerliche Vorgaben vom Gesetzgeber zu gewährleisten[228]. Nach Auslaufen der steuerlichen Förderung für den Aufbau Ost zum 1. Januar 1995[229] lohnt sich eine privatwirtschaftliche Fondsfinanzierung im Grunde nur noch im Zusammenhang mit Denkmalschutzmaßnahmen, die im Hinblick auf die Erhaltung von Industriedenkmalen eingreifen könnte[230].

9. Einzelfalllösungen

Einen Weg in Anlehnung an die traditionelle Abgabenform „*Gebühr*“ geht das Bundesland Hessen. Dort wurde durch Gesetz die Erhebung eines Zuschlags auf das Entgelt für die Entsorgung von Sonderabfällen festgeschrieben[231]. Die Sätze lagen gem. § 3 Abs. 3 HSondAbfAbgG[232] ab Januar 1993 zwischen 100 und 300 DM je angefangene Tonne abgabepflichtiger Abfälle. Diese Abgabe wurde jedoch zunächst vorläufig per Gesetz für die Jahre 1997 bis 1999 suspendiert[233] und später für verfassungswidrig erklärt[234].

Ein ähnlicher Weg wurde in Berlin beschritten, wo mit der Novellierung des Berliner Wassergesetzes die Erhebung eines Grundwasserentnahmeentgeltes in Höhe von 0,30 DM je m³ Grundwasser eingeführt wurde[235]. Im Unterschied zur hessischen Regelung sollte hierdurch auch ein Lenkungseffekt in Richtung auf einen sparsameren Umgang mit dem Grundwasser erzielt werden.

---

226 Brandt, Finanzierung der Altlastensanierung im Abfallbereich, UBA, F+E-Vorhaben, FKZ 103 03 307, 1987, S. 144 ff.; Breuer, NVwZ 1987, 751 (760).

227 Köchig, in: Landeshauptstadt Stuttgart (Hrsg.), Kommunales Altlastenmanagement Baden-Württemberg, 1996, S. 164 f.

228 Köchig, in: Landeshauptstadt Stuttgart (Hrsg.), Kommunales Altlastenmanagement Baden-Württemberg, 1996, S. 165.

229 Vgl. § 8 Fördergebietsgesetz sowie § 3 InvZulG = Art. 6 bzw. Art. 7 des Gesetzes zur Förderung von Investitionen und Schaffung von Arbeitsplätzen im Beitrittsgebiet sowie zur Änderung steuerrechtlicher und anderer Vorschriften v. 24. 6. 1991 (BGBl. I, S. 1322).

230 Siehe hierzu Schmidt, in: Die Welt v. 26. 1. 2000.

231 DIHT, 1991, S. 7 ff.

232 Hessisches Sonderabfallabgabengesetz (HSondAbfAbgG) v. 26. 6. 1991 (GVBl. I, S. 218), geänd. durch G v. 18. 5. 1993 (GVBl. I, S. 171) in der Fassung v. 18. 11. 1993 (GVBl. I, S. 612), geänd. durch G v. 20. 12. 1994 (GVBl. I, S. 764).

233 Durch das Gesetz über die befristete Nichtentstehen der Abgabe nach dem Hessischen Sonderabfallabgabengesetz v. 16. 12. 1996 (GVBl., S. 535).

234 BVerfGE 98, 83 ff.

235 DIHT, 1991, S. 21 f.; SRU, Altlasten II, 1995, Tz. 174.

In Hamburg wurde keine eigenständige Regelung im Landesrecht verankert. In Einzelfällen wurden, wie z.B. beim Sanierungsvorhaben *„Deponie Georgswerder"*, mit verschiedenen Unternehmen öffentlich-rechtliche Verträge geschlossen. In diesen verpflichteten sich die Unternehmen, sich an den Kosten für die Sanierung zu beteiligen[236]. Dies wird man wegen des begrenzten Anwendungsbereichs jedoch kaum als langfristiges Finanzierungskonzept zur Lösung aller Hamburger Altlastenprobleme ansehen können[237].

V. Notwendigkeit eines Finanzierungsmanagements

1. Vorbedingungen

Sanierungsmanagement ist immer auch Finanzierungsmanagement[238]. Das zwingt dazu, die wegen der angespannten Lage der öffentlichen Haushalte knappen Mittel möglichst effektiv einzusetzen[239]. Dabei sind folgende Prämissen zu berücksichtigen und folgende Fallgestaltungen zu unterscheiden:

Entscheidungen für eine Bodensanierung sollten nach Möglichkeit im Konsens getroffen werden. Im Konfliktfall drohen gerichtliche Auseinandersetzungen zwischen der Behörde und dem Sanierungspflichtigen, die zum einen für die Sanierung verwendbare Finanzmittel verschlingen und zum anderen regelmäßig zu zeitlichen Verzögerungen führen. Bei Industriebrachen oder bei innenstadtnahen Altlasten können zusätzliche Finanzmittel zur Sanierung durch potente Investoren eingebracht werden[240]. Dies erfordert jedoch insbesondere von den Behörden ein erhöhtes Maß an Flexibilität in den Verhandlungen[241]. Bei der Sanierung von Bodenkontaminationen besteht unter Umständen die Möglichkeit, auf andere Finanzierungstöpfe als die üblichen Landesmittel aus dem Haushalt zuzugreifen; so könnte eine Sanierung eines Grundstücks durch neuartige Verfahren über besondere Fördermittel im Rahmen von

---

236 Vgl. hierzu Brandt, Altlastenrecht, 1993, S. 233.

237 Vgl. hierzu Brandt, Altlastenrecht, 1993, S. 233.

238 Ulrici/Hachmann, in: Franzius/Wolf/Brandt (Hrsg.), Handbuch der Altlastensanierung, 2. Aufl., Stand Dez. 1999, KZ 12643, Rnrn. 55 ff.; Leitzke/Ulrici, Altlastenmanagement, 1999, S. 108.

239 Vennorst, EntsorgungsPraxis (1 – 2) 1991, 19.

240 SRU, Altlasten II, 1995, Tz. 187; Tomerius, ZUR 1999, 78 (80); siehe auch z.B. die Stadtsanierung von Kehl; siehe hierzu Armbruster, in: Landeshauptstadt Stuttgart (Hrsg.), Kommunales Altlastenmanagement Baden-Württemberg, 1996, S. 15 ff.; vgl. aber auch die Negativbeispiele *„Öl-Epple"* in Stuttgart-Bad Cannstatt; dazu v. Zimmermann, in: Landeshauptstadt Stuttgart (Hrsg.), Kommunales Altlastenmanagement Baden-Württemberg, 1996, S. 21 ff. Inzwischen ist dieses Projekt allerdings auf einem positiven Weg; vgl. Bericht in der Stuttgarter Zeitung v. 21. 11. 2000, S. 21 sowie v. 20. 2. 2002, S. 21, oder das mit großen Schwierigkeiten behaftete Projekt auf dem Kienzle-Areal in Villingen-Schwenningen, zu dem sich Jourdan, in: Landeshauptstadt Stuttgart (Hrsg.), Kommunales Altlastenmanagement Baden-Württemberg, 1996, S. 84 f. noch hoffnungsfroh äußert. Dieses Vorhaben machte jedoch wegen des Versuchs des Investors, sich durch Verkauf des Geländes an eine weitgehend vermögenslose Schweizer Aktiengesellschaft der (Zustands-)Haftung zu entziehen, bundesweit Schlagzeilen in juristischen Fachzeitschriften; vgl. hierzu die Entscheidungen des VGH Mannheim, NVwZ 1996, 1036 ff. = BB 1996, 329 ff. (vorläufiges Verfahren) und VBlBW 1998, 312 (Hauptsacheverfahren) sowie die Entscheidung der Vorinstanz VG Freiburg, ZUR 1998, 42 sowie die Anmerkung von Knopp, BB 1996, 389 ff.; vgl. auch Kniesel, BB 1997, 2009 (2013 f.). Siehe zum Ganzen auch unten unter Kap. 3 D I 2. g) (6).

241 So wird die mangelnde behördliche Flexibilität als größtes Investitionshemmnis bei der Altlastensanierung bezeichnet; vgl. Roschig, in: Landeshauptstadt Stuttgart (Hrsg.), Kommunales Altlastenmanagement Baden-Württemberg, 1996, S. 148.

Forschungsvorhaben bezuschusst oder über das Umweltprogramm der KfW oder der DtA durch Zinsvergünstigungen gefördert werden[242]. Sanierungsmaßnahmen können als Maßnahmen zur Erhaltung und Verbesserung der Umweltsituation als Arbeitsbeschaffungsmaßnahmen gem. § 273 SGB III[243] gefördert werden[244].

Im Problemfeld der Inanspruchnahme von mehreren potenziellen Sanierungspflichtigen[245] ist zu empfehlen, die Beteiligten *„an einen Tisch"* zu bringen, um eine Finanzierungslösung zu finden. Dabei können die Verursachungsbeiträge von mehreren Handlungsstörern angemessen berücksichtigt werden. Aber auch eine finanzielle Einbeziehung des Eigentümers ist hier möglich, da dieser als der am leichtesten von der Behörde zu ermittelnde Verantwortliche einem erhöhten Heranziehungsrisiko ausgesetzt ist[246]. Dieses – durch die jüngste Rechtsprechung des Bundesverfassungsgerichts in der Höhe inzwischen begrenzte[247] – Risiko steigt umso mehr, je länger um die Beteiligung an den Finanzierungskosten gestritten wird. Hier können durch richtiges Altlastenmanagement teure und zeitintensive Prozesse, insbesondere zwischen den beteiligten Störern, vermieden werden. In diesem Bereich kann der in den USA seit längerem verfolgte[248] und auch in Deutschland diskutierte[249] und zunehmend praktizierte Einsatz von Mediatoren oder Konfliktmittlern sinnvoll sein[250].

---

242 Zum Ganzen oben unter Kap. 1 B II 7.; vgl. auch SRU, Altlasten II, 1995, Tz. 183.

243 Sozialgesetzbuch (SGB) III in der Fassung d. Gesetzes zur Reform der Arbeitsförderung (Arbeitsförderungs-Reformgesetzes – AFRG) v. 24. 3. 1997 (BGBl. I, S. 594).

244 Für bestimmte Sachverhalte erweitert § 415 SGB III den Anwendungsbereich des § 273 SGB III in den neuen Ländern; vgl. hierzu Schlegel, in: Hennig, SGB III, Losebl., Stand Nov. 2000, § 415 Rnrn. 5 ff.; vor Inkrafttreten des SGB III konnten Umweltmaßnahmen über § 91 Abs. 3 Nr. 4 Arbeitsförderungsgesetz (AFG) v. 25. 6. 1969 (BGBl. I, S. 582), zuletzt geänd. durch G v. 29. 4. 1997 (BGBl. I, S. 968), erweitert durch § 249h AFG für die neuen Länder, gefördert werden; vgl. hierzu Düe, in: Niesel (Hrsg.), AFG, 1995, § 91 Rn. 21; Schlegel, in: Hennig, SGB III, Losebl., Stand Nov. 2000, § 273 Rn. 10 m.w.N.; siehe auch Lemser/Tillmann, Wirtschaftlichkeit von Bodensanierungen, 1997, S. 201; SRU, Altlasten II, 1995, Tz. 184; siehe auch Zimmermann, in: Zimmermann (Hrsg.), Organisation und Finanzierung der Altlastensanierung in den neuen Bundesländern, 1992, S. 32 f.

245 Nach dem neuen Bundes-Bodenschutzgesetz können eine ganze Reihe von verschiedenen Sanierungspflichtigen grundsätzlich zur Sanierung herangezogen werden; so ist neben dem Verhaltensstörer der Grundstückseigentümer sanierungspflichtig. Dazu kommen noch unter gewissen Voraussetzungen der Gesamtrechtsnachfolger oder der eine sanierungsverpflichtete juristische Person beherrschende Konzern, aber auch der frühere Eigentümer und der Derelinquent; vgl. unten unter Kap. 3 D I 2. f) und g).

246 Siehe hierzu ausf. unten unter Kap. 3 D I 2. c).

247 BVerfGE 102, (1 ff.); zur neuen Rechtsprechung des BVerfG siehe ausf. unten unter Kap. 3 D I 2. c (2).

248 Grundlegend Holznagel, Die Verwaltung 1989, 421 (423 ff.); Leitzke/Ulrici, Altlastenmanagement, 1999, S. 110; Tils, Forschungsjournal NSB 1997, 43; siehe auch McComas, Environmental Management 2001, 135 ff.

249 So z.B. in Umweltverfahren, Tils, Forschungsjournal NSB 1997, 43 ff., Schöbel, JuS 2000, 372; Wagner/Engelhard, NVwZ 2001, 370 ff., jew. m.w.N.; zur Umweltmediation im europäischen Vergleich siehe Krämer, NuR 2002, 257 (258 ff.); in Familienverfahren und im öffentlichen Recht im Bereich von Großprojekten, Mähler/Mähler, NJW 1997, 1262 (1263); siehe zur Mediation in Familienverfahren auch Leutheusser-Schnarrenberger, NJW 1995, 2441 (2445); sowie in Verwaltungsverfahren Schillinger, VBlBW 2001, 396 (403); zum Ganzen auch Schöpflin, JA 2000, 157 (163 f.); Duve, BB 2001, 692 f.; Stubbe, BB 2001, 685 ff.

250 Machtolf/Barkowski/Günther, altlasten spektrum 1997, 26 (31); Leitzke/Ulrici, Altlastenmanagement, 1999, S. 110 f.; Hachmann/Ulrici, in: Hermanns/Walcha (Hrsg.), Ökologische Altlasten in der kommunalen Praxis, 1994, S. 143 (160 f.); Ulrici/Hachmann, in: Franzi-

Zuletzt empfiehlt es sich auch immer, die Versicherungsgesellschaften und die Banken mit ins *„Sanierungs-Boot“* zu bekommen. Insbesondere in den 80er Jahren wurden Haftungsrisiken von den Versicherungen in einem Umfang übernommen, der sich heute bei einigen Versicherungen als finanzielle Altlast darstellt[251].

Auch Versicherungen haben teilweise ein Interesse daran, kosten- und zeitintensive Prozesse zu vermeiden, zumal in nicht wenigen Fällen ein und dieselbe Versicherung bzw. Versicherungsgruppe zu Gunsten verschiedener Sanierungspflichtiger Versicherungsleistungen zu erbringen hat.

Die Banken haben häufig wegen bestehender, aber wegen der Kontaminationen stark entwerteter Grundschulden, ein grundlegendes ökonomisches Interesse an einer Sanierung dieser Grundstücke[252].

Die in Bayern grundsätzlich bestehende, jedoch heftig kritisierte[253] Kostenverpflichtung eines dinglich Berechtigten nach Art. 68a Abs. 4 BayWG a.F.[254] wurde jedoch zum 1. März 1999 aufgehoben[255], nachdem diese Regelung ohnehin ohne praktische Relevanz war[256].

Ein Ansatz zur Aufnahme der Haftung eines dinglich Berechtigten in das Bundes-Bodenschutzgesetz[257], wie sie beispielsweise im anglo-amerikanischen Rechtskreis zum Teil besteht bzw. diskutiert wird[258], hatte keinen Erfolg[259].

---

us/Wolf/Brandt (Hrsg.), Handbuch der Altlastensanierung, 2. Aufl., Stand Dez. 1999, KZ 12643, Rn. 39; Rahrbach/Hachmann/Ulrici, altlasten spektrum 1993, 17 (19); Holznagel, Die Verwaltung 1989, 421 (432 ff.). Siehe auch Hellriegel, Mediation im Umweltrecht, 2002, S. 80 f. mit Beispielen für den erfolgreichen Einsatz von Mediatoren in Altlastenverfahren.

251 Erichsen, in: Landeshauptstadt Stuttgart (Hrsg.), Kommunales Altlastenmanagement Baden-Württemberg, 1996, S. 138.

252 Vgl. zu diesem Komplex Lemser/Tillmann, Wirtschaftlichkeit von Bodensanierungen, 1997, S. 195 ff.; auch Brüssel, Die Altlastenproblematik im Kreditgeschäft, 1993, S. 24 ff.; Rahrbach/Hachmann/Ulrici, altlasten spektrum 1993, 17 (20).

253 Wenzel, in: Bankrecht und Bankpraxis (BuB), Stichwort Grundschuld, Fach 4/2546 m.w.N.; Lwowski/Tetzlaff, WM 2001, 385 (394).

254 Bayerisches Wassergesetz (BayWG) in der Fassung d. Bekanntmachung v. 19. 7. 1994 (GVBl., S. 822), zuletzt geänd. durch § 3 d. Gesetzes v. 10. 7. 1998 (GVBl., S. 403); vgl. hierzu Stenzel, in: Landeshauptstadt Stuttgart (Hrsg.), Kommunales Altlastenmanagement Baden-Württemberg, 1996, S. 156 f.; Sanden, in: Franzius/Wolf/Brandt (Hrsg.), Handbuch der Altlastensanierung, 2. Aufl., Stand Dez. 1999, KZ 10513, Rn. 32; Drost, Das Wasserrecht in Bayern, Losebl., Stand Dez. 2001, Art. 68a BayWG Rn. 41; Gößl, in: Sieder/Zeitler/Dahme/Knopp/Gößl, Bayerisches Wassergesetz, Losebl., Stand Mai 2001, Art. 68a BayWG Rn. 49.

255 § 3 d. Gesetzes zur Umsetzung d. Gesetzes zum Schutz des Bodens v. 23. 2. 1999 (GVBl., S. 36).

256 Nach Wenzel, in: Bankrecht und Bankpraxis (BuB), Stichwort Grundschuld, Fach 4/2546 bestand ein informeller Konsens dahin, die Vorschrift bis zu ihrer Aufhebung nicht anzuwenden. Von einer bei Tetzlaff, altlasten spektrum 2001, 1 (9), sowie bei Lwowski/Tetzlaff, WM 2001, 385 (394), und nach Wenzel, BuB 4/2546, zitierten beschriebenen Nichtanwendungszusage des zuständigen Ministers ist jedoch nach dem Inhalt eines dem Verfasser vorliegenden Rundschreibens des Bayerischen Staatsministeriums für Landesentwicklung und Umweltfragen v. 29. 12. 1995 an die Regierungen und Kreisverwaltungsbehörden sowie einem Schreiben des Ministeriums für Landesentwicklung und Umweltfragen v. 24. 4. 2001 auf eine entsprechende Anfrage des Verfassers nichts bekannt.

257 Vgl. BT-Drs. 13/6701, S. 59 f.; BT-Drs. 13/7891, S. 53 f.

2. Elemente und Ansätze

Ein staatliches Finanzierungsmanagement muss zur Erreichung erfolgreicher Ergebnisse die folgende Elemente enthalten:

a) Faire Zuweisung von Sanierungslasten

Der Grundstückseigentümer eines verunreinigten Grundstückes ist regelmäßig leicht zu ermitteln. Denkbare Fälle, wo es bis zum Inkrafttreten des Bundes-Bodenschutzgesetzes zu Schwierigkeiten kommen konnte[260], waren Eigentumsübertragungen an weitgehend vermögenslose Gesellschaften, um sich der Sanierungspflicht zu entziehen[261].

In Erbfällen kann es in der Zeit der Ausschlagungsfrist zu Unsicherheiten über die Eigentümerstellung etwaiger Rechtsnachfolger kommen[262]. Alle Arten der Anfechtung von Eigentumsübertragungen können zu einer unklaren Situation hinsichtlich der Person des Eigentümers führen. Gerade in Altlastenfällen, bei denen das finanzielle Risiko des Eigentümers den Wert des Grundstücks weit übersteigen kann[263], sind Fallgestaltungen nicht ausgeschlossen, in denen der Käufer einer Altlast den Kaufvertrag und die Eigentumsübertragung wegen arglistiger Täuschung anfechten kann. Andere Fälle, in denen Eigentumsübertragungen unwirksam sind, wie im Falle der Geschäftsunfähigkeit nach § 105 BGB, werden in Altlastenfällen dagegen eher selten eine Rolle spielen.

Da der Grundstückseigentümer regelmäßig leicht zu ermitteln ist, steigt die Gefahr, dass die Behörde nicht in gebotenem Maße nach dem Verursacher der Altlast sucht[264]. Dazu ist sie aber wegen der Faust- (aber eben nicht Rechts-) Regel *„Handlungsstörer vor Zustandstörer"*[265] im Rahmen ihrer Ermessensausübung verpflichtet. Gerade, wenn die Behörde zunächst nur den Zustandsverantwortlichen zur Sanierung heranziehen möchte, führt dies wegen der oft als ungerecht empfundenen alleinigen Inanspruchnahme des Zustandsstörers[266] nur allzu häufig zu zeitraubenden

---

258 Siehe hierzu ausf. Sanden, in: Franzius/Wolf/Brandt (Hrsg.), Handbuch der Altlastensanierung, 2. Aufl., Stand Dez. 1999, KZ 10513, Rnrn. 27 ff.

259 BT-Drs. 13/9637, S. 5.

260 Siehe zur bisherigen Rechtslage unten unter Kap. 2 B III 2. b) (1) (b); zur neuen Rechtslage ausf. unten unter Kap. 3 D I 2. g).

261 Vgl. zu einem solchen Fall VGH Mannheim, NVwZ 1996, 1036 ff. = BB 1996, 329 ff. (vorläufiges Verfahren) und VBlBW 1998, 312 (Hauptsacheverfahren) sowie die Entscheidung der Vorinstanz VG Freiburg, ZUR 1998, 42; siehe hierzu auch Knopp, BB 1996, 389 ff.; Kniesel, BB 1997, 2009 (2013 f.); Tetzlaff, altlasten spektrum 2001, 7 (14 f.); Nachdem das BBodSchG in Kraft getreten ist, bleibt der frühere Eigentümer bei Kenntnis der Altlast, was im vorliegenden Fall gegeben war, sanierungspflichtig; siehe unten unter Kap. 3 D I 2. g).

262 Vgl. hierzu Michel, Grundstückserwerb und Altlasten, 1990, S. 66.

263 Vgl. z.B. den bei Oerder, NVwZ 1992, 1031 (1037) genannten Fall; siehe zur Rechtsprechung des BVerfG auch unten unter Kap. 3 D I 2. c) (2).

264 Körner/Vierhaus, LKV 1996, 345.

265 Albrecht/Teifel, Rpfleger 1999, 366; Koch, Bodensanierung nach dem Verursacherprinzip, 1985, S. 64; Fleischer, JuS 1988, 530 (532); Knopp, BB 1996, 389 (390); zur Rechtslage nach Inkrafttreten des Bundes-Bodenschutzgesetzes siehe unten unter Kap. 3 D I 3.

266 Pape, NJW 1992, 2661 (2665); Ulrici/Hachmann, in: Franzius/Wolf/Brandt (Hrsg.), Handbuch der Altlastensanierung, 2. Aufl., Stand Dez. 1999, KZ 12643, Rn. 23.

und kostenintensiven Gerichtsverfahren[267]. Deshalb könnte es sich für die Behörde lohnen, hier besondere Ermittlungsaktivitäten zu entwickeln, um solche Konflikte zu vermeiden[268]. Außerdem wird die Behörde in den Fallgestaltungen, in denen nach dem Bundesverfassungsgericht die Haftung des Eigentümers verfassungsrechtlich begrenzt ist, ohnehin weitere Sanierungsverantwortliche heranziehen, um nicht selber einen Teil der Kosten tragen zu müssen.

Auch wird sich der Staat im Sinne einer fairen Lastenverteilung an der Sanierung von *„verwaisten"* Altlasten entweder unmittelbar über öffentliche Gelder oder mittelbar über eine (zumindest teil-) staatliche Sanierungsgesellschaft beteiligen müssen[269]. Über das umweltpolitische Gemeinlastprinzip[270] ist eine Kostenübernahme durch die öffentliche Hand nicht nur möglich, sondern in diesen Fällen sogar geboten[271].

b) Mitwirkung der Sanierungspflichtigen und Betroffenen am Entscheidungsverfahren

Ergänzend zu dem schon bisher bestehenden Anhörungsrecht des Adressaten eines Verwaltungsaktes nach § 28 VwVfG[272] kommen mit dem Bundes-Bodenschutzgesetz weitere Mitwirkungspflichten und Mitwirkungsrechte hinzu. So hat der Sanierungspflichtige die Betroffenen gem. § 12 BBodSchG von den geplanten Maßnahmen zu informieren. Verpflichteter dieser Vorschrift ist somit nicht die Behörde[273], sondern derjenige, der eine Sanierung durchführt[274], unabhängig im übrigen davon, ob er diese auf Grund einer behördlichen Anordnung oder freiwillig durchführt[275]. Gleiches gilt gem. § 13 Abs. 3 i.V.m. § 12 BBodSchG, wenn die Behörde vom Sanierungspflichtigen die Vorlage eines Sanierungsplans verlangt[276].

Wer bodenschutzrechtlich zur Sanierung verpflichtet ist, ist in § 4 Abs. 3, 5 und 6 BBodSchG geregelt. Verantwortlich sind danach der Verursacher, dessen Gesamtrechtsnachfolger, der Grundstückseigentümer, der Inhaber der tatsächlichen Gewalt, der ehemalige Grundstückseigentümer und der Derelinquent sowie der Einstands-

---

267 So die Erfahrungen aus der Praxis; vgl. nur den Fall *„Öl-Epple"*; hierzu Flad, in: Stuttgarter Zeitung v. 21. 11. 2000, S. 21.

268 Vgl. Paßlick, DVBl. 1992, 674 (678).

269 Leitzke/Ulrici, Altlastenmanagement, 1999, S. 108.

270 Vgl. hierzu Breuer, in: Schmidt-Assmann (Hrsg.), Besonderes Verwaltungsrecht, 11. Aufl. 1999, S. 473; Murswiek, Die Verwaltung 2000, 241 (268); Kloepfer, Umweltrecht, 2. Aufl. 1998, S. 183 f.; Bender/Sparwasser/Engel, Umweltrecht, 4. Aufl. 2000, S. 34.

271 Als Argument lassen sich hier wirtschafts- und strukturpolitische Gründe anführen; vgl. Kloepfer, Umweltrecht, 2. Aufl. 1998, S. 184.

272 Verwaltungsverfahrensgesetz (VwVfG) in der Fassung d. Bekanntmachung v. 21. 9. 1998 (BGBl. I, S. 3050) bzw. die entsprechenden Landes-Verwaltungsverfahrensgesetze; Siehe zum Anhörungsrecht nach § 28 VwVfG die Kommentierung bei Kopp/Ramsauer, VwVfG, 7. Aufl. 2000, § 28 Rnrn. 1 ff. m.w.N.

273 Die Regelung der Befugnisse der Behörden zur Information ist Ländersache; vgl. BT-Drs. 13/6701, S. 41.

274 Fluck, NVwZ 2001, 9 ff.; Sanden/Schoeneck, BBodSchG, 1998, § 12 Rn. 1; Hipp/Rech/Turian, Das Bundes-Bodenschutzgesetz, 2000, Rn. 445.

275 Hipp/Rech/Turian, Das Bundes-Bodenschutzgesetz, 2000, Rn. 445.

276 Siehe Diehr, UPR 1998, 128 (130 f.).

pflichtige aus handels- oder gesellschaftsrechtlichem Grund[277]. Betroffene eines Altlastensanierungsverfahrens sind die jeweils potenziell in ihren Schutzgütern berührten[278] Grundstückseigentümer, sonstige Nutzungsberechtigten[279] und Nachbarn[280].

Die Anhörungsregelungen nach § 28 VwVfG und die bodenschutzrechtlichen Informationspflichten sollen zu einer Optimierung der Planung und Durchführung von Sanierungsmaßnahmen führen, indem allen beteiligten Personen die Möglichkeit gegeben wird, Anregungen, Verbesserungsvorschläge, Alternativen und Bedenken gegenüber dem Sanierungsverantwortlichen und gegenüber den Behörden geltend zu machen[281]. Damit werden Informationsdefizite behoben[282], wird Transparenz geschaffen und die Akzeptanz solcher Maßnahmen erhöht[283].

Die umfassende Einbeziehung von Betroffenen in das Entscheidungsverfahren ist somit ein wichtiges Element des behördlichen Altlastenmanagements[284]. Denkbar ist aber auch die Einberufung eines Sanierungsbeirats,[285] eine Informationsvermittlung in einer öffentlichen Versammlung, über eine Bürgerbefragung oder bei einen Bürgerstammtisch[286]. In solchen Diskussionen lassen sich Vorbehalte gegen neue Wege und Lösungsmöglichkeiten besser abbauen. Auch die Behörde wird in einem Klima des Dialogs eher bereit sein, Zugeständnisse hinsichtlich der zeitlichen und technischen Durchführung zu machen[287].

Auf der anderen Seite kann die Einbeziehung der Betroffenen in das Entscheidungsverfahren überhöhte Erwartungen hinsichtlich der Berücksichtigung der vorgebrachten Einwände wecken[288]. Insoweit muss von behördlicher Seite darauf geachtet wer-

---

277 Begriffsklärung unten in Kap. 3 D I d) und e); zum Ganzen Albrecht, Der Umweltbeauftragte, Heft 5, Mai 1999, 8 f.

278 BT-Drs. 13/6701, S. 41.

279 Hierunter fallen nicht nur die zivilrechtlich Nutzungsberechtigten, wie Mieter, Pächter oder dinglich Berechtigte, sondern auch aus öffentlichem Recht Berechtigte; vgl. Becker, BBodSchG, Losebl., Stand Jan. 2001, § 12 Rn. 3; Hipp/Rech/Turian, Das Bundes-Bodenschutzgesetz, 2000, Rnrn. 447 ff.

280 Nachbar i.S. dieser Vorschrift ist nicht nur der angrenzende Grundstückseigentümer, sondern auch der Mieter eines solchen Grundstücks; vgl. hierzu Becker, BBodSchG, Losebl., Stand Jan. 2001, § 12 Rn. 3 m.w.N.; siehe zum Ganzen auch Fluck, NVwZ 2001, 9 (10).

281 Hipp/Rech/Turian, Das Bundes-Bodenschutzgesetz, 2000, Rn. 443; zu § 28 VwVfG vgl. Kopp/Ramsauer, VwVfG, 7. Aufl. 2000, § 28 Rn. 2; Rahrbach/Hachmann/Ulrici, altlasten spektrum 1993, 17 (19).

282 BT-Drs. 13/6701, S. 41; Machtolf/Barkowski/Günther, altlasten spektrum 1997, 26 (27).

283 Hipp/Rech/Turian, Das Bundes-Bodenschutzgesetz, 2000, Rn. 443.

284 Das kann auch durch eine umfassende Öffentlichkeitsarbeit geschehen; vgl. zum Ganzen Selke, in: Selke/Hoffmann (Hrsg.), Kommunales Altlastenmanagement, 1992, S. 15 (40 ff.); siehe hierzu auch Ulrici/Hachmann, in: Franzius/Wolf/Brandt (Hrsg.), Handbuch der Altlastensanierung, 2. Aufl., Stand Dez. 1999, KZ 12643, Rn. 38.

285 So praktiziert bei der Sanierung der bewohnten Altlast „*Bille-Siedlung*“ in Hamburg; siehe hierzu Kilger, altlasten spektrum 2001, 330 (332).

286 Machtolf/Barkowski/Günther, altlasten spektrum 1997, 26 (27 f.); vgl. auch Ulrici/Hachmann, in: Franzius/Wolf/Brandt (Hrsg.), Handbuch der Altlastensanierung, 2. Aufl., Stand Dez. 1999, KZ 12643, Rn. 68 und Hachmann/Ulrici, in: Hermanns/Walcha (Hrsg.), Ökologische Altlasten in der kommunalen Praxis, 1994, S. 143 (156 ff.) mit weiteren Maßnahmen.

287 Ein Beispiel für ein erfolgreiches Sanierungsmanagement ist z.B. die Dioxinsanierung in Rheinfelden; siehe hierzu Schmid/Burger/Thater, TerraTech 1998, 53 (54).

288 Selke, in: Selke/Hoffmann (Hrsg.), Kommunales Altlastenmanagement, 1992, S. 15 (46).

den, dass keine Missverständnisse bestehen bleiben. Rechtlich nicht geboten ist es, weitere Personen oder Personengruppen, wie Bürgerinitiativen, Verbände oder Nachbarn, in das Verfahren einzubeziehen[289]. Dies kann aber je nach Fallgestaltung zu einem konstruktiven Investitionsklima führen[290]. Außerdem kann es sinnvoll sein, die Versicherungsgesellschaften in das Entscheidungsverfahren einzubeziehen, die aus einer für den konkreten Fall abgeschlossenen Umwelthaftpflichtversicherung einstandspflichtig sind[291]. Weiterhin ist insbesondere dann, wenn eine juristische Person sanierungspflichtig ist, gegebenenfalls an die Einbeziehung der dahinter stehenden Muttergesellschaft in das Verfahren zu denken. Gleiches gilt für Grundschuldgläubiger, die an der Sanierung eines kreditsichernden Grundstücks wegen der Steigerung der Verwertungsmöglichkeiten[292] ein ökonomisches Interesse[293] haben können. Dies kann gegebenenfalls zu einer Beteiligung an den Sanierungskosten entweder durch direkte finanzielle Beteiligung oder durch eine zinsgünstige Finanzierung solcher Maßnahmen führen.

VI. Boden- und Altlastensanierung als Investitionsentscheidung

Die Sanierung eines kontaminierten Grundstücks stellt für den Eigentümer regelmäßig eine schwierige Investitionsentscheidung dar. Zwar ist der Eigentümer, der keine weitere Nutzungsabsicht hinsichtlich des betroffenen Grundstücks verfolgt, nach neuem Bodenschutzrecht unabhängig von einer behördlichen Verfügung zur Abwehr von Gefahren, die von seinem Grundstück ausgehen, verpflichtet[294]. In der Praxis wird eine Sanierung in diesen Fällen jedoch regelmäßig erst auf eine behördliche Anordnung hin erfolgen. Dann kann sich der Investor einer Sanierung nicht entziehen, so dass sich insoweit die Frage nach dem *„ob“* einer Sanierung für ihn erübrigt.

Anders liegen die Fälle, in denen über die reine Gefahrenabwehr hinaus weitergehende Ziele verwirklicht werden sollen[295]. Dies betrifft vor allem Kommunen, wenn z.B. innenstadtnahe Brachflächen oder Industriegelände einer Wieder- oder Neunutzung zugeführt werden sollen[296] oder Investoren, die aus wirtschaftlichen Motiven heraus Grundstücke erwerben, sanieren und schließlich gewinnbringend einer (häufig neuen) Nutzung zuführen wollen[297]. Die Frage nach Art und Umfang der Sanierung stellt sich in solchen Fällen nicht erst dann, wenn eine behördliche Verfügung bevorsteht, sondern schon, wenn der Investor Kenntnis hinsichtlich der Altlasteneigenschaft erhält[298]

---

289 Vgl. Ulrici/Hachmann, in: Franzius/Wolf/Brandt (Hrsg.), Handbuch der Altlastensanierung, 2. Aufl., Stand Dez. 1999, KZ 12643, Rn. 76.

290 Siehe hierzu Rahrbach/Hachmann/Ulrici, altlasten spektrum 1993, 17 (21).

291 Siehe oben unter Kap. 1 B IV 6.

292 Lemser/Tillmann, Wirtschaftlichkeit von Bodensanierungen, 1997, S. 196; Albrecht/Teifel, Rpfleger 1999, 366 (367).

293 Lemser/Tillmann, Wirtschaftlichkeit von Bodensanierungen, 1997, S. 196 f.

294 Siehe hierzu unten unter Kap. 3 B II.

295 Vgl. zum Ganzen SRU, Altlasten II, 1995, Tz. 187.

296 SRU, Altlasten II, 1995, Tz. 187.

297 SRU, Altlasten II, 1995, Tz. 188 f. m.w. Einzelheiten.

298 Lemser/Tillman, in: Bückmann (Hrsg.), Bodenschutz, Länderübergreifender Vergleich bestehender Gesetze und Gesetzentwürfe anhand des rechts- und naturwissenschaftlichen Forschungsstandes, 1996, S. 339 (346).

In allen Fällen muss der Investor die wirtschaftlich günstigste Lösung zu finden[299]. Dabei ist eine Sanierung, die nur das rechtlich geforderte Minimum erfüllt, häufig wirtschaftlich nicht die optimale Lösung. In vielen Fällen lässt sich durch Mehraufwendungen im Bereich der Sanierung eine Inwertsetzung (Wiederherstellung des Nutzungspotenzials) des Grundstücks erreichen, die aus ökonomischer Sicht gewinnbringend ist[300].

1. Sachinvestition und Entscheidungsphase

Jedes Grundstück bietet dem Eigentümer ein bestimmtes Nutzungspotenzial, das er in Anspruch nimmt oder zukünftig in Anspruch nehmen möchte. Durch die Bodenkontamination kann es daher zu einer Nutzungsbeeinträchtigung für die betroffene Fläche[301] oder zu einer neuen Planungssituation kommen. Dies erfordert vom Grundstückseigentümer eine Umstellung seiner Zielsetzungen.

Ökonomisch gesehen sind kontaminierte Grundstücke nicht anders zu behandeln als Flächen, die bestimmten Nutzungen oder Handlungsmöglichkeiten nicht zugänglich sind. Sie unterliegen also bestimmten Potenzialeinschränkungen[302]. Vorhandene Kontaminationen beeinträchtigen die Folgenutzung, so dass die Sanierung des Grundstücks eine notwendige Voraussetzung zur Verwirklichung der angestrebten Nutzungs- und Handlungsziele ist.

Ökonomisch ist die Einordnung eines verunreinigten Grundstücks hinsichtlich der Potenzialbeschränkung kein Sonderfall. Die Kontaminationen haben wie andere Zustandsmerkmale eines Grundstücks[303] im Rahmen einer Verkehrswertermittlung gem. § 3 Abs. 2 WertV[304] Auswirkungen auf den Verkehrswert[305]. Sie gehören zu den weiteren Zustandsmerkmalen gem. § 5 Abs. 5 WertV[306] und werden unter Punkt 2.2.1.6 der Wertermittlungsrichtlinien 91/96[307] explizit unter *„Umwelteinflüsse und Altlasten"* genannt. Eine Verkehrswertermittlung wird der Grundstückseigentümer

---

299 Dabei spielt das Wissen um den volkswirtschaftlichen Nutzen für den privaten Investor keine Rolle; vielmehr muss sich die Investition für ihn betriebswirtschaftlich lohnen; vgl. Venhorst, EntsorgungsPraxis (1 – 2) 1991, 19.

300 Lemser/Tillmann, altlasten spektrum 1996, 212.

301 SRU, Altlasten I, 1989 Tz. 654.

302 Vgl. Lemser/Tillmann, in: Bückmann, Bodenschutz: Länderübergreifender Vergleich bestehender Gesetze und Gesetzentwürfe anhand des rechts- und naturwissenschaftlichen Forschungsstandes, 1996, S. 340 f.

303 Zu nennen sind z.B. Entwicklungszustand, Art und Maß der baulichen Nutzung oder wertbeeinflussende Rechte und Belastungen, wie Wege- oder Überfahrungsrechte; vgl. Lemser/Tillmann, Wirtschaftlichkeit von Bodensanierungen, 1997, S. 55.

304 Verordnung über Grundsätze für die Ermittlung der Verkehrswerte von Grundstücken (Wertermittlungsverordnung – WertV) v. 6. 12. 1988 (BGBl. I, S. 2209), geänd. durch Art. 3 Bau- und Raumordnungsgesetz 1998 (BauROG) v. 18. 8. 1997 (BGBl. I, S. 2081).

305 Vgl. Brüssel, Die Altlastenproblematik im Kreditgeschäft, 1993, S. 28 f.; Burchardi/Memminger, altlasten spektrum 2002, 165 (166).

306 Staatsministerium für Umwelt und Landwirtschaft/Sächsisches Landesamt für Umwelt und Geologie (Hrsg.), Marktorientierte Bewertung altlastenbehafteter Grundstücke, 2001, S. 12; Burchardi/Memminger, altlasten spektrum 2002, 165 (166).

307 Richtlinien für die Ermittlung der Verkehrswerte von Grundstücken (Wertermittlungs-Richtlinien – Wert R 91/96) i.d.F. v. 11. 6. 1991 (BAnz. Nr. 182 a v. 27. 9. 1991), zuletzt geänd. durch Erlass des BMBau v. 3. 5. 2001 (BAnz. Nr. 109 v. 16. 6. 2001); siehe hierzu Burchardi/Memminger, altlasten spektrum 2002, 165).

allerdings in erster Linie dann vornehmen, wenn er das Grundstück verkaufen möchte, oder im Rahmen einer Gesellschaftertrennung[308].

Im Rahmen einer Investitionsentscheidung für eine Sanierung wird hingegen primär die Bestimmung der Sanierungskosten vorgenommen werden. Damit erhält der Eigentümer eine Grundlage für die Entscheidung darüber, ob eine Investition in eine Sanierung ökonomisch sinnvoll ist, oder ob sich Handlungsalternativen hinsichtlich der Verwendung der Investitionsmittel ergeben. Im Gegensatz zu manchen anderen Grundstückseigenschaften können Beschränkungen wegen Bodenkontaminationen durch eine Sanierung in den meisten Fällen wieder aufgehoben werden. Ist der Altlasteneigentümer daran interessiert, alle grundstücksbezogenen Nutzungsmöglichkeiten zurück zu erhalten, kann er dies nur über eine Sanierung des Grundstücks erreichen. Die Sanierungsmaßnahmen sind dann Sachinvestitionen[309] in eine definierte Fläche mit bestimmten Eigenschaften[310]. Wirtschaftlich betrachtet sind Investitionsentscheidungen hinsichtlich der Sanierung von kontaminierten Grundstücken aufgrund ihrer hohen Komplexität, der oft hohen Kapitalbindung und ihrer Folgewirkungen für den Grundstückseigentümer spezifische Sachinvestitionen, die einer systematischen wirtschaftlichen Evaluierung im Vorfeld der Sanierungsentscheidung bedürfen[311].

2. Grundsätzliche Entscheidungssituation eines von einer Bodenkontamination betroffenen Eigentümers

Die Betriebswirtschaftslehre bietet theoretische Methoden und Ansätze für die wirtschaftliche Beurteilung von komplexen Investitionen, die auch für Bodensanierungen gelten[312]. So lässt sich eine Sanierung als Sachinvestition[313] nach den Methoden für Investitionsentscheidungsprozesse darstellen[314].

Jeder Entscheidungsprozess über eine Investition ist ein dynamischer Vorgang, der mit Hilfe des Phasenschemas für rationales Handeln unterteilt werden kann. Unter rationalem Handeln versteht man ein zielgerichtetes Handeln und Auswählen der Handlungsalternativen, welche die Zielstellungen des Entscheidungsträgers voraussichtlich am besten erfüllen. Das Phasenschema wird unterteilt in die Planungs-, die Realisations- und die Kontrollphase[315]. Die Planungsphase kann zur Erleichterung des Handlungsvollzugs weiter differenziert werden in die Problemstellungsphase, in

308 Beispiel bei Burchardi/Memminger, altlasten spektrum 2002, 165 ff.

309 Zum Begriff siehe Wöhe, Einführung in die Allgemeine Betriebswirtschaftslehre, 21. Aufl. 2002, S. 604 f.

310 Dass Investitionsentscheidungen in Altlastenfällen regelmäßig Einzelfallentscheidungen erfordern, steht dieser Einschätzung nicht im Weg, da die meisten Investitionsentscheidungen Einzelfallentscheidungen sind; vgl. Lemser/Tillmann, altlasten spektrum 1996, 212 (213).

311 Lemser/Tillmann, Wirtschaftlichkeit von Bodensanierungen, 1997, S. 56.

312 Diese ist nicht zu verwechseln mit einer rein (betriebswirtschaftlichen) Sanierung im Sinne einer Unternehmenssanierung, z.B. durch Kapitalherabsetzung; vgl. Wöhe, Einführung in die Allgemeine Betriebswirtschaftslehre, 21. Aufl. 2002, S. 797 ff.; Olfert, Finanzierung, 11. Aufl. 2001, S. 249 ff.

313 Zum Begriff siehe Olfert, Finanzierung, 11. Aufl. 2001, S. 36.

314 Lemser/Tillmann, Wirtschaftlichkeit von Bodensanierungen, 1997, S. 56; vgl. zum Ganzen auch Wöhe, Einführung in die Allgemeine Betriebswirtschaftslehre, 21. Aufl. 2002, S. 604 ff.

315 Matschke, Investitionsplanung und Investitionskontrolle, 1993, S. 44 ff.

die Suchphase sowie in die Bewertungs- oder Beurteilungsphase und in die Entscheidungsphase[316].

Die einzelnen Phasen verlaufen nicht zeitlich nacheinander, sondern können in der Realität durchaus parallel ablaufen[317]. Sie können gegebenenfalls auch vorzeitig beendet und neu begonnen werden, wenn sich herausstellt, dass sich die Randbedingungen verändert haben. Die Planungsphase ist ein Instrumentarium zur Willensbildung. Die Phasen der Realisation und Kontrolle gehören hingegen zur Durchsetzung des Willens des Entscheidungsträgers.

Allgemeine Abbildung eines Entscheidungsprozesses
(in Anlehnung an: Matschke, Investitionsplanung und Investitionskontrolle, 1993, S. 45)

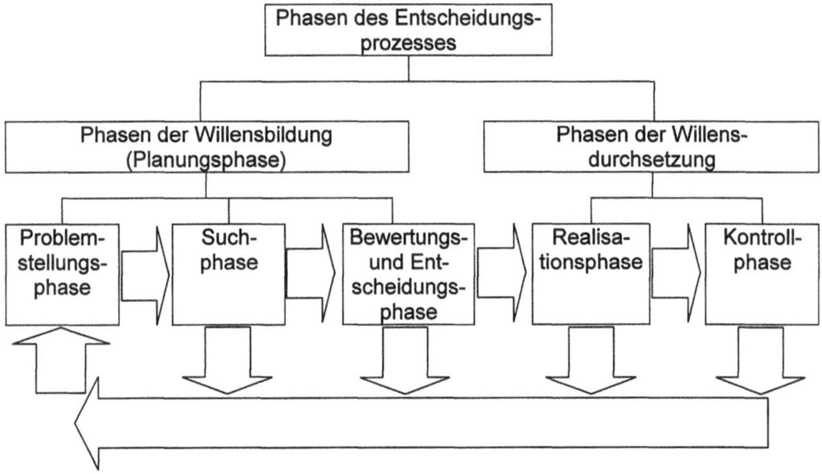

Die Planungsphase ist die gedankliche Vorwegnahme zukünftigen Handelns durch das Abwägen verschiedener Handlungsalternativen und die Entscheidung für den günstigsten Weg[318]. In der ersten Unterphase der Planungsphase, der so genannten Problemstellungsphase, wird ausgehend von einer bestimmten Situation eine Mangellage erkannt und der verbesserungsbedürftige Ist-Zustand dokumentiert. Der Lösung eines Problems vorausgehend, muss der Entscheidungsträger zunächst eine umfangreiche und fundierte Problemanalyse seiner Ausgangssituation vornehmen sowie das Ziel seiner Investitionstätigkeit definieren[319]. Damit kann er Entschei-

316 Kruschwitz, Investitionsrechnung, 9. Aufl. 2003, S. 7 f.

317 Dies soll durch die rückwärts verlaufenden Pfeile im Schaubild verdeutlicht werden.

318 Wöhe, Einführung in die Allgemeine Betriebswirtschaftslehre, 21. Aufl. 2002, S. 81.

319 Wöhe, Einführung in die Allgemeine Betriebswirtschaftslehre, 21. Aufl. 2002, S. 605.

dungskriterien für die Auswahl der optimalen Handlungsalternative formulieren[320]. Insbesondere in Fällen von Bodenkontaminationen werden aber im Regelfall noch nicht alle Facetten des Problems bekannt sein. So stellt sich häufig im Laufe von Sanierungen heraus, dass die Verschmutzungen sich anders darstellen als prognostiziert. Daher müssen hier Unsicherheiten mit eingeplant werden[321], so dass eine eindeutige Zielformulierung häufig unterbleiben wird.

Die Suchphase dient dazu, dem Investor verschiedene Handlungsmöglichkeiten zu erschließen und deren Konsequenzen darzustellen. Dies erfordert die Sammlung von möglichst detaillierten Informationen über die verschiedenen Handlungsmöglichkeiten sowie über die Umweltbedingungen und -einflüsse[322]. Dabei gilt: Je unvollständiger die verfügbaren Informationen sind, desto größer ist die Unsicherheit und damit das Risiko[323]. Daraus können dann Handlungsalternativen abgeleitet werden, die den rechtlichen, technischen und wirtschaftlichen Rahmenbedingungen genügen. In dieser frühen Planungsphase werden die Investitionskostenabschätzungen vor allem aufgrund der Erfahrungen mit schon realisierten Projekten durchgeführt[324].

In der letzten Stufe der Planungsphase, der so genannten Bewertungs- und Entscheidungsphase, werden die Konsequenzen der Handlungsmöglichkeiten hinsichtlich der Zielvorstellungen des Investors beurteilt[325]. Handelt es sich nur um quantitativ bestimmbare Ziele und Daten, können die wirtschaftlichen Auswirkungen durch Verfahren der Investitionsrechnung ermittelt werden[326]. Lassen sich die Ziele und Daten jedoch nicht quantifizieren, müssen andere Verfahren gewählt werden[327]. Eine mittels eines Vergleichs der bestehenden Handlungsalternativen durchgeführte Bewertung führt schließlich zu einer Rangordnung, die es dem Investor erlaubt, die seinen Zielen am besten entsprechende Handlungsalternative zu wählen.

In der Sanierungspraxis ist dieses Modell jedoch mit einigen Unwägbarkeiten behaftet. Insbesondere bei Investitionsvorhaben, bei denen zwischen der Entscheidung für eine Handlungsalternative und deren Durchführung eine lange Zeitdauer liegt, kann es zu Abweichungen von den prognostizierten Daten und Zielen kommen. Kommt es auf dem Grundstücksmarkt beispielsweise zu einem Verfall der Grundstückspreise, können die negativen Auswirkungen auf die Sanierungsfinanzierung erheblich sein. Auf der anderen Seite können neu aufgelegte Förderprogramme, neue Sanierungstechniken oder steuerrechtliche Änderungen sich positiv auswirken. In solchen Fällen

320 Kruschwitz, Investitionsrechnung, 9. Aufl. 2003, S. 7.

321 Zur Risikoanalyse vgl. Wöhe, Einführung in die Allgemeine Betriebswirtschaftslehre, 21. Aufl. 2002, S. 644 ff.; nach allen gängigen Investitionsrechnungsverfahren erfolgt eine Einbeziehung dieser Unsicherheiten im Rahmen des einzukalkulierenden Risikos; vgl. zu den Methoden, Däumler, Investitionsrechnung, 2. Aufl. 1996, S. 22 f.; zur Einbeziehung des Risikos, Däumler, Investitionsrechnung, 2. Aufl. 1996, S. 58, 86, 113; zur Einberechnung des Risikos bei unterschiedlichen Finanzierungsmodellen siehe Drukarczyk, Finanzierung, 8. Aufl. 1999, S. 187 ff., insbes. S. 191 ff. m.w. Einzelheiten.

322 In der Praxis wird zwangsläufig eine Beschränkung bei der Alternativensuche erfolgen. Dies spart Planungskosten, kann aber zu suboptimalen Lösungen führen; vgl. Wöhe, Einführung in die Allgemeine Betriebswirtschaftslehre, 21. Aufl. 2002, S. 606.

323 Wöhe, Einführung in die Allgemeine Betriebswirtschaftslehre, 21. Aufl. 2002, S. 123, 126 f.

324 Vgl. Bernecker, Planung und Bau verfahrenstechnischer Anlagen, 4. Aufl. 2001, S. 153 ff.

325 Wöhe, Einführung in die Allgemeine Betriebswirtschaftslehre, 21. Aufl. 2002, S. 607.

326 Wöhe, Einführung in die Allgemeine Betriebswirtschaftslehre, 21. Aufl. 2002, S. 606.

327 Kruschwitz, Investitionsrechnung, 9. Aufl. 2003, S. 7.

kann eine flexible Anpassung oder Änderung der ursprünglichen Entscheidung erforderlich werden[328].

In der sich an die Planungsphase anschließenden Realisationsphase werden die Soll-Werte in die Realität umgesetzt[329]. Bei Großvorhaben oder komplexen Sanierungen erfordert diese Phase einen erheblichen Zeitaufwand, da z.B. Ausschreibungsunterlagen erstellt, Verträge geschlossen, Genehmigungen eingeholt und das Vorhaben letztlich durchgeführt werden müssen[330]. In dieser Phase stellt sich häufig heraus, dass eine Spezifizierung des Investitionsobjekts noch nicht ausreichend erfolgt ist. Damit können Nachbesserungen erforderlich werden, die unter Umständen zu einem höheren Finanzbedarf oder zu einer Verzögerung der Projektdurchführung führen. In der Praxis wird häufig eine Investitionssteuerung für nicht vorhersehbare Investitionsentscheidungen und das für die termingerechte Durchführung notwendige Zeitmanagement erfolgen[331].

Insbesondere dem Zeitmanagement kommt im Rahmen von Investitionsentscheidungen eine herausragende Bedeutung zu[332]. Durch die Verringerung des Zeitbedarfs, z.B. durch die parallele Durchführung bestimmter Aktivitäten, steigen auf der einen Seite die aktivitätsbezogenen Auszahlungen, die zeitlich vorgenommen werden müssen. Dies kann zu höheren Finanzierungskosten führen. Andererseits führt eine kürzere Gesamtdauer der Projektdurchführung zur Möglichkeit einer früheren Nutzung, wodurch es auch zu einer Verringerung des Finanzbedarfs kommen kann[333].

Ein effektives Zeitmanagement muss daher vor allem eine Abschätzung zwischen den positiven und den negativen Auswirkungen einer beschleunigten bzw. einer verlangsamten Projektdurchführung beinhalten. Damit lässt sich eine optimale Investitionssteuerung mittels zeitlicher Koordination der vorzunehmenden Maßnahmen sicherstellen. Defizite in diesem Bereich können zu erheblichen Überschreitungen des Zeitrahmens und damit – wegen der späteren Nutzungsmöglichkeiten – zu erhöhten Auszahlungen führen, was im Rahmen der Investitionssteuerung vermieden werden kann[334].

Anschließend an die Realisationsphase wird im Rahmen der Kontrollphase der Entscheidungsprozess überprüft, indem ein Vergleich zwischen den erreichten Ist-Werten mit den in der Planung festgelegten Soll-Werten erfolgt[335]. Aus der Überprüfung durch den Soll-Ist-Vergleich können Informationen über Abweichungen und deren Ursachen gewonnen werden. Diese Erkenntnisse können für die Optimierung

---

328 Adam, Investitionscontrolling, 3. Aufl. 2000, S. 14.

329 Wöhe, Einführung in die Allgemeine Betriebswirtschaftslehre, 21. Aufl. 2002, S. 607.

330 Vgl. Adam, Investitionscontrolling, 3. Aufl. 2000, S. 12.

331 Lemser/Tillmann, Wirtschaftlichkeit von Bodensanierungen, 1997, S. 59.

332 Lemser/Tillmann, Wirtschaftlichkeit von Bodensanierungen, 1997, S. 59.

333 Lemser/Tillmann, in: Bückmann (Hrsg.), Bodenschutz, Länderübergreifender Vergleich bestehender Gesetze und Gesetzentwürfe anhand des rechts- und naturwissenschaftlichen Forschungsstandes, 1996, S. 339 (343).

334 Zum Ganzen vgl. Lemser/Tillmann, Wirtschaftlichkeit von Bodensanierungen, 1997, S. 59 f.

335 Wöhe, Einführung in die Allgemeine Betriebswirtschaftslehre, 21. Aufl. 2002, S. 607.

laufender und zukünftiger Vorhaben verwendet werden[336]. Außerdem lassen sich daraus optimale Handlungsalternativen ableiten[337].

Mit Kontrollen, die für eine effektive Projektsteuerung unerlässlich sind, lassen sich während der Realisationsphase häufig Defizite aufdecken und durch ein Umsteuern noch im Laufe des Vorhabens minimieren oder beheben[338]. Auch nach Abschluss der Realisations- und der Kontrollphase können aufgrund veränderter Umweltbedingungen Nachbesserungen erforderlich werden, die in der ursprünglichen Investitionsrechnung noch nicht vorhersehbar und damit nicht einkalkuliert waren. Der Entscheidungsträger steht in diesem Fall vor neuen Investitionsproblemen, die es nach dem oben dargestellten Entscheidungsschema zu entscheiden gilt[339].

Dieses allgemeine Schema lässt sich – wie nachfolgend gezeigt werden soll – auf die Entscheidungssituation des Eigentümers einer kontaminierten Fläche übertragen.

3. Denkbare Zielstellungen eines betroffenen Grundstückseigentümers

Der Eigentümer eines kontaminierten Grundstücks kann verschiedene Maßnahmen von der rein ordnungsrechtlichen Gefahrenabwehr bis hin zur ökologisch wünschenswerten (Luxus-)Sanierung ergreifen[340]. Letztere, so jedenfalls die Erfahrungen aus der Praxis[341], ist jedoch wegen der hohen Aufwendungen für die Herstellung einer bodennutzungsorientierten Multifunktionalität in den meisten Fällen unwirtschaftlich und kann von der Behörde auch nicht gefordert werden, da dies eine Verletzung des Verhältnismäßigkeitsgrundsatzes bedeutet[342]. Daher wird der Eigentümer regelmäßig nur eine nutzungsbezogene Sanierung anstreben. Diese aus ökonomischer Sicht wichtige Frage erklärt jedoch nicht die grundsätzlichen Zielstellungen des Altlasteneigentümers. Hier stellt sich für den Grundstückseigentümer die Frage, ob er die Sanierung zur Gewinnerzielung vornimmt und damit erwerbswirtschaftliche Ziele verfolgt, oder ob er keine Gewinne erzielen möchte und somit kein erwerbswirtschaftliches Motiv zugrunde liegt[343]. Eine erwerbswirtschaftliche Zielstellung liegt dann vor, wenn der betroffene Altlasteneigentümer seine Handlungsmaxime der wirtschaftli-

336 Vgl. Matschke, Investitionsplanung und Investitionskontrolle, 1993, S. 44.

337 Brüggemann/Dannemann/Dombert/Ferber/Fischer/Henrici/Lietmann/Schulz-Bödeker/Simsch, altlasten spektrum 2000, 23 (40).

338 Wöhe, Einführung in die Allgemeine Betriebswirtschaftslehre, 21. Aufl. 2001, S. 607; Adam, Investitionscontrolling, S. 14.

339 Adam, Investitionscontrolling, 3. Aufl. 2000, S. 14.

340 Franzius/Freier, in: Franzius (Hrsg.), Sanierung kontaminierter Standorte 1994, S. 11; Lemser/Tillmann, Wirtschaftlichkeit von Bodensanierungen, 1997, S. 61; nicht in die Betrachtung einbezogen wurden die eher seltenen Fälle, in denen Sanierungsmaßnahmen ökologisch negative Folgen, z.B. durch die Zerstörung von Sekundärbiotopen, nach sich ziehen.

341 Vgl. Rippen, Nutzungsbezogene Bewertung von Boden- und Grundwasserbelastungen, Brachflächenrecycling (4) 1995, 45 (46); Kloke/Lühr, Aspekte zur Altlastbewertung, in: Neumeier/Weber (Hrsg.), Altlasten, 3. Aufl. 1996, S. 181 (188).

342 Dieser ökonomischen Notwendigkeit folgt das BBodSchG; zum Grundsatz der nutzungsbezogenen Sanierung in § 4 Abs. 4 BBodSchG vgl. Knopp/Albrecht, Altlastenrecht in der Praxis, 2. Aufl. 1998, Rn. 163; Hipp/Rech/Turian, Das Bundes-Bodenschutzgesetz, 2000, A III, Rn. 238.

343 Daneben kann es auch Fälle geben, in denen eine nicht erwerbswirtschaftliche Sanierungstätigkeit später ein wirtschaftlicher Erfolg wird, z.B. dann, wenn die Sanierung eines Grundstücks entgegen frühere Kalkulationen weniger kostet als der beim späteren Verkauf erzielte Veräußerungsgewinn beträgt.

chen Betätigung auf den Zweck der Gewinnerzielung ausgerichtet hat[344]. Die relevanten Vorschriften und mögliche behördliche Auflagen hat er dabei als Nebenbedingungen zu beachten.

Eine nicht erwerbswirtschaftlich ausgerichtete Zielstellung des Eigentümers liegt insbesondere bei von staatlicherseits durchgeführten Sanierungen vor[345], aber auch, wenn ein Unternehmen ein kontaminiertes Grundstück, das für Produktionszwecke nicht mehr benötigt wird, allein aus Gründen der Gefahrenabwehr saniert und eine Gewinnerzielung nicht beabsichtigt ist. Handelt der Grundstückseigentümer nicht erwerbswirtschaftlich, hat er abzuwägen, ob er eine den Erfordernissen der Gefahrenabwehr genügende Minimalsanierung (z.B. durch Sicherungsmaßnahmen) oder eine umfassende Sanierung durchführt, die einen (gewinnbringenden) Verkauf des Grundstücks ermöglicht.

Aus diesen Zielstellungen ergibt sich für den Grundstückseigentümer eine bestimmte Entscheidungssituation in Form von Entscheidungsspielräumen für grundstücksbezogene Handlungsmöglichkeiten und im Hinblick auf nutzungsbezogene Zielstellungen.

Unabhängig davon, ob der Grundstückseigentümer mit einer Sanierung erwerbswirtschaftliche oder nicht erwerbswirtschaftliche Zwecke verfolgt, hat er eine historische und technische Erkundung durchzuführen[346]. Die damit verbundenen Kosten für die Erkundung oder möglicherweise eintretende Nutzungsbeschränkungen sind daher für ihn unvermeidbar.

a) Grundstücksbezogene Handlungsmöglichkeiten

Die grundstücksbezogenen Handlungsmöglichkeiten des Eigentümers hängen maßgeblich vom Grad der Kontamination ab, gleichgültig, ob er erwerbswirtschaftliche Ziele verfolgt oder nicht. Grundsätzlich kann er das kontaminierte Grundstück behalten oder es verkaufen, es verschenken oder das Eigentum an ihm aufgeben. Je gravierender das Grundstück verunreinigt ist, desto mehr ist der Spielraum hinsichtlich der grundstücksbezogenen Handlungsmöglichkeiten eingeschränkt. Ein erheblich kontaminiertes Grundstück lässt sich kaum verschenken und noch schwieriger verkaufen. Unter diesen Voraussetzungen kann eine Sanierung auch dazu dienen, die wirtschaftliche Potenzialeinschränkung des Grundstücks zu mildern und damit die grundstücksbezogenen Handlungsmöglichkeiten wieder zu erlangen[347].

Zwischen den Alternativen „*Behalten*" des Grundstücks oder dessen „*Abgabe*" gibt es verschiedene weitere Varianten. So kann die Alternative „*Behalten*" mit einer gleichartigen oder mit einer andersartigen Folgenutzung verbunden sein. Abhängig

---

344 Vgl. Gabler-Verlag (Hrsg.), Wirtschaft-Lexikon, 14. Aufl. 1997, Band 1, Stichwort Erwerbswirtschaftliches Prinzip, S. 1208; umfassend hierzu Wöhe, Einführung in die Allgemeine Betriebswirtschaftslehre, 21. Aufl. 2002, S. 40 ff.

345 Zu den nicht erwerbswirtschaftlichen Zielstellungen gehören insbesondere auch ökologische, strukturpolitische oder städtebauliche Motive, mit denen z.B. eine Revitalisierung innenstadtnaher Brachflächen bezweckt wird; vgl. Lemser/Tillmann, Wirtschaftlichkeit von Bodensanierungen, 1997, S. 63; Venhorst, EntsorgungsPraxis (1 – 2) 1991, 19 (19 f.).

346 Lemser/Tillmann, Wirtschaftlichkeit von Bodensanierungen, 1997, S. 64.

347 Lemser/Tillmann, Wirtschaftlichkeit von Bodensanierungen, 1997, S. 65.

davon bestehen dann unter Umständen Unterschiede hinsichtlich des erforderlichen Sanierungsaufwandes. Weiterhin kann der Eigentümer nach Durchführung der Sanierung eine weitere Eigennutzung anstreben oder einen Verkauf vorsehen. Eine mögliche Variante stellt auch der Verkauf des Grundstücks mit anschließender Anmietung durch den Verkäufer dar[348]. In diesem Sonderfall könnten erhöhte Sanierungsaufwendungen trotz der geplanten Grundstücksabgabe erfolgen, da insoweit anschließend eine mittelbare Eigennutzung des Grundstücks erfolgt.

Bezweckt der Grundstückseigentümer im Falle der Alternative *„Behalten"* noch eine Eigennutzungsabsicht des Grundstücks, wird sich dies ebenfalls auf den Sanierungsaufwand auswirken. Wenn eine Eigennutzung nicht geplant ist und das Grundstück ungenutzt bleiben soll, wird sich eine Sanierung hingegen häufig nur am rechtlich geforderten Minimalziel orientieren.

b) Flächennutzungsbezogene Sanierungsziele

Im Rahmen der flächennutzungsbezogenen Sanierungsziele spielt die Gefahrenabwehr in vielen Fällen eine entscheidende Rolle. Zwar gibt es Schutzgüter, die unabhängig von einer bestimmten Nutzung von einer Kontamination negativ betroffen sein können, wie beispielsweise das Grundwasser. In den meisten Fällen bestimmt sich jedoch die Gefahr nach der konkreten oder geplanten Nutzung[349]. Je nach Art der Flächennutzung stellt sich die Gefahr für den Einzelnen oder die Allgemeinheit unterschiedlich dar. So liegt auf Flächen, auf denen sich Industrieanlagen befinden, die Gefahrenschwelle naturgemäß höher als auf Kinderspielflächen, wo wegen des intensiveren Kontakts mit dem Boden und der höheren Anfälligkeit der Nutzer die Gefahrenschwelle schon bei weitaus geringeren Werten erreicht ist[350].

Daher ist die Gefahrenabwehr als Ziel polizeirechtlicher Maßnahmen in den meisten Fällen davon abhängig, welche Nutzung für das sanierungsbedürftige Grundstück vorgesehen ist[351]. Ist eine bestimmte Nutzung für ein bestimmtes Grundstück (zwingend) festgelegt, so beschränkt sich die Sanierungstätigkeit häufig darauf, die hier bestehende Gefahrenschwelle zu unterschreiten[352]. So ist eine Fläche, die bauplanungsrechtlich als Industriegelände beschrieben ist, regelmäßig auch nur als solche nutzbar. Eine Sanierung über die für Industriegelände hinausgehenden Werte ist daher ökonomisch meist nicht sinnvoll. Selbst wenn das Grundstück nach einer aufwendigen und teuren Sanierung die Wertevorgaben für Wohngebiete einhält, können

348 Dies wird häufig bei der Auslagerung von Firmengrundstücken in sog. Grundstücksholdings oder Grundstücksgesellschaften praktiziert.

349 Vgl. Tomerius, ZUR 1999, 78 (82); Venhorst, EntsorgungsPraxis (1 – 2) 1991, 19 (20).

350 König, in: Fehlau/Hilger/König, Vollzugshilfe Bodenschutz und Altlastensanierung, 2000, Anhang 2 Rnrn. 4, 7; zum Ganzen auch Einleger zu Knopp/Albrecht, Altlastenrecht in der Praxis, 2. Aufl. 1998, Stand 16. 7. 1999, S. 8.

351 Tomerius, ZUR 1999, 78 (82); umgekehrt liegt die Erheblichkeitsschwelle für die Bauleitplanung tiefer und muss sich am Vorsorgeprinzip orientieren; vgl. Paßlick, DVBl. 1992, 674 (681).

352 Diese war in der Vergangenheit nicht einfach zu bestimmen, so dass in das BBodSchG große Erwartungen gesetzt werden; vgl. Kratzenberg, UPR 1997, 177 (179 f.); vgl. hierzu auch Kobes, NVwZ 2000, 261 (264); Sandner, NJW 2000, 2542.

auf einer bauplanungsrechtlich als Industriegelände ausgewiesenen Fläche ohne eine Änderung des Bebauungsplans Wohnhäuser nicht errichtet werden[353].

Gleichermaßen ist als Wohngebiet ausgewiesenes Gelände grundsätzlich nach diesen Vorgaben zu sanieren. Damit entfällt eine Wahl zwischen verschiedenen Sanierungszielen und somit auch die Möglichkeit, eine selbständige wirtschaftliche Zielstellung zu entwickeln[354].

In vielen Fällen ist jedoch die Nutzung des sanierungsbedürftigen Geländes nicht von vornherein festgelegt. Dies betrifft vor allem Gebiete, die verschiedene Nutzungen zulassen, wie besondere Wohngebiete, Misch- oder Kerngebiete. Gleiches gilt für Gebiete, die einer Nutzungsänderung zugeführt werden können, was häufig bei der Wiedernutzung innenstadtnaher ehemaliger Gewerbeflächen für innenstadtspezifische Nutzungen der Fall ist[355].

In solchen Fällen verstellt die alleinige Betrachtung von Sanierungen unter dem Gesichtspunkt der Gefahrenabwehr den Blick auf aktive, ökonomisch vorteilhafte Sanierungsstrategien[356]. Es kann wirtschaftlich sinnvoll sein, eine Sanierung über die reine Gefahrenabwehr durchzuführen, um aus den damit gewonnenen Handlungsmöglichkeiten die profitabelste auszuwählen.

Dies soll anhand eines Beispiels erläutert werden:

Ein Unternehmen ist Eigentümer eines kontaminierten und nicht mehr genutzten Betriebsgrundstücks in innenstadtnaher Lage[357]. Das als Industriefläche ausgewiesene Grundstück könnte nun für relativ geringe Kosten gesichert werden und ungenutzt bleiben (Variante 1). Es könnte auch mit höheren Kosten, ausgerichtet an den niedrigeren Grenzwerten[358] für Industriegelände, saniert werden (Variante 2). Es könnte aber auch mit erheblich größeren Kosten nach den Grenzwerten für Wohngebiete

---

353 Hier greift das baurechtliche Gebot der planerischen Konfliktbewältigung; vgl. hierzu Kratzenberg, UPR 1997, 177 (181); Fugmann-Heesing, LKV 1996, 113 (117 f.).

354 Lemser/Tillmann, Wirtschaftlichkeit von Bodensanierungen, 1997, S. 68.

355 Fugmann-Heesing, LKV 1996, 113 (114).

356 Lemser/Tillmann, Wirtschaftlichkeit von Bodensanierungen, 1997, S. 67.

357 Eine Vielzahl von industriellen Brachflächen liegt im attraktiven Innenstadtbereich, so Tomerius, ZUR 1999, 78 (87); Beispiele hierfür finden sich z.B. bei Jourdan, in: Landeshauptstadt Stuttgart (Hrsg.), Kommunales Altlastenmanagement Baden-Württemberg, 1996, S. 84 f. (Villingen-Schwenningen); Blankenhorn, in: Landeshauptstadt Stuttgart (Hrsg.), Kommunales Altlastenmanagement Baden-Württemberg, 1996, S. 81 ff. (Karlsruhe); Schmelzle, in: Landeshauptstadt Stuttgart (Hrsg.), Kommunales Altlastenmanagement Baden-Württemberg, 1996, S. 62 ff. (Berlin); Mackenbach, in: Landeshauptstadt Stuttgart (Hrsg.), Kommunales Altlastenmanagement Baden-Württemberg, 1996, S. 70 ff. (Dortmund); Schmid/Burger/Thater, TerraTech 1998, 53 ff (Rheinfelden); Schmitz, TerraTech 1997, 29 ff. (Leverkusen); Hettler/Pfäffle/Nagel, altlasten spektrum 1997, 70 ff. (Rastatt); Hilbers/Wolf, altlasten spektrum 1997, 205 ff. (Hamburg); Fortmann/Hanel, altlasten-spektrum 1993, 61 ff. (Essen).

358 Ausgehend davon, dass im vorliegenden Beispiel keine behördliche Anordnung vorliegt, sind Grenzwerte in diesem Zusammenhang die die Gefahrenschwelle beschreibenden Maßnahmenwerte nach BBodSchV, soweit für den entsprechenden Schadstoff überhaupt eine Wertvorgabe besteht; vgl. hierzu Kobes, NVwZ 2000, 261 (264 f.); Sandner, NJW 2000, 2542 (2543); Rehbinder, altlasten spektrum 1997, 263 (265); Vierhaus, NJW 1998, 1262 (1264). Liegt eine behördliche Anordnung wegen Überschreitung der Gefahrenschwelle vor, muss diese eine Einzelfallentscheidung treffen und kann nicht auf Prüf- oder Maßnahmenwerte als *„Sanierungszielwerte"* rekurrieren; vgl. Vierhaus, NJW 1998, 1262 (1265).

saniert werden (Variante 3). Im ersten Fall hat das Unternehmen keine Möglichkeit, das Grundstück zu nutzen, in der zweiten Variante kann es entweder als Industriegelände genutzt oder nicht genutzt werden. Im dritten Fall hat das Unternehmen neben der bisherigen Nutzungsmöglichkeit auch (fast) alle Möglichkeiten, das Grundstück einer neuen Nutzung zuzuführen. In einem solchen Fall ist zunächst zu klären, welche Nutzungsmöglichkeiten für das entsprechende Grundstück überhaupt bestehen. Danach ist eine betriebswirtschaftliche Kalkulation durchzuführen. Wenn die Wertsteigerung nach Durchführung der Sanierung die Investitionskosten überwiegt, kann ein solches Vorgehen ökonomisch sinnvoll sein. Hier stellt die Gefahrenabwehr wirtschaftlich gesehen genaugenommen nur eine Nebenbedingung der Investitionstätigkeit dar, die *„en passant"* gleich miterledigt wird[359].

Wird das Unternehmen als Grundstückeigentümer von der Behörde in Anspruch genommen, besteht hinsichtlich der ökonomischen Auswirkungen der behördlichen Heranziehung folgende Situation: Als Minimalziel der Sanierungstätigkeit muss das Unternehmen die von seinem Grundstück ausgehenden Gefahren auf seine Kosten beseitigen bzw. Sicherungsmaßnahmen ergreifen. Neben den Kosten für diese Maßnahmen kommen unter Umständen noch Kosten in Form von Ertragseinbußen, beispielsweise durch Nutzungsbeeinträchtigungen aufgrund der Sanierung, hinzu. Dazu können noch weitere wirtschaftliche Faktoren treten, wie ein Wertverlust des Grundstücks. Dies kann negative Auswirkungen nach sich ziehen, etwa durch Entwertung von Beleihungsmöglichkeiten des Grundstücks[360]. Als weiterer Kostenfaktor, der allerdings nur schwer bestimmbar ist, kann ein eventueller Imageschaden hinzutreten[361].

4. Zielbezogene Handlungsmöglichkeiten eines betroffenen Grundstückseigentümers

Um die zielbezogenen Handlungsmöglichkeiten des Eigentümers eines kontaminierten Grundstücks darstellen zu können, ist eine Zusammenführung der bisher untersuchten Entscheidungsspielräume für grundstücksbezogene Handlungsmöglichkeiten auf der einen und die flächennutzungsbezogenen Sanierungsziele auf der anderen Seite erforderlich.

Der Grundstückseigentümer hat in Bezug seines Grundstücks zwei Handlungsmöglichkeiten. Er kann es behalten oder er kann es aufgeben[362]. Diese Handlungsalternativen bestehen unabhängig von den rechtlichen Folgen einer der Handlungsoptionen. Ob es wegen der nach Bundes-Bodenschutzgesetz grundsätzlich weiterbestehenden Haftung für den früheren Eigentümer auch ökonomisch sinnvoll ist, das Grundstück ab- oder aufzugeben, ist eine nachgelagerte Bewertungsfrage.

---

359 Lemser/Tillmann, in: Bückmann (Hrsg.) Bodenschutz, Länderübergreifender Vergleich bestehender Gesetze und Gesetzentwürfe anhand des rechts- und naturwissenschaftlichen Forschungsstandes, 1996, S. 339 (345).

360 Brüssel, Die Altlastenproblematik im Kreditgeschäft, 1993, S. 22.

361 Vgl. Selke, in: Selke/Hoffmann (Hrsg.), Kommunales Altlastenmanagement, 1992, S. 44; Michel, Grundstückserwerb und Altlasten, 1990, S. 7.

362 Der Begriff *„Aufgeben"* wird hier untechnisch verwendet und beinhaltet alle Arten von Eigentumsverlust; siehe unten unter Kap. 3 D I 2. g).

a) *Behalten*

Die Alternative „*Behalten*" ist in zwei Konstellationen denkbar: Der Eigentümer kann das kontaminierte Grundstück mit oder ohne Eigennutzungsabsicht behalten[363]. Verfolgt der Grundstückseigentümer eine wie auch immer geartete Eigennutzungsabsicht, kann sich diese auf eine bestimmte oder auf eine multifunktionale Flächennutzung erstrecken. In beiden Fällen ist es aber generell erforderlich, das Grundstück soweit zu dekontaminieren, dass bei der Nutzung keine Gefahr für Schutzgüter besteht. Möchte der Grundstückseigentümer das Grundstück zwar behalten, es aber nicht weiter nutzen, wird er regelmäßig nur die ihm auferlegte oder gesetzlich geforderte Gefahrenabwehr durchführen. Je nach Einzelfall ergibt sich daraus ein Flächennutzungspotenzial oder auch nicht. Fordert die Behörde eine Sanierung, mit der die Werte für Wohngebiete eingehalten werden, ergeben sich daraus, abhängig von den bauplanungsrechtlichen Gegebenheiten, unterschiedliche Nutzungsmöglichkeiten. Ordnet die Behörde nur eine Sicherung des Grundstücks an, entfallen weitere Nutzungsmöglichkeiten. Vor allem Altlasten der öffentlichen Hand werden größtenteils nur bis zum gebotenen Maß der Gefahrenabwehr saniert, da eine weitergehende vorsorgende Sanierung durch die begrenzten öffentlichen Mittel selten möglich ist[364]. Dies ist jedoch wegen der eingeschränkten Nutzbarkeit der betroffenen Grundstücke in vielen Fällen nicht unproblematisch, da damit der Verlust von kommunal- und strukturpolitischen Handlungsmöglichkeiten einher geht. Im Bereich des privaten Eigentums wird eine sich an der reinen Gefahrenabwehr orientierenden Sanierung vor allem dann durchgeführt werden, wenn das Grundstück nicht betriebsrelevant ist oder sich diesbezüglich Ausweichmöglichkeiten ergeben[365].

b) *Aufgeben*

Die zweite Handlungsmöglichkeit ist das „*Aufgeben*" des Grundstückseigentums. In den meisten Fällen wird dies durch einen Verkauf des Grundstücks geschehen, möglich ist aber auch der – rechtlich ähnliche[366] – Tausch, die Schenkung oder die Eigentumsaufgabe durch Dereliktion des Grundstücks[367].

Für den Verkauf als der relevantesten der gerade genannten Fallgestaltungen stehen unterschiedliche vertragsrechtliche Regelungen zur Verteilung der Haftungs- und Kostenrisiken zur Verfügung[368]. Wird ein saniertes Grundstück verkauft, richtet sich die Verkäuflichkeit und der erzielbare Kaufpreis vor allem danach, welche Nutzungsmöglichkeiten mit dem Grundstück verbunden sind. Falls das Grundstück keine oder eine nur wenig sensible Nutzung zulässt, wird dies regelmäßig dazu führen,

---

363 Siehe unten unter Kap. 1 B VI 4. c).

364 Ausnahmen in diesem Bereich sind höchstens in Zusammenhang mit städtebaulich oder strukturpolitisch relevanten Projekten zu beobachten, z.B. Sanierungsprojekt Kehl; vgl. Armbruster, in: Landeshauptstadt Stuttgart (Hrsg.), Kommunales Altlastenmanagement Baden-Württemberg, 1996, S. 18; Sanierung eines ehemaligen Gaswerksstandortes in Hamburg, um diesen an einen Gewerbebetrieb verkaufen zu können und ferner einen Grüngebietszug und zusätzliche Kerngebietsflächen in der City-Süd zu gewinnen; siehe hierzu Hilbers/Wolf, altlasten spektrum 1997, 205 (207).

365 Lemser/Tillmann, Wirtschaftlichkeit von Bodensanierungen, 1997, S. 73.

366 Vgl. § 480 BGB m.w. Erläuterungen Jauernig, in: Jauernig, BGB, 10. Aufl. 2003, § 480 Rnrn. 1 ff.

367 Vgl. zum Ganzen Jorczyk/Duesmann, altlasten spektrum 1999, 71 ff. m.w.N.

368 Siehe hierzu insbesondere unten unter Kap. 3 F.

dass sich das Grundstück nicht oder nur schwer verkaufen lässt. Dagegen wird eine potenziell höherwertige Nutzung den Verkaufspreis und die Verkäuflichkeit des sanierten Grundstücks ansteigen lassen.

In der Praxis wird der Verkauf von sanierten Grundstücken häufig davon abhängen, ob es sich um einen privaten oder öffentlichen Eigentümer handelt. Insbesondere von der öffentlichen Hand aufgekaufte und sanierte ehemalige industriell-gewerblich genutzte Standorte in lukrativen Innenstadtlagen werden von dieser häufig nicht primär aus rein erwerbswirtschaftlichen Motiven, sondern in der Mehrzahl der Fälle aus stadtplanerischen und strukturpolitischen Gründen verkauft[369]. Private Grundstückseigentümer, die eine Sanierung von Grundstücken vornehmen, um diese zu vermarkten, werden hingegen im Regelfall andere, nämlich wirtschaftliche Motive haben. Eine Sanierung wird vor allem dann erfolgen, wenn die prognostizierten Erlöse aus dem Grundstücksverkauf höher liegen als die Kosten der Sanierung[370].

Der Verkauf eines Grundstücks kann auch im unsanierten Zustand erfolgen. Solange der Verkäufer den Käufer nicht vom Altlastenrisiko freistellt[371] – was z.B. aus Gründen der Wirtschaftsförderung bei Grundstücksverkäufen der öffentlichen Hand an private Investoren nicht unüblich ist[372] – wirkt sich die Belastung mit den Sanierungskosten regelmäßig auf den Kaufpreis aus. Beim Verkauf eines unsanierten Grundstücks spielt jedoch die Entscheidungsmöglichkeit hinsichtlich der flächennutzungsbezogenen Sanierungsziele für den Verkäufer keine Rolle, da diese nicht ihn, sondern nur den neuen Eigentümer betreffen. Das Nutzungspotenzial des Grundstücks wirkt sich wie die Sanierungskosten auf den Wert und damit auf den Kaufpreis aus.

Die weiteren o.g. Möglichkeiten eines Aufgebens werden nur in geringem Umfang eine Rolle spielen. Im Rahmen eines Grundstückstausches werden dieselben Wertberechnungen wie beim Verkauf angestellt werden, nur dass an Stelle eines Kaufpreises, meist in Form eines Grundstücks, ein Sachwert *„gezahlt"* wird. Das Verschenken eines Grundstücks mit (bekannter) Bodenkontamination ist mehr eine theoretische Möglichkeit, weil der Beschenkte eines solchen Danaergeschenks die mit dem Eigentum an einem solchen Grundstück verbundene Zustandsverpflichtung besser ablehnt. Die Dereliktion eines Grundstücks schließlich vermochte vor Inkrafttreten des Bundes-Bodenschutzgesetzes in den Bundesländern Baden-Württemberg und Sachsen[373] zumindest in der Theorie die Zustandsstörerhaftung beenden[374] und

369 Z.B. über Landesentwicklungsgesellschaften (LEG); vgl. Moos, in: NORDAC (Hrsg.), Alternative Finanzierungsmodelle in der Altlastensanierung, 1996, S. 22 f.; vgl. auch Lang, in: Landeshauptstadt Stuttgart (Hrsg.), Kommunales Altlastenmanagement Baden-Württemberg, 1996, S. 140.

370 Dierkes, in: Genske/Noll (Hrsg.), Brachflächen und Flächenrecycling, Berlin 1995, S. 22.

371 Siehe zu vertraglichen Regelungen unten unter Kap. 3 F 1.

372 Lang, in: Landeshauptstadt Stuttgart (Hrsg.), Kommunales Altlastenmanagement Baden-Württemberg, 1996, S. 140; auch Hammel, in: Landeshauptstadt Stuttgart (Hrsg.), Kommunales Altlastenmanagement Baden-Württemberg, 1996, S. 55 (55 f.).

373 Jorczyk/Duesmann, altlasten spektrum 1999, 71; Götz, Allgemeines Polizei- und Ordnungsrecht, 13. Aufl. 2001, Rn. 226.

374 So Götz, Allgemeines Polizei- und Ordnungsrecht, 13. Aufl. 2001, Rn. 226; Paintner, JA 1990, 133 (135); Jorczyk/Duesmann, altlasten spektrum 1999, 71 (73); Schoch, JuS 1994, 1026 (1027); v. Mutius, Jura 1983, 298 (307 f.); im Hinblick auf Sachsen, Heilmann, LKV 1994, 305 (306); vgl. auch Friauf, in: Schmidt-Assmann (Hrsg.), Besonderes Verwaltungsrecht, 11. Aufl. 1999, S. 155 f. m.w.N.

stellte dort daher für den Eigentümer zunächst eine realistische Handlungsmöglichkeit dar. Allerdings wurde in der juristischen Diskussion diese Flucht aus der Zustandsverantwortlichkeit durch Dereliktion zum Teil als ungeeignet angesehen, sich der Polizeipflichtigkeit entledigen zu können[375]. Während der Derelinquent in den anderen Bundesländern nach der Dereliktion zum früheren Eigentümer wird – und damit in eine andere Verantwortlichenkategorie wechselt, was im Einzelfall Auswirkungen auf die behördliche Auswahlentscheidung haben kann – blieb dem Eigentümer eines in Baden-Württemberg oder in Sachsen belegenen Grundstücks diese (risikominimierende) Handlungsmöglichkeit verwehrt.

Zielbezogene Handlungsmöglichkeiten eines Altlasteneigentümers
(in Anlehnung an: Lemser/Tillmann, Wirtschaftlichkeit von Bodensanierungen, 1997, S. 72)

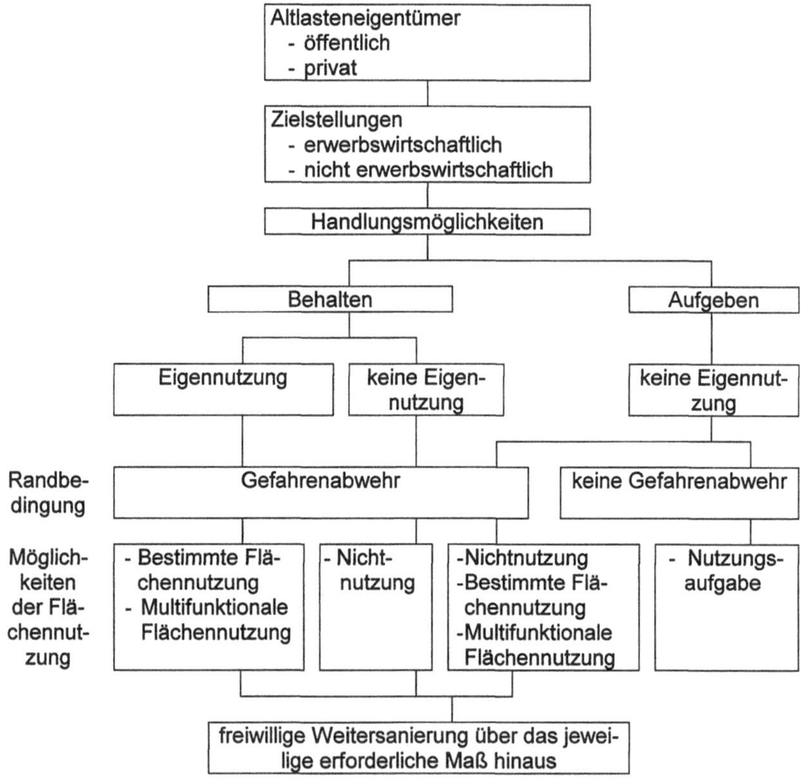

---

375 Schmidt-Jortzig, FS für Scupin, 1983, S. 819 (823 ff.); Rommelfanger/Rimmele, Polizeigesetz des Freistaates Sachsen, 1999, § 5 Rn. 10; VG Freiburg, DVBl. 1967, 787 (788); a.A., allerdings im Hinblick auf die Aufgabe der tatsächlichen Sachherrschaft, VGH Mannheim, NVwZ-RR 1991, 27; offen gelassen bei VGH Mannheim, NJW 1997, 3259 = UPR 1998, 77; Wolf/Stephan, Polizeigesetz für Baden-Württemberg, 5. Aufl. 1999, § 7 Rn. 7; vgl. hierzu auch unten unter Kap. 3 D I 2. g) (6).

c) *Planerische Vorprägung als weitere Nebenbedingung einer Investitionsentscheidung*

In allen Fällen, in denen es dem Eigentümer nicht allein um reine Gefahrenabwehr ohne weitere Grundstücksnutzung geht, sollte er sich darüber Klarheit verschaffen, welche Nutzungsmöglichkeiten hinsichtlich der betroffenen Fläche bestehen. Dies wird sich im Regelfall an den planungsrechtlichen Gegebenheiten orientieren[376]. Dabei ist zu beachten, dass bei Entdeckung einer Bodenverschmutzung eine Anpassung des Flächennutzungs- oder des Bebauungsplanes erfolgen kann[377]. Hieraus können sich Nutzungseinschränkungen ergeben, die ihrerseits wiederum Auswirkungen auf die Entscheidungsspielräume des Investors haben können[378]. Eine Anpassung des Bebauungsplans kann aber dann unterbleiben, wenn sichergestellt ist, dass vor einer bebauungsrechtlich zulässigen Nutzung eine nutzungsbezogene Sanierung durchgeführt wurde[379]. Spielt eine bestimmte höherwertige und bauplanungsrechtlich festgestellte Nutzungsmöglichkeit für den Investor eine entscheidende Rolle, sollte er durch entsprechendes Verhalten eine ihn in seinen Nutzungsmöglichkeiten einschränkende Änderung der Bauleitplanung verhindern. Dies könnte etwa durch den Abschluss eines öffentlich-rechtlichen Vertrages mit der Gemeinde geschehen, in dem sich der Investor zur Sanierung verpflichtet[380].

Somit sind bauplanungsrechtliche Vorgaben wesentliche Bestimmungsfaktoren von Folgenutzungen und stellen damit weitere Nebenbedingungen für eine Investitionsentscheidung dar. Bestimmende bauplanungsrechtliche Vorgaben für die Nutzungsmöglichkeiten eines Grundstücks sind insbesondere die rechtlich verbindlichen Festlegungen eines Bebauungsplanes[381].

VII. Kosten- und Nutzenermittlung für eine Bodensanierung

Von besonderer Bedeutung für eine Investitionsentscheidung im Hinblick auf eine Bodensanierung stellt sich eine Kosten- und Nutzenermittlung dar[382]. Zum Zeitpunkt der Investitionsentscheidung sind jedoch in den meisten Fällen lediglich Eckdaten der Bodenbelastungen und des Sanierungsumfangs vorhanden. Daher ergeben sich die vollständigen Kosteninformationen aus der technischen Ausführungsplanung erst im Laufe der Realisierung eines Projekts[383]. Während beispielsweise für den Hochbau realistische Kostenschätzungen vorgenommen werden können[384], ist dies bei

376 Vgl. Brandt, in: Selke/Hoffmann (Hrsg.), Kommunales Altlastenmanagement, 1992, S. 94 (99); siehe auch Kloke/Lühr, Aspekte zur Altlastbewertung, in: Neumaier/Weber (Hrsg.), Altlasten, 3. Aufl. 1996, S. 181 (188).

377 Paßlick, DVBl. 1992, 674 (682).

378 Vgl. SRU, Altlasten I, 1989, Tz. 654.

379 Lemser/Tillmann, Wirtschaftlichkeit von Bodensanierungen, 1997, S. 82 m.w.N.

380 Fugmann-Heesing, LKV 1996, 113 (118); Paßlick, DVBl. 1992, 674 (681).

381 Brandt, in: in Selke/Hoffmann (Hrsg.), Kommunales Altlastenmanagement, 1992, S. 94 (99); daneben kommen im Einzelfall weitere Einschränkungen in Form von Anbauverboten, Anbaubeschränkungen oder Baubeschränkungen aus anderen Gesetzen, beispielsweise aus dem Natur- oder dem Denkmalschutzrecht in Betracht; vgl. im Einzelnen: Lemser/Tillmann, Wirtschaftlichkeit von Bodensanierungen, 1997, S. 83; siehe auch SRU, Altlasten I, 1989, Tz. 654.

382 Brüggemann/Dannemann/Dombert/Ferber/Fischer/Henrici/Lietmann/Schulz-Bödeker/Simsch, altlasten spektrum 2000, 23 (40).

383 Lemser/Tillmann, Wirtschaftlichkeit von Bodensanierungen, 1997, S. 123.

384 Bracke, in: ECOS (Hrsg.), Bewertung der Umwelt, 1995, S. 112 (114).

Bodensanierungen wegen der größeren Unsicherheit über die tatsächlichen Verhältnisse weitaus schwieriger[385].

1. Kostenermittlung für eine Bodensanierung

a) Kosten für Vorleistungen

Vorleistungen sind die Maßnahmen, mit denen das Ausmaß der Bodenverunreinigung sowie deren geologische und geographische Bedingungen ermittelt werden. Weiterhin sind die räumliche Ausdehnung der Kontamination sowie die vorhandenen Boden- und Grundwasserverhältnisse festzustellen[386]. Sie entsprechen damit den altlastenrechtlichen Untersuchungsmaßnahmen, allerdings mit der Einschränkung, dass es sich bei den Vorleistungen nicht notwendigerweise um behördlicherseits angeordnete Maßnahmen handelt.

Im Unterschied zu den Untersuchungsmaßnahmen im rechtlichen Sinne gehören Maßnahmen zur Ermittlung eines Verantwortlichen nicht zu den Vorleistungen, da diese Frage für den Investor als „*Finanzierungsverantwortlichen*" keine Rolle spielt. Dagegen bietet es sich an, die im eigentlichen Sinne nicht zu den Vorleistungen zählenden Sofortmaßnahmen zur Abwehr einer Gefahr einzubeziehen. Da diese Maßnahmen erheblich Kosten verursachen können, müssen sie von einem Investor berücksichtigt werden. Aus der Charakterisierung als Sofortmaßnahmen sind sie zeitlich den Vorleistungen zuzuordnen. Damit ergeben sich im Bereich der Vorleistungen drei (mögliche) Verfahrensschritte, nämlich die Gefahrenabwehr, die historische Erkundung und die technische Erkundung.

Kostenverursachende Maßnahmen der Gefahrenabwehr können sein:

- Sicherung des Geländes vor Zutritt, beispielsweise durch Umzäunung. Damit kann auch eine mutwillige Zerstörung oder Entwendung von Messvorrichtungen verhindert werden;
- Abdeckung von Teilflächen zur Verhinderung von (weiteren) Schadstoffemissionen;
- Nutzungsbeschränkungen in Bezug auf Grundstück und Gebäude[387];
- Verbot der Nutzung des Grund- und Oberflächenwassers;
- Sonstige Leistungen, wie z.B. das Auffangen von Sickeröl und Hangwasser, der Einbau von Zwangsbelüftungsanlagen für Kellerräume oder Beschränkung der Deponiegasnutzung bei Abfallbeseitigungsanlagen.

---

385 Brüssel, Die Altlastenproblematik im Kreditgeschäft, 1993, S. 27 f.; Bracke, in: ECOS (Hrsg.), Bewertung der Umwelt, 1995, S. 112 (113); Lemser/Tillmann, Wirtschaftlichkeit von Bodensanierungen, 1997, S. 128; Weyers, DS 1988 (1/2), 13 (18); vgl. auch das Kostenermittlungsmodell KOSAL von Bracke/Dreschmann/Neuenhofer/Kötter, Entwicklung einer Systematik zur Kostenermittlung bei der Altlastensanierung – KOSAL –, UBA-Texte 20/95, 1995, S. 152.

386 Siehe hierzu auch Venhorst, EntsorgungsPraxis (1 – 2) 1991, 19 (21).

387 Hier entstehen Kosten zum einen durch die nichtoptimale Nutzung, aber auch durch Evakuierung, Umzug oder Auslagerung. Kosten können auch durch Anbaubeschränkungen bei landwirtschaftlich genutzten Flächen entstehen; vgl. zum Ganzen Lemser/Tillmann, Wirtschaftlichkeit von Bodensanierungen, 1997, S. 167.

Kostenverursachende Maßnahmen im Bereich der historischen Erkundung[388] sind Kosten der

- Grundlagenermittlung, wie Zusammenstellung bereits vorhandener Informationen, Ermittlung von Rahmenbedingungen sowie eine erste Ortsbesichtigung;
- Aufstellen des Erkundungsprogramms;
- Material- und Datenrecherche;
- Datenauswertung und Erstbewertung;
- Dokumentation.

Kostenverursachende Maßnahmen im Bereich der technischen Erkundung[389] sind insbesondere

- Grundlagenermittlung;
- Aufstellen des Untersuchungsprogramms;
- Vorbereitung und gegebenenfalls Mitwirkung bei Vergabe des Erkundungsauftrags;
- Untersuchungsüberwachung;
- Oberleitung und Koordination;
- Bewertung;
- Dokumentation.

b) Sanierungsplanung

Die Sanierungsplanung umfasst die konzeptionellen und planerischen Arbeiten, die für die Verwirklichung des Sanierungsprojektes erforderlich sind[390]. Sie können in folgende kostenauslösende Leistungen[391] unterteilt werden:

- Grundlagenermittlung für die Sanierungsuntersuchung;
- Fortschreiben der Sanierungsvorplanung;
- Entwurfsplanung;
- Genehmigungsplanung;
- Ausführungsplanung;
- Vorbereitung und gegebenenfalls Mitwirkung bei Vergabe;
- Überwachung und Dokumentation.

c) Sanierung

Die Sanierung umfasst die Beseitigung der Kontamination und/oder die Unterbrechung der Kontaminationspfade. Hierfür sind bestimmte Kernleistungen erforderlich,

388 Dem Vorschlag der AHO-Fachkommission „*Altlasten*" folgend; vgl. hierzu AHO-Fachkommission (Hrsg.), Untersuchungen für ein Leistungsbild und zur Honorierung für den Planungsbereich „*Altlasten*", Schriftenreihe des AHO, Nr. 8, 1996, S. 9 ff.

389 Dem Vorschlag der AHO-Fachkommission „*Altlasten*" folgend; vgl. hierzu AHO-Fachkommission (Hrsg.), Untersuchungen für ein Leistungsbild und zur Honorierung für den Planungsbereich „*Altlasten*", Schriftenreihe des AHO, Nr. 8, 1996, S. 10 ff.

390 Siehe hierzu auch Venhorst, EntsorgungsPraxis (1 – 2) 1991, 19 (21).

391 Dem Vorschlag der AHO-Fachkommission „*Altlasten*" folgend; vgl. hierzu AHO-Fachkommission (Hrsg.), Untersuchungen für ein Leistungsbild und zur Honorierung für den Planungsbereich „*Altlasten*", Schriftenreihe des AHO, Nr. 8, 1996, S. 13 ff.

aber auch bestimmte begleitende Maßnahmen, die ebenfalls kostenverursachend wirken können[392]. Der besseren Übersichtlichkeit halber sollen beide Leistungsgruppen gesondert betrachtet werden. In der Praxis erfolgt ohnehin häufig eine getrennte Ausschreibung der beider Maßnahmenblöcke.

Im Bereich der Kernleistungen entstehen für folgende Maßnahmen Kosten, die in erheblichem Maße auch davon abhängen, ob sich ein Verfahren *„off site"*[393] oder *„on site"*[394] bzw. *„in situ"*[395] durchführen lässt[396]:

- Sicherungsverfahren, wie z.B. Einkapselung, Immobilisierung oder hydraulische/pneumatische Maßnahmen[397];
- Dekontaminationsverfahren, beispielsweise biologische Verfahren, chemisch/physikalische Verfahren oder thermische Verfahren[398];
- Umlagerung, z.B. durch Ablagerung des kontaminierten Erdreichs in eine Sondermülldeponie[399].

Dazu kommen unabhängig von der gewählten Maßnahme weitere Kostenfaktoren hinzu, etwa Abbrucharbeiten, mit denen Gebäude, Altfundamente, Rohrleitungen oder Bodenversiegelungen entfernt werden[400], sowie die eigentlichen Behandlungskosten und die Kosten für die Rückstandsentsorgung[401].

Im Bereich von *„off site"*- oder *„on site"*-Verfahrens entstehen Kosten vor allem für Erdarbeiten, da der Boden zur Behandlung ausgekoffert werden muss, sowie Kosten für die (Wieder-) Verfüllung bzw. den Wiedereinbau[402]. Wird gemäß einem *„off site"*-Verfahren saniert, fallen weitere Kosten durch den Transport zur und von der Be-

392 Vgl. Venhorst, EntsorgungsPraxis (1 – 2) 1991, 19 (21); Neteler, altlasten-spektrum 1995, 158 f. mit Hinweisen zu einem Bewertungsmodell für die nutzungsbezogene Auswahl von Sanierungsverfahren.

393 Dabei wird das kontaminierte Erdreich abgetragen und zu einer Dekontaminationsanlage verbracht; vgl. Hipp/Rech/Turian, Das Bundes-Bodenschutzgesetz, 2000, A I, Rn. 78.

394 Dabei wird eine Bodenreinigungsanlage zu dem Altlastengrundstück transportiert. Das kontaminierte Erdreich wird nach Auskofferung dort behandelt; vgl. Hipp/Rech/Turian, Das Bundes-Bodenschutzgesetz, 2000, A I, Rn. 78.

395 Dabei wird der kontaminierte Boden ohne Auskofferung vor Ort behandelt; vgl. Hipp/Rech/Turian, Das Bundes-Bodenschutzgesetz, 2000, A I, Rn. 78.

396 Vgl. zu einem die kommunalen Rahmenbedingungen berücksichtigenden Bewertungs- und Auswahlverfahren auch Laßl/Beine/Hoffmann/Egenolf/Grieseler/Krakau/Overmann, altlasten-spektrum 1993, 199 ff.; siehe auch Weyers, DS 1988 (1/2) 13 (16 ff.) mit einer erläuterten Darstellung verschiedener Sanierungsverfahren.

397 Vgl. Weyers, DS 1988 (1/2) 13 (16).

398 Siehe hierzu ausf. Weyers, DS 1988 (1/2) 13 (17).

399 Weyers, DS 1988 (1/2) 13 (17).

400 Weyers, DS 1988 (1/2) 13 (18).

401 Lemser/Tillmann, Wirtschaftlichkeit von Bodensanierungen, 1997, S. 173 f.; 179.

402 Lemser/Tillmann, Wirtschaftlichkeit von Bodensanierungen, 1997, S. 175, 179; nach § 13 Abs. 5 BBodSchG bestehen für ausgekoffertes Bodenmaterial, das nach der Sanierung wieder eingebaut werden soll, bestimmte Erleichterungen, soweit durch Sanierungsplan oder behördliche Anordnung Gefahren für die Allgemeinheit ausgeschlossen werden können; vgl. Kobes, NVwZ 2000, 261 (267); Sanden/Schoeneck, BBodSchG, 1998, § 13 Rnrn. 28 ff.

handlungsanlage an, die einen Großteil der Sanierungskosten ausmachen können[403].

Im Bereich der *„on site*"- und *„in situ*"-Verfahren entstehen dagegen Kosten für den Transport der Behandlungsanlage zum Altlastenstandort und für den Rücktransport[404]. Bei einem *„in situ*"-Verfahren sind im Regelfall noch Kosten für hydraulische/pneumatische Sicherungsmaßnahmen einzukalkulieren, um den Eintritt von Grundwasser in den Sanierungsbereich, aber auch den Austritt von Rückständen aus diesem Bereich zu unterbinden[405].

Im Bereich der Sicherung durch Einkapselung, bei welcher der Kontaminationskörper dauerhaft gegen den unkontrollierten Austritt von Schadstoffen abgedichtet werden soll, weicht die Maßnahmenstruktur im Vergleich zu den gerade genannten Verfahren ab. So kommen hier insbesondere Kosten für horizontale und vertikale Abdichtungen sowie Kosten für hydraulisch/pneumatische Sicherungsmaßnahmen hinzu[406]. Mit dieser Maßnahme soll verhindert werden, dass das Grundwasser in die Kontaminationszone eindringt und kontaminierte Rückstandsstoffe austreten. Wird eine Altlast durch eine hydraulische oder pneumatische Maßnahme gesichert, fallen Kosten für das Setzen und den Betrieb von Brunnen bzw. von Sonden an, mit denen kontaminiertes Wasser oder kontaminierte Bodenluft zu Tage gefördert wird[407].

Im Bereich der Einkapselung und im Bereich der hydraulisch/pneumatischen Sicherungsmaßnahmen ist darüber hinaus die Installation eines Kontrollsystems zur Überwachung erforderlich, wodurch weitere Kosten verursacht werden können[408].Im Bereich der Sanierung durch Umlagerung fallen neben den Kosten für Abbruch- und Erdarbeiten hauptsächlich Transport- und Deponiekosten an[409], gegebenenfalls aber auch Kosten für den Wiedereinbau von Alternativmaterial[410]. Erfolgt lediglich eine Sicherung durch Einkapselung der Schadstoffe fallen Kosten vor allem durch die Oberflächenabdichtung, sowie durch vertikale und horizontale Barrieren an[411]. Bei allen Sanierungsmaßnahmen entstehen weitere Kosten für die Bauleitung, die Bauüberwachung und Qualitätssicherung sowie für Arbeitsschutzmaßnahmen[412].

---

403 Lemser/Tillmann, Wirtschaftlichkeit von Bodensanierungen, 1997, S. 174; vgl. auch Roschig, in: Landeshauptstadt Stuttgart (Hrsg.), Kommunales Altlastenmanagement Baden-Württemberg, 1996, S. 149.

404 Lemser/Tillmann, Wirtschaftlichkeit von Bodensanierungen, 1997, S. 175 f.; siehe auch Weyers, DS 1988 (1/2) 13 (18).

405 Lemser/Tillmann, Wirtschaftlichkeit von Bodensanierungen, 1997, S. 176.

406 Lemser/Tillmann, Wirtschaftlichkeit von Bodensanierungen, 1997, S. 177; siehe hierzu auch Weyers, DS 1988 (1/2) 13 (17).

407 Lemser/Tillmann, Wirtschaftlichkeit von Bodensanierungen, 1997, S. 177.

408 Lemser/Tillmann, Wirtschaftlichkeit von Bodensanierungen, 1997, S. 180.

409 Weyers, DS 1988 (1/2) 13 (17).

410 Lemser/Tillmann, Wirtschaftlichkeit von Bodensanierungen, 1997, S 181.

411 Venhorst, EntsorgungsPraxis (1 – 2) 1991, 19 (21), Abb. 3.

412 Wie z.B. der Betrieb einer Schwarz-Weiß-Anlage; vgl. Lemser/Tillmann, Wirtschaftlichkeit von Bodensanierungen, 1997, S. 182 m.w.N.

d) *Folgeleistungen*

Im Bereich der Folgeleistungen können Kosten für folgende Maßnahmen anfallen:

- Rekultivierung[413];
- Langzeitüberwachung, vor allem des Sickerwassers und der Bodenluft, durch die insbesondere bei Sicherungsmaßnahmen dafür gesorgt werden soll, dass das Sicherungssystem funktionsfähig ist[414], sowie gegebenenfalls medizinische Vorsorgeuntersuchungen für Anwohner und Beschäftigte, falls das Schadstoffpotenzial dies erforderlich macht;
- Nachsorgemaßnahmen durch Reparaturen am Sicherungssystem oder durch die Entsorgung von Boden- und Grundwasserproben aus dem Bereich der Langzeitüberwachung[415].

e) *Projektnebenkosten*

Im Bereich der Projektnebenkosten sind folgende kostenverursachende Maßnahmen zu nennen:

- Altlastenmanagement/Projektbetreuung[416];
- Öffentlichkeitsarbeit in Form von Informationsveranstaltungen, Rundbriefen, Pressemitteilungen, Ortsbegehungen, gegebenenfalls die Einrichtung eines Sorgentelefons[417];
- schriftliche und fotografische Dokumentation;
- Bereitstellung von Fremdkapital und Zinsen;
- Ermittlung von Nutzungsfaktoren durch externe Gutachten zur Verkehrswertermittlung bei Grundstücksnutzungsalternativen.

2. Nutzenermittlung für eine Altlastensanierung

Um die Wirtschaftlichkeit eines Altlastensanierungsprojektes beurteilen zu können, ist neben der Aufstellung der Kosten die Validierung des Nutzens notwendig. Das sich der Nutzen als subjektive Größe nicht generell feststellen lässt, ist eine Bestim-

---

413 Im Sinne einer Wiedereingliederung der Fläche in Natur und Landschaft; dies kann rechtlich nur dort gefordert werden, wo eine gesetzliche Ermächtigungsgrundlage besteht; vgl. hierzu unten unter Kap. 2 B IV; bei Sanierungsprojekten, bei denen weitergehende wirtschaftliche Ziele verfolgt werden, wird eine Rekultivierung jedoch häufig aus gestalterischen Gesichtspunkten im Rahmen der Folgenutzung vorgenommen.

414 Venhorst, EntsorgungsPraxis (1 – 2) 1991, 19 (22).

415 Lemser/Tillmann, altlasten spektrum 1996, 212 (215).

416 Vor allem Vergabe-, Organisations-, Termin- und Kostenmanagement sowie Rechtsberatungs- oder Rechtsvertretungskosten für Verhandlungen mit Behörden oder anderen Sanierungsverantwortlichen; vgl. Lemser/Tillmann, Wirtschaftlichkeit von Bodensanierungen, 1997, S. 184.

417 In diesem Zusammenhang ist § 12 BBodSchG zu beachten, der den Sanierungsverpflichteten zur Information der Betroffenen verpflichtet; vgl. hierzu Fluck, NVwZ 2001, 9 (11) und oben unter Kap. 1 B V 2. b). Der Umfang der Öffentlichkeitsbeteiligung hängt hauptsächlich vom Umfang und von der örtlichen Lage der Altlast ab sowie von der Gefährlichkeit der Kontaminationen. In diesem Zusammenhang werden vertrauensbildende Maßnahmen häufig außerordentlich nützlich sein, insbesondere um wilde Vermutungen und Gerüchte zu vermeiden; vgl. Leitzke/Ulrici, Altlastenmanagement, 1999, S. 114 f., bezogen allerdings auf behördliche Öffentlichkeitsarbeit; für den privaten Sanierungsträger gilt jedoch das selbe.

mung für den Einzelfall erforderlich[418]. Die Nutzenfaktoren ergeben sich für den Investor vor allem aus dem Potenzial des Bodens bzw. der Bodenoberfläche, des Grundwassers und der Luft[419]. So sind für eine Wohnbebauung Beeinträchtigungen des Grundwassers keine relevanten Nutzenfaktoren, für eine Nutzung als Trinkwasserbrunnen hingegen die einzigen.

Die positiven und die negativen Wirkungen einer Maßnahme können regelmäßig kostenmäßig nicht genau quantifiziert werden. Deshalb ist es sinnvoll, die positiven Effekte auf der Nutzenseite, die Negativeffekte auf der Kostenseite eines Projekts in separaten Ansätzen zu erfassen[420]. Hierfür sind verschiedene Typisierungen entwickelt worden, die in reale und pekuniäre Effekte, in interne und externe Effekte, in intermediäre und finale Effekte sowie in tangible und intangible Effekte einteilen[421]. Letztere lassen sich nach dem Kriterium Messbarkeit unterscheiden, wobei die tangiblen Effekte sich in monetären Größen messen lassen, intangible Effekte hingegen nur mit Hilfe qualitativer Angaben umschrieben werden können[422].

Intangible Effekte einer Altlastensanierung sind beispielsweise die positiven Auswirkungen auf das landschaftliche Erscheinungsbild[423] oder verhinderte physische[424] oder psychische[425] Beeinträchtigungen der Anwohner und spielen deshalb für einen privaten Investor regelmäßig nur eine untergeordnete Rolle[426].

Tangible Effekte hingegen sind die messbare und in monetären Größen darstellbaren Nutzen, etwa wertmäßig erfassbare und messbare Werterhöhungen des sanierten Grundstücks durch die Sanierungsmaßnahmen. Wegen der Möglichkeit, tangible Effekte in monetären Einheiten darzustellen, eignet sich die Differenzierung in tangible und intangible Effekte besonders für die Beurteilung der Wirtschaftlichkeit eines Altlastensanierungsprojekts.

Bei einer Altlastensanierung können für den Eigentümer bestimmte Nutzeneffekte entstehen, die nachfolgend dargestellt werden sollen. Da nur für einen Teil der Nutzeneffekte Marktpreise vorliegen, mit denen eine Monetarisierung des jeweiligen Nutzens möglich ist, muss z.T. mit möglichst detaillierten Kostenschätzungen gearbeitet werden[427]. Eine Kosten-Nutzen-Analyse sollte die – wertmäßig nicht erfassbaren[428] – intangiblen Effekte zumindest beschreiben[429]. Der Entscheidungsträger kann

418 Lemser/Tillmann, altlasten spektrum 1996, 212 (215).

419 Vgl. Venhorst, EntsorgungsPraxis (1 – 2) 1991, 19 (20).

420 Hanusch, Nutzen-Kosten-Analyse, 2. Aufl. 1994, S. 8.

421 Siehe auch die Zusammenstellung bei Hanusch, Nutzen-Kosten-Analyse, 2. Aufl. 1994, S. 8.

422 Hanusch, Nutzen-Kosten-Analyse, 2. Aufl. 1994, S. 9 f.; Venhorst, EntsorgungsPraxis (1 – 2) 1991, 19.

423 Lemser/Tillmann, Wirtschaftlichkeit von Bodensanierungen, 1997, S. 187.

424 Borchert, Altlastensanierung in der Bundesrepublik Deutschland im Spannungsfeld zwischen mikro- und makroökonomischer Rationalität – Anforderungen an eine kosten-nutzenorientierte Ordnungspolitik im Bereich von Genehmigungen für Reinigungsanlagen und Deponierungen, 1991, S. 101.

425 Lemser/Tillmann, Wirtschaftlichkeit von Bodensanierungen, 1997, S. 187.

426 Venhorst, EntsorgungsPraxis (1 – 2) 1991, 19 (20).

427 Laßl, in: Selke/Hoffmann (Hrsg.), Wiedernutzung von Industriebrachen, 1995, S. 1 (98).

428 Ob eine monetäre Erfassung von intangiblen Effekten – die damit zu tangiblen Effekten werden – möglich ist, ist häufig mehr eine Frage des wissenschaftlichen und technischen Auf-

dann eine Bewertung vornehmen, ob er wegen intangibler Effekte eine Altlastensanierung vornimmt oder besser unterlässt.

a) *Vermeidung von Gefährdungen für Schutzgüter*

Wird bei einer Sanierung eine Gefahr für Schutzgüter, wie Wasser, Boden oder Luft, aber auch die menschliche Gesundheit, beseitigt, ist dies vor allem ein Nutzen für die Allgemeinheit und weniger ein Nutzen für den Eigentümer[430]. Der Nutzen für den Altlasteneigentümer wird im Regelfall darauf beschränkt bleiben, dass durch die Beseitigung des Schadenherdes eine Ausbreitung der Schadstoffe und damit eine weitergehende finanzielle Belastung vermieden werden kann.

Ist der Eigentümer zur Sanierung aus dem Gesichtspunkt der Gefahrenabwehr verpflichtet, entfällt das Entscheidungsproblem, ob eine Maßnahme durchgeführt werden soll oder nicht. Die wirtschaftliche Betrachtung bezieht sich dann vor allem auf die Wahl des kostengünstigsten Sanierungsverfahrens.

b) *Erhöhung des Verkehrswertes nach § 194 BauGB*

Die monetäre Bewertung von Grundstücken richtet sich nach den Vorschriften des Baugesetzbuches und der Wertermittlungsverordnung und ergibt als Ergebnis den Verkehrswert gem. § 194 BauGB. Der Verkehrswert bestimmt sich durch die rechtlichen Gegebenheiten, die tatsächlichen Eigenschaften, die sonstige Beschaffenheit und die Lage des Grundstücks[431].

Die Kontamination des Grundstücks ist unter tatsächliche Eigenschaften fassen, zu der auch die Beschaffenheit von Grund und Boden gehört[432] und wird unter Punkt 2.2.1.6 der Wertermittlungsrichtlinien 91/96 explizit als „*Umwelteinflüsse und Altlasten*" benannt[433]. Sie sind außerdem unter rechtliche Gegebenheiten zu fassen, soweit die Sanierungslast nicht den Eigentümer, sondern einen Dritten oder die öffentliche Hand[434] trifft.[435].

Die Verunreinigung bzw. das Kostenrisiko für Beseitigungsmaßnahmen findet somit Eingang in die Verkehrswertermittlung nach Baugesetzbuch[436]. Problematisch ist jedoch, wie die durch die Kontamination bestimmte Beschaffenheit des Bodens

---

wandes als der tatsächlichen Gegebenheiten; vgl. Hanusch, Nutzen-Kosten-Analyse, 2. Aufl. 1994, S. 10.

429 Hanusch, Nutzen-Kosten-Analyse, 2. Aufl. 1994, S. 10.

430 Dies mag im Einzelfall anders aussehen, z.B. wenn der Eigentümer das Grundstück selbst bewohnt oder bewohnen will, oder wenn eine Sanierung auch deswegen erfolgt, um Grundwasser als Trinkwasser zu fördern.

431 Kleiber, in: Kleiber/Simon/Weyers, Verkehrswertermittlung von Grundstücken, 4. Aufl. 2002, § 5 WertV Rn. 135.

432 Kleiber, ZfBR 1988, 168 (169).

433 Siehe hierzu auch Burchardi/Memminger, altlasten spektrum 2002, 165 (166).

434 Dies ist häufig bei Freistellungen nach URG der Fall.

435 Kleiber, in: Kleiber/Simon/Weyers, Verkehrswertermittlung von Grundstücken, 4. Aufl. 2002, § 5 WertV Rn. 136 ff.; Kleiber. ZfBR 1988, 168 (169).

436 Siehe hierzu Kleiber, in: Kleiber/Simon/Weyers, Verkehrswertermittlung von Grundstücken, 4. Aufl. 2002, § 5 WertV Rn. 136.

wertmäßig zu erfassen ist. Regelmäßig wird es nämlich keine Vergleichspreise für ähnlich kontaminierte Grundstücke geben[437]. Da sich ein kontaminiertes Grundstück durch eine entsprechende Sanierung regelmäßig in ein unbelastetes Grundstück verwandeln lässt, wird vorgeschlagen, die Sanierungskosten vom Verkehrswert eines unbelasteten Grundstücks abzuziehen[438]. Dabei kann es wegen der regelmäßig hohen Sanierungskosten auch zu negativen Bodenwerten kommen[439].

Auch die jüngste Entscheidung des Bundesverfassungsgerichts zur Begrenzung der Zustandshaftung[440] ändert nicht grundsätzlich etwas an diesem Befund, da auch weiterhin für bestimmte Fallgestaltungen eine Belastung des Eigentümers mit Sanierungskosten über den Verkehrswert, den das Bundesverfassungsgericht als maßgebliches Kriterium heranzieht[441], hinaus möglich ist.

Auf der anderen Seite können die Sanierungskosten nicht Verkehrswert abgezogen werden, soweit feststeht, dass ein Dritter oder die Allgemeinheit Sanierungslasten trägt[442]. In diesem Fall heben sich die Belastung mit der Kontamination und die feststehende Sanierungslast Dritter auf, womit der Grundstückswert nicht belastet ist.

c) Verbesserung der Beleihungsmöglichkeit des Grundstücks

Ein kontaminiertes Grundstück lässt sich als Sicherungsmittel für einen Kredit regelmäßig schlechter verwenden, da zum einen der Grundstückswert als Orientierungswert für die Beleihung im Vergleich zu einem unbelasteten Grundstück niedriger ist[443], und zum anderen die Kreditinstitute darauf noch Risikoabschläge von bis zu 40 % vornehmen[444]. Dies kann den vollständigen Ausfall des Grundstücks als Sicherungsmittel nach sich ziehen[445]. Eine Sanierung des Grundstücks führt daher regelmäßig zu einer verbesserten Beleihungsmöglichkeit.

---

437 Kleiber, ZfBR 1988, 168 (169); Kleiber, in: Kleiber/Simon/Weyers, Verkehrswertermittlung von Grundstücken, 3. Aufl. 1998, § 5 WertV Rn. 115.

438 Kleiber, ZfBR 1988, 168 (169 f.); Lemser/Tillmann, Wirtschaftlichkeit von Bodensanierungen, 1997, S. 193; Hübler/Schablitzki, Volkswirtschaftliche Verluste durch Bodenbelastung in der Bundesrepublik Deutschland, 1991, S. 131 f. mit einem Praxisbeispiel; siehe auch Weyers, DS 1988 (1/2) 13 (20); Dabei wird man je nach Einzelfall einen weiteren Abschlag vornehmen müssen, da dem sanierten Grundstück weiterhin der (psychologische) Makel einer Altlast anhaftet, was zu einem merkantilen Minderwert führen kann; vgl. hierzu Brüssel, Die Altlastenproblematik im Kreditgeschäft, 1993, S. 33.

439 Vgl. zur ganzen Problematik ausf. Kleiber, in: Kleiber/Simon/Weyers, Verkehrswertermittlung von Grundstücken, 3. Aufl. 1998, § 5 WertV Rnrn. 118 f.; Weyers, DS 1988 (1/2) 13 (21); Kleiber. ZfBR 1988, 168 (170); Zimmermann/Heller, Der Verkehrswert von Grundstücken, 2. Aufl. 1999, S. 33 im Hinblick auf Abrisskosten.

440 BVerfGE 102, 1 ff.; siehe hierzu ausf. unten unter Kap. 3 D 2. c) (2).

441 Kritisch hierzu Bickel, NJW 2000, 2562; Lepsius, JZ 2001, 22 (25).

442 Kleiber, in: Kleiber/Simon/Weyers, Verkehrswertermittlung von Grundstücken, 3. Aufl. 1998, § 5 WertV Rn. 110; Kleiber. ZfBR 1988, 168 (169).

443 Brüssel, Die Altlastenproblematik im Kreditgeschäft, 1993, S. 28 f.

444 Brüssel, Die Altlastenproblematik im Kreditgeschäft, 1993, S. 35 f.; Lemser/Tillmann, Wirtschaftlichkeit von Bodensanierungen, 1997, S. 195 m.w.N.; siehe hierzu auch Lwowki/Tetzlaff, WM 2001, 385 (398).

445 Michel, Grundstückserwerb und Altlasten, 1990, S. 7; Albrecht, in: Knopp/Löhr, Bundes-Bodenschutzgesetz in der betrieblichen und steuerlichen Praxis, 2000, Rn. 396; vgl. auch

d) *Wiederherstellung der grundstücksbezogenen Handlungsmöglichkeiten*

Ein nicht saniertes Grundstück lässt sich – in Abhängigkeit von bauplanungsrechtlichen Festsetzungen – je nach Art der Kontamination nicht oder nur eingeschränkt nutzen[446]. Werden bestimmte Werte nach der Bundes-Bodenschutz- und Altlastenverordnung[447] nicht eingehalten, schließt dies davon abhängige Nutzungen aus[448]. Daher hängt der Zugewinn an Nutzungsoptionen für ein saniertes Grundstück maßgeblich vom Sanierungsumfang ab.

e) *Erhöhte Erträge aus der Grundstücksnutzung*

Eine Nutzenerhöhung durch die Sanierung eines Grundstücks in Form von besseren Erträgen ist nur für einen eingeschränkten Kreis von Grundstücken denkbar. Dies wird regelmäßig nur bei land- oder forstwirtschaftlich genutzten Grundstücken oder im Bereich der Fischerei eine Rolle spielen. Aber auch in anderen Fällen, etwa im Bereich der Immobilienwirtschaft, kann hier ein direkter Nutzen erzielt werden[449].

f) *Verminderung des Flächenverbrauchs*

Dieser Nutzeneffekt spielt für einen privaten Investor regelmäßig keine oder nur eine untergeordnete Rolle. Für öffentliche Maßnahmenträger kann er aber aus ökologischen und stadtplanerischen Gründen bedeutsam sein[450]. Allerdings ist dieser Nutzen monetär kaum zu bewerten[451].

g) *Erhaltung oder Schaffung von Arbeitsplätzen*

Der Gesichtspunkt der Erhaltung oder Schaffung von Arbeitsplätzen spielt für den privaten Investor ebenfalls nur eine untergeordnete Rolle, wohl aber für die öffentliche Hand. Unterstützt wird dies durch § 273 SGB III[452] als Nachfolgeregelung der §§ 249h, 242s AFG[453], womit Maßnahmen zum Rückbau und der Flächensanierung gefördert werden können. Dadurch kann eine gewünschte Beschleunigung des Strukturwandels gefördert werden, was zu Neuinvestitionen und damit zu einer Entspannung des Arbeitsmarktes führen kann. Allerdings lässt sich dieser Nutzeneffekt eben-

---

Knopp, in: Ingenieurtechnischer Verband Altlasten e.V. (Hrsg.), Altlasten – eine Herausforderung für die Industrie, 1992, S. 158 f.

446 Vgl. Knopp, in: Ingenieurtechnischer Verband Altlasten e.V. (Hrsg.), Altlasten – eine Herausforderung für die Industrie, 1992, S. 159.

447 Bundes-Bodenschutz- und Altlastenverordnung (BBodSchV) v. 12. 7. 1999 (BGBl. I, S. 1554).

448 Siehe oben unter Kap. 1 B VI 3. b).

449 SRU, Altlasten I, 1990, Tz. 679; Laßl, in: Selke/Hoffmann (Hrsg.), Wiedernutzung von Industriebrachen, 1995, S. 1 (98).

450 Laßl, in: Selke/Hoffmann (Hrsg.), Wiedernutzung von Industriebrachen, 1995, S. 1 (98); Rother, in: Zimmermann (Hrsg.), Organisation und Finanzierung der Altlastensanierung in den neuen Bundesländern, 1992, S. 55 (71); Tomerius, ZUR 1999, 78 (80); kritisch hierzu Staudt, in: Wagner (Hrsg.), Altlasten und Entsorgungsökonomie, Düsseldorf, 1987, S. 117 (134).

451 Lemser/Tillmann, Wirtschaftlichkeit von Bodensanierungen, 1997, S. 200.

452 Für bestimmte Sachverhalte wird diese Regelung für die neuen Länder über § 415 SGB III erweitert; vgl. hierzu Schlegel, in: Hennig, SGB III, Losebl., Stand Nov. 2000, § 415 Rnrn. 5 ff.

453 Vgl. Schlegel, in: Hennig, SGB III, Losebl., Stand Nov. 2000, § 273 Rn. 10 m.w.N.

falls kaum monetär bewerten[454] und würde für sich alleine betrachtet vermutlich keine positiven Ergebnisse bringen[455].

h) Imageverbesserung des Altlasteneigentümers

Der Nutzen der Imageverbesserung ist ein eher theoretischer und in der Praxis kaum relevant. Im Einzelfall mag er als allerdings ebenfalls kaum monetär quantifizierbarer Nutzeneffekt eine Rolle spielen[456]. Denkbare Fälle könnten Sachverhalte sein, in denen mit schnellen und umfassenden Sanierungsmaßnahmen vorherige Fehlplanungen und Fehlinvestitionen oder früheres Fehlverhalten ausgeglichen werden sollen.

3. Berechnungsverfahren

Um eine betriebswirtschaftlich fundierte Entscheidung darüber treffen zu können, mit welchem Sanierungsverfahren sich zu welchen Kosten welcher Nutzen erzielen lässt[457], ist es darüber hinaus erforderlich, die Kosten und den Nutzen auf einen einheitlichen Bezugspunkt zu beziehen[458]. Da quantifizierbare Nutzeneffekte regelmäßig erst nach einer Sanierung entstehen, die Kosten aber im Verlauf des gesamten Sanierungszeitraumes anfallen, wird üblicherweise eine Aufzinsung oder Diskontierung, z.B. auf den Zeitpunkt des Nutzenbeginns, durchgeführt[459]. Hierfür existieren bestimmte Verfahren, wie beispielsweise das in der Praxis am häufigsten eingesetzte[460] Kapitalwertverfahren[461]. Diese rein betriebswirtschaftlichen Methoden beziehen sich jedoch auf bestimmte klar abgrenzbare Zeiträume und arbeiten mit periodisierten Erfolgsgrößen, wie Kosten oder Erlösen, sowie mit Durchschnittsbetrachtungen[462]. Da Altlastenfälle sich jedoch selten in begrenzten Zeiträumen bearbeiten lassen und Durchschnittsbetrachtungen wegen der typischerweise auftretenden Besonderheiten jeder Altlast nur wenig Aussagekraft besitzen, eignen sich diese Verfahren zur Berechnung der Kosten-Nutzen-Relation nur bedingt[463]. Daher ist es zweckmäßiger, ein Kostenvergleichsverfahren zu verwenden, da hierdurch die Investition mit den durchschnittlich geringsten Kosten ausgewählt wird[464]. Damit kann jedoch nicht garantiert werden, dass das Projekt auch gewinnbringend ist. Speziell für Altlastensanierungen bietet sich daher eine Kostenvergleichsrechnung[465] an, etwa ein nach LAWA entwi-

---

454 Lemser/Tillmann, Wirtschaftlichkeit von Bodensanierungen, 1997, S. 201.

455 SRU, Altlasten II, 1995, Tz. 184.

456 Lemser/Tillmann, Wirtschaftlichkeit von Bodensanierungen, 1997, S. 202.

457 Siehe hierzu die schematische Darstellung bei Venhorst, EntsorgungsPraxis (1 – 2) 1991, 19 (22 f.) Abb. 5 und 6 als Anhaltspunkt.

458 Venhorst, EntsorgungsPraxis (1 – 2) 1991, 19 (21); Lemser/Tillmann, Wirtschaftlichkeit von Bodensanierungen, 1997, S. 188.

459 Venhorst, EntsorgungsPraxis (1 – 2) 1991, 19 (21).

460 Däumler, Investitionsrechnung – Leitfaden für Praktiker, 2. Aufl. 1996, S. 44.

461 Däumler, Investitionsrechnung – Leitfaden für Praktiker, 2. Aufl. 1996, S. 44 f.; Wöhe, Einführung in die Allgemeine Betriebswirtschaftslehre, 21. Aufl. 2002, S. 619 ff.

462 Matschke, Investitionsplanung und Investitionskontrolle, 1993, S. 252 ff.; Kruschwitz, Investitionsrechnung, 9. Aufl. 2003, S. 32 f.; Adam, Investitionscontrolling, 3. Aufl. 2000, S. 105 ff.

463 Bracke, in: ECOS (Hrsg.), Bewertung der Umwelt, 1995, S. 112 (113 f.).

464 Vgl. Wöhe, Einführung in die Allgemeine Betriebswirtschaftslehre, 21. Aufl. 2002, S. 611.

465 Siehe hierzu ausf. Bracke, in: ECOS (Hrsg.), Bewertung der Umwelt, 1995, S. 112 (114 ff.) mit Darstellung verschiedener Kostenschätzungsverfahren.

ckeltes Kostenvergleichsrechnungsverfahren[466] für die Berechnung einer Kosten-Nutzen-Analyse[467]. Damit wird eine Vergleichbarkeit der zu investierenden Kosten und dem erwarteten Nutzen hergestellt, auf deren Grundlage ein Privatinvestor eine Investitionsentscheidung treffen kann[468].

---

466 Siehe LAWA, Leitlinien zur Durchführung von Kostenvergleichsrechnungen, 6. Aufl. 1998.

467 Vgl. hierzu den Ansatz von Lemser/Tillmann, Wirtschaftlichkeit von Bodensanierungen, 1997, S. 232 ff. m.w.N.

468 Venhorst, EntsorgungsPraxis (1 – 2) 1991, 19 (23).

Kapitel 2: Bisherige rechtliche Regelungen zur Kostentragung bei Bodenschutz- und Altlastenmaßnahmen (bis 28. Februar 1999)

A. Einführung

Nachdem bis Mitte der achtziger Jahre die Altlastenproblematik als solche kaum im Blickpunkt des öffentlichen Interesses stand[469], führten die zunehmenden Erkenntnisse hinsichtlich der ökologischen und ökonomischen Risiken durch Bodenkontaminationen zu steigenden politischen und verwaltungsbehördlichen Aktivitäten. Parallel zur wachsenden Bedeutung der Altlastenproblematik sind in diesem Zusammenhang die gesetzgeberischen Aktivitäten gestiegen. Bis Ende der achtziger Jahre existierten nur sporadische Altlastenregelungen in den Landesgesetzen[470]. Die auftretenden Rechtsfragen zur Bearbeitung von Altlastenfällen wurden im Allgemeinen über das Polizei- und Ordnungsrecht der Länder gelöst[471], weshalb auch von einer *„Renaissance des Polizeirechts“* gesprochen wurde[472]. Da sich durch das Polizei- und Ordnungsrecht die auftretenden Rechtsprobleme nicht in angemessener Weise lösen ließen, arbeiteten die Bundesländer vor dem Hintergrund weitgehender Untätigkeit des Bundes in zunehmendem Umfang Altlastenregelungen in das Landesrecht ein. Wegen des häufig bestehenden Zusammenhangs zwischen Altlasten und Altablagerungen in Form von stillgelegten Deponien fanden sich Regelungen zur Bewältigung des Altlastenproblems meist in den Landesabfallgesetzen. Vorreiter war hier das Land Nordrhein-Westfalen, das 1988 als erstes Bundesland eigenständige Regelungen zu Altlasten in einem eigenen Abschnitt in das nordrhein-westfälische Landesabfallgesetz[473] einfügte. Diesem Beispiel folgten im Laufe der Zeit die meisten anderen Bundesländer[474]. Angesichts der zunehmenden Bedeutung der Altlastenproblematik

---

469 Kloepfer, Umweltrecht, 2. Aufl. 1998, S. 792 f.

470 Siehe hierzu mit Einzelheiten Pohl, NJW 1995, 1645.

471 Breuer, in: Schmidt-Assmann (Hrsg.), Besonderes Verwaltungsrecht, 11. Aufl. 1999, S. 486; Brandt, Altlastenrecht, 1993, S. 6; Papier, JZ 1994, 810 (810).

472 Breuer, JuS 1986, 359 (360); ähnlich auch Papier, in: Breuer/Kloepfer/Marburger/Schröder (Hrsg.), UTR Bd. 1, Altlasten und Umweltrecht, 1986, S. 59 f.; Papier, JZ 1994, 810 (810); Doerfert, in: ECOS (Hrsg.), Bewertung der Umwelt, 1995, S. 26.

473 Abfallgesetz für das Land Nordrhein-Westfalen (NWAbfG) v. 21. 6. 1988 (GV., S. 250), zuletzt geänd. durch G zur Änderung des Landesabfallgesetzes und damit in Zusammenhang stehender Vorschriften (Stand 28. 2. 1999) v. 24. 11. 1998 (GV., S. 666), §§ 28 ff.

474 Dies waren zum Stand 28. 2. 1999: Gesetz über die Vermeidung und Entsorgung von Abfällen und die Behandlung von Altlasten in Baden-Württemberg – LAbfG – v. 8. 1. 1990 (GBl., S. 1) in der Fassung v. 15. 10. 1996 (GBl., S. 617), §§ 22 ff.; Gesetz zur Vermeidung, Verwertung und sonstigen Entsorgung von Abfällen und zur Erfassung und Überwachung von Altlasten in Bayern (BayAbfAlG) v. 27. 2. 1991 (GVBl., S. 64), Art. 26 ff.; Brandenburgisches Abfallgesetz (BbgAbfG) v. 6. 6. 1997 (GVBl., S. 40), §§ 29 ff.; Bremisches Ausführungsgesetz zum Gesetz über die Vermeidung und Entsorgung von Abfällen (BremAGAbfG) v. 15. 9. 1988 (GBl., S. 241), § 13; Hamburgisches Abfallwirtschaftsgesetz (HmbAbfG) v. 1. 12. 1992 (GVBl., S. 251), §§ 16 f.; Abfallwirtschafts- und Altlastengesetz für Mecklenburg-Vorpommern (MVAbfAlG) v. 4. 8. 1992 (GVBl., S 450), §§ 22 ff.; Niedersächsisches Abfallgesetz (NdsAbfG) v. 14. 10. 1994 (GVBl., S. 468), §§ 31 ff.; Landesabfallwirtschafts- und Altlastengesetz Rheinland Pfalz (AbfWAG RP) v. 30. 4. 1991 (GVBl., S. 251), §§ 24 ff.; Saarländisches Abfallwirtschaftsgesetz (SAWG) in der Fassung v. 26. 11. 1997 (Amtsbl., S. 1352), §§ 34 ff.; Abfallgesetz des Landes Sachsen-Anhalt (SachsAnhAbfG) v. 14. 11. 1991 (GVBl., S. 422), §§ 29 ff.; Abfallwirtschaftsgesetz für das Land Schleswig-Holstein (SchlHAbfWG) v. 6. 12. 1991 (GVBl., S. 640), § 21;

wurden in Hessen[475] ein eigenes Altlastengesetz und in Baden-Württemberg[476], Sachsen[477] und Berlin[478] spezielle Bodenschutzgesetze erlassen.

Die Regelungen für die Behandlung von Altlasten oder Bodenkontaminationen orientierten sich ebenfalls weitgehend an polizeirechtlichen Grundsätzen[479]. Dennoch blieben viele Fragen ungeklärt und wurden in Literatur und Rechtsprechung kontrovers diskutiert. Ungelöst ist auch die Finanzierungsproblematik geblieben, obwohl es hier nicht an kreativen Ansätzen mangelte[480].

B. Bodenschutz- und Altlastenmaßnahmen

Bevor die Behörde rechtliche Schritte bei kontaminierten Flächen einleiten kann, muss sie zunächst klären, ob überhaupt Bodenverunreinigungen oder Altlasten vorhanden sind, und wenn ja, welches Ausmaß und welches Gefährdungspotenzial diese haben. Außerdem ist zu klären, wer hierfür verantwortlich ist.

Kontaminierte Flächen werden im allgemeinen Sprachgebrauch häufig als „*Altlasten*" bezeichnet[481]. Hingegen schließt der Begriff „*Altlast*" nach juristischer Terminologie nur einen Teil der kontaminierten Flächen ein[482]. Deswegen wurde im Bundes-Bodenschutzgesetz als zentraler Begriff die „*schädliche Bodenveränderung*", definiert in § 2 Abs. 3 BBodSchG, eingeführt. Schädliche Bodenveränderungen erfassen nicht nur Bodenkontaminationen wie Altlasten[483], sondern auch sonstige Beeinträchtigungen der Bodenfunktionen, die geeignet sind, Gefahren, erhebliche Nachteile oder erhebliche Belästigungen für den Einzelnen oder die Allgemeinheit herbeizuführen. Darunter fallen auch Bodenversiegelung, Veränderung der Bodenphysik oder (auch unschädliche) stoffliche Einträge[484], soweit die in § 2 Abs. 2 Nrn. 1 – 3 genannten Bodenfunktionen mehr als nur unerheblich betroffen sind. Wegen der größeren Relevanz von Bodenkontaminationen für den Einzelnen und die Allgemeinheit liegt der Schwerpunkt dieser Untersuchung auf der Darstellung der rechtlichen Möglich-

---

Gesetz zur Vermeidung, Verminderung, Verwertung und Beseitigung von Abfällen und die Sanierung von Altlasten (Thüringer Abfallwirtschafts- und Altlastengesetz – ThürAbfAG) v. 31. 3. 1991 (GVBl., S. 273), §§ 16 ff.

475 Gesetz zur Neuordnung des Altlastenrechts in Hessen (HessAltlG) v. 20. 12. 1994 (GVBl. I, S. 764); vgl. hierzu Kochenburger, NVwZ 1996, 249 ff.; umfassende Regelungen zu Altlasten fanden sich davor im Hessischen Abfallwirtschafts- und Altlastengesetz – HAbfAG – in der Fassung v. 10. 7. 1989 (GVBl. I, S. 197), §§ 16 ff.; vgl. hierzu Knopp, DÖV 1990, 683 ff.

476 Gesetz zum Schutz des Bodens (Baden-Württemberg, BodSchG BW) v. 24. 6. 1991 (GBl., S. 434).

477 Erstes Gesetz zur Abfallwirtschaft und zum Bodenschutz im Freistaat Sachsen (SächsEGAB) v. 12. 8. 1991 (GVBl., S. 306), §§ 7 ff.

478 Berliner Gesetz zur Vermeidung und Sanierung von Bodenverunreinigungen (BerlBodSchG) v. 10. 10. 1995 (GVBl., S. 646); vgl. hierzu Körner/Vierhaus, LKV 1996, 345 (346 ff.); Körner, in: Kommunaler Schadensausgleich (Hrsg.), Kommunale Aufgaben und Umweltrecht, 1996, S. 33 (34 ff.).

479 Kloepfer, Umweltrecht, 2. Aufl. 1998, S. 797, § 12 Rn. 66

480 Siehe oben unter Kap. 1 B III 2.

481 Eberle, ZAU 1989, 15 (24); vgl. auch SRU, Altlasten II, 1995, Tz. 13; Pape, NJW 1992, 2661 (2662); Schmidt, ZIP 2000, 1913 (1915).

482 SRU, Altlasten II, 1995, Tz. 11.

483 Vgl. zum Ganzen Hipp/Rech/Turian, Das Bundes-Bodenschutzgesetz, 2000, Rn. 61.

484 Hoppe/Beckmann/Kauch, Umweltrecht, 2. Aufl. 2000, S. 662.

keiten hinsichtlich der Behandlung von kontaminierten Flächen, insbesondere von Flächen, die mit „*Altlasten*" nach bodenschutzrechtlicher Terminologie belegt sind.

Für den bisweilen als „*schillernd*" bezeichneten[485] Altlastenbegriff gab es bis zum Inkrafttreten des Bundes-Bodenschutzgesetzes keine einheitliche Legaldefinition. Die einzelnen Bundesländer versuchten sich an eigenständigen Begriffsbestimmungen in ihren Landesgesetzen, die sich jedoch in der überwiegenden Anzahl der Fälle am Altlastenbegriff des Sachverständigenrates für Umweltfragen orientierten[486]. Danach sind Altlasten Altablagerungen und Altstandorte[487], von denen – je nach Landesregelung durchaus unterschiedlich formulierte – Gefahren oder Gefährdungen für die Allgemeinheit ausgehen.

Die weitergehende Unterscheidung zwischen Neulasten[488], „*echten*" und „*unechten*" Altlasten[489] ist aus juristischer Sicht hilfreich[490], entspricht jedoch nicht dem allgemeinen Sprachgebrauch und ist aus praktischer Sicht problematisch[491]. Der jetzige Altlastenbegriff des Bundes-Bodenschutzgesetzes, der die bisherige Terminologie weitgehend aufgreift, erfasst nach § 2 Abs. 5 BBodSchG Altablagerungen und Altstandorte, von denen schädliche Bodenveränderungen oder sonstige Gefahren für den Einzelnen oder die Allgemeinheit ausgehen[492]. Dies sind im Regelfall kontaminierte Flächen, auf denen Abfälle entsorgt wurden oder auf denen mit umweltgefährdenden Stoffen umgegangen worden ist[493]. Neben dem Bundes-Bodenschutzgesetz bestehen auf Bundesebene weitere Vorschriften, welche die Behandlung von Bodenkontaminationen zum Inhalt haben. Außerdem existieren in den Bundesländern verschiedene Regelungen zu diesem Komplex, die aber zum größten Teil durch das Inkrafttreten des Bundes-Bodenschutzgesetzes unwirksam wurden.

Die Sanierung einer Bodenkontamination erfolgt in bestimmten Schritten, angefangen von der Ersterkundung über Sicherungs-, Kontroll- und Sanierungsmaßnahmen bis zur Nachsorge und Rekultivierung. Nach dieser Reihenfolge werden die auf Bundes- und Länderebenen bis 1999 existierenden Vorschriften dargestellt.

---

485 Breuer, JuS 1986, 359 (359).

486 SRU, Altlasten I, 1989, Tz. 58.

487 Zur Begriffsklärung siehe unten unter Kap. 3 B I.

488 Unter Neulasten werden Ablagerungen verstanden, die nach Inkrafttreten des AbfG am 11. 6. 1972 entstanden sind; vgl. Knopp/Albrecht, Altlastenrecht in der Praxis, 2. Aufl. 1998, Rn. 6.

489 Soweit Ablagerungen ausschließlich vor Inkrafttreten des AbfG am 11. 6. 1972 vorgenommen wurden, liegt eine „*echte*" Altlast vor; Sind Ablagerungen sowohl vor als auch nach dem Inkrafttreten des AbfG am 11. 6. 1972 vorgenommen worden sind, handelt es sich um sog. „*unechte*" Altlasten; vgl. Kloepfer, Umweltrecht, 2. Aufl. 1998, S. 794 f.; Pape, NJW 1992, 2661 (2662); auch Körner/Vierhaus, LKV 1996, 345.

490 Vgl. Knopp/Albrecht, Altlastenrecht in der Praxis, 2. Aufl. 1998, Rn. 6 m.w.N.

491 Seibert, DVBl. 1992, 664 (665); Knopp/Albrecht, Altlastenrecht in der Praxis, 2. Aufl. 1998, Rn. 7; Pape, NJW 1992, 2661 (2662).

492 Vgl. hierzu Hipp/Rech/Turian, Das Bundes-Bodenschutzgesetz, 2000, A I, Rnrn. 58 ff.

493 Dies wird meist industriell genutzte Flächen betreffen, schließt aber – wie bei den Altablagerungen – auch privat genutzte Flächen nicht aus; vgl. Hoppe/Beckmann/Kauch, Umweltrecht, 2. Aufl. 2000, S. 663 f.

I. Untersuchungsmaßnahmen und Gefahrerforschungseingriffe

1. Einführung

Besteht in einem konkreten Fall der Verdacht, dass von einem Grundstück wegen Kontaminationen Gefahren für die Allgemeinheit ausgehen, muss die Behörde zunächst versuchen, den Sachverhalt näher zu ermitteln, bevor sie kostenintensive und aufwendige Maßnahmen anordnet. Dies kann durch die Entnahme von Bodenproben an verschiedenen Stellen des Grundstücks und Untersuchung dieser Proben oder durch die Anlage von Kontrollbrunnen geschehen.

a) Definition

Untersuchungsmaßnahmen werden häufig als *„Gefahrerforschungseingriffe"* bezeichnet[494]. Der Begriff des Gefahrerforschungseingriffs ist polizeirechtlichen Ursprungs und bezeichnet eine vorläufige Maßnahme zur Sachverhaltsaufklärung[495]. Insbesondere soll damit geklärt werden, ob überhaupt eine zu beseitigende Gefahr vorliegt. Außerdem sollen Art, Umfang und Ursachen einer Gefahr festgestellt werden[496]. Dies schließt auch die Klärung der Frage mit ein, gegen wen beim Vorliegen einer Gefahr behördliche Maßnahmen gerichtet werden können[497].

Liegen also Anhaltspunkte vor, dass innerhalb des Bereichs, für den eine Behörde zuständig ist, kontaminierte Flächen vorhanden sein können, ist die Behörde wegen der meist betroffenen hochrangigen Schutzgüter Grundwasser oder Boden[498] zur Ermittlung des Sachverhalts verpflichtet[499].

Durch Gefahrerforschungseingriffe lässt sich außerdem klären, ob lediglich der Boden verunreinigt ist oder ob darüber hinaus noch das Grundwasser betroffen ist.

Lässt sich eine Grundwasserbelastung ausschließen , kann die Behörde leichter ermitteln, wer verantwortlich für die Kontamination ist. Häufig ist derjenige, der die Herrschaftsgewalt über das betroffene Grundstück besitzt, auch derjenige, in dessen Verantwortungsbereich die Bodenbeeinträchtigung fällt. Dies wird in vielen Fällen der Eigentümer sein. Aber auch in Fällen, in denen das Grundstück, beispielsweise für

---

494 Vgl. VGH Mannheim, DÖV 1985, 687 (688); VGH München NVwZ 1986, 943 (944); umfassend Weiß, NVwZ 1997, 737 ff.; siehe auch Knopp, BB 1988, 923 (923 f.); Seibert, DVBl. 1992, 664 (667); Friauf, in: Schmidt-Assmann (Hrsg.), Besonderes Verwaltungsrecht, 11. Aufl. 1999, S. 134; Hipp/Rech/Turian, Das Bundes-Bodenschutzgesetz, 2000, Rn. 352; Brandt/Smeddinck, Jura 1994, 225 (230); Götz, NVwZ 1990, 725 (730); Breuer, NVwZ 1987, 751 (754); umfassend Dill, Amtsermittlung und Gefahrerforschungseingriffe, 1997, S. 28; jew. m.w.N.

495 Knemeyer, Polizei- und Ordnungsrecht, 9. Aufl. 2002, Rn. 97; Götz, Allgemeines Polizei- und Ordnungsrecht, 13. Aufl. 2001, Rn. 155 jew. m.w.N.

496 Dill, Amtsermittlung und Gefahrerforschungseingriffe, 1997, S. 20 m. umfängl. Nachw. zum Meinungsstand in Lit. und Rspr.

497 Götz, NVwZ 1987, 725 (730); Knopp/Albrecht, Altlastenrecht in der Praxis, 2. Aufl. 1998, Rn. 68 m.w.N.

498 Brandt, Altlastenrecht, 1993, S. 89; in Bezug auf Grundwasser vgl. nur BVerfGE 58, 300 (341, 344); zur Bedeutung des Bodens vgl. auch Oldiges, in: Oldiges (Hrsg.), Das neue Bundes-Bodenschutzgesetz – Fragen und Erwartungen, 1996, S. 9 ff.

499 Brandt, Altlastenrecht, 1993, S. 90 f.

eine industrielle Nutzung verpachtet wurde und der Grundstücksinhaber die Kontamination verursacht hat, ist er grundsätzlich als Zustandsverantwortlicher[500] für Gefahren, die von seinem Grundstück ausgehen, verantwortlich. Auch in diesen Fällen werden behördliche Maßnahmen zur Verursachererforschung meist erfolgreich sein, denn der Eigentümer hat ein vitales finanzielles Interesse daran, den Kenntnisstand der Behörde hinsichtlich weiterer Verantwortlichen zu erweitern.

Schwieriger stellt sich der Fall hingegen bei Verunreinigungen des Grundwassers als Begleiterscheinung von Bodenverunreinigungen dar. Grundwasserverunreinigungen machen sich meist erst dann bemerkbar, wenn das Grundwasser an einer Kontrollstelle oder einem Brunnen ans Tageslicht kommt. Bis dahin kann verunreinigtes Grundwasser über weite Strecken *„gewandert"* sein. Oft wird sich aus den geologischen und hydrologischen Voraussetzungen nur ungefähr ableiten lassen, wo die Grundwasserkontamination ihren Ausgangspunkt hatte. Dies bedingt häufig umfangreiche und kostenintensive Ermittlungsmaßnahmen.

b) Behördliche Eigendurchführung oder Fremddurchführung von Untersuchungsmaßnahmen

Regelmäßig wird die Behörde mangels spezieller technischer Ausstattung oder aufgrund fehlender spezifischer Sachkenntnis nicht in der Lage sein, solche Untersuchungen selbst durchzuführen. Sie hat daher in den meisten Fällen zur Aufklärung eines Altlastenverdachts zwei Handlungsmöglichkeiten: Zum einen kann sie ein privates Unternehmen, z.B. ein Ingenieurbüro, mit der Durchführung der Untersuchungen beauftragen. Als zweite Alternative kann sie den Grundstückseigentümer oder einen anderen Verantwortlichen anweisen, geeignete Untersuchungsmaßnahmen durchzuführen. Im ersten Fall erschöpft sich eine Inanspruchnahme des Grundstückseigentümers zunächst in der Duldung der Untersuchungsmaßnahmen. Im zweiten Fall hingegen hat der Eigentümer selbst aktiv zu werden und einen geeigneten Gutachter mit den erforderlichen Untersuchungen sowie mit der Erstellung eines Gutachtens zu beauftragen. Der praktische Unterschied liegt vor allem darin, dass die teilweise erheblichen Kosten[501] im Fall der Eigendurchführung zunächst bei der Behörde verbleiben, die sie dann gegebenenfalls nachträglich von einem Verantwortlichen ersetzt bekommen kann[502]. Wird hingegen der Grundstückseigentümer zur Durchführung von Untersuchungsmaßnahmen verpflichtet, hat er zunächst die Kosten zu tragen. Angesichts des Zustandes der öffentlichen Kassen werden die Behörden trotz der geäußerten juristischen Bedenken[503] dazu neigen, die Aufklärung des Sachverhaltes dem Eigentümer oder einem sonstigen Verpflichteten auf seine Kosten zu übertragen. Im Bundes-Bodenschutzgesetz wurde diese umstrittene Frage nun durch § 9 BBodSchG gesetzlich dahingehend geregelt, dass die Behörde bei Verdachtsmomenten zu einer ersten allgemeinen Untersuchung und bei der Feststellung von Anhaltspunkten für das Vorliegen einer schädlichen Bodenveränderung und

500 Knopp/Albrecht, Altlastenrecht in der Praxis, 2. Aufl. 1998, Rn. 99; Götz, Allgemeines Polizei- und Ordnungsrecht, 13. Aufl. 2001, Rnrn. 214 ff.

501 Vgl. z.B. VG Köln, NVwZ 1994, 927 (928), reine Untersuchungskosten in Höhe von DM 130.000,-.

502 Siehe hierzu unten unter Kap. 2 B I 1. c).

503 Siehe zu dieser Problematik und zur entsprechenden Literatur unten unter Kap. 2 B I 1. c).

Altlasten zu einer Einzelfallprüfung verpflichtet ist[504]. Führt diese Prüfung bei Überschreitung der Prüfwerte zu einem hinreichenden Gefahrenverdacht, so können weitere Maßnahmen gegen einen bodenschutzrechtlich Verantwortlichen gerichtet werden[505]. Die Frage der Kostentragung richtet sich nach § 24 Abs. 1 BBodSchG und folgt diesem auch als „*Kaskadenmodell*"[506] bezeichneten Schema[507].

c) Amtsermittlungsgrundsatz und Untersuchungsmaßnahmen

Da mit Untersuchungsmaßnahmen zunächst nur ermittelt wird, ob eine Gefahr vorliegt und wer hierfür verantwortlich ist, stellt die Heranziehung eines Dritten in diesem Stadium einen erheblichen Eingriff in dessen Rechtsphäre dar. Dies insbesondere deswegen, weil noch gar nicht feststeht, ob er überhaupt oder in welchem Umfang er für schädliche Bodenveränderungen oder Altlasten verantwortlich ist.

Es stellt sich daher die Frage, ob die Inanspruchnahme von Dritten in diesem frühen Untersuchungsstadium zulässig ist. Dem könnte der in allen Landesverwaltungsverfahrensgesetzen in § 24 VwVfG[508] festgelegte Amtsermittlungsgrundsatz entgegenstehen. Dieser mit bestimmten Modifikationen in allen verwaltungsbehördlichen und verwaltungsgerichtlichen Verfahren geltende Grundsatz findet sich in sehr unterschiedlichen Vorschriften[509]. Er enthält als Grundaussage, dass die Behörde oder das Gericht den entscheidungserheblichen Sachverhalt von Amts wegen zu ermitteln haben. Sie sind dabei nicht an das Vorbringen der Beteiligten gebunden und frei in der Entscheidung darüber, ob und auf welche Weise über einzelne Tatsachen Beweis erhoben werden soll[510]. Besteht der Verdacht, dass eine Gefahr für die öffentliche Sicherheit und Ordnung vorliegt, und entscheidet sich die Behörde im Rahmen

504 Landel, in: Landel/Vogg/Wüterich, BBodSchG, 2000, § 9 Rn. 4 m.w.N.; Oldiges, in: Oldiges (Hrsg.), Das neue Bundes-Bodenschutzgesetz – Fragen und Erwartungen, 1996, S. 73 (75 f.).

505 Sanden/Schoeneck, BBodSchG, 1998, § 9 Rn. 5; Oldiges, in: Oldiges (Hrsg.), Das neue Bundes-Bodenschutzgesetz – Fragen und Erwartungen, 1996, S. 73 (75 f.).

506 Oldiges, in: Oldiges (Hrsg.), Das neue Bundes-Bodenschutzgesetz – Fragen und Erwartungen, 1996, S. 73 (76).

507 Landel, in: Landel/Vogg/Wüterich, BBodSchG, 2000, § 24 Rnrn. 6 ff.; Sanden/Schoeneck, BBodSchG, 1998, § 24 Rn. 8; Peine, UPR 1997, 53 (59).

508 Kopp/Ramsauer, VwVfG, 7. Aufl. 2000, § 24 Rn. 4.

509 Zum Ganzen Dill, Amtsermittlung und Gefahrerforschungseingriffe, 1997, S. 30 f. mit Verweis auf die prozessrechtlichen Vorschriften in § 86 Abs. 1 und 2 VwGO, § 20 SGB X, § 76 I FGO, § 103 SGG sowie die verwaltungsverfahrensrechtlichen Vorschriften in § 24 BVwVfG und die finanzverfahrensrechtlichen Regelungen in §§ 88, 199, 365, 367 AO. Spezialgesetzliche Vorschriften im Bundesrecht finden sich in § 19 Abs. 3 WPflG, § 116 FlurbG, § 10 WBO, § 330 LAG, § 54 GWB, § 12 AsylVfG. Modifikationen des Amtsermittlungsgrundsatzes finden sich in § 24 AsylVfG, § 18 GefahrstoffVO, § 5 Abs. 2 KDVNG, § 5 UVPG sowie in § 208 BauGB. Daneben gilt der Amtsermittlungsgrundsatz in den Bundesländern über die jeweiligen Vorschriften des § 24 VwVfG sowie in weiteren Landesgesetzen. Der Amtsermittlungsgrundsatz gilt außerdem im Strafverfahren, § 244 Abs. 2 StPO sowie im strafrechtlichen Ermittlungsverfahren, §§ 160 Abs. 1 und 2, 155 StPO; siehe dazu Kleinknecht/Meyer, StPO, 45. Aufl. 2001, § 155 Rn. 2 und § 160 Rn. 14. Auch im Zivilverfahren ist der Amtsermittlungsgrundsatz nicht unbekannt, so findet er sich z.B. in den Verfahren der freiwilligen Gerichtsbarkeit, § 12 FGG, sowie in Ehe- und Kindschaftssachen (§§ 616 bzw. 640d ZPO) und in bestimmten kartellrechtlichen Verfahren (§ 69 GWB).

510 Maurer, Allgemeines Verwaltungsrecht, 13. Aufl. 2000, S. 475 f.; Dill, Amtsermittlung und Gefahrerforschungseingriffe, 1997, S. 30; vgl. auch Schink, DVBl. 1989, 1182 (1183).

ihres Entschließungsermessens[511] tätig zu werden, ist sie durch den Amtsermittlungsgrundsatz verpflichtet, den Sachverhalt aufzuklären.

Damit ist aber noch nichts darüber gesagt, ob sie dies durch eigene Ermittlungstätigkeit tun muss. Letztlich geht es um die Frage, inwieweit der Staat berechtigt ist, bestimmte Untersuchungen im Rahmen der Gefahrenabwehr auf den Betroffenen zu überwälzen, oder inwieweit ihn der Amtsermittlungsgrundsatz an einer solchen Übertragung hindert. Im Anschluss daran stellt sich die Frage, ob der Betroffene mit den Kosten hierfür belastet werden darf.

Ein Teil der Oberverwaltungsgerichte vertrat die Auffassung, die Behörde müssten wegen des Amtsermittlungsgrundsatzes erforderliche Untersuchungsmaßnahmen selbst und auf eigene Kosten durchzuführen[512]. Dagegen hielten einige Obergerichte eine Überwälzung von Untersuchungsmaßnahmen und der Kosten auf den Betroffenen für zulässig[513]. In der Literatur wurde die rechtliche Zulässigkeit einer Überwälzung von Maßnahmen im Rahmen des Amtsermittlungsgrundsatzes über die Verpflichtung zur Duldung der Maßnahmen mehrheitlich abgelehnt[514]. Diese Ansichten sahen sich unterschiedlicher Kritik ausgesetzt. So war nicht einzusehen, dass die öffentliche Hand Untersuchungsmaßnahmen finanzieren soll, wenn später der für die Kontaminationen Verantwortliche gefunden wurde. Auf der anderen Seite erschien es unbillig, jemanden mit den Kosten für Untersuchungsmaßnahmen zu belasten, wenn entweder keine Gefahr bestand oder er für diese nicht verantwortlich war.

Inzwischen hat sich diese Problematik zumindest für den Bereich von schädlichen Bodenveränderungen und Altlasten mit dem Inkrafttreten des Bundes-Bodenschutzgesetzes erledigt[515]. Hier regelt nun § 9 BBodSchG die Befugnisse der Behörde. Die Frage der Kostentragung hat nunmehr mit der Vorschrift in § 24 Abs. 1 BBodSchG eine Regelung erfahren[516]. Nicht einschlägig sind diese Vorschriften jedoch für Untersuchungsanordnungen in anderen Bereichen, etwa für wasserrechtliche Verfügungen. Allerdings dürfte die Neuregelung im Bundes-Bodenschutzgesetz eine gewisse Ausstrahlung auch auf solche Sachverhalte entfalten.

---

511 Nach § 22 S. 1 VwVfG entscheidet die Behörde nach pflichtgemäßen Ermessen, ob und wann sie ein Verwaltungsverfahren durchführt; vgl. hierzu Maurer, Allgemeines Verwaltungsrecht, 13. Aufl. 2000, S. 474; Siehe auch Götz, Allgemeines Polizei- und Ordnungsrecht, 13. Aufl. 2001, Rnrn. 348 ff.; zur Frage, ob im Einzelfall ein Anspruch auf behördliches Tätigwerden im Bereich Altlasten bestehen kann; vgl. ausf. Paßlick, DVBl. 1992, 674 (679 f.).

512 OVG Koblenz, NVwZ 1992, 499 ff.; VGH Kassel, NVwZ 1991, 498 ff (498).; vgl. aber VGH Kassel, DÖV 1987, 260 ff.; OVG Saarlouis, DÖV 1984, 471 (472); OVG Münster ZfW 1983, 180 (182).

513 VGH Mannheim, NVwZ 1991, 491 ff.; VGH Mannheim NVwZ-RR 1991, 24 ff.; VGH München NVwZ 1986, 942 (944).

514 Breuer, NVwZ 1987, 751 (754); Breuer, in: GS Martens, 1987, S. 317 (335 ff.); Fleischer, JuS 1988, 530 (530 f.); Götz, NVwZ 1990, 725 (730); Papier, DVBl. 1985, 873 (875); Papier, NVwZ 1986, 256 (257); Schmeken, in: Schink/Schmeken/Schwade, Abfallgesetz des Landes Nordrhein-Westfalen, 2. Aufl. 1996, § 36 Nr. 2.4; Schink, DVBl. 1986, 161 (165 f.); Schink, DVBl. 1989, 1182 (1186); Knemeyer, Polizei- und Ordnungsrecht, 9. Aufl. 2002, Rn. 97; a.A. Pietzcker, JuS 1986, 719 (722 f.); Seibert, DVBl. 1992, 664 (668).

515 Sanden/Schoeneck, BBodSchG, 1998, § 9 Rn. 3.

516 Siehe hierzu ausf. unten unter Kap. 3 D II.

Aus der Formulierung des Amtsermittlungsgrundsatzes in § 24 Abs. 1 VwVfG folgt, dass der Behörde ausdrücklich freigestellt wird, wie sie die Ermittlungen durchführt[517]. Daher spricht nichts dagegen, wenn die Behörde ihre Ermittlungen in Form der Verpflichtung eines Verantwortlichen zur Vornahme von Untersuchungen durchführt. Dies wird in vielen Fällen der Grundstückseigentümer sein, kann aber auch den Inhaber eines Industriebetriebes treffen, in dem mit wasser- oder bodengefährdenden Stoffen umgegangen wird.

Sollten besondere Gründe, beispielsweise nicht finanzierbare hohe Untersuchungskosten, gegen eine entsprechende Anordnung sprechen, sind diese im Rahmen der Ermessensausübung zu berücksichtigen[518].

Darüber hinaus kann ein Kostenausgleich auf der Sekundärebene über Ersatzansprüche oder über Ausgleichsansprüche erfolgen[519]. Stellt sich nach den Untersuchungen heraus, dass von dem fraglichen Grundstück keine Gefahr ausgeht, hat ein zu Unrecht in Anspruch genommener Eigentümer einen Ersatzanspruch aus der Inanspruchnahme als Nichtstörer[520]. Dieser Anspruch ist in den jeweiligen polizeirechtlichen Vorschriften geregelt [521]. Stellt sich nach den Untersuchungen heraus, dass die Kontaminationen zwar vom Grundstück ausgehen, aber nicht vom Eigentümer verursacht worden sind, kann er gegebenenfalls einen Kostenausgleich gegen den Voreigentümer oder den Grundstücksnutzer, z.B. den Mieter oder Pächter, geltend machen, soweit sie Verursacher sind[522].

d) Betretungsrechte und Duldung von Untersuchungen

Muss die Behörde für Untersuchungen ein Grundstück betreten, liegt ein Grundrechtseingriff vor. Gleiches gilt, wenn bei der Durchführung von Probebohrungen oder ähnlichen Maßnahmen auf das Grundstück eingewirkt werden muss, z.B. für Probebohrungen oder die Anlage von Kontrollbrunnen. Die hierfür erforderliche Ermächtigungsgrundlage findet sich vor allem im Wasserrecht und im Abfallrecht[523], ist aber auch teilweise im speziellen Altlasten- und Bodenschutzrecht der Länder geregelt. Die Pflicht zur Duldung solcher Maßnahmen besteht jedoch auch nach allgemeinem Polizei- und Ordnungsrecht[524]. Im Gegensatz zu den speziellen Rechts-

517 Vgl. Maurer, Allgemeines Verwaltungsrecht, 13. Aufl. 2000, S. 475 f.; VGH Mannheim, VBlBW 1993, 298 (301) = ZfW 1994, 407 (408).

518 Vgl. hierzu Kopp/Ramsauer, VwVfG, 7. Aufl. 2000, § 24 Rn. 9; Knack, VwVfG, 6. Aufl. 1998, § 24 Rz. 3.1.

519 Götz, Allgemeines Polizei- und Ordnungsrecht, 13. Aufl. 2001, Rn. 155.

520 BGHZ 117, 303 (308); hierzu kritisch Schoch, JuS 1993, 724 (725); BGH, NJW 1994, 2355 (2356); OVG Hamburg, NJW 1986, 2005 (2006); Breuer, in: GS Martens, 1987, S. 317 (336); für einen Anspruch in analoger Anwendung Seibert, DVBl. 1992, 664 (669).

521 Z.B. §§ 38 f. BbgOBG in der Fassung der Bekanntmachung v. 21. 8. 1996 (GVBl. I, S. 266), §§ 52 f. SächsPolG in der Fassung der Bekanntmachung v. 13. 8. 1999 (SächsGVBl., S. 466); vgl. hierzu auch Rachor, in: Lisken/Denninger (Hrsg.), Handbuch des Polizeirechts, 3. Aufl. 2001, S. 1017; siehe auch Rommelfanger/Rimmele, Polizeigesetz des Freistaates Sachsen, 1999, § 52 Rnrn. 1 ff.

522 Zu diesem Problemkreis siehe unten unter Kap. 3 F II.

523 Vgl. z.B. § 21 Abs. 1 WHG, § 11 Abs. 2 S. 2 – 5 AbfG; vgl. hierzu Schink, GewArch 1995, 441 (449), Schink, DVBl. 1989, 1182 (1185) bzw. § 40 Abs. 2 KrW-/AbfG.

524 H.M.; vgl. Schink, GewArch 1995, 441 (449) m.w.N.

grundlagen ist dann aber eine Duldungsverfügung erforderlich[525]. Jedenfalls ist der Grundstückseigentümer aus der Sozialpflichtigkeit des Eigentums (Art. 14 Abs. 2 S. 3 GG) heraus verpflichtet, beim Vorliegen eines Gefahrenverdachts die Untersuchungsmaßnahmen zu dulden[526].

2. Anordnung von Untersuchungsmaßnahmen und Kostentragung

Da die Anordnung von Untersuchungsmaßnahmen für den Betroffenen regelmäßig einen Eingriff in grundrechtlich geschützte Rechte bedeutet, ist hierfür eine Eingriffsgrundlage erforderlich. In Betracht kommen spezielle, die Altlastenproblematik besonders regelnde Rechtsgrundlagen und die eher allgemeinen Ermächtigungsgrundlagen aus dem Polizei- und Ordnungsrecht. Spezielle gesetzliche Rechtsgrundlagen finden sich im Bundesrecht und im Landesrecht, polizeirechtlichen Rechtsgrundlagen finden sich im jeweiligen länderspezifischen Polizei- und Ordnungsrecht.

Weitaus belastender als die Anordnung zur Durchführung von Untersuchungsmaßnahmen ist für den Betroffenen die Kostenbelastung durch die Beseitigung von Kontaminationen. Denn Altlast bedeutet primär Kostenlast[527]. Nicht zu Unrecht wurde deswegen die Finanzierungsfrage als die offene Flanke oder als die Achillesferse der Altlastenproblematik bezeichnet[528]. Der Finanzbedarf für die Sanierung der Altlasten in der Bundesrepublik Deutschland, der von Privaten und der öffentlichen Hand aufzubringen wäre, bewegt sich nach Schätzungen zwischen 184 Mrd. und 925 Mrd. DM[529]. Besondere Relevanz für die öffentliche Hand erhält die Finanzierungsproblematik dadurch, dass Verantwortliche aus rechtlichen oder tatsächlichen Gründen häufig nicht in Anspruch genommen werden können[530].

Kosten können in Fällen, in denen eine Bodenkontamination vorliegt, in jedem Stadium der Fallbehandlung, angefangen von den Untersuchungsmaßnahmen bis zur Sanierung, anfallen. Als Beispiel seien die Kosten von ca. DM 70,- / lfd. Meter für Rammkernsondierungen oder DM 550.000 zuzüglich laufender Kosten für eine Stripanlage für LCKW genannt[531].

Für das Problem der gerechten Kostenverteilung zwischen verschiedenen Beteiligten existieren auf Bundesebene und in den einzelnen Bundesländern unterschiedlich ausgestaltete Vorschriften.

Nach allgemeinen verwaltungsrechtlichen Grundsätzen trägt derjenige, der durch eine rechtmäßige bzw. bestandskräftige Anordnung zu einer Maßnahme verpflichtet

---

525 Schink, GewArch 1995, 441 (450).

526 Knopp, BB 1988, 923 (924); Hipp/Rech/Turian, Das Bundes-Bodenschutzgesetz, 2000, A III Rn. 352 m.w.N.; VGH Mannheim, DÖV 1985, 687 f.; VGH Mannheim NVwZ-RR 1989, 400 (401).

527 Reuter, BB 1988, 497; Knopp/Albrecht, Altlastenrecht in der Praxis, 2. Aufl. 1998, Rn. 1; v. Mutius/Hahn, in: Blume (Hrsg.), Handbuch des Bodenschutzes, 2. Aufl. 1992, S. 654 (676 f.).

528 Brandt, in: Oldiges (Hrsg.), Das neue Bundes-Bodenschutzgesetz – Fragen und Erwartungen, 1996, S. 91.

529 SRU, Altlasten II, 1995, S. 85 m.w.N.

530 Brandt, in: Oldiges (Hrsg.), Das neue Bundes-Bodenschutzgesetz – Fragen und Erwartungen, 1996, S. 91 (94).

531 Alle Angaben aus Bender/Sparwasser/Engel, Umweltrecht, 4. Aufl. 2000, S. 294.

worden ist, die Kosten der Maßnahme selbst[532]. Dies gilt sowohl für den Fall, dass der Betroffene die Anordnung selbst ausführt, als auch für den Fall, dass die Behörde die Maßnahme im Wege der Ersatzvornahme durchführt oder durchführen lässt. In beiden Fällen folgt die Kostenbelastung der Belastung mit einer Maßnahme.

Ist eine Anordnung rechtswidrig, kann der Betroffene nicht mit den Kosten belastet werden. Wenn der Betroffene eine Maßnahme, z.B. bei Anordnung der sofortigen Vollziehung, erst einmal durchführt, ist nachträglich darüber zu entscheiden, ob er wegen rechtswidriger Anordnung der Maßnahmen mit den Kosten belastet werden kann.

a) Bundesrechtliche Ermächtigungsgrundlagen

Bundesrechtliche Ermächtigungsgrundlagen, die eine Verpflichtung eines Verantwortlichen zur Durchführung von Untersuchungsmaßnahmen erlauben, finden sich in einigen wenigen Vorschriften zum Abfall- und zum Wasserrecht. So stellt sich die Frage, ob nach § 10 AbfG[533] bzw. § 36 KrW-/AbfG, nach § 11 Abs. 4 AbfG bzw. § 40 Abs. 2, 3 KrW-/AbfG oder nach § 19i Abs. 3 WHG eine Verpflichtung des Verantwortlichen zu Untersuchungsmaßnahmen durch die zuständige Behörde möglich ist.

(1) § 10 AbfG bzw. § 36 KrW-/AbfG

(a) Voraussetzungen

§ 10 AbfG bzw. § 36 KrW-/AbfG ermächtigt die Behörde zur Anordnung von bestimmten Maßnahmen im Zusammenhang mit der Stilllegung von ortsfesten Abfallentsorgungsanlagen (§ 10 AbfG) bzw. von Deponien (§ 36 KrW-/AbfG). Absatz 3 der beiden genannten Vorschriften schließt auch Anlagen ein, die selbst keine Abfallentsorgungsanlagen sind, sondern Anlagen, in denen lediglich bestimmte Abfälle als „*Output*" anfallen[534]. Nach § 10 Abs. 2 AbfG bzw. § 36 Abs. 2 S. 1 KrW-/AbfG soll die Behörde den Betreiber der Anlage verpflichten, die Anlage zu rekultivieren[535] und – was hier entscheidend ist – sonstige erforderliche Vorkehrungen zur Verhütung von Beeinträchtigungen des Wohls der Allgemeinheit zu treffen. Daher kann die Behörde dem Deponiebetreiber auch die Durchführung von Untersuchungsmaßnahmen als erforderliche Vorkehrungen zur Abwendung von Beeinträchtigungen des Wohls der Allgemeinheit[536] auferlegen[537]. Entscheidende Einschränkung hinsichtlich des Anwendungsbereichs dieser Vorschriften ist, dass sie nur auf Anlagen anwendbar sind, die noch nach dem Inkrafttreten des Abfallgesetzes, also nach dem 11. Juni 1972,

---

532 Sanden/Schoeneck, BBodSchG, 1998, § 24 Rn. 8; Götz, Allgemeines Polizei- und Ordnungsrecht, 13. Aufl. 2001, Rn. 450; Schimikowski, Umwelthaftungsrecht und Umwelthaftpflichtversicherung, 5. Aufl. 1998, Rn. 275.

533 Gesetz über die Vermeidung und Entsorgung von Abfällen (Abfallgesetz – AbfG) v. 27. 8. 1986 (BGBl. I, S. 1410) zuletzt geänd. durch G v. 30. 9. 1994 (BGBl. I, S. 2771).

534 Brandt, Altlastenrecht, 1993, S. 67.

535 Siehe dazu unten unter Kap. 2 B IV.

536 VGH Kassel, UPR 1986, 432; Paetow, in: Kunig/Paetow/Versteyl, KrW-/AbfG, 1998, § 36 Rn. 21 m.w.N.

537 Brandt, Altlastenrecht, 1993, S. 68.

betrieben worden sind[538]. Für Anlagen, die vor dem 11. Juni 1972 stillgelegt wurden[539], enthält das Abfallrecht außer der die Überwachung betreffenden Regelung des § 40 Abs. 1 S. 2 KrW-/AbfG keine Vorschrift[540].

Problematisch ist in diesem Zusammenhang, ob Maßnahmen nach dieser Vorschrift nur unmittelbar nach der Stilllegung der Anlage erlassen werden können, oder ob hier eine „*Ewigkeitshaftung*" des Anlagenbetreibers besteht. Die Rechtsprechung hat festgestellt, dass auch eine erst mehrere Jahre nach Stilllegung erfolgte Sanierungsverfügung[541] jedenfalls dann rechtmäßig ist, wenn der zu beseitigende (bzw. zu untersuchende) Zustand erst zu diesem Zeitpunkt offenbar wird und auf häufigen und groben Verstößen gegen Grundsätze einer ordnungsgemäßen Abfallbeseitigung während des Betriebs der Anlage beruht[542]. In der Literatur wird diese Einschränkung überwiegend nicht vorgenommen. Hier wird in diesen Fallgestaltungen eine grundsätzliche Nachhaftung vertreten, die nicht an derartige schwerwiegende Pflichtverstöße anknüpft[543]. Begründen lässt sich das mit dem Argument, dass der materiell abfallrechtswidrige Zustand, für den der Anlagenbetreiber verantwortlich ist, unabhängig davon besteht, wann er entdeckt wird[544]. Ausnahmefälle, in denen die Stilllegung Jahrzehnte zurückliegt, lassen sich über den Verhältnismäßigkeitsgrundsatz lösen[545].

Nach Inkrafttreten des Bundes-Bodenschutzgesetzes können jedoch behördliche Anordnungen zur Untersuchung von stillgelegten Deponien nicht mehr auf § 10 Abs. 2 AbfG bzw. § 36 Abs. 2 S. 1 KrW-/AbfG gestützt werden, da insoweit das Bundes-Bodenschutzgesetz die maßgebliche Rechtsgrundlage darstellt[546]. Untersuchungsmaßnahmen können danach gegen den Deponiebetreiber nur gerichtet werden, wenn er bodenschutzrechtlich verantwortlich ist.

(b) Kostentragung

§ 36 Abs. 2 S. 1 KrW-/AbfG enthält eine explizite Kostenverteilungsregelung.

Aus dem Zweck des Gesetzes, den Betreiber einer Abfallentsorgungsanlage für die Folgen der Anlage verantwortlich zu machen[547], ergibt sich, dass er nicht nur für die

538 Papier, DVBl. 1985, 873; Brandt, Altlastenrecht, 1993, S. 68; Paetow, in: Kunig/Paetow/Versteyl, KrW-/AbfG, 1998, § 36 Rn. 5.

539 Analog einem immissionsschutzrechtlichen Sprachgebrauch auch als „*Uraltanlagen*" bezeichnet; siehe Paetow, in: Kunig/Paetow/Versteyl, KrW-/AbfG, 1998, § 35 Rn. 2 m.w.N.

540 Paetow, in: Kunig/Paetow/Versteyl, KrW-/AbfG, 1998, § 35 Rn. 2.

541 Gleiches gilt für eine Untersuchungsanordnung; vgl. Paetow, in: Kunig/Paetow/Versteyl, KrW-/AbfG, 1998, § 36 Rn. 21.

542 BVerwG, NVwZ 1986, 640.

543 Schink, DVBl. 1985, 1149 (1157); Paetow, in: Kunig/Paetow/Versteyl, KrW-/AbfG, 1998, § 36 Rn. 23; Brandt, Altlastenrecht, 1993, S. 114.

544 Brandt, Altlastenrecht, 1993, S. 114.

545 Schink, DVBl. 1985, 1149 (1157); Paetow, in: Kunig/Paetow/Versteyl, KrW-/AbfG, 1998, § 36 Rn. 23.

546 OVG Münster, UPR 2001, 194 (194 ff.); differenzierend Versteyl/Dageförde, NuR 2002, 189 (192); siehe hierzu auch Bickel, altlasten spektrum 2001, 137 (141) m.w.N.

547 Bender/Sparwasser/Engel, Umweltrecht, 4. Aufl. 2000, S. 650 f.; Hoppe/Beckmann/Kauch, Umweltrecht, 2. Aufl. 2000, S. 720; vgl. auch Kunig, in: Kunig/Paetow/Versteyl, KrW-/AbfG, 1998, § 1 Rnrn. 7 f.

im Anschluss genannten Rekultivierungsmaßnahmen kostenpflichtig ist, sondern auch für alle sonstigen Vorkehrungen.

(2) § 11 Abs. 4 bzw. § 40 Abs. 2, 3 KrW-/AbfG

(a) Voraussetzungen

Eine ungleich größere Bedeutung als § 10 Abs. 2 AbfG bzw. § 36 KrW-/AbfG hat in diesem Zusammenhang die Regelungen des § 11 Abs. 4 AbfG bzw. des § 40 Abs. 2, 3 KrW-/AbfG. Nach diesen Vorschriften fallen auch Anlagen und Grundstücke unter die behördliche Überwachung, auf denen vor Inkrafttreten des Abfallgesetzes am 11. Juni 1972 Abfälle abgelagert wurden oder Abfälle angefallen sind[548].

Voraussetzung für behördliche Maßnahmen ist, dass die Maßnahmen zur Wahrung des Wohls der Allgemeinheit erforderlich sind. Unabhängig davon, ob ein Anfangsverdacht auf das Vorliegen von Bodenkontaminationen besteht, kann die Behörde die Überwachung auf die Grundstücke erstrecken, auf denen vor dem 11. Juni 1972 Abfälle zur Beseitigung angefallen sind[549]. Zur Überwachung dieser potentiell gemeinwohlgefährdender Zustände können Untersuchungen angeordnet werden, mit denen festgestellt werden kann, ob eine Gefahr besteht, und wie diese gegebenenfalls abgewehrt werden kann[550].

Fraglich ist, welcher Art die behördlichen Überwachungsmaßnahmen sein können, insbesondere ob diese Vorschriften die Anordnung von Untersuchungsmaßnahmen ermöglichen, und wen die Behörde hierzu verpflichten kann. Gesetzlich niedergelegt ist in § 11 Abs. 4 S. 1 Nr. 1 – 6 AbfG die Auskunftspflicht einer ganzen Reihe von Beteiligten, nämlich die des Abfallbesitzers, des Entsorgungspflichtigen, des Inhabers von – auch stillgelegten – Abfallentsorgungsanlagen, des aktuellen und des früheren Eigentümers bzw. des Nutzungsberechtigten von Grundstücken, auf denen Abfälle vor Inkrafttreten des Abfallgesetzes (AbfG) angefallen sind.

Im Vergleich zur Vorschrift des § 11 Abs. 4 S. 1 AbfG variiert die Aufzählung der Auskunftspflichtigen in § 40 Abs. 2 S. 1 Nr. 1 – 6 KrW-/AbfG. So ist in § 40 Abs. 2 S. 1 Nr. 3 und 4 KrW-/AbfG der Betreiber genannt, und nicht wie in § 11 Abs. 4 S. Nr. 3 und 4 AbfG der Inhaber. Die früher in § 11 Abs. 4 Nr. 5 und 6 AbfG aufgeführten (früheren) Eigentümer und Nutzungsberechtigten sind in der Vorschrift des § 40 Abs. 2 S. 1 KrW-/AbfG nicht mehr genannt und scheiden damit als Auskunftsverpflichtete aus, solange sie nicht unter eine andere Kategorie von Pflichtigen fallen[551]. Außerdem werden Betreiber bestimmter Abwasseranlagen, in denen Abfälle mitverwertet werden und Betreiber von Anlagen im Sinne des Bundes-Immissionsschutzgesetzes, in denen Abfälle mitverwertet oder beseitigt werden, der Auskunftspflicht unterworfen.

---

548 Durch die 4. Novelle des AbfG wurde klargestellt, dass sich die Überwachungsbefugnis der Behörde auch auf Altanlagen erstreckte; vgl. hierzu Mosler, Öffentlich-rechtliche Probleme bei der Sanierung von Altlasten, 1989, S. 149 f.; Paetow, in: Kunig/Paetow/Versteyl, KrW-/AbfG, 1998, § 35 Rn. 2.

549 Paetow, in: Kunig/Paetow/Versteyl, KrW-/AbfG, 1998, § 40 Rn. 3.

550 Brandt, Altlastenrecht, 1993, S. 70.

551 Paetow, in: Kunig/Paetow/Versteyl, KrW-/AbfG, 1998, § 40 Rn. 19.

Die Auskunftspflichtigen sind gem. § 11 Abs. 4 S. 2 AbfG bzw. gem. § 40 Abs. 2 S. 2 KrW-/AbfG verpflichtet, Behördenbeauftragten das Betreten des Grundstücks sowie Einsicht in Unterlagen und vor allem die Vornahme von technischen Ermittlungen und Prüfungen zu gestatten. Damit ist das Gros der denkbaren Untersuchungsmaßnahmen von dieser Vorschrift eingeschlossen, insbesondere Boden- und Grundwasserbeprobungen[552]. Über die Pflicht zur Duldung solcher Maßnahmen hinaus können Betreiber von Anlagen, in denen Abfälle entsorgt bzw. (mit-) beseitigt oder (mit-) verwertet werden, nach § 11 Abs. 4 S. 5 AbfG bzw. § 40 Abs. 3 KrW-/AbfG verpflichtet sein, aktiv an Untersuchungen mitzuwirken. Dies betrifft aber im Wesentlichen nur die Pflicht, die für die Überwachung notwendigen Werkzeuge und Unterlagen zur Verfügung zu stellen[553]. Im Einzelfall kann auch die Bereitstellung von Arbeitskräften zu den Betreiberpflichten gehören, soweit Spezialgeräte nur von diesen bedient werden können, oder wenn dies wegen besonderer Ortskenntnis notwendig ist[554].

Die aktive Mitwirkungspflicht gilt jedoch nur für Inhaber bzw. Betreiber von Anlagen, die nach dem 11. Juni 1972, dem Inkrafttreten des Abfallgesetzes in Betrieb waren, da Ablagerungsplätze, die vor diesem Datum stillgelegt wurden, keine Abfallentsorgungsanlagen im Sinne des Abfallgesetzes sind, wie sich aus § 11 Abs. 1 S. 2 AbfG ergibt[555]. Die Pflicht zur Duldung behördlicher Überwachungsmaßnahmen bleibt davon jedoch unberührt.

(b) Kostentragung

Soweit nach § 11 Abs. 4 AbfG bzw. nach § 40 Abs. 2 KrW-/AbfG der Betreiber einer Abfallentsorgungsanlage Untersuchungsmaßnahmen durchzuführen hat, ist er nach § 11 Abs. 4 S. 5 AbfG bzw. nach § 40 Abs. 3 KrW-/AbfG auch kostenpflichtig.

Diese Regelung ist jedoch hinsichtlich der Verteilung der Kostenlasten in verschiedener Hinsicht beschränkt. So werden von ihr nur Untersuchungsmaßnahmen erfasst. Alle weiter gehenden Maßnahmen im Bereich der eigentlichen Gefahrenabwehr sind hiervon nicht behandelt[556]. Auch hinsichtlich des Adressatenkreises schränkt die Vorschrift den Kreis der Kostenpflichtigen ein. So sind andere Auskunftspflichtige aus dem Katalog des § 40 Abs. 2 KrW-/AbfG nur zur Duldung bzw. Mitarbeit im dort genannten Umfang und nicht zur Kostentragung verpflichtet, da in Abs. 3 der Vorschrift nur der Betreiber genannt ist[557].

Zwar überträgt § 11 Abs. 1 S. 2 AbfG bzw. § 40 Abs. 1 S. 2 KrW-/AbfG der Behörde die Befugnis, auch Anlagen oder Grundstücke, die vor dem Inkrafttreten des Abfallgesetzes am 11. Juni 1972 betrieben oder zur Abfallbehandlung genutzt wurden, zu überwachen. Die Kosten für solche Überwachungsmaßnahmen hat jedoch nur der Betreiber von solchen Anlagen zu tragen, die zum Zeitpunkt des Inkrafttretens des

552 Brandt, Altlastenrecht, 1993, S. 70; Herrmann, Flächensanierung als Rechtsproblem, 1989, S. 145; Mosler, Öffentlich-rechtliche Probleme bei der Sanierung von Altlasten, 1989, S. 152 f.

553 Paetow, in: Kunig/Paetow/Versteyl, KrW-/AbfG, 1998, § 40 Rn. 28.

554 Paetow, in: Kunig/Paetow/Versteyl, KrW-/AbfG, 1998, § 40 Rn. 28.

555 Brandt, Altlastenrecht, 1993, S. 70.

556 Brandt, Altlastenrecht, 1993, S. 103.

557 Frenz, Die Verwirklichung des Verursacherprinzips im Abfallrecht, 1996, S. 117; Mosler, Öffentlich-rechtliche Probleme bei der Sanierung von Altlasten, 1989, S. 153 (zu § 11 Abs. 4 AbfG).

Gesetzes noch betrieben wurden[558]. Andernfalls würde gegen das verfassungsrechtliche Rückwirkungsverbot verstoßen[559]. Die Kostentragungsverpflichtung erstreckt sich aber nicht nur auf Untersuchungsmaßnahmen bei noch betriebenen Anlagen, sondern gilt auch für Untersuchungsmaßnahmen von (nach dem 11. Juni 1972) stillgelegten Anlagen. Dies ergibt sich aus der Vorschrift des § 11 Abs. 1 S. 2 AbfG bzw. § 40 Abs. 1 S. 2 KrW-/AbfG[560]. Diese Vorschrift erstreckt die Überwachung auf Anlagen, die vor dem Inkrafttreten des Abfallgesetzes stillgelegt wurden. Aus dieser ausdrücklichen Einbeziehung ergibt sich, dass alle Anlagen, die nach Inkrafttreten des Abfallgesetzes betrieben wurden, in den Regelungsbereich der Vorschrift fallen[561]. Ansonsten würde die Einschränkung in § 11 Abs. 1 S. 2 AbfG bzw. § 40 Abs. 1 S. 2 KrW-/AbfG auf bestimmte, nämlich vor dem 11. Juni 1972 stillgelegte Anlagen keinen Sinn ergeben. Durch Art. 2 Nr. 2 des Gesetzes zum Schutz des Bodens ist diese Vorschrift im übrigen gestrichen worden, wodurch der gesamte Regelungskomplex dem Bundes-Bodenschutzgesetz unterfällt[562].

Damit existieren im Abfallrecht des Bundes keine weitergehende Kostenverteilungs- und Kostentragungsregelung für den Bereich der Untersuchungsmaßnahmen. Die Frage, wer mit welchen Kosten belastet werden kann, richtet sich daher nach allgemeinem Polizei- und Ordnungsrecht oder nach spezielleren abfallrechtlichen Regelungen im Bereich des Länderrechts[563].

(3) Wasserrecht

(a) Voraussetzungen

Als bundesrechtliche Ermächtigungsgrundlage zur Anordnung von Untersuchungsmaßnahmen ist weiterhin noch die Regelung des § 19i Abs. 3 S. 1 WHG zu nennen, die es der zuständigen Behörde erlaubt, dem Betreiber von bestimmten, in § 19g WHG genannten Anlagen[564] Maßnahmen zur Beobachtung des Gewässers und des Bodens aufzuerlegen. Das schließt wegen der besonders hochrangigen Schutzgüter, insbesondere der Gewässer, aber auch des Bodens, weitreichende Untersuchungsmaßnahmen aller Art ein[565]. Diese Vorschrift ist wegen der weitgehenden Übertragung von Überwachungspflichten auf den Anlagenbetreiber bemerkenswert, weil dieser verpflichtet werden kann, weit vor dem Erreichen der polizeirechtlichen Gefah-

---

558 BT-Drs. 10/2885, S. 16; Brandt, Altlastenrecht, 1993, S. 103; Mosler, Öffentlich-rechtliche Probleme bei der Sanierung von Altlasten, 1989, S. 154.

559 Siehe hierzu unten unter Kap. 2 B IV 2. b) (2).

560 Paetow, in: Kunig/Paetow/Versteyl, KrW-/AbfG, 1998, § 40 Rn. 29; 9. Senat des VGH Kassel, NVwZ 1987, 815 (816); a.A. VGH Kassel, UPR 1990, 69 f. = NVwZ 1990, 383 f.; OVG Lüneburg, UPR 1991, 37 (38).

561 Paetow, in: Kunig/Paetow/Versteyl, KrW-/AbfG, 1998, § 40 Rn. 14.

562 Becker, BBodSchG, Losebl., Stand Jan. 2001, § 3 Rn. 15; vgl. auch BT-Drs. 13/6701, S. 47.

563 Vgl. Brandt, Altlastenrecht, 1993, S. 103.

564 Dies sind Anlagen zum Lagern, Abfüllen, Herstellen und Behandeln wassergefährdender Stoffe, Anlagen der gewerblichen Wirtschaft und im Bereich öffentlicher Einrichtungen zum Verwenden wassergefährdender Stoffe, bestimmte Rohrleitungsanlagen sowie Anlagen zum Umschlagen wassergefährdender Stoffe und Anlagen zum Lagern und Abfüllen von Jauche, Gülle und Silagesickersäften; vgl. hierzu Czychowski, WHG, 7. Aufl. 1998, § 19g Rnrn. 1 f., 7f.; Kibele, VBlBW 1986, 441 (443 ff.).

565 Brandt, Altlastenrecht, 1993, S. 89.

renschwelle unter Umständen kostenintensive Maßnahmen zu ergreifen[566]. Erst recht können Untersuchungsmaßnahmen vom Anlagenbetreiber dann verlangt werden, wenn ein Gefahrenverdacht besteht. Die praktische Relevanz dieser Vorschrift für Altlastenfälle bleibt jedoch wegen des beschränkten Anwendungsbereiches auf Anlagen nach § 19g Abs. 1 und 2 WHG[567], der nur einen bestimmten Kreis von Anlagen erfasst, gering[568].

(b) Kostentragung

§ 19i WHG enthält für den Betreiber von Anlagen, in denen mit wassergefährdenden Stoffen umgegangen wird, keine Besonderheit. Er hat die Kosten für Maßnahmen, die von der zuständigen Behörde zur Beobachtung der Gewässer und des Bodens rechtmäßig angeordnet wurden, nach allgemeinen verwaltungsrechtlichen Grundsätzen zu tragen[569].

(4) Immissionsschutzrecht

(a) Voraussetzungen

Als immissionsschutzrechtliche Grundlage für die Anordnung von Untersuchungsmaßnahmen ist § 5 Abs. 3 Nr. 1 BImSchG[570] zu nennen. Nach dieser Vorschrift sind Anlagen, die immissionsschutzrechtlich genehmigt wurden, so stillzulegen, dass von der Anlage oder dem Anlagengrundstück keine schädlichen Umwelteinwirkungen und sonstige Gefahren, erhebliche Nachteile und erhebliche Belästigungen für die Allgemeinheit und die Nachbarschaft hervorgerufen werden können. Darunter fallen auch Bodenverunreinigungen[571]. Mit dieser Vorschrift sollte die Verantwortlichkeit des Anlagenbetreibers auch für die Zeit nach Betriebseinstellung verdeutlicht werden. Den Behörden sollte ein Handlungsinstrumentarium zur Konkretisierung und Durchsetzung der Nachsorgepflichten an die Hand gegeben werden[572].

Wichtige Ermächtigungsgrundlage in diesem Zusammenhang ist § 17 Abs. 1 i.V.m. Abs. 4a BImSchG, der es der Behörde zehn Jahre – bzw. nach Inkrafttreten des

---

566 Brandt, Altlastenrecht, 1993, S. 89; vgl. auch Czychowski, WHG, 7. Aufl. 1998, § 19i Rn. 14; Kibele, VBlBW 1986, 441 (449).

567 Dies sind Lager-, Abfüll-, Herstellungs-, Verwendungs- und Rohrleitungsanlagen für den Umgang mit bestimmten wassergefährdenden Stoffen (§ 19g Abs. 1 WHG) sowie Umschlag-, Jauche-, Gülle- und Silagesickersaftanlagen (§ 19g Abs. 2 WHG); vgl. zum Ganzen Czychowski, WHG, 7. Aufl. 1998, § 19g Rnrn. 1 ff. (Anlagen nach Abs. 1) und Rnrn. 7 ff. (Anlagen nach Abs. 2).

568 Brandt, Altlastenrecht, 1993, S. 89.

569 Brandt, Altlastenrecht, 1993, S. 104; Götz, Allgemeines Polizei- und Ordnungsrecht, 13. Aufl. 2001, Rn. 450.

570 Gesetz zum Schutz vor schädlichen Umwelteinwirkungen durch Luftverunreinigungen, Geräuschen, Erschütterungen und ähnliche Vorgänge (Bundes-Immissionsschutzgesetz – BImSchG) in der Fassung der Bekanntmachung v. 14. 5. 1990 (BGBl. I, S. 880), zuletzt geänd. durch Art. 3 des Gesetzes zum Schutz des Bodens v. 17. 3. 1998 (BGBl. I, S. 502) und Art. 1 des Fünften Gesetzes zur Änderung des BImSchG v. 19. 10. 1998 (BGBl. I, S. 3178).

571 Jarass, BImSchG, 5. Aufl. 2002, § 5 Rn. 110.

572 Vgl. Knopp/Albrecht, Altlastenrecht in der Praxis, 2. Aufl. 1998, Rn. 39 m.w.N.

Bundes-Bodenschutzgesetzes, ein Jahr[573] – nach Stilllegung ermöglicht, Anordnungen zur Durchsetzung der Nachsorgepflichten zu erlassen. Besteht der Verdacht, dass von einer stillgelegten Anlage Boden- oder Grundwasserverunreinigungen ausgehen und damit gegen die in § 5 Abs. 3 Nr. 1 BImSchG festgelegten Pflichten verstoßen wird, kann die Behörde gem. § 17 Abs. 1 BImSchG nachträgliche Anordnungen erlassen. Damit ist es möglich, den letzten Anlagenbetreiber zu weitgehenden Untersuchungsmaßnahmen zu verpflichten[574]. Dies ergibt sich zum einen daraus, dass die genannten Nachsorgepflichten zu seinen Betreiberpflichten gehören[575], zum anderen aus dem – im Vergleich zum allgemeinen Polizei- und Ordnungsrecht – erhöhten immissionsschutzrechtlichen Schutzlevel[576]. Danach lassen sich auch Sanierungsverfügungen im Zusammenhang mit der Stilllegung von Anlagen auf §§ 5 Abs. 3, 17 Abs. 1 BImSchG stützen[577]. Vorbereitende Untersuchungsmaßnahmen wären daher durch diese Ermächtigungsgrundlage gleichfalls abgedeckt.

Wegen des zeitlich eingeschränkten Anwendungsbereichs wird ein großer Teil von Anlagen nicht erfasst. Die in § 5 Abs. 3 BImSchG statuierten Nachsorgepflichten gelten weder für Anlagen, die vor dem Zeitpunkt des Erlasses dieser Vorschrift am 1. September 1990 stillgelegt worden sind, noch erfassen sie Vorgänge im Betrieb von über diesen Zeitpunkt hinaus betriebenen Anlagen[578]. Es reicht aber aus, dass der Adressat die Anlage zu irgendeinem Zeitpunkt seit Inkrafttreten der Vorschrift betrieben hat oder er den gefährlichen Zustand herbeigeführt hat. Allerdings betrifft die Nachsorgepflicht nach Inkrafttreten des Bundes-Bodenschutzgesetzes nur noch den letzten Anlagenbetreiber[579]. Dagegen waren nach alter Rechtslage auch die früheren Betreiber verantwortlich. Das wurde damit begründet, dass ansonsten die immissionsschutzrechtlichen Pflichten grundlos hinter den allgemeinen ordnungsrechtlichen Pflichten zurückbleiben würden[580].

Weitere Rechtsgrundlage für die Anordnung von Untersuchungsmaßnahmen ist § 52 Abs. 2 BImSchG. Damit kann die Behörde zur Erfüllung ihrer Überwachungsaufgaben unter Eingriff in die Rechte von Dritten Informationen einzuholen[581]. Da die sich die behördliche Überwachung auch auf die Nachsorgepflicht des § 5 Abs. 3 BImSchG erstreckt, kann die Behörde hier bestimmte Prüfungen durchführen. Ähnlich der Regelung des § 40 Abs. 3 KrW-/AbfG trifft den Verpflichteten gemäß § 52 Abs. 2 S. 4 BImSchG eine dort näher geregelte Mitwirkungsverpflichtung[582]. Prüfun-

573 Art. 3 Nr. 2 des Gesetzes zum Schutz des Bodens v. 17. 3. 1998 (BGBl. I, S. 502) verkürzt den Zeitraum zum Erlass von nachträglichen Anordnungen zur Durchsetzung der Nachsorgepflicht auf ein Jahr nach Betriebsstilllegung.

574 Vgl. hierzu Jarass, BImSchG, 5. Aufl. 2002, § 5 Rn. 111 m.w.N.

575 Jarass, BImSchG, 5. Aufl. 2002, § 5 Rn. 109.

576 BVerwGE 79, 254 (257); BGH, NJW 1997, 55; Jarass, BImSchG, 5. Aufl. 2002, § 3 Rn. 56.

577 Jarass, BImSchG, 5. Aufl. 2002, § 5 Rn. 111 und § 17 Rn. 12 jew. m.w.N.; a.A. Hansmann, NVwZ 1993, 921 (927); Oerder, NVwZ 1992, 1031 (1033).

578 Hoppe/Beckmann/Kauch, Umweltrecht, 2. Aufl. 2000, S. 710; Hansmann, NVwZ 1993, 921 (925); Langer, Die Sanierung von Altlasten – Spezialgesetzliche Regelungen im Immissionsschutz- und Abfallrecht, 1994, S. 61.

579 Und nicht etwa auch frühere Anlagenbetreiber, was nach früherem Recht noch möglich war; vgl. Jarass, BImSchG, 5. Aufl. 2002, § 5 Rn. 107 m.w.N.

580 Hoppe/Beckmann/Kauch, Umweltrecht, 2. Aufl. 2000, S. 710; Hansmann, NVwZ 1993, 921 (923 f.); Schink, GewArch 1996, 6 (13).

581 Jarass, BImSchG, 5. Aufl. 2002, § 52 Rn. 20.

582 Jarass, BImSchG, 5. Aufl. 2002, § 52 Rn. 35.

gen zur Überwachung der Nachsorgepflichten werden regelmäßig Boden- und Grundwasserproben sein, die nach § 52 Abs. 2 BImSchG angeordnet werden können. Verpflichteter ist der Eigentümer und Betreiber von immissionsschutzrechtlichen Anlagen bzw. der Eigentümer und Besitzer von Grundstücken, auf denen solche Anlagen betrieben werden.

(b) Kostentragung

Ist eine behördliche Verfügung zur Erfüllung der Nachsorgepflichten an den Adressaten ergangen, so ist er auch zur Kostentragung verpflichtet. Werden Untersuchungsmaßnahmen auf § 52 Abs. 2 S. 2 BImSchG gestützt, greift § 52 Abs. 4 BImSchG. Nach dieser Vorschrift ist grundsätzlich der Auskunftspflichtige zur Kostentragung verpflichtet[583]. Eingeschränkt kostentragungspflichtig ist der Betreiber einer nicht genehmigungsbedürftigen Anlage im Hinblick auf Überwachungsmaßnahmen nach § 52 Abs. 2 BImSchG[584]. Er hat die Kosten nur zu tragen, wenn er gegen Auflagen oder Anordnungen nach BImSchG verstoßen hat oder wenn solche behördlichen Maßnahmen geboten sind[585]. Behördliche Maßnahmen, wie Auflagen oder Anordnungen, sind dann geboten, wenn der Betreiber gegen immissionsschutzrechtliche Pflichten verstoßen hat. Die Behörde kann für alle rechtmäßigen Maßnahmen im Rahmen der Überwachung Kostenersatz verlangen. Dazu gehören insbesondere Kosten für die Ermittlung von notwendigen Daten sowie deren Analyse und Auswertung[586], auch von Untersuchungen auf fremden Grundstücken[587], oder Kosten für Sachverständige[588].

Eine separate zeitliche Begrenzung der Kostentragungsverpflichtung existiert nicht. Kann eine Nachsorgeanordnung noch ergehen[589], entsteht auch die Kostenbelastung beim Betroffenen.

b) Landesrechtliche Ermächtigungsgrundlagen

Neben bundesrechtlichen Rechtsgrundlagen zur Anordnung von Untersuchungsmaßnahmen bestehen landesrechtliche Eingriffsgrundlagen, vor allem aus dem Bereich des Abfall- und Altlastenrechts, aber auch aus dem Bereich des Bodenschutzrechts. Fehlen spezielle Regelungen zur Kostentragung, folgt die Kostenverantwortung nach allgemeinen Grundsätzen der Verantwortlichkeit[590].

---

583 Die Pflicht des Auskunftspflichtigen zur Kostentragung für Überwachungsmaßnahmen verstößt nicht gegen Verfassungsrecht; vgl. BVerwG, GewArch 1982, 208 (zu § 5 BzBlG); Jarass, BImSchG, 5. Aufl. 2002, § 52 Rn. 53.

584 Jarass, BImSchG, 5. Aufl. 2002, § 52 Rn. 54.

585 Zum Bedeutung des Begriffs „*geboten*" vgl. Jarass, BImSchG, 5. Aufl. 2002, § 30 Rn. 5.

586 VGH Kassel, GewArch 1983, 199 (200 f.).

587 Jarass, BImSchG, 5. Aufl. 2002, § 52 Rn. 51.

588 Jarass, BImSchG, 5. Aufl. 2002, § 52 Rn. 50.

589 Zu beachten ist hier die Zehn-Jahres-Frist, bzw. die ab dem 1. 3. 1999 geltende Ein-Jahres-Frist, nach Stilllegungsanzeige zum Erlass nachträglicher Anordnungen gem. § 17 Abs. 4a BImSchG; siehe hierzu Knopp/Albrecht, Altlastenrecht in der Praxis, 2. Aufl. 1998, Rn. 41.

590 Sanden/Schoeneck, BBodSchG, 1998, § 24 Rn. 8; Götz, Allgemeines Polizei- und Ordnungsrecht, 13. Aufl. 2001, Rn. 450.

(1) Untersuchungsmaßnahmen nach Abfallrecht und Kostentragung im Vergleich zum Bundesrecht

In den meisten Bundesländern finden sich Vorschriften zu Untersuchungsmaßnahmen im Bereich des Abfallrechts. Zum Teil geben sie nur das wieder, was schon bundesrechtlich vorgegeben war, doch finden sich hier auch einige Erweiterungen. Solche sind insbesondere im Hinblick auf § 36 Abs. 2 KrW-/AbfG zulässig, da die bundesrechtliche Vorschrift nicht abschließend ist[591]. Sie sind im Übrigen auch nach Inkrafttreten des Bundes-Bodenschutzgesetzes auf schädliche Bodenveränderungen und Altlasten weiter anwendbar, soweit sie sich auf die Zulassung, den Betrieb und die Stilllegung von Abfallbeseitigungsanlagen bzw. Deponien nach §§ 32 Abs. 1 Nr. 1a i.V.m. § 10 Abs. 4 Nr. 3 KrW-/AbfG bzw. § 36 KrW-/AbfG beziehen[592]. Im Hinblick auf die Erweiterung der Verantwortlichkeit und daraus folgend, die Überwälzung von finanziellen Lasten auf Dritte, lassen sich die Vorschriften der Bundesländer in verschiedene Kategorien einteilen.

(a) Keine erweiterte Eingriffsmöglichkeit

Im Abfallrecht der Stadtstaaten Berlin und Hamburg finden sich keine Erweiterungen von bundesrechtlichen Eingriffsbefugnissen, ebenso wenig wie im Abfallrecht des Landes Sachsen-Anhalt.

(b) Erweiterte Eingriffsmöglichkeit

In Baden-Württemberg sieht das Landes-Abfallgesetz keine Erweiterung des behördlichen Maßnahmenkatalogs vor. Hingegen kann nicht nur der letzte, sondern grundsätzlich jeder frühere Betreiber einer stillgelegten Deponie zur Durchführung von Untersuchungsmaßnahmen verpflichtet werden, deren Kosten er zu tragen hat[593]. Außerdem erstreckt sich die Kostenverantwortung auch subsidiär auf den Grundstückseigentümer[594].

In Bayern wird die bundesrechtliche Regelung dahingehend erweitert, dass auch der Betreiber von Anlagen, die vor dem 1. Juni 1973 stillgelegt wurden, verantwortlich ist. Da sich Untersuchungsmaßnahmen auch schon vor diesem Zeitpunkt auf allgemeines Polizei- und Ordnungsrecht stützen ließen, liegt kein Fall einer, verfassungsrechtlich unzulässigen[595] rückwirkenden Erweiterung von Rechtspflichten vor[596].

In Schleswig-Holstein erfolgt eine ähnliche Ausweitung in Bezug auf den zeitlichen Anwendungsbereich wie in Bayern, allerdings nicht durch eine ausdrückliche Datumsregelung, sondern durch das Fehlen einer solchen. Die Regelung zur Kostenverantwortung nennt im Gegensatz zu den meisten Länderregelungen nur den ehe-

---

591 Paetow, in: Kunig/Paetow/Versteyl, KrW-/AbfG, 1998, § 36 Rn. 25.

592 Sanden/Schoeneck, BBodSchG, 1998, § 3 Rn. 6.

593 Die Gesetzesbegründung, LT-Drs. 11/6865, S. 45, verwendet die folgende Formulierung „*Als Folge (...) richtet sich die Vorschrift (...) an ehemalige Betreiber von Deponien.*" Aus dem dort verwendeten Plural lässt sich schließen, dass nicht nur der letzte, sondern alle ehemalige Betreiber von Deponien angesprochen sind.

594 Vgl. auch die Gesetzesbegründungen in LT-Drs. 11/6865, S. 45 ff.

595 Siehe hierzu Papier, Altlasten und polizeirechtliche Störerhaftung, 1985, S. 7 f.

596 Brandt, Altlastenrecht, 1993, S. 83 m.w.N.

maligen Betreiber einer stillgelegten Abfallentsorgungsanlage sowie dessen Rechtsnachfolger, verzichtet jedoch auf eine Einbeziehung des Grundstückseigentümers.

Ähnlich wie die bayerische Regelung ist das Abfallrecht in Mecklenburg-Vorpommern aufgebaut[597]. Auch hier erfolgt eine Ausweitung von Verantwortlichkeiten dahingehend, dass die Behörde den ehemaligen Betreiber einer vor Inkrafttreten bundesrechtlichen Abfallrechts zum 1. Juli 1990 in den neuen Ländern stillgelegten Abfallentsorgungsanlage zur Durchführung von Untersuchungsmaßnahmen anweisen kann. Auch hier ist das Verbot der echten Rückwirkung nicht verletzt[598], da die Vorschrift lediglich auch in der DDR geltende polizeirechtliche Pflichten der Gefahrenabwehr aufgreift[599].

In Bremen erfolgt eine Erweiterung der bundesrechtlichen Regelungen insoweit, als auch der Grundstückseigentümer und der letzte Träger einer Deponie den Stadtgemeinden[600] ihre Aufwendungen zur Sicherung von stillgelegten Deponien, worunter auch Untersuchungsmaßnahmen fallen, ersetzen müssen[601].

Bis zur Neugestaltung des Abfallrechts in Hessen im Dezember 1994[602] ermächtigte § 17 HessAbfAG die Behörden, über die bundesrechtlich genannten Verantwortlichen weitere Pflichtige heranzuziehen. Für Sachverhalte, die vor Dezember 1994 abgeschlossen waren, besteht wegen des Verbots der (echten) Rückwirkung von Gesetzen nur der begrenzte Pflichtigenkreis des allgemeinen Polizei- und Ordnungsrechts[603]. Abfallrechtliche Anordnungen können nach Inkrafttreten des Hessischen Ausführungsgesetzes zum Kreislaufwirtschaft- und Abfallgesetz[604] auf § 19 HAKA gestützt werden.

In Thüringen wird der Katalog der Pflichtigen im Vergleich zum Bundesrecht ähnlich, wie in Hessen, das bei der Ausgestaltung des Abfallrechts Pate stand[605], erweitert. Nach § 20 Abs. 1 ThürAbfAG sind u.a. der Abfallablagerer und Abfallerzeuger eingeschlossen, dafür der (frühere) Eigentümer unter gewissen Voraussetzungen ausgeschlossen[606].

597 Enders, DVBl. 1993, 82 (85).

598 Siehe hierzu Papier, Altlasten und polizeirechtliche Störerhaftung, 1985, S. 7 f.

599 Vgl. hierzu Rehbinder, DVBl. 1991, 421 (422 f.); Müggenborg, NVwZ 1992, 845 (846 f.); Enders, DVBl. 1993, 82 (84); Pape, NJW 1992, 2661 (2663); Michael/Thull, BB-Beilage 30 zu Heft 24/1990, 1 (2 f.).

600 Das Bundesland Bremen besteht aus den Stadtgemeinden Bremen und Bremerhaven; vgl. Art. 143 Abs. 1 Landesverfassung der Freien Hansestadt Bremen v. 21. 10. 1947, zuletzt geänd. am 1. 2. 2000 (BremGes.Bl. S. 31).

601 Jürk, altlasten spektrum 1995, 84 (87).

602 Bis Inkrafttreten des Gesetzes zur Neuordnung des Altlastenrechts in Hessen (HessAltlG) v. 20. 12. 1994 (GVBl. I, S. 764).

603 Brandt, Altlastenrecht, 1993, S. 86; differenzierend Bickel, Hessisches Abfallwirtschafts- und Altlastengesetz – HAbfAG –, 4. Aufl. 1993, § 17 Rn. 17.

604 Hessisches Ausführungsgesetz zum Kreislaufwirtschafts- und Abfallgesetz (HAKA) v. 23. 5. 1997 (GVBl. I, S. 173), geänd. durch G v. 15. 7. 1997 (GVBl. I, S. 232).

605 Vgl. Kothe, DÖV 1994, 716, Fn. 1; Jürk, altlasten spektrum 1995, 84 (87).

606 Vgl. hierzu im Einzelnen Lehmann, Thüringer Abfallwirtschafts- und Altlastengesetz, 1991, § 20 Rnrn. 3, 6 jew. m.w.N.

In Niedersachsen erfolgt eine Erweiterung der Kostentragungspflicht im Vergleich zum Bundesrecht lediglich für den Betreiber einer Abfallentsorgungsanlage, der die Kosten der Wiederherstellung der Anlage nach Durchführung von behördlichen Untersuchungen zu tragen hat. Dies ist z.B. dann relevant, wenn für eine behördliche Probennahme umfangreiche Deponieraumverschiebungen erforderlich sind.

Im Saarland erfolgt gem. § 37 SAWG eine Erweiterung der Anordnungsbefugnis von Untersuchungsmaßnahmen auf alle in § 35 Abs. 4 und 5 SAWG genannten Pflichtigen. Das sind in Erweiterung zum Bundesrecht neben dem Anlageninhaber auch der Eigentümer und der Nutzungsberechtigte sowie deren Rechtsvorgänger und Rechtsnachfolger. § 38 SAWG regelt die Kostentragungspflicht dieser Verpflichteten.

(c) Eingeschränkte Verantwortlichkeit

In Brandenburg findet sich eine Beschränkung dahingehend, dass gem. § 25 Abs. 1 BbgAbfG die Kosten für Ermittlungsmaßnahmen nur demjenigen auferlegt werden können, der zu diesen Anlass gegeben hat, indem er Auflagen oder Anordnungen missachtet oder sonst unbefugt gehandelt hat[607].

Der selbe Regelungsmechanismus findet sich im Abfallrecht von Nordrhein-Westfalen. Auch hier ist gem. § 36 S. 1 LAbfG NW zur Kostentragung von Untersuchungsmaßnahmen nur verpflichtet, wer unbefugt oder Auflagen zuwider gehandelt hat[608]. Beide Vorschriften können jedoch auch zu einer Erweiterung der Kostentragungspflicht führen, etwa kann, wenn ein Verantwortlicher unbefugt oder Auflagen zuwider handelt, sich aber nach einer Untersuchung herausstellt, dass in Wirklichkeit keine Gefahr vorliegt. Dann trifft ihn auch als (faktischen) Nichtstörer die Kostentragungspflicht des § 25 Abs. 1 S. 2 BbgAbfG bzw. § 36 S. 2 LAbfG NW[609].

In Rheinland-Pfalz enthält die Vorschrift des § 20 Abs. 4 LAbfWAG RP, die fast inhaltsgleich die Vorschrift des § 26 Abs. 3 LAbfWAG RP a.F.[610] übernommen hat, mit der so genannten Schwelle der Gefahr eine wichtige Zäsur. Bis zur Gefahrenschwelle ist grundsätzlich die Behörde für die Gefahrerforschung zuständig. Erst bei Überschreiten können weitere Maßnahmen gegenüber Pflichtigen angeordnet werden. Die Kosten für behördliche Maßnahmen können dem Sanierungsverantwortlichen jedoch gem. § 22 Abs. 1 S. 3 LAbfWAG RP nachträglich auferlegt werden[611].

---

607 Vgl. Jürk, altlasten spektrum 1995, 84 (89).

608 Unzutreffend daher Jürk, altlasten spektrum 1995, 84 (89); vgl. hierzu auch Brandt, Altlastenrecht, 1993, S. 103.

609 Hier wäre der Betroffene wohl sog. Verdachtsstörers; vgl. Breuer, in: GS Martens, 1987, S. 317 (341).

610 Landesabfallgesetz v. 4. 5. 1987 (GVBl., S. 139) in der Fassung des Landesgesetzes zur Änderung des Landesabfallgesetzes (jetzt Landesabfallwirtschafts- und Altlastengesetz) v. 8. 4. 1991 (GVBl., S. 126).

611 Jürk, altlasten spektrum 1995, 84 (89); vgl. auch Brandt, Altlastenrecht, 1993, S. 104 zur früheren rheinland-pfälzischen Rechtslage; § 28 des LAbfWAG RP. in der Fassung v. 8. 4. 1991 ist inhaltsgleich mit § 22 des LAbfWAG v. 2. 4. 1998.

(2) Untersuchungsmaßnahmen nach Altlastenrecht und Kostentragung

In Baden-Württemberg, Bayern, Brandenburg, Mecklenburg-Vorpommern Niedersachsen, Nordrhein-Westfalen, Rheinland-Pfalz, Sachsen-Anhalt, im Saarland und in Thüringen erstreckten die jeweiligen Landesgesetze den Anwendungsbereich des Abfallrechts auch auf Altstandorte. In Bremen, Hamburg und Schleswig-Holstein beschränkte sich der Anwendungsbereich der jeweiligen Abfallgesetze auf Altablagerungen[612].

Beschränkungen der behördlichen Eingriffsbefugnisse im Vergleich zum Bundesrecht fanden sich in Brandenburg. Hier waren Untersuchungsmaßnahmen als Maßnahmen der Amtsermittlung von der Behörde selbst durchzuführen[613]. Zur Kostentragung war der Verantwortliche gem. § 32 Abs. 5 BbgAbfG jedoch nur dann verpflichtet, wenn er zu Untersuchungsmaßnahmen Anlass gegeben hat, indem er Auflagen oder Anordnungen missachtet oder sonst unbefugt gehandelt hat[614].

Über die Ausweitung der behördlichen Anordnungsbefugnisse auf Altstandorte hinaus, haben die nachfolgend genannten Bundesländer weitere Modifikationen und Erweiterungen im Vergleich zum Bundesrecht eingeführt.

Hessen war das einzige Bundesland, das ein eigenes Altlastengesetz erlassen hatte[615]. Auffälligste Besonderheit war die Feststellung einer Altlast durch Verwaltungsakt. Ermächtigungsgrundlage für behördliche Anordnungen zur Durchführung von Untersuchungsmaßnahmen war § 5 S. 1 HessAltlG. Eine solche Anordnung konnte an jeden in § 12 Abs. 1 HessAltlG genannten Pflichtigen gerichtet werden[616]. Das waren im Wesentlichen die üblichen Verantwortlichen, wie der (ehemalige) Betreiber von Anlagen auf Altlastenflächen sowie der Ablagerer und Abfallerzeuger bei Altablagerungen, jeweils einschließlich der Rechtsnachfolger. Außerdem waren der Verursacher sowie sonstige Personen genannt, die aufgrund anderer Rechtsvorschriften eine Verantwortlichkeit für Verunreinigungen oder anderen von der Altlast ausgehenden Beeinträchtigungen des Wohls der Allgemeinheit trifft[617]. Nicht verantwortlich war hingegen der beim Erwerb in Bezug auf das Bestehen der Altlast gutgläubige (aktuelle und ehemalige) Eigentümer. Gleichfalls nicht im Kanon der Verantwortlichen genannt war der Inhaber der tatsächlichen Gewalt. Da die Regelungen des Hessischen Altlastengesetz eine Vollregelung darstellen, konnte dieser nicht von der Behörde nach, von spezielleren Rechtsvorschriften des Hessischen Altlastengesetzes verdrängtem, allgemeinem Polizei- und Ordnungsrecht in Anspruch genommen werden[618]. Die Kosten für Untersuchungsmaßnahmen sind gem. § 9 HessAltlG von dem-

612 Siehe zum Ganzen auch den Überblick bei Knopp/Albrecht, Altlastenrecht in der Praxis, 2. Aufl. 1998, Rn. 47 ff.

613 Dies ergibt sich aus einem Vergleich zwischen § 32 Abs. 1 und Abs. 2 BbgAbfG.

614 Vgl. Jürk, altlasten spektrum 1995, 84 (89).

615 Art. 1 des Gesetzes zur Neuordnung des Altlastenrechts v. 20. 12. 1994 (GVBl. I, S. 764), geänd. durch G v. 15. 7. 1997 (GVBl. I, S. 232) enthält das eigentliche Gesetz über die Erkundung, Sicherung und Sanierung von Altlasten (Hessisches Altlastengesetz – HessAltlG –).

616 Vgl. hierzu Kochenburger, NVwZ 1996, 249 (250).

617 Siehe Kochenburger, NVwZ 1996, 249 (250).

618 Zum Verhältnis des HAbfAlG zum allgemeinen Polizei- und Ordnungsrecht vgl. Pape, NJW 1992, 2661 (2663); VGH Kassel, NVwZ 1990, 381 (382); VGH Kassel, NVwZ 1993, 1011 ff. (1011); VGH Kassel, NVwZ 1992, 393 ff. (393); VGH Kassel, NVwZ-RR 1998, 747 (749) bzw.

jenigen zu tragen, der hierfür Anlass gegeben hat[619]. Dies wird im Regelfall einer der in § 12 HessAltlG genannten Verantwortlichen sein, kann aber grundsätzlich auch einen Nichtverantwortlichen treffen, z.B. den gutgläubigen Erwerber, der durch spätere Handlungen die Sachverhaltsermittlung erschwert[620].

In Nordrhein-Westfalen konnte die Behörde bei hinreichendem Altlastenverdacht gem. § 31 Abs. 2 LAbfG NW anordnen, dass der nach §§ 17, 18 OBG NW[621] Verantwortliche[622] Untersuchungen zur Ermittlung von Art, Umfang und Ausmaß der Belastung durchzuführen hatte[623]. Führt hingegen die Behörde die Gefahrerforschungsmaßnahmen durch, hat sie gem. § 31 Abs. 7 AbfG NW gegenüber dem Verantwortlichen einen Erstattungsanspruch[624].

Im Saarland stellte § 37 Abs. 1 SAWG eine Kostentragungsverpflichtung des Verantwortlichen[625] für so genannte Erstuntersuchungen im Bereich von Altlasten fest.

In Thüringen war zunächst die zuständige Behörde nach § 17 Abs. 2 ThürAbfAG verpflichtet, so genannte Maßnahmen der Erstuntersuchung zur Ermittlung von Art, Umfang und Ausmaß der Verunreinigungen, durchzuführen. Insoweit war eine Übertragung auf einen Dritten ausgeschlossen[626]. Als Ausnahme hiervon ließ jedoch die Regelung des § 17 Abs. 3 ThürAbfAG eine Verpflichtung des Verantwortlichen zu Erstuntersuchungsmaßnahmen nach § 20 Abs. 1 ThürAbfAG[627] zu, soweit feststand, dass von der altlastenverdächtigen Fläche wesentliche Beeinträchtigungen des Wohls der Allgemeinheit ausgehen[628]. Ähnlich wie in den hessischen Regelungen besteht ein altlastenspezifischer Katalog von Verpflichteten, der u.a. den Ablagerer und den Erzeuger von Abfall ein- und den (früheren) Eigentümer unter bestimmten Voraussetzungen[629] ausschließt (§ 20 Abs. 1 ThürAbfAG)[630]. Der Verpflichtete hatte

zum hessischen Wasserrecht VGH Kassel, NVwZ-RR 1990, 550; zum hessischen Altlastenrecht; vgl. Bickel, Hessisches Altlastengesetz, 2. Aufl. 1996, § 12 Rnrn. 1 ff., insbes. Rn. 16.

619 Vgl. Kochenburger, NVwZ 1996, 249 (250).

620 Bickel, Hessisches Altlastengesetz, 2. Aufl. 1996, § 9 Rn. 2.

621 Gesetz über Aufbau und Befugnisse der Ordnungsbehörden (Ordnungsbehördengesetz – OBG) v. 13. 12. 1991 (GVBl., S. 636), zuletzt geänd. durch das Gesetz v. 23. 12. 2000 (GVBl. I, S. 179).

622 Dies sind der Verursacher und dessen Gesamtrechtsnachfolger; sowie der Eigentümer und Inhaber der tatsächlichen Gewalt; vgl. hierzu Wiegand/Heider/Geyer, Ordnungsbehördengesetz Nordrhein-Westfalen, 9. Aufl. 2001, Komm. zu §§ 17, 18 OBG; Schink, in: Schink/Schmeken/Schwade, Abfallgesetz des Landes NW, 2. Aufl. 1996, § 31 Nr. 2.3.

623 Siehe hierzu Schink, in: Schink/Schmeken/Schwade, Abfallgesetz des Landes NW, 2. Aufl. 1996, § 31 Nr. 2.3 m.w.N.

624 Zu Einzelheiten vgl. Schink, in: Schink/Schmeken/Schwade, Abfallgesetz des Landes NW, 2. Aufl. 1996, § 31 Nr.2.8.

625 Vgl. § 35 Abs. 4 und 5 SAWG.

626 Kothe, LKV 1994, 312 (316).

627 Dies sind im Wesentlichen die üblichen polizeirechtlich Verantwortlichen mit der Einschränkung, das der aktuelle und der ehemalige Grundstückseigentümer dann nicht verantwortlich sind, wenn der Inhaber der tatsächlichen Gewalt diese zur Zeit der Verursachung der Altlast gegen den Willen des Eigentümers ausgeübt hat; vgl. § 20 Abs. 1 Nr. 5 ThürAbfAG.

628 Kothe, Altlastenrecht in den neuen Bundesländern, 1996, S. 140.

629 Vgl. hierzu oben unter Kap. 1 B III 1.; auch Lehmann, Thüringer Abfallwirtschafts- und Altlastengesetz, 1991, § 20 Rn. 6.

630 Vgl. hierzu im Einzelnen Lehmann, Thüringer Abfallwirtschafts- und Altlastengesetz, 1991, § 20 Rnrn. 3, 6 jew. m.w.N.

nach § 20 Abs. 1 S. 3 ThürAbfAG die Kosten für Überwachungsmaßnahmen zu tragen[631].

(3) Untersuchungsmaßnahmen nach Bodenschutzrecht und Kostentragung

In Baden-Württemberg, wo das erste eigenständige Bodenschutzgesetz in Kraft getreten war[632], konnten behördliche Anordnungen an die nach § 10 BodSchG BW Verpflichteten[633] zur Durchführung von Untersuchungsmaßnahmen auf § 8 Abs. 2 i.V.m. § 9 Abs. 1 S. 1 BodSchG BW gestützt werden, wenn Erkenntnisse vorlagen, die eine Bodenbelastung[634] vermuten ließen. Hierin drückt sich der aus dem Wasserrecht bekannte Besorgnisgrundsatz[635] aus, wonach eine Behörde tätig werden kann, wenn die Möglichkeit eines entsprechenden Schadenseintritts nach den gegebenen Umständen und im Rahmen einer auf konkreten, sachlich vertretbaren Feststellungen beruhenden Prognose nicht von der Hand zu weisen ist[636]. Das bedeutet, dass die Behörde im Einzelfall bereits weit vor Erreichen der Gefahrenschwelle bei ersten Verdachtsmomenten tätig werden kann, da andernfalls der Besorgnisgrundsatz leer liefe[637]. Grundsätzlich ermächtigte das baden-württembergische Bodenschutzgesetz die Behörde zum Einschreiten bei allen möglichen Arten von nachteiligen Bodenveränderungen, in der Praxis galt jedoch die Kollisionsregel in § 3 BodSchG BW, die ein Zurücktreten des baden-württembergischen Bodenschutzgesetzes anordnete, wenn andere bundes- oder landesrechtliche Regelungen inhaltsgleiche oder entgegenstehende Bestimmungen enthielten. Insbesondere im Bereich Altlasten führte dies dazu, dass das baden-württembergische Bodenschutzgesetz kaum anwendbar war[638], da dieser Regelungskomplex eine umfassende Behandlung im Landesabfallgesetz erfahren hatte[639].

Die Regelung zur Kostentragung fand sich in § 10 Abs. 3 S. 1 BodSchG BW. Danach waren die Kosten für in § 9 Abs. 1 BodSchG BW genannten Maßnahmen, zu denen auch die Untersuchungsmaßnahmen gehören, vom Verpflichteten zu tragen. Nicht geregelt war das Problem, ob ein zu Untersuchungsmaßnahmen Verpflichteter auch

631 Lehmann, Thüringer Abfallwirtschafts- und Altlastengesetz, 1991, § 20 Rn. 9.

632 Gesetz zum Schutz des Bodens (BodSchG BW) v. 24. 6. 1991 (GBl., S. 434).

633 Dies sind der Verursacher sowie derjenige, der für diesen rechtlich einzustehen hat, dann der Grundstückseigentümer und schließlich der Inhaber der tatsächlichen Gewalt.

634 Der Begriff der Bodenbelastung ist der zentrale Begriff des BodSchG BW und ist in § 2 Abs. 2 BodSchG BW definiert als „*Veränderungen der physikalischen, chemischen und biologischen Beschaffenheit des Bodens, bei denen die Besorgnis besteht, dass die in § 1 genannten Funktionen (Boden als Naturkörper und Lebensgrundlage für Menschen und Tiere) aufgehoben oder erheblich oder nachhaltig beeinträchtigt werden.*"

635 Siehe hierzu Kloepfer, Umweltrecht, 2. Aufl. 1998, S. 866; Kibele, VBlBW 1986, 441 (443, 445).

636 BVerwG, ZfW 1981, 87 (88 f.).

637 Spilok, Bodenschutzgesetz Baden-Württemberg, 1992, § 9 Rn. 2.

638 Schlabach/Heck, VBlBW 1999, 406 (407); allerdings kann das BodSchG BW Sachverhalte erfassen, die im LAbfG BW nicht angesprochen sind. So liegt ein Altstandort nur vor, wenn die Anlage bereits stillgelegt wurde. Für noch laufende Anlagen greift damit das BodSchG BW. Ein weiterer Fall betrifft Belastungen mit bestimmten Radionukleiden. Diese sind von § 22 Abs. 5 LAbfG BW nicht erfasst, während das BodSchG BW, soweit das Atomgesetz nicht greift, für diese keinen Ausschluss regelt und damit Anwendung findet; vgl. Spilok, Bodenschutzgesetz Baden-Württemberg,1992, § 3 Rn. 10.

639 VGH Mannheim, NuR 1995, 545 (547); VGH Mannheim, NVwZ-RR 1994, 565.

dann die Kosten zu tragen hatte, wenn sich herausstellte, dass entweder keine Gefahr bestand oder er für eine bestehende Gefahr nicht verantwortlich war. Wegen der Vorschrift des § 10 Abs. 3 S. 2 BodSchG BW war die Verpflichtung eines Nichtstörers zur Kostentragung abzulehnen. § 10 Abs. 3 S. 2 BodSchG BW regelte zwei Fälle, in denen die Behörde zunächst keinen der Verantwortlichen zur Durchführung von Maßnahmen verpflichtete. In der ersten Alternative des § 10 Abs. 3 S. 2 BodSchG BW wurde die Kostenverpflichtung im Fall der unmittelbaren Ausführung einer Maßnahme geregelt. In diesem Fall war derjenige, der sich (unter Umständen auch erst nachträglich) als Verantwortlicher herausstellte, zur Kostentragung verpflichtet[640].

In der zweiten Alternative regelte diese Vorschrift, wer die Kosten von ersten Untersuchungsmaßnahmen, mit denen festgestellt werden sollte, ob eine Bodenbelastung vorliegt, zu tragen hatte. Dies ist der Bereich, in dem die Behörde auf einen vagen Verdacht einer Bodenverunreinigung hin im Rahmen der Amtsermittlung tätig wird.

Eingeschränkt wurde die Kostenbelastung in beiden Fällen jedoch durch das Erfordernis, dass spätestens nachträglich feststehen musste, dass eine Bodenbelastung tatsächlich vorlag und der in Anspruch Genommene hierfür verantwortlich war[641]. Folglich konnte ein Nichtstörer nicht mit Kosten belegt werden.

In Berlin konnte nach Inkrafttreten des Berliner Bodenschutzgesetzes[642] die Behörde gem. § 7 Abs. 2 S. 1 BerlBodSchG den Verantwortlichen zur Durchführung von stichprobenartigen Untersuchungen verpflichten, soweit dies zur Erforschung des Sachverhalts erforderlich war[643]. Ergab sich daraus, dass eine Bodenverunreinigung nicht ausgeschlossen werden konnte, konnte dem Verantwortlichen gem. § 7 Abs. 2 S. 2 BerlBodSchG die Durchführung von flächendeckenden Bodenuntersuchungen auferlegt werden. Die Kostentragung folgte im Grundsatz der ordnungsrechtlichen Verantwortlichkeit[644]. Wer verantwortlich nach Berliner Bodenschutzrecht war, ergab sich aus der Vorschrift des § 13 BerlBodSchG[645], die den Kreis der Verantwortlichen im Vergleich zum allgemeinen Polizei- und Ordnungsrecht auf den ehemaligen Anlagenbetreiber sowie dessen Rechtsnachfolger erweiterte, wenn zur Zeit des Anlagenbetriebs die Kontamination erfolgte. Damit richtete sich die Zurechnung der Verantwortlichkeit nicht nach Verursachungsbeiträgen, sondern ausschließlich nach der Betreiberstellung[646]. Daneben waren der ehemalige Grundstückseigentümer und gem. § 13 Abs. 5 BerlBodSchG der Derelinquent verantwortlich[647].

Das dritte Landesgesetz zum Bodenschutz war das in Sachsen am 1. September 1991 in Kraft getretene so genannte Erste Gesetz zur Abfallwirtschaft und zum Bo-

---

640 Spilok, Bodenschutzgesetz Baden-Württemberg, 1992, § 10 Rn. 12.

641 Spilok, Bodenschutzgesetz Baden-Württemberg, 1992, § 10 Rn. 12.

642 Berliner Gesetz zur Vermeidung und Sanierung von Bodenverunreinigungen (BerlBodSchG) v. 10. 10. 1995 (GVBl., S. 646)

643 Körner/Vierhaus, LKV 1996, 345 (347).

644 Körner/Vierhaus, LKV 1996, 345 (347).

645 Körner, in: Kommunaler Schadensausgleich (Hrsg.), Kommunale Aufgaben und Umweltrecht, 1996, S. 33 (35); Körner/Vierhaus, LKV 1996, 345 (348).

646 Körner/Vierhaus, LKV 1996, 345 (348 f.).

647 Vgl. hierzu Körner/Vierhaus, LKV 1996, 345 (349); Körner, in: Kommunaler Schadensausgleich (Hrsg.), Kommunale Aufgaben und Umweltrecht, 1996, S. 33 (35).

denschutz im Freistaat Sachsen[648]. Hier erfolgte eine Ausweitung der behördlichen Anordnungsbefugnis zum einen dadurch, dass gem. § 8 Abs. 2 SächsEGAB der Besorgnisgrundsatz galt und somit die behördliche Eingriffsbefugnis nicht erst beim Vorliegen einer Gefahr gegeben war[649]. Im Bereich von Kostenüberwälzungen für behördlicherseits durchgeführte Maßnahmen enthielt § 12 Abs. 3 SächsEGAB eine Erweiterung dahingehend, dass eine Kostenverpflichtung auch beim Nichtstörer entstehen konnte, wenn er zu den Überwachungsmaßnahmen Anlass gegeben hatte[650].

II. Sicherungs- und Kontrollmaßnahmen

1. Einführung

Stellt sich nach durchgeführten Untersuchungen heraus, dass eine Altlast oder eine Bodenverunreinigung vorliegt und somit eine Gefahr im ordnungsrechtlichen Sinne besteht, ist der Bereich der Gefahrermittlung verlassen.

Die Behörde ist nun verpflichtet, dafür Sorge zu tragen, dass sich die Gefahr nicht verwirklicht, und muss gegebenenfalls Gefahrenabwehrmaßnahmen treffen, die gegen einen Verantwortlichen gerichtet werden können.

2. Anordnung von Sicherungs- und Kontrollmaßnahmen sowie Kostentragung

Regelmäßig wird die Behörde als ersten Schritt zur Verhinderung der weiteren Ausbreitung der Kontamination Sicherungsmaßnahmen und zur Beherrschung der Situation Kontrollmaßnahmen anordnen[651]. Sicherungsmaßnahmen kommen neben dem erstgenannten Zweck schon dann in Betracht, wenn sich eine Ausbreitung der Schadstoffe auch ohne eine Sanierung verhindern lässt. Um das verunreinigte Grundstück wieder nutzbar zu machen, werden jedoch im Regelfall Sanierungsmaßnahmen erforderlich sein[652].

Sicherungs- und Kontrollmaßnahmen stellen ebenfalls einen Eingriff in grundrechtlich geschützte Rechtsgüter des Betroffenen dar. Sie bedürfen daher einer Rechtsgrundlage. Diese Rechtsvorschriften finden sich in verschiedenen Gesetzen, so z.B. in bundesrechtlichen Vorschriften des Abfall- und Wasserrechts. Ihnen ist gemein, dass sie auch nach Inkrafttreten des Bundes-Bodenschutzgesetzes weiterhin als Eingriffsgrundlage für entsprechende Sicherungs- und Kontrollmaßnahmen herangezogen werden können.

---

648 Erstes Gesetz zur Abfallwirtschaft und zum Bodenschutz im Freistaat Sachsen (SächsEGAB) v. 12. 8. 1991 (GVBl., S. 306; inzwischen als Sächsisches Abfallwirtschafts- und Bodenschutzgesetz (SächsABG) in der Fassung der Bekanntmachung v. 31. 5. 1999 (GVBl., S. 261) bekannt gemacht.

649 Köppl, in: Oldiges (Hrsg.), Das neue Bundes-Bodenschutzgesetz – Fragen und Erwartungen, 1996, S. 119 (120); Knopp, LKV 1992, 215 (217).

650 So Baiker, Abfallwirtschafts- und Bodenschutzrecht im Freistaat Sachsen, 1994, § 10 Abs. 5 Rn. 1; vgl. hierzu auch Skokowa, in: Oldiges (Hrsg.), Das neue Bundes-Bodenschutzgesetz – Fragen und Erwartungen, 1996, S. 143 (149); zu weiteren Einzelheiten siehe auch die Ausführungen oben zu den bodenschutzrelevanten Vorschriften unter Kap. 2 I 2. b) (3).

651 Vgl. Mosler, Öffentlich-rechtliche Probleme bei der Sanierung von Altlasten, 1989, S. 15.

652 Siehe hierzu unten unter Kap. 2 B III.

a) Bundesrechtliche Eingriffsgrundlagen

Bundesrechtliche Eingriffsgrundlagen für die Anordnung von Sicherungs- und Kontrollmaßnahmen bei schädlichen Bodenveränderungen und Altlasten finden sich vor allem im Abfallrecht, aber auch im Wasserrecht.

(1) § 10 Abs. 2 AbfG bzw. § 36 Abs. 2 KrW-/AbfG

Auf diese Vorschriften stützt sich auch die Anordnung von Sicherungs- und Kontrollmaßnahmen[653]. Ausreichend ist, dass für die Zukunft eine Beeinträchtigung des Wohls der Allgemeinheit nicht ausgeschlossen werden kann. Damit lassen sich die erforderlichen Nachsorgemaßnahmen behördlicherseits anordnen, insbesondere die im Anhang G der TA Siedlungsabfall[654] genannten Langzeitsicherungsmaßnahmen und Kontrolle des Deponieverhaltens[655].

(2) § 21 Abs. 1 KrW-/AbfG

Diese Regelung tritt hinter die speziellere Vorschrift des § 36 Abs. 2 KrW-/AbfG zurück[656]. Etwaige Kontroll- und Sicherungsmaßnahmen können daher nicht auf diese Regelung gestützt werden.

(3) § 40 Abs. 1 S. 2 KrW-/AbfG

Nach dieser Vorschrift, die durch Art. 2 Nr. 2 des Gesetzes zum Schutz des Bodens im Übrigen gestrichen wurde, konnte die Behörde die Überwachung von Abfallbeseitigungsanlagen anordnen, wenn Beeinträchtigungen des Allgemeinwohls zu besorgen waren[657]. Da die Behörde schon im Vorfeld einer Gefahr Maßnahmen anordnen konnte, war die Verfügung von behördlichen Kontrollmaßnahmen erst recht möglich.

(4) §§ 19a – 19l WHG

Die Vorschriften in §§ 19a bis 19l WHG enthalten Regelungen zum Umgang mit wassergefährdenden Stoffen. Hauptsächlich werden anlagenbezogene Pflichten und Genehmigungserfordernisse geregelt. Teilweise werden, wie z.B. in § 19b Abs. 1 S. 3 WHG oder § 19c WHG, auch nachträgliche Eingriffe ermöglicht, wenn die Besorgnis einer Wassergefährdung besteht. Jedenfalls ermöglichen diese Vorschriften Kontrollmaßnahmen für Anlagen, in denen mit wassergefährdenden Stoffen umgegangen wird. Diese werden entweder als nachträgliche Anordnung nach § 19b Abs. 1 S. 3 WHG oder als Anordnung nach § 19i Abs. 3 WHG erlassen.

---

653 BVerwG, NVwZ 1997, 1000 f.; VGH Kassel, NVwZ 1986, 660 (661); OVG Magdeburg, LKV 2000, 407 (409).

654 Technische Anleitung zur Verwertung, Behandlung und sonstigen Entsorgung von Siedlungsabfällen (TA Siedlungsabfall) v. 14. 5. 1993 (BAnz. Nr. 99a, S. 4967); vgl. hierzu Krause, TA Siedlungsabfall, 1999.

655 Paetow, in: Kunig/Paetow/Versteyl, KrW-/AbfG, 1998, § 36 Rn. 13 m.w.N.

656 Paetow, in: Kunig/Paetow/Versteyl, KrW-/AbfG, 1998, § 36 Rn. 13.

657 Kloepfer, Umweltrecht, 2. Aufl. 1998, S. 1273; Paetow, in: Kunig/Paetow/Versteyl, KrW-/AbfG, 1998, § 40 Rn. 16.

(5) §§ 26 Abs. 2, 34 Abs. 2 WHG

§ 26 Abs. 2 WHG verlangt, dass Stoffe nur so gelagert werden, dass eine Verunreinigung des Wassers oder eine sonstige nachteilige Veränderung seiner Eigenschaften nicht zu besorgen ist. Zumindest bei rechtswidrigem Lagern und Ablagern von Abfällen greift diese Vorschrift ein[658]. Ähnlich verhält es sich mit der Parallelvorschrift[659] des § 34 Abs. 2 WHG, wonach Stoffe nur so gelagert werden dürfen, dass eine schädliche Veränderung des Grundwassers oder eine sonstige nachteilige Veränderung seiner Eigenschaften nicht zu besorgen ist.

Beide Vorschriften stellen jedoch lediglich einen Gewässergütemaßstab fest und ist keine selbständige Eingriffsgrundlage[660]. Der strenge Maßstab spielt aber in Verbindung mit anderen wasserrechtlichen Regelungen aus dem Landesrecht und dem allgemeinen Polizei- und Ordnungsrecht eine erhebliche Rolle[661].

b) Landesrechtliche Regelungen

Landesrechtliche Vorschriften, mit denen Maßnahmen zur Sicherung und zur Kontrolle von Altlasten angeordnet werden konnten, finden sich über die genannten Vorschriften hinaus zum Teil in den Landesabfall- und in den Landeswassergesetzen.
Im Stadium der Kontroll- und Sicherungsmaßnahmen ist wegen des Überschreitens der Gefahrenschwelle die Anordnung solcher Maßnahmen gegenüber einem Pflichtigen unproblematisch. Als Ermächtigungsgrundlage aus dem Landesrecht kommen entweder spezielle Vorschriften oder allgemeines Polizei- und Ordnungsrecht in Betracht. Adressaten sind dann die in den speziellen Vorschriften des Landesabfall- oder Landeswasserrechts aufgeführten Verantwortlichen oder, falls dort hierzu keine Regelung getroffen worden ist, die nach allgemeinem Polizeirecht verantwortlichen Handlungs- und Zustandsstörer. Da die Rechtslage hinsichtlich der Anordnung von Sicherungs- und Kontrollmaßnahmen dieselbe wie bei Sanierungsmaßnahmen ist, sollen die einschlägigen landesrechtlichen Regelungen bei den nachfolgend behandelten Sanierungsmaßnahmen besprochen werden.

III. Sanierungsmaßnahmen (i.e.S.) oder Gefahrenabwehrmaßnahmen

1. Tatsächliche und rechtliche Voraussetzungen

Da in vielen Fällen reine Sicherungsmaßnahmen nicht ausreichen, um dauerhaft Gefahren für die Allgemeinheit zu verhindern, muss häufig eine Sanierung der kontaminierten Fläche durch eine dauerhafte Gefahrenbeseitigung erfolgen.

---

658 Umstritten ist, ob hinsichtlich der Zulassung von Abfallbeseitigungsanlagen gem. §§ 31 ff. KrW-/AbfG § 26 Abs. 2 WHG zurücktritt; vgl. hierzu Czychowski, WHG, 7. Aufl. 1998, § 26 Rn. 15 m.w.N.

659 Czychowski, WHG, 7. Aufl. 1998, § 34 Rn. 2.

660 Gößl, in: Sieder/Zeitler/Dahme/Knopp/Gößl, WHG, Losebl., Stand März 2002, § 26 Rn. 18 u. § 34 Rnrn. 4, 26; vgl. auch Breuer, Öffentliches und privates Wasserrecht, 2. Aufl. 1987, Rn. 548.

661 Brandt, Altlastenrecht, 1993, S. 125.

In der Praxis stellt sich für den von einer Sanierungsanordnung Betroffenen zunächst die Frage, ob im konkreten Fall überhaupt eine gesetzliche Grundlage besteht. Darüber hinaus kommt es hinsichtlich des von den Behörden geforderten Sanierungsumfangs häufig zu Unstimmigkeiten. In welchem Umfang die Behörden eine Sanierung verlangen können, ergibt sich aus den jeweiligen Eingriffsgrundlagen und richtet sich nach den betroffenen Schutzgütern im jeweiligen Regelwerk. Deshalb ist zunächst zu klären, welche Rechtsgrundlage zum Erlass einer Sanierungsverfügung herangezogen werden kann.

2. Anordnung von Sanierungsmaßnahmen (i.e.S.) oder Gefahrenabwehrmaßnahmen und Kostentragung

a) Bundesrechtliche Ermächtigungsgrundlagen

Bundesrechtliche Rechtsvorschriften, welche die zuständige Behörde zum Erlass einer Sanierungsanordnung ermächtigen, finden in den Vorschriften zum Wasser-, zum Abfall- und zum Immissionsschutzrecht und finden teilweise auch noch nach Inkrafttreten des Bundes-Bodenschutzgesetzes Anwendung.

(1) § 10 Abs. 2 AbfG bzw. § 36 Abs. 2 KrW-/AbfG

Diese – historisch gesehen – erste spezialgesetzliche Vorschrift aus dem Bundesrecht zur Altlastenbehandlung verpflichtet den Inhaber einer stillgelegten Abfallentsorgungsanlage oder Deponie, Vorkehrungen zu treffen, die erforderlich sind, Beeinträchtigungen des Allgemeinwohls zu verhindern. Hierfür hat der Inhaber der Anlage alle notwendigen Maßnahmen zu ergreifen. Allerdings ist gem. § 36 Abs. 2 S. 2 KrW-/AbfG bei einem Verdacht, dass von einer stillgelegten Deponie schädliche Bodenveränderungen oder sonstige Gefahren für den Einzelnen oder die Allgemeinheit ausgehen, nunmehr das Bundes-Bodenschutzgesetz anwendbar[662].

Lässt sich also eine Gefahr z.B. für das Grundwasser nur durch die Auskofferung gefährlicher Abfälle und anderweitiger Beseitigung verhindern, kann eine diesbezügliche Anordnung auf § 10 Abs. 2 AbfG bzw. § 36 Abs. 2 KrW-/AbfG beruhen[663]. Dabei ist auch unerheblich, ob die Ablagerungen noch bewegliche Sachen und damit Abfälle sind, oder ob die Abfalleigenschaft durch Verbindung mit dem Boden verloren gegangen ist[664].

Zur Frage, in welchem Zeitraum zulässig Sanierungsanordnungen auf § 10 Abs. 2 AbfG bzw. § 36 Abs. 2 KrW-/AbfG gestützt werden können, besteht keine einheitliche Auffassung. Die Literatur nimmt teilweise an, dass die Verpflichtung zur Beseitigung materiell abfallrechtswidriger Zustände nicht mit der Stilllegung endet oder nur einen bestimmten Zeitraum besteht, so dass Sanierungsanordnungen nach den Grundsätzen polizeirechtlicher Zustandshaftung zeitlich grundsätzlich unbegrenzt ergehen

662 Vgl. zu Einzelheiten Frenz, KrW-/AbfG, 3. Aufl. 2002, § 36 Rnrn. 20 ff.; Frenz, UPR 2002, 201 (204 f.); Versteyl/Dageförde, NuR 2002, 189 (192).

663 Oerder, DVBl. 1992, 691 (692); Paetow, in: Kunig/Paetow/Versteyl, KrW-/AbfG, 1998, § 36 Rnrn. 20 f.

664 Siehe hierzu Paetow, in: Kunig/Paetow/Versteyl, KrW-/AbfG, 1998, § 36 Rn. 20; Versteyl/Dageförde, NuR 2002, 189 (192); a.A. Mosler, Öffentlich-rechtliche Probleme bei der Sanierung von Altlasten, 1989, S. 18 f.

können[665]. Nach anderer Ansicht und nach der Rechtsprechung ist eine zeitliche Grenze für solche Anordnungen gegeben. Wie lange nach Stilllegung der Anlage noch Anordnungen zulässig sind, soll u.a. davon abhängen, ob die Anlage gesetzeskonform betrieben und stillgelegt wurde[666]. Anordnungen nach diesen Vorschriften werden dann im Rahmen einer angemessenen Risikoverteilung zwischen Anlagenbetreiber und der Allgemeinheit für zulässig erachtet[667]. Allerdings sind von dieser Vorschrift nur Anlagen betroffen, die im zeitlichen Geltungsbereich dieser Vorschrift, also nach Inkrafttreten des Abfallgesetzes am 11. Juni 1972, betrieben wurden[668]. Ein großer Teil der Uraltdeponien wird daher von dieser Vorschrift nicht erfasst.

Als Adressat einer auf § 10 Abs. 2 AbfG bzw. § 36 Abs. 2 KrW-/AbfG gestützte Sanierungsverfügung kommt nach dem eindeutigen Wortlaut des Gesetzes nur der gegenwärtige bzw. der letzte Inhaber einer Abfallentsorgungsanlage bzw. Deponie in Betracht[669]. Sollen andere Personen in Anspruch genommen werden, richtet sich die Zulässigkeit solcher Maßnahmen nach den Vorschriften anderer Gesetze oder nach dem allgemeinen Polizei- und Ordnungsrecht[670].

(2) § 21 Abs. 1 KrW-/AbfG

§ 21 Abs. 1 KrW-/AbfG ist eine Auffangregelung und kommt nur zur Anwendung, wenn keine speziellere Regelung zur Behandlung eines bestimmten Sachverhalts existiert[671]. Eine spezielle Vorschrift ist jedoch § 36 Abs. 2 KrW-/AbfG[672], so dass die o.g. Sachverhalte nicht über eine auf § 21 Abs. 1 KrW-/AbfG gestützte Anordnung geregelt werden können. Damit fällt aber der größere Teil der für das Abfallrecht denkbare Fälle für eine Anwendung des § 21 Abs. 1 KrW-/AbfG heraus. Sanierungsanordnungen können auf § 21 Abs. 1 KrW-/AbfG lediglich für noch betriebene Deponien gestützt werden, soweit eine Verletzung von abfallrechtlichen Pflichten vorliegt, wie z.B. die Pflicht zur gemeinwohlverträglichen Abfallbeseitigung aus § 10 Abs. 1, Abs. 4 S. 1 KrW-/AbfG. Diese Pflicht wird in Absatz 4 S. 2 konkretisiert, wo eine zu vermeidende Gemeinwohlbeeinträchtigung u.a. Gesundheitsbeeinträchtigungen des Menschen (Nr. 1), Gefährdung von Tieren und Pflanzen (Nr. 2) und insbesondere die

---

665 Schink, DVBl. 1985, 1149 (1156); Herrmann, Flächensanierung als Rechtsproblem, 1989, S. 37 f.; eine Begrenzung zur Vermeidung unbilliger Härten lässt sich über den Verhältnismäßigkeitsgrundsatz erzielen; vgl. Brandt, Altlastenrecht, 1993, S. 114.

666 So hält das BVerwG eine Inanspruchnahme des letzten Inhabers auch mehrere Jahre nach Betriebseinstellung dann für rechtmäßig, wenn es während des Betriebs zu häufigen und groben Verstößen gegen abfallrechtliche Grundsätze gekommen ist, BVerwG, DVBl. 1986, 687 = NVwZ 1986, 640; Eine unterlassene Stilllegungsanzeige kann Anordnungen auch noch 13 Jahre nach Stilllegung der Anlage rechtfertigen; vgl. BVerwG, NVwZ 1997, 1000 und die Vorinstanz VGH München, GewArch 1997, 214. Nach VGH Mannheim sind Anordnungen, die erst vier Jahre nach Stilllegung ergehen, regelmäßig für rechtmäßig; vgl. VGH Mannheim, DVBl. 1988, 542 = NVwZ 1988, 562. Ähnlich Teile der Literatur; vgl. Paetow, NVwZ 1990, 510 (514); Seibert, DVBl. 1992, 664 (665).

667 Paetow, in: Kunig/Paetow/Versteyl, KrW-/AbfG, 1998, § 36 Rn. 23.

668 Schink, DVBl. 1985, 1149 (1157); Papier, DVBl. 1985, 873; Brandt, Altlastenrecht, 1993, S. 112.

669 Paetow, in: Kunig/Paetow/Versteyl, KrW-/AbfG, 1998, § 36 Rn. 15; a.A. Schink, DVBl. 1985, 1149 (1156).

670 Paetow, in: Kunig/Paetow/Versteyl, KrW-/AbfG, 1998, § 36 Rn. 8; siehe aber auch Oerder, DVBl. 1992, 691 (692 f.).

671 Versteyl, in: Kunig/Paetow/Versteyl, KrW-/AbfG, 1998, § 21 Rn. 6.

672 Paetow, in: Kunig/Paetow/Versteyl, KrW-/AbfG, 1998, § 36 Rn. 13.

in Nr. 3 genannte schädliche Beeinflussung von Gewässern[673] und Boden sein kann. Gerade letztere Gemeinwohlbeeinträchtigung spielt hinsichtlich der Behandlung von Altlasten eine entscheidende Rolle. Werden durch den laufenden Betrieb einer Deponie Gewässer oder Boden schädlich beeinflusst, kann folglich eine Sanierungsanordnung auf § 21 Abs. 1 KrW-/AbfG gestützt werden.

(3) § 35 KrW-/AbfG

Als weitere Eingriffsgrundlage für die Anordnung von Sanierungsmaßnahmen für bestehende Anlagen ist die Regelung des § 35 KrW-/AbfG zu nennen. Sie erfasst in Abs. 1 alle Anlagen, die schon vor dem 11. Juni 1972 betrieben worden sind und ermächtigt die zuständige Behörde zu nachträglichen Anordnungen[674]. Anlagen im Beitrittsgebiet werden von § 35 Abs. 2 KrW-/AbfG erfasst. Dieser Absatz ermächtigt die Behörde, nachträgliche Anordnungen für dort gelegene Deponien zu erlassen, die vor dem 1. Juli 1990 betrieben wurden[675]. Darunter fallen unter den genannten Voraussetzungen ohne Weiteres auch Sanierungsmaßnahmen[676].

Zusammenfassend lässt sich sagen, dass auf diese Vorschrift auch eine Sanierungsanordnung gestützt werden kann, wenn die Deponie vor dem jeweiligen Inkrafttreten der abfallrechtlichen Vorschriften schon bestanden hat.

(4) §§ 19a – 19l WHG

Die Vorschriften der §§ 19a – 19l WHG ermöglichen beim Vorliegen bestimmter Voraussetzungen auch nachträgliche Eingriffe in Bezug auf Rohrleitungsanlagen, in denen mit wassergefährdenden Stoffen umgegangen wird. So ermächtigt § 19b Abs. 1 S. 3 WHG zu nachträglichen Anordnungen, wenn eine Verunreinigung der Gewässer oder eine sonstige nachteilige Veränderung ihrer Eigenschaften zu besorgen ist.

Zu klären ist, ob die Behörde nach dieser Vorschrift auch die Sanierung von gewässergefährdenden Bodenverunreinigungen anordnen kann, die durch den Betrieb der Anlage entstanden sind. Dies lässt sich zumindest für die Fälle begründen, in denen Bodenverunreinigungen aus dem laufenden Betrieb der Anlage resultieren[677]. Dann schließt die Vorschrift des § 19b Abs. 3 S. 1 WHG den Erlass einer Sanierungsanordnung ein. Gleiches gilt für den Erlass von Auflagen. Solche zielen zwar regelmäßig darauf ab, eine Gewässerbeeinträchtigung schon von vornherein zu verhindern. Da sich aber diese Gefahr niemals vollständig ausschließen lässt, sind auch Anordnungen zulässig, mit denen die Gefahren für ein Gewässer möglichst gering gehalten werden sollen[678].

---

673 Dies sind im Einklang mit § 1 Abs. 1 WHG alle oberirdischen Gewässer und das Grundwasser; vgl. Kunig, in: Kunig/Paetow/Versteyl, KrW-/AbfG, 1998, § 10 Rn. 38.

674 Frenz, KrW-/AbfG, 3. Aufl. 2002, § 35 Rn. 3; Paetow, in: Kunig/Paetow/Versteyl, KrW-/AbfG, 1998, § 35 Rn. 1.

675 Frenz, KrW-/AbfG, 3. Aufl. 2002, § 35 Rn. 1; v. Köller, KrW-/AbfG, 2. Aufl. 1996, § 35 Nr. 2.

676 Schink, DVBl. 1985, 1149 (1155); Kloepfer, NuR 1987, 7 (20); Paetow, in: Kunig/Paetow/Versteyl, KrW-/AbfG, 1998, § 35 Rn. 15.

677 Brandt, Altlastenrecht, 1993, S. 124.

678 Czychowski, WHG, 7. Aufl. 1998, § 19b Rn. 17

(5) §§ 26 Abs. 2, 34 Abs. 2 WHG

Wie schon hinsichtlich der Sicherungs- und Kontrollmaßnahmen oben ausgeführt wurde[679], ergibt sich aus diesen Vorschriften trotz der grundsätzlichen Anwendbarkeit keine selbständige Eingriffsbefugnis, die über die schon genannten Ermächtigungsgrundlagen hinaus geht.

(6) § 5 Abs. 3 BImSchG

Die Vorschrift des § 5 Abs. 3 BImSchG regelt zunächst die Nachsorgepflichten des Betreibers einer stillgelegten Anlage. Diese Vorschrift sollte den Behörden eine eigenständige Rechtsgrundlage an die Hand geben, um Anlagen nach der Einstellung ihres Betriebs in einen ungefährlichen Zustand versetzen zu können. Damit soll die Allgemeinheit vor möglichen schädlichen Auswirkungen der stillgelegten Anlage geschützt sowie eine Entfernung der Reststoffe erreicht werden[680].

Die Vorschrift des § 5 Abs. 3 BImSchG erteilt den Behörden auch die Befugnis, einen Verpflichteten zur Sanierung des Grundstücks anzuweisen, wenn dies die einzige Möglichkeit der Abwehr einer Gefahr ist[681] und ist somit Rechtsgrundlage für Sanierungsanordnungen. Verpflichteter im Sinne dieser Vorschrift ist grundsätzlich jeder Anlagenbetreiber, der die Anlage seit Inkrafttreten der Vorschrift am 1. September 1990 betrieben hat[682].

Auch hinsichtlich der Nachsorgepflichten gem. § 5 Abs. 3 BImSchG besteht eine zeitliche Beschränkung. Sie existieren überhaupt nur für Anlagen, die nach dem Inkrafttreten der Vorschrift am 1. September 1990 noch betrieben wurden und dann auch nur für den Anlagenbetrieb seit diesem Zeitpunkt[683]. Etwaige vor dem 1. September 1990 erfolgten Verunreinigungen können keine Nachsorgepflicht nach § 5 Abs. 3 BImSchG auslösen.

b) Landesrechtliche Rechtsgrundlagen

In verschiedenen Landesgesetzen finden sich spezielle Ermächtigungsgrundlagen zur Anordnung von Sanierungsverfügungen. Darüber hinaus kommen (unter Umständen ergänzend) die Vorschriften aus dem allgemeinen Polizei- und Ordnungsrecht zur Gefahrenabwehr in Betracht. Diese sollen nachfolgend dargestellt werden, wobei in vielen Fällen auf die bereits zu Untersuchungsmaßnahmen gemachten Ausführungen verwiesen werden kann. In allen Bundesländern können Anordnungen zur Entfernung von Abfällen ergehen, die außerhalb von dafür zugelassenen Anlagen (ab-)gelagert oder behandelt wurden[684].

---

679 Siehe oben unter Kap. 2 B II 2. a) (5).

680 Hansmann, NVwZ 1993, 921 (925).

681 Jarass, BImSchG, 5. Aufl. 2002, § 5 Rn. 111 sowie § 17 Rn. 12; Hansmann, NVwZ 1993, 921 (926).

682 Hansmann, NVwZ 1993, 921 (923 f.); a.A. Vallendar, UPR 1991, 92 (95).

683 Hansmann, NVwZ 1993, 921 (925); vgl. auch Vallendar, UPR 1991, 91 (95).

684 Vgl. hierzu Knopp, Altlastenrecht in der Praxis, 1. Aufl. 1992, Rn. 71a zur Rechtslage nach AbfG.

Eingriffsbefugnisse ergeben sich außerdem aus dem Landeswasserrecht, das jedoch im Regelfall keine über das WHG hinausgehenden Eingriffe ermöglicht. Außerdem orientieren sich die wasserrechtlichen Länderregelungen am allgemeines Polizei- und Ordnungsrecht, so dass auf diesen Rechtsbereich nur kurz eingegangen werden soll.

(1) Sanierungsmaßnahmen nach Abfallrecht und Kostentragung im Vergleich zum Bundesrecht

(a) Keine erweiterten Eingriffsmöglichkeiten

In Berlin bestanden im Landesabfallrecht keine speziellen Vorschriften zu Altlasten[685]. Diese Fälle wurden vom Berliner Bodenschutzgesetz erfasst. In Brandenburg ermöglichte die Vorschrift des § 32 Abs. 2 BbgAbfG die Anordnung von Sanierungsmaßnahmen bei Altlasten. Außer der Erstreckung auf Altstandorte enthielt die Vorschrift jedoch keine Erweiterung im Vergleich zu § 36 KrW-/AbfG.

In Hamburg und in Schleswig-Holstein bestand im Hinblick auf Sanierungen von Altlasten im Vergleich zum Bundesrecht keine Erweiterung der Eingriffsbefugnisse. In Sachsen-Anhalt und im Saarland erfolgte eine Ausweitung des abfallrechtlichen Regelungsbereichs auf Altablagerungen und Altstandorte.

(b) Erweiterter Maßnahmenkatalog

In Baden-Württemberg ermächtigt § 25 Abs. 2 LAbfG BW die Behörde zur Anordnung von erforderlichen Maßnahmen zur Sanierung von Altlasten. Ziel einer Sanierung bei Altablagerungen ist die Herstellung eines abfallrechtlich rechtmäßigen Zustandes gem. § 25 Abs. 1 LAbfG BW[686], bei Altstandorten darüber hinaus die Beseitigung der Besorgnis einer Gewässerverunreinigung. Der Kreis der Verantwortlichen bestimmte sich nach allgemeinen polizeirechtlichen Vorschriften[687]. Dies war (und ist es immer noch, soweit es auf Landeswasserrecht gestützte Anordnungen betrifft) deswegen von Bedeutung, weil in Baden-Württemberg im Vergleich zum Polizei- und Ordnungsrecht der übrigen Länder und zum Polizeigesetz-Musterentwurf[688] ein eingeschränkter Katalog von Zustandsverantwortlichen existiert. So können polizeirechtliche Maßnahmen nur gegenüber dem Grundstückseigentümer und dem Inhaber der tatsächlichen Gewalt getroffen werden. Weitere Zustandsverantwortliche sind nicht genannt. Dies schließt Sanierungsanordnungen nach Abfallrecht gegenüber dem ehemaligen Eigentümer ebenso wie Maßnahmen gegen einen sonstigen Berechtigten, der nicht Inhaber der tatsächlichen Gewalt ist[689], aus. Kann der Eigentümer noch

685 Vgl. Jürk, altlasten spektrum 1995, 84 (87).

686 Dieser richtet sich nach § 10 Abs. 4 KrW-/AbfG; vgl. hierzu Kunig, in: Kunig/Paetow/Versteyl, KrW-/AbfG, 1998, § 10 Rnrn. 24 ff. m.w.N.; siehe auch Peters, VBlBW 1991, 49 (50).

687 Peters, VBlBW 1991, 49 (51).

688 Musterentwurf eines einheitlichen Polizeigesetzes des Bundes und der Länder, Stand 25. 11. 1977 im Änderungsvorentwurf, Stand 12. 3. 1986 (MEPolG), abgedruckt bei Knemeyer, Polizei- und Ordnungsrecht, 9. Aufl. 2002, Rn. 549; vgl. zum Ganzen auch die Ausführungen in Rnrn. 11 ff.; Friauf, in: Schmidt-Assmann (Hrsg.), Besonderes Verwaltungsrecht, 11. Aufl. 1999, S. 155 f. mit Nennung der einzelnen länderrechtlichen Vorschriften in Fn. 288; in der Aufzählung dort fehlt § 6 Abs. 3 BbgPolG, § 17 Abs. 3 BbgOBG und § 9 HbgSOG.

689 VGH Mannheim, NJW 1998, 624 (625).

vor Zugang der Verfügung das Eigentum an dem verunreinigten Grundstück aufgeben, ist er nach dem Wortlaut des § 7 PolG BW[690] (sowie nach § 5 SächsPolG[691]) nicht zustandsverantwortlich. Dies soll jedoch dann nicht gelten, wenn die Dereliktion nur erfolgt ist, um eine Befreiung von der Sanierungsverantwortlichkeit zu Lasten der Allgemeinheit zu erreichen[692].

Gleiches gilt im Grundsatz für die Eigentumsübertragung an einen Dritten. Gelingt es dem ehemaligen Eigentümer, sein Eigentum noch vor Zugang der Sanierungsverfügung auf einen anderen zu übertragen, kann er grundsätzlich von der Behörde nicht in Anspruch genommen werden. Missbrauchsfälle, in denen eine Eigentumsübertragung alleine zu dem Zweck erfolgt ist, um eine öffentlich-rechtliche Inanspruchnahme zu verhindern und Kostenlasten auf die Allgemeinheit zu verschieben, löst die Rechtsprechung über eine Anwendung der Grundsätze der §§ 134, 138 BGB[693]. Dies ist nicht unproblematisch, da bei gewissen Fallgestaltungen, z.B. bei einem – jederzeit zulässigen – Weiterverkauf an einen (hinsichtlich der grundbuchrechtlich festgehaltenen Eigentümerstellung des Erwerbers) Gutgläubigen eine Übertragung des Eigentums erfolgt, mit der Folge, dass das zivilrechtliche Eigentum und die daran anknüpfende öffentlich-rechtliche Verantwortlichkeit auseinander fallen können.

Nicht als Inhaber der tatsächlichen Gewalt und nicht als Eigentümer ist der Erbbauberechtigte eines sanierungsbedürftigen Grundstücks verantwortlich, wenn er zum Zeitpunkt der Verursachung der Bodenverunreinigungen das Grundstück an einen Dritten weiterverpachtet hatte. Der Erbbauberechtigte ist kein Eigentümer und diesem auch nicht gleichgestellt[694]. Er ist ein sonst Berechtigter im Sinne des § 5 Abs. 2 MEPolG. Dieser ist jedoch im baden-württembergischen (und sächsischen) Polizeirecht im Gegensatz zu den Regelungen in den anderen Bundesländern nicht als Zustandsverantwortlicher genannt[695].

Die Kostentragung richtet sich nach allgemeinen polizeirechtlichen Grundsätzen und fällt dem Verpflichteten zur Last.

---

690 Polizeigesetz Baden-Württemberg, in der Fassung der Bekanntmachung v. 13. 1. 1992 (GBl. I, S. 1, ber. S. 596, 1993 S. 155), zuletzt geänd. durch G v. 19. 12. 2000 (GBl., S. 752).

691 Polizeigesetz des Freistaates Sachsen (SächsPolG) in der Fassung der Bekanntmachung v. 13. 8. 1999 (GVBl., S. 466).

692 VG Karlsruhe, VBlBW 1985, 152 (155); VGH Mannheim, NJW 1997, 3259 = UPR 1998, 77; Friauf, in: Schmidt-Assmann (Hrsg.), Besonderes Verwaltungsrecht, 11. Aufl. 1999, S. 155; noch weiter gehend Rommelfanger/Rimmele, Polizeigesetz des Freistaates Sachsen, 1999, § 5 Rn. 10; zweifelhaft, weil damit der Eigentümer im faktisch einzigen Fall, in dem die gesetzlich ermöglichte Dereliktion für ihn sinnvoll ist, diese Möglichkeit nicht in Anspruch nehmen kann; einschränkend wohl Wolf/Stephan, Polizeigesetz für Baden-Württemberg, 5. Aufl. 1999, § 7 Rn. 7; differenzierend Pischel, VBlBW 1999, 166 (167 f.).

693 So jüngst bestätigt durch das BVerfG, Beschluss v. 24. 8. 2000; vgl. auch die Entscheidungen in dieser Sache des BVerwG, NVwZ 1997, 577 und OVG Schleswig, RdL 1997, 187 (190); siehe auch VGH Mannheim, VBlBW 1998, 312 und Vorinstanz VG Freiburg, ZUR 1998, 42 sowie VGH Mannheim, NJW 1993, 2953 (2954 f.); im vorläufigen Rechtsschutzverfahren hatte der VGH noch eine Sittenwidrigkeit verneint, VGH Mannheim, NVwZ 1996, 1036 ff. = BB 1996, 329 ff.; vgl. hierzu Knopp, BB 1996, 389 ff.

694 VGH Mannheim, NJW 1998, 624 (625).

695 Siehe § 7 PolG BW; vgl. im Einzelnen VGH Mannheim, NJW 1998, 624 (625); Schlabach/Heck, VBlBW 1999, 406 (408); Wolf/Stephan, Polizeigesetz für Baden-Württemberg, 5. Aufl. 1999, § 7 Rn. 7.

In Bayern können Maßnahmen zur Sanierung von Deponien, die vor Inkrafttreten des Abfallgesetzes am 11. Juni 1972 stillgelegt worden sind, auf die Vorschrift des Art. 22 Abs. 1 BayAbfAlG gestützt werden[696]. Adressat ist in erster Linie der ehemalige Betreiber. Ist dieser nicht mehr greifbar, kann eine Anordnung auch gegenüber dem Grundstückseigentümer ergehen. Für die Sanierung von sonstigen Altlasten konnten Anordnungen auf Art. 30 i.V.m. Art. 26 Abs. 4 BayAbfAlG gestützt werden.

Für die Sanierung von Abfallentsorgungsanlagen, die vor Inkrafttreten des (Bundes-) Abfallgesetzes stillgelegt worden sind, sind in Bremen die beiden Bremer Stadtgemeinden[697] gem. § 13 Abs. 1 BremAGAbfG verantwortlich. Allerdings kann nach Absatz 3 für die Aufwendungen vom Grundstückseigentümer und vom letzten Träger der Abfallentsorgungsanlage Ersatz verlangt werden. Weitere Eingriffsbefugnisse aus speziellen Vorschriften für die Behandlung von Altlasten finden sich (abgesehen von wasserrechtlichen Vorschriften) in Bremen nicht, so dass ein Vorgehen auf bundesrechtliche Rechtsgrundlagen oder allgemeines Polizei- und Ordnungsrecht gestützt werden muss.

In Mecklenburg-Vorpommern findet eine Erweiterung bundesrechtlicher Eingriffsmöglichkeiten dahingehend statt, dass auch für Deponien, die vor Inkrafttreten bundesrechtlicher Regelungen am 1. Juli 1990[698] stillgelegt wurden, gem. § 21 Abs. 1 AbfAlG MV Sanierungsanordnungen ergehen können[699].

In Niedersachsen können den im Katalog des § 31 Abs. 6 NdsAbfG genannten Verantwortlichen Sanierungsanordnungen gem. § 35 Abs. 1 NdsAbfG auferlegt werden. Der Kreis der Pflichtigen ist im Vergleich zum allgemeinen Polizei- und Ordnungsrecht um den Gesamtrechtsnachfolger sowie um den handels- oder gesellschaftsrechtlich Einstandspflichtigen erweitert worden[700].

In Rheinland-Pfalz konnten Sanierungsmaßnahmen außerhalb des Anwendungsbereichs von § 36 Abs. 2 KrW-/AbfG auf § 22 Abs. 1 LAbfWAG RP gestützt werden.

In Thüringen bestanden zur Behandlung von Altlasten ähnlich wie in Hessen Vollregelungen, die einen Rückgriff auf allgemeines Polizei- und Ordnungsrecht ausschlossen[701]. In Erweiterung bundesrechtlicher Vorschriften konnten die Behörden gem. § 19 Abs. 1 ThürAbfAG die Erstellung eines Sanierungsplans verlangen, in

696 Zur Rückwirkungsproblematik vgl. unten unter Kap. 2 B IV 2. b) (2).

697 Das Bundesland Bremen besteht aus den Stadtgemeinden Bremen und Bremerhaven; vgl. Art. 143 Abs. 1 Landesverfassung der Freien Hansestadt Bremen v. 21. 10. 1947, zuletzt geänd. am 1. 2. 2000 (BremGes.Bl. S. 31).

698 Diese Stichtagsregelung knüpft an Art. 4 § 2 Nr. 1 i.V.m. Anl. I zu Art. 4 Nr. 1 URG v. 29. 6. 1990 (GBl. DDR, S. 649) an, wonach das Abfallgesetz zu diesem Zeitpunkt im Beitrittsgebiet in Kraft gesetzt worden ist. Das URG ist selbst zwar erst am 20. 7. 1990 im Gesetzblatt verkündet worden; es wird aber eine Geltung des AbfG ab 1. 7. 1990 durch die Konstruktion eines rückwirkenden Inkrafttretens angenommen; vgl. Kloepfer, DVBl. 1991, 1 (3); Schwermer, in: Kunig/Schwermer/Versteyl, AbfG, 2. Aufl. 1992, § 9a Rn. 2.

699 Kothe, Altlastenrecht in den neuen Bundesländern, 1996, S. 152.

700 Damit sollten die Fälle der Durchgriffshaftung angesprochen werden; vgl. hierzu ausf. unten unter Kap. 3 D I 2. d) (3).

701 Vgl. Lehmann, Thüringer Abfallwirtschafts- und Altlastengesetz, 1991, § 16 Rn. 2; Papier, JZ 1994, 810 (810, 813).

dem die Sanierungsmaßnahmen enthalten waren[702]. Dem Sanierungsplan kam nach behördlicher Genehmigung nach § 19 Abs. 4 ThürAbfAG Konzentrationswirkung zu, d.h. er umfasste nach anderen Vorschriften erforderliche Genehmigungen[703]. Der Kreis der Verantwortlichen war festgelegt in § 20 ThürAbfAG und schloss auch den Abfallerzeuger mit ein[704], dessen Verantwortlichkeit ohne gesetzliche Grundlage nicht ohne weiteres gegeben war[705]. Nicht verantwortlich war hingegen der frühere Grundstückseigentümer, wenn der Inhaber der tatsächlichen Gewalt die Sachherrschaft über das Grundstück gegen den Willen des Eigentümers ausgeübt hat und es während dieser Zeit zu Verunreinigungen gekommen ist. Bedeutung erlangt diese Regelung in den Fällen, in denen dem Eigentümer von Behörden der DDR das Eigentum am Grundstück (rechtswidrig) entzogen wurde, oder in denen die Grundstücke unter staatliche Zwangsverwaltung gestellt wurden. Kam es dann zu Bodenverunreinigungen, dürfte dies regelmäßig gegen den Willen des Eigentümers geschehen sein[706].

(2) Sanierungsmaßnahmen nach Altlastenrecht und Kostentragung

In Hessen konnten Sanierungsmaßnahmen auf § 13 HessAltlG gestützt werden. Nach dieser Vorschrift konnte sowohl eine Sanierungsverfügung als auch ein Sanierungsplan[707] gegen einen der in § 12 HessAltlG abschließend genannten Verantwortlichen ergehen [708]. Voraussetzung hierfür war jedoch, dass nach § 11 Abs. 1 S.1 HessAltlG durch Verwaltungsakt das Vorliegen einer Altlast festgestellt wurde.[709].

(3) Sanierungsmaßnahmen nach Bodenschutzrecht und Kostentragung

In Baden-Württemberg konnten Sanierungsanordnungen dann auf bodenschutzrechtliche Rechtsgrundlagen gestützt werden, wenn andere Vorschriften nicht einschlägig waren[710]. Eingriffsgrundlage für Sanierungsmaßnahmen war § 9 Abs. 1 Nr. 2 BodSchG BW, die gegen die im Katalog des § 10 Abs. 1 BodSchG BW genannten Verantwortlichen gerichtet werden konnten[711].

In Berlin konnten Sanierungsmaßnahmen auf § 10 Abs. 1 BerlBodSchG gestützt und gegen die in § 13 BerlBodSchG genannten Verpflichteten gerichtet werden[712].

---

702 Kothe, Altlastenrecht in den neuen Bundesländern, 1996, S. 147 f.

703 Kothe, Altlastenrecht in den neuen Bundesländern, 1996, S. 148.

704 Siehe hierzu Kothe, LKV 1994, 312 (314 f.).

705 Einer – auch ohne gesetzliche Verankerung bestehende – Verantwortlichkeit zustimmend Kloepfer, NuR 1987, 7 (15 f.); differenzierend Seibert, DVBl. 1992, 664 (670); gegen eine Verantwortlichkeit Papier, Altlasten und polizeirechtliche Störerhaftung, 1985, S. 33 f. m.w.N.

706 Enders, DVBl. 1993, 82 (84).

707 Kochenburger, NVwZ 1996, 249 (250).

708 Papier, JZ 1994, 810 (810, 813).

709 Kochenburger, NVwZ 1996, 249 (250).

710 Wegen der Subsidiaritätsklausel des § 3 BodSchG BW; vgl. Spilok, Bodenschutzgesetz Baden-Württemberg, 1992, § 3 Rn. 10.

711 Vgl. hierzu Spilok, Bodenschutzgesetz Baden-Württemberg, 1992, § 10 Rn. 1.

712 Siehe hierzu Körner, in: Kommunaler Schadensausgleich (Hrsg.), Kommunale Aufgaben und Umweltrecht, 1996, S. 33 (35).

Ermächtigungsgrundlage für Sanierungsanordnungen in Sachsen war § 12 Abs. 2 i.V.m. Abs. 1 Nr. 2 SächsEGAB[713]. In Erweiterung zu bundesrechtlichen Eingriffsgrundlagen gilt diese Vorschrift auch für bodenschützende Maßnahmen. Außerdem konnten wegen des geltenden Besorgnisgrundsatzes Maßnahmen bereits vor Erreichen der Gefahrenschwelle angeordnet werden[714]. Der Katalog der Verantwortlichen entsprach dem – im Vergleich zu den meisten anderen Bundesländern – beschränkten Störerkatalog[715] des allgemeinen Polizei- und Ordnungsrechts in Sachsen[716].

IV. Rekultivierungsmaßnahmen

1. Definition

Rekultivierung im umweltrechtlichen Sinne ist die Wiedereingliederung der Fläche in den Naturhaushalt und in die Landschaft[717], wobei die zukünftige Nutzung zu berücksichtigen ist[718]. Rekultivierungsmaßnahmen sind Maßnahmen, deren Ziel es ist, einen intakten und ortsüblichen Naturhaushalt, der möglichst viele und möglichst auch geschützte Tier- und Pflanzenarten umfasst, wieder herzustellen. Außerdem soll das ortsübliche Landschaftsprofil wieder geschaffen werden. Gerade bei Deponien ist die Wiedereinfügung des mit Abfällen verfüllten Grundstücks in das Landschaftsbild eines der wichtigsten Mittel zur Verringerung der Umweltbelastung[719]. Im Rahmen der Rekultivierung sollen Natur und Landschaft so wieder hergestellt werden, wie sie ohne einen menschlichen Eingriff bestehen würden[720].

2. Anordnung von Rekultivierungsmaßnahmen und Kostentragung

a) Bundesrechtliche Ermächtigungsgrundlagen

Bundesrechtlich ist die Pflicht zur Rekultivierung für Altlastenflächen nur teilweise geregelt. Rekultivierungspflichten sind gesetzlich festgelegt in der Vorschrift des § 36 Abs. 2 S. 1 KrW-/AbfG[721], welche die Rekultivierung von stillgelegten Abfalldeponien betrifft. Nach dieser Vorschrift hat der Inhaber der ehemaligen Deponie[722] auch die Kosten für solche Maßnahmen zu tragen[723].

Zu beachten ist jedoch, dass eine Pflicht zur Rekultivierung nur hinsichtlich der Anlagen besteht, die zeitlich nach dem Inkrafttreten des Abfallbeseitigungsgesetzes, also nach dem 11. Juni 1972[724], bzw. in den neuen Ländern nach dem 1. Juli 1990, dem

713 Kothe, Altlastenrecht in den neuen Bundesländern, 1996, S. 149.

714 Baiker, Abfallwirtschafts- und Bodenschutzrecht im Freistaat Sachsen, 1994, § 8 Rn. 4.

715 Dies übersieht Jürk, altlasten spektrum 1995, 84 (90); vgl. hierzu oben unter Kap. 1 B VI 4. b).

716 Baiker, Abfallwirtschafts- und Bodenschutzrecht im Freistaat Sachsen, 1994, § 10 Rn. 1; siehe auch oben unter Kap. 1 B VI 4. b).

717 Vgl. z.B. § 27 Nr. 2 LAbfG BW; siehe auch Brandt, Altlastenrecht, 1993, S. 115.

718 Hoppe/Beckmann/Kauch, Umweltrecht, 2. Aufl. 2000, S. 709;

719 Mosler, Öffentlich-rechtliche Probleme bei der Sanierung von Altlasten, 1989, S. 14.

720 Pohl, NJW 1995, 1645 (1647).

721 Entspricht dem früheren § 10 Abs. 2 AbfG.

722 Und auch nur dieser, so dass eine Inanspruchnahme des Eigentümers oder des Abfallanlieferers nicht möglich ist; vgl. Frenz, KrW-/AbfG, 3. Aufl. 2002, § 36 Rn. 9.

723 VGH München, NVwZ 2001, 576.

724 Vgl. Knopp, Altlastenrecht in der Praxis, 1. Aufl. 1992, Rn. 71b.

Inkrafttreten des Umweltrahmengesetzes, stillgelegt wurden[725]. Für Anlagen, die vor diesem Datum aufgegeben wurden, kommt eine Pflicht zur Rekultivierung überhaupt nur in den Fällen in Betracht, in denen dies durch eine landesrechtliche Regelung gedeckt ist.

Soweit die Abfallentsorgungsanlage dem immissionsschutzrechtlichen Regelungsregime unterfällt, kann eine Rekultivierungsanordnung auch auf § 5 Abs. 3 BImSchG gestützt werden[726].

b) Landesrechtliche Rekultivierungspflichten

Keine Regelungen zu Rekultivierungspflichten existieren in den abfallrechtlichen Vorschriften der Bundesländer Brandenburg[727], Hamburg, Hessen[728], Niedersachsen, Nordrhein-Westfalen, Sachsen-Anhalt und Schleswig-Holstein.

In den übrigen Landesgesetzen finden sich mehr oder weniger ausführliche Regelungen zur Rekultivierung. Diese ermöglichen jedoch nur teilweise weitergehende Eingriffe als nach § 36 Abs. 2 KrW-/AbfG möglich wären. Keine erweiterten Eingriffsbefugnisse finden sich für Bremen in § 12 BremAGAbfG, wonach Eingriffe in das Stadt- und Landschaftsbild auszugleichen sind, sowie der Regelung des § 33 Abs. 1 SAWG für das Saarland.

Rekultivierungspflichten, die über die in § 36 Abs. 2 KrW-/AbfG genannten Verpflichtungen hinaus gehen, finden sich in den im Folgenden aufgeführten Bundesländern. Soweit es sich um abfallrechtliche Rekultivierungspflichten handelt, bestehen diese auch nach Inkrafttreten des Bundes-Bodenschutzgesetzes fort[729]. Hinfällig geworden sind hingegen bodenschutzrechtliche Rekultivierungspflichten aus dem Landesrecht, da das hierfür vorrangige Bundes-Bodenschutzgesetz Rekultivierungspflichten nicht kennt[730].

(1) Baden-Württemberg

Über die Regelungen des Kreislaufwirtschafts- und Abfallgesetzes hinausgehende Rekultivierungspflichten finden sich in Baden-Württemberg. So sehen die Regelungen in §§ 25, 27 Nr. 2 LAbfG BW ausdrücklich Maßnahmen zur Wiedereingliederung von Altlasten in Natur und Landschaft vor[731]. Diese Regelung ermächtigt die Behörde daher (über die Vorlage eines Sanierungsplans) nicht nur zur Durchsetzung von Rekultivierungsmaßnahmen für stillgelegte Abfallentsorgungsanlagen, sondern auch für

---

725 VG Meiningen, LKV 2000, 410; Beckmann/Hagmann, DVBl. 2001, 1636 (1639).

726 Paetow, in: Kunig/Paetow/Versteyl, KrW-/AbfG, 1998, § 36 Rn. 34; Hipp/Rech/Turian, Das Bundes-Bodenschutzgesetz, 2000, Rn. 152.

727 In § 26 Abs. 1 S. 1 BbgAbfG ist nur die Pflicht für bestimmte Personen zur Duldung von Rekultivierungsmaßnahmen geregelt.

728 In Hessen existierten Rekultivierungspflichten in § 20 Abs. 1 S. 3 Nr. 2 HessAbfAG a.F. bis zur Auslagerung der altlastenbezogenen Vorschriften in das eigene Altlastengesetz. Mit der Neuregelung des hessischen Altlastenrechts fiel die Pflicht zur Rekultivierung fort.

729 Hipp/Rech/Turian, Das Bundes-Bodenschutzgesetz, 2000, Rn. 234.

730 Hipp/Rech/Turian, Das Bundes-Bodenschutzgesetz, 2000, Rn. 234; Erbguth/Stollmann, UPR 1996, 281 (292 f.).

731 Siehe hierzu Peters, VBlBW 1991, 49 (50 f.).

Altstandorte. Für letztere kann nach Inkrafttreten des Bundes-Bodenschutzgesetzes nunmehr keine Rekultivierung mehr verlangt werden.

In Sachverhalten, die von der Regelung des Landesabfallgesetzes nicht erfasst waren[732], konnten Rekultivierungsanordnungen bis zum Inkrafttreten des Bundes-Bodenschutzgesetzes auf § 9 Abs. 1 Nr. 4 BodSchG BW gestützt werden.[733]. Adressat einer Rekultivierungsanordnung waren die schon genannten Verpflichteten[734].

(2) Bayern

In Bayern kann die Behörde eine Rekultivierungsanordnung auf die Regelung des Art. 22 Abs. 1 BayAbfAlG stützen. Diese Vorschrift enthält insoweit eine Ergänzung der Befugnisse aus § 36 Abs. 2 KrW-/AbfG, als sie auf Anlagen Bezug nimmt, die vor Inkrafttreten des Abfallgesetzes am 11. Juni 1972 stillgelegt worden sind.

Dies stößt allerdings auf verfassungsrechtliche Vorbehalte. Da mit dieser Regelung Sachverhalte erfasst werden, die vor Inkrafttreten der Regelung bereits vollständig abgeschlossen waren, könnte ein Fall unzulässiger Rückwirkung vorliegen. Eine solche liegt nach Rechtsprechung des ersten Senats des Bundesverfassungsgerichts vor, wenn ein Gesetz nachträglich ändernd in bereits abgeschlossene Sachverhalte eingreift[735]. Nach der etwas modifizierten Bewertung des zweiten Senats ist zwischen Rückbewirkung von Rechtsfolgen und tatbestandlicher Rückanknüpfung eines Gesetzes zu unterscheiden[736]. Erstere betrifft den zeitlichen Anwendungsbereich einer Vorschrift insoweit, als die angeordnete Rechtsfolge für einen Zeitraum eintreten soll, der vor dem Inkrafttreten der Vorschrift liegt. Die tatbestandliche Rückanknüpfung liegt dann vor, wenn in die bisherige Rechtslage ändernd eingegriffen wird. Legt die Neuregelung dem Normadressaten nun neue oder weitergehende Pflichten auf, so ist die Vorschrift auf Grundrechtsverletzungen und auf ihre Verfassungsmäßigkeit, insbesondere im Hinblick auf den Vertrauensschutzgrundsatz zu prüfen. Soweit die Vorschrift lediglich eine schon zuvor bestehende Rechtslage festschreibt, ist sie – gleichermaßen nach der Rechtsprechung beider Senate des Bundesverfassungsgerichts – aus verfassungsrechtlicher Sicht zulässig[737].

Nach der bestehenden Rechtslage vor Inkrafttreten des Abfallgesetzes konnte die Behörde Maßnahmen hinsichtlich der Behandlung von Altlasten lediglich auf Vorschriften des allgemeinen Polizei- und Ordnungsrechts stützen. Dieses lässt jedoch Rekultivierungsanordnungen nur zu, soweit dies zur Abwehr einer Gefahr für die öffentliche Sicherheit und Ordnung erforderlich ist. Solche Fälle stellen jedoch die Aus-

---

732 Siehe hierzu oben unter Kap. 2 B I 2. b) (3).

733 Vgl. Spilok, Bodenschutzgesetz Baden-Württemberg, § 9 Rn. 7.

734 Siehe hierzu oben unter Kap. 2 B I 2. b) (3).

735 BVerfGE 11, 139 (145 f.); BVerfGE 14, 288 (297); BVerfGE 36, 73 (82); BVerfGE 88, 384 (403 f.);BVerfGE 95, 64 (86 f.); vgl. auch Hesse, Grundzüge des Verfassungsrechts der Bundesrepublik Deutschland, 20. Aufl. 1995, Rn. 505 m.w.N; Schwerdtfeger, Öffentliches Recht in der Fallbearbeitung, 10. Aufl. 1997, Rnrn. 414 f.; Maurer, Staatsrecht I, 2. Aufl. 2001, S. 598 f.

736 BVerfGE 72, 200 (241 ff.); BVerfGE 72, 302 (321 ff.); BVerfGE 77, 370 (377); BVerfGE 78, 249 (283 f.); BVerfGE 97, 67 (78 f.); hierzu auch Arndt/Schumacher, NJW 1998, 1538 f.; zum Ganzen auch Fiedler, NJW 1988, 1624 ff.

737 Schwerdtfeger, Öffentliches Recht in der Fallbearbeitung, 10. Aufl. 1997, Rn. 415; vgl. auch Papier, Altlasten und polizeirechtliche Störerhaftung, 1985, S. 7 f.

nahme dar. Daher können weitergehende Rekultivierungsmaßnahmen nicht auf Art. 22 Abs. 1 BayAbfAlG gestützt werden[738].

Insoweit ermöglicht die bayerische Regelung keine weitergreifenden Anordnungsbefugnisse als das Kreislaufwirtschafts- und Abfallgesetz.

(3) Berlin

§ 10 Abs. 2 S. 4 BerlBodSchG ermächtigte die Behörde, Rekultivierungsmaßnahmen anzuordnen, beschränkt allerdings auf naturschutzrechtlich ausgewiesenen Flächen, sofern dies im Interesse von Naturschutz und Landschaftspflege erforderlich war. Da das Berliner Bodenschutzgesetz für alle Flächen in Berlin galt, erweiterte diese Vorschrift die Anordnungsbefugnis für Rekultivierungsmaßnahmen trotz der Beschränkung auf naturschutzrechtlich ausgewiesene Flächen erheblich, da sowohl Altstandorte als auch sonstige durch Bodenbelastungen verunreinigte Flächen erfasst wurden. Diese Ermächtigungsgrundlage ist jedoch durch das Inkrafttreten des Bundes-Bodenschutzgesetzes nicht mehr anwendbar.

(4) Mecklenburg-Vorpommern

Die Vorschrift des § 21 AbfAlG MV entspricht der bayerischen Regelung in Art. 22 BayAbfAlG. Der ehemalige Betreiber einer vor dem 1. Juli 1990 stillgelegten Abfallentsorgungsanlage hat nach dieser Vorschrift das Gelände auf seine Kosten zu rekultivieren. Insoweit besteht auch hier das Problem, ob mit der Anknüpfung an einen Sachverhalt, der zum Zeitpunkt des Inkrafttretens des Abfallgesetzes im Beitrittsgebiet vollständig abgeschlossen war[739], nicht eine unzulässige Rückwirkung vorliegt[740]. Es kommt es also darauf an, inwieweit die Vorschrift bereits bestehende Regelungen aufgreift. Unproblematisch ist dies hinsichtlich der Grundprinzipien des allgemeinen Polizei- und Ordnungsrechts, die auch in der DDR Geltung hatten[741]. Diese decken jedoch die Anordnung von Rekultivierungsmaßnahmen regelmäßig nicht. Deshalb ist zu überprüfen, inwieweit sich aus dem vor Inkrafttreten des URG geltenden Rechts der DDR Rekultivierungspflichten ergeben. Einschlägig könnten spezielle Regelungen aus dem Landeskulturgesetz[742] und seiner Durchführungsverordnungen sein. Zu nennen sind insbesondere die Vorschriften des Landeskulturgesetzes zur Nutzung und zum Schutz des Bodens in §§ 17 ff. und die Vorschriften zur Nutzbarmachung und schadlosen Beseitigung der *„Abprodukte“* (Abfälle) in §§ 32 ff. sowie zentral die allgemeine Vorschrift des § 8 Abs. 2, nach der die Staats- und Wirtschaftsorgane sowie die Betriebe verantwortlich für die Verhinderung von schädlichen Umweltauswirkungen waren[743].

---

738 Papier, Altlasten und polizeirechtliche Störerhaftung, 1985, S. 7 f.; Enders. DVBl. 1993, 82 (85).

739 Vgl. hierzu Paetow, in: Kunig/Paetow/Versteyl, KrW-/AbfG, 1998, § 36 Rn. 6 m.w.N.

740 Siehe oben unter Kap. 2 B IV 2. b) (2).

741 Enders, DVBl. 1993, 82 (84); Rehbinder, DVBl. 1991, 421 (422).

742 Gesetz über die planmäßige Gestaltung der sozialistischen Landeskultur in der Deutschen Demokratischen Republik – Landeskulturgesetz – (LKG) v. 14. 5. 1970 (GBl. DDR, S. 67). Hierbei handelte es sich eher um eine Art Rahmengesetz, das durch entsprechende Verordnungen weiter konkretisiert wurde; vgl. hierzu Lücke, in: GS Martens, 1987, S. 153 (165 f.).

743 Vgl. zum Ganzen Enders, DVBl. 1993, 82 (84) m.w.N.

Eine gesetzliche Festlegung von Rekultivierungspflichten ergab sich aus § 9 Abs. 4 der 6. DVO/LKG[744]. Diese betraf aber gem. § 4 Abs. 1 der RekultivierungsVO[745] den Folgenutzer und nicht den Verursacher[746]. Nach § 21 AbfAIG MV ist aber lediglich der ehemalige Betreiber von Abfallentsorgungsanlagen rekultivierungspflichtig, was etwaige Folgenutzer oder spätere Eigentümer regelmäßig ausschließt. Der Verursacher der Bodenverunreinigungen war folglich nach DDR-Recht nicht rekultivierungspflichtig[747]. Eine solche wurde erst durch § 21 AbfAIG MV rückwirkend für bereits vollständig abgeschlossene Sachverhalte eingeführt, so dass Anordnungen zur Rekultivierung nur in den seltenen Fällen zulässig sind, nämlich dann, wenn eine solche Anordnung auch nach allgemeinem Polizei- und Ordnungsrecht hätte ergehen können[748].

(5) Rheinland-Pfalz

Die Rechtslage in Rheinland-Pfalz ermöglicht es der Behörde, gem. § 22 Abs. 2 Nr. 4 LAbfWAG RP über die Anforderung eines Sanierungsplans Maßnahmen zur Wiedereingliederung der Altlastenflächen in Natur und Landschaft zu verlangen. Da hiervon auch Altstandorte betroffen sein konnten, erweiterte diese Vorschrift bis zum Inkrafttreten des Bundes-Bodenschutzgesetzes die Möglichkeiten der Behörden hinsichtlich Rekultivierungsmaßnahmen beträchtlich.

(6) Sachsen

In Sachsen ergab sich die Verpflichtung, Rekultivierungsmaßnahmen durchzuführen, nicht unmittelbar aus dem Gesetz[749]. § 9 Abs. 1 Nr. 4 SächsEGAB ermächtigte die Behörde lediglich, Maßnahmen zur Verhütung, Verminderung oder Beseitigung von Beeinträchtigungen des Wohls der Allgemeinheit anzuordnen. Gemäß § 7 Abs. 1 SächsEGAB sollte jedoch der Boden als Naturkörper in seinen Funktionen erhalten werden. Lag nun eine Funktionsstörung des Bodens vor, indem z.B. eine sanierte Fläche brach lag und deswegen nicht genutzt werden konnte, war eine Beeinträchtigung des Wohls der Allgemeinheit gegeben[750]. Diese konnte demnach durch die Anordnung zur Rekultivierung der Fläche beseitigt werden[751]. Insoweit erweiterte die sächsische Regelung die Möglichkeiten der Behörden hinsichtlich der Anordnungsbefugnis von Rekultivierungsmaßnahmen im Vergleich zum KrW-/AbfG. Durch das Inkrafttreten des Bundes-Bodenschutzgesetzes ist diese Vorschrift jedoch hinfällig geworden.

---

744 6. DVO zum Landeskulturgesetz (Schadlose Beseitigung nicht nutzbarer Abprodukte) v. 1. 9. 1983, (GBl. DDR I, S. 257).

745 Rekultivierungsanordnung v. 23. 2. 1971 (GBl. DDR II, S. 245; vgl. hierzu auch Kothe, LKV 1994, 312 (317); Kothe, Altlastenrecht in den neuen Bundesländern, 1996, S. 154

746 Vgl. hierzu auch Enders, DVBl. 1993, 82 (84); Kothe, Altlastenrecht in den neuen Bundesländern, 1996, S. 154.

747 Kothe, Altlastenrecht in den neuen Bundesländern, 1996, S. 154.

748 Vgl. hierzu oben unter Kap. 2 B IV. 2. b) (2).

749 Kothe, Altlastenrecht in den neuen Bundesländern, 1996, S. 153.

750 Pohl, NJW 1995, 1645 (1647).

751 Pohl, NJW 1995, 1645 (1647); einschränkend Kothe, Altlastenrecht in den neuen Bundesländern, 1996, S. 154.

(7) Thüringen

§ 19 Abs. 1 ThürAbfAG ermächtigt die Behörde, vom Sanierungsverantwortlichen die Erstellung eines Sanierungsplans zu verlangen, in dem Maßnahmen zur Wiedereingliederung von Altlasten in Natur und Landschaft nach § 19 Abs. 1 Nr. 2 ThürAbfAG enthalten sind[752]. Damit erweiterten sich bis zum Inkrafttreten des Bundes-Bodenschutzgesetzes die Handlungsmöglichkeiten zur Anordnung von Rekultivierungsmaßnahmen auch auf Altstandorte gem. § 16 Abs. 2 Nr. 2 ThürAbfAG[753].

Außerdem können alle in § 20 ThürAbfAG genannten Verantwortlichen herangezogen werden, so dass neben dem Inhaber der Abfallentsorgungsanlage, der nach § 36 Abs. 2 KrW-/AbfG herangezogen werden kann, weitere Verpflichtete für die Rekultivierung von Altablagerungen verantwortlich sind.

3. Ergebnis

Eine Pflicht zur Rekultivierung findet sich hinsichtlich der Altlastenproblematik meist im Bereich stillgelegter Abfallentsorgungsanlagen. Dies ist jedoch nicht überraschend, da insbesondere Abfalldeponien im Regelfall wegen der zu erwartenden Belästigungen durch Geruch und Abfallverwehungen im Regelfall außerhalb besiedelter Gebiete in der freien Natur angelegt wurden.

Im Gegensatz dazu kann für den Bereich der Altstandorte nach Inkrafttreten des Bundes-Bodenschutzgesetzes keine Rekultivierung verlangt werden. Dies ist aber auch aus Sicht des Umweltschutzes akzeptabel, da Altstandorte zumeist bebaute und industriell genutzte Flächen sind, hinsichtlich derer ein naturnaher Ursprungszustand meist gar nicht mehr feststellbar ist.

Aus ökonomischen und ökologischen Gründen ist die Rekultivierung insbesondere von Altstandorten häufig nicht die optimale Lösung, angesichts der schnellen Besiedlung mit sehr unterschiedlichen Arten von Pflanzen und Tieren in dann entstehenden Sekundärbiotopen. Die hierfür benötigten Mittel lassen sich oft sinnvoller einsetzen, als zu versuchen, einen in vergangenen Zeiten einmal existierenden Naturzustand wieder herzustellen[754].

C. Freistellungsregelung bei der Kostenverantwortung in den neuen Bundesländern

Im Bereich der ehemaligen DDR stellt das Altlastenproblem eine der größten Herausforderungen auf umweltrechtlichem Gebiet dar. Der jahrzehntelang währende sorglose Umgang mit den Hinterlassenschaften der industriellen Produktion und der häufig verantwortungslose Umgang mit bodenschädigenden Produkten im Militärbereich führte zu einer Vielzahl von gravierenden Umweltproblemen[755]. Während sich die ökologischen Folgen im Bereich der Verunreinigungen von Fließgewässern durch

752 Kothe, Altlastenrecht in den neuen Bundesländern, 1996, S. 153.

753 Vgl. auch Kothe, LKV 1994, 312 (317) mit verfassungsrechtlichen Bedenken.

754 Siehe hierzu nur Schölmerich, in Pflug (Hrsg.), Braunkohletagebau und Rekultivierung, 1998, S. 148.

755 Vgl. im Einzelnen Knopp/Albrecht, Altlastenrecht in der Praxis, 2. Aufl. 1998, Rn. 340.

das Abfließen aus dem Gebiet der DDR noch in Grenzen hielten, wurden die Böden erheblich belastet. Die Zahl der Altlasten ist in den neuen Ländern – gemessen an der Fläche – im Vergleich zu den alten Ländern höher[756].

Den ökologischen Schäden folgen ökonomische Belastungen, die für ursächlich gehalten wurden, eine wirtschaftliche Angleichung der Verhältnisse in den neuen Ländern an den Stand im Westen auf Dauer zu verhindern[757]. Insbesondere die ökonomischen Risiken durch Altlasten wurden als Hauptproblem bei der Gewinnung von Investoren für die marode Ost-Industrie angesehen[758], auch wenn sich inzwischen herausstellt, dass das Altlastenproblem zum Teil stark überzeichnet wurde[759] und die negativen Auswirkungen von Altlasten auf das Investitionsklima tatsächlich weitaus weniger dramatisch waren, als es befürchtet worden war[760].

Ausgehend von früheren Befürchtungen wurde in Art. 1 § 4 Abs. 3 URG eine Freistellungsklausel aufgenommen, die später durch Art. 9 Abs. 2 i.V.m. Anlage II Kap. XII Abschnitt 3 Nr. 1 b) EV i.V.m. Art. 1 Zustimmungsgesetz modifiziert wurde[761]. Nachdem sich bei Anwendung der ursprünglichen Freistellungsklausel herausstellte, dass sich die Erwartungen im Hinblick auf Investitionsförderungen nicht erfüllten[762], wurde die Klausel durch Art. XII des Hemmnisbeseitigungsgesetzes[763] noch einmal geändert[764]. Aber auch nach dieser Anpassung stellt sich das Ergebnis als eher ernüchternd dar. So wurde von ca. 60.000 gestellten Anträgen in der Zeit vom 1. Juli 1990 bis Mitte 1993 weniger als 1% beschieden[765].

---

756 Vgl. hierzu oben unter Kap. 1 A; siehe auch Brandt, in: Erbguth, Aktuelle Fragen des Altlasten- und Bodenschutzrechts, 1997, S. 29 (39 f.), auf bundesweit 170.659 erfassten Altlastverdachtsflächen. Davon befinden sich mit 88.696 mehr als die Hälfte in den neuen Ländern ohne Berlin. Hingegen ergibt sich aus einer auf Angaben der Bundesländer basierenden Aufstellung des Umweltbundesamtes vom Dezember 2000, abgedruckt in altlasten spektrum 2001, 51, dass die Anzahl von Altlasten in den neuen Ländern mit 104.310 altlastenverdächtigen Flächen von insgesamt 362.689 bundesweit erfassten dem Anteil an der Fläche weitgehend entspricht. Zu beachten ist bei beiden Darstellungen, dass Altlastverdachtsflächen im Bereich von Ost-Berlin nicht den neuen Ländern zugerechnet wurden.

757 Vgl. auch Sepp, Rechtsfragen der Altlasten in den neuen Bundesländern, 1996, S. 105 m.w.N; Michael/Thull, BB-Beilage 30 zu Heft 24/1990, 1.

758 Knopp/Albrecht, Altlastenrecht in der Praxis, 2. Aufl. 1998, Rn. 340; Michael/Thull, BB-Beilage 30 zu Heft 24/1990, 1; Wilrich, ZfIR 2002, 421 (422).

759 SRU, Altlasten II, 1995, Tz. 228; der Schwerpunkt der erfassten Altlastverdachtsflächen liegt bezüglich des Stoffcharakters eindeutig beim Typ Hausmüll/Siedlungsabfälle mit geringerem Gefährdungspotenzial als Altdeponien in den alten Bundesländern; vgl. SRU, Altlasten II, 1995, Tz. 248.

760 So haben nach einer Untersuchung nur 10 % der befragten Investoren Altlasten als Investitionshemmnis bezeichnet; vgl. SRU, Altlasten II, 1995, Tz. 300.

761 Vgl. hierzu Brandt, Altlastenrecht, 1993, S. 159.

762 BT-Drs. 12/216, S. 9 f.; vgl. Auch Sepp, Rechtsfragen der Altlasten in den neuen Bundesländern, 1996, S. 106 f.; Knopp, BB 1991, 1356 (1357).

763 Gesetz zur Beseitigung von Hemmnissen bei der Privatisierung von Unternehmen und zur Förderung von Investitionen v. 22. 3. 1991 (BGBl. I, S. 766).

764 Vgl. hierzu Knopp/Albrecht, Altlastenrecht in der Praxis, 2. Aufl. 1998, Rn. 347; Knopp, BB 1991, 1356 ff.; Brandt, Altlastenrecht, 1993, S. 159.

765 SRU, Altlasten II, 1995, Tz. 319; nach Sepp, Rechtsfragen der Altlasten in den neuen Bundesländern, 1996, S. 108, wurden von 8.500 Anträgen bis zum Ablauf der Antragsfrist Ende März 1992 insgesamt erst 39 positiv beschieden.

Dies hängt zum einen wesentlich mit offensichtlichen Vollzugsproblemen bei der Umsetzung[766], aber auch mit uneinheitlichen Bewertungsmaßstäben für die Beurteilung von Altlast(verdachts)flächen zusammen. Nicht zuletzt wirkt sich die sich zunehmend verschlechternde finanzielle Lage der öffentlichen Hand in den neuen Ländern negativ auf die Wirksamkeit der Freistellungsregelung aus[767].

I. Freistellungsklausel des URG in der Fassung des Hemmnis-Beseitigungsgesetzes

Ziel der Freistellungsklausel ist es, einen potenziellen Investor von der Verantwortlichkeit für Schäden, die vor dem 1. Juli 1990 durch den Betrieb der Anlage oder die Benutzung des Grundstücks entstanden sind, freizustellen, um die zur Stabilisierung der ökonomischen Situation in den neuen Ländern dringend benötigten Investitionen zu erleichtern[768]. Mit dieser Maßnahme sollte aber das umweltrechtliche Verursachungsprinzip nicht außer Kraft gesetzt werden, so dass eine Freistellung des Verursachers einer Altlast nicht erwünscht war[769].

Die ursprüngliche Freistellungsklausel begünstigte lediglich den Erwerber von Anlagen[770]. Durch das Hemmnisbeseitigungsgesetz wurde der Anwendungsbereich hinsichtlich der Adressaten durch Aufnahme des Eigentümers und Besitzers und hinsichtlich der Freistellungsobjekte durch die Einbeziehung von allen Arten gewerblich genutzter Grundstücke erweitert[771]. Die Freistellungsklausel erfasst auch noch laufende Betriebe[772], so dass die Bezeichnung „*Altlasten-Freistellungsklausel*" ungenau ist[773]. Die Gesetzesformulierung verwendet im übrigen den Begriff „*Altlast*" nicht[774].

Eine Freistellung nach URG erforderte einen formlosen Antrag[775] innerhalb eines Jahres nach Inkrafttreten des Hemmnis-Beseitigungsgesetzes am 29. März 1991[776]

---

766 Sepp, Rechtsfragen der Altlasten in den neuen Bundesländern, 1996, S. 117 f.

767 SRU, Altlasten II, 1995, Tz. 326, 328.

768 Eisenbarth, Altlastensanierung und Altlastenfinanzierung, 1995, Rn. 42; Knopp, BB 1991, 1356 (1357).

769 Brandt, Altlastenrecht, 1993, S. 160, vgl. auch Rehbinder, DVBl. 1991, 421 (426); siehe hierzu auch Michael/Thull, BB-Beilage 30 zu Heft 24/1990, 1 (6); Knopp, BB 1991, 1356 (1358 f.).

770 Siehe Michael/Thull, BB-Beilage 30 zu Heft 24/1990, 1 (4); Knopp, BB 1991, 1356 (1357).

771 Enders, Die zivilrechtliche Verantwortlichkeit für Altlasten und Abfälle, 1999, S. 481 f.; Eisenbarth, Altlastensanierung und Altlastenfinanzierung, 1995, Rn. 40; Brandt, Altlastenrecht, 1993, S. 160 f.; damit fielen beispielsweise auch landwirtschaftlich genutzte Grundstücke grundsätzlich unter den Regelungsbereich der Freistellungsklausel; vgl. Knopp, BB 1991, 1356 (1357 f.).

772 Knopp, BB 1991, 1356 (1357).

773 Rehbinder, DVBl. 1991, 421 (425).

774 SRU, Altlasten II, 1995, Tz. 312.

775 Knopp/Albrecht, Altlastenrecht in der Praxis, 2. Aufl. 1998, Rn. 350; Eisenbarth, Altlastensanierung und Altlastenfinanzierung, 1995, Rn. 61.

776 Da der 28. 3. 1992 ein Samstag war, endete die Antragsfrist wegen § 193 BGB mit Ablauf des 30. 3. 1992; vgl. Baiker, Abfallwirtschafts- und Bodenschutzrecht im Freistaat Sachsen, 1994, § 10 Abs. 6 Rn. 1. In Sachsen wurde die Freistellungsfrist insoweit „*verlängert*" als § 10 Abs. 6 SächsEGAB eine eigene landesrechtliche Freistellungsregelung enthielt, die inzwischen mit § 8 SächsAGB eine Nachfolgeregelung erhalten hat. Bei der sächsischen Regelung handelt es sich jedoch nicht um eine Freistellung nach URG; vgl. Baiker, Abfallwirtschafts- und Bodenschutzrecht im Freistaat Sachsen, 1994, § 10 Abs. 6 Rnrn. 2 ff.

an die jeweils zuständige Landesbehörde[777] und musste folgende glaubhaft zu machende Angaben enthalten[778]:

- Erwerbsabsicht einschließlich der vorhandenen Unterlagen der zu übernehmenden Anlage,
- Beschreibung des geplanten Vorhabens,
- Altlastbeschreibung nach dem vorliegenden Kenntnisstand,
- Einschätzung der Risikosituation,
- Höhe der geschätzten Kostenbelastung,
- Erklärung darüber, dass die Schäden vor dem 1. Juli 1990 verursacht wurden.

Die Behörde kann darüber hinaus Stellungnahmen anderer Behörden einholen, weitere Nachweise vom Antragsteller einfordern und für den Fall, dass durch den Betrieb der Anlage weitere Schäden zu befürchten sind, eine Zustandserfassung verlangen[779].

II. Freistellungsumfang

Die Freistellung entlässt den Antragsteller zunächst – je nach Umfang der behördlichen Entscheidung – aus seiner Verantwortlichkeit für Schäden, die vor dem 1. Juli 1990 durch den Betrieb der Anlage oder durch die Benutzung des Grundstücks entstanden sind. Umstritten ist, ob damit eine umfassende Entlassung aus der polizeirechtlichen Verantwortlichkeit gemeint ist, oder lediglich eine Freistellung von der Kostentragungsverpflichtung. Der praktische Unterschied besteht darin, dass im Falle der Freistellung lediglich von den Kosten, eine behördlicherseits durchgeführte Sanierung zu dulden ist, und ein Anspruch aus Inanspruchnahme als Nichtstörer entfällt[780]. Wird hingegen umfassend von der polizeirechtlichen Verantwortlichkeit freigestellt, ist der Antragsteller Nichtstörer und deshalb in keiner Weise für die Beseitigung der Kontaminationen verantwortlich. Kann die Beseitigung der Bodenverunreinigungen nur unter Inanspruchnahme des Antragstellers durchgeführt werden, hat er die dem Nichtstörer zustehenden Entschädigungsansprüche[781].

Die Formulierung der Vorschrift, wonach lediglich eine Freistellung von der Verantwortlichkeit für Schäden erfolgt, enthält eine finanzielle Komponente. Es wird gerade nicht von der Freistellung von umweltrechtlichen Verpflichtungen gesprochen, womit der Freistellungsberechtigte aus seiner polizeirechtlichen Verantwortlichkeit entlassen wäre[782]. Daher wird man die etwas ungenau formulierte Vorschrift dahingehend verstehen müssen, dass die Freistellung lediglich eine Freistellung von der Kostenverpflichtung darstellt[783]. Dies ergibt sich aus dem Zweck der Vorschrift, Investitions-

777 Zu den zuständigen Behörden in den einzelnen Bundesländern siehe Wilrich, ZfIR 2002, 421 (423).

778 Vgl. hierzu auch Brandt, Altlastenrecht, 1993, S. 161 f.; Dombert, BB 1992, 513 (515).

779 Dombert/Reichert, NVwZ 1991, 744 (748); Brandt, Altlastenrecht, 1993, S. 162.

780 Rehbinder, DVBl. 1991, 421 (427); SRU, Altlasten II, 1995, Tz. 313; Spannowsky, DVBl. 1994, 560 (566).

781 Götz, Allgemeines Polizei- und Ordnungsrecht, 13. Aufl. 2001, Rn. 427 ff. m. Einzelheiten.

782 So aber Michael/Thull, BB-Beilage 30 zu Heft 24/1990, 1 (5); Gottschalck, BB 1997, 845 (847).

783 Dombert/Reichert, NVwZ 1991, 744 (748); Rehbinder, DVBl. 1991, 421 (427); Knopp, BB 1991, 1356 (1359); weitergehend Kobes, VIZ 1998, 481 (484), der sowohl eine Freistellung

hemmnisse abzubauen, die sich aus der Kostentragungsverpflichtung ergeben[784]. Eine entsprechende Beschränkung auf die Freistellung von der Kostentragungspflicht könnte darüber hinaus aber in der behördlichen Entscheidung über den Freistellungsantrag ausgesprochen werden[785].

Die Freistellung erfasste ursprünglich nicht die Freistellung von der zivilrechtlichen Haftung[786]. Dies stellte sich als erhebliches Investitionshemmnis dar, weshalb das Hemmnisbeseitigungsgesetz die Freistellung auch auf zivilrechtliche Verpflichtungen erweitert hat. Dem Erwerber war alleine mit der Freistellung von der öffentlich-rechtlicher Verantwortlichkeit vielfach nicht geholfen, da die öffentlich-rechtliche Verantwortlichkeit häufig durch privatrechtliche Ansprüche, vor allen aus dem Nachbarrecht oder aus Haftungstatbeständen, überlagert waren[787]. Daher treten an die Stelle privatrechtlicher, nicht auf besonderen Titeln beruhender Ansprüche zur Abwehr nachteiliger Einwirkungen von einem Grundstück auf ein benachbartes Grundstück Ansprüche auf Schadenersatz[788]. Dies betrifft vor allem Abwehransprüche nach §§ 823, 906 f. und 1004 BGB[789], entsprechende Ansprüche aus DDR-Recht[790] sowie des § 14 BImSchG[791] und des § 22 WHG[792]. Von diesen Schadenersatzansprüchen kann der Erwerber, Besitzer oder Eigentümer freigestellt werden, mit der Folge, dass das freistellende Bundesland Schuldner der Schadenersatzansprüche wird[793]. Als Ausgleich hierfür kann das jeweilige Bundesland vom freigestellten Erwerber, Besitzer oder Eigentümer Vorkehrungen zum Schutz vor nachteiligen Einwirkungen verlangen, soweit dies nach dem Stand der Technik durchführbar und wirtschaftlich vertretbar ist[794].

III. Nachfolge in die Freistellung

Die Freistellung nach URG ist bei Gesamtrechtsnachfolge ohne weiteres nachfolgefähig, da sie weder höchstpersönlicher Art noch eine öffentlich-rechtliche Pflicht

---

von der Verantwortlichkeit, als auch eine Freistellung von der Kostentragungspflicht annimmt; vgl. auch Enders, Die zivilrechtliche Verantwortlichkeit für Altlasten und Abfälle, 1999, S. 485 f.

784 Knopp, BB 1991, 1356 (1359); Rehbinder, DVBl. 1991, 421 (427).

785 So die überwiegende Praxis; vgl. Wilrich, ZfIR 2002, 421 (428 f.); siehe auch Rehbinder, DVBl. 1991, 421 (427).

786 Umfassend Eisenbarth, Altlastensaniorung und Altlastenfinanzierung, 1995, Rnrn. 37 ff.; Kothe, Altlastenrecht in den neuen Bundesländern, 1996, S. 190; Michael/Thull, BB-Beilage 30 zu Heft 24/1990, 1 (5); Knopp, BB 1991, 1356 (1359).

787 Enders, Die zivilrechtliche Verantwortlichkeit für Altlasten und Abfälle, 1999, S. 486.

788 Ausf. Enders, Die zivilrechtliche Verantwortlichkeit für Altlasten und Abfälle, 1999, S. 486 ff.; vgl. auch Kobes, VIZ 1998, 481 (483); Kothe, Altlastenrecht in den neuen Bundesländern, 1996, S. 190; Gottschalck, BB 1997, 845 (848); Dombert, BB 1992, 513 (514).

789 Kothe, Altlastenrecht in den neuen Bundesländern, 1996, S. 190; Knopp, BB 1991, 1356 (1359).

790 Nach §§ 326, 328, 329, 330 ZGB-DDR; vgl. hierzu Michael/Thull, BB-Beilage 30 zu Heft 24/1990, 1 (5); siehe auch Enders, Die zivilrechtliche Verantwortlichkeit für Altlasten und Abfälle, 1999, S. 490.

791 Kothe, Altlastenrecht in den neuen Bundesländern, 1996, S. 190.

792 Michael/Thull, BB-Beilage 30 zu Heft 24/1990, 1 (5); Sepp, Rechtsfragen der Altlasten in den neuen Bundesländern, 1996, S. 111.

793 Im Einzelnen hierzu Wilrich, ZfIR 2002, 421 (428).

794 Zum Ganzen vgl. Kothe, Altlastenrecht in den neuen Bundesländern, 1996, S. 190; Sepp, Rechtsfragen der Altlasten in den neuen Bundesländern, 1996, S. 107.

ist[795]. Differenzierter ist hingegen die Nachfolge bei Singularsukzession zu betrachten. Geht es um die Nachfolge in das Freistellungsantragsverfahren, genügt die Abtretung an den neuen Anspruchsberechtigten gemäß den zivilrechtlichen Abtretungsvorschriften in §§ 398 ff. BGB. Anschließend ist die Behörde von der Abtretung in Kenntnis zu setzen, wobei eine formlose Anzeige ausreicht[796]. Anderes gilt, wenn im Wege der Singularsukzession der Anspruch auf Freistellung übertragen werden soll. Hier ist die Zustimmung der Freistellungsbehörde erforderlich, der es im Rahmen ihrer Ermessensausübung freisteht, ob der Anspruch übergeleitet werden kann oder nicht[797].

IV. Freistellung durch vertragliche Vereinbarungen mit der Treuhand bzw. BvS

Neben der Freistellung von öffentlich-rechtlichen Verbindlichkeiten bestand die Möglichkeit, vertraglich von der Treuhandanstalt bzw. der BvS bei der Übernahme eines Betriebs Haftungsfreistellungen zu erwirken[798]. Einerseits konnten die Kosten einer drohenden Inanspruchnahme für Altlasten vom Kaufpreis abgezogen werden[799]; auf der anderen Seite konnte versucht werden, mit der Treuhandanstalt bzw. mit der BvS eine zivilrechtlich wirkende Haftungsfreistellung zu erreichen, mit der sich die Treuhandanstalt bzw. die BvS zur Übernahme von Schadensersatzansprüchen oder Kosten aus öffentlich-rechtlicher Inanspruchnahme verpflichtete[800].

---

795 Siehe hierzu ausf. Kobes, VIZ 1998, 481 (489); Wilrich, ZfIR 2002, 421 (424); zu weiteren Einzelheiten der Gesamtrechtsnachfolgeproblematik vgl. unten unter Kap. 3 D I 2. b).

796 Kobes, VIZ 1998, 481 (490).

797 Kobes, VIZ 1998, 481 (491); zu Einzelheiten siehe Wilrich, ZfIR 2002, 421 (426 f.).

798 Michael/Thull, BB-Beilage 30 zu Heft 24/1990, 1 (8).

799 SRU, Altlasten II, 1995, Tz. 323.

800 Über die Bewertung der praktischen Relevanz dieser Möglichkeit besteht Uneinigkeit, mit Verweis auf die Haftungsausschlussklauseln in den Treuhand-Musterverträgen wurde eine eher geringe Relevanz vermutet; vgl. hierzu Knopp/Albrecht, Altlastenrecht in der Praxis, 2. Aufl. 1998, Rn. 352 m.w.N.; nach anderen Angaben waren bereits Anfang 1992 für etwa 2000 privatisierte Treuhand-Betriebe die vertragliche Übernahme von Sanierungskosten von im Regelfall zwischen 50 und 70 %, im Einzelfall bis zu 90 % vereinbart worden; vgl. SRU, Altlasten II, 1995, Tz. 324. Eisenbarth, Altlastensanierung und Altlastenfinanzierung, 1995, Rn. 107, geht von ca. 4.000 Privatisierungsverträgen aus, in denen die Treuhand/BvS Finanzierungspflichten für die Sanierung von Altlasten übernommen hat.

Kapitel 3: Bundes-Bodenschutzgesetz und Regelungen zur Kostentragung bei Bodenschutz- und Altlastenmaßnahmen (ab 1. März 1999).

A. Entstehungsgeschichte und Gesetzgebungsverfahren

Das Erfordernis eines Bundesgesetzes zum Schutz des Bodens wurde seit langem diskutiert[801] und ist seit 1985 Gegenstand gesetzgeberischer Bemühungen. In diesem Jahr beschloss die damalige CDU/F.D.P.-Regierung eine Bodenschutzkonzeption[802], in welcher der Bodenschutz in seiner gesamten Bandbreite vom Landverbrauch über Bodenerosion, großflächige Verunreinigungen bis zu punktuell schwerwiegend verseuchten Flächen als umweltpolitische Aufgabe verstanden wurde[803]. In dieser Konzeption wurde der Bodenschutz noch als Querschnittsaufgabe angesehen[804], mit der eine Verbesserung des Bodenschutzes über entsprechende Regelungen in den einzelnen Fachgesetzen erfolgen sollte[805]. Eine ähnliche Stoßrichtung hatte der am 8. Mai 1985 von der Umweltministerkonferenz abschließend beratene Entwurf einer Bund-Länder-Arbeitsgruppe mit der Bezeichnung *„Maßnahmen des Bundes und der Länder zum Bodenschutz“*[806]. Im Dezember 1987 beschloss die Bundesregierung ein Maßnahmenbündel von *„Leitlinien und Maßnahmen zum Bodenschutz“*, mit dem die Bodenschutzkonvention von 1985 konkret umgesetzt werden sollte[807]. Dieser Katalog wurde Anfang 1988 dem Bundestag vorgelegt. In der Folgezeit zeigten einige spektakuläre Altlastenfälle, wie z.B. die fehlgeschlagene Sanierung der Deponie Georgswerder[808], die Schwächen des querschnittsorientierten Regelungskonzepts auf Bundesebene auf[809]. Daher wurde im Hinblick auf die Schließung dieser Lücke im Bundesumweltrecht mit den Vorarbeiten für ein Bodenschutzgesetz begonnen.

Im Jahre 1989 legte der Sachverständigenrat für Umweltfragen schließlich sein erstes Sondergutachten *„Altlasten“* vor[810], dessen Empfehlungen vor allem Bezüge zur (polizeirechtlichen) Gefahrenabwehr hatten[811]. Ausgehend vom polizeirechtlichen Instrumentarium erließen die Bundesländer, meist in ihren Abfallgesetzen, ergänzende Regelungen zu Altlasten, in welche die ersten Erfahrungen mit Sanierungen

---

801 Breuer, DVBl. 1994, 890 ff.; Papier, JZ 1994, 810 ff.; Erbguth/Stollmann, UPR 1996, 281 ff.; Rid/Petersen, NVwZ 1994, 844 ff.; siehe hierzu auch Peine, UPR 1997, 53 f.

802 BT-Drs. 10/2977; vgl. hierzu auch Holzwarth, in: Holzwarth/Radtke/Hilger/Bachmann, BBodSchG/BBodSchV, 2. Aufl. 2000, Einf. Rnrn. 12 ff.; Kloepfer, Umweltrecht, 2. Aufl. 1998, S. 767.

803 BT-Drs. 10/2977, S. 5.

804 BT-Drs. 10/2977, S. 5.

805 BT-Drs. 10/2977, S. 5, 41 ff.

806 Anhang zu BT-Drs. 11/1625, S. 20 ff.

807 BT-Drs. 11/1625.

808 Siehe hierzu Stegmann, in: Breuer/Kloepfer/Marburger/Schröder (Hrsg.), Altlasten und Umweltrecht (UTR Bd. 1), 1986, S. 1 (7 ff.); auch Koch, Bodensanierung nach dem Verursacherprinzip, 1985, S. 76 ff.; vgl. hierzu auch oben unter Kap. 1 B III 2. f).

809 Peine, NuR 1999, 121.

810 SRU, Altlasten I, 1989; BT-Drs. 11/6191.

811 Vgl. Sanden/Schoeneck, BBodSchG, 1998, Einf. Rn. 8.

einflossen[812]. Dadurch kam es zu einer zunehmenden Spezifizierung der altlastenrechtlichen Regelungen und zum Erlass von Altlast- oder Bodenschutzgesetzen[813]. Dies führte zu einer verstärkten Diskussion darüber, ob nicht eine bundesrechtliche Verankerung des Bodenschutzes erfolgen sollte. Zum einen bewiesen die sehr differenzierten Vorschriften in den Bundesländern, dass sich diese Materie mit dem allgemeinen Polizei- und Ordnungsrecht nur schlecht bewältigen lässt. Zum anderen war das Altlastenproblem im Zuge der deutschen Einigung nicht mehr zu übersehen und wurde als erhebliches Investitionshindernis angesehen[814], das durch entsprechende Sonderregelungen für das Beitrittsgebiet entschärft werden sollte[815]. Insoweit sollte durch eine bundeseinheitliche Regelung Investitionssicherheit geschaffen werden[816]. Auch deshalb hat die Bundesregierung im Umweltbericht 1990[817] erstmals eine eigenständige bundesrechtliche Rechtsgrundlage für den Bodenschutz favorisiert, was dann auch als Koalitionsvereinbarung für die 12. Legislaturperiode Eingang fand[818].

Ein offizieller Referentenentwurf erging im September 1993. Dieser sah sich jedoch Widerständen aus dem Landwirtschafts- und dem Bauministerium[819] ausgesetzt. Auch von Seiten der Länder gab es kritische Einwände, die sowohl rechtliche als auch fachliche Punkte betrafen[820]. Schließlich scheiterte der Entwurf an der sachlichen Diskontinuität[821].

Im Koalitionsvertrag zur 13. Legislaturperiode wurde das Ziel, ein Bundes-Bodenschutzgesetz zu erarbeiten, ausdrücklich festgeschrieben, so dass die Arbeiten an einem entsprechenden Bundesgesetz wieder aufgenommen wurden[822]. Gleichzeitig beschäftigte sich der 60. Deutsche Juristentag im September 1994 in Münster mit der Frage, ob sich ergänzende Regelungen im Zusammenhang mit der Altlastensanierung empfehlen[823]. Einer der Schwerpunkte dieser Diskussion war die Frage, ob dem Bund für die Regelung dieses Komplexes überhaupt die Gesetzgebungskompetenz zusteht. Dies wurde weitgehend bejaht[824], auch wenn es hierzu im Zuge der sich anschließenden Diskussion verschiedentlich Kritik gab[825].

---

812 Sanden/Schoeneck, BBodSchG, 1998, Einf. Rn. 9.

813 Siehe hierzu Kap. 2 A.

814 Tatsächlich stellten sich die negativen Auswirkungen von vorhandenen und vermuteten Bodenverunreinigungen längst nicht so dramatisch dar; vgl. SRU, Altlasten II, 1995, Tz. 300 und oben unter Kap. 2 C.

815 Siehe hierzu Kap. 1 B II 1.

816 BMU, Information zum Bundes-Bodenschutzgesetz v. 6. 2. 1998, S. 1, Trittin, altlasten spektrum 1999, 65.

817 Umweltbericht 1990 des Bundesministers für Umwelt, Naturschutz und Reaktorsicherheit, BAnz. 145a v. 7. 8. 1990, S. 13.

818 Sanden/Schoeneck, BBodSchG, 1998, Einf. Rn. 11.

819 Knopp/Albrecht, Altlastenrecht in der Praxis, 2. Aufl. 1998, Rn. 19.

820 Knopp/Albrecht, Altlastenrecht in der Praxis, 2. Aufl. 1998, Rn. 19.

821 Sanden/Schoeneck, BBodSchG, 1998, Einf. Rn. 79.

822 Sanden/Schoeneck, BBodSchG, 1998, Einf. Rn. 80.

823 Siehe zum 60. Dt. Juristentag, NJW 1994, 3069 (3070 f.).; vgl. auch die ausf. Darstellung bei Oerder, NJW 1994, 2181 ff.

824 Beschlüsse des 60. Dt. Juristentages 5 und 6, abgedruckt in NJW 1994, 3075 (3076); siehe hierzu Enders/Uwer, BB 1995, 629 (630 f.); ebenso später Brandt, DÖV 1996, 675 ff.; siehe auch schon früh Schink, DÖV 1995, 213 (214); inzwischen gerichtlich geklärt, VG Frankfurt,

Am 22. März 1996 legte der Bundesumweltminister schließlich einen ersten Referentenentwurf vor, der am 25. September 1996 vom Kabinett beschlossen und als Regierungsentwurf eines *„Gesetzes zum Schutz vor schädlichen Bodenveränderungen und zur Sanierung von Altlasten“* (RegE BBodSchG)[826] dem Bundesrat zugeleitet wurde. Der Bundesrat nahm nach der Befassung mit verschiedenen Anträgen aus den Reihen der Bundesländer dazu Stellung[827].

Am 14. Januar 1997 gab der Bundestag eine Gegenäußerung zur Stellungnahme des Bundesrates ab[828]. Im Rahmen der Beratung des Gesetzes im Bundestag[829] wurde der Gesetzentwurf zur Beratung in die Ausschüsse zurückverwiesen.

Am 19. Februar 1997 wurde eine öffentliche Sachverständigen-Anhörung durch den federführenden Ausschuss für Umwelt, Naturschutz und Reaktorsicherheit durchgeführt[830], die zur Vorlage einer Beschlussempfehlung und eines Berichts des Ausschusses vom 10. Juni 1997[831] führte. Außerdem legte der Haushaltsausschuss seinen Bericht zum Bundes-Bodenschutzgesetz vor[832]. Nach der Einbringung eines Änderungsantrages der SPD-Fraktion vom 11. Juni 1997[833] wurde der Gesetzentwurf der Regierung[834] beraten[835] und unter Ablehnung des SPD-Antrags[836] angenommen.

Am selben Tag wurde nach der dritten Beratung im Bundestag[837] der Entwurf des Bundes-Bodenschutzgesetzes angenommen[838]. Im Rahmen der Beratung des Bundesrats[839] am 24. Juni 1997 gab der federführende Ausschuss für Umwelt, Naturschutz und Reaktorsicherheit seine Stellungnahme ab, in der er die Anrufung des Vermittlungsausschusse vorschlug. Der Finanzausschuss sprach in seiner Stellungnahme sogar eine Empfehlung dahingehend aus, die Zustimmung zu versagen. Die-

---

NVwZ 2000, 107 = NuR 1999, 711 (712) m. Anm. Nolte, NuR 2000, 258 (259); VGH Kassel, UPR 2000, 151 = NuR 2000, 285 (286) = DB 2000, 202 (203); BVerwG, NuR 1999, 509; BVerwG, NVwZ 2000, 1179 (1181); hierzu auch Knopp, DÖV 2001, 441 (442 ff.).

825 Vgl. nur Degenhart, in: Oldiges (Hrsg.), Das neue Bundes-Bodenschutzgesetz – Fragen und Erwartungen, 1996, S. 31 (32 ff.); vgl. hierzu auch die Gegenäußerungen von Radtke, Brandt und Vierhaus, jew. in: Oldiges (Hrsg.), Das neue Bundes-Bodenschutzgesetz – Fragen und Erwartungen, 1996, S. 41 f.; Degenhart, ZRP 1997, 397 ff.; v. Buch, NVwZ 1998, 822 f.; Czybulka, in: Erbguth, Aktuelle Fragen des Altlasten- und Bodenschutzrechts, 1997, S. 43 ff.; Schink, DÖV 1995, 213 ff.; Gößl, in: Sieder/Zeitler/Dahme/Knopp/Gößl, WHG, Losebl., Stand März 2002, § 34 Rn. 23; Freisburger, UPR 1999, 381; jüngst Köhn, altlasten spektrum 2002, 200 (202); zum Ganzen auch Sanden/Schoeneck, BBodSchG, 1998, Einf. Rn. 27 ff.; Peine, NuR 1999, 121 (122).

826 BR-Drs. 702/96.

827 BR-Drs. 702/96.

828 BT-Drs. 13/6701, S. 61 ff.

829 Vgl. hierzu BT-Plenarprotokoll 12/152 v. 17. 1. 1997, S. 13709 B-13729 C.

830 Vgl. hierzu das Ausschuss-Protokoll Nr. 49.

831 BT-Drs. 13/7891.

832 BT-Drs. 13/7904.

833 BT-Drs. 13/7904.

834 BT-Drs. 13/6701 und BT-Drs. 13/7891.

835 BT-Plenarprotokoll 13/181 v. 12. 6. 1997, S. 16302 B-16317 C.

836 BT-Drs. 13/7904.

837 BT-Plenarprotokoll 13/181 v. 12. 6. 1997, S. 16317 C.

838 BT-Drs. 13/6701 und BT-Drs. 13/7891 sowie BR-Drs. 422/97 v. 13. 6. 1997.

839 BR-Drs. 422/1/97.

ser folgte der Bundesrat in seiner Sitzung vom 4. Juli 1997[840] jedoch nicht, sondern machte von der Möglichkeit des Art. 77 Abs. 2 GG Gebrauch[841] und rief den Vermittlungsausschuss an.

Der Vermittlungsausschuss legte das Vermittlungsergebnis am 14. Januar 1998 vor, das vom Bundestag in seiner Sitzung vom 5. Februar 1998[842] und vom Bundesrat gemäß Art. 84 Abs. 1 GG einen Tag später[843] angenommen wurde[844].

Am 17. März 1998 wurde das Gesetz ausgefertigt und am 24. März 1998 im Bundesgesetzblatt veröffentlicht[845]. Die Ermächtigungsvorschriften zum Erlass des untergesetzlichen Regelwerkes und die Vorschrift zur Anhörung der beteiligten Kreise traten am 25. März 1998[846], die übrigen Vorschriften am 1. März 1998 in Kraft.

B. Aufbau und Inhalt

Das Bundes-Bodenschutzgesetz soll in Verbindung mit seinem untergesetzlichen Regelwerk – hier vor allem durch die Bundes-Bodenschutz- und Altlastenverordnung[847] – erstmals bundeseinheitliche Maßstäbe für die Untersuchung und Bewertung von Bodenverunreinigungen festlegen[848]. Dadurch sollen die mit Bodenkontaminationen verbundenen Risiken besser kalkulierbar und Investitionen durch höhere Rechtssicherheit erleichtert werden[849]. Durch die Vereinheitlichung und die verbindliche Festlegung von Bodenwerten können gering belastete Grundstücke aus dem Altlastenverdacht entlassen werden[850], bei stärker belasteten Flächen lässt sich der Sanierungsumfang besser abschätzen[851].

Weiteres wichtiges Ziel ist die bessere Umsetzung des Vorsorgegedankens[852], was schon vom Sachverständigenrat für Umweltfragen in seinem ersten Altlastengutachten angemahnt worden war[853]. Dies wird durch § 7 BBodSchG, mit dem eine Verbesserung des vorsorgenden Bodenschutzes bezweckt wird, und durch die Statuierung von Vermeidungs- und Abwehrpflichten in § 4 BBodSchG bewirkt, die mit dem nachsorgenden Bodenschutz vereinigt werden[854]. Das Bundes-Bodenschutzgesetz

840 Vgl. hierzu Plenarprotokoll 714 v. 4. 7. 1997, S. 287 A-B, 307 C-311 D/Anl.

841 Vgl. Lücke, in: Sachs, GG, 2. Aufl. 1999, Art. 77 Rn. 7.

842 BT-Plenarprotokoll 13/216 v. 5. 2. 1998, S. 19733 B-C, 19820 B-C/Anl.

843 BR-Plenarprotokoll 721 v. 6. 2. 1998, S. 19 C-20.

844 BR-Drs. 90/98.

845 Gesetz zum Schutz des Bodens (BGBl. I, S. 502).

846 Art. 4 des Gesetzes zum Schutz des Bodens.

847 Bundes-Bodenschutz- und Altlastenverordnung (BBodSchV) v. 12. 7. 1999 (BGBl. I, S. 1554).

848 BT-Drs. 13/6701, S. 19.

849 Radtke, in: Oldiges (Hrsg.), Das neue Bundes-Bodenschutzgesetz – Fragen und Erwartungen, 1996, S. 15 (19); BMU-Information zum Bundes-Bodenschutzgesetz v. 6. 2. 1998, S. 8; siehe auch Hulpke/Jorns/Schendel, altlasten spektrum 1998, 249 (251).

850 Radtke, in: Oldiges (Hrsg.), Das neue Bundes-Bodenschutzgesetz – Fragen und Erwartungen, 1996, S. 15 (17).

851 BMU-Information zum Bundes-Bodenschutzgesetz v. 6. 2. 1998, S. 8.

852 Radtke, in: Oldiges (Hrsg.), Das neue Bundes-Bodenschutzgesetz – Fragen und Erwartungen, 1996, S. 15 (17).

853 SRU, Altlasten I, 1989, Tz. 1010 ff., insbes. Tz. 1035.

854 Siehe hierzu Knopp/Heinze, altlasten spektrum 2000, 227 ff.

ist somit kein reines Altlastensanierungsgesetz, auch wenn hier unverkennbar sein Schwerpunkt liegt[855]. Neben den genannten präventiv wirkenden Vorschriften enthält das Bundes-Bodenschutzgesetz insbesondere in § 4 Abs. 3 und 6 BBodSchG Vorschriften des repressiven Bodenschutzes. Im Hinblick auf die Sanierung von kontaminierten Flächen richtet sich das Gesetz gem. § 4 Abs. 4 BBodSchG nach der tatsächlichen oder (in rechtmäßiger Weise) geplanten Nutzung. Durch die Bezugnahme auf die gegebene oder künftige Nutzung wird dem verfassungsrechtlichen Grundsatz der Verhältnismäßigkeit Rechnung getragen; Luxussanierungen können somit nicht gefordert werden[856].

Das Gesetz zum Schutz des Bodens besteht aus vier Artikeln, von denen der erste Artikel das eigentliche Bundes-Bodenschutzgesetz enthält. Durch Art. 2 wird das Kreislaufwirtschafts- und Abfallgesetz und durch Art. 3 das Bundes-Immissionsschutzgesetz geändert. Art. 4 enthält schließlich die Bestimmung über das Inkrafttreten des Gesetzes.

Das in Art. 1 des Gesetzes zum Schutz des Bodens enthaltene Bundes-Bodenschutzgesetz besteht aus fünf Teilen.

I. Teil 1: Gesetzeszweck, Begriffsbestimmungen und Anwendungsbereich

Der erste Teil, bestehend aus den allgemeinen Vorschriften, befasst sich mit dem Gesetzeszweck, stellt bestimmte bodenschutzrechtliche Grundsätze auf und regelt den Anwendungsbereich des Bundes-Bodenschutzgesetzes. Neben dem schon genannten Gesetzeszweck[857] soll das Bundes-Bodenschutzgesetz vor allem die nachhaltige Sicherung oder Wiederherstellung der Bodenfunktionen durch Risikovorsorge auf der einen und Gefahrenabwehr auf der anderen Seite gewährleisten.

Im ersten Teil werden außerdem die zentralen Begriffe des Bodenschutzrechts definiert. So finden sich in § 2 BBodSchG Definitionen für die praxisrelevanten Begriffe der schädlichen Bodenveränderungen und der Altlasten.

Die schädlichen Bodenveränderungen sind der zentrale Oberbegriff für alle Bodenbelastungen, von denen Gefahren für den Menschen und die Umwelt ausgehen, und ist in § 2 Abs. 3 BBodSchG wie folgt definiert:

„Schädliche Bodenveränderungen im Sinne dieses Gesetzes sind Beeinträchtigungen der Bodenfunktionen, die geeignet sind, Gefahren, erhebliche Nachteile oder erhebliche Belästigungen für den Einzelnen oder die Allgemeinheit herbeizuführen."

Altlasten sind gem. § 2 Abs. 5 BBodSchG definiert als:

„Stillgelegte Abfallbeseitigungsanlagen sowie sonstige Grundstücke, auf denen Abfälle behandelt, gelagert oder abgelagert worden sind (Altablagerungen), und Grundstücke stillgelegter Anlagen und sonstige Grundstücke, auf denen mit umweltgefährdenden Stoffen umgegangen worden ist, ausgenommen Anlagen, deren Still-

---

855 Radtke, in: Oldiges (Hrsg.), Das neue Bundes-Bodenschutzgesetz – Fragen und Erwartungen, 1996, S. 15 (17).

856 Kobes, NVwZ 1998, 786 (791); Vierhaus, NJW 1998, 1262 (1264).

857 Siehe oben unter Kap. 3 A.

legung einer Genehmigung nach dem Atomgesetz bedarf (Altstandorte), durch die schädliche Bodenveränderungen oder sonstige Gefahren für den Einzelnen oder die Allgemeinheit hervorgerufen werden."

Die dem Vorschlag des Sachverständigenrats für Umweltfragen[858] folgende Bestimmung gilt nunmehr bundeseinheitlich; die bisher je nach Landesrecht unterschiedlich verwendeten Definitionen[859] sind damit gegenstandslos.

Ein wichtiger Regelungsbereich im ersten Teil des Bundes-Bodenschutzgesetzes ist die in § 3 BBodSchG getroffene Abgrenzung des Anwendungsbereichs zu anderen Vorschriften[860]. So findet das Bundes-Bodenschutzgesetz in Bezug auf schädliche Bodenveränderungen und Altlasten keine Anwendung, wenn Vorschriften des Kreislaufwirtschafts- und Abfallgesetzes und des Bundes-Immissionsschutzgesetzes Regelungen zu Einwirkungen auf den Boden treffen. Gleiches gilt hinsichtlich bauplanungs- und bauordnungsrechtlicher Vorschriften.

Das Bundes-Bodenschutzgesetz tritt dann zurück, wenn die in § 3 Abs. 2 BBodSchG genannten Fachgesetze Regelungen zur Bodennutzung oder zu wirtschaftlichen Tätigkeiten enthalten, wie dies vor allem im Anlagenzulassungsrecht geschehen ist[861]. Das Anlagenzulassungsrecht ist jedoch im Bereich der für die Behandlung von Altlasten bedeutsamen Nachsorgepflichten eines Anlagenbetreibers, wie sie in § 36 Abs. 2 KrW-/AbfG[862] und in § 5 Abs. 3 BImSchG[863] festgelegt sind, nicht mehr einschlägig[864]. Dies bewirkt eine Vervielfältigung von Sanierungsverantwortlichkeiten. Während vorher lediglich der aktuelle oder der frühere Betreiber sanierungsverantwortlich war, kann die bodenschutzrechtliche Haftung grundsätzlich jeden der in § 4 BBodSchG genannten Pflichtigen treffen[865].

Dagegen bleibt das Wasserrecht und das Naturschutzrecht neben dem Bundes-Bodenschutzgesetz anwendbar[866]. Das bedeutet, dass Anordnungen zur Grundwassersanierung auch weiterhin auf wasserrechtliche Ermächtigungsgrundlagen in den Landeswassergesetzen in Verbindung mit dem allgemeinen Polizei- und Ordnungsrecht bzw. Landesbodenschutzrecht gestützt werden können[867].

---

858 BT-Drs. 13/6701, S. 30; SRU, Altlasten I, 1989, Tz. 58.

859 Siehe hierzu die Ausführungen in Kap. 2 B.

860 Siehe hierzu ausf. Erbguth/Stollmann, NuR 2001, 241 ff.

861 Siehe hierzu Michler, UPR 1999, 100 ff.; Gaentzsch, in: Breuer (Hrsg.), Konkretisierung von Umweltanforderungen, 1998, S. 156 f.

862 OVG Münster, UPR 2001, 194 (194 ff.); siehe auch Paetow, in: Kunig/Paetow/Versteyl, KrW-/AbfG, 1998, § 36 Rn. 2.

863 Jarass, BImSchG, 5. Aufl. 2002, § 5 Rn. 107 m.w.N.

864 Vgl. zum Ganzen Michler, UPR 1999, 100 ff.; Erbguth/Stollmann, NuR 2001, 241 (244); differenzierend Schäfer, NuR 2001, 429 (432).

865 Schink, DÖV 1999, 797 (800 f.).

866 Erbguth/Stollmann, NuR 2001, 241 (245); Knopp/Albrecht, Altlastenrecht in der Praxis, 2. Aufl. 1998, Rn. 30; Frenz/Sieben, ZfW 2001, 152.

867 Peine, UPR 1999, 361 (365 ff.) m.w.N.; Erbguth/Stollmann, NuR 2001, 241 (245).

II. Teil 2: Pflichten und Pflichtige sowie Maßnahmen zur Durchsetzung

Im zweiten Teil des Bundes-Bodenschutzgesetzes finden sich die Regelungen zu den bodenschutzrechtlichen Pflichten und Vorschriften und deren Durchsetzung gegenüber dem Pflichtigen, also Vorschriften zum bodenschutzrechtlichen Instrumentarium zur Durchsetzung des präventiven und des repressiven Bodenschutzes[868].

Die für die Praxis wichtigen Pflichten des Bundes-Bodenschutzgesetzes finden sich in § 4 BBodSchG. Sie bestehen grundsätzlich unabhängig von einer behördlichen Anordnung[869], lassen sich aber gem. § 10 BBodSchG durch Verfügung durchsetzen[870]. Weitere Pflichten werden durch § 5 BBodSchG (Entsiegelung)[871] und durch § 7 BBodSchG (Vorsorge)[872] festgelegt.

Die Vermeidungspflicht nach § 4 Abs. 1 BBodSchG und die Abwehrpflicht nach § 4 Abs. 2 BBodSchG sind Pflichten zur Durchsetzung des präventiven Bodenschutzes[873]. Die Vermeidungspflicht verlangt vom Normadressaten, sich so zu verhalten, dass schädliche Bodenveränderungen nicht hervorgerufen werden können. Die Abwehrpflicht verpflichtet den Eigentümer und den Inhaber der tatsächlichen Gewalt über ein Grundstück, Maßnahmen zu ergreifen, mit denen drohende schädliche Bodenveränderungen abgewehrt werden können. Maßnahmen des präventiven Bodenschutzes können gem. § 4 Abs. 1 und Abs. 2 BBodSchG darüber hinaus sowohl gegen den Zustands- als auch gegen den Verhaltensverantwortlichen gerichtet werden.

Maßnahmen des repressiven Bodenschutzes können gegen einen der in § 4 Abs. 3 und Abs. 6 BBodSchG genannten Verantwortlichen ergriffen werden. Da hier im Vergleich zu den meisten der bisher geltenden Länderregelungen der Kreis der Verantwortlichen erweitert wurde[874], bedeutet dies eine Ausdehnung der Haftung und damit auch der Kostenverantwortung.

Weiterhin enthält Teil 2 mit §§ 6, 8 und 13 Abs. 1 S. 2 BBodSchG die Ermächtigungsgrundlagen zum Erlass des untergesetzlichen Regelwerks. In diesem Teil des Bundes-Bodenschutzgesetzes finden sich außerdem Vorschriften, welche die Behörde zur Vornahme von Untersuchungs-[875] und Sanierungsmaßnahmen sowie zu

---

868 Vgl. Becker, BBodSchG, Losebl., Stand Jan. 2001, Grundsätze des BBodSchG (vor § 4).

869 Sanden/Schoeneck, BBodSchG, 1998, § 4 Rn. 3.

870 Sanden/Schoeneck, BBodSchG, 1998, § 4 Rn. 10.

871 Siehe hierzu Knopp/Heinze, altlasten spektrum 2000, 227 (230); Hasche, UPR 2000, 91 (97); Hendler, in: Hendler/Marburger/Reinhardt/Schröder (Hrsg.), Bodenschutz und Umweltrecht (UTR Bd. 53), 2000, S. 87 (103 ff.); Peine, in: Breuer (Hrsg.), Konkretisierung von Umweltanforderungen, 1998, S. 173 f.; die bodenschutzrechtliche Entsiegelungspflicht bedarf jedoch zu ihrer Umsetzung des Erlasses einer entsprechenden Verordnung; vgl. Sanden/Schoeneck, BBodSchG, 1998, § 5 Rn. 28; Werner, BWGZ 1998, 847 (850).

872 Siehe hierzu Hasche, UPR 2000, 91 (92 ff.); Schäfer, DVBl. 2002, 734 (735 f.); Hendler, in: Hendler/Marburger/Reinhardt/Schröder (Hrsg.), Bodenschutz und Umweltrecht (UTR Bd. 53), 2000, S. 87 (113 ff.); Knopp/Heinze, altlasten spektrum 2000, 227 (229).

873 Becker, BBodSchG, Losebl., Stand Jan. 2001, § 4 Rn. 1; Knopp/Albrecht, Altlastenrecht in der Praxis, 2. Aufl. 1998, Rn. 96.

874 Vgl. hierzu unten unter Kap. 3 D I.

875 Nach § 9 BBodSchG; hierzu Becker, BBodSchG, Losebl., Stand Jan. 2001, § 9 Rnrn. 1 ff.

sonstigen Maßnahmen zur Durchsetzung der bodenschutzrechtlichen Pflichten[876] ermächtigen.

III. Teil 3: Vorschriften zum Altlastenmanagement

Im dritten Teil finden sich unter dem Titel *„Ergänzende Vorschriften für Altlasten"* Vorschriften zum Altlastenmanagement, wie die für die Praxis wichtigen Regelungen zum Sanierungsvertrag und zur Sanierungsplanung. Außerdem enthält dieser Teil Regelungen zur behördlichen Überwachung und Eigenkontrolle von Altlasten (§ 15 BBodSchG) und stellt bestimmte Informationspflichten gegenüber den von einer Altlastenmaßnahme Betroffenen fest (§ 12 BBodSchG).

IV. Teil 4: Landwirtschaftliche Bodennutzung

Der vierte Teil besteht lediglich aus einer Vorschrift. § 17 BBodSchG regelt die gute fachliche Praxis bei der Bodennutzung zur Vorsorge von schädlichen Bodenveränderungen im Bereich der Landwirtschaft sowie deren Vermittlung durch landwirtschaftliche Beratungsstellen der Länder.

V. Teil 5: Schlussvorschriften

Teil 5 besteht aus den Schlussvorschriften und enthält Regelungen zu Sachverständigen und zu Untersuchungsstellen (§ 18 BBodSchG) sowie zur Anhörung beteiligter Kreise beim untergesetzlichen Regelwerk (§ 20 BBodSchG). Außerdem finden sich hier Vorschriften zur Datenübermittlung der Länder an den Bund (§ 19 BBodSchG), zu Länderregelungen und zum Verwaltungsverfahren (§ 21 BBodSchG) sowie zu Bußgeldern (§ 26 BBodSchG) und Kosten (§ 24 BBodSchG)[877]. Weiterhin findet sich hier die nicht unproblematische Vorschrift des § 25 BBodSchG zum Wertausgleich bei Sanierungsmaßnahmen, die von der öffentlichen Hand finanziert worden sind[878]. Ferner enthält dieser Teil eine Regelung, welche die Umsetzung von europäischen Vorgaben erleichtern soll (§ 22 BBodSchG)[879] sowie in § 23 BBodSchG eine Vorschrift, die Ausnahmen von den Vorgaben des Bundes-Bodenschutzgesetzes zur Berücksichtigung von Belangen der Landesverteidigung zulässt.

C. Bodenschutz- und Altlastenmaßnahmen

Das Bundes-Bodenschutzgesetz nennt als zentrale Bodenschutz- und Altlastenmaßnahme den Begriff der Sanierung. Wenn die Ergebnisse der Untersuchungsmaßnahmen ergeben, dass eine schädliche Bodenveränderung vorliegt, kommen behördliche Sanierungsmaßnahmen gegen einen Verantwortlichen in Betracht. Dabei nennt das Bundes-Bodenschutzgesetz nach § 2 Abs. 7 BBodSchG drei Maßnahmentypen, nämlich die so genannten Dekontaminationsmaßnahmen, die Sicherungsmaßnahmen sowie die Beseitigungs- und Verminderungsmaßnahmen.

---

876 Nach § 10 Abs. 1 BBodSchG; vgl. Sanden/Schoeneck, BBodSchG, 1998, § 4 Rn. 10.

877 Zu § 24 BBodSchG siehe insbesondere unten unter Kap. 3 D III.

878 Siehe hierzu unten unter Kap. 3 E.

879 Vgl. hierzu Hipp/Rech/Turian, Das Bundes-Bodenschutzgesetz, 2000, A VI, Rnrn. 660 ff.

Als weitere bodenschutzrechtliche Maßnahmen außerhalb der Sanierungsmaßnahmen werden in § 2 Abs. 8 BBodSchG darüber hinaus noch die Schutz- und Beschränkungsmaßnahmen genannt.

I. Sanierungsmaßnahmen

1. Dekontaminationsmaßnahmen

Eine Dekontaminationsmaßnahme im Sinne des § 2 Abs. 7 BBodSchG ist eine Maßnahme zur Verminderung bis hin zur Beseitigung von Schadstoffen an der Quelle oder im kontaminierten Umfeld. Es geht somit um Maßnahmen zur endgültigen Beseitigung der Gefahr[880]. Hierfür existieren verschiedene einsetzbare Techniken[881]. So kann eine Sanierung des Bodens vor Ort und ohne Auskofferung, aber auch durch Auskofferung mit anschließender Verwertung oder Beseitigung an anderer Stelle erfolgen[882]. Dann sind jedoch abfallrechtliche Vorschriften zu befolgen[883].

2. Sicherungsmaßnahmen

Als Sanierungsmaßnahme im Sinne des Bundes-Bodenschutzgesetzes sind auch Maßnahmen möglich, mit denen eine Ausbreitung der Schadstoffe langfristig verhindert werden kann. Im Unterschied zur Dekontamination werden die Schadstoffe nicht beseitigt, sondern verbleiben an Ort und Stelle. Geeignete Maßnahmen können z.B. eine Einkapselung[884], die Versiegelung durch Überbauung[885] oder das Auftragen einer wasserundurchlässigen Beschichtung sein[886]. Sicherungsmaßnahmen werden primär als Zwischenlösung in Frage kommen. Können Gefahren für den Einzelnen oder die Allgemeinheit dauerhaft ausgeschlossen werden, sind langfristige Sicherungsmaßnahmen eine meist kostengünstigere Alternative zur Dekontamination[887]. Dies kann dann der Fall sein, wenn eine Ausbreitung der Schadstoffe gänzlich verhindert wird, oder wenn diese – was für den Fall von Grundwasserverunreinigungen häufig bedeutsam ist – so langsam und in so geringer Menge ins Grundwasser abgegeben werden, dass eine Überschreitung von zulässigen Grenzwerten nicht zu befürchten ist[888].

3. Beseitigungs- und Verminderungsmaßnahmen

Maßnahmen, welche die Beseitigung oder Verminderung schädlicher Veränderungen der physikalischen, chemischen oder biologischen Beschaffenheit des Bodens zum Ziel haben, sind dann einschlägig, wenn es sich um nichtstoffliche Belastungen, also

---

880 BT-Drs. 13/6071, S. 30.

881 Vgl. Becker, BBodSchG, Losebl., Stand Jan. 2001, § 2 Rn. 60 m.w.N.

882 Siehe hierzu oben unter Kap. 1 B VII 1. c).

883 Knopp, in: Knopp/Löhr, Bundes-Bodenschutzgesetz in der betrieblichen und steuerlichen Praxis, 2000, Rn. 20 m.w.N.

884 Becker, BBodSchG, Losebl., Stand Jan. 2001, § 2 Rn. 61.

885 Bickel, BBodSchG, 3. Aufl. 2002, § 2 Rn. 39.

886 Vgl. Sanden/Schoeneck, BBodSchG, 1998, § 2 Rn. 102.

887 BT-Drs. 13/6071, S. 30 f.; vgl. auch das Praxisbeispiel bei Winter/Morisak, in: Landeshauptstadt Stuttgart (Hrsg.), Kommunales Altlastenmanagement Baden-Württemberg, 1996, S. 86 ff.

888 Bickel, BBodSchG, 3. Aufl. 2002, § 2 Rn. 39; Diehr, UPR 1998, 128 (130).

nicht um Kontaminationen im eigentlichen Sinne handelt. Dies betrifft im Bereich der physikalischen Beschaffenheit des Bodens vor allem Maßnahmen, mit denen z.B. Bodenverdichtungen oder die Folgen von Bodenerosionen beseitigt oder vermindert werden sollen. Hinsichtlich der chemischen Beschaffenheit sind vor allem Maßnahmen von Bedeutung, mit denen einer Versauerung des Bodens entgegengewirkt werden soll[889]. Dies kann aber auch andere Bodenveränderungen chemischer Art betreffen. Maßnahmen zur Verminderung oder Beseitigung von schädlichen Veränderungen der biologischen Beschaffenheit des Bodens sind insbesondere Maßnahmen zur Wiederherstellung der biologischen Aktivität des Bodens, z.B. im Zusammenhang mit der Bodenfruchtbarkeit[890].

II. Schutz- und Beschränkungsmaßnahmen

Keine Sanierungsmaßnahmen sind hingegen die in § 2 Abs. 8 BBodSchG definierten Schutz- und Beschränkungsmaßnahmen. Sie führen nicht zu einer Beseitigung der Gefahr, es werden lediglich die Auswirkungen auf den Einzelnen oder die Allgemeinheit vermindert oder verhindert[891].

Schutz- und Beschränkungsmaßnahmen kommen dann in Betracht, wenn sich die Anordnung von Sanierungsmaßnahmen als unverhältnismäßig darstellt, z.B. weil entsprechende Sanierungsmaßnahmen technisch nicht möglich oder unzumutbar sind. Denkbare Maßnahmen sind die im Gesetz genannten Nutzungsbeschränkungen, aber auch Betretungsverbote, Anbaubeschränkungen oder Beschränkungen im Hinblick auf die Trinkwassergewinnung[892].

D. Kostenpflichtige

Auch nach Inkrafttreten des Bundes-Bodenschutzgesetzes bedeutet Altlast[893] regelmäßig Kostenlast[894]. Die Pflicht zur Kostentragung folgt auch nach Inkrafttreten des Bundes-Bodenschutzgesetzes der Verantwortlichkeit für die Abwehr von Gefahren, die von schädlichen Bodenveränderungen ausgehen[895]. Dies wird in § 24 Abs. 1 S. 1 BBodSchG festgestellt, wonach die Kosten für angeordnete Maßnahmen vom Verpflichteten zu tragen sind. Das bedeutet auf der anderen Seite, dass derjenige eine

889 Sanden/Schoeneck, BBodSchG, 1998, § 2 Rn. 108; vgl. auch im Hinblick auf Waldböden; Bundesministerium für Verbraucherschutz, Ernährung und Landwirtschaft (Hrsg.), Bericht über den Zustand des Waldes 2000, 2001, S. 56 f.

890 Sanden/Schoeneck, BBodSchG, 1998, § 2 Rn. 109.

891 Radtke, in: Holzwarth/Radtke/Hilger/Bachmann, BBodSchG/BBodSchV, 2. Aufl. 2000, § 2 BBodSchG Rn. 55; Sanden/Schoeneck, BBodSchG, 1998, § 2 Rn. 110; a.A., jedoch ohne Begründung Ziegler, LKV 1998, 249 (251).

892 Radtke, in: Holzwarth/Radtke/Hilger/Bachmann, BBodSchG/BBodSchV, 2. Aufl. 2000, § 2 BBodSchG Rn. 56; Sanden/Schoeneck, BBodSchG, 1998, § 2 Rn. 111.

893 Dieser Satz gilt nicht nur für Altlasten, sondern umfasst alle Arten von schädlichen Bodenveränderungen.

894 Kobes, NVwZ 2000, 261; Reuter, BB 1988, 497; v. Mutius/Hahn, in: Blume (Hrsg.), Handbuch des Bodenschutzes, 2. Aufl. 1992, S. 654 (677); Brüssel, Die Altlastenproblematik im Kreditgeschäft, 1993, S. 29; SRU, Altlasten I, 1989, Tz. 654; siehe auch Knopp/Albrecht, Altlastenrecht in der Praxis, 2. Aufl. 1998, Rn. 1.

895 Zur Rechtslage bis Inkrafttreten des Bundes-Bodenschutzgesetzes siehe oben unter Kap. 2 B III.

Kostenbelastung nicht zu fürchten hat, der bodenschutzrechtlich nicht verantwortlich ist.

Daher stellt sich zunächst die Frage, wer überhaupt als Pflichtiger nach Bundes-Bodenschutzgesetz in Betracht kommt, um anschließend die Frage der Kostentragung sowie Ausnahmen, Modifizierungen und Verfahrensregelungen zu behandeln.

I. Kreis der Pflichtigen nach § 4 BBodSchG

Die Regelung zu den bodenschutzrechtlichen Pflichten und zum Kreis der Pflichtigen findet sich in der Vorschrift des § 4 BBodSchG. Dabei ist zu unterscheiden zwischen dem präventiven Bodenschutz in § 4 Abs. 1 BBodSchG und dem repressiven Bodenschutz in § 4 Abs. 2 und Abs. 3 BBodSchG. Im Unterschied zur bisherigen Rechtslage hat jeder der in § 4 Abs. 1 – 3 BBodSchG genannten Pflichtigen die gesetzlich beschriebenen materiellen Polizeipflichten unabhängig von einer behördlichen Anordnung zu beachten[896]

1. Maßnahmen der präventiven Gefahrenabwehr und Verantwortliche

In § 4 Abs. 1 BBodSchG wird eine allgemeine Pflicht zur Vermeidung von Beeinträchtigungen des Bodens statuiert. Darunter fällt nicht nur die Vermeidung von Gefahren für den Boden, sondern auch die Verhinderung von erheblichen Nachteilen und erheblichen Belästigungen[897]. Diese Pflicht richtet sich an jedermann und hat – trotz der Überschrift *„Pflichten zur Gefahrenabwehr"* – präventiven Charakter[898]. Jedermann im Sinne der Vorschrift ist jede natürliche, aber auch jede juristische Person[899]. Die Verpflichtung besteht darin, Einwirkungen auf den Boden zu unterlassen, die zu schädlichen Bodenveränderungen und damit zu einer Beeinträchtigung von Bodenfunktionen führen können. Damit sind alle mit der Nutzung des Bodens verbundenen Tätigkeiten gewerblicher, industrieller, wirtschaftlicher, freiberuflicher oder sonstiger Art (z.B. private Tätigkeit oder Verhalten im Zusammenhang mit der Freizeitgestaltung) gemeint, die eine der in § 2 Abs. 2 BBodSchG genannten Bodenfunktionen beeinträchtigen können[900]. Beispiele hierfür sind insbesondere Bodenversiegelungs- oder Bodenverdichtungsmaßnahmen, Pflanzenschutz- und Düngemitteleinsatz, Bodenaustauschmaßnahmen, Verfüllungen, Erdaufschlüsse und der Umgang mit bodengefährdenden Stoffen[901].

---

896 Hilger, in: Holzwarth/Radtke/Hilger/Bachmann, BBodSchG/BBodSchV, 2. Aufl. 2000, § 4 BBodSchG Rn. 3; Sanden/Schoeneck, BBodSchG, 1998, § 4 Rn. 1; a.A. Knoche, GewArch 2000, 448 (453).

897 Hilger, in: Holzwarth/Radtke/Hilger/Bachmann, BBodSchG/BBodSchV, 2. Aufl. 2000, § 4 BBodSchG Rn. 32; Peine, UPR 1999, 361 (363); Hasche, DVBl. 2000, 91 (95).

898 Hipp/Rech/Turian, Das Bundes-Bodenschutzgesetz, 2000, A III, Rn. 219; Peters, VBlBW 1999, 83 (84); a.A. Hasche, UPR 2000, 91 (95).

899 Hipp/Rech/Turian, Das Bundes-Bodenschutzgesetz, 2000, A III, Rn. 221.

900 § 2 Abs. 2 BBodSchG nennt folgende drei Bodenfunktionen: Die natürlich Funktion insbesondere als Lebensgrundlage und Lebensraum für Mensch, Flora und Fauna, die Funktion als Archiv der Natur- und Kulturgeschichte sowie die Nutzungsfunktion als Rohstofflager-, Siedlungs- und Erholungsfläche, als Standort für land- und forstwirtschaftliche Nutzung, als Standort für sonstige, wirtschaftliche und öffentliche Nutzung, für Verkehr, Ver- und Entsorgung; vgl. Peine, UPR 1999, 361 (363).

901 Hipp/Rech/Turian, Das Bundes-Bodenschutzgesetz, 2000, A III, Rn. 222.

Weiterhin fallen auch indirekte Einwirkungen auf den Boden darunter, z.B. wenn über den Luftweg durch Autoabgase, industrielle Emissionen oder Hausbefeuerung bzw. über den Wasserweg durch die Entsorgung von Bilgenwasser der Boden kontaminiert wird. Problematisch ist jedoch hier regelmäßig der Nachweis des Zurechnungszusammenhangs zwischen der Emission und der Kontamination sowie des Verursachungsbeitrags des Einzelnen[902].

Nicht von der bodenschutzrechtlichen Vermeidungspflicht erfasst sind Bagatellfälle, in denen schädliche Bodenveränderungen im Normalfall schon gar nicht hervorgerufen werden können, wie z.B. das Fahrradfahren auf Wiesen und Feldern[903]. Dagegen kommt es auf ein vorsätzliches oder schuldhaftes Handeln nicht an. Ausreichend ist die Verursachung, weshalb auch zufällige oder fahrlässige Verhaltensweisen mit den bodenschutzrechtlichen Präventivpflichten kollidieren können[904].

Nach § 4 Abs. 2 BBodSchG sind der Eigentümer und der Inhaber der tatsächlichen Gewalt über ein Grundstück verpflichtet, Maßnahmen zur Abwehr der von ihrem Grundstück drohenden schädlichen Bodenveränderungen zu ergreifen. Damit wird die bodenschutzrechtliche Zustandsverantwortung beschrieben und die Vermeidungspflicht des § 4 Abs. 1 BBodSchG für diesen Personenkreis erweitert und konkretisiert[905]. Die Zustandsverantwortlichkeit des § 4 Abs. 2 BBodSchG knüpft an die rechtliche und tatsächliche Sachherrschaft an, die es einer Person ermöglicht, auf ein Grundstück einzuwirken[906]. Sie ist begrenzt auf diejenigen schädlichen Bodenveränderungen, die vom Grundstück des Verpflichteten selbst ausgehen. Eine Verantwortlichkeit für andere Grundstücke, wie z.B. für die Gefahr eines Hangrutsches von einem höher gelegenen Grundstück, besteht deshalb nicht[907]. Begrenzt wird die Gefahrenabwehrpflicht des § 4 Abs. 2 BBodSchG darüber hinaus vom Verhältnismäßigkeitsgrundsatz[908].

Die bodenschutzrechtlichen Pflichten nach § 4 Abs. 1 und Abs. 2 BBodSchG können durch behördliche Anordnung nach § 10 BBodSchG durchgesetzt werden. Allerdings zeitigen Verstöße gegen präventiv wirkende Pflichten keine unmittelbaren Rechtsfolgen, da weder eine Strafbewehrung besteht, noch eine Ahndung als Ordnungswidrigkeit in Betracht kommt[909]. Dies und die Subsidiaritätsklausel des § 3 Abs. 1 und 2 BBodSchG vermindern die praktische Relevanz dieser Vorschrift erheblich[910].

---

902 Vgl. zu Summationsschäden, BVerfG, NJW 1983, 2931 (2932); BGH, NJW 1988, 478 (478 f.); BVerfG, NJW 1998, 3264; kritisch hierzu Murswiek, Die Verwaltung 2000, 241 (254 ff.).

903 Beispiel nach Hipp/Rech/Turian, Das Bundes-Bodenschutzgesetz, 2000, A III, Rn. 223; anders aber, wenn exzessives Mountain-Biking zu erheblichen Erosionsgefahren im steilen Gelände führt; vgl. hierzu Thurston/Reader, Environmental Management 2001, 397 ff.

904 Sanden/Schoeneck, BBodSchG, 1998, § 4 Rn. 9.

905 Hilger, in: Holzwarth/Radtke/Hilger/Bachmann, BBodSchG/BBodSchV, 2. Aufl. 2000, § 4 BBodSchG Rn. 85; BT-Drs. 13/6701, S. 34; Hasche, UPR 2000, 91 (96).

906 Becker, BBodSchG, Losebl., Stand Jan. 2001, § 4 Rn. 8; siehe auch BVerfGE 102, 1 (17).

907 Hilger, in: Holzwarth/Radtke/Hilger/Bachmann, BBodSchG/BBodSchV, 2. Aufl. 2000, § 4 BBodSchG Rn. 85; VG München, NVwZ-RR 2002, 166 (167 f.).

908 Sanden/Schoeneck, BBodSchG, 1998, § 4 Rn. 13; Peine, UPR 1999, 361 (364).

909 Vierhaus, NJW 1998, 1262 (1264) bezeichnet dies daher als „*Soft law*"; dagegen Sanden/Schoeneck, BBodSchG, 1998, § 4 Rn. 12.

910 Knopp, in: Knopp/Löhr, Bundes-Bodenschutzgesetz in der betrieblichen und steuerlichen Praxis, 2000, Rn. 44.

2. Maßnahmen der repressiven Gefahrenabwehr und Verantwortliche

Die für die Praxis wichtigste Vorschrift des Bundes-Bodenschutzgesetzes ist die Regelung des § 4 Abs. 3 BBodSchG zur Sanierungspflicht, welche die dort genannten Adressaten verpflichtet, eingetretene schädliche Bodenveränderungen und Altlasten wieder zu beseitigen[911].

Der bodenschutzrechtliche Katalog der Sanierungsverantwortlichen wurde im Vergleich zu vielen Vorschriften in den Bundesländern auf Betreiben des Bundesrates[912] erheblich ausgeweitet[913]. Damit wurden die Erfahrungen, dass es bei vielen Altlasten schwierig ist, überhaupt einen Sanierungspflichtigen heranzuziehen, umgesetzt.

a) Verursacher

Die in § 4 Abs. 3 BBodSchG genannte Verursacherhaftung gibt das wieder, was auch schon vor Inkrafttreten des Bundes-Bodenschutzgesetzes nach allgemeinen polizeirechtlichen Grundsätzen und entsprechenden Spezialregelungen im Bodenschutz- und Altlastenrecht der Länder galt[914]. Soweit jedoch in landesrechtlichen Vorschriften Modifikationen oder Erweiterungen bestanden, sind diese nun wegen der bundesrechtlichen Regelung im Bundes-Bodenschutzgesetz gegenstandslos[915].

Das Bundes-Bodenschutzgesetz verzichtet angesichts der eindeutigen Rechtslage auf eine Konkretisierung oder Definition des Begriffs der Verursachung.

Hierbei kommt es auf ein Verschulden oder eine Verschuldensfähigkeit des Betroffenen nicht an[916]. Juristische Personen[917] oder Personenhandelsgesellschaften[918] können ebenfalls als Verursacher herangezogen werden, da sie für das Handeln ihrer verfassungsmäßigen Vertreter einzustehen haben. Auch im Falle eines Formwechsels einer Gesellschaft, z.B. von einer GmbH in eine Aktiengesellschaft (vgl. §§ 190 ff. UmwG[919]), ändert sich nichts am Verursacherstatus der (neuen) Gesellschaft, da die Rechtsidentität gewahrt bleibt[920].

---

911 Sanden/Schoeneck, BBodSchG, 1998, § 4 Rn. 21; Becker, BBodSchG, Stand Jan. 2001, § 4 Rn. 12.

912 Vgl. BT-Drs. 13/8182, S. 3 f. sowie die Beschlussempfehlung des Vermittlungsausschusses, BT-Drs. 13/9637, S. 2 f.

913 Schwartmann, DStR 1999, 324 (326); Knopp, in: Knopp/Löhr, Bundes-Bodenschutzgesetz in der betrieblichen und steuerlichen Praxis, 2000, Rn. 29; Vierhaus, NZG 2000, 240 (241 f.); Erbguth/Stollmann, DVBl. 2001, 601.

914 Siehe hierzu ausf. Kap. 2 B III 2. b).

915 Sanden/Schoeneck, BBodSchG, 1998, § 4 Rn. 30; BVerwG, NVwZ 2000, 1179 (1181); zur Gesetzgebungskompetenz des Bundes siehe auch oben unter Kap. 3 A.

916 Müggenborg, SächsVBl. 2000, 77 (81); Erbguth/Stollmann, DVBl. 2001, 601.

917 OVG Münster, NVwZ-RR 1994, 386 (387); Drews/Wacke/Vogel/Martens, Gefahrenabwehr, 9. Aufl. 1986, S. 294; Götz, Allgemeines Polizei- und Ordnungsrecht, 13. Aufl. 2001, Rn. 210.

918 VGH Mannheim, VBlBW 1993, 298 (301) = ZfW 1994, 407 (408); Götz, Allgemeines Polizei- und Ordnungsrecht, 13. Aufl. 2001, Rn. 210.

919 Umwandlungsgesetz (UmwG) v. 28. 10. 1994 (BGBl. I, S. 3210, ber. BGBl. I, 1995, S. 428), zuletzt geänd. durch G v. 22. 7. 1998 (BGBl. I, S. 1878).

920 Meister/Klöcker, in: Kallmeyer, UmwG, 2. Aufl. 2001, § 190 Rnrn. 6 f.; Decher, in: Lutter, UmwG, 2. Aufl. 2000, § 190 Rn. 3; siehe auch Becker, DVBl. 1999, 134 (136).

Der Begriff der Verursachung ist normativ, also durch eine wertende Zuordnung zu bestimmen[921]. Hierfür gilt das Prinzip der unmittelbaren Verursachung. Danach ist derjenige als Verursacher einer schädlichen Bodenveränderung oder Altlast anzusehen, dessen Verhalten – für sich betrachtet – die polizeiliche Gefahrenschwelle[922] überschreitet und damit die letzte menschliche Ursache für den Gefahreneintritt darstellt[923]. „*Unmittelbar*" in diesem Kontext bedeutet, dass objektiv ein enger Wirkungs- und Verantwortungszusammenhang zwischen Verhalten und Gefahr bestehen muss[924]. Deshalb wird regelmäßig die Verursachung einer Gefahr nur dann angenommen werden können, wenn ein aktives Handeln vorliegt.

Wird eine schädliche Bodenveränderung oder Altlast durch ein Unterlassen verursacht, kommt eine Haftung des Verursachers nur in Betracht, soweit eine öffentlich-rechtliche Handlungspflicht – in Bezug auf die Schadensverursachung – besteht[925]. Die in § 4 Abs. 2 BBodSchG genannten Gefahrvermeidungspflichten des Eigentümers und Inhabers der tatsächlichen Gewalt bewirken keine diesbezüglichen öffentlich-rechtlichen Handlungspflichten, da sie sich nur auf die Abwehr von Gefahren, die vom Grundstück ausgehen, beziehen, nicht aber auf Gefahren für das Grundstück[926].

Der Verursacher einer schädlichen Bodenveränderung oder Altlast ist lediglich für die Beseitigung der durch ihn verursachten Kontaminationen verantwortlich. Befinden sich also auf einem Grundstück verschiedene Gefahrenherde, für die verschiedene Verursacher verantwortlich sind, ist ein als Verhaltensverantwortlicher herangezogener Anordnungsadressat nicht zur Beseitigung der nicht von ihm verursachten Kontaminationen verpflichtet[927].

Anders ist die Rechtslage in den Fällen, in denen eine Zuordnung der verschiedenen Schadensherde nicht mehr möglich ist. Dann kann der in Anspruch genommene

---

921 Ausf. Becker, BBodSchG, Losebl., Stand Jan. 2001, § 4 Rn. 17; Erbguth/Stollmann, DVBl. 2001, 601; siehe auch Oldiges, in: Oldiges (Hrsg.), Das Bundes-Bodenschutzgesetz – Fragen und Erwartungen, 1996, S. 77 f.; kritisch hierzu schon früh Koch, Bodensanierung nach dem Verursacherprinzip, 1985, S. 13 ff.

922 Die bodenschutzrechtliche Gefahrenschwelle wird markiert durch den sog. Maßnahmenwert gem. § 8 Abs. 1 Nr. 2 BBodSchG; vgl. hierzu Sandner, NJW 2000, 2542 (2544); Sanden/Schoeneck, BBodSchG, 1998, § 8 Rn. 14; Diehr, UPR 1998, 128 (130); Erbguth/Stollmann, NuR 1999, 127 (130); Vierhaus, NJW 1998, 1262 (1265); Zeddel/Huhn, altlasten spektrum 1998, 196 (197); a.A. Riedel, UPR 1999, 92 (95); Hilger, in: Holzwarth/Radtke/Hilger/Bachmann, BBodSchG/BBodSchV, 2. Aufl. 2000, § 4 BBodSchG Rnrn. 35, 44, wonach neben den Maßnahmenwerten auch die Prüfwerte des § 8 Abs. 1 Nr. 1 BBodSchG die Gefahrenschwelle beschreiben sollen; zum Ganzen auch Dombert, altlasten spektrum 1998, 86 ff.

923 H.M.; vgl. Sanden/Schoeneck, BBodSchG, 1998, § 4 Rn. 31; Erbguth/Stollmann, DVBl. 2001, 601; Müggenborg, SächsVBl. 2000, 77 (81); An diesem Erfordernis scheitert auch die Inanspruchnahme des Abfallproduzenten zur Sanierung einer Deponie; vgl. Oerder/Numberger/Schönfeld, BBodSchG 1999, § 4 Rn. 12 m. Hinw. auf Papier, NVwZ 1986, 256 (260 f.); siehe auch Papier, DVBl. 1985, 873 (875); Brandt, der landkreis 1986, 205 (206); a.A. Koch, Bodensanierung nach dem Verursacherprinzip, 1985, S. 24 ff.; Kloepfer, NuR 1987, 7 (15 f.); differenzierend Seibert, DVBl. 1992, 664 (670).

924 Götz, Allgemeines Polizei- und Ordnungsrecht, 13. Aufl. 2001, Rn. 198.

925 Knopp/Albrecht, Altlastenrecht in der Praxis, 2. Aufl. 1998, Rn. 97 m. Hinw. auf OVG Münster, NWVBl. 1979, 735; Becker, BBodSchG, Losebl., Stand Jan. 2001, § 4 Rn. 23.

926 Siehe hierzu Bickel, BBodSchG, 3. Aufl. 2002, § 4 Rn. 7.

927 Bickel, BBodSchG, 3. Aufl. 2002, § 4 Rn. 20.

Verursacher zur (Mit-)Sanierung dieser Bodenkontaminationen verpflichtet werden. Für seine dadurch verursachten Mehrkosten kann er jedoch den Kostenausgleichsanspruch des § 24 Abs. 2 BBodSchG gegenüber den übrigen Verursachern geltend machen[928].

b) Gesamtrechtsnachfolger des Verursachers

Die Bestimmung, wer als Verursacher für Bodenkontaminationen verantwortlich ist, ist regelmäßig unproblematisch. Ganz anders stellt sich die Frage dar, wer als kostenpflichtiger Gesamtrechtsnachfolger eines Verursachers für Sanierungsmaßnahmen einzustehen hat.

(1) Begriff

Die Vorschrift des § 4 Abs. 3 BBodSchG bestimmt, dass auch der Gesamtrechtsnachfolger des Verursachers sanierungsverantwortlich ist. Diese neuartige Haftungserweiterung war zwar schon in einem früheren Referentenentwurf enthalten[929], wurde jedoch im Gesetzgebungsverfahren zunächst nicht weiter verfolgt[930]. Sie wurde schließlich erst wieder aufgrund einer Initiative des Bundesrats im Vermittlungsverfahren in das Bundes-Bodenschutzgesetz aufgenommen[931].

Zur Bestimmung des Begriffs der Gesamtrechtsnachfolge im bodenschutzrechtlichen Sinne ist der zivilrechtliche Gesamtrechtsnachfolgebegriff heranzuziehen[932]. Insoweit handelt es sich bei der Vorschrift des § 4 Abs. 3 BBodSchG um eine Rechtsgrundverweisung[933].

Unter Gesamtrechtsnachfolge versteht man einen Rechtsvorgang, der einen ganzen Vermögensinbegriff auf einen Rechtsnachfolger übergehen lässt, ohne dass spezielle Regelungen für die Übertragung einzelner Vermögensgegenstände befolgt werden müssen[934].

Mit der Regelung in § 4 Abs. 3 BBodSchG wurde die Streitfrage, ob eine Gesamtrechtsnachfolge auch in abstrakte polizeirechtliche Pflichten möglich ist, geklärt.

Ohnehin nicht in Streit stand, dass eine Rechtsnachfolge im Rahmen der Gesamtrechtsnachfolge in konkrete, d.h. durch eine Verfügung konkretisierte, Polizeipflichten

928 Bickel, BBodSchG, 3. Aufl. 2002, § 4 Rn. 20.

929 § 7 Abs. 3 des Referenten-Entwurfs zum Bundes-Bodenschutzgesetz in der mit den Ressorts abgestimmten Fassung v. 7. 2. 1994.

930 Vgl. BT-Drs. 13/7891, S. 10.

931 BT-Drs. 13/9637; vgl. Becker, DVBl. 1999, 134 (135 f.); VGH Kassel, UPR 2000, 151 (152) = NuR 2000, 285 (286) = DB 2000, 202 (203).

932 VGH Mannheim, NuR 2001, 460 (461) = VBlBW 2001, 281 (282) = NVwZ-RR 2002, 16 (17); Sanden/Schoeneck, BBodSchG, 1998, § 4 Rn. 35; Spieth/Wolfers, altlasten spektrum 1998, 75 (76); siehe auch Nolte/Niestedt, JuS 2000, 1172 (1175).

933 Theuer, DB 1999, 621 (622).

934 Schmidt, Gesellschaftsrecht, 4. Aufl. 2002, S. 356.

erfolgt, soweit es sich um vertretbare nachfolgefähige Pflichten handelt[935]. Der Gesamtrechtsnachfolger muss sich daher Verfügungen zurechnen lassen, die gegenüber seinem Rechtsvorgänger ergangen sind[936]. Umstritten war hingegen, ob eine Gesamtrechtsnachfolge in abstrakte, d.h. in noch nicht durch eine Verfügung konkretisierte Polizeipflichten ohne gesetzliche Grundlage möglich ist[937]. Diese Frage ist nunmehr – entsprechend früherer oder noch bestehender landesrechtlicher Vorschriften, wie beispielsweise Art. 68a BayWG für Gewässerverunreinigungen[938], § 12 HessAltlG oder § 20 ThürAbfG – aufgrund der Regelung in § 4 Abs. 3 BBodSchG für den Bereich der Verursacherhaftung zu bejahen[939].

Weiterhin umstritten ist hingegen, ob mit der Einführung der bodenschutzrechtlichen Verantwortlichkeit des Gesamtrechtsnachfolgers des Verursachers eine Haftung des Gesamtrechtsnachfolgers des Grundeigentümers ausgeschlossen ist.

Folgt man der Ansicht, wonach materielle Sanierungspflichten auch ohne Klarstellung im Bundes-Bodenschutzgesetz sukzessionsfähig sind, geht auch die Sanierungspflicht des Zustandsverantwortlichen im Wege der Gesamtrechtsnachfolge auf den Rechtsnachfolger über[940]. Die Nennung des Gesamtrechtsnachfolgers im Zusammenhang mit dem Verursacher wäre demnach lediglich deklaratorisch und enthielte keine eigenständige Bedeutung.

Die Gegenansicht verneint einen Gesamtrechtsnachfolgetatbestand im Hinblick auf die Zustandsverantwortlichkeit[941]. Begründet wird dies vor allem mit dem Wortlaut, wonach sich wegen der Aufzählung des Gesamtrechtsnachfolgers beim Verursacher

935 Kloepfer, Umweltrecht, 2. Aufl. 1998, S. 805; Becker, DVBl. 1999, 134 (136); Götz, Allgemeines Polizei- und Ordnungsrecht, 13. Aufl. 2001, Rn. 248; Schlabach/Simon, NVwZ 1992, 143 (145); vgl. auch Erichsen, in: Erichsen (Hrsg.), Allgemeines Verwaltungsrecht, 11. Aufl. 1998, § 11 Rn. 54 m.w.N.

936 Dies gilt nach h.M. auch für Verfügungen im Verwaltungsvollzug; siehe hierzu Dietlein, Nachfolge im öffentlichen Recht, 1999, S. 248 ff. m.w. Einzelheiten; nicht aber im Verwaltungszwang; siehe hierzu Ossenbühl, Zur Haftung des Gesamtrechtsnachfolgers für Altlasten, 1995, S. 64 m.w.N.

937 Dafür: Oldiges, JA 1978, 541 (542); Peine, DVBl. 1980, 941 (948 f.); Striewe, ZfW 1986, 273 (287); Kloepfer, in: Breuer/Kloepfer/Marburger/Schröder (Hrsg.), Altlasten und Umweltrecht (UTR Bd. 1), 1986, S. 17 (46); Stadie, DVBl. 1990, 501 (505); Schlabach/Simon, NVwZ 1992, 143 (145); Kloepfer, Umweltrecht, 2. Aufl. 1998, S. 805; für gesellschaftsrechtlichen Gesamtrechtsnachfolgetatbestand auch VGH München, ZfW 1989, 147 (151); OVG Lüneburg, NJW 1998, 97 (98) m.w.N. Gegen eine Gesamtrechtsnachfolgehaftung des Verhaltensverantwortlichen: Papier, Altlasten und polizeirechtliche Störerhaftung, 1985, S. 63 ff. m.w.N.; Papier, DVBl. 1985, 873 (878 f.); Papier, NVwZ 1986, 256 (262); Papier, in: Breuer/Kloepfer/Marburger/Schröder (Hrsg.), Altlasten und Umweltrecht (UTR Bd. 1), 1986, S. 59 (78); Papier, DVBl. 1996, 127 (128); Peine, JuS 1997, 984 (987); Knopp, Altlastenrecht in der Praxis, 1. Aufl. 1992, Rn. 48; differenzierend Ossenbühl, Zur Haftung des Gesamtrechtsnachfolgers für Altlasten, 1995, S. 47 f.; siehe zum Ganzen auch ausf. Dietlein, Nachfolge im Öffentlichen Recht, 1999, S. 88 ff.

938 Vgl. hierzu Gößl, in: Sieder/Zeitler/Dahme/Knopp/Gößl, Bayerisches Wassergesetz, Losebl., Stand Mai 2001, Art. 68a BayWG Rn. 20; Drost, Das Wasserrecht in Bayern, Losebl., Stand Dez. 2001, Art. 68a BayWG Rn. 16.

939 BT-Drs. 13/8182, S. 3.

940 So z.B. Oldiges, in: Oldiges (Hrsg.), Das neue Bundes-Bodenschutzgesetz – Fragen und Erwartungen, 1996, S. 73 (86).

941 So Sanden/Schoeneck, BBodSchG, 1998, § 4 Rn. 34, 37; Erbguth/Stollmann, DVBl. 2001, 601 (602); v. Mutius/Nolte, DÖV 2000, 1 (7).

im Umkehrschluss ergibt, dass dieser beim Zustandsverantwortlichen nicht verantwortlich ist[942].

Die Gesetzesmaterialien geben auf diese Frage keine Antwort. Der Gesetzgeber hat sich hinsichtlich der Haftung des Gesamtrechtsnachfolgers nur im Zusammenhang mit dem Verursacher beschäftigt. Mit dessen Aufnahme sollte zum einen die Rechtslage an die bestehenden Länderregelungen angeglichen werden und vor allem dem Verursacherprinzip Geltung verschafft werden[943].

Vielmehr scheint der Gesetzgeber davon ausgegangen zu sein, dass es einer Gesamtrechtsnachfolgeregelung in die Zustandsverantwortung nicht bedarf, da die Zustandsverantwortlichkeit mit der Erlangung des Eigentums oder der tatsächlichen Verfügungsgewalt originär begründet werde[944].

Tatsächlich spielt diese Frage aber in zwei Fallkonstellationen eine Rolle. Zum einen ist zu fragen, wie die Rechtslage hinsichtlich der Zustandsverantwortung aussieht, wenn der Grundeigentümer das Eigentum vor Eintritt der Gesamtrechtsnachfolge aufgibt. Nach der zuerst beschriebenen Ansicht tritt der Gesamtrechtsnachfolger in die Derelinquentenhaftung ein, weil die bodenschutzrechtliche Eigentümer- und Derelinquentenverantwortlichkeit als sukzessionsfähig angesehen wird[945]. Nach anderer Ansicht geht die Derelinquentenhaftung mit dem Erlöschen des übertragenden Rechtsträgers unter, da die Derelinquentenhaftung nicht auf den Gesamtrechtsnachfolger übergeht. Damit würden sich insbesondere im Bereich gesellschaftsrechtlicher Umwandlungen[946] mit der Aufspaltung nach § 123 Abs. 1 UmwG Möglichkeiten eröffnen, der Sanierungspflichtigkeit aus Zustandshaftung zu entgehen. So könnte der zustandsverantwortliche Rechtsträger zunächst das Eigentum am Grundstück aufgeben. Wenn der dann *„nur"* noch als Derelinquent haftende Rechtsträger im Wege der Aufspaltung sein Vermögen auf andere Rechtsträger im Wege der Gesamtrechtsnachfolge übertragen würde, ginge die Derelinquentenhaftung mangels gesetzlicher Regelung nicht über, sondern mit dem aufgelösten Rechtsträger unter.

Zum anderen ist zu fragen, wie die Rechtslage beim Verkauf des Grundstücks an einen (z.B. vermögenslosen) Dritten aussähe. Auch hier würde der Verkäufer zunächst als früherer Eigentümer nach § 4 Abs. 6 BBodSchG haften. Nach der zuerst dargestellten Ansicht träte nach einer Aufspaltung nach § 123 Abs. 1 UmwG der Ge-

---

942 Sanden/Schoeneck, BBodSchG, 1998, § 4 Rn. 34.

943 BT-Drs. 13/7891, S. 44 sowie BT-Drs. 13/8182, S. 3; auch der Referenten-Entwurf zum BBodSchG v. 7. 2. 1994 nennt in § 7 Abs. 3 (entspricht § 4 Abs. 3 BBodSchG) ausschließlich den (Gesamt-) Rechtsnachfolger des Verursachers, ohne in der Begründung näher auf die Problematik einzugehen; vgl. Referenten-Entwurf zum Bundes-Bodenschutzgesetz in der mit den Ressorts abgestimmten Fassung v. 7. 2. 1994, B 62 f.

944 So auch Kloepfer, Umweltrecht, 2. Aufl. 1998, S. 805; Nolte/Niestedt, JuS 2000, 1071 (1073); Giesberts, in: Fluck, Kreislaufwirtschafts-, Abfall- und Bodenschutzrecht, Losebl., 38. Erg.-Lfg., Stand Nov. 2002, BBodSchG § 4 Rn. 181.

945 So Oldiges, in: Oldiges (Hrsg.), Das neue Bundes-Bodenschutzgesetz – Fragen und Erwartungen, 1996, S. 73 (86).

946 Hinsichtlich der weitaus häufigsten Fälle der Gesamtrechtsnachfolge durch Erbschaft lässt sich zwar durch Testamentserrichtung eine gewisse Vorsorge treffen, der Eintrittszeitpunkt lässt sich jedoch im Gegensatz zu gesellschaftsrechtlichen Gesamtrechtsnachfolgetatbeständen nur schwer voraus planen.

samtrechtsnachfolger in die (nachwirkende) Zustandshaftung[947] als früherer Grundstückseigentümer ein, da die Zustandsverantwortlichkeit als sukzessionsfähig angesehen wird. Nach anderer Ansicht ginge die Haftung als früherer Grundstückseigentümer wegen fehlender gesetzlicher Grundlage nicht über, sondern mit dem aufgelösten Rechtsträger unter.

Um zu beantworten, ob eine bodenschutzrechtliche Gesamtrechtsnachfolge auch in die Zustandsverantwortlichkeit besteht, ist die maßgebliche Vorschrift des § 4 Abs. 3 BBodSchG auszulegen.

Aus dem Wortlaut der Vorschrift, welche die Gesamtrechtsnachfolgehaftung nur hinsichtlich des Verursachers nennt, ergibt sich im Umkehrschluss, dass für die Zustandsverantwortlichkeit keine Gesamtrechtsnachfolgehaftung besteht. Ein gegenteiliger Wille des Gesetzgebers lässt sich den Materialien nicht entnehmen. Eine extensive Auslegung im Rahmen der teleologischen Auslegung, beispielsweise um die oben beschriebenen Umgehungsmöglichkeiten auszuschließen, ist schon deshalb fraglich, weil sich angesichts des umfangreichen Kreises von Sanierungsverantwortlichen eine gesetzliche Lücke kaum begründen lässt; § 4 BBodSchG enthält folglich eine abschließende Regelung[948].

Zu unterscheiden von der Gesamtrechtsnachfolge ist die Einzelrechtsnachfolge oder Singularsukzession und die Nachfolge in Wahrung der Rechtsidentität bei gesellschaftsrechtlichen Umwandlungen und Formwechseln, wie z.B. bei Umwandlung einer GmbH in eine Aktiengesellschaft[949]. Eine Nachfolge in bodenschutzrechtliche Pflichten durch Einzelrechtsnachfolge scheidet aus, da Individuen grundsätzlich nicht über polizeirechtliche Pflichten disponieren können[950], und es an einer diesbezüglichen gesetzlichen Verankerung im Bundes-Bodenschutzgesetz fehlt[951]. Insoweit gilt das Gleiche wie bei der Gesamtrechtsnachfolge in die Zustandsverantwortlichkeit. Der Erwerber eines Grundstücks wird jedoch durch den Eigentumserwerb zustandsverantwortlich nach § 4 Abs. 3 BBodSchG.

---

947 Sanden/Schoeneck, BBodSchG, 1998, § 4 Rn. 49.

948 So die Rechtsprechung, VG Frankfurt, NVwZ 2000, 107 = NuR 1999, 711 m. Anm. Nolte NuR 2000, 259 ff. = ZfIR 2000, 305 ff. m. Anm. Schwartmann, ZfIR 2000, 256 ff.; VGH Kassel, UPR 2000, 151 (152) = NuR 2000, 285 (286); kritisch hierzu Bickel, BBodSchG, 3. Aufl. 2002, § 4 Rn. 23; vgl. auch BVerwG, NVwZ 2000, 1179 (1180), besprochen von Bickel, NVwZ 2000, 1133 ff.; siehe hierzu auch Knopp, DÖV 2001, 441 (442 ff.).

949 Becker, BBodSchG, Losebl., Stand Jan. 2001, § 4 Rn. 20; Becker, DVBl. 1999, 134 (136).

950 Drews/Wacke/Vogel/Martens, Gefahrenabwehr, 9. Aufl. 1986, S. 298; Ossenbühl, Zur Haftung des Gesamtrechtsnachfolgers für Altlasten, 1995, S. 38; Kloepfer, Umweltrecht, 2. Aufl. 1998, S. 805; Oldiges, JA 1978, 541 (541 f.); Oerder/Numberger/Schönfeld, BBodSchG, 1999, § 4 Rn. 15; Müller/Süß, altlasten spektrum 1999, 91 (92); Meißner, ZfIR 1999, 407 (411); Müggenborg, SächsVBl. 2000, 77 (82); OVG Münster, NVwZ 1997, 507 (508); differenzierend Papier, Altlasten und polizeirechtliche Störerhaftung, 1985, S. 63 f.; Oldiges, in: Oldiges (Hrsg.), Das neue Bundes-Bodenschutzgesetz – Fragen und Erwartungen, 1996, S. 73 (87), befürwortet eine Erweiterung der Nachfolgehaftung auch im Bereich der Einzelrechtsnachfolge, um auch für bestimmte gesellschaftsrechtliche Konstruktionen einen Haftungsübergang sicherzustellen; a.A. Knopp, in: Knopp/Löhr, Bundes-Bodenschutzgesetz in der betrieblichen und steuerlichen Praxis, 2000, Rn. 134 für vertragliche Haftungsausschlüsse nach § 25 HGB; siehe hierzu aber die Ausführungen unten unter Kap. 3 D I 2. e).

951 Becker, BBodSchG, Losebl., Stand Jan. 2001, § 4 Rn. 20.

(2) Derivative Nachfolge in Pflichten oder eigenständige Verantwortlichkeit des Gesamtrechtsnachfolgers

Ungeklärt ist, ob die ursprüngliche Verursacherverantwortlichkeit durch die Gesamtrechtsnachfolge übergeht, oder ob der Gesamtrechtsnachfolgers mit dem Rechtsübergang in eine eigene Pflichtenstellung einrückt.

Für erstere Lösung sprechen die Gesetzesmaterialien, nach der die Konzeption des Bundes-Bodenschutzgesetzes von der prinzipiellen Übergangsfähigkeit polizeirechtlicher Pflichten ausgeht[952]. Auch scheint das vom Gesetzgeber verfolgte Ziel, die Verursacherverantwortlichkeit im Bodenschutzrecht zu stärken[953], für eine Pflichtennachfolge in die polizeirechtliche Verantwortlichkeit des Verursachers zu sprechen[954]. Damit würde keine neue originäre bodenschutzrechtliche Verantwortlichkeit des – zivilrechtlichen – Gesamtrechtsnachfolgers begründet[955]. Auf der anderen Seite führt die Annahme einer Übertragungsfähigkeit von Sanierungspflichten in den Fällen, in denen der Verursacher neben seinem Gesamtrechtsnachfolger bestehen bleibt, wie dies in bestimmten Spaltungsvorgängen denkbar ist, gerade zum Gegenteil des gesetzgeberischen Ziels. Der weiterhin existente Verursacher, der seine Verursacherverantwortlichkeit übertragen hat, kann von der Behörde bodenschutzrechtlich lediglich innerhalb der Fünf-Jahres-Frist des § 133 Abs. 1, 3 UmwG[956] in Anspruch genommen werden.

Ansatzpunkt für die Beantwortung dieser Frage ist, ob der die Verursacherverantwortlichkeit tragende und legitimierende Zurechnungsgrund auch in der Person des Rechtsnachfolgers wirksam ist[957]. Zurechnungsgrund kann zum einen die Nähe des Verantwortlichen zur verursachten Gefahr sein[958]. Dies ist beim Verursacher regelmäßig anzunehmen, eine qualifizierte Nähe zur Gefahr wird hingegen beim Gesamtrechtsnachfolger in vielen Fällen nicht begründbar sein. Zum anderen kann die Haftungsmasse Zurechnungsgrund für die Verantwortlichkeit sein. Dies rechtfertigt die Haftung des Gesamtrechtsnachfolgers, der durch die Universalsukzession auch Inhaber der Aktiva des Nachlasses bzw. Unternehmens geworden ist[959].

Gerade in Altlastenfällen stellt sich die Polizeipflichtigkeit zunehmend als Kostenfrage dar, so dass maßgeblicher Haftungszurechnungsgrund eher die Übernahme der Haftungsmasse ist, als eine besondere Nähe zur Gefahrverursachung. Dies spricht somit für einen Übergang der Verursacherhaftung[960].

Dem entgegengesetzt steht die Aussage des Gesetzgebers, die Verursacherhaftung stärken zu wollen[961], sowie das Verursacherprinzip als zentraler umweltrechtlicher

952 Vgl. BT-Drs. 13/9637, S. 2; BT-Drs. 13/8182, S. 3.

953 BT-Drs. 13/6701, S. 51; 13/8182, S. 3.

954 V. Mutius/Nolte, DÖV 2000, 1 (3).

955 V. Mutius/Nolte, DÖV 2000, 1 (3).

956 Siehe hierzu Kallmeyer, in: Kallmeyer UmwG, 2. Aufl. 2001, § 133 Rn. 18 f. sowie ausf. unten unter Kap. 3 D I. 2. b) (3) (c) (ii) m.w.N.

957 Ossenbühl, Zur Haftung des Gesamtrechtsnachfolgers für Altlasten, 1995, S. 65 m.w.N.

958 Ossenbühl, Zur Haftung des Gesamtrechtsnachfolgers für Altlasten, 1995, S. 67.

959 Ossenbühl, Zur Haftung des Gesamtrechtsnachfolgers für Altlasten, 1995, S. 62.

960 In diesem Sinne Bickel, BBodSchG, 3. Aufl. 2002, § 4 Rn. 23.

961 BT-Drs. 13/6701, S. 51; 13/8182, S. 3.

Grundsatz[962]. Danach soll der, der die Umwelt schädigt, für die Kosten aufkommen[963]. Damit wäre es nur schwer vereinbar, wenn bei gleichzeitiger Existenz eines Verursachers und dessen Gesamtrechtsnachfolgers, ersterer nach Ablauf der Frist des § 133 Abs. 1, 3 UmwG nicht mehr in Anspruch genommen werden könnte.

Daher spricht einiges für eine eigenständige Gesamtrechtsnachfolgerhaftung für bodenschutzrechtliche Verpflichtungen. Allerdings werden die Fallgestaltungen eher selten sein, in denen die Unterscheidung zwischen abgeleiteter und eigenständiger Verantwortlichkeit relevant wird, da diese Problematik ohnehin nur bei bestimmten gesellschaftsrechtlichen Fallgestaltungen zum Tragen kommen kann.

(3) Tatbestände

(a) Erbfall

Der in der Praxis am häufigsten vorkommende Fall einer Gesamtrechtsnachfolge ist der Erbfall nach §§ 1922, 1967 BGB. Mit dem Todesfall wird der Erbe Gesamtrechtsnachfolger des Erblassers. Daher haftet nach dem eindeutigen Wortlaut in § 4 Abs. 3 BBodSchG der Erbe für die durch die Verursacherhaftung des Erblassers begründeten bodenschutzrechtlichen Pflichten[964].

Zum Nachlass gehören nach § 1967 BGB auch die so genannten Nachlassverbindlichkeiten. Zu diesen gehören neben den Erbfallschulden und Erbschaftsverwaltungsschulden vor allem die Erblasserschulden. Darunter fallen alle Arten von zivilrechtlichen Verbindlichkeiten, aber auch bestimmte öffentlich-rechtliche Zahlungsverpflichtungen wie z.B. Aufwendungs- oder Kostenersatz (§§ 11 Abs. 2, 29 S. 2 BSHG bzw. §§ 92a Abs. 1, 92c Abs. 1 BSHG) oder Steuerschulden nach § 45 AO[965]. Gerade im letzteren Fall handelt es sich nicht um eine steuerrechtliche (und damit öffentlich-rechtliche) Haftung im eigentlichen Sinne, sondern um ein Einstehenmüssen für die aus dem Nachlass zu entrichtenden Schulden[966].

Die übergehende bodenschutzrechtliche Verursacherhaftung ist keine allgemeine Nachlassverbindlichkeit. Als solche würde sie in anderen Fällen, in denen eine Haftung für den Nachlass übernommen wird, wie z.B. beim Erbschaftskauf, gleichfalls übergehen. Deswegen ist die Einordnung nicht ganz einfach[967]. Wegen der eindeutigen gesetzlichen Zuweisung in § 4 Abs. 3 S. 1 BBodSchG spielt diese Frage aber keine Rolle. Die Ordnungspflicht geht zwar vom Erblasser derivativ auf den Erben über und entsteht nicht bei diesem neu, er erbt sie jedoch nicht im zivilrechtlichen

962 Kloepfer, Umweltrecht, 2. Aufl. 1998, S. 177 ff. m.w.N.

963 Kloepfer, Umweltrecht, 2. Aufl. 1998, S. 177.

964 Oldiges, in: Oldiges (Hrsg.), Das neue Bundes-Bodenschutzgesetz – Fragen und Erwartungen, 1996, S. 73 (85); Erbguth/Stollmann, DVBl. 2001, 601 (602); Müggenborg, SächsVBl. 2000, 77 (82).

965 Siehe hierzu Hoffmann, in: Koch/Scholz, AO, 5. Aufl. 1996, § 45 Rn. 7 m.w.N.

966 Hoffmann, in: Koch/Scholz, AO, 5. Aufl. 1996, § 45 Rn. 7.

967 Schwartmann/Vogelheim, ZEV 2001, 101 (102) diskutieren in diesem Zusammenhang eine Einordnung als Erbfall- oder Nachlasskosten.

Sinne[968]. Deshalb ist in diesem Zusammenhang auch zu fragen, ob sich der Erbe des Verursachers auf die haftungsbeschränkenden oder haftungsausschließenden Vorschriften des Erbrechts berufen kann.

Dem Erben bleibt zunächst unbenommen, die Erbschaft auszuschlagen. Damit gilt der Anfall der Erbschaft an den Ausschlagenden gem. § 1953 BGB als nicht erfolgt, er ist also nicht Gesamtrechtnachfolger des Erblassers[969]. Insoweit trifft den Erben, wenn er die Erbschaft ausschlägt, die bodenschutzrechtliche Haftung nicht[970].

Anderes wird im Hinblick auf die haftungsbegrenzenden Möglichkeiten des Erbrechts bei einer Nachlassinsolvenz oder einer Beschränkung der Haftung auf den Nachlass vertreten. Danach sei nicht ersichtlich, dass der Gesetzgeber eine Übertragung der Haftungsbegrenzung in das Recht der Gefahrenabwehr habe übertragen wollen[971].

Diese Ansicht begegnet jedoch Bedenken. Zum einen widerspricht dieses Modell grundlegenden erbrechtliche Prinzipien, wonach als Korrektiv für die grundsätzlich unbegrenzte Haftung des Erben[972] für bestimmte gesetzlich geregelte Fallgestaltungen die Möglichkeit besteht, die Haftung zu begrenzen[973]. Außerdem ist aus den Gesetzesmaterialien genauso wenig ersichtlich, dass der Gesetzgeber die Anwendung der erbrechtlichen Haftungsregeln ausschließen wollte[974]. Schließlich hilft der Vergleich zwischen der abstrakten, noch nicht konkretisierten Verantwortlichkeit und einer schon durch behördliche Verfügung konkretisierten bodenschutzrechtlichen Verantwortlichkeit. Die Haftung für eine schon konkretisierte Verfügung kann der Erbe – wie oben dargelegt – durch Ausschlagung[975] oder Nachlassinsolvenz begrenzen[976]. Wenn der Erbe die Haftung für eine konkretisierte Verursacherhaftung begrenzen kann, muss dies erst recht gelten, wenn die Haftung zunächst nur abstrakt besteht. Der Erbe kann daher den Eintritt in die bodenschutzrechtliche Haftung vermeiden, wenn er das Erbe ausschlägt oder die Haftung auf den Nachlass beschränkt. Tut er dies nicht, haftet er, wie der Erblasser gehaftet hätte[977].

---

968 V. Mutius/Nolte, DÖV 2000, 1 (2); Schwartmann/Vogelheim, ZEV 2001, 101 (102); Siegmann, in: MüKo, 3. Aufl. 1997, § 1967 Rn. 75; a.A. BSozG, DVBl. 1961, 919 f.; mit ablehnender Anm. Bettermann, DVBl. 1961, 921 ff.

969 Vgl. BGHZ 106, 359 (364 f.); Stürner, in: Jauernig, BGB, 10. Aufl. 2003, § 1953 Rn. 1; Otte, in: Staudinger, BGB, 2000, § 1953 Rn. 12; Bickel, altlasten spektrum 2001, 61 (65).

970 Gerhold, altlasten spektrum 1998, 107 (108); Schwartmann/Vogelheim, ZEV 2001, 101 (103).

971 Schwartmann/Vogelheim, ZEV 2001, 101 (102 f.), die dann allerdings eine Begrenzung der Erbenhaftung nach den Vorgaben des Bundesverfassungsgerichts (BVerfGE 102, 1 ff.) analog der Begrenzung der Zustandsverantwortlichkeit annehmen. Damit wird jedoch die Unterscheidung zwischen der Begrenzung der Zustandsverantwortlichkeit und der bei diesem Gesamtrechtsnachfolgetatbestand einschlägigen Verursachungsverantwortlichkeit verwischt.

972 Sog. Grundsatz der unbeschränkten Haftung; vgl. Stürner, in: Jauernig, BGB, 10. Aufl. 2003, vor § 1967 Rn. 1; Siegmann, in: MüKo, 3. Aufl. 1997, § 1967 Rn. 1.

973 Stürner, in: Jauernig, BGB, 10. Aufl. 2003, vor § 1967 Rn. 2 m.w.N.; Siegmann, in: MüKo, 3. Aufl. 1997, § 1967 Rn. 1; Bickel, altlasten spektrum 2001, 61 (65).

974 Vgl. nur BT-Drs. 13/6701, S. 51 und 62; so auch Bickel, altlasten spektrum 2001, 61 (65).

975 Durch Ausschlagungserklärung nach § 1945 BGB; vgl. Edenhofer, in: Palandt, BGB, 62. Aufl. 2003, § 1945 Rnrn. 1 ff.

976 Nach §§ 1975 ff. BGB; vgl. Edenhofer, in: Palandt, BGB, 62. Aufl. 2003, vor § 1967 Rn. 4.

977 Siegmann, in: MüKo, 3. Aufl. 1997, § 1967 Rn. 76; Bickel, BBodSchG, 3. Aufl. 2002, § 4 Rn. 23; Sanden/Schoeneck, BBodSchG, 1998, § 4 Rn. 36; Gerhold, altlasten spektrum 1998, 107 (108); vgl. aber Hilger, in: Holzwarth/Radtke/Hilger/Bachmann, BBodSchG/BBodSchV, 2. Aufl.

(b) Verschmelzung von Unternehmen

Mit Eintragung der Verschmelzung von Unternehmen in das Handelsregister am Sitz des übernehmenden Rechtsträgers geht gem. § 20 Abs. 1 Nr. 1 UmwG das gesamte Vermögen des übertragenden Rechtsträgers auf den übernehmenden Rechtsträger über[978]. Bei einer Verschmelzung von Unternehmen findet ein vollständiger Eintritt des übernehmenden Rechtsträgers in die Position des übertragenden Rechtsträgers statt, es liegt somit ein Gesamtrechtsnachfolgetatbestand vor. Zum übergehenden Vermögen zählen nicht nur Aktiva, sondern auch Passiva sowie bestehende öffentlich-rechtliche Verpflichtungen, soweit es sich um vertretbare Handlungen handelt[979], wie z.B. Sanierungspflichten[980]. Aus diesem Grund gehen auch die sich aus dem Bundes-Bodenschutzgesetz ergebenden Sanierungspflichten über[981].

(c) Spaltung von Unternehmen

Gesellschaftsrechtliche Fallgestaltungen, in denen bodenschutzrechtliche Pflichten des Verursachers im Wege der Gesamtrechtsnachfolge auf einen neuen Rechtsträger übergehen, sind neben den Verschmelzungsfällen insbesondere die Spaltungstatbestände nach § 123 UmwG.

Allen Spaltungstatbeständen liegt ein Spaltungs- und Übernahmevertrag zugrunde. Im Gegensatz zum sonst im Zivilrecht geltenden Spezialitätsgrundsatz, nach dem jeder zu übertragende Gegenstand nach den für seine Übertragung geltenden Regeln übertragen werden muss, reicht es in den Fällen der partiellen Gesamtrechtsnachfolge aus, dass die zu übertragenden Gegenstände im Spaltungs- und Übernahmevertrag bezeichnet werden[982]. Mit der Eintragung der Spaltung in die Register der beteiligten Rechtsträger geht das betroffene Vermögen inklusive der Verbindlichkeiten vom übertragenden auf den übernehmenden Rechtsträger über.

(aa) Begriffsbestimmung

In § 123 UmwG sind drei Arten der Spaltung genannt:

- Aufspaltung nach § 123 Abs. 1 UmwG,
- Abspaltung nach § 123 Abs. 2 UmwG,
- Ausgliederung nach § 123 Abs. 3 UmwG.

2000, § 4 BBodSchG Rn. 90a, der annimmt, dass die bodenschutzrechtliche Haftung beim Gesamtrechtsnachfolger als eigenständige Verantwortlichkeit entsteht. Dies hätte zur Konsequenz, dass sich der Erbe nicht auf die beschränkte Erbenhaftung berufen könnte; vgl. Bickel, BBodSchG, 3. Aufl. 2002, § 4 Rn. 23.

978 Vgl. Schmitt/Hörtnagl/Stratz, UmwG/UmwStG, 3. Aufl. 2001, § 20 Rn. 4; Doerfert, vr 1999, 229 (230).

979 Marsch-Barner, in: Kallmeyer, UmwG, 2. Aufl. 2001, § 20 Rn. 27.

980 Grunewald, in: Lutter, UmwG, 2. Aufl. 2000, § 20 Rn. 8.

981 Erbguth/Stollmann, DVBl. 2001, 601 (602); VGH München, ZfW 1989, 147 (150); siehe auch VGH Mannheim, NuR 2001, 460 (461).

982 Teichmann, ZGR 1993, 396 (398); Schmidt, Gesellschaftsrecht, 4. Aufl. 2002, S. 357; Ganske, DB 1991, 791 (794).

Von einer Aufspaltung nach § 123 Abs. 1 UmwG spricht man, wenn der übertragende Rechtsträger sein Vermögen in einem Vorgang auf mindestens zwei übernehmende Rechtsträger jeweils als Gesamtes überträgt und selbst dadurch ohne Abwicklungsverfahren erlischt[983]. Die Vermögensübertragung erfolgt deshalb im Wege der Gesamtrechtsnachfolge[984]. Daher ist der Übergang von bodenschutzrechtlichen Verpflichtungen auf einen oder auf mehrere übernehmende Rechtsträger ohne weiteres möglich.

Bei einer Abspaltung im Sinne des § 123 Abs. 2 UmwG erlischt der übertragende Rechtsträger im Gegensatz zur vorgenannten Aufspaltung nicht. Der nicht bei ihm verbleibende Vermögensteil wird in einem Vorgang auf einen (oder mehrere) bestehenden oder neugegründeten Rechtsträger übertragen[985]. Im Gegensatz zur Aufspaltung gem. § 123 Abs. 1 UmwG erfolgt die Vermögensübernahme im Wege der Sonderrechtsnachfolge[986]. Daher ist zu prüfen, ob bodenschutzrechtliche Verpflichtungen nach § 4 Abs. 3 BBodSchG auch im Wege der Sonderrechtsnachfolge übergehen.

Im Unterschied zur Gesamtrechtsnachfolge geht bei der Sonderrechtsnachfolge nur ein Teil des Vermögens über, d.h. es kommt nicht zu einem vollständigen Eintritt in die Rechtsposition des übertragenden Rechtsträgers. Der Vermögensübergang selbst erfolgt jedoch nicht im Wege der Singularsukzession[987], sondern – bezogen auf das übergehende Vermögen – ebenfalls als Ganzes in einem Vorgang[988]. Insoweit folgt die Sonderrechtsnachfolge den selben Grundsätzen wie die Gesamtrechtsnachfolge[989]. Sie wird deshalb auch als partielle Gesamtrechtsnachfolge bezeichnet[990].

Da die Sonderrechtsnachfolge den selben Grundsätzen folgt wie die Gesamtrechtsnachfolge, gehen die bodenschutzrechtlichen Pflichten des § 4 Abs. 3 BBodSchG auch auf den partiellen Gesamtrechtsnachfolger über.

Wie bei der Abspaltung werden bei einer Ausgliederung nach § 123 Abs. 3 UmwG ein Teil oder mehrere Teile des Vermögens in einem Vorgang auf einen oder mehrere übernehmenden Rechtsträger übertragen[991]. Insoweit besteht kein Unterschied

---

983 Kallmeyer, in: Kallmeyer UmwG, 2. Aufl. 2001, § 123 Rn. 6; Schmitt/Hörtnagl/Stratz, UmwG/UmwStG, 3. Aufl. 2001, § 123 Rn. 6.

984 Schmitt/Hörtnagl/Stratz, UmwG/UmwStG, 3. Aufl. 2001, § 123 Rn. 6.

985 Kallmeyer, in: Kallmeyer UmwG, 2. Aufl. 2001, § 123 Rn. 9; Schmitt/Hörtnagl/Stratz, UmwG/UmwStG, 3. Aufl. 2001, § 123 Rn. 9.

986 Schmitt/Hörtnagl/Stratz, UmwG/UmwStG, 3. Aufl. 2001, § 123 Rn. 9.

987 Und damit nicht nach dem Spezialitätsgrundsatz, nach dem jeder Gegenstand für sich und nach den für ihn geltenden Regeln übertragen werden muss; vgl. Schmidt, Gesellschaftsrecht, 4. Aufl. 2002, S. 357.

988 Schmidt, Gesellschaftsrecht, 4. Aufl. 2002, S. 357; Schmitt/Hörtnagl/Stratz, UmwG/UmwStG, 3. Aufl. 2001, § 174 Rn. 12; kritisch Teichmann, ZGR 1993, 396 (404).

989 Vgl. Schmidt, Gesellschaftsrecht, 4. Aufl. 2002, S. 357.

990 Schmitt/Hörtnagl/Stratz, UmwG/UmwStG, 3. Aufl. 2001, § 174 Rn. 12.

991 Schmitt/Hörtnagl/Stratz, UmwG/UmwStG, 3. Aufl. 2001, § 123 Rn. 11; Kallmeyer, in: Kallmeyer UmwG, 2. Aufl. 2001, § 123 Rn. 11.

zur Abspaltung nach § 123 Abs. 2 UmwG; auch hier erfolgt der Vermögensübergang im Wege der Sonderrechtsnachfolge[992].

(bb) Grundsätze des Haftungsübergangs

Das Bundes-Bodenschutzgesetz geht davon aus, dass ein Pflichtenübergang im Wege der Gesamtrechtsnachfolge erfolgen soll, schweigt sich aber über Einzelheiten aus, wie dies bei Unternehmensspaltungen im Wege der partiellen Gesamtrechtsnachfolge vonstatten gehen soll. Auch in den Gesetzesmaterialen finden sich keine Anhaltspunkte dafür, nach welchen Grundsätzen die Verursacherhaftung übergehen soll[993].

Grundsätzlich richtet sich die Übertragung des Vermögens bei gesellschaftsrechtlichen Umwandlungsvorgängen nach dem Spaltungs- und Übernahmevertrag. Hier genügt gem. § 126 Abs. 1 Nr. 9 UmwG die genaue Bezeichnung der übergehenden Vermögensgegenstände unter Aufteilung in Aktiva und Passiva[994], wobei auch die generalklauselartige Zuordnung von Gegenständen zu bestimmten Betrieben oder Betriebsteilen ausreichen kann[995].

Auch öffentlich-rechtliche Rechtspositionen können, soweit es sich nicht um höchstpersönliche Rechte handelt[996], im Zusammenhang mit einer Spaltung übertragen werden, wie z.B. immissionsschutzrechtliche Genehmigungen oder wasserrechtliche Gestattungen[997]. Öffentlich-rechtliche Verpflichtungen können in Spaltungsvorgängen, sofern es sich um Geldleistungen oder um vertretbare Handlungspflichten handelt, ebenfalls übergehen[998] und werden als einem öffentlich-rechtlichen Risiko gleichstehend wie Verbindlichkeiten behandelt[999]. Hierzu gehören auch bodenschutzrechtliche Pflichten[1000].

Bedenken gegen die Übertragung von öffentlich-rechtlichen Verpflichtungen durch Spaltungs- und Übernahmevertrag greifen im Spaltungsrecht nicht. Anders als die grundsätzlich nicht mögliche Übertragung von bodenschutzrechtlichen Pflichten durch Singularsukzession[1001], können bodenschutzrechtliche Pflichten insoweit durch

---

992 Kallmeyer, in: Kallmeyer UmwG, 2. Aufl. 2001, § 123 Rn. 11.

993 Theuer, DB 1999, 621 (622); Becker, DVBl. 1999, 134 (138) weist in Fn. 31 zumindest auf die Stellungnahme des Bundesrates hin, der als Anwendungsbereich für diese Regelung Unternehmensspaltungen und Unternehmensveräußerungen, in deren Vollzug bei dem ursprünglichen Unternehmen als wesentliche Vermögenswerte nur kontaminierte Flächen verbleiben.

994 Kallmeyer, in: Kallmeyer UmwG, 2. Aufl. 2001, § 126 Rn. 19.

995 Schmitt/Hörtnagl/Stratz, UmwG/UmwStG, 3. Aufl. 2001, § 126 Rn. 83; vgl. auch das bei Kallmeyer, in: Kallmeyer UmwG, 2. Aufl. 2001, § 126 Rn. 40 abgedruckte Muster für die Bezeichnung der übertragenen Vermögensgegenstände und Verbindlichkeiten; vgl. zum Ganzen auch Bassenge, in: Palandt, BGB, 62. Aufl. 2003, § 930 Rn. 3 mit weiteren Beispielen.

996 Wie z.B. Gaststättenerlaubnis gem. § 2 GaststättenG, Erlaubnis nach § 32 KWG für Bankgeschäfte oder Fernverkehrskonzessionen nach §§ 8, 11 Güterkraftverkehrsgesetz; vgl. hierzu Schmitt/Hörtnagl/Stratz, UmwG/UmwStG, 3. Aufl. 2001, § 131 Rn. 81.

997 Vgl. hierzu Schmitt/Hörtnagl/Stratz, UmwG/UmwStG, 3. Aufl. 2001, § 131 Rn. 81.

998 Schmitt/Hörtnagl/Stratz, UmwG/UmwStG, 3. Aufl. 2001, § 131 Rn. 82.

999 Theuer, DB 1999, 621 (622); Kallmeyer, in: Kallmeyer UmwG, 2. Aufl. 2001, § 126 Rn. 27.

1000 Kallmeyer, in: Kallmeyer UmwG, 2. Aufl. 2001, § 126 Rn. 27.

1001 So Papier, NVwZ 1986, 256 (262); Papier, in: Breuer/Kloepfer/Marburger/Schröder (Hrsg.), Altlasten und Umweltrecht (UTR Bd. 1), 1986, S. 59 (78 f.); Drews/Wacke/Vogel/Martens, Ge-

Aufnahme in den Spaltungs- und Übernahmevertrag übertragen werden, als die Unternehmensspaltung als solche zulässig ist. Dies gilt jedenfalls, solange die einschlägige Sperrvorschrift des § 132 UmwG nicht eingreift.

(cc) Umfang des Haftungsübergangs

Weiterhin stellt sich die Frage, ob den beteiligten Rechtsträgern die Zuordnung von bodenschutzrechtlichen Handlungspflichten im Spaltungs- und Übernahmevertrag zu einem bestimmten Rechtsträger freigestellt ist, oder ob hierfür bestimmte Regeln zu befolgen sind.

So wird zum Teil vertreten, die Handlungspflicht müsse an denjenigen Rechtsträger übertragen werden, dem die entsprechende Kompetenz zugewiesen worden ist[1002]. Dies würde – übertragen auf den Übergang bodenschutzrechtlicher Sanierungspflichten – bedeuten, dass die Pflichten demjenigen Rechtsträger zugewiesen werden müssten, dem das entsprechende Grundstück zugeordnet worden wäre[1003]. Dies ist jedoch aus verschiedenen Gründen abzulehnen. Zum einen geht es im Bereich von Bodenkontaminationen in der Praxis primär nicht um die Frage von persönlichen Handlungspflichten, sondern um die Frage, wer für die Kosten aufzukommen hat. Die Sanierung von Bodenkontaminationen wird in den seltensten Fällen vom Verursacher selbst, sondern im Regelfall von Fachunternehmen durchgeführt werden[1004].

Ferner versagt dieser Lösungsansatz in den Fällen, in denen das betroffene Grundstück nicht mehr im Eigentum des Verursachers steht. In diesem Fall lässt sich die Sanierungsverpflichtung nicht mit der – auf das Grundstückseigentum bezogenen – Kompetenz verknüpfen. Wenn in solchen Fällen eine nicht an eine bestimmte Kompetenz gebundene Handlungspflicht bestehen kann, dann bestehen keine durchgreifenden Bedenken, dies auch sonst zuzulassen.

Auch eine Verpflichtung, im Rahmen des gesellschaftsrechtlichen Spaltungstatbestandes die Sanierungsverantwortung auf alle übernehmenden Rechtsträger zu übertragen, ist abzulehnen. Für die Anwendung des § 4 Abs. 3 BBodSchG als Rechtsgrundverweisung ist die gesellschaftsrechtliche Rechtslage maßgeblich. Im Umwandlungsgesetz findet sich aber keine Regelung, die eine bestimmte Zuordnung von Vermögensgegenständen an bestimmte Rechtsträger vorschreibt. Etwaige Missbrauchsfälle lassen sich über das auch im Umwandlungsrecht geltende Verbot der rechtsmissbräuchlichen Ausübung der ansonsten bestehenden Spaltungsfreiheit lösen, zumal die Nachhaftungsvorschrift des § 133 Abs. 3 UmwG für einen gewissen Schutz in bestimmten Fallkonstellationen sorgt[1005].

Zuletzt besteht für eine derartig enge Verknüpfung der Pflichten mit der Kompetenz kein Bedürfnis, da der Rechtsträger, dem ein kontaminiertes und mit bodenschutzrechtlicher Handlungspflicht *„belegtes"* Grundstück zugewiesen wird, ohnehin als Zustandsverantwortlicher haftet.

---

fahrenabwehr, 9. Aufl. 1986, S. 298; vgl. auch Oldiges, in: Oldiges (Hrsg.), Das Bundes-Bodenschutzgesetz – Fragen und Erwartungen, 1996, S. 73 (87).

1002 Teichmann, in: Lutter, UmwG, 2. Aufl. 2000, § 132 Rn. 37.

1003 Vgl. Theuer, DB 1999, 621 (622).

1004 Vgl. Theuer, DB 1999, 621 (622).

1005 Schmidt, ZGR 1993, 366 (388).

(dd) Begrenzung der Übertragung von bodenschutzrechtlicher Pflichten durch § 132 UmwG

Weiterhin ist zu klären, ob § 132 UmwG die Möglichkeit einer Übertragung von bodenschutzrechtlichen Pflichten in Spaltungsvorgängen einschränkt. § 132 UmwG ist eine Sperrvorschrift, nach der nach allgemeinem Recht bestehende Übertragungshindernisse auch im Falle der partiellen Gesamtrechtsnachfolge gelten[1006]. Daher stellt sich die Frage, ob § 4 Abs. 3 BBodSchG ein Übertragungshindernis im Sinne des § 132 UmwG ist. Dies ist jedoch abzulehnen. Ein Teil der Literatur begründet dies damit, dass § 132 UmwG schon nicht auf Verbindlichkeiten anzuwenden sei[1007]. Damit findet § 132 UmwG bei bodenschutzrechtlichen Pflichten keine Anwendung.

Zählt man hingegen zum zu übertragenden Vermögen auch Verbindlichkeiten[1008], was wegen der Vorschrift des § 126 Abs. 1 Nr. 9 UmwG nahe liegt, greift die Sperrwirkung des § 132 UmwG auf die Nachfolge in die bodenschutzrechtliche Verursacherhaftung ebenfalls nicht ein. Diese Vorschrift hat den Zweck, zu verhindern, dass bestimmte rechtliche Übertragungshindernisse ohne Mitwirkung des Betroffenen durch einen Umwandlungsakt umgangen werden können[1009]. Die Vorschrift des § 4 Abs. 3 BBodSchG ist lediglich eine Rechtsgrundverweisung auf zivilrechtliche Tatbestände und stellt deshalb kein solches Übertragungshindernis dar[1010]. Ganz im Gegenteil: Sinn der Regelung ist gerade, die polizeirechtliche Haftung übergehen zu lassen[1011].

Die gesellschaftsrechtlichen Vorschriften gehen sogar davon aus, dass alle Beteiligten der Spaltung nach § 133 Abs. 1 UmwG haften und öffentlich-rechtliche Verpflichtungen im Rahmen einer Spaltung übergehen können[1012], ohne dass hierfür spezielle Verfahrensregelungen vorgesehen sind. Nicht zuletzt aus der Vorschrift des § 123 Abs. 1 UmwG, die für den Fall der Aufspaltung ein Erlöschen des übertragenden Rechtsträgers vorschreibt, ergibt sich, dass eine Übertragung der bodenschutzrechtlichen Haftung möglich sein muss. Ansonsten wäre in diesem Fall eine Aufspaltung undurchführbar, da die Sanierungsverantwortlichkeit bei Umwandlungsvorgängen nicht verschwinden kann. Möglich wäre demnach lediglich eine Abspaltung, was zur Folge hätte, dass beim übertragenden Rechtsträger hauptsächlich die bodenschutzrechtlichen Pflichten verblieben, was der Intention des § 4 Abs. 3 BBodSchG widerspricht[1013]. Daraus ergibt sich, dass ein Übergang von öffentlich-rechtlichen Ver-

---

1006 Kallmeyer, in: Kallmeyer UmwG, 2. Aufl. 2001, § 132 Rn. 1.

1007 Schmitt/Hörtnagl/Stratz, UmwG/UmwStG, 3. Aufl. 2001, § 132 Rn. 17; Heidenhain, ZIP 1995, 801 (804).

1008 Knopp, in: Knopp/Löhr, Bundes-Bodenschutzgesetz in der betrieblichen und steuerlichen Praxis, 2000, Rn. 76; Kallmeyer, in: Kallmeyer UmwG, 2. Aufl. 2001, § 132 Rn. 3.

1009 Schmidt, Gesellschaftsrecht, 4. Aufl. 2002, S. 399; Theuer, DB 1999, 621 (622); Schmitt/Hörtnagl/Stratz, UmwG/UmwStG, 3. Aufl. 2001, § 132 Rn. 2 mit weiteren Einzelheiten.

1010 Theuer, DB 1999, 621 (622).

1011 So wohl Theuer, DB 1999, 621 (622).

1012 So genügt bei öffentlich-rechtlichen Verbindlichkeiten, die gegen den übertragenden Rechtsträger innerhalb der Fünf-Jahres-Frist des § 133 Abs. 3 UmwG (ebenso z.B. § 45 Abs. 1 UmwG für Verschmelzungsvorgänge) geltend gemacht werden, der Erlass eines Verwaltungsaktes; vgl. hierzu Schmitt/Hörtnagl/Stratz, UmwG/UmwStG, 3. Aufl. 2001, § 133 Rn. 30; Theuer, DB 1999, 621 (622).

1013 Vgl. BT-Drs. 13/6701, S. 51 f., wonach die Regelung gerade die Flucht aus der Verantwortlichkeit durch Unterkapitalisierungstatbestände verhindern sollte.

pflichtungen wie der Übergang von sonstigen Vermögensgegenständen durch Bezeichnung im Spaltungs- und Übernahmevertrag erfolgt und § 132 UmwG hier keinerlei Begrenzungen vorsieht.

(ee) Haftungsübergang bei Weiterbestehen des Verursachers

Ist nun der übertragende Rechtsträger bei einer Spaltung Verursacher im Sinne des Bundes-Bodenschutzgesetzes, stellt sich im Hinblick auf § 4 Abs. 3 BBodSchG die Frage, was mit der bodenschutzrechtlichen Verursacherverantwortlichkeit passiert. Diese könnte entweder beim übertragenden Rechtsträger als originäre Verursacherhaftung verbleiben, oder mit der Übertragung auf einen anderen Rechtsträger übergehen.[1014] Wird im Rahmen von gesellschaftsrechtlichen Spaltungsvorgängen die Verursacherhaftung einem übernehmenden Rechtsträger zugewiesen wird, stellt sich die Frage, ob damit der übertragende Rechtsträger seine Haftung verloren hat oder ob sie weiter kumulativ bei ihm verbleibt. Dies ist danach zu unterscheiden, ob der übertragende Rechtsträger selber Verursacher der bodenschutzrechtlichen Haftung war, oder ob er lediglich selber Rechtsnachfolger eines Verursachers ist. Hinsichtlich der ersten Fallgestaltung ist daher zu klären, ob es bodenschutzrechtlich möglich sein soll, dass zur gleichen Zeit der Verursacher und dessen Rechtsnachfolger als bodenschutzrechtlich Verantwortliche existieren.

Eine solche Konstellation ist rechtlich ungewöhnlich, da mit der Gesamtrechtsnachfolge regelmäßig das Vermögen mit Aktiven und Passiven als Gesamtes auf den Rechtsnachfolger übergeht und der Rechtsvorgänger nicht weiter besteht. Bei bestimmten Spaltungsvorgängen kann eine solche Fallgestaltung aber eintreten.

Die Lösung dieses Problems richtet sich danach, ob die bodenschutzrechtliche Gesamtrechtsnachfolgehaftung eine eigenständige Haftung ist[1015], oder ob sie lediglich akzessorisch zur Verursacherverantwortung bestehen soll[1016]. Fraglich ist, ob aus einem Kontaminationssachverhalt mehr als eine Haftung hinsichtlich der Verursachung erwachsen kann, oder ob die Haftung hinsichtlich ihres Bestehens von der Verursacherverantwortung abhängt, so dass die Haftung übergehen muss. Geht man davon aus, die bodenschutzrechtliche Haftung nur einmal bestehen kann, hätte das zur Folge, dass die ursprüngliche Verursacherhaftung erlischt und der Verursacher lediglich innerhalb von fünf Jahren gemäß § 133 Abs. 1, 3 UmwG herangezogen werden kann. Nach dieser Lösung wäre seine Haftung nach diesem Zeitpunkt erloschen.

Der Gesetzeswortlaut zwingt nicht zu dieser Interpretation. In § 4 Abs. 3 S. 1 BBodSchG heißt es *„Der Verursacher einer schädlichen Bodenveränderung oder Altlast sowie dessen Gesamtrechtsnachfolger (...) sind verpflichtet, (...) zu sanieren (...).“* Insoweit erfolgt keine Einschränkung der Gestalt, dass die Haftung beim Verursacher mit der Gesamtrechtsnachfolge auf den übernehmenden Rechtsträger erlö-

1014 Spieth/Wolfers, altlasten spektrum 1998, 75 (76).

1015 In diesem Sinne wohl Becker, BBodSchG, Losebl., Stand Jan. 2001, § 4 Rn. 22; Hilger, in: Holzwarth/Radtke/Hilger/Bachmann, BBodSchG/BBodSchV, 2. Aufl. 2000, § 4 BBodSchG Rn. 90a.

1016 So Bickel, BBodSchG, 3. Aufl. 2002, § 4 Rn. 23; wohl auch Oerder/Numberger/Schönfeld, BBodSchG, 1999, § 4 Rn. 14; Sanden/Schoeneck, BBodSchG, 1998, § 4 Rn. 36.

schen soll. Ganz im Gegenteil, die Verwendung des Wortes „*sowie*“ legt eine zusätzliche Haftung nahe.

Da die Verursacherhaftung ein gesetzlich geregelter Haftungstatbestand ist, ist auch nichts dagegen einzuwenden, wenn der noch vorhandene Verursacher herangezogen wird. Dies erscheint auch deswegen sinnvoll, weil der nach § 4 Abs. 3 S. 1 BBodSchG zur Sanierung herangezogener Gesamtrechtsnachfolger[1017] Ausgleichsansprüche nach § 24 Abs. 2 BBodSchG gegen einen noch existenten und daher grundsätzlich ausgleichspflichtigen Verursacher hat[1018]. Ein Ausweichen auf eine analoge Anwendung von § 24 Abs. 2 BBodSchG, wie sie von der Literatur teilweise vorgeschlagen wird[1019], ist entbehrlich, da auch der nach § 4 Abs. 3 S. 1 BBodSchG in Anspruch genommenen Gesamtrechtnachfolger kostenpflichtig nach § 24 Abs. 1 BBodSchG und somit Verpflichteter im Sinne des § 24 Abs. 2 BBodSchG ist.

Außerdem soll ausweislich der Gesetzesbegründung das Verursacherprinzip gestärkt werden[1020], so dass eine Entlassung des Verursachers aus der bodenschutzrechtlichen Verantwortlichkeit in diesen Fallgestaltungen der Gesetzesintention zuwider läuft.

(ff) Haftungsübergang in Umwandlungsketten

Weiterhin ist zu fragen, wie sich die Haftungsverteilung im Falle mehrfacher Umwandlungen darstellt[1021]. Erlischt der Verursacher, z.B. die A-GmbH, im Rahmen einer Umwandlung, geht die Verursacherhaftung im Wege der Gesamtrechtsnachfolge auf den Rechtsträger über, dem sie zugewiesen wurde, z.B. die B-GmbH. Diese ist dann als Gesamtrechtsnachfolgerin der A-GmbH nach § 4 Abs. 3, Var. 2 BBodSchG sanierungspflichtig. Wird die B-GmbH ein weiteres Mal gesellschaftsrechtlich umgewandelt und die Sanierungsverantwortlichkeit bei weiter bestehender Existenz der B-GmbH einem neuen Rechtsträger, z.B. der C-GmbH zugewiesen, stellt sich die Frage, ob die B-GmbH weiterhin sanierungsverpflichtet ist.

Nach dem Wortlaut des § 4 Abs. 3 BBodSchG könnte man dies, ebenso wie eine kumulative Haftung des Verursachers und dessen Rechtsnachfolgers, annehmen, da die B-GmbH tatsächlich Gesamtrechtsnachfolgerin des Verursachers, der A-GmbH, war. Das hat für die Behörde den Vorteil, dass sie mit jeder gesellschaftsrechtlichen Abspaltung oder Ausgliederung (§ 123 Abs. 2 und 3 UmwG) auf einen weiteren Sanierungsverantwortlichen zurückgreifen kann, sofern sie in der Lage ist, diese Haftungskette nachzuvollziehen[1022]. Andererseits steigen für die beteiligten Unterneh-

---

1017 Die Vorschrift des § 24 Abs. 2 BBodSchG benennt keinen Katalog von Ausgleichsanspruchsgläubiger. Welcher Verpflichteter Ausgleichsansprüchen haben kann, ergibt sich im Zusammenhang mit § 24 Abs. 1 BBodSchG, also jeder, der als Verantwortlicher i.S. des § 4 (nicht erstattete) Kosten für Maßnahmen aufgewendet hat; vgl. Oerder/Numberger/Schönfeld, BBodSchG, 1999, § 24 Rn. 10; Sanden/Schoeneck, BBodSchG, 1998, § 24 Rn. 24.

1018 Siehe zu den Voraussetzungen der Ausgleichspflicht nach § 24 Abs. 2 BBodSchG unten unter Kap. 3 D III.

1019 Becker, BBodSchG, Losebl., Stand Jan. 2001, § 24 Rn. 7b.

1020 BT-Drs. 13/6701, S. 51; BT-Drs. 13/8182, S. 3.

1021 Zu dieser Problematik siehe auch Schwartmann, ZfIR 2000, 256 (257); Ossenbühl, Zur Haftung des Gesamtrechtsnachfolgers für Altlasten, 1995, S. 52.

1022 Schwartmann, ZfIR 2000, 256 (257).

men bei solchen Umwandlungen die Haftungsrisiken, da sie mit bodenschutzrechtlichen Anordnungen konfrontiert werden, zu denen im Hinblick auf die Unternehmenstätigkeit weder ein tatsächlicher noch ein rechtlicher Bezug besteht. Aus Sicht eines solcherart betroffenen Unternehmens sind dies Vorgänge, die weit außerhalb seiner Sphäre und Verantwortung liegen. Der erklärte Gesetzeszweck, Rechtssicherheit zu schaffen[1023], wird hierdurch nicht gefördert.

Daher ist die Frage zu klären, ob es im Rahmen gesellschaftsrechtlicher Spaltungsvorgänge auch wieder zu einem Verlust der Verursacher- oder Gesamtrechtsnachfolgerhaftung kommen kann. Hierfür spricht folgendes: Um die bodenschutzrechtliche Handlungspflicht überhaupt in die zivil- und gesellschaftsrechtliche Übergangsregelungen integrieren zu können, wird sie wie eine Verbindlichkeit behandelt. Bei allen umwandlungsrechtlichen Gesamtrechtsnachfolgetatbeständen erfolgt jedoch keine Verdopplung oder Vermehrung der Zahl von Verbindlichkeiten. Daran ändert auch der Haftungstatbestand des § 133 Abs. 1 S. 1 UmwG nichts, der lediglich zu einer gesamtschuldnerischen Haftung der an der Spaltung beteiligten Rechtsträger führt[1024]. Der Gläubiger ist damit zwar berechtigt, die Leistung von mehreren Schuldnern zu fordern, er kann sie aber nur einmal fordern[1025]. Daher stellt sich die Frage, ob die bodenschutzrechtliche Haftung nach § 4 Abs. 3 BBodSchG einen Fall der Gesamtschuldnerhaftung darstellt, wie dies teilweise in der verwaltungsrechtlichen Rechtsprechung für polizeirechtliche Pflichten angenommen wurde[1026]. Eine gesamtschuldnerische Haftung kommt dann in Betracht, wenn sie gesetzlich angeordnet ist[1027] oder wenn die Verpflichtungen der Schuldner gleichrangig sind[1028]. Eine ausdrückliche Regelung fehlt in § 4 Abs. 3 BBodSchG. Eine Gleichrangigkeit von mehreren bodenschutzrechtlich Verpflichteten kann lediglich dann vorliegen, wenn diese in die selbe Verantwortlichenkategorie fallen. Dies könnte man möglicherweise annehmen, wenn verschiedene Verursacher verantwortlich sind. Aber auch in diesem Fall erfolgt die Auswahl durch eine Ermessensentscheidung, in der eine gleichrangige Verpflichtung mehrerer Verantwortlicher kaum einmal festgestellt werden kann. Selbst wenn alle Auswahlkriterien[1029] von mehreren Verantwortlichen gleich gut erfüllt sind, spielt das Kriterium des Verursachungsgrades eine entscheidende Rolle. Existieren ein Verursacher und dessen Gesamtrechtsnachfolger gleichzeitig, so wird die Behörde im Rahmen ihrer Auswahlentscheidung das Kriterium, dass der Verursacher vorrangig in Anspruch zu nehmen ist, und den Gesichtspunkt, dass dessen

---

1023 BMU-Information zum Bundes-Bodenschutzgesetz v. 6. 2. 1998, S. 1; Knopp, in: Knopp/Löhr, Bundes-Bodenschutzgesetz in der betrieblichen und steuerlichen Praxis, 2000, Rn. 7.

1024 Vgl. hierzu Schmitt/Hörtnagl/Stratz, UmwG/UmwStG, 3. Aufl. 2001, § 133 Rn. 2; zu den beteiligten Rechtsträgern gehört auch der bei einer Abspaltung oder Ausgliederung übertragende (und weiterbestehende) Rechtsträger sein; vgl. Kallmeyer, in: Kallmeyer UmwG, 2. Aufl. 2001, § 133 Rn. 4.

1025 Heinrichs, in: Palandt, BGB, 62. Aufl. 2003, § 421 Rn. 4; Ehmann, in: Erman, BGB, 10. Aufl. 2000, § 421 Rn. 11; Noack, in: Staudinger, BGB, 1999, § 421 Rn. 3; Selb, in: MüKo, 3. Aufl. 1997, § 421 Rn. 1.

1026 So z.B. VGH Mannheim, VBlBW 1993, 298 (300); VGH München, NVwZ 1989, 681 (683); VGH München, NJW 1993, 81.

1027 Z.B. § 10 Abs. 3 S. 3 BodSchG BW; § 12 Abs. 2 S. 2 HessAltlG.

1028 BGHZ 106, 313 (319); BGHZ 108, 179 (183); BGHZ 120, 50 (56); Noack, in: Staudinger, BGB, 1999, § 421 Rn. 3; Heinrichs, in: Palandt, BGB, 62. Aufl. 2003, § 421 Rn. 6.

1029 In der Literatur werden genannt: Effektivität und Schnelligkeit des Vollzugs, die Möglichkeit des besten Vollzugs, wirtschaftliche Leistungsfähigkeit; vgl. hierzu Becker, BBodSchG, Losebl., Stand Jan. 2001, § 4 Rn. 37.

Verpflichtungen auf den neuen Rechtsträger übergegangen sind, zu berücksichtigen haben. Insoweit liegt eine gleichartige Pflichtenstellung und damit ein Gesamtschuldtatbestand in § 4 Abs. 3 BBodSchG regelmäßig nicht vor[1030].

Auch die Vorschrift des § 133 Abs. 3 UmwG, die eine Verteilung von im Spaltungs- und Übernahmevertrag keinem der Rechtsträger zugewiesenen Gegenstand nach dem Verhältnis ihrer Anteile nach Durchführung der Spaltung vorschreibt, stützt diese Ansicht. Gegenstände im Sinne dieser Regelung sind wegen der – allerdings nur Aktiengesellschaften betreffenden – Vorgabe in Art. 3 Abs. 3b Europ. SpaltungsRL[1031] auch Verbindlichkeiten, die nach dem Verhältnis der Anteile der übernehmenden Rechtsträger verteilt werden[1032]. Daraus ergibt sich als Summe der Verbindlichkeit 100%, eine Vervielfältigung der Verursacherhaftung durch die gleichzeitige Existenz mehrerer Gesamtrechtsnachfolger des Verursachers unterbleibt somit.

Außerdem gebietet der Wortlaut der Vorschrift – anders als bei der Verursacherhaftung, die auch bei Existenz eines Gesamtrechtsnachfolgers wegen des Gesetzeswortlauts nicht untergeht – eine Vervielfältigung der Gesamtrechtsnachfolgerhaftung nicht. Es wird nur vom Gesamtrechtsnachfolger des Verursachers gesprochen, nicht aber von dessen Gesamtrechtsnachfolgern im Plural. Somit gibt es einen – nach Umwandlungsvertrag gegebenenfalls haftenden – Gesamtrechtsnachfolger. Auf diese Weise werden notwendige unternehmerische Umstrukturierungen nicht unnötig erschwert oder sogar verhindert, was letztlich zur Rechtssicherheit beiträgt[1033].

Als Ergebnis ist festzuhalten, dass bei Umwandlungsketten die Haftung als Gesamtrechtsnachfolger des Verursachers durch die Zuweisung der bodenschutzrechtlichen Haftung an den nächsten Rechtsträger in der Umwandlungskette übergeht. Nur so kann ein Gleichklang des Haftungsübergangs zwischen Abspaltung bzw. Ausgliederung (§ 123 Abs. 2 und 3 UmwG) und der Aufspaltung nach § 123 Abs. 1 UmwG dahingehend ermöglicht werden, dass nach dem Spaltungsvorgang derjenige Rechtsträger in die Verursacherhaftung eintritt, dem sie zugewiesen worden ist.

(gg) Vergessene Verbindlichkeiten

Unterbleibt eine Regelung zur bodenschutzrechtlichen Verursacherhaftung im Übernahme- und Spaltungsvertrag, stellt sich die Frage nach den Konsequenzen hieraus.

Hier ist zu unterscheiden, ob der übertragende Rechtsträger weiter bestehen bleibt oder ob er sich auflöst. Im ersten Fall verbleibt, sofern sich aus der Auslegung des Spaltungs- und Übernahmevertrags kein anderes Ergebnis ergibt, die Haftung beim übertragenden Rechtsträger, da eine Zuweisung der Haftung nicht vorgenommen wurde[1034].

1030 In diesem Sinne wohl Becker, BBodSchG, Losebl., Stand Jan. 2001, § 4 Rn. 48;

1031 6. Richtlinie 82/891 EWG des Rates v. 17. 12. 1982 gemäß Art. 54 Abs. 3 g) des Vertrags betreffend die Spaltung von Aktiengesellschaften (Amtsbl. Nr. 378 v. 31. 12. 1982, S. 47 ff.).

1032 Umstr.; wie hier Schmitt/Hörtnagl/Stratz, UmwG/UmwStG, 3. Aufl. 2001, § 131 Rn. 113; a.A. Kallmeyer, in: Kallmeyer UmwG, 2. Aufl. 2001, § 131 Rn. 17.

1033 Theuer, DB 1999, 621 (624).

1034 Giesberts/Frank, DB 2000, 505 (507); Schmitt/Hörtnagl/Stratz, UmwG/UmwStG, 3. Aufl. 2001, § 131 Rn. 110.

Im zweiten Fall geht sie auf einen der übernehmenden Rechtsträger über. Welcher der Rechtsträger in die Verursacherhaftung eintritt, ist durch Vertragsauslegung zu bestimmen[1035]. Führt die Auslegung des Spaltungs- und Übernahmevertrags zu keinem Ergebnis, geht die Haftung auf alle übernehmenden Rechtsträger über. Diese Haftung wird durch die partielle Gesamtrechtsnachfolge des Spaltungsrechts begründet und beruht nicht auf § 133 Abs. 1 S. 1 UmwG, da sich ansonsten die übernehmenden Rechtsträger auf die Nachhaftungsbegrenzung des § 133 Abs. 3 UmwG berufen könnten[1036]. Fraglich ist aber, ob die übernehmenden Rechtsträger gesamtschuldnerisch hierfür haften, wie dies für Verbindlichkeiten anzunehmen ist[1037], oder ob sich eine Haftungsquotelung ergibt. Da dieser Fall erst eintritt, wenn eine Vertragsauslegung kein Ergebnis bringt, kann anders als in der oben besprochenen Fallgestaltung eine Gleichwertigkeit der bodenschutzrechtlichen Pflichtenstellung angenommen werden, so dass eine gesamtschuldnerische Haftung hierfür wie für andere Verbindlichkeiten besteht[1038].

Wie im Falle der vergessenen Verbindlichkeiten oder einer unterbliebenen Zuweisung zu einem Rechtsträger ist der Sachverhalt zu behandeln, wenn schädliche Bodenveränderungen und Altlasten zum Zeitpunkt der Spaltung nicht bekannt waren[1039]. Auch in diesem Fall erfolgt primär eine nachträgliche Zuweisung mittels einer Auslegung des Spaltungs- und Übernahmevertrags[1040]. Hier können dann Gesichtspunkte, wie Verbindung der bodenschutzrechtlichen Haftung mit einem bestimmten Betriebsteil, betriebswirtschaftliche Zurechnung oder Zuordnung der Haftung zu einem bestimmten Grundstück eine Rolle spielen[1041].

(hh) Rechtsmissbräuchliche Umwandlungen

Denkbar sind weiterhin Fallgestaltungen, in denen zur Vermeidung der Haftungserweiterung in § 4 Abs. 3 BBodSchG gesellschaftsrechtliche Gestaltungsmöglichkeiten missbraucht werden und eine Zuweisung der Sanierungspflicht auf eine weitgehend vermögenslose Gesellschaft erfolgt[1042]. In diesem Fall wird wegen des auch im Umwandlungsrecht geltenden Verbots der rechtsmissbräuchlichen Ausübung der Spaltungsfreiheit die Übernahmeregelung wegen Sittenwidrigkeit (§ 138 BGB) unwirksam sein, was eine gesamtschuldnerische Haftung sämtlicher übernehmender Rechtsträger (§ 133 Abs. 1 S. 1 UmwG) zur Folge hat. Ob damit die Konsequenz verbunden ist, dass die Nachhaftungsbegrenzung nach § 133 Abs. 3 UmwG entfällt[1043], ist zwei-

---

1035 Kallmeyer, in: Kallmeyer UmwG, 2. Aufl. 2001, § 126 Rn. 65; Giesberts/Frank, DB 2000, 505 (507).

1036 Schmitt/Hörtnagl/Stratz, UmwG/UmwStG, 3. Aufl. 2001, § 131 Rn. 113; a.A. Kallmeyer, in: Kallmeyer UmwG, 2. Aufl. 2001, § 126 Rn. 27, der aber eine zeitlich unbegrenzte Haftung aus § 133 Abs. 1 S. 1 UmwG annimmt; siehe auch Schmidt, ZGR 1993, 366 (387).

1037 Teichmann, ZGR 1993, 396 (417); Schmitt/Hörtnagl/Stratz, UmwG/UmwStG, 3. Aufl. 2001, § 131 Rn. 113.

1038 Müggenborg, SächsVBl. 2000, 77 (84); siehe auch Schmidt, ZGR 1993, 366 (387).

1039 Vgl. Schmidt, ZGR 1993, 366 (387).

1040 Schmidt, ZGR 1993, 366 (387).

1041 Giesberts/Frank, DB 2000, 505 (507); Kallmeyer, in: Kallmeyer UmwG, 2. Aufl. 2001, § 126 Rn. 67.

1042 Theuer, DB 1999, 621 (622); Becker/Fett, NZG 1999, 1189 (1196).

1043 Theuer, DB 1999, 621 (622); Knopp, in: Knopp/Löhr, Bundes-Bodenschutzgesetz in der betrieblichen und steuerlichen Praxis, 2000, Rn. 79.

felhaft. Wenn eine Spaltung wegen des Verstoßes gegen § 138 BGB unwirksam ist, bleibt es bei der bisherigen Haftungssituation[1044]. Insoweit besteht für diese Fälle kein Bedürfnis, eine derartige Haftungserweiterung einzuführen[1045].

In jedem Fall ist Zurückhaltung bei der Annahme einer Sittenwidrigkeit hinsichtlich der Spaltungs- und Übernahmeregelung geboten. Nicht jede Trennung in Aktiva und Passiva ist rechtsmissbräuchlich[1046]. Dies muss jeweils für den Einzelfall und im Rahmen einer Gesamtbetrachtung beurteilt werden[1047].

Verstößt eine Spaltung nicht gegen § 138 BGB, so gilt die Nachhaftungsbegrenzung des § 133 Abs. 3 UmwG.

(ii) Nachhaftungsregelung

Der Rechtsträger, dem die bodenschutzrechtliche Haftung im Übernahme- und Spaltungsvertrag nicht zugeordnet wurde, haftet für die Dauer von fünf Jahren als Gesamtschuldner neben dem Hauptschuldner (§ 133 Abs. 1, 3 UmwG). Ob dies dazu führt, dass der Mithaftende auch zum bodenschutzrechtlich Sanierungsverantwortlichen wird, ist zweifelhaft. Hier ist zunächst der Fall zu behandeln, in dem der Verursacher der Bodenkontamination nach dem Spaltungsvorgang bestehen bleibt, die Haftung aber einem weiteren Rechtsträger übertragen wird. Dann ist nach den oben gemachten Ausführungen neben dem Verursacher gleichzeitig dessen Gesamtrechtsnachfolger existent.

Danach sind der weiterbestehende Verursacher und dessen Gesamtrechtsnachfolger unbeschränkt verantwortlich, da die durch § 4 Abs. 3 S. 1 BBodSchG angeordnete Haftung kumulativ und zeitlich unbegrenzt besteht. In diesem Fall sind beide unabhängig von umwandlungsrechtlichen Nachhaftungsregelungen als bodenschutzrechtliche Verantwortliche sanierungspflichtig.

Anders liegt der Fall, in dem neben dem Rechtsträger, dem die bodenschutzrechtliche Verpflichtung übertragen wurde, weitere mithaftende Rechtsträger bestehen, die nicht Verursacher sind.

Für die Behörde kann es nun vorteilhaft sein, einen der mithaftenden Rechtsträger für eine Sanierung in Anspruch zu nehmen. Hier eröffnen sich jedoch Probleme. Nach § 4 Abs. 3 BBodSchG ist der Gesamtrechtsnachfolger des Verursachers sanierungspflichtig. Nach der Systematik des Umwandlungsrechts wird der Mithaftende jedoch nicht zum Gesamtrechtsnachfolger, er haftet nur – gesamtschuldnerisch – neben dem Verursacher. Deshalb ist fraglich, ob er dadurch zum Sanierungsverantwortlichen im Sinne des § 4 Abs. 3 S. 1 BBodSchG wird.

In der Literatur wird eine über den Wortlaut des § 4 Abs. 3 S. 1 BBodSchG hinausgehende, zeitlich begrenzte Mithaftung des Rechtsträgers, dem die bodenschutz-

1044 Siehe hierzu auch Hommelhoff, in: Lutter, UmwG, 2. Aufl. 2000, § 133 Rn. 15.

1045 Darüber hinaus sind in solchen Fallgestaltungen weitere Ansprüche, z.B. aus § 826 BGB, denkbar; vgl. auch Thomas, in: Palandt, BGB, 62. Aufl. 2003, § 826 Rn. 31 m.w.N.

1046 Theuer, DB 1999, 621 (623); Hommelhoff, in: Lutter, UmwG, 2. Aufl. 2000, § 133 Rn. 18.

1047 Zutreffend Theuer, DB 1999, 621 (623).

rechtliche Verpflichtung nicht zugewiesen worden ist, vertreten[1048]. Begründet wird dies mit der Anknüpfung des § 4 Abs. 3 BBodSchG an vorhandene zivilrechtliche Tatbestände, wozu auch der spezifische Gläubigerschutz bei der partiellen Gesamtrechtsnachfolge gehöre. Dieses Ergebnis sei vergleichbar mit der dem Erben eröffneten Möglichkeit der Einrede der beschränkten Erbenhaftung, bei der denkbare Konsequenzen des Zivilrechts bei der Beantwortung der Frage, ob der Erbe letztlich tatsächlich als Sanierungsverantwortlicher von der Behörde in Anspruch genommen werden kann, Berücksichtigung finden müssten[1049].

Diese Ansicht begegnet jedoch rechtlichen und praktischen Bedenken.

Rechtlich einzuwenden ist gegen diese Lösung, dass sie dem Wortlaut der Vorschrift des § 4 Abs. 3 S. 1 BBodSchG widerspricht[1050]. Der Gesetzgeber hat mit der Verwendung des Begriffs *„Gesamtrechtsnachfolger“* auf zivil- und gesellschaftsrechtliche Regelungen verwiesen. Daher ist es nur konsequent, dass nur derjenige bodenschutzrechtlich als Gesamtrechtsnachfolger haftet, der nach Zivil- und Gesellschaftsrecht auch Gesamtrechtsnachfolger ist. Diese Konsequenz wird in anderen Tatbeständen mit polizeirechtlichen Fragen, die auf zivilrechtliche Vorschriften rekurrieren, ebenso gezogen. So ist der Erbbauberechtigte nicht Eigentümer im Sinne von § 7 PolG BW, obwohl die Interessenlage und die Rechtsstellung bei beiden durchaus vergleichbar sind[1051].

Um dem gesetzgeberisch gewollten Gleichlauf zwischen Bodenschutzrecht und Zivilrecht zu entsprechen, ist daher der Rechtsträger, dem die Sanierungsverantwortung nicht zugewiesen wurde, während des Nachhaftungszeitraums nicht sanierungspflichtig nach § 4 Abs. 3 S. 1 BBodSchG.

Auch die Regelung des § 133 Abs. 3 UmwG steht dieser Ansicht nicht entgegen. Die bodenschutzrechtliche Sanierungsverpflichtung des § 4 Abs. 3 S. 1 BBodSchG wird regelmäßig als Verbindlichkeit im Sinne des Umwandlungsrechts behandelt. Fraglich ist aber, ob sie deshalb eine Verbindlichkeit im eigentlichen Sinne ist, oder nur wie eine solche behandelt wird. Wenn es sich bei der Pflicht nach § 4 Abs. 3 S. 1 BBodSchG nicht um eine Verbindlichkeit im Sinne des § 133 Abs. 3 UmwG handelt, ist die Annahme einer originären Sanierungsverantwortlichkeit des mithaftenden Rechtsträgers nicht überzeugend. Daher ist zunächst zu klären, was Haftung für Verbindlichkeiten im Sinne des § 133 Abs. 3 UmwG bedeutet. Soweit sich die Literatur hierzu überhaupt äußert[1052], können *„Verbindlichkeiten“* nicht nur Geldschulden, sondern schuldrechtliche Verpflichtungen jeglichen Inhalts und auch Ansprüche aus öffentlich-rechtlichen Beziehungen (z.B. Abgaben- oder Steuerschulden) sein[1053].

1048 Knopp, in: Knopp/Löhr, Bundes-Bodenschutzgesetz in der betrieblichen und steuerlichen Praxis, 2000, Rn. 86; Theuer, DB 1999, 621 (623); allerdings ist mit Haftung hier wohl Sanierungspflicht gemeint.

1049 Knopp, in: Knopp/Löhr, Bundes-Bodenschutzgesetz in der betrieblichen und steuerlichen Praxis, 2000, Rn. 86; Theuer, DB 1999, 621 (623).

1050 Dies räumt Knopp, in: Knopp/Löhr, Bundes-Bodenschutzgesetz in der betrieblichen und steuerlichen Praxis, 2000, Rn. 86 auch ein.

1051 VGH Mannheim, NJW 1998, 624.

1052 Keine Behandlung dieser Frage findet sich z.B. bei Kallmeyer, in: Kallmeyer UmwG, 2. Aufl. 2001, § 133 Rn. 9, der lediglich gesetzliche und rechtsgeschäftliche Verbindlichkeiten beschreibt.

1053 Schmitt/Hörtnagl/Stratz, UmwG/UmwStG, 3. Aufl. 2001, § 133 Rn. 3.

Dies entspricht auch den Regelungen in anderen Vorschriften, wie z.B. in §§ 736, 1437 ff., 1459 ff.[1054], 1967, 2206, 2207 BGB, sowie in §§ 25 ff., 124, 128 f., 160 HGB, § 1 AktG, um nur eine Auswahl zu nennen. Aber auch in Vorschriften außerhalb des Zivilrechts wird der Begriff Verbindlichkeit weit gezogen, so z.B. in Art. 135a GG[1055] oder § 6 Abs. 1 Nr. 3 EStG[1056].

Maßgeblicher Gesichtspunkt all dieser Regelungen ist, dass dem Gläubiger nicht ohne seine Mitwirkung der Schuldner entzogen werden darf[1057]. Dies ist im Fall der Spaltung nicht anders als im Fall der Firmenfortführung nach §§ 25 ff. HGB, des Ausscheidens eines Gesellschafters aus der oHG nach § 160 HGB, dessen Abs. 1 im Übrigen fast wortgleich mit der Regelung des § 133 Abs. 3 UmwG ist, oder des Ausscheidens eines Gesellschafters nach § 736 BGB. Im Umwandlungsrecht selbst sind aus dem selben Grund weitere Fälle der Anordnung einer Nachhaftung für Verbindlichkeiten geregelt, so z.B. in §§ 45, 156 f., 166 f., 172 f., 224 und 237 UmwG. Diese Vorschriften zur Nachhaftung stellen einen allgemeinen Grundsatz dar, nach dem die Althaftung bei Übertragungs- und Umwandlungsfällen nur fünf Jahre lang andauern soll[1058]. Deshalb ist eine einheitliche Auslegung geboten[1059].

Daher ist zunächst zu fragen, ob die an der Spaltung beteiligten Rechtsträger bodenschutzrechtlich wie der übernehmende Rechtsträger verantwortlich sind.

Dies ist aus zwei Gründen fraglich. Zum einen wird durch § 133 Abs. 3 UmwG eine (Nach-) Haftung von allen beteiligten Rechtsträgern angeordnet. Wird beispielsweise die Ausgliederung eines kleinen Betriebsteiles unter Beibehaltung der Verantwortlichkeiten nach Bundes-Bodenschutzgesetz beim übertragenden Rechtsträger vollzogen, so haftet auch der Rechtsträger, der den ausgegliederten Betriebsteil übernimmt, ohne dass dieser jemals etwas mit der die Verantwortung begründenden Kontamination zu tun hatte. Dies ist jedoch im Rahmen der Spaltungsfreiheit hinzunehmen, da andernfalls der Behörde der ausgegliederte Betriebsteil als Haftungsmasse entzogen wäre[1060].

Auf der anderen Seite stellt sich die Frage, welcher Art die Haftung für die Verbindlichkeiten des betreffenden Rechtsträgers ist. In diesem Zusammenhang ist zu klären, ob der Eintritt in die (Nach-) Haftung tatsächlich bedeutet, dass der Gläubiger den Nachhaftenden auf die selbe Leistung in Anspruch nehmen kann, wie den eigentlichen Schuldner. Damit ist die Frage zu beantworten, ob die Haftung des Mithaftenden akzessorisch nicht nur die Verbindlichkeit, sondern auch deren Inhalt betrifft[1061]. Die Haftung des mithaftenden Rechtsträgers könnte sich nämlich auch lediglich auf Geldleistungen beschränken, wie dies für die Haftung des Gesellschafters für

---

1054 Brudermüller, in: Palandt, BGB, 62. Aufl. 2003, § 1459 Rn. 2.

1055 BGH, NJW 1998, 971; vgl. Jarass/Pieroth, GG, 6. Aufl. 2002, Art. 135a Rn. 1.

1056 So sind z.B. auch Sach- oder Dienstleistungsverpflichtungen Verbindlichkeiten i.S. des § 6 Abs. 1 Nr. 3 EStG; vgl. hierzu Glanegger, in: Schmidt, EStG, 21. Aufl. 2002, § 6 Rn. 388.

1057 In diesem Sinne, Schmidt, Handelsrecht, 5. Aufl. 1999, S. 235.

1058 Schmidt, Handelsrecht, 5. Aufl. 1999, S. 237; Baumbach/Hopt, HGB, 30. Aufl. 2000, § 26 Rn. 1.

1059 Baumbach/Hopt, HGB, 30. Aufl. 2000, § 26 Rn. 1.

1060 Siehe hierzu auch Fleischer/Empt, ZIP 2000, 905 (912).

1061 Sog. Erfüllungstheorie; hierzu ausf. Schmidt, Gesellschaftsrecht, 4. Aufl. 2002, S. 1424.

die Gesellschaft diskutiert wird[1062]. Dann verbliebe dem Gläubiger bei Nichtgeldleistungen ein Schadenersatzanspruch. Diese so genannte Haftungstheorie wurde damit begründet, dass der Gesellschafter wie ein Bürge haftet, und dieser ebenfalls nur auf Geld in Anspruch genommen werden könne[1063]. Schon der Ansatz ist aber unzutreffend, da der Bürge nicht nur für Geldschulden, sondern für Verbindlichkeiten jeder Art haften kann[1064]. Vielmehr geht es um den Zweck der Haftungsregelungen. Bei den Personenhandelsgesellschaften[1065] besteht der Zweck der entsprechenden Regelung darin, dass die persönliche Haftung im Sicherheitsinteresse des Gläubiger eingeführt wurde[1066]. Daher ist in dem Fall, in dem die Leistung des Mithaftenden mit derjenigen der Gesellschaft inhaltsgleich ist, ohne Einschränkungen eine Inanspruchnahme des Mithaftenden möglich[1067].

Dies spielt jedoch in den Fällen keine Rolle, in denen der Gläubiger vom Mithaftenden keine Erfüllung erwarten kann, weil dieser rechtlich oder tatsächlich nicht in der Lage ist, die Gesellschaftsverbindlichkeit zu erfüllen. Zu den Sachverhalten, bei denen eine inhaltsgleiche Haftung nicht besteht, gehören insbesondere Fallgestaltungen, in denen die Gesellschaftsschuld auf Vornahme einer Handlung gerichtet ist. Vertretbare Handlungen können vom Mithaftenden erfüllt werden, nicht jedoch unvertretbare Handlungen[1068]. Kann der Schuldner einer unvertretbaren Handlung diese nicht erfüllen, ist der Gläubiger in diesen Fällen auf einen Schadenersatzanspruch verwiesen[1069], den er auch gegen den Mithaftenden geltend machen kann.

Übertragen auf Umwandlungssachverhalte bedeutet dies, zunächst zu klären, ob die bodenschutzrechtliche Sanierungspflicht nach § 4 Abs. 3 S. 1 BBodSchG eine vertretbare oder unvertretbare Handlungspflicht im Sinne zivilrechtlicher Vorschriften ist. Eine Vertretbarkeit ist wohl anzunehmen, da die Pflicht zur Gefahrenabwehr z.B. im Wege der Gesamtrechtsnachfolge auch auf Personen übergehen kann, die nicht Verursacher der Störung sind. Aber auch weitere Einstandshaftungsregelungen, wie z.B. die Zusatzverantwortlichkeit bei Kindern oder bei Betreuten oder des Geschäftsherrn für Verrichtungsgehilfen[1070], legen diesen Schluss nahe.

Im Ergebnis führt diese Lösung jedoch dazu, dass jede Art der Haftungsübernahme, sei es im Wege der Gesamt- oder im Wege der Einzelrechtsnachfolge zu einer Übernahme der Verursacherhaftung des Mithaftenden führt. So ist kein zwingendes Argument ersichtlich, warum der Erbschaftskäufer[1071], der Schuldbeitretende[1072] oder

1062 Siehe hierzu ausf. Schmidt, Gesellschaftsrecht, 4. Aufl. 2002, S. 1423 f.

1063 Vgl. schon Wieland, Handelsrecht, Bd. 1, Das kaufmännische Unternehmen und die Handelsgesellschaften, 1921; Bd. 2, Die Kapitalgesellschaften, 1931, § 54 I, S. 636 ff.

1064 Sprau, in: Palandt, BGB, 62. Aufl. 2003, § 765 Rn. 17.

1065 Differenzierend Hueck, Gesellschaftsrecht, 19. Aufl. 1991, § 15 II 2, S. 122 ff.

1066 Vgl. etwa BGHZ 23, 302 (305); BGHZ 73, 217 (221); Hueck, Das Recht der offenen Handelsgesellschaft, 4. Aufl. 1971, S. 313; Hueck, Gesellschaftsrecht, 19. Aufl. 1991, § 15 III 2, S. 122 ff.; Baumbach/Hopt, HGB, 30. Aufl. 2000, § 128 Rn. 8; differenzierend Schmidt, Gesellschaftsrecht, 4. Aufl. 2002, S. 1425 f.

1067 BGHZ 73, 217 (221); Schmidt, Gesellschaftsrecht, 4. Aufl. 2002, S. 1427.

1068 Schmidt, Gesellschaftsrecht, 4. Aufl. 2002, S. 1427.

1069 Schmidt, Gesellschaftsrecht, 4. Aufl. 2002, S. 1425.

1070 Siehe Götz, Allgemeines Polizei- und Ordnungsrecht, 13. Aufl. 2001, Rnrn. 212.

1071 Vgl. hierzu Edenhofer, in: Palandt, BGB, 62. Aufl. 2003, § 2382 Rnrn. 1 ff. m.w.N.

1072 Vgl. hierzu Stürner, in: Jauernig, BGB, 10. Aufl. 2003, vor §§ 414, 415 Rn. 2.

der Übernehmer eines Vermögens nach § 419 BGB[1073] nicht als Verantwortlicher im Sinne des § 4 Abs. 3 S. 1 BBodSchG zu einer Bodensanierung herangezogen werden kann, der gleichermaßen eine (fremde) Verbindlichkeit übernehmende Gesellschafter oder Mithaftende jedoch sanierungspflichtig werden soll.

Letztendlich geht es bei dieser Frage um das Problem der fehlenden Ermächtigungsgrundlage. Die zivilrechtlich geprägten Mithaftungstatbestände sind im Rahmen der Privatautonomie von den Beteiligten frei verfügbar. Für die polizeirechtliche Haftung spielt dies nur dann eine Rolle, wenn sich der Tatbestand, der die Polizeipflichtigkeit auslöst, nach zivilrechtlichen Grundsätzen richtet. Ansonsten können öffentlich-rechtliche Pflichten grundsätzlich nicht durch privatrechtliche Verfügung disponiert, d.h. grundsätzlich auch nicht auf weitere Beteiligte erweitert werden[1074].

Dies bedeutet, dass das Polizeirecht den durch Spaltungs- und Übernahmeverträge geschaffenen Tatbeständen insoweit folgt, als dies in der entsprechenden Vorschrift festgelegt ist. Im Hinblick auf die Verursacherhaftung des § 4 Abs. 3 S. 1 BBodSchG bedeutet dies, dass der nach zivilrechtlichen Maßstäben feststehende Gesamtrechtsnachfolger bodenschutzrechtlich haftet. Deshalb besteht eine Ermächtigungsgrundlage für den staatlichen Eingriff in Form der Sanierungspflicht und für die behördliche Heranziehung auch nur für diesen Fall.

Die Haftungserweiterung des § 133 Abs. 1 S. 1 UmwG ist, wie auch alle übrigen Fälle einer Haftungsübernahme, keineswegs nutzlos. Kann der sanierungsverantwortliche Verursacher oder Gesamtrechtsnachfolger nicht herangezogen werden, ist die Behörde befugt, die Sanierungsmaßnahme im Wege der Ersatzvornahme oder – was in Eilfällen denkbar ist – im Wege der unmittelbaren Ausführung durchzuführen; sie kann dann anschließend den Mithaftenden im Zeitraum von fünf Jahren nach Eintragung der Spaltung für die Kosten in Anspruch nehmen[1075]. Praktische Auswirkungen dieser Lösung sind vor allem, dass die Behörde den Mithaftenden nicht in ihre Auswahlentscheidung einbeziehen kann.

Jedenfalls trägt diese Lösung zu einer rechtssicheren Handhabung des § 4 Abs. 3 BBodSchG im Spaltungsrecht bei. Die Nachhaftungsbegrenzung nach § 133 Abs. 3 UmwG bewirkt gerade bei den in der Praxis häufigeren Ausgliederungsvorgängen, dass nicht durch längeren Zeitablauf die Vorschrift des § 4 Abs. 3 BBodSchG zu einer unübersehbaren Vervielfältigung von Haftungssubjekten führt und bei dem Erwerb von Unternehmen Risiken aus der Gesamtrechtsnachfolge in die Verursacherhaftung nicht aufklärbar und bewertbar sind[1076].

1073 Die Vorschrift ist zum 1. 1. 1999 außer Kraft getreten, vor diesem Zeitpunkt liegende Vermögensübernahmen behalten aber gemäß Art. 223a EGBGB ihre Gültigkeit, Heinrichs, in: Palandt, BGB, 62. Aufl. 2003, § 419; Rieble, in: Staudinger, BGB, 1999, § 419 Rn. 4.

1074 Drews/Wacke/Vogel/Martens, Gefahrenabwehr, 9. Aufl. 1986, S. 298; Ossenbühl, Zur Haftung des Gesamtrechtsnachfolgers für Altlasten, 1995, S. 38; Kloepfer, Umweltrecht, 2. Aufl. 1998, S. 805; Oldiges, JA 1978, 541 (541 f.); Oerder/Numberger/Schönfeld, BBodSchG, 1999, § 4 Rn. 15; Müller/Süß, altlasten spektrum 1999, 91 (92); Meißner, ZfIR 1999, 407 (411); Müggenborg, SächsVBl. 2000, 77 (82); OVG Münster, NVwZ 1997, 507 (508); Siehe hierzu oben unter Kap. 3 D I 2. b) (1).

1075 Vgl. Kallmeyer, in: Kallmeyer UmwG, 2. Aufl. 2001, § 133 Rn. 18; Schmitt/Hörtnagl/Stratz, UmwG/UmwStG, 3. Aufl. 2001, § 133 Rnrn. 2 ff.

1076 Theuer, DB 1999, 621 (624); Becker/Fett, NZG 1999, 1189 (1197).

(d) Vermögensübertragung gem. §§ 174 ff. UmwG

Im Falle der Vermögensübertragung nach § 174 UmwG geht das Vermögen des übertragenden Rechtsträgers, ähnlich wie bei der Verschmelzung durch Aufnahme gem. § 20 UmwG, auf einen anderen Rechtsträger über[1077]. Im Gegensatz zur Verschmelzung werden nicht Anteile am übernehmenden Rechtsträger, sondern andere wirtschaftliche Vorteile gewährt[1078]. Die Vermögensübernahme kann entsprechend § 123 Abs. 1 – 3 UmwG in Form einer Aufspaltung nach § 174 Abs. 2 Nr. 1 UmwG, einer Abspaltung nach § 174 Abs. 2 Nr. 2 UmwG und einer Ausgliederung nach § 174 Abs. 2 Nr. 3 UmwG erfolgen[1079]. Die Vermögensübernahme selbst erfolgt wie bei den Spaltungstatbeständen im Wege der partiellen Gesamtrechtsnachfolge[1080].

Eine Vermögensübernahme nach § 174 UmwG stellt somit einen weiteren Fall der Gesamtrechtnachfolge dar, durch die bodenschutzrechtliche Verpflichtungen übergehen können.

Allerdings ist der Anwendungsbereich der §§ 174 ff. UmwG wegen § 175 UmwG auf Vermögensübertragungen auf den Bund, ein Land oder eine Gebietskörperschaft bzw. auf einen Zusammenschluss derselben (§ 175 Abs. 1 UmwG) und im Bereich bestimmter Umwandlungsvorgänge von Versicherungsunternehmen (§ 175 Abs. 2 UmwG) beschränkt[1081].

(e) Vermögensübernahme gem. § 419 BGB

Bei der Vermögensübernahme gem. § 419 BGB, der allerdings ab 1. Januar 1999 außer Kraft getreten ist[1082], handelt es sich nicht um einen Fall der Gesamtrechtsnachfolge[1083], da es nicht zu einer „*Nachfolge*“, sondern vielmehr zu einen gesetzlich angeordneten Schuldbeitritt kommt[1084]. Insoweit kommt auch eine Übertragung von bodenschutzrechtlichen Verpflichtungen nicht in Betracht. Wird im Falle einer Vermögensübernahme ein verunreinigtes Grundstück auf den Übernehmenden übertragen, tritt dieser in die Eigentümerhaftung ein.

1077 Schmidt, in: Lutter, UmwG, 2. Aufl. 2000, § 174 Rn. 1; Schmitt/Hörtnagl/Stratz, UmwG/UmwStG, 3. Aufl. 2001, § 174 Rn. 2.

1078 Dieser Vorteil muss nicht notwendigerweise in Geld bestehen; vgl. Schmitt/Hörtnagl/Stratz, UmwG/UmwStG, 3. Aufl. 2001, § 174 Rn. 2.

1079 Schmitt/Hörtnagl/Stratz, UmwG/UmwStG, 3. Aufl. 2001, § 174 Rn. 3.

1080 Schmidt, in: Lutter, UmwG, 2. Aufl. 2000, § 174 Rn. 1; Schmitt/Hörtnagl/Stratz, UmwG/UmwStG, 3. Aufl. 2001, § 174 Rnrn. 9 ff.

1081 Vgl. hierzu Schmitt/Hörtnagl/Stratz, UmwG/UmwStG, 3. Aufl. 2001, § 175 Rn. 2

1082 Art. 32 Nr. 16 EGInsO v. 5. 10. 1994 (BGBl. I, S. 2911); vor diesem Zeitpunkt liegende Vermögensübernahmen behalten gemäß Art. 223a EGBGB ihre Gültigkeit, Heinrichs, in: Palandt, BGB, 62. Aufl. 2003, § 419; Rieble, in: Staudinger, BGB, 1999, § 419 Rn. 4; vgl. auch Stürner, in: Jauernig, BGB, 10. Aufl. 2003, § 419 Rn. 1.

1083 Möschel, in: MüKo, 3. Aufl. 1997, § 419 Rn. 37; Hoffmann, in: Koch/Scholz, AO, 5. Aufl. 1996, § 45 Rn. 3; Erbguth/Stollmann, DVBl. 2001, 601 (602); a.A., aber ohne Begründung Oerder/Numberger/Schönfeld, BBodSchG, 1999, § 4 Rn. 14; Müller/Süß, altlasten spektrum 1999, 91 (92); Schlabach/Simon, NVwZ 1992, 143 (145); Schlabach/Heck, VBlBW 2001, 46 (50); Doerfert, vr 1999, 229 (230).

1084 Erbguth/Stollmann, DVBl. 2001, 601 (602); Ossenbühl, Zur Haftung des Gesamtrechtsnachfolgers für Altlasten, 1995, S. 39 (Fn. 97) m.w.N; Möschel, in: MüKo, 3. Aufl. 1997, § 419 Rn. 39.

(f) Firmenfortführung eines Handelsgeschäfts

Keine Gesamtrechtsnachfolge findet im Fall der rechtsgeschäftlichen Übernahme eines Handelsgeschäfts gem. § 25 HGB unter Lebenden statt[1085]. Rechtsfolge der Geschäfts- und Firmenfortführung nach § 25 Abs. 1 S. 1 HGB ist vielmehr der gesetzliche Schuldbeitritt[1086]. Da der Erwerber für alle im Betrieb des Geschäfts begründeten Verbindlichkeiten haftet, unabhängig davon, ob diese aus Vertrag, Delikt oder Gesetz herrühren[1087], liegt eine Übernahme der bodenschutzrechtlichen Verantwortlichkeit des Erwerbers nahe. Auf der anderen Seite haftet der Veräußerer unbeschränkt als Verursacher weiter, so dass eine Erweiterung der Vorschrift des § 4 Abs. 3 BBodSchG über den Wortlaut hinaus auf Fälle, in denen ein Rechtsübergang nicht im Wege der Gesamtrechtsnachfolge erfolgt ist, nicht geboten ist. Ein Übergang der bodenschutzrechtlichen Verursacherhaftung kommt deshalb für diesen Fall nicht in Betracht[1088]. Unberührt hiervon bleibt jedoch der Eintritt des Erwerbers in die Eigentümerhaftung, soweit es sich um ein verunreinigtes Grundstück handelt, das mit dem Handelsgeschäft übertragen wird.

(g) Erbrechtliche Beteiligung an einer Personengesellschaft

Bei einer erbrechtlich veranlassten Beteiligung an einer Personengesellschaft (oHG, KG oder BGB-Gesellschaft) kann eine Gesamtrechtsnachfolge in die gesellschaftsrechtliche Stellung des Erblassers nicht stattfinden. Enthält der Gesellschaftsvertrag für eine oHG oder eine KG keine besondere Vereinbarung, führt seit dem 1. Juli 1998 der Tod eines persönlich haftenden Gesellschafters gem. §§ 131 Abs. 3 Nr. 1, 161 Abs. 2 HGB zum Ausscheiden aus der Gesellschaft[1089], so dass ein Eintritt eines Erben in die gesellschaftsrechtliche Pflichtenstellung nicht erfolgt.

Wird hingegen der Gesellschaftsanteil im Gesellschaftsvertrag vererblich gestellt[1090], so dass die Gesellschaft mit einem oder mehreren Erben fortgeführt wird, handelt es sich nicht um einen Eintritt in die Gesellschaft aufgrund erbrechtlicher Vorschriften. Ein Pflichtenübergang im Wege der Gesamtrechtsnachfolge scheidet damit aus. Der Anteil des Verstorbenen wächst nämlich zunächst gem. § 738 Abs. 1 BGB den übrigen Gesellschaftern an, die dann erst gesellschaftsrechtlich verpflichtet sind, je nach gesellschaftsvertraglicher Konstruktion dem Eintretenden per Aufnahmevertrag oder durch einseitige gestaltende Eintrittserklärung die Rechtsstellung des Erblassers im ursprünglichen Umfang zu verschaffen[1091].

1085 Erbguth/Stollmann, DVBl. 2001, 601 (602); Hoffmann, in: Koch/Scholz, AO, 5. Aufl. 1996, § 45 Rn. 3; a.A., jedoch ohne Begründung, Schlabach/Simon, NVwZ 1992, 413 (415); Schlabach/Heck, VBlBW 2001, 46 (50); Müller/Süß, altlasten spektrum 1999, 91 (92).

1086 BGHZ 42, 384; BGH WM 1989, 1219; Baumbach/Hopt, HGB, 30. Aufl. 2000, § 25 Rn. 10; siehe auch Canaris, Handelsrecht, 23. Aufl. 2000, S. 122 ff. m.w.N; vgl. hierzu auch Ossenbühl, Zur Haftung des Gesamtrechtsnachfolgers für Altlasten, 1995, 39 (Fn. 97).

1087 Baumbach/Hopt, HGB, 30. Aufl. 2000, § 25 Rn. 11.

1088 VGH Kassel, UPR 2000, 151 (151 f.) = NuR 2000, 285 (286) = DB 2000, 202 (203) = ZfIR 2000, 305 ff. m. Anm. Schwartmann, ZfIR 2000, 256 ff.

1089 Baumbach/Hopt, HGB, 30. Aufl. 2000, § 131 Rn. 18.

1090 Baumbach/Hopt, HGB, 30. Aufl. 2000, § 139 Rnrn. 10 ff.

1091 Lange/Kuchinke, Lehrbuch des Erbrechts, 5. Aufl. 2001, S. 131.

Hingegen ist bei der KG der Anteil des handelsrechtlich nicht persönlich haftenden Kommanditisten stets vererblich[1092]. Der Eintritt erfolgt nach der Rechtsprechung jedoch im Wege der Einzelrechtsnachfolge[1093].

(h) Eintritt in ein Mietverhältnis

Weitere Fälle der Gesamtrechtsnachfolge sind der Eintritt in ein Mietverhältnis nach §§ 563 ff. BGB von Personen, die mit dem ursprünglichem Mieter im gemeinsamen Haushalt gelebt haben[1094]. Auch in diesem Fall kommt es zu einer Rechts- und Pflichtenübernahme.

Allerdings spielt eine mietrechtliche Gesamtrechtsnachfolge hinsichtlich der Haftungserweiterung für schädliche Bodenveränderungen und Altlasten nur insofern eine Rolle, als es um Ansprüche des Vermieters gegen den Mieter aus dem Mietverhältnis geht[1095]. Ist beispielsweise der verstorbene Mieter für Bodenverunreinigungen verantwortlich, dann geht dessen Verantwortlichkeit auf den mietrechtlichen Gesamtrechtsnachfolger über. Im Verhältnis zur – außerhalb des Mietverhältnisses stehenden – Behörde greift diese Gesamtrechtsnachfolgeregelung jedoch nicht. Insoweit ist dem Begriff *„Gesamtrechtsnachfolge"* der vom Bundesgerichtshof[1096] verwendete Begriff *„Sonderrechtsnachfolge"* vorzuziehen[1097].

(i) Hoferbfolge

Insbesondere für den Bereich landwirtschaftlich verursachter Bodenverunreinigungen stellt sich die Frage, ob im Rahmen der Hoferbfolge nach § 4 HöfeO[1098] ein Übergang der bodenschutzrechtlichen Verursacherhaftung auf den Hoferben eintritt. Bedeutung hat dies weniger in Bezug auf im eigenen Eigentum stehende Ackerflächen, sondern vor allem hinsichtlich gepachteter oder in Erbpacht stehender Grundstücke, die beispielsweise durch Überdüngung, Erosion oder Bodenverdichtung nachteilig verändert wurden.

1092 BGHZ 68, 225 (230 ff.).

1093 BGHZ 22, 186 (192 f.); BGHZ 58, 316 (317); BGHZ 68, 225 (237).

1094 Vgl. hierzu Teichmann, in: Jauernig, BGB, 10. Aufl. 2003, §§ 563, 563a Rnrn. 1 ff. Mit der Neuregelung durch das Mietrechtsreformgesetz v. 19. 6. 2001 (BGBl. I, S. 1149), durch die die Vorschriften über die Nachfolge bei einem Mietverhältnis neu gefasst und mit neuer Zählung versehen wurden, hat sich der frühere Streit, ob auch der Lebenspartner in einer nichtehelichen Lebensgemeinschaft in ein Mietverhältnis eintritt, erledigt. Zur früheren, dies bejahenden Rechtslage siehe BGH, NJW 1993, 999 (1000 f.) m.w.N.; Jendrek, in: Erman, BGB, 10. Aufl. 2000, § 569a Rn. 4; Stintzing, JuS 1994, 550 ff.; kritisch Medicus, JZ 1993, 952 ff.; siehe auch BVerfG, JZ 1990, 811 ff. mit ablehnender Anm. Roellecke. Ebenfalls erledigt ist der Streit, ob auch der gleichgeschlechtliche Lebenspartner in ein Mietverhältnis eintritt. Zur früheren Rechtslage siehe die zustimmende Rspr. des LG Hannover, NJW-RR 1993, 1103; dagegen BGH, NJW 1993, 999 (1001).

1095 Lange/Kuchinke, Lehrbuch des Erbrechts, 5. Aufl. 2001, S. 147.

1096 BGH, NJW 1993, 999.

1097 Siehe auch Teichmann, in: Jauernig, BGB, 10. Aufl. 2003, §§ 563, 563a Rn. 1.

1098 Höfeordnung (HöfeO) in der Fassung der Bekanntmachung vom 26. 7. 1976 (BGBl. I, S. 1933), zuletzt geänd. durch Art. 7 d. G v. 16. 12. 1997 (BGBl. I, S. 2969); Die HöfeO gilt jedoch nur in den Ländern Hamburg, Niedersachsen, Nordrhein-Westfalen und Schleswig-Holstein; vgl. § 1 Abs. 1 HöfeO.

Um diese Frage beantworten zu können, ist zunächst festzustellen, ob die Hoferbfolge ein Fall der Gesamtrechtsnachfolge ist. Dies ist aus verschiedenen Gründen zu verneinen. Zum einen geht, unabhängig davon, ob im Wege der gesetzlichen Hoferbfolge nach §§ 5 f. HöfeO, im Wege einer testamentarischen Verfügung nach § 7 HöfeO oder durch Vereinbarung nach § 17 HöfeO, keine Sachgesamtheit über, sondern lediglich ein Teil des Vermögens, nämlich der Hof als geschlossene (und lebensfähige) Betriebseinheit[1099], wenn auch ohne Übertragung der einzelnen zum Gesamtkomplex gehörenden Vermögensgegenstände[1100]. Folge davon ist, dass der Übergabevertrag wegen der immanenten Grundstücksübertragung wegen § 313 S. 1 BGB notariell zu beurkunden ist. Dies wäre entbehrlich, handelte es sich um einen Fall der Gesamtrechtsnachfolge.

Auf der anderen Seite soll durch die Möglichkeit einer Hoferbfolge außerhalb der regulären Erbfolge eine Rechtsnachfolge des Hoferben ermöglicht werden, die von ihrer Struktur ähnliche rechtliche Wirkungen hat, wie eine partielle Gesamtrechtsnachfolge. Deshalb wird diese Konstruktion auch teilweise als Sondererbfolge kraft Gesetzes bezeichnet[1101].

Andererseits wird der Hofübergabevertrag überwiegend als (gemischte) Schenkung unter Umständen mit Auflagen charakterisiert[1102] und stellt damit einen Fall der Singularsukzession, wenn auch mit bestimmten Besonderheiten dar. Ferner ist zu bedenken, dass auch in anderen zivilrechtlichen Fallgestaltungen Vermögensgegenstände im Annex übergehen können, so z.B. Zubehör bei Grundstücksübereignungen nach § 926 BGB, die Hypothekenhaftung auf Erzeugnis, Bestandteile und Zubehör (1120 BGB) sowie auf Versicherungen (1127 BGB), aber auch die Belastung mit einem Nießbrauchs-[1103] oder Erbbaurecht[1104] bei einem Grundstück. Deshalb besteht auch keine Notwendigkeit, wegen des automatischen – aber im Übergabevertrag ausschließbaren[1105] – Übergangs der sonstigen Schulden auf den Hoferben[1106] einen Eintritt in öffentlich-rechtliche Verpflichtungen aus § 4 Abs. 3 BBodSchG anzunehmen. Hierfür besteht auch in vielen Fällen kein Bedürfnis, da in den Fällen, in denen ein Eigentumsübergang hinsichtlich eines kontaminierten Grundstücks stattfindet, der Erwerber als Eigentümer oder – wenn die belasteten Flächen noch landwirtschaftlich genutzt werden – als Inhaber der tatsächlichen Gewalt sanierungsverantwortlich wird.

(k) Haftung bei Eintritt in die Gütergemeinschaft

Wird durch Ehevertrag zwischen den Ehegatten Gütergemeinschaft vereinbart, haftet gem. §§ 1437 Abs. 1, 1459 BGB das Gesamtgut für die Verbindlichkeiten beider eintretender Ehegatten. Der Übergang der Verbindlichkeiten der einzelnen Ehegatten

---

1099 Siehe Stenger, in: Sudhoff, Unternehmensnachfolge, 4. Aufl. 2000, S. 402.

1100 Lüdtke-Handjery, DNotZ 1985, 332 (347).

1101 Lange/Kuchinke, Lehrbuch des Erbrechts, 5. Aufl. 2001, S. 1346.

1102 Siehe hierzu ausf. Stenger, in: Sudhoff, Unternehmensnachfolge, 4. Aufl. 2000, S. 398 f.

1103 Vgl. Baur/Stürner, Sachenrecht, 17. Aufl. 1999, S. 364.

1104 Vgl. Baur/Stürner, Sachenrecht, 17. Aufl. 1999, S. 338.

1105 Dies setzt jedoch die Zustimmung oder Genehmigung des Gläubigers gem. §§ 414 ff. BGB voraus; vgl. Stenger, in: Sudhoff, Unternehmensnachfolge, 4. Aufl. 2000, S. 408.

1106 Vgl. Lüdtke-Handjery, DNotZ 1985, 332 (349).

auf das Gesamtgut erfolgt nicht durch Rechtsgeschäft, sondern kraft Gesetzes[1107]. Deshalb stellt sich hier die Frage, ob ein Fall der Gesamtrechtsnachfolge vorliegt, was zur Folge haben könnte, dass das Gesamtgut in die bodenschutzrechtliche Haftung eintritt. Dies ist wegen der Vorschrift des § 1416 Abs. 2 BGB, wonach die einzelnen Gegenstände nicht durch Rechtsgeschäft übertragen zu werden brauchen, anzunehmen[1108].

Daneben kann nach den o.g. Ausführungen in jedem Fall der Ehegatte, der nicht Verursacher ist, als Gesamtschuldner von der Behörde für die Kosten in Anspruch genommen werden.

(l) Vermögensanfall eines aufgelösten Vereins an den Fiskus

Nach der Vorschrift des § 46 BGB geht das Vermögen eines aufgelösten Vereins nach §§ 1922, 1967 BGB im Wege der Gesamtrechtsnachfolge auf den Fiskus[1109] über, soweit die Vereinssatzung nicht eine Regelung über die Verteilung des Vereinsvermögens vorsieht und außerdem die Voraussetzungen des § 45 Abs. 3 BGB vorliegen[1110]. Damit geht auch die bodenschutzrechtliche Verursacherhaftung, wie sie z.B. einen Schützenverein durch den Betrieb eines Schießplatzes treffen kann[1111], auf die öffentliche Hand über. Die öffentliche Hand ist nicht ausschlagungsberechtigt[1112], kann allerdings die Haftung nach §§ 2011, 1994 Abs. 1 S. 2 BGB beschränken[1113].

(m) Anteilszuwachs und Anteilsminderung am Gesellschaftsvermögen

Auch der Anteilszuwachs für die verbliebenen Gesellschafter bei Ausscheiden eines Gesellschafters aus einer BGB-Gesellschaft erfolgt im Wege der Gesamtrechtsnachfolge. Nach § 738 S. 1 BGB ist eine Einzelübertragung nicht notwendig[1114]. Gleichermaßen erfolgt beim Eintritt eines neuen Gesellschafters in die Gesellschaft das Anwachsen seines Anteils und entsprechend eine Verminderung der Anteile der übrigen Gesellschafter im Wege der Gesamtrechtsnachfolge[1115]. Für die Sanierung von

---

1107 Brudermüller, in: Palandt, BGB, 62. Aufl. 2003, § 1416 Rn. 3; Heckelmann, in: Erman, BGB, 10. Aufl. 2000, § 1417 Rn. 4; Thiele, in: Staudinger, BGB, 2000, § 1416 Rn. 17.

1108 Larenz/Wolf, BGB-AT, 8. Aufl. 1997, S. 281; Heckelmann, in: Erman, BGB, 10. Aufl. 2000, § 1417 Rn. 4; Thiele, in: Staudinger, BGB, 2000, § 1416 Rn. 17; Müller/Süß, altlasten spektrum 1999, 91 (92); siehe auch in Bezug auf §§ 1347 – 1440 BGB Schlabach/Simon, NVwZ 1992, 143 (145); a.A. Ossenbühl, Zur Haftung des Gesamtrechtsnachfolgers für Altlasten, 1995, 39 (Fn. 97).

1109 Beachte Art. 85 EGBGB, der landesrechtlich die Möglichkeit zulässt, dass das Vereinsvermögen auf eine Körperschaft, Stiftung oder Anstalt des öffentlichen Rechts fällt; vgl. hierzu Stöber, Handbuch zum Vereinsrecht, 8. Aufl. 2000, Rn. 828; Heinrichs, in: Palandt, BGB, 62. Aufl. 2003, § 47 Rn. 4; Reuter, in: MüKo, 3. Aufl. 1993, §§ 46, 47 Rn. 3; Jauernig, in: Jauernig, BGB, 10. Aufl. 2003, § 44 Rn. 7.

1110 Vgl. im Einzelnen Stöber, Handbuch zum Vereinsrecht, 8. Aufl. 2000, Rn. 826 m.w.N.

1111 Ein solcher Fall liegt der später ausf. besprochenen Entscheidung des BVerfG (BVerfGE 102, 1 ff.) zu Grunde; siehe unten unter Kap. 3 D I 2. c) (2).

1112 Stöber, Handbuch zum Vereinsrecht, 8. Aufl. 2000, Rn. 828; Reuter, in: MüKo, 3. Aufl. 1993, §§ 46, 47 Rn. 7.

1113 Vgl. Reuter, in: MüKo, 3. Aufl. 1997, §§ 46, 47 Rn. 7.

1114 BGHZ 32, 307; BGHZ 50, 309; Sprau, in: Palandt, BGB, 62. Aufl. 2003, § 738 Rn. 1.

1115 Larenz/Wolf, BGB-AT, 8. Aufl. 1997, S. 281.

Bodenkontaminationen spielt dies jedoch keine Rolle, da der Anteilszuwachs abstrakt erfolgt und bestehende bodenschutzrechtliche Verbindlichkeiten deswegen nicht auf andere Rechtsträger übergehen.

(n) Erbschaftskauf

Kein Fall der Gesamtrechtsnachfolge ist der Erbschaftskauf gem. §§ 2371 ff. BGB oder das Vermächtnis gem. §§ 2147 ff. BGB[1116]. In beiden Fällen erfolgt die Übertragung der entsprechenden Vermögensgegenstände aus der Erbmasse durch Einzelübertragung des Erben an den Erbschaftskäufer[1117] oder den Vermächtnisnehmer[1118].

(o) Vermögensanfall einer aufgelösten Stiftung an den Fiskus

Wie auch bei aufgelösten Vereinen fällt das Stiftungsvermögen bei Auflösung der Stiftung gem. § 88 BGB im Wege der Gesamtrechtsnachfolge an den Fiskus[1119], soweit keine anderweitige Regelung in der Stiftungsverfassung getroffen worden ist. Im Übrigen gilt über den Verweis auf die Vorschriften in §§ 46 bis 53 BGB das selbe wie beim aufgelösten Verein[1120].

(4) Zeitliche Grenze

Aus dem Wortlaut der Vorschrift lässt sich nicht entnehmen, ob die Anwendung des § 4 Abs. 3 BBodSchG auf Gesamtrechtsnachfolgefälle nur für Tatbestände gilt, die nach Inkrafttreten des Bundes-Bodenschutzgesetzes am 1. März 1999 erfolgt sind, oder ob auch in der Vergangenheit liegende Tatbestände erfasst werden, die bei Inkrafttreten des Gesetzes bereits abgeschlossen waren[1121]. Auch die Gesetzesbegründung äußert sich zu dieser Frage nicht[1122]. Insbesondere das Fehlen einer Stichtagsregelung, wie sie der Gesetzgeber in anderen Fällen als notwendig erachtet hat[1123], spricht dafür, dass die Vorschrift auch Gesamtrechtsnachfolgesachverhalte erfasst, die zeitlich vor dem Inkrafttreten des Bundes-Bodenschutzgesetzes angesiedelt sind[1124]. Die Vorschrift regelt somit Sachverhalte, deren Anknüpfungspunkte in

---

1116 BFH, BStBl. II, 1975, 739 (740); Greger, in: Zöller, ZPO, 22. Aufl. 2001, § 239 Rn. 10.

1117 Vgl. Edenhofer, in: Palandt, BGB, 62. Aufl. 2003, vor § 2371 Rn. 2.

1118 Vgl. Edenhofer, in: Palandt, BGB, 62. Aufl. 2003, vor § 2147 Rn. 1.

1119 Kobes, VIZ 1998, 481 (487); Reuter, in: MüKo, 3. Aufl. 1993, § 88 Rn. 2; zu beachten ist jedoch die Ausnahme bei kirchlichen und kommunalen Stiftungen, bei denen die Kirche bzw. die jeweilige Gemeinde anfallsberechtigt ist, und bei Stiftungsauflösungen in Rheinland-Pfalz, wo das Vermögen zunächst an den Stifter zurückfällt und erst nach dessen Ableben dem Fiskus zufließt; vgl. Hof, in: Seifart/v. Campenhausen, Handbuch des Stiftungsrechts, 2. Aufl. 1999, S. 355.

1120 Vgl. hierzu Jauernig, in: Jauernig, BGB, 10. Aufl. 2003, § 88 Rnrn. 1 f.

1121 S. z.B. Spieth/Wolfers, altlasten spektrum 1998, 75 (76); Spieth/Wolfers, NVwZ 1999, 355 (358); Riedel, ZIP 1999, 94 (97).

1122 BT-Drs. 6701, S. 44; BT-Drs. 13/8182, S. 3; BT-Drs. 13/9637, S. 2; vgl. hierzu Nolte, NVwZ 2000, 1135 (1136).

1123 Vgl. z.B. § 4 Abs. 5 und § 4 Abs. 6 BBodSchG.

1124 Nolte, NVwZ 2000, 1135 (1136); Becker, BBodSchG, Losebl., Stand Jan. 2001, § 4 Rn. 22; Becker, DVBl. 1999, 134 (136); Frenz, BBodSchG, 2000, § 4 Rn. 174; Spieth/Wolfers, NVwZ 1999, 355 (358); vgl. auch VGH Mannheim, VBlBW 2000, 154 (155).

der Vergangenheit liegen[1125]. Daher ist zu klären, ob die Vorschrift wegen ihrer Rückwirkung verfassungsrechtlich zulässig ist[1126].

Verfassungsrechtlich ist eine echte Rückwirkung von Gesetzen grundsätzlich wegen des Rechtsstaatsprinzips unzulässig. Es beinhaltet als wesentliches Element die Rechtssicherheit, die sich für den Rechtsbetroffenen in Form des Vertrauens auf das Bestehen von gesetzlichen Regelungen auswirkt[1127]. Das Rückwirkungsverbot findet im Vertrauensschutzprinzip seinen Grund, aber auch seine Grenze[1128]. Deshalb bestehen bestimmte Ausnahmen von diesem Verbot. Zum einen gilt das Rückwirkungsverbot nicht für Gesetze, die nicht nachteilig in die Rechte der Bürger eingreifen. Dies ist im Hinblick auf die Haftungserweiterung auf den Gesamtrechtsnachfolger nicht der Fall.

Als weitere Ausnahme vom Rückwirkungsverbot wird die Fallgestaltung angesehen, in der ein belastendes Gesetz zur Regelung von Sachverhalten erlassen wird[1129], hinsichtlich derer sich ein schutzwürdiges Vertrauen des Bürgers auf die Fortgeltung von bestehendem Recht nicht bilden konnte, etwa dann, wenn der Bürger nicht darauf vertrauen konnte, dass sein mit dem geltenden Recht konformes Handeln von der Rechtsordnung mit allen damit verbundenen Rechtsfolgen akzeptiert wird. Das ist beispielsweise dann der Fall, wenn die bisherige Rechtslage unklar und verworren war und der Bürger deshalb mit einer (rückwirkenden) Neuregelung für den Zeitpunkt seines Handelns rechnen musste. Außerdem kann aus zwingenden Gründe des Gemeinwohls ein rückwirkendes Gesetz erlassen werden, wenn diese Gründe dem Grundsatz der Rechtssicherheit vorgehen[1130].

Deshalb stellt der Zeitpunkt, ab dem der Bürger mit einer Neuregelung rechnen musste, den Zeitpunkt dar, auf den eine Rückwirkung verfassungsmäßig zulässig sein kann.

Der betroffene Bürger musste zumindest ab der Verabschiedung des Bundes-Bodenschutzgesetzes am 5. Februar 1998 im Hinblick auf die Haftungsnachfolgeregelung in § 4 Abs. 3 BBodSchG mit einer Neuregelung rechnen[1131]. Das bedeutet, dass Gesamtrechtsnachfolgetatbestände, die nach dem 5. Februar 1998 stattfanden, auf jeden Fall unter die bodenschutzrechtliche Haftung fallen.

Ob darüber hinaus Gesamtrechtsnachfolgetatbestände vor diesem Datum zulässigerweise von § 4 Abs. 3 BBodSchG erfasst werden können, ist umstritten.

Auszuschließen sind auf alle Fälle Gesamtrechtsnachfolgetatbestände, die vor der einschlägigen Diskussion in Literatur und Praxis stattgefunden haben. Die Frage der Gesamtrechtsnachfolge in Polizeipflichten wird seit Mitte der 80-er Jahre geführt. Für

1125 Nolte, NVwZ 2000, 1135 (1136).

1126 Vgl. zum Ganzen oben unter Kap. 2 B IV 2. b) (2); zu der ähnlichen Regelung des § 12 Abs. 1 HessAltlG; vgl. hierzu Papier, DVBl. 1996, 127 (130) m.w.N.; Knopp, DÖV 1990, 683 (687 ff).

1127 Papier, DVBl. 1996, 127 (129).

1128 Papier, DVBl. 1996, 127 (131) m. Hinw. auf BVerfGE 88, 384 (404).

1129 Papier, DVBl. 1996, 127 (129).

1130 Siehe z.B. BVerfGE 30, 367 (387 ff.); BVerfGE 72, 200 (258 ff.); BVerfGE 88, 384 (404).

1131 So Spieth/Wolfers, NVwZ 1999, 355 (359) m. Hinw. auf BVerfG, NJW 1998, 1547 ff.

die neuen Bundesländer ist dagegen erst der Zeitpunkt der Überleitung bundesrechtlicher Umweltrechtsvorschriften im Juli 1990 maßgeblich[1132]. Daher fallen Gesamtrechtsnachfolgetatbestände vor 1985 in den alten und vor Juli 1990 in den neuen Bundesländern nicht unter die bodenschutzrechtliche Haftung[1133].

Für die Zeit nach diesem Zeitpunkt ist zu fragen, ob eine kontroverse Diskussion in der Fachwelt schon ausreichend ist, um von einer unklaren und verworrenen Rechtslage, wie dies vom Bundesverfassungsgericht gefordert wird[1134], sprechen zu können, bei welcher der Bürger mit einer Neuregelung rechnen muss.

Dies ist aus verschiedenen Gründen abzulehnen. Zum einen kann von einem Bürger, der von einem rückwirkenden Gesetz betroffen ist, nicht erwartet werden, dass er sich ständig auf dem neuesten Stand der juristischen Diskussion hält. Rechtswissenschaftliche Meinungsstreite sind für die Rechtsentwicklung und Rechtsanwendung sicherlich von großem Interesse, haben jedoch für den von der Rechtstatsächlichkeit betroffenen Bürger keinerlei Auswirkungen.

Daher ist der Ansicht des Bundesverfassungsgerichts, das als Ursache einer *„unklaren und verworrenen Rechtslage"* bislang nur eine missverständlich formulierte Vorschrift gesehen hat[1135], zu folgen. Das bedeutet, dass die unklare und verworrene Rechtslage in Bezug auf den Rechtsanwender zu beurteilen ist, der Zeitpunkt der Rechtsanwendung durch die Rechtsprechung ist für die Orientierung des Bürgers maßgeblich[1136].

Eine für den Bürger *„unklare und verworrene Rechtslage"* ist daher dann gegeben, wenn eine Vorschrift durch die Gerichte unterschiedlich ausgelegt wurde, so dass sich nicht sagen lässt, wie die Regelung zu verstehen ist[1137]. Wann dieser Zeitpunkt für diese Frage eingetreten ist, ist kaum sicher zu bestimmen. Jedenfalls sind bis zum Jahr 1996 unterschiedliche, z.T. auf die konkrete Situation im jeweiligen Bundesland bezogene, Entscheidungen der Oberverwaltungsgerichte zu dieser Frage ergangen[1138]. Der betroffene Bürger musste daher spätestens ab 1996 damit rechnen, dass es zu einer bundeseinheitlichen Regelung zur Klärung dieser Frage kommt.

Die Vorschrift des § 4 Abs. 3 BBodSchG ist somit nur auf Gesamtrechtsnachfolgetatbestände anwendbar, die ab 1996 stattgefunden haben. Vor dieser Zeit angesiedelte

---

1132 Siehe im Einzelnen Papier, DVBl. 1996, 127 (131 f.); auch Oldiges, in: Oldiges (Hrsg.), Das neue Bundes-Bodenschutzgesetz – Fragen und Erwartungen, 1996, S. 73 (87).

1133 Spieth/Wolfers, altlasten spektrum 1998, 75 (76).

1134 BVerfGE 13, 261 (271 f.); BVerfGE 18, 429 (439); BVerfGE 22, 241 (248 ff.); BVerfGE 30, 367 (386 f.); BVerfGE 88, 384 (403 f.).

1135 Spieth/Wolfers, NVwZ 1999, 355 (359) m. Hinw. auf BVerfGE 11, 64 (72 f.); BVerfGE 24, 75 (101); 50, 177 (194).

1136 So zutreffend Spieth/Wolfers, NVwZ 1999, 355 (359).

1137 Spieth/Wolfers, NVwZ 1999, 355 (359).

1138 Überwiegend wurde eine Gesamtrechtsnachfolge in abstrakte Polizeipflichten angenommen; vgl. die Rechtsprechungsnachweise bei Kügel, NJW 2000, 107 (115); siehe auch Hilger, in: Holzwarth/Radtke/Hilger/Bachmann, BBodSchG/BBodSchV, 2. Aufl. 2000, § 4 BBodSchG Rn. 91; Spieth/Wolfers, NVwZ 1999, 355 (359).

Sachverhalte sind aus verfassungsrechtlichen Gründen von § 4 Abs. 3 S. 1 BBodSchG nicht erfasst.

(5) Haftungsgrenzen

Die Vorschrift des § 4 Abs. 3 BBodSchG ist nicht nur wegen der Rückwirkung rechtlich problematisch, sondern auch, weil sie nach dem Wortlaut keinerlei Haftungsgrenzen enthält. Dies kann unter Umständen zu unkalkulierbaren Haftungsrisiken führen.

Hier sind zunächst die unproblematischen Fallgestaltungen auszugrenzen. Kein Problem stellen die Fälle der Gesamtrechtsnachfolge im Erbfall nach §§ 1922, 1967 BGB und im Vermögensanfall beim aufgelösten Verein bzw. bei der aufgelösten Stiftung nach §§ 45 ff., 88 BGB dar. In diesen Fällen besteht für den Gesamtrechtsnachfolger die Möglichkeit, die Haftung auf das übernommene Vermögen zu begrenzen. Für den Erben greift in diesem Zusammenhang § 1975 ff. BGB, für den Fiskus §§ 46, 88 i.V.m. §§ 1975 ff. BGB.

Anders verhält es sich jedoch bei den gesellschaftsrechtlichen Fallgestaltungen, die aus zwei Gründen problematisch sind. Zum einen ist gesetzlich keine Haftungsbegrenzung des Gesamtrechtsnachfolgers vorgesehen. Dies ist vor allem deswegen problematisch, weil die einmal ausgelöste bodenschutzrechtliche Verursacherhaftung ohne die Möglichkeit einer Unterbrechung der Haftung wie z.B. in den o.g. Fällen bei jedem Gesamtrechtsnachfolgetatbestand weitergegeben wird[1139]. Wegen des Befunds, dass sich diese Unternehmen in einer mit der Eigentümer- bzw. Zustandshaftung vergleichbaren Opferposition befinden [1140], soll hier ein Korrektiv erforderlich sein[1141]. Begründet wird dies damit, dass der Gesamtrechtsnachfolger selbst nicht der Verursacher der Bodenkontamination ist, sondern ihm die Verantwortlichkeit lediglich mit dem Vermögen des Verursachers im Rahmen der Gesamtrechtsnachfolge zufällt. Für eine gesetzlich zugewiesene Verantwortlichkeit bedarf es jedoch eines Anknüpfungsgrundes, andernfalls wäre die gesetzliche Anknüpfung unangemessen und verstieße damit gegen den Verhältnismäßigkeitsgrundsatz[1142]. Anknüpfungspunkt für die bodenschutzrechtliche Haftung des Gesamtrechtsnachfolgers ist die Übernahme des Vermögens, das als Haftungsmasse für die Beseitigung der durch den Rechtsvorgänger verursachten Bodenverunreinigungen dient. Zurechnungsgrund für die Verpflichtung des Gesamtrechtsnachfolgers ist damit der Übergang des Vermögens, das als Haftungsmasse dient. Daher wird eine weitergehende Haftung mangels Zurechungsgrundes als unverhältnismäßig angesehen[1143]. Wie bei der beschränkten Erbenhaftung soll sich damit die Verantwortung des Gesamtrechtsnach-

---

1139 Spieth/Wolfers, altlasten spektrum 1998, 75 (77).

1140 Spieth/Wolfers, altlasten spektrum 1998, 75 (77).

1141 Knopp, in: Knopp/Löhr, Bundes-Bodenschutzgesetz in der betrieblichen und steuerlichen Praxis, 2000, Rn. 91; Scherer-Leydecker, altlasten spektrum 2000, 225 (226); Lautner, Verwaltungsrundschau 2000, 415 (419).

1142 Spieth/Wolfers, NVwZ 1999, 355 (356, 360) m.w.N.

1143 Spieth/Wolfers, NVwZ 1999, 355 (360) u.a. mit Hinw. auf den entspr. Beschluss des 60. Dt. Juristentages zur Einführung eines solche Haftungskorrektivs (knapp mit 34:29 bei 5 Enth. angenommen) – Beschluss Nr. 55b, NJW 1994, 3075 (3077); Nolte, NVwZ 2000, 1135 (1136); Gerhold, altlasten spektrum 1998, 107 (108, 110); a.A. Schlabach/Heck, VBlBW 2001, 46 (51); vgl. auch OVG Münster, NVwZ 1997, 507 (511).

folgers auf den Wert des übergegangenen Vermögens beschränken. Eine solche Beschränkung ist im Übrigen auch in § 348 Abs. 3 UGB-KomE[1144] vorgesehen.

Diese Lösung begegnet jedoch erheblichen Einwänden. Hauptproblem ist, dass die bodenschutzrechtliche Nachfolgehaftung hier auf einer Rechtsfolge aufbaut, die auf zivilrechtlichen Regelungen beruht. Die bodenschutzrechtliche Verantwortlichkeit folgt, soweit keine bestimmten systembedingten Besonderheiten[1145] oder gesetzliche Regelungen[1146] eine Abweichung vorschreiben, dem Zivilrecht. In zivilrechtlichen Gesamtrechtsnachfolgetatbeständen besteht dort die Möglichkeit einer Haftungsbegrenzung, wo die Herbeiführung des Gesamtrechtsnachfolgetatbestands nicht in der Macht des übernehmenden Rechtsträgers liegt. Dieser soll nicht ohne oder nicht gegen seinen Willen mit Verbindlichkeiten und Verpflichtungen belastet werden, die über das hinaus gehen, was er an Vermögen durch den Gesamtrechtsnachfolgetatbestand hinzu gewinnt[1147].

In den Fällen der gesellschaftsrechtlichen Umwandlungen besteht dieses Problem nicht. Hier entscheiden die beteiligten Rechtsträger autonom, ob und auf welche Weise ein gesellschaftsrechtlicher Rechtsnachfolgetatbestand eintritt. Dabei können von den Beteiligten noch nicht bekannte oder nicht quantifizierbare Risiken berücksichtigt werden. Dies gilt für öffentlich-rechtliche und für zivilrechtliche Verbindlichkeiten gleichermaßen. Die unbeschränkte Haftungsübernahme ist daher als Ergebnis der gesellschaftsrechtlichen Umwandlungsfreiheit hinzunehmen.

c) Grundstückseigentümer und Inhaber der tatsächlichen Gewalt über ein Grundstück

(1) Tatbestände

Nach § 4 Abs. 3 S. 1 BBodSchG sind auch der Grundstückseigentümer und der Inhaber der tatsächlichen Gewalt über ein Grundstück sanierungspflichtig. Dieser Haftungstatbestand ist keineswegs neuartig und wurde aus dem entsprechenden bisherigen Ordnungsrecht in das Bundes-Bodenschutzrecht übernommen[1148]. Der Begriff des Eigentümers im bodenschutzrechtlichen Sinne ist identisch mit dem zivilrechtlichen Begriff[1149]. Eine wirtschaftliche Betrachtungsweise wie im Steuerrecht[1150] oder die verfassungsrechtliche Sichtweise im Hinblick auf Art. 14 GG[1151] greift hier nicht.

1144 Vgl. Bundesministerium für Umwelt, Naturschutz und Reaktorsicherheit (Hrsg.), Umweltgesetzbuch (UGB-KomE), Entwurf der Unabhängigen Sachverständigenkommission zum Umweltgesetzbuch beim Bundesministerium für Umwelt, Naturschutz und Reaktorsicherheit, 1998, Begründung S. 1036.

1145 Vgl. hierzu die Ausführungen oben unter Kap. 3 D I 2. b) (3) (a).

1146 Eine solche wird z.B. von der Unabhängigen Sachverständigenkommission in § 348 Abs. 3 UGB-KomE vorgeschlagen. Dort heißt es: *„Die Verantwortlichkeit des Gesamtrechtsnachfolgers besteht nicht, wenn die Kosten der Maßnahmen den Wert des im Wege der Rechtsnachfolge übergangenen Vermögens übersteigen."* Siehe auch UGB-KomE, Begründung, S. 1036; Müggenborg, SächsVBl. 2000, 108.

1147 Siehe hierzu oben unter Kap. 3 D I 2. b) (3) (a).

1148 Riedel, ZIP 1999, 94 (97); Becker, DVBl. 1999, 134 (137); s. im Einzelnen ausf. Sanden/Schoeneck, BBodSchG, 1998, § 4 Rn. 16.

1149 Wiegand/Heider/Geyer, Ordnungsbehördengesetz Nordrhein-Westfalen, 9. Aufl. 2001, § 18 OBG 18.1; Sanden/Schoeneck, BBodSchG, 1998, § 4 Rn. 16; Knopp, in: Knopp/Löhr, Bun-

Grundstückseigentümer ist daher derjenige, dem das Eigentum an der betroffenen Fläche zusteht, also derjenige, der im Grundbuch als Eigentümer eingetragen ist. Wurde im Falle einer Veräußerung der neue Eigentümer noch nicht eingetragen, entbindet dies den Verkäufer und bisherigen Grundstückseigentümer nicht von der Sanierungspflicht, da der Eigentumsübergang gem. § 873 Abs. 1 BGB noch nicht erfolgt ist[1152]. Aus dem selben Grund ist auch derjenige sanierungsverantwortlich, der als Strohmann für einen Dritten im Grundbuch als Eigentümer eingetragen ist[1153].

Gleichfalls als Eigentümer potenziell sanierungspflichtig ist auch der Wohnungs- oder Teileigentümer[1154] nach dem Wohnungseigentumsgesetz[1155], da eine haftungsbeschränkende Vorschrift wie sie mit § 134 BauGB für Erschließungsbeiträge oder mit § 154 Abs. 1 BauGB für städtebauliche Sanierungen existiert, nicht besteht[1156].

Die Verantwortlichkeit des Eigentümers beschränkt sich darüber hinaus auf sein Grundeigentum. Eine Erweiterung der Zustandshaftung auf benachbarte Grundstücke in analoger Anwendung von § 24 Abs. 2 BBodSchG wurde jüngst von der Rechtsprechung unter Hinweis auf Art. 14 GG zu Recht abgelehnt[1157].

Durch die Bezugnahme der Vorschrift auf den zivilrechtlichen Eigentumsbegriff ist der Erbbauberechtigte nicht als Quasi-Eigentümer verantwortlich[1158]. Er ist nur dann Verantwortlicher im Sinne des § 4 Abs. 3 S. 1 BBodSchG, wenn er gleichzeitig Inhaber der tatsächlichen Gewalt ist. Hat der Erbbauberechtigte das Grundstück weiter verpachtet und keine tatsächliche Einwirkungsmöglichkeit auf das Grundstück, ist er nicht verantwortlich[1159].

---

des-Bodenschutzgesetz in der betrieblichen und steuerlichen Praxis, 2000, Rn. 97; Wolf/Stephan, Polizeigesetz für Baden-Württemberg, 5. Aufl. 1999, § 7 Rn. 5.

1150 § 39 Abs. 2 Nr. 1 AO; vgl. auch Daumke, Grundriß des deutschen Steuerrechts, 4. Aufl. 1999, S. 240 f.; Kruse, Lehrbuch des Steuerrechts, Bd. I, 1991, S. 20 ff.; Hoffmann, in: Koch/Scholz, AO, 5. Aufl. 1996, § 39 Rnrn. 6 ff.

1151 Ausf. hierzu Wendt, in: Sachs, GG, 2. Aufl. 1999, Art. 14 Rnrn. 21 ff.

1152 Siehe auch Sanden/Schoeneck, BBodSchG, 1998, § 4 Rn. 16; auch Oerder/Numberger/Schönfeld, BBodSchG, 1999, § 4 Rn. 19; siehe auch VGH Mannheim, DÖV 1996, 1057.

1153 Erbguth/Stollmann, DVBl. 2001, 601 (603); Schlabach/Heck, VBlBW 1999, 406 (408); Wolf/Stephan, Polizeigesetz für Baden-Württemberg, 5. Aufl. 1999, § 7 Rn. 5.

1154 Rommelfanger/Rimmele, Polizeigesetz des Freistaates Sachsen, 1999, § 5 Rn. 8; Wolf/Stephan, Polizeigesetz für Baden-Württemberg, 5. Aufl. 1999, § 7 Rn. 5; OVG Berlin, DÖV 1991, 557 (558); a.A. Bickel, altlasten spektrum 2001, 61 (63), der eine Sanierungsverantwortlichkeit der Wohnungseigentümergemeinschaft annimmt.

1155 Gesetz über das Wohnungseigentum und das Dauerwohnrecht (Wohnungseigentumsgesetz – WEG) v. 15. 3. 1951 (BGBl. I, S. 175, ber. S. 209), zuletzt geänd. durch G v. 27. 6. 2000 (BGBl. I, S. 897, ber. 1139).

1156 Versteyl, in: Hendler/Marburger/Reinhardt/Schröder (Hrsg.), Bodenschutz und Umweltrecht (UTR Bd. 53), 2000, S. 147 (171); Sorge, MittBayNot 1999, 232 (234).

1157 VG Trier, NJW 2001, 531 m. Anm. Pützenbacher/Görgen, NJW 2001, 490 ff.

1158 VGH Mannheim, NJW 1998, 624 (zu § 7 PolG BW); Schlabach/Heck, VBlBW 1999, 406 (408); Bickel, altlasten spektrum 2001, 61 (64); Wolf/Stephan, Polizeigesetz für Baden-Württemberg, 5. Aufl. 1999, § 7 Rn. 5; siehe aber, allerdings nicht für einen Fall der Eingriffsverwaltung, BVerfGE 99, 129 (140 ff.).

1159 VGH Mannheim, NJW 1998, 624 f. (zu § 7 PolG BW); Bickel, altlasten spektrum 2001, 61 (64).

Ferner ist der Inhaber der tatsächlichen Gewalt über ein Grundstück sanierungspflichtig[1160]. Der Inhaber der tatsächlichen Gewalt im bodenschutzrechtlichen Sinne ist nicht identisch mit dem Besitz im zivilrechtlichen Sinne[1161], auch wenn hier regelmäßig zivilrechtliche Besitztatbestände angesprochen werden, z.B. bei Vermietung oder Verpachtung.

Eine bodenschutzrechtliche Haftung besteht jedoch nur, wenn der Besitzer auch auf das Grundstück unmittelbar einwirken kann. Deshalb fallen der Besitzherr im Sinne des § 855 BGB, der Besitzerbe nach § 857 BGB oder der mittelbare Besitzer nach § 868 BGB nicht unter die bodenschutzrechtlich Verantwortlichen, solange sie keine Einwirkungsmöglichkeit auf das Grundstück haben[1162].

Keine Rolle spielt bei der Beurteilung der tatsächlichen Sachherrschaft die Frage, ob der Besitzer ein Recht zum Besitz hat oder nicht[1163].

Die Zustandsverantwortlichkeit erfasst über den Boden hinaus auch Gefahren, die von Anlagen oder Gebäuden ausgehen. Deshalb ist der Eigentümer oder Inhaber der tatsächlichen Gewalt auch verpflichtet, Abwehrmaßnahmen zu ergreifen, wenn aus Rohrleitungen oder Anlagen gefährliche Stoffe in den Boden gelangen[1164].

Die Zustandsverantwortung hängt wie die Haftung des Verursachers nicht von einem Verschulden ab[1165], so dass auch vom Grundstück[1166] ausgehende Gefahren, die durch Natur- oder Kriegsereignisse verursacht worden sind, unter die Zustandsverantwortlichkeit fallen[1167].

1160 Siehe hierzu Sanden/Schoeneck, BBodSchG, 1998, § 4 Rn. 18; Frenz, BBodSchG, 2000, § 4 Abs. 3 Rn. 68.

1161 Erbguth/Stollmann, DVBl. 2001, 601 (604); missverständlich Becker, BBodSchG, Losebl., Stand Jan. 2001, § 4 Rn. 8.

1162 Hilger, in: Holzwarth/Radtke/Hilger/Bachmann, BBodSchG/BBodSchV, 2. Aufl. 2000, § 4 BBodSchG Rn. 85; Sanden/Schoeneck, BBodSchG, 1998, § 4 Rn. 19; vgl. auch Bickel, altlasten spektrum 2001, 61 (63); a.A., aber ohne Begründung Becker, BBodSchG, Losebl., Stand Jan. 2001, § 4 Rn. 8; missverständlich im Hinblick auf § 855 BGB auch Erbguth/Stollmann, DVBl. 2001, 601 (604).

1163 Sanden/Schoeneck, BBodSchG, 1998, § 4 Rn. 19 Wiegand/Heider/Geyer, Ordnungsbehördengesetz Nordrhein-Westfalen, 9. Aufl. 2001, § 18 OBG, 18.2; Wolf/Stephan, Polizeigesetz für Baden-Württemberg, 5. Aufl. 1999, § 7 Rn. 9.

1164 Knopp, in: Knopp/Löhr, Bundes-Bodenschutzgesetz in der betrieblichen und steuerlichen Praxis, 2000, Rn. 101.

1165 Knopp/Albrecht, Altlastenrecht in der Praxis, 2. Aufl. 1998, Rn. 99.

1166 Voraussetzung ist jedoch, dass die Gefahr vom Grundstück selbst und nicht etwa von einem Nachbargrundstück ausgeht; vgl. Hilger, in: Holzwarth/Radtke/Hilger/Bachmann, BBodSchG/BBodSchV, 2. Aufl. 2000, § 4 BBodSchG Rn. 85; Knopp/Albrecht, Altlastenrecht in der Praxis, 2. Aufl. 1998, Rn. 99, jew. m.w.N. Nicht erfasst werden ferner Fälle bloßer Grundwasserverunreinigung ohne Bodenkontamination. Der Eigentümer hat rechtlich keine Zugriffsmöglichkeit auf das Grundwasser hat, das dem Grundstückseigentum entzogen ist; vgl. BVerfGE 58, 300 (345 f.); siehe auch Knopp/Albrecht, Altlastenrecht in der Praxis, 2. Aufl. 1998, Rn. 100; Rech/Henke, LKV 2000, 369 (376).

1167 So schon OVG Münster, NJW 1952, 519 (519 f.); vgl. auch Hilger, in: Holzwarth/Radtke/Hilger/Bachmann, BBodSchG/BBodSchV, 2. Aufl. 2000, § 4 BBodSchG Rn. 85; Knopp/Albrecht, Altlastenrecht in der Praxis, 2. Aufl. 1998, Rn. 99; OVG Koblenz, DVBl. 1998, 103 (103 f.); BVerwG, NJW 1999, 231.

(2) Haftungsgrenzen

(a) Haftungsgrenze im Bundes-Bodenschutzgesetz

Der Gesetzesentwurf der Bundesregierung vom 14. Januar 1997[1168] sah eine Haftungsbegrenzung vor. Nach § 25 Abs. 2 RegE BBodSchG war der Grundstückseigentümer bzw. Inhaber der tatsächlichen Gewalt nicht haftbar, wenn er nicht der Verursacher der Bodenkontamination war und bei der Eigentumserlangung keine Kenntnis von der schädlichen Bodenveränderung oder Altlast oder den sie begründenden Umständen hatte oder hätte haben können.

Diese Regelung wurde im Vermittlungsausschuss auf Wunsch der Länder gestrichen[1169], obwohl gerade die Frage einer Haftungsbegrenzung des Zustandsverantwortlichen als besonders regelungsbedürftig angesehen wurde[1170]. Die Bestimmung von Haftungsgrenzen sollte der Judikative überlassen werden.

Das Bundesverfassungsgericht hat diese Thematik anhand zweier Verfassungsbeschwerden aus den Jahren 1991 und 1999, die landesrechtliche Regelungen betrafen, aufgegriffen und durch Beschluss vom 16. Februar 2000 entschieden[1171]. Die in dieser Entscheidung aufgestellten Grundsätze dürften angesichts der einleitenden Bemerkungen des Bundesverfassungsgerichts[1172] auch im Hinblick auf das Bundes-Bodenschutzgesetz gelten. Allerdings unterscheidet sich die Rechtslage in beiden, den Verfassungsbeschwerden zugrunde liegenden, Fallgestaltungen von der heutigen. Bis zum Inkrafttreten des Bundes-Bodenschutzgesetzes konnten die Beschwerdeführer nach dem seinerzeit geltenden Landesrecht in Baden-Württemberg und Bayern keinen Ausgleichsanspruch gegenüber dem Verhaltensverantwortlichen geltend machen. Dies verschärfte die Opferposition der zustandsverantwortlichen Beschwerdeführer. Hätte ein Ausgleichsanspruch bestanden, hätten sie sich die Sanierungskosten wieder erstatten lassen können, auch wenn sie dabei in den vorliegenden Sachverhalten dem Insolvenzrisiko des Verhaltensverantwortlichen ausgesetzt waren[1173]. Zwar ist die Frage der Berücksichtigung einer Opferposition grundsätzlich im Verhältnis zwischen der Behörde und dem Verantwortlichen zu prüfen. Aber auch das Bundesverfassungsgericht nimmt bei seinen Erwägungen zur öffentlich-rechtlich zumutbaren Inanspruchnahme mehrfach Bezug auf nicht öffentlich-rechtliche Rechtsverhältnisse, so z.B. bei der Frage der Einbeziehung von sonstigem Vermögen oder der Frage, ob das Grundstück Grundlage der privaten Lebensführung ist.

In der zu dieser Entscheidung veröffentlichten Literatur die Übertragbarkeit der verfassungsgerichtlichen Vorgaben auf das neue Bodenschutzrecht angenommen[1174].

1168 BT-Drs. 13/6701, S. 27, 35.

1169 BT-Drs. 13/9637, S. 5; vgl. hierzu auch Gerhold, altlasten spektrum 1998, 107ff.; Riedel, ZIP 1999, 94 (99).

1170 Kahl, Die Verwaltung 2000, 29 (38) m.w.N.

1171 BVerfG, Beschluss v. 16. 2. 2000 – 1 BvR 242/91 und 315/99 = BVerfGE 102, 1 ff. = NJW 2000, 2573 ff. = DÖV 2000, 867 ff. = DVBl. 2000, 1275 ff. = UPR 2000, 302 ff. = NuR 2000, 567 ff. = ZUR 2000, 395 ff. = BB 2000, 1369 ff. m. Anm. Knopp.

1172 BVerfGE 102, 1 (2 ff.).

1173 A.A. Knoche, GewArch 2000, 448 (454).

1174 Turnit, altlasten spektrum 2000, 270 ff.; Lepsius, JZ 2001, 22 ff.; Klüppel, Jura 2001, 26 ff.; Kobes, altlasten spektrum 2000, 273 ff.; Müggenborg, NVwZ 2001, 39 ff.; Knopp, BB 2000,

Deshalb soll die Anwendbarkeit der vom Bundesverfassungsgericht aufgestellten Grundsätze auf das Bodenschutzrecht unterstellt[1175] und anhand der beiden vom Bundesverfassungsgericht entschiedenen Fälle verdeutlicht werden.

Die 1991 erhobene Verfassungsbeschwerde[1176] betraf folgenden Sachverhalt:

Die Beschwerdeführerin hatte 1982 im Wege der Zwangsversteigerung aus einer Konkursmasse ein Nachbargrundstück erworben, auf dem ein Unternehmen unter dem Einsatz von chlorierten Kohlenwasserstoffen (CKW)[1177] Hutstoffe aus Kaninchenfellen produzierte. Die Beschwerdeführerin erwarb das Grundstück, obwohl sie Kenntnis von der Produktionsweise sowie von den eingesetzten Chemikalien hatte. Zudem wusste sie, dass ein auf dem Grundstück befindlicher Brunnen stark nach Lösungsmitteln roch[1178]. Im September 1983 wurden auf und unter dem Grundstück gravierende Kontaminationen des Bodens und des Grundwassers mit CKW aus der Hutstoffproduktion festgestellt. Mit Bescheid vom April 1985 und vom August 1986 ordnete die zuständige Behörde gegenüber der Beschwerdeführerin verschiedene Untersuchungs- und Sanierungsmaßnahmen an, die im verwaltungsbehördlichen und verwaltungsgerichtlichen Verfahren vor allem wegen der Störerauswahl und allgemein wegen der Unverhältnismäßigkeit der Zustandshaftung angegriffen wurden.

Die geforderten Maßnahmen kosteten die Beschwerdeführerin nach eigenen Angaben 1,1 Mio. DM. Der Verkehrswert des betroffenen Grundstücks zum Zeitpunkt des Schadensfalles betrug ca. 350.000 DM.

Die 1999 erhobene Verfassungsbeschwerde[1179] betraf folgenden Sachverhalt:

Die Beschwerdeführer verpachteten im Oktober 1970 eine Teilfläche von 16 ha ihrer umfänglichen forstwirtschaftlichen Flächen an einen Tontaubenschießverein zur zunächst behördlich genehmigten Nutzung als Schießplatz. Nachdem der Pachtvertrag aufgelöst worden war, wurde im Rahmen einer wasserwirtschaftlichen Untersuchung festgestellt, dass der Boden auf dem Schießgelände erheblich mit Blei kontaminiert war. Die zuständige Behörde zog im Juli 1988 den Verein mittels auf Art. 68 Abs. 3 BayWG gestützter Anordnung zur Sanierung des Geländes heran. Im Januar 1989

1373 ff.; Knopp, DÖV 2001, 441 (448 ff.); Mohr, altlasten spektrum 2001, 36 f.; Mohr, NVwZ 2001, 540; Scherer-Leydecker, altlasten spektrum 2000, 225 f.; Radke/Herrmann, JA 2000, 925 ff.; Knoche, GewArch 2000, 448 ff.; Knopp, in: Knopp/Löhr, Bundes-Bodenschutzgesetz in der betrieblichen und steuerlichen Praxis, 2000, Rn. 106; Wüterich, in: Landel/Vogg/Wüterich, BBodSchG, 2000, § 4 Rn. 89; Versteyl/Sondermann, BBodSchG, 2002, § 4 Rn. 135; vgl. auch Becker, BBodSchG, Losebl., Stand Jan. 2001, § 4 Rn. 23; Lwowski/Tetzlaff, WuB I F 3 Grundpfandrechte 9.00, S. 978 ff.; lediglich Bickel, NJW 2000, 2562 (2563) hebt hervor, dass die Entscheidung nicht das Bundes-Bodenschutzgesetz betraf und hofft auf eine neuerliche Befassung des Bundesverfassungsgerichts mit dieser Materie, damit die offen gebliebenen und unklaren Fragen noch behandelt werden können.

1175 In diesem Sinne Becker, BBodSchG, Losebl., Stand Jan. 2001, § 4 Rn. 23.

1176 1 BvR 242/91; auch als „*Kaninchenfellfall*" bezeichnet; vgl. Mohr, altlasten spektrum 2001, 36; Mohr, NVwZ 2001, 540; bzw. „*Kaninchenhüte*"-Fall, vgl. Versteyl/Sondermann, BBodSchG, 2002, § 4 Rn. 136.

1177 Perchlor- und Trichlorethylen; vgl. BVerfGE 102, 1 (4).

1178 Vgl. hierzu die Entscheidung in dieser Sache v. BVerwG, NVwZ 1991, 475 f.

1179 1 BvR 315/99; auch als „*Tontauben*"-Fall bezeichnet, vgl. Versteyl/Sondermann, BBodSchG, 2002, § 4 Rn. 136.

fiel der Verein in Konkurs. Daraufhin richtete die Behörde eine entsprechende Sanierungsanordnung gegen den Beschwerdeführer als Zustandsverantwortlichen. Diese Anordnung wurde angefochten, wegen der Anordnung des Sofortvollzugs jedoch durchgeführt, wobei Kosten in Höhe von 5,9 Mio. DM entstanden. Der durch die Verpachtung erzielte Pachtzins betrug jährlich 12.792 DM. Im Laufe der Pachtzeit betrug der Gesamtpachtzins ca. 160.000 DM.

Über den Verkehrswert des Grundstücks sagt der Sachverhalt unmittelbar nichts aus, es wird lediglich von einer finanziellen Belastung durch die Sanierung gesprochen, die den konkreten Grundstückswert um das 20-fache übersteige[1180]. Daraus lässt sich ein Grundstückswert von knapp 300.000 DM errechnen[1181].

(b) Verfassungsmäßigkeit des § 4 Abs. 3 BBodSchG

Nach der Begründung des Bundesverfassungsgerichts haben Gerichte und Verwaltungsbehörden bei der Auslegung bzw. Anwendung der Vorschriften über die Zustandsverantwortlichkeit die verfassungsrechtlichen Vorgaben des Art. 14 GG zu beachten. Im Ergebnis stellt das Gericht die Verfassungswidrigkeit der Verwaltungspraxis und der folgenden Rechtsprechung fest, stellt aber nicht die Verfassungsmäßigkeit der Rechtsgrundlagen für die Sanierungsverfügungen in Frage, was insbesondere wegen des – in dieser Frage mit § 4 BBodSchG vergleichbaren – Art. 68a BayWG[1182] als Eingriffsgrundlage im Fall der zweiten Verfassungsbeschwerde[1183] Indizwirkung für die Frage der Verfassungskonformität des § 4 BBodSchG hat[1184]. Dies ist keineswegs selbstverständlich, hat doch das selbe Gericht[1185] knapp ein Jahr zuvor für einen rechtlich vergleichbaren Sachverhalt[1186] eine Vorschrift des rheinland-pfälzischen Denkmalrechts mit einem – zu weitgehenden – Abrissverbot für verfassungswidrig erklärt[1187].

1180 BVerfGE 102, 1 (11).

1181 Geht man von den in dem Beschluss genannten 5,9 Mio. DM als Sanierungskosten aus, ergibt sich bei Division durch den Faktor 20 ein Grundstückswert von ca. 295.000 DM. Ob dies der Wert des Grundstücks nach der Sanierung oder der Wert des kontaminierten Grundstücks vor der Sanierung ist, ergibt sich aus der Entscheidung nicht. Zu Einzelheiten zur Verkehrswertermittlung vgl. oben unter Kap. 1 B IV 1; Versteyl/Sondermann, BBodSchG, 2002, § 4 Rn. 136, nennen im übrigen einen – nicht nachvollziehbaren – Grundstückswert von 160.000 DM.

1182 Vgl. hierzu Gößl, in: Sieder/Zeitler/Dahme/Knopp/Gößl, Bayerisches Wassergesetz, Losebl., Stand Mai 2001, Art. 68a Rnrn. 17 ff.

1183 BVerfGE 102, 1 (9); AZ: 1 BvR 315/99.

1184 Außerdem stellt das Bundesverfassungsgericht fest, dass es sich bei den angegriffenen Sanierungsverfügungen nicht um Enteignungen handelte; vgl. BVerfGE 102, 1 (15).

1185 BVerfGE 100, 226 ff. = NJW 1999, 2877 ff. = NVwZ 1999, 1218 (LS).

1186 Konkret ging es um folgenden Sachverhalt: Ein Unternehmen beantragte für eine in seinem Eigentum stehende Gründerzeitvilla, die sich nicht mehr wirtschaftlich nutzen ließ, eine Abrissgenehmigung. Daraufhin wurde die Villa unter Denkmalschutz gestellt und der Antrag unter Verweis auf § 13 Abs. 1 S. 2 DSchPflG RP mit der Begründung abgelehnt, die Unwirtschaftlichkeit als rein privater Belang könne nicht berücksichtigt werden, und Gründe des Gemeinwohls, die eine Abrissgenehmigung rechtfertigen könnten, gebe es nicht. Das Bundesverfassungsgericht erklärte in einem Normenkontrollverfahren die Norm als mit Art. 14 Abs. 1 GG nicht vereinbar, da sie keine Möglichkeit zur verfassungsrechtlich gebotenen Berücksichtigung der Eigentümerbelange ermöglichte.

1187 Klüppel, Jura 2001, 26 (27 f.); Bickel, NJW 2000, 2562 (2563); auch Hendler, DVBl. 1999, 1501 ff.; Sachs, JuS 2000, 399 ff.; Berkemann, JR 1999, 441 (444 ff.); Ossenbühl, JZ 1999, 899 f.; vgl. auch Papier, DVBl. 2000, 1398 ff.

(c) Vorgaben für die Verwaltungspraxis

Die in Art. 14 Abs. 1 und 2 GG festgeschriebene Garantie umfasst innerhalb des Rahmens der Sozialpflichtigkeit des Eigentums auch dessen Privatnützigkeit. Im Bereich von umweltbezogenen Verpflichtungen wird die Sozialpflichtigkeit zur Ökologiepflichtigkeit[1188]. In die Privatnützigkeit des Eigentums kann nur in verhältnismäßiger, also in geeigneter, erforderlicher und angemessener Weise eingegriffen werden. Angemessen ist ein Eingriff nur, wenn er sich noch im Rahmen dessen hält, was von der (Verfassungs-) Rechtsordnung als zumutbar angesehen wird.

Begründet wird dies damit, dass der Eigentümer regelmäßig die rechtliche und tatsächliche Möglichkeit habe, auf die Sache und somit auf die Gefahrenquelle einzuwirken. Insoweit vermeidet das Bundesverfassungsgericht die Aussage, dass der Zustandsverantwortliche wegen der Sozialpflichtigkeit seines Eigentums zur Sanierung eines verunreinigten Grundstücks herangezogen werden kann[1189]. Dies ist einerseits ungewöhnlich, weil bislang regelmäßig die Sozialpflichtigkeit des Eigentums aus Art. 14 Abs. 2 GG als Argument für die Zustandsverantwortlichkeit herangezogen wurde[1190]. Andererseits lässt sich mit dieser Argumentation nicht begründen, warum auch ein Nichteigentümer als *„sozialpflichtiger"* Zustandsverantwortlicher in Anspruch genommen werden kann, wenn er z.B. Inhaber der tatsächlichen Gewalt ist[1191].

Ein weiteres Argument für die grundsätzlich bestehende Möglichkeit, einen Eigentümer als Zustandsverantwortlichen für polizeirechtliche Maßnahmen heranzuziehen, ist, dass der Eigentümer auch den Nutzen aus der ihm gehörenden Sache ziehen kann. Daher sei ihm auch grundsätzlich zuzumuten, aus dieser Sache resultierende Gefahren für die Allgemeinheit abzuwehren, auch wenn er die Gefahrenlage weder verursacht noch verschuldet habe[1192].

(d) Kriterien zur Bestimmung der zumutbaren Inanspruchnahme

Zur Bestimmung der Zumutbarkeit hat das Bundesverfassungsgericht bestimmte Kriterien aufgestellt. Belastet die ordnungsrechtliche Verantwortlichkeit den Eigentümer mit Kosten, die dazu führen, dass er Verluste aus dem Grundstück erleidet und hierdurch in der privatnützigen Eigentumsverwendung beeinträchtigt wird[1193], kann dies für ihn unzumutbar sein, wenn die von seinem Grundstück ausgehenden Gefahren durch Naturereignisse, von der Allgemeinheit oder von nicht nutzungsberechtigten Dritten verursacht wurden[1194].

1188 Frank, Umweltrecht und Wirtschaft, 2000, S. 233 m.w.N.

1189 BVerfGE 102, 1 (17 f.).

1190 Vgl. Knopp, in: Knopp/Löhr, Bundes-Bodenschutzgesetz in der betrieblichen und steuerlichen Praxis, 2000, Rnrn. 103 ff.; Oerder, DVBl. 1992, 691 (694).

1191 Griesbeck, Die materielle Polizeipflicht des Zustandsstörers und die Kostentragungspflicht nach unmittelbarer Ausführung und Ersatzvornahme – dargestellt am Beispiel der Altlastenproblematik, 1991, S. 64.

1192 BVerfGE 102, 1 (18).

1193 BVerfGE 102, 1 (20); siehe auch schon Papier, Altlasten und polizeirechtliche Störerhaftung, 1985, S. 55.

1194 BVerfGE 102, 1 (21).

Das Gericht belässt es jedoch bei dem bisher geltenden Grundsatz der vollumfänglichen Sanierungsverantwortlichkeit des Eigentümers[1195]. Im Gegenzug wird im Wege der verfassungskonformen Auslegung der Eigentümerhaftung eine Begrenzung der Kostenbelastung vorgenommen[1196].

(aa) Verkehrswert als Zumutbarkeitsgrenze

Die Grenze der zumutbaren Kostenbelastung des Eigentümers liegt nach dem Bundesverfassungsgericht regelmäßig beim Verkehrswert des Grundstücks nach erfolgter Sanierung. Der Verkehrswert eignet sich nach Ansicht des Bundesverfassungsgerichtes als Anhaltspunkt, weil hier nicht nur die Erträge der eigenen Nutzung, sondern auch sonstige Vorteile, wie planungs- und marktbedingte Faktoren einfließen.

Liegen die Kosten höher als der Verkehrswert, entfällt regelmäßig das Interesse des Eigentümers an einem künftigen privatnützigen Gebrauch des Grundstücks, weil er ohne eine Begrenzung seiner Verantwortlichkeit seine Kosten noch nicht einmal durch einen Verkauf des Grundstücks realisieren kann. Eine Beschränkung der Zustandsverantwortlichkeit auf den Verkehrswert sah im Übrigen auch § 12 Abs. 1 Nr. 5 HessAltlG vor[1197].

Dieser Ansatz des Bundesverfassungsgerichts wird aus verschiedenen Gründen kritisiert. So richtet sich der Verkehrswert nach objektiven Kriterien und ist daher nur bedingt als Maßstab für die – subjektiv zu bestimmende – Privatnützigkeit geeignet[1198]. Außerdem ist er Schwankungen unterworfen, die von verschiedenen externen Faktoren abhängen[1199], so dass es von Zufälligkeiten abhängt, ob ein Eigentümer hohe oder niedrige Kosten zu tragen hat.

Weiterhin ist auch die Begründung des Bundesrates in seiner Stellungnahme zum Entwurf des Bundes-Bodenschutzgesetzes zu beachten. Danach sollte eine Begrenzung der Zustandshaftung am Kriterium der wirtschaftlichen Leistungsfähigkeit gemessen werden[1200], weil auf diese Weise nicht die Allgemeinheit für leistungsfähige Unternehmen mit mehreren Firmenstandorten die Finanzierungskosten tragen müsste[1201].

Unklar ist zudem, ob bei der Berechnung der Kostenbelastungsgrenze der gezahlte Kaufpreis einzubeziehen ist. Das Bundesverfassungsgericht äußert sich hierzu nicht explizit[1202]. Allerdings spielte zumindest bei der ersten Verfassungsbeschwerde[1203] diese Frage eine Rolle. Aus dem Schweigen des Bundesverfassungsgerichts zu die-

---

1195 Kobes, altlasten spektrum 2000, 273 (276); siehe zu dieser Frage auch schon Seibert, DVBl. 1985, 328.

1196 Vgl. Klüppel, Jura 2001, 26 (28); Kobes, altlasten spektrum 2000, 273 (276).

1197 Müggenborg, NVwZ 2001, 39.

1198 So zutreffend Lepsius, JZ 2001, 22 (24).

1199 Lepsius, JZ 2001, 22 (25); siehe im Übrigen auch oben unter Kap. 1 B IV 1.

1200 BT-Drs. 13/6701, S. 58.

1201 BT-Drs. 13/6701, S. 58.

1202 Müggenborg, NVwZ 2001, 39 (41).

1203 1 BvR 242/91.

ser Problematik kann man daher schließen, dass ein bezahlter Kaufpreis die Kostenbelastungsgrenze für den Eigentümer nicht senkt[1204].

Damit richtet sich die Zumutbarkeit einer öffentlich-rechtlichen Inanspruchnahme gemäß dem Ansatz des Bundesverfassungsgerichts im Regelfall nach objektiven Faktoren. Dies führt letztlich zu einer Kommerzialisierung des betroffenen Grundrechtsschutzes[1205]. Solange die Sanierung gewinnbringend durchgeführt werden kann, hat sie der Eigentümer als Investition auch zu tragen. Zu Verlustgeschäften soll er nicht gezwungen werden.

(bb) Erhöhtes individuelles Eigeninteresse als Ausnahme

Einschränkend ergänzt das Bundesverfassungsgericht jedoch, dass der Verkehrswert lediglich ein Anhaltspunkt zur Bestimmung der Kostenbelastung sei, weil unter Umständen das individuelle Interesse des Eigentümers am Grundstück höher liegen könnte.

Dies ist jedoch nicht konsequent. Wenn das Bundesverfassungsgericht mit der Zugrundelegung objektiver Kriterien im Grunde das verfassungsrechtlich geschützte Eigentum kommerzialisiert[1206], dann führt diese Einschränkung zu unbilligen Ergebnissen. So wäre es nicht zu verstehen, wenn der Eigentümer, der bereit ist, für den Familiensitz mehr zu bezahlen als das Grundstück nach Verkehrswertberechnung wert wäre, oder ein Unternehmen, das am Betriebsstandort angrenzende Reserveflächen erwerben möchte und deshalb über Marktpreis zahlen würde[1207], allein deswegen mit höheren Kosten belastet werden könnten.

(cc) Fallgestaltungen für die Kostenbelastungsbegrenzung

Nach Ansicht des Bundesverfassungsgerichts kann eine unzumutbare Grundrechtsbeeinträchtigung vor allem dann gegeben sein, wenn die Ursachen durch Naturereignisse, von der Allgemeinheit oder von nicht nutzungsberechtigten Dritten gelegt wurden.

Die Beschränkung der Zustandsverantwortlichkeit führt in den Fällen, in denen eine Sanierung mehr kostet als das Grundstück wert ist, letztendlich zu einer anteilsmäßigen Finanzierung der öffentlichen Hand. Dies lässt sich in den Fallgestaltungen, in denen die Ursache für die Kontamination durch die Allgemeinheit oder durch der Allgemeinheit zurechenbare Risiken gelegt wurde, noch mit guten Gründen hinnehmen[1208]. Wenn die Allgemeinheit von bestimmten bodenschädigenden Verhaltensweisen profitiert, ist es auch gerecht, wenn sie dafür – zumindest teilweise – haftet[1209]. Allerdings trifft dies bei der dritten vom Bundesverfassungsgericht genannten

---

1204 Kritisch Müggenborg, NVwZ 2001, 39 (41).

1205 Lepsius, JZ 2001, 22 (24 f.); Bickel, NJW 2000, 2562.

1206 Was durchaus kritisch zu betrachten ist; vgl. Lepsius, JZ 2001, 22 (24 f.).

1207 So stellte sich möglicherweise der Sachverhalt dar, welcher der ersten Verfassungsbeschwerde zugrunde lag.

1208 Im bekannten Waldschadensfall (BVerfG, NJW 1998, 3264 ff.) hat das Bundesverfassungsgericht einen m.E. vergleichbaren Sachverhalt allerdings anders entschieden; siehe hierzu kritisch Murswiek, Die Verwaltung 2000, 241 (254 ff.).

1209 Noch enger Lepsius, JZ 2001, 22 (26).

Fallgruppe, der Kontamination durch nicht nutzungsberechtigte Dritte, nicht zu. Dies stellt ein typisches Lebensrisiko des Grundstückseigentümers dar und betrifft letztlich den zivilrechtlichen Ausgleich zwischen dem Geschädigten und Schädiger. Warum die Allgemeinheit in einem solchen Fall zum Teil das Ausfallrisiko des Eigentümers für zivilrechtlich grundsätzlich bestehende Ansprüche aus § 823 BGB gegen den Schädiger übernehmen soll, ist nicht einzusehen[1210].

Auch ist noch nicht abzusehen, welche Auswirkungen diese Rechtsprechung des Bundesverfassungsgerichts auf ganz andere Bereiche haben könnte. So wird zu Recht kritisiert, dass der Zustandsverantwortliche für bewegliche Sachen, von denen Gefahren ausgehen, mit einer solchen Kostenentlastung nicht rechnen könne[1211]. Mögen auch zwischen beweglichen und unbeweglichem Eigentum grundlegende Unterschiede bestehen, so ist eine Besserstellung des Grundeigentümers wegen der vom Bundesverfassungsgericht an anderer Stelle betonten besonderen Sozialpflichtigkeit des Grundeigentums kaum zu rechtfertigen[1212]. Mit dem gleichen Recht könnte ein Landwirt, dessen Vieh wegen eines Verdachtsfalles auf eine Tierseuche nach Tierseuchengesetz[1213] auf seine Kosten, wenn auch gem. §§ 66, 67 TierSG bis zu einer bestimmten Höhe entschädigungspflichtig, getötet und entsorgt wird, eine Beschränkung seiner Kostenlast auf die Höhe des Verkehrswertes einer unter Infektionsverdachts stehenden Viehherde fordern. Gleiches gilt für den Eigentümer eines nach einem Diebstahl verkehrsgefährdend abgestellten oder umweltgefährdend entsorgten Autos. Übersteigen die Bergungs- oder Abschleppkosten den Verkehrswert des Fahrzeugs, was bei gebrauchten Fahrzeugen ohne weiteres denkbar ist, könnte er sich nach dieser Entscheidung des Bundesverfassungsgerichts mit guten Gründen auf eine Haftungsbegrenzung berufen[1214].

Wenn es nun zumindest mittelbar zu einer Subventionierung von Maßnahmen der Gefahrenabwehr kommt, was letztlich dazu führt, dass sich die Allgemeinheit an der Beseitigung von bestimmten, dem Eigentümer nicht zurechenbaren Eigentumsschäden beteiligt, ist zu fragen, ob dann nicht mit der selben Begründung eine Beteiligung der Allgemeinheit an anderen, nicht im Bereich der Gefahrenabwehr liegenden, Schädigungen eingefordert werden kann, soweit die Kosten über dem Verkehrswert liegen. Mit diesem Ansatz ließen sich die festgestellten Gerechtigkeitslücken z.B. in den Waldschadensfällen beheben[1215], aber auch Opfer von Vandalismus könnten Ansprüche gegen die Allgemeinheit geltend machen.

(dd) Kostenbelastungsbegrenzung und Grundlage der privaten Lebensführung

Eine weitere Einschränkung der Kostentragungspflicht des Eigentümers ergibt sich nach Ansicht des Bundesverfassungsgerichts dann, wenn das zu sanierende Grundstück der wesentliche Teil des Vermögens des Pflichtigen ist und die Grundlage der

1210 Vgl. auch Lepsius, JZ 2001, 22 (26 f.).

1211 Bickel, NJW 2000, 2562; Lepsius, JZ 2001, 22 (25).

1212 BVerfGE 21, 73 (83 f.); BVerfGE 52, 1 (32 f.); BVerfGE 100, 226 (242).

1213 Tierseuchengesetz (TierSG) in der Fassung der Bekanntmachung v. 20. 12. 1995 (BGBl. I, S. 2038), geänd. durch G v. 22. 12. 1997 (BGBl. I, S. 3224).

1214 Lepsius, JZ 2001, 22 (25).

1215 Siehe hierzu BGH, NJW 1988, 478 ff.; BVerfG, NJW 1998, 3264 ff.; hierzu auch kritisch Murswiek, Die Verwaltung 2000, 241 (254 ff.).

privaten Lebensführung für ihn und seine Familie bildet. Eine Kostenbelastung sei nur in dem Umfang zumutbar, in dem die Vorteile aus der weiteren Grundstücksnutzung die Kosten übersteigen[1216]. Die Kostenbelastung dürfe jedenfalls nicht dazu führen, dass der betroffene Eigentümer das Grundstück nicht mehr halten kann.

Erkennbar hat hier das Bundesverfassungsgericht den ein Eigenheim besitzenden Familienvater im Blick[1217], auch wenn keine der beiden Verfassungsbeschwerden eine solche Fallgestaltung betraf. Auch für diese Konstellation stellt sich die Frage, ob und inwieweit dies für andere Fälle öffentlich-rechtlicher Inanspruchnahme übertragbar ist. Aus dem selben Grund wird man beispielsweise die an einen Unternehmer gerichtete und kostenmäßig nicht begrenzte Sanierungsverfügung für unzulässig ansehen können, wenn deren Vollzug wegen der Kostenlast zur Aufgabe des Unternehmens führen würde[1218].

(ee) Keine Kostenbelastungsbegrenzung bei bewusster Risikoinkaufnahme

Die vom Bundesverfassungsgericht aufgestellten Grundsätze zur Beschränkung der Kostenverpflichtung sollen jedoch dem Verantwortlichen nicht zu Gute kommen, der wissentlich das Risiko der Kontamination in Kauf genommen hat. Ein bewusst in Kauf genommenes Risiko mindert nach Ansicht des Bundesverfassungsgerichts die Schutzwürdigkeit des Eigentümers. In der ersten Verfassungsbeschwerde erwarb die zur Sanierung herangezogene Firma das Grundstück in Kenntnis der Produktionsmethoden und in Kenntnis von, allerdings noch nicht näher bestimmten Verunreinigungen. Zieht man die beiden bodenschutzrechtlichen Vorschriften – nämlich § 4 Abs. 6 S. 1 BBodSchG und § 25 Abs. 4 S. 1 BBodSchG – heran, aus denen sich eine höhere Belastung desjenigen ergibt, der bewusst ein Kontaminationsrisiko in Kauf nimmt, fällt auf, dass zumindest im ersten Fall eine Kostenentlastung des Eigentümers bei Anwendung des Bundes-Bodenschutzgesetzes kaum in Betracht gekommen wäre[1219].

Unabhängig von der konkreten Fallgestaltung ist jedoch der vom Bundesverfassungsgericht vorgenommene Ausschluss der Kostenbegrenzung aus zwei Gründen zweifelhaft. Ist die Bodenkontamination bekannt, wird sich dies entsprechend in einer Kaufpreisminderung niederschlagen. Kostet die Sanierung mehr als das Grundstück wert ist, wird niemand bereit sein, dieses zu kaufen.

Ist jedoch das Ausmaß der Verunreinigung größer als erwartet, und kostet deshalb die Sanierung mehr, als das Grundstück wert ist, ist der Käufer, wenn auch nicht hinsichtlich des Bestehens der Kontaminationen, so doch im Hinblick auf deren Umfang von unzutreffenden Vorstellungen ausgegangen[1220]. Auch derjenige, der überhaupt keine Kenntnis von der Verunreinigung hat, täuscht sich letztlich nur im Hinblick auf den Umfang der Kontamination. Beide Käufer befinden sich deshalb in einer Opferposition. Die vom Bundesverfassungsgericht vorgenommene Unterscheidung enthält eine gewisse moralische Wertung. Der ahnungslose, gutgläubige und möglicherwei-

1216 Kritisch hierzu Kobes, altlasten spektrum 2000, 273 (279).

1217 Ähnlich auch Müggenborg, NVwZ 2001, 39 (41).

1218 Müggenborg, NVwZ 2001, 39 (41).

1219 Mohr, altlasten spektrum 2001, 36 (37); Mohr, NVwZ 2001, 540.

1220 Bickel, NJW 2000, 2562.

se zu sorglose Erwerber soll einen umfassenderen verfassungsmäßigen Schutz erhalten als der raffgierige und risikobereite Grundstücksspekulant. Aber die Verfassung macht solche Unterschiede nicht, sondern schützt beider Eigentumsrechte nach Art. 14 GG gleichermaßen.

Zudem berücksichtigt die ordnungsrechtliche Zustandsverantwortlichkeit grundsätzlich keine subjektiven Umstände, wie Fragen des Verschuldens oder einer aus dem Zivilrecht übernommenen Risikoverteilung[1221]. Insofern führt die Aufnahme solcher subjektiver Kriterien zu einem Systembruch im Ordnungsrecht.

Einen Unterschied hinsichtlich der verfassungsmäßigen Schutzbedürftigkeit zwischen diesen beiden Fallkonstellationen ist aus diesen Gründen nicht gerechtfertigt.

(ff) Kostenbelastungsgrenze bei fahrlässiger Risikoinkaufnahme

Hat der Eigentümer aus Fahrlässigkeit die Umstände der Kontamination nicht erkannt, kann auch dies nach Ansicht des Bundesverfassungsgerichts zu einer verminderten Schutzwürdigkeit führen. Allerdings ist hier nach Lage des Einzelfalls zu entscheiden. Kriterien können der Grad der Fahrlässigkeit, eine kontaminationsbedingte Minderung des Kaufpreises oder etwaige erzielte Pachtzinsen sein. Neben den schon oben genannten Einwänden, ist aber fraglich, ob ein geminderter Kaufpreis tatsächlich als Kriterium für eine erhöhte Kostenbelastung geeignet ist. Ein geminderter Kaufpreis wird in vielen Fällen dazu führen, dass der Käufer sich nicht auf Gutgläubigkeit wird berufen können[1222]. Kann dies jedoch nicht festgestellt werden, ist der Käufer, auch wenn er einen vergleichsweise niedrigen Kaufpreis bezahlt hat, in doppelter Hinsicht gestraft. Er hat nicht nur den Kaufpreis, sondern außerdem noch Sanierungskosten in nicht begrenzter Höhe zu zahlen[1223].

Kritisch zu hinterfragen ist auch der Ansatz des Bundesverfassungsgerichts, wonach die Erzielung von Pachteinnahmen für eine bodenschädigende Nutzung[1224] eines von mehreren Kriterien ist, bei dessen Vorliegen eine Kostenbelastung in voller Höhe in Betracht kommt. Vielmehr kann man in allen Fällen, in denen ein Grundstück für eine Nutzung, die zu Bodenvorunreinigungen führt, zur Verfügung gestellt wird, eine volle Haftung des Eigentümers für gerecht halten[1225]. Die Frage der Beseitigung von Schäden ist nämlich ausschließlich eine Frage, die zwischen den Vertragsparteien zu regeln ist. Orientiert man sich hier auch noch an der Höhe der Pachteinnahmen, so bürdet man der Allgemeinheit letztlich eine Kostenbeteiligung für Sachverhalte auf, die ausschließlich in der Risikosphäre der Vertragsparteien liegen[1226]. Aus diesem Grund ist die Befreiung des Eigentümers von der Kostenbelastung in der zweiten Verfassungsbeschwerde von 1999 (Tontaubenfall)[1227] auch rechtlich nicht erforderlich.

1221 Lepsius, JZ 2001, 22 (26).

1222 Vgl. hierzu auch unten unter Kap. 3 F I.

1223 Bickel, NJW 2000, 2562; vgl. auch Müggenborg, NVwZ 2001, 39 (41).

1224 Siehe auch OVG Hamburg, NuR 2001, 94 (99) = NVwZ 2001, 215 (220).

1225 In diese Richtung auch Bickel, NJW 2000, 2562 (2563).

1226 OVG Hamburg, NuR 2001, 94 (99) = NVwZ 2001, 215 (220).

1227 1 BvR 315/99; siehe oben unter Kap. 3 D 2. c) (2) (a).

(gg) Begrenzung der Haftungsmasse

Außerdem hat das Bundesverfassungsgericht in den Fällen, in denen der Grundstückswert bei den o.g. Sachverhalten keine Zumutbarkeitsgrenze bildet, eine weitere Begrenzung für die über den Grundstückswert hinausgehende Kostenbelastung des Eigentümers gesetzt. Nach Ansicht des Bundesverfassungsgerichts steht für Sanierungsmaßnahmen wertmäßig nur das Vermögen zur Verfügung, das in einem rechtlichen oder wirtschaftlichen Zusammenhang mit dem sanierungsbedürftigen Grundstück im Sinne einer funktionalen Einheit steht.

Dies ist aus verschiedenen Gründen problematisch. Zum einen ist der auf den ersten Blick einleuchtende Funktionszusammenhang zwischen Eigentum und bestimmten Vermögensgütern kaum eindeutig zu bestimmen[1228]. Zum anderen wird für Bodensanierungen im Gegensatz zu anderen öffentlich-rechtlichen Rechtsverhältnissen eine einmalige Haftungsbeschränkung geschaffen[1229], die letztendlich die öffentlichen Kassen belastet[1230]. Außerdem, und das führt wohl zur weitgehenden Bedeutungslosigkeit dieses Kriteriums, sind rechtliche und wirtschaftliche Zusammenhänge schon über die Wertermittlung berücksichtigt.

(e) Kostenbelastungsbegrenzung durch § 25 BBodSchG

Vergleicht man die Vorgaben des Bundesverfassungsgerichts in seiner Entscheidung vom 16. Februar 2000[1231] mit den Voraussetzungen für die Entstehung eines Wertausgleichsanspruchs der öffentlichen Hand nach § 25 BBodSchG, fallen überraschende Übereinstimmungen auf. Die Vorschrift in § 25 BBodSchG stellt gleichfalls eine – wenn auch eher mittelbar wirkende – Haftung des Grundstückseigentümers für kontaminationsbedingte Sanierungsmaßnahmen fest.

Sowohl § 25 BBodSchG als auch das Bundesverfassungsgericht begrenzen die Haftung des Grundstückseigentümers auf den Verkehrswert des Grundstücks[1232]. Dabei kann der Wertausgleichspflichtige nach § 25 BBodSchG noch die Ausgaben abziehen, die er schon für Sanierungsmaßnahmen getragen hat. Eine solche Einschränkung macht das Bundesverfassungsgericht zwar nicht. Wenn man aber davon ausgeht, dass eine Kostenbelastung des Eigentümers mit einem bestimmten Betrag feststeht (z.B. in Höhe des Verkehrswertes), so kommt man zu gleichen Belastungen bei beiden Eigentümern. Der nach § 25 BBodSchG Ausgleichspflichtige hat letztlich schon Vorleistungen gebracht, die ihm gewissermaßen gutgeschrieben werden.

Parallelen haben die Entscheidung des Bundesverfassungsgerichts vom 16. Februar 2000 und § 25 BBodSchG auch bezüglich der Härtefallregelungen sowie auf den Einfluss der Bösgläubigkeit im Hinblick auf Bodenkontaminationen. Allerdings führt dies im Fall des Wertausgleichs lediglich dazu, dass der Käufer eines kontaminierten Grundstücks den Kaufpreis nicht vom Wertausgleich abziehen kann, während das

---

1228 Kobes, altlasten spektrum 2000, 273 (279); Lepsius, JZ 2001, 22 (26); Mohr, NVwZ 2001, 540; siehe auch Mohr, altlasten spektrum 2001, 36 (37) mit – zu zweifelhaften Ergebnissen führenden – Beispielen.

1229 Kritisch auch Müggenborg, NVwZ 2001, 39 (41).

1230 Turnit, altlasten spektrum 2000, 270 (272).

1231 BVerfGE 102, 1 ff.; siehe oben unter Kap. 3 D I 2. c) (2).

1232 Darauf verweist auch Knoche, GewArch 2000, 448 (455).

Bundesverfassungsgericht eine Haftung für die vollen Sanierungskosten bejaht. Lehnt man hingegen mit den oben genannten Argumenten den Ansatz des Bundesverfassungsgerichts ab, lässt sich eine weitere Parallele zwischen Wertausgleich und den verfassungsrechtlichen Haftungsgrenzen feststellen.

Damit entsprechen die vom Bundesverfassungsgericht aufgestellten Grundsätze zur Kostenbegrenzung im Bereich der Zustandsverantwortlichkeit weitgehend dem Regelungsgedanken des § 25 BBodSchG.

Man könnte daher mit guten Gründen fragen, ob der Grundstückseigentümer angesichts der Entscheidung des Bundesverfassungsgerichts und der Regelung in § 25 BBodSchG überhaupt noch primär sanierungspflichtig ist. Letztendlich wird durch die Entscheidung des Bundesverfassungsgerichts in Verbindung mit § 25 BBodSchG die Diskussion, ob der sanierungspflichtige Eigentümer nicht eigentlich als Nichtstörer in Anspruch genommen wird[1233], wieder eröffnet[1234].

Ob ein Eigentümer eine angeordnete Sanierung selbst vornimmt, und sich die den Grundstückswert übersteigenden Kosten von der Behörde erstatten lässt, oder ob er eine Ersatzvornahme der Behörde abwartet und dann einen Wertausgleich nach § 25 BBodSchG zahlt, führt finanziell zu keinen unterschiedlichen Ergebnissen. Deshalb wird zu Recht in diesem Zusammenhang von einem Leistungsanspruch auf Sanierungsbeihilfe gesprochen[1235].

Eine Lösung, welche die verfassungsgerichtlichen Vorgaben und die vorhandenen rechtlichen Grundlagen miteinander vereint, könnte zu einem auf § 25 BBodSchG basierenden Modell für die Heranziehung eines Eigentümers führen.

(f) Ansatz zur Lösung der Kostenproblematik

Überträgt man die Vorgaben des § 25 BBodSchG auf die behördliche Inanspruchnahme des Grundeigentümers, ergibt sich folgendes Grundmodell zur Zustandsverantwortlichkeit: Die Behörde erlässt eine Sanierungsanordnung unter Berücksichtigung der Wertausgleichsvorschrift. Das bedeutet, die Behörde begrenzt die Höhe der Sanierungsaufwendungen auf den Betrag, für den der Grundstückseigentümer nach § 25 BBodSchG ohnehin haftet. Liegen die Sanierungskosten höher, muss die Behörde die Kosten selbst tragen, sei es durch eine entsprechende Kostenübernahme zu Gunsten des Eigentümers bzw. durch eine Sanierungsbeihilfe[1236] oder durch Übernahme der Sanierungsdurchführung. Damit ließe sich die Frage der Haftungsbegrenzung, anders als das vom Bundesverfassungsgericht und Teilen der Literatur[1237] angenommen wird, zumindest mittelbar über das Bundes-Bodenschutzgesetz lösen.

1233 Klüppel, Jura 2001, 26 (27).

1234 Das Bundesverfassungsgericht lehnt diesen Ansatz zwar ausdrücklich ab; vgl. BVerfGE 102, 1 (19). Im Ergebnis führt die vom Bundesverfassungsgericht mit dieser Entscheidung durchgeführte Korrektur des Bundes-Bodenschutzgesetzes jedoch wie gezeigt zu diesem Ergebnis; vgl. auch Lepsius, JZ 2001, 22 (27).

1235 Lepsius, JZ 2001, 22 (27).

1236 So Lepsius, JZ 2001, 22 (27); siehe auch Kobes, altlasten spektrum 2000, 273 (279).

1237 Schlabach/Heck, VBlBW 1999, 406 (414), allerdings ohne weitere Begründung und vor allem zeitlich vor der Entscheidung des BVerfG.

d) *Einstandspflicht aus gesellschaftsrechtlichem Rechtsgrund*

(1) *Tatbestand*

Nach der Regelung des § 4 Abs. 3 S. 4 HS. 1 BBodSchG ist auch derjenige zur Sanierung verpflichtet, der für eine juristische Person, der ein kontaminiertes Grundstück gehört, aus handels- oder gesellschaftsrechtlichem Rechtsgrund einzustehen hat. Dies stellt eine bisher nicht bekannte Haftung für fremde Personen dar. Anlass für diese Haftungserweiterung war die Befürchtung, dass handels- und gesellschaftsrechtliche Vorschriften bei Unternehmensumstrukturierungen ausgenutzt werden könnten, um beispielsweise kontaminierte Grundstücke auf ansonsten weitgehend vermögenslose und rechtlich selbständige Gesellschaften zu übertragen[1238]. Anwendbar ist die Vorschrift demnach ausweislich der Begründung des Bundesrates, auf dessen Betreiben hin diese Regelung Eingang in das Bundes-Bodenschutzgesetz gefunden hat[1239], vor allem in Fällen, in denen der unterkapitalisierte oder in qualifizierter Konzernabhängigkeit stehende Grundstückseigentümer die Sanierung finanziell nicht tragen kann[1240]. Hier soll im Wege der Durchgriffshaftung auf etwaige hinter der sanierungspflichtigen Gesellschaft stehende Rechtsträger zurückgegriffen werden können[1241].

Neben Missbrauchskonstellationen fallen auch alle weiteren Fälle einer handels- oder gesellschaftsrechtlichen Einstandspflicht unter die Vorschrift des § 4 Abs. 3 S. 4 HS. 1 BBodSchG[1242].

Die Einstandspflicht für eine juristische Person umfasst nach dem Wortlaut nur rechtsfähige juristische Personen wie Aktiengesellschaften, die Kommanditgesellschaft auf Aktien (KGaA) oder die GmbH[1243], aber grundsätzlich auch juristische Personen des öffentlichen Rechts[1244], wobei es bei letzteren regelmäßig am handels- oder gesellschaftsrechtlichen Haftgrund fehlen wird[1245]. Ausgeschlossen ist damit ein Einstehenmüssen für Gesamthandsgesellschaften[1246] wie oHG oder KG, die beide trotz aller Ähnlichkeiten keine juristischen Personen sind[1247]. Im Bereich des Zivil-

---

1238 BT-Drs. 13/6701, S. 51 f.; vgl. auch Versteyl, in: Hendler/Marburger/Reinhardt/Schröder (Hrsg.), Bodenschutz und Umweltrecht (UTR Bd. 53), 2000, S. 147 (200) mit einem Praxisfall.

1239 BR-Drs. 702/96, S. 10.

1240 BT-Drs. 13/8182, S. 3.

1241 BT-Drs. 13/6701, S. 51 f.

1242 Becker, BBodSchG, Losebl., Stand Jan. 2001, § 4 Rn. 28. Es geht aber auch nur um solche Einstandspflichten. Deshalb fallen sonstige zivilrechtliche Einstandspflichten (Bürgschaft, Garantievertrag) nicht in den Anwendungsbereich des § 4 Abs. 3 S. 4 HS. 1 BBodSchG; vgl. Spieth/Wolfers, altlasten spektrum 1998, 75 (78), a.A. Droese, UPR 1999, 86 (87).

1243 Vgl. ausf. Becker, BBodSchG, Losebl., Stand Jan. 2001, § 4 Rn. 26 mit Nennung von weiteren Beispielen; Müggenborg, SächsVBl. 2000, 108 (108 f.); Giesberts/Frank, DB 2000, 505 (507 f.); Erbguth/Stollmann, DVBl. 2001, 601 (604); hingegen greift § 4 Abs. 3 S. 4 BBodSchG nicht bei eingetragenen Vereinen, die zwar auch juristische Person sind, aber nicht dem Handels- und Gesellschaftsrecht unterliegen; vgl. Frenz, altlasten spektrum 2000, 157.

1244 Becker, BBodSchG, Losebl., Stand Jan. 2001, § 4 Rn. 26; Erbguth/Stollmann, DVBl. 2001, 601 (604).

1245 Erbguth/Stollmann, DVBl. 2001, 601 (604).

1246 Vgl. die Aufzählung bei Becker, BBodSchG, Losebl., Stand Jan. 2001, § 4 Rn. 26.

1247 Siehe hierzu umfassend Eisenhardt, Gesellschaftsrecht, 9. Aufl. 2000, Rnrn. 206 f., 373; instruktiv auch Schmidt, Gesellschaftsrecht, 4. Aufl. 2002, S. 207; Hueck, Das Recht der offerechts können, insbesondere im Hinblick auf die oHG, über eine entsprechende Anwendung von juristische Personen betreffende Vorschriften (z.B. § 31 BGB) Schwierigkeiten umgangen werden. Für den Bereich des Bodenschutzrechts bestehen im Hinblick auf eine Ausweitung der Einstandspflicht für eine oHG hingegen Bedenken[1248], da die gesetzliche Eingriffsgrundlage hier insoweit eindeutig auf die *„juristische Person"* Bezug nimmt. Die Inanspruchnahme eines Einstandspflichtigen für Sanierungspflichten einer oHG oder KG wäre demnach von der Rechtsgrundlage nicht gedeckt und wäre rechtswidrig. Hingegen ist die Person des Einstandspflichtigen nach dem Wortlaut der Vorschrift nicht beschränkt, so dass als Verantwortliche grundsätzlich alle natürlichen und juristischen Personen in Betracht kommen.

Nach dem Gesetzeswortlaut besteht die Einstandspflicht für den, dem ein Grundstück *„gehört"*. Daher ist zu klären, was damit gemeint sein soll.

Zunächst ist festzuhalten, dass wegen der Bezugnahme auf das Grundstück lediglich Fälle der Zustandshaftung erfasst werden[1249]. Ein *„Gehören"* im Sinne des § 4 Abs. 3 S. 4 BBodSchG liegt auf jeden Fall vor, wenn das Grundstück im Eigentum des Einstandsberechtigten steht. Fraglich ist aber, ob eine Einstandspflicht auch dann besteht, wenn der Einstandsberechtigte kein Eigentümer, sondern Inhaber der tatsächlichen Gewalt über das Grundstück ist[1250]. Dafür spricht die Gesetzesbegründung[1251]. Allerdings wäre ein entsprechender gesetzgeberische Wille nur unzureichend im Gesetz zum Ausdruck gekommen und damit unbeachtlich[1252]. Jedenfalls fordert der Begriff *„Gehören"* die über die tatsächliche Sachherrschaft hinausgehende rechtliche Zugehörigkeit[1253]. Inwieweit Fälle dinglicher Berechtigung am Grundstück, wie z.B. ein Erbbaurecht, unter den Begriff *„Gehören"* gefasst werden können, muss im Einzelnen noch geklärt werden. Auf der einen Seite spricht für eine Einbeziehung, dass eine rechtliche Zugehörigkeit zum Grundstück beim Erbbaurecht besteht[1254]. Auf der anderen Seite geht mit einer Einbeziehung die gesetzgeberische

---

nen Handelsgesellschaft, 4. Aufl. 1971, S. 312 f. (zur oHG); Giesberts/Frank, DB 2000, 505 (508); Sanden/Schoeneck, BBodSchG, 1998, § 4 Rn. 41 mit weiteren Beispielen; Erbguth/Stollmann, DVBl. 2001, 601 (604); Müggenborg, SächsVBl. 2000, 108 (109); Spieth/Wolfers, NVwZ 1999, 355 (357); siehe aber auch Marburger/Nolte, in: Hendler/Marburger/Reinhardt/Schröder (Hrsg.), Jahrbuch des Umwelt- und Technikrechts 2000 (UTR Bd. 54), 2000, S. 229 (235), die eine Anwendung auf die KG vorschlagen; sowie Frenz, altlasten spektrum 2000, 157, der sogar eine Ausweitung auf die GbR erwägt.

1248 Zweifelnd auch Becker, DVBl. 1999, 134 (137) in Fn. 25.

1249 Antweiler, BB 2002, 1278 (1280); Fleischer/Empt, ZIP 2000, 905 (906 f.); Knopp, in: Knopp/Löhr, Bundes-Bodenschutzgesetz in der betrieblichen und steuerlichen Praxis, 2000, Rn. 111 m.w.N.

1250 So Schink, DÖV 1999, 797 (803); Sanden/Schoeneck, BBodSchG, 1998, § 4 Rn. 40; Frenz, altlasten spektrum 2000, 157 (158); Spieth/Wolfers, altlasten spektrum 1998, 75 (78); Heiermann, ZG 1999, 215 (222); Brandt/Sanden, Bodenschutz 1999, 136 (138).

1251 Vgl. BT-Drs. 6701, S. 51; BT-Drs. 13/8182, S. 3.

1252 BVerfGE 1, 299 (312); BVerfGE 6, 55 (75); BVerfGE 10, 234 (244); BVerfGE 11, 126 (130); vgl. auch Müller/Christensen, Juristische Methodik, 8. Auflage, 2002, Rn. 25.

1253 Vierhaus, NJW 1998, 1262 (1265); Knopp, in: Knopp/Löhr, Bundes-Bodenschutzgesetz in der betrieblichen und steuerlichen Praxis, 2000, Rn. 111; Erbguth/Stollmann, DVBl. 2001, 601 (604); Giesberts/Frank, DB 2000, 505 (508); Antweiler, BB 2002, 1278 (1280); Marburger/Nolte, in: Hendler/Marburger/Reinhardt/Schröder (Hrsg.), Jahrbuch des Umwelt- und Technikrechts 2000 (UTR Bd. 54), 2000, S. 229 (237); ebenso, aber ohne Begründung Becker, DVBl. 1999, 134 (137); Müggenborg, SächsVBl. 2000, 108.

1254 Vgl. hierzu BVerfGE 99, 129 (140 ff.).

Struktur verloren, nach der als Verantwortlichkeitskategorien lediglich das Eigentum und die tatsächliche Sachherrschaft bestehen. In Fällen nämlich, in denen der Erbbauberechtigte nicht Inhaber der tatsächlichen Gewalt ist[1255], würde, obwohl eine originäre Zustandsverantwortlichkeit des Erbauberechtigten nicht besteht, ein Einstandspflichtiger sanierungspflichtig. Unter *„Gehören“* ist demnach das Innehaben der Eigentümerstellung zu verstehen.

Vom zeitlichen Anwendungsbereich des § 4 Abs. 3 S. 4 BBodSchG sind nach ihrem Wortlaut nur Fälle erfasst, in denen eine handels- oder gesellschaftsrechtliche Einstandspflicht innerhalb des zeitlichen Geltungsbereichs des Bundes-Bodenschutzgesetzes bestand[1256].

(2) Gesetzlich geregelte gesellschaftsrechtliche Einstandspflichten

Hier sind zunächst die gesetzlich geregelten Einstandspflichten, vor allem aus dem Aktiengesetz[1257] und dem GmbH-Gesetz[1258] zu nennen. Sie führen dazu, dass beim Vorliegen bestimmter Voraussetzungen Einstandspflichten einer Gesellschaft für eine andere entstehen. Ist der gesetzliche Tatbestand erfüllt, ist die einstandspflichtige Gesellschaft nach dem Wortlaut des § 4 Abs. 3 S. 4 HS. 1 BBodSchG zunächst sanierungspflichtig.

Einstandspflichten für eine Aktiengesellschaft, oder anders ausgedrückt, Ansprüche der Aktiengesellschaft (und nicht Ansprüche der Aktionäre[1259]), bestehen nach § 93 Abs. 2 AktG[1260], nach § 117 AktG (Schadenersatz)[1261], aus Verletzung von Treuepflichten gem. § 243 Abs. 2 AktG zu Lasten der Aktiengesellschaft[1262] oder aus § 54 Abs. 1 AktG (Verpflichtung des Aktionärs zur Einlage)[1263]. Weitere Einstandspflichten für eine Aktiengesellschaft folgen im Bereich des Konzernrechts aus § 302 AktG, sofern ein Beherrschungs- und Gewinnabführungsvertrag nach § 291 AktG besteht[1264].Für die Kommanditgesellschaft auf Aktien (KGaA) haftet unbeschränkt der Komplementär aus §§ 278 Abs. 2 AktG, 161 Abs. 2, 128 ff. HGB[1265]. Einstandspflich-

---

1255 Vgl. hierzu VGH Mannheim, NJW 1998, 624; siehe auch oben unter Kap. 1 B III 2. b) (1) (b) sowie unter Kap. 3 D I 2. c) (1).

1256 Hilger, in: Holzwarth/Radtke/Hilger/Bachmann, BBodSchG/BBodSchV, 2. Aufl. 2000, § 4 BBodSchG Rn. 97.

1257 Aktiengesetz (AktG) v. 6. 9. 1965 (BGBl. I, S. 1089) zuletzt geänd. durch G v. 24. 2. 2000 (BGBl. I, S. 154).

1258 Gesetz betreffend die Gesellschaft mit beschränkter Haftung (GmbHG) v. 20. 4. 1892 (RGBl., S. 477 in der Fassung der Bekanntmachung v. 20. 5. 1898 (RGBl., S. 846) zuletzt geänd. durch G v. 22. 6. 1998, (BGBl. I, S. 1474).

1259 Eisenhardt, Gesellschaftsrecht, 9. Aufl. 2000, Rn. 552.

1260 Siehe hierzu Eisenhardt, Gesellschaftsrecht, 9. Aufl. 2000, Rn. 552.

1261 Schmidt, Gesellschaftsrecht, 4. Aufl. 2002, S. 802 f.; Eisenhardt, Gesellschaftsrecht, 9. Aufl. 2000, Rn. 618.

1262 Eingehend Eisenhardt, Gesellschaftsrecht, 9. Aufl. 2000, Rn. 647 ff.; siehe auch Schmidt, Gesellschaftsrecht, 4. Aufl. 2002, S. 802 ff.

1263 Schmidt, Gesellschaftsrecht, 4. Aufl. 2002, S. 802 f.

1264 Vgl. Schmidt, Gesellschaftsrecht, 4. Aufl. 2002, S. 925; Marburger/Nolte, in: Hendler/Marburger/Reinhardt/Schröder (Hrsg.), Jahrbuch des Umwelt- und Technikrechts 2000 (UTR Bd. 54), 2000, S. 229 (242).

1265 Schmidt, Gesellschaftsrecht, 4. Aufl. 2002, S. 975 f.

ten für die GmbH können sich ergeben aus § 21 Abs. 3 GmbHG[1266], aus § 22 GmbHG[1267] oder aus § 24 S. 1 GmbHG[1268]. Eine gesellschaftsrechtliche Einstandspflicht kann darüber hinaus nach dem Gesellschaftsvertrag bestehen, wenn gem. §§ 26 ff. GmbHG[1269] eine beschränkte oder unbeschränkte Nachschusspflicht vereinbart wurde. Einstandspflichten für die eingetragene Genossenschaft können sich nach dem Genossenschaftsgesetz[1270] aus §§ 23 GenG oder aus § 125 GenG ergeben. Soweit handels- oder gesellschaftsrechtliche Einstandspflichten zugunsten juristischer Personen des öffentlichen Rechts existieren[1271], fallen sie ebenfalls unter die Kategorie der gesellschaftsrechtlichen Einstandspflichten. Weitere gesellschaftsrechtliche Einstandspflichten sind im Umwandlungsrecht geregelt, wie z.B. die Nachhaftungstatbestände gem. § 133 UmwG oder § 134 UmwG[1272].

(3) Einstandspflicht aus dem gesellschaftsrechtlichen Rechtsgrund der Durchgriffshaftung

(a) Begriff

Mit dem haftungsrechtlichen Durchgriff wird allgemein die Methode bezeichnet, mit der die rechtliche Selbständigkeit einer Person überwunden wird, um bei einer anderen Person Rückgriff nehmen zu können[1273]. Juristisch ist dies wegen der rechtlichen Selbständigkeit der beteiligten Personen problematisch, rechtspolitisch jedoch dort gewollt, wo sich das Rechtsgefühl gegen das Trennungsprinzip sträubt[1274]. Deshalb wird neben den gesetzlich geregelten Fällen[1275] ein Haftungsdurchgriff unter bestimmten Voraussetzungen zugelassen. Der Bundesgerichtshof[1276] hat in Fortsetzung der reichsgerichtlichen Rechtsprechungstradition den Haftungsdurchgriff in bestimmten Fallkonstellationen anerkannt[1277], aber festgestellt, dass über die juristische Person, und damit über das Trennungsprinzip nicht leichtfertig hinweggegangen werden darf[1278]. Dies soll nur dann möglich sein, wenn die Wirklichkeit des Lebens

1266 Vgl. Baumbach/Hopt, HGB, 30. Aufl. 2000, § 21 Rnrn. 14 f.

1267 Siehe hierzu Baumbach/Hopt, HGB, 30. Aufl. 2000, § 22 Rnrn. 5 ff.

1268 Vgl. hierzu Schmidt, Gesellschaftsrecht, 4. Aufl. 2002, S. 1126; Baumbach/Hopt, HGB, 30. Aufl. 2000, § 24 Rnrn. 4 ff.

1269 Baumbach/Hopt, HGB, 30. Aufl. 2000, § 26 Rnrn. 1 ff.

1270 Gesetz betreffend die Erwerbs- und Wirtschaftsgenossenschaften (GenG) in der Fassung der Bekanntmachung v. 19. 8. 1994 (BGBl. I, S. 2202), zuletzt geänd. durch Art. 9 d. G v. 24. 2. 2000 (BGBl. I, S. 154).

1271 Becker, BBodSchG, Losebl., Stand Jan. 2001, § 4 Rn. 26; vgl. aber auch Erbguth/Stollmann, DVBl. 2001, 601 (604).

1272 Siehe insbesondere zu § 133 UmwG oben unter Kap. 3 D I 2. b) (3) (c).

1273 Schmidt, Gesellschaftsrecht, 4. Aufl. 2002, S. 217; siehe auch Drax, Durchgriffshaftung und Konzernverantwortung der GmbH-Gesellschafter, 1992, S. 6; Schramm, Konzernverantwortung und Haftungsdurchgriff im qualifizierten faktischen GmbH-Konzern.

1274 Schmidt, Gesellschaftsrecht, 4. Aufl. 2002, S. 218 f.; vgl. zum Begriff des Trennungsprinzips Coing, NJW 1977, 1793 (1794); Lutter/Hommelhoff, GmbHG, 15. Aufl. 2000, § 13 Rn. 3.

1275 Z.B. §§ 32a f. GmbHG; vgl. hierzu Eisenhardt, Gesellschaftsrecht, 9. Aufl. 2000, Rn. 428 bzw. § 64 Abs. 2 GmbHG; vgl. hierzu Lutter/Hommelhoff, GmbHG, 15. Aufl. 2000, § 64 Rnrn. 30 ff.; Schulze-Osterloh, in: Baumbach/Hueck, GmbHG, 17. Aufl. 2000, § 64 Rnrn. 13 ff. jew. m.w.N.

1276 Vgl. im Einzelnen hierzu Drax, Durchgriffs- und Konzernhaftung der GmbH-Gesellschafter, S. 65 f.

1277 Siehe hierzu ausf. Priester, ZGR 1993, 512 (518 f.); Becker/Fett, NZG 1999, 1189 (1191 ff.).

1278 Vgl. die Nachweise bei Schmidt, Gesellschaftsrecht, 4. Aufl. 2002, S. 218, Fn. 1.

und die Macht der Tatsachen ein solches Hinweggehen über die Selbständigkeit des Rechtsträgers erfordern[1279].

Durchgriffstatbestände, die Auswirkungen auf die Sanierungspflicht des § 4 Abs. 3 S. 4 HS. 1 BBodSchG haben können, sind vor allem Fallgestaltungen, bei denen eine Flucht aus der persönlichen Haftung erfolgt, die Annahme eines Missbrauchstatbestands somit nahe liegt. In der Gesetzesbegründung wird deshalb auch ausdrücklich auf den Tatbestand der Unterkapitalisierung verwiesen[1280]. Daneben werden in diesem Zusammenhang noch die Sphärenvermischung und die Beherrschung einer Gesellschaft genannt[1281].

Durchgriffstatbestände können sich grundsätzlich bei allen gesellschaftsrechtlichen Konstruktionen ergeben[1282]. So wurde von der Rechtsprechung beispielsweise schon ein Haftungsdurchgriff auf die Vereinsmitglieder für Vereinsverbindlichkeiten zugelassen[1283]. Mit abnehmender Gesellschafterzahl steigt die Gefahr der einseitigen Einflussnahme, und damit die Wahrscheinlichkeit der missbräuchlichen Anwendung. Daher stellt sich dieses Problem vor allem bei Einmanngesellschaften[1284].

(b) Unterkapitalisierung

(aa) Begriffsbestimmung

Das größte Problem im Bereich von Durchgriffstatbeständen stellt für den Gläubiger einer Kapitalgesellschaft die Unterkapitalisierung dar. Das Gesetz verlangt für die Gründung einer Kapitalgesellschaft lediglich ein bestimmtes Garantiekapital in einer gesetzlich festgelegten Höhe, die abstrakt und damit völlig unabhängig vom Geschäftszweck bestimmt ist[1285].

Eine Unterkapitalisierung tritt ein, wenn die Kapitalausstattung der Gesellschaft nicht für ein angemessenes Wirtschaften ausreicht[1286]. Unterkapitalisierung ist demnach nicht mit Vermögenslosigkeit oder Überschuldung identisch[1287], sondern liegt vor, wenn die notwendige Mittelzuführung unterbleibt[1288].

1279 Vgl. die Nachweise bei Schmidt, Gesellschaftsrecht, 4. Aufl. 2002, S. 218, Fn. 2.

1280 BT-Drs. 13/6701, S. 51.

1281 Schmidt, Gesellschaftsrecht, 4. Aufl. 2002, S. 233; Hueck/Fastrich, in: Baumbach/Hueck, GmbH-Gesetz, 17. Aufl. 2000, § 13 Rn. 15; jew. m.w.N.

1282 Vgl. Schmidt, Gesellschaftsrecht, 4. Aufl. 2002, S. 219; Coing, NJW 1977, 1793.

1283 BGHZ 54, 222 = BGH, JZ 1970, 687; kritisch hierzu Schmidt, Gesellschaftsrecht, 4. Aufl. 2002, S. 719 f.

1284 Das Insolvenzrisiko der GmbH als solche liegt schon drei- bis fünf Mal so hoch, wie bei anderen Rechtsformen; vgl. Roth, ZGR 1993, 170 (170 f.); siehe auch Marburger/Nolte, in: Hendler/Marburger/Reinhardt/Schröder (Hrsg.), Jahrbuch des Umwelt- und Technikrechts 2000 (UTR Bd. 54), 2000, S. 229 (247).

1285 § 7 AktG; vgl. hierzu Hüffer, AktG, 5. Aufl. 2002, § 7 Rn. 1; § 5 GmbHG; vgl. hierzu Lutter/Hommelhoff, GmbHG, 15. Aufl. 2000, § 5 Rn. 5.

1286 Schmidt, Gesellschaftsrecht, 4. Aufl. 2002, S. 240 m.w.N.; Becker/Fett, NZG 1999, 1189 (1191).

1287 Schmidt, Gesellschaftsrecht, 4. Aufl. 2002, S. 240.

1288 Sog. materielle Unterkapitalisierung; vgl. hierzu und zu Abgrenzungsfragen Schmidt, Gesellschaftsrecht, 4. Aufl. 2002, S. 240 f.

Ein den Haftungsdurchgriff rechtfertigender Sachverhalt ist gegeben, wenn die Gesellschaft bei Gründung nicht mit ausreichenden Mitteln versorgt wurde („*anfängliche*“ Unterkapitalisierung), aber auch, wenn sich erst im Laufe der Geschäftstätigkeit herausstellt, dass die Mittel nicht ausreichen („*nachträgliche*“ Unterkapitalisierung)[1289]. Dies kann im Falle der Heranziehung zu Sanierungsmaßnahmen insbesondere dann eintreten, wenn sich erst im Laufe der Geschäftstätigkeit herausstellt, dass kostenintensive Maßnahmen in naher Zukunft eingeplant werden müssen, aber nicht mit entsprechenden Maßnahmen, wie z.B. durch eine angemessene Kapitalerhöhung, reagiert wird[1290]. Rechtsfolge einer Unterkapitalisierung ist grundsätzlich die direkte Außenhaftung der Gesellschafter[1291].

Allerdings ist eine reine Unterkapitalisierung für die Annahme einer Durchgriffshaftung nicht ausreichend[1292]. Dies wird damit begründet, dass zum einen der Begriff und die Voraussetzungen einer Unterkapitalisierung unklar sind. Außerdem hat es der Gesetzgeber bei einer Mindestkapitalausstattung von 25.000 €[1293] bzw. 50.000 €[1294] belassen.

Auch der Umstand, dass die Gesellschafter ihre Einlagen nur teilweise erbracht haben, führt nicht automatisch zur Annahme einer Durchgriffshaftung[1295].

Da sich ein objektiver Maßstab zur Beurteilung einer Unterkapitalisierung kaum finden lässt, kommt es auf die Gesamtschau der Umstände an. So müssen zur Unterkapitalisierung weitere Umstände treten, die das Vorliegen eines Missbrauchstatbestands vermuten lassen[1296]. Nach der Rechtsprechung ist damit ein Haftungsdurchgriff nur gerechtfertigt, wenn der Gesellschafter die Unterkapitalisierung erkennen kann[1297].

Festzuhalten ist ferner, dass es sich bei dieser Art der Haftung nur um eine Haftung der Gesellschafter gegenüber der Gesellschaft handelt[1298]. Dies ist damit zu begründen, dass die Gesellschafter für Gesellschaftsschulden einstehen müssen, die wegen nicht ausreichender Kapitalausstattung von der Gesellschaft nicht beglichen

---

1289 Drax, Durchgriffs- und Konzernhaftung der GmbH-Gesellschafter, 1992, S. 101; BSG, NJW 1984, 2119; Queitsch, BBodSchG, 2. Aufl. 1999, Rn. 96; Vierhaus, NZG 2000, 240 (242); vgl. auch Erbguth/Stollmann, DVBl. 2001, 601 (605); Giesberts/Frank, DB 2000, 505 (509); a.A. Antweiler, BB 2002, 1278 (1281); Fleischer/Empt, ZIP 2000, 905 (909).

1290 Knopp/Albrecht, BB 1998, 1853 (1856); Vierhaus, NJW 1998, 1262 (1265).

1291 Vgl. in Bezug auf öffentlich-rechtliche Forderungen nur BSG, NJW 1984, 2117; BSG, NJW-RR 1995, 730; BSG, NJW-RR 1997, 94 (95); vgl. auch BAG, NJW 1999, 2299 m.w.N.

1292 Vgl. nur BAG, NJW 1999, 2299.

1293 § 5 Abs. 1 GmbHG.

1294 §§ 6 f. AktG.

1295 BAG, NJW 1999, 2299.

1296 BAG, NJW 1999, 2299 f.; Frenz, altlasten spektrum 2000, 157 (158); Erbguth/Stollmann, DVBl. 2001, 601 (605); siehe auch Dombert, NZG 1998, 413 (416 f.).

1297 BAG, NJW 1999, 2299, (2300); Antweiler, BB 2002, 1278 (1280 f.); siehe zu dieser Problematik auch Erbguth/Stollmann, DVBl. 2001, 601 (605) m.w.N.

1298 Roth, ZGR 1993, 170 (204); kein Durchgriff auf den Geschäftsführer; vgl. VG Frankfurt, NVwZ 2000, 107 = NuR 1999, 711 m. Anm. Nolte NuR 2000, 259 ff. = ZfIR 2000, 305 ff. m. Anm. Schwartmann, ZfIR 2000, 256 ff.; siehe hierzu auch Stüer/Hönig, DVBl. 2000, 1189 (1201).

werden können[1299]. Eine unmittelbare Haftung der Gesellschafter gegenüber den geschädigten Gläubigern kommt daher nur in Betracht, soweit hierfür, wie z.B. mit § 826 BGB, mit § 823 Abs. 2 BGB[1300] oder mit Culpa in contrahendo (c.i.c.)[1301] eine eigene Anspruchsgrundlage besteht[1302]. Dies entspricht auch der Konstruktion des § 4 Abs. 3 S. 4 HS. 1 BBodSchG, nach dem auch derjenige in Anspruch genommen werden kann, der gegenüber der Gesellschaft einstandspflichtig ist. Insoweit ist zunächst die Rechtsbeziehung zwischen Gesellschafter und Gesellschaft daraufhin zu untersuchen, ob wegen einer Unterkapitalisierung eine Einstandspflicht der Gesellschafter besteht.

(bb) Verschulden

Uneinheitlich wird die Frage behandelt, ob ein Verschulden der Gesellschafter vorliegen muss oder nicht. Das Bundessozialgericht[1303] hat ein Verschulden des Gesellschafters in einer Entscheidung nicht als erforderlich angesehen, in der es um die Klage des Hauptgesellschafters einer GmbH gegen einen Rückzahlungsbescheid über von der GmbH zweckwidrig verwendeter Fördergelder ging. Das Bundessozialgericht befasste sich erst gar nicht mit der (entschuldigenden) Einwendung des Klägers, dass er die auszahlende Behörde von der Risikosituation der GmbH informiert habe, und ließ den Durchgriff auf das Vermögen des Gesellschafters alleine mit dem Hinweis auf die objektiv zweckwidrige Verwendung der Fördergelder zu.

Gegen diese weite Auslegung bestehen jedoch Bedenken. Wenn ein Gesellschafter im Zusammenhang mit Verhandlungen zutreffend auf die tatsächliche Lage des Unternehmens hinweist und damit der Gläubiger das Risiko abzuschätzen vermag, ist ein Haftungsdurchgriff auf den Gesellschafter aus Gründen des Gläubigerschutzes nicht erforderlich[1304].

(cc) Anwendungsbereich des § 4 Abs. 3 S. 4 BBodSchG

Im Bereich von Unterkapitalisierungstatbeständen, bei denen ein Durchgriff durch die Gesellschaft auf die Gesellschafter zu diskutieren ist, beschränkt sich auf bestimmte Fallgestaltungen. Anhand dieser nachstehend dargestellten Konstellation lässt sich der Anwendungsbereich der Durchgriffshaftung auf bodenschutzrechtliche Sanierungspflichten überprüfen.

1299 Schmidt, Gesellschaftsrecht, 4. Aufl. 2002, S. 243 m.w.N.; Frenz, altlasten spektrum 2000, 157 (158) verlangt als weiteres Kriterium, dass die Tätigkeit der unterkapitalisierten Gesellschaft dem Gesellschafter zurechenbar sein muss.

1300 So Roth, ZGR 1993, 170 (205 f.).

1301 Siehe zum Rechtsinstitut der c.i.c. Heinrichs, in: Palandt, BGB, 62. Aufl. 2003, Einf v § 145 Rn. 18; Medicus, Bürgerliches Recht, 18. Aufl. 1999, Rn. 199. Durch die Schuldrechtsreform wurde die c.i.c. in § 311 Abs. 2 Nr. 1 BGB gesetzlich geregelt; siehe hierzu Heinrichs, in: Palandt, BGB, 62. Aufl. 2003, § 311 Rn. 11 ff. m.w.N.

1302 Zum Ganzen Roth, ZGR 1993, 170 (204 f.).

1303 BSG, NJW 1984, 2117.

1304 Schmidt, Gesellschaftsrecht, 4. Aufl. 2002, S. 242; vgl. auch Giesberts/Frank, DB 2000, 505 (509); Becker/Fett, NZG 1999, 1189 (1191); anders wohl Brandt/Sanden, Bodenschutz 1999, 136 (138).

Fall 1:

Eine Grundstücksgesellschaft, der ein oder mehrere kontaminierte Grundstücke übertragen werden, wird unterkapitalisiert gegründet, um das Sanierungsrisiko gering zu halten.

In diesem Fall wird die Gesellschaft von den Gesellschaftern durch die für die Geschäftstätigkeit nicht mit ausreichenden Mitteln ausgestattet, ohne dass ein Verstoß gegen das Recht der Kapitalaufbringung oder der Kapitalerhaltung vorliegt. Daher stellt sich die Frage, ob diese Konstellation einen Haftungsanspruch der Gesellschaft gegenüber den Gesellschaftern auslöst, womit sie einstandspflichtig und demnach bodenschutzrechtlich haftbar wären.

Mögliche Ansprüche der Gesellschaft gegen den Gesellschafter können sich zum einen aus § 826 BGB ergeben, zum anderen können Ansprüche aus dem durch den Gesellschaftsvertrag begründeten Sonderrechtsverhältnis zwischen Gesellschaft und Gesellschaftern bestehen.

Eine Haftung der Gesellschafter nach § 826 BGB erfordert das Vorliegen subjektiver Voraussetzungen[1305]. § 826 BGB verpflichtet den, der in einer gegen die guten Sitten verstoßenden Weise einem anderen Schaden zufügt, zum Ersatz des daraus entstehenden Schadens[1306]. Nach der Rechtsprechung besteht ein solcher Ersatzanspruch insbesondere dann, wenn die Gesellschafter die Gesellschaft so ausgestaltet haben, dass die Gesellschaftsgläubiger notwendigerweise durch die Geschäftstätigkeit Nachteile erleiden mussten[1307]. Ein Schädigungsvorsatz wird schon dann angenommen, wenn sich die Schädigungsmöglichkeit der Gläubiger nach den äußeren Umständen geradezu aufdrängt[1308]. Lassen sich diese Voraussetzungen im o.g. Fall feststellen, kann eine behördliche Inanspruchnahme nach § 4 Abs. 3 S. 4 HS. 1 BBodSchG erfolgen.

Daneben existiert eine direkte Einstandspflicht aus Verschuldenshaftung der Gesellschafter für die Gesellschaft aus dem zwischen der Gesellschaft und den Gesellschaftern bestehenden Sonderrechtsverhältnis[1309]. Die Frage des Haftungsdurchgriffs stellt sich somit nicht. Da eine Einstandspflicht besteht, kann der Gesellschafter bodenschutzrechtlich, unabhängig von einem Anspruch nach § 826 BGB, direkt in Anspruch genommen werden.

Fall 2:

Eine Gesellschaft ist unterkapitalisiert, weil eine schon vorhandene Altlast nicht bekannt ist oder weil bei einer bekannten Altlast der Sanierungsumfang zu niedrig eingeschätzt wurde. In diesem Fall stellt sich die Frage, ob die Gesellschafter

---

1305 Knopp/Albrecht, BB 1998, 1853 (1857); vgl. hierzu auch Schmidt, Gesellschaftsrecht, S. 250 m. Rechtsprechungsnachweisen; auch BAG, NJW 1999, 2299 (2300).

1306 Siehe hierzu Thomas, in: Palandt, BGB, 62. Aufl. 2003, § 826 Rnrn. 2 ff.

1307 NJW 1979, 2104; NJW-RR 1988, 1181; NJW-RR 1992, 1061 = WM 1992, 735, 736.

1308 BGH, NJW 1979, 2104; folgend BAG, NJW 1999, 2299 (2300); Knopp/Albrecht, BB 1998, 1853 (1857).

1309 Schmidt, Gesellschaftsrecht, 4. Aufl. 2002, S. 243 und S. 525 f., jew. m.w.N.

einstandspflichtig sind oder nicht. Das richtet sich danach, ob die Gesellschaft einen Anspruch auf zusätzliche Geldleistungen hat.

Ein Anspruch der Gesellschaft aus der Sonderrechtsbeziehung zu ihren Gesellschaftern scheidet aus, da hier ein Verschulden kaum anzunehmen ist. Ob darüber hinaus Ansprüche bestehen, richtet sich nach dem Gesellschaftsvertrag, in dem eine entsprechende Nachschussverpflichtung enthalten sein kann, vgl. §§ 26 ff. GmbHG. Ist eine Nachschusspflicht in unbegrenzter Höhe vereinbart (§ 27 GmbHG), können die Gesellschafter nach § 4 Abs. 3 S. 4 HS. 1 zur Sanierung herangezogen werden. Ist die Nachschusspflicht gem. § 28 GmbHG begrenzt, stellt sich die Frage, ob dennoch eine unbeschränkte bodenschutzrechtliche Haftung besteht. Das ist jedoch abzulehnen, da das Bodenschutzrecht bei der Frage der Einstandspflichtigkeit auf gesellschaftsrechtliche Grundsätze zurückgreift. Insoweit muss eine Begrenzung der Nachschusspflicht auch zu einer Begrenzung der bodenschutzrechtlichen Haftung führen. Andernfalls wäre auch der beschränkt Nachschusspflichtige im Vergleich zum nicht Nachschusspflichtigen unangemessen benachteiligt.

Fall 3:

Eine Gesellschaft ist deswegen unterkapitalisiert, weil kontaminierte Grundstücke nachträglich auf die Gesellschaft übertragen worden sind, eine Kapitalerhöhung wegen befürchteter behördlicher Inanspruchnahme aber nicht vorgenommen wurde.

Auch hier besteht ein Anspruch grundsätzlich aus dem gesellschaftsrechtlichen Sonderverhältnis zwischen Gesellschaft und Gesellschaftern, die durch ihr Verhalten der Gesellschaft keine erkennbar existenzgefährdenden Schäden zufügen dürfen[1310].

Fall 4:

Eine Gesellschaft ist deswegen nachträglich unterkapitalisiert, weil Grundstücke auf die Gesellschaft übertragen wurden, bei denen sich erst später herausstellt, dass sie kontaminiert sind, oder bei denen der Sanierungsumfang erst später festgestellt werden kann.

Wie im Fall 2 richtet sich eine Einstandspflicht der Gesellschafter danach, ob eine Nachschusspflicht im Gesellschaftsvertrag vereinbart wurde oder nicht. Wurde eine solche nicht vereinbart, entfällt auch eine Inanspruchnahme durch die Behörde.

Fall 5:

Durch entsprechende Produktionsmethoden wird ein Betriebsgrundstück verunreinigt. Für die Beseitigung der Schäden ist die Gesellschaft nicht ausreichend kapitalisiert.

Hier ist darauf abzustellen, ob den Gesellschaftern im Hinblick auf die Produktionsmethoden und den daraus resultierenden Schäden ein Schädigungsvorwurf gemacht werden kann. Wenn ja, kommt eine Einstandspflicht aus dem Sonderrechtsverhältnis zwischen Gesellschafter und Gesellschaft und damit eine Sanierungsverantwortlichkeit in Betracht. Ist den Gesellschaftern hinsichtlich der Bodenkontaminationen kein

1310 Schmidt, Gesellschaftsrecht, 4. Aufl. 2002, S. 1150.

Vorwurf zu machen, entfällt nach den o.g. Grundsätzen wegen des gesellschaftsrechtlichen Trennungsprinzips eine bodenschutzrechtliche Haftung.

Die hier vorgestellten Fallgestaltungen lassen sich durch den Rückgriff auf bestehende rechtliche Grundlagen lösen, ohne dass die Durchbrechung gesellschaftsrechtlicher Grundsätze erforderlich ist.

(dd) Erweiterte Haftung durch § 4 Abs. 3 S. 4 HS. 1 BBodSchG

Weiterhin stellt sich die Frage, ob über die Regelung des § 4 Abs. 3 S. 4 HS. 1 BBodSchG überhaupt eine Erweiterung der Haftungsgrundlage für bodenschutzrechtliche Pflichten geschaffen wurde.

Dies ist deshalb fraglich, weil in allen Fällen, in denen eine Inanspruchnahme des gesellschaftsrechtlich Einstandspflichtigen angenommen wurde, auch die Inanspruchnahme der Gesellschaft hätte erfolgen können, für deren Verpflichtungen die Gesellschafter unter den o.g. Voraussetzungen in bestimmten Fällen hätten einstehen müssen. Insoweit erfolgt keine Erweiterung der Haftungsmasse.

Allerdings kann nach der Konzeption des Bodenschutzrechts der gesellschaftsrechtlich Einstandspflichtige unmittelbar als bodenschutzrechtlich Verantwortlicher zur Sanierung herangezogen werden. Es ist daher zwar keine Erweiterung der Haftungsmasse, wohl aber eine Ausweitung der potenziellen Verfügungsadressaten erfolgt[1311].

(c) Sphärenvermischung

Ein weiterer Tatbestand, bei dem ein Haftungsdurchgriff diskutiert wird, sind die Fälle der Sphärenvermischung bei Kapitalgesellschaften.

Voraussetzung dafür, dass den Gesellschaftern die Vorteile der haftungsrechtlichen Trennung der Vermögensmassen nach § 13 Abs. 2 GmbHG zu Gute kommen, ist, dass sie die Voraussetzungen der Vermögenstrennung auch wahren. Daher ist das Gesellschaftsvermögen klar und kontrollierbar vom Gesellschaftervermögen abzugrenzen[1312].

Sind bestimmte Vermögensgegenstände nicht deutlich genug dem einen oder dem anderen Vermögen zugeordnet, wird dies als so genannte gegenständliche Sphärenvermischung (Vermögensvermischung) bezeichnet[1313]. Ist die Trennung der Rechtssubjekte nicht hinreichend offenkundig gemacht, z.B. wenn eine Person verschiedene Gesellschaften mit ähnlichem Namen führt[1314], so spricht man von einer haftungsbegründenden Sphärenvermischung. In diesen Fällen soll ein Durchgriff auf

---

1311 In diesem Sinne auch Fleischer/Empt, ZIP 2000, 905 (906 f.).

1312 Schmitz-Rode/Bank, DB 1999, 417 (418); vgl. auch Priester, ZGR 1993, 512 (527 f.).

1313 BGHZ 95, 330, 333 = DB 1985, 2341 = BB 1985, 2065 = NJW 1986, 188 ff., 192; Schmidt, Gesellschaftsrecht, S. 244; auch Drax, Durchgriffs- und Konzernhaftung der GmbH-Gesellschafter, S. 54.

1314 Vgl. z.B. BGH, JuS 1979, 212 f.; siehe auch BGH NJW-RR 1986, 456 ff.; OLG Düsseldorf, ZMR 1972, 307 ff.; vgl. zum Ganzen Schmidt, Gesellschaftsrecht, 4. Aufl. 2002, S. 236 f.

den Gesellschafter, der die Vermischung veranlasst oder hiervon Kenntnis hat, erlaubt sein[1315].

Das bedeutet bei einer Übertragung in das Bodenschutzrecht, dass den Gesellschafter einer Gesellschaft die Sanierungsverantwortung nach § 4 Abs. 3 S. 4 BBodSchG trifft, wenn er die Vermischung der Vermögensmassen veranlasst hat[1316]. Veranlassung in diesem Zusammenhang setzt voraus, dass der Gesellschafter innerhalb der Gesellschaft eine beherrschende Stellung einnimmt, z.B. als Mehrheitsgesellschafter, und er auch an der fraglichen Handlung entscheidend beteiligt war[1317].

Zunächst ist schon fraglich, ob ein solcher Fall einer bodenschutzrechtlichen Sanierungsverantwortlichkeit überhaupt denkbar ist. Klarstellend sei noch einmal darauf hingewiesen, dass es sich hier um einen Haftungstatbestand im Bereich der (Grundstücks-) Eigentümerhaftung handelt, wie sich aus dem Begriff *„gehört"* ergibt[1318]. Die Publizität des Grundbuchs führt dazu, dass im Hinblick auf den Eigentümer eines Grundstücks selten Unklarheiten bestehen. Deshalb sind in diesem Bereich Fälle der Sphärenvermischung kaum denkbar. Der Eigentümer ist im Grundbuch bezeichnet, womit eine eindeutige Zuordnung des Grundstücks zu einer Haftungsmasse erfolgt ist. Sollte die Zuordnung des Grundstücks an einen Rechtsträger nicht eindeutig erfolgt sein, sei es, weil das Grundbuch falsch oder der Eigentumsübergang unwirksam ist, wird ein Haftungsdurchgriff regelmäßig am Verschulden des Gesellschafters scheitern[1319].

(d) Die Beherrschung der Gesellschaft – *„qualifizierte"* Konzernverantwortung

Im Bereich der Durchgriffsproblematik wird als dritte Fallgruppe die Haftung im qualifiziert faktischen Konzern genannt[1320]. Auch in der Gesetzesbegründung zu § 4 Abs. 3 S. 4 HS. 1 BBodSchG wird explizit auf die qualifizierte Konzernabhängigkeit hingewiesen[1321].

Die rechtlichen Voraussetzungen und der Anwendungsbereich sind umstritten[1322] Ziel des gesetzlich nicht geregelten Haftungstatbestandes der qualifizierten Konzern-

1315 Einschränkend BGH, JuS 1979, 212 f.

1316 Spieth/Wolfers, NVwZ 1999, 355 (358).

1317 Schmitz-Rode/Bank, DB 1999, 417 (418 f.).

1318 Siehe hierzu oben unter Kap. 3 D I 2. c).

1319 Vgl. hierzu und mit einer umfassenden Rechtsprechungsbesprechung Schmidt, Gesellschaftsrecht, 4. Aufl. 2002, S. 234 ff.; Knopp, in: Knopp/Löhr, Bundes-Bodenschutzgesetz in der betrieblichen und steuerlichen Praxis, 2000, Rnrn. 125 f.

1320 Zu diesem Begriff s. z.B. Schramm, Konzernverantwortung und Haftungsdurchgriff im qualifizierten faktischen GmbH-Konzern, 1991, S. 38 u. 60 m.w.N.; jüngst zur Durchgriffshaftung im GmbH & Co. KG-Konzern auch BAG, NJW 1999, 2612 ff.

1321 BT-Drs. 13/6701, S. 52.

1322 Vgl. etwa Turiaux/Knigge, BB 1999, 377 (380) mit Hinweis darauf, dass speziell das GmbH-Konzernrecht gesetzlich nicht geregelt ist. Die Haftung im qualifizierten faktischen GmbH-Konzern ist vom BGH im Wege richterlicher Rechtsfortbildung entwickelt worden und beruht auf einer analogen Anwendung der §§ 302, 303 AktG, also den Vorschriften über den aktienrechtlichen Vertragskonzern; siehe auch Fleischer/Empt, ZIP 2000, 905 (910 f.). Außerdem stellt sich nach der *„Vulkan"*-Entscheidung des BGH v. 17. 9. 2001, NJW 2001, 3622 ff.; die Frage, ob die Fallgruppe der qualifizierten Konzernverantwortung überhaupt noch zu einem

verantwortung ist es, den Gläubiger einer Gesellschaft, die von einer anderen Gesellschaft personell, rechtlich oder faktisch[1323] beherrscht wird – so genannter vertikaler Konzern[1324] –, davor zu schützen, dass die beherrschende Gesellschaft ihre Stellung zum Nachteil des Gläubigers ausnutzt. Es handelt sich insoweit um eine Ergänzung von gesetzlich festgelegten Schutzinstrumenten, wie Schadenersatzansprüche aus Treuepflichten oder Delikt[1325].

Allein die Beherrschung einer Gesellschaft durch eine andere stellt noch keinen Anwendungsfall des Haftungsdurchgriffs dar[1326]. Eine Beherrschung im hier verwendeten Sinne liegt ebenfalls nicht vor, wenn die Beherrschung einer Gesellschaft durch eine natürliche Person, z.B. als Einmann- bzw. Mehrheitsgesellschafter[1327] oder als geschäftsführender Kommanditist einer KG[1328], erfolgt.

Dogmatischer Ansatzpunkt für den Haftungsdurchgriff beim qualifiziert faktischen Konzern ist eine analoge Anwendung der aktienrechtlichen Vorschriften über die Ausgleichs- und Verlustübernahmepflichten nach §§ 302 ff. AktG, wenn zwischen verschiedenen Gesellschaften Beherrschungs- und Gewinnabführungsverträge bestehen[1329]. Hintergrund dieser Regelung ist die Vermutung, dass – wegen enger und unübersichtlicher Verflechtungen zwischen Gesellschaften – gläubigerschädigendes Verhalten der herrschenden Gesellschaft von Gläubigern nicht erkannt werden kann und die Konzernabhängigkeit deshalb die Ursache für eine nicht ausreichende Finanzausstattung der beherrschten Gesellschaft ist[1330].

Eine Beherrschung, die eine Durchgriffshaftung auslösen kann, liegt nach der Rechtsprechung[1331] nur dann vor, wenn eine Gesellschaft durch ein anderes Unternehmen[1332] beherrscht wird[1333], das herrschende Unternehmen der beherrschten Ge-

---

eigenständigen Haftungsdurchgriff führt, oder ob es sich in diesen Fällen nunmehr um einen Tatbestand der Unterkapitalisierung handelt; so Altmeppen, NJW 2002, 321 (322 ff.); Altmeppen, ZIP 2001, 1837 (1846) jew. m.w.N.

1323 Z.B. durch rechtliche Machtmittel, aber auch durch die rein tatsächliche Möglichkeit, dem beherrschten Teil den Willen des herrschenden Teils aufzuzwingen, z.B. über personelle Abhängigkeiten oder Mehrheitsstimmregeln; vgl. hierzu Becker, DVBl. 1999, 134 (139); Queitsch, BBodSchG, 2. Aufl. 1999, Rn. 96.

1324 Becker, DVBl. 1999, 134 (139) m.w.N.

1325 Siehe insbesondere die sog. TBB-Entscheidung des BGH, NJW 1993, 1200 (1202) = ZIP 1993, 589 (592)= BB 1993, 814 (815); vgl. auch Anm. Bauder, BB 1993, 1103 ff.

1326 Schmidt, Gesellschaftsrecht, 4. Aufl. 2002, S. 237 ff. m.w.N.; Antweiler, BB 2002, 1278 (1281).

1327 BGH, NJW 1994, 446 f.; siehe aber auch BGHZ 95, 330 (337).

1328 BGHZ 45, 204; diese Konstellation ist jedoch für die hier behandelte Frage nicht relevant, da die KG keine juristische Person im Sinne des § 4 Abs. 3 S. 4 BBodSchG; vgl. Becker, BBodSchG, Losebl., Stand Jan. 2001, § 4 Rn. 26.

1329 Schmitz-Rode/Bank, DB 1999, 417 (419); siehe auch BGH, NJW 1994, 446; kritisch hierzu Bitter, ZIP 2001, 265 (270 f.).

1330 BGH, NJW 1994, 446 f. m. Anm. Schmidt; vgl. auch Bitter, ZIP 2001, 265 (267); Erbguth/Stollmann, DVBl. 2001, 601 (605) m.w.N.

1331 BGH, NJW 1994, 446 f.; BGH, NJW 1994, 3288 (3290 f.); BGH, NJW 1995, 1544 (1545 f.); BGH, NJW 1996, 1283 (1284); BGH, NJW 1997, 943 (943 f.); BAG, NJW 1996, 1491 (1492); BSG, ZIP 1996, 1134 (1137).

1332 Beherrschendes Unternehmen kann auch eine Einzelperson sein; vgl. BGHZ 95, 330 (337); BGH, NJW 1986, 1283 (1283 f.); BGH, NJW 1997, 943 (943 f.).

1333 Damit ist gemeint eine Abhängigkeit im Sinne von § 17 AktG; vgl. Bitter, ZIP 2001, 265 (267).

sellschaft ohne Rücksichtnahme auf deren Interessen Nachteile zufügt und die beherrschte Gesellschaft eingetretene Verluste nicht kompensieren kann[1334].

Unter diesen Voraussetzungen kann eine Gesellschaft, die zu einem Konzern[1335] gehört, und Eigentümerin eines kontaminierten Grundstücks ist, von der beherrschenden Gesellschaft verlangen, dass die Verluste im Innenverhältnis ausgeglichen werden[1336]. Insoweit ist die beherrschende Gesellschaft der beherrschten Gesellschaft gesellschaftsrechtlich verpflichtet und damit sanierungsverantwortlich nach § 4 Abs. 3 S. 4 HS. 1 BBodSchG.

Verzichtet hingegen die sanierungspflichtige Gesellschaft im Konzerninteresse auf Befreiungsansprüche analog §§ 302 f. AktG, so soll nach Ansicht der Rechtsprechung eine Haftung des Konzernherrn nicht eintreten[1337]. Vielmehr soll der abhängigen Gesellschaft, falls sie z.B. Sanierungskosten nicht mehr tragen kann, ein Rückgewähranspruch im Hinblick auf die Befreiungsansprüche zustehen[1338].

Ob es sich bei dieser Fallgestaltung in der Sache tatsächlich um einen Durchgriffstatbestand handelt[1339], ist aber für die Frage der bodenschutzrechtlichen Haftung ohne Belang. In jedem Fall liegt eine gesellschaftsrechtliche Einstandspflicht vor.

Ähnlich ist der Fall zu behandeln, in dem in einem horizontalen Konzern[1340] eine von zwei gleichrangigen Gesellschaften durch entsprechendes Verhalten das Vermögen der anderen mindert oder zu deren Finanzschwäche führende Fehler begeht und damit das Vermögen der *„geschädigten"* Gesellschaft den Gläubigern nicht mehr zur Verfügung steht. In diesem Fall liegt zwar kein Beherrschungsverhältnis vor, eine – für die bodenschutzrechtliche Verantwortlichkeit maßgebliche – gesellschaftsrechtliche Verpflichtung ist aber gegeben[1341]. Auch hier stellt sich die Frage, ob tatsächlich ein Fall der Durchgriffshaftung vorliegt, oder ob es sich nicht um reguläre zivil- oder gesellschaftsrechtliche Ausgleichs- und Haftungsansprüche handelt. In jedem Fall besteht jedoch die bodenschutzrechtliche Verantwortlichkeit der *„schädigenden"* Gesellschaft.

Die Haftung des Einstandspflichtigen endet aber, sobald das kontaminierte Grundstück auf einen Dritten übertragen wird, da die Haftung des Einstandspflichtigen an das Eigentum der einstandsberechtigten Gesellschaft anknüpft[1342].

1334 Schmitz-Rode/Bank, DB 1999, 417 (419 f.) m.w.N.; auch Turiaux/Knigge, BB 1999, 377 (381) m.w.N.

1335 Becker, DVBl. 1999, 134 (139); Turiaux/Knigge, BB 1999, 377 (380); zur Legaldefinition des Konzernbegriffs vgl. § 18 Abs. 1 S. 1 AktG.

1336 Schmidt, Gesellschaftsrecht, 4. Aufl. 2002, S. 240; Spieth/Wolfers, NVwZ 1999, 355 (358).

1337 BGH, ZIP 2000, 2163 (2164).

1338 BGH, ZIP 2000, 2163 (2164).

1339 Kritisch hierzu Schmidt, Gesellschaftsrecht, 4. Aufl. 2002, S. 240.

1340 Auch Gleichordnungskonzern genannt; vgl. im Einzelnen hierzu Schmidt, Gesellschaftsrecht, 4. Aufl. 2002, S. 503 ff.

1341 Vgl. zum Ganzen Becker, DVBl. 1999, 134 (140).

1342 Schmitz-Rode/Bank, DB 1999, 417; Spieth/Wolfers, altlasten spektrum 1998, 75 (78).

e) Einstandspflicht aus handelsrechtlichem Rechtsgrund

Neben gesellschaftsrechtlichen Einstandspflichten nennt § 4 Abs. 3 S. 4 HS. 1 BBodSchG die Einstandspflicht aus handelsrechtlichem Rechtsgrund. Dies sollen im Wesentlichen die Regeln in §§ 25 bis 28 HGB sein[1343]. Entgegen dieser Ansicht fallen die Fallgestaltungen des § 28 HGB regelmäßig aus dem Anwendungsbereich des § 4 Abs. 3 S. 4 BBodSchG heraus, da diese Vorschrift lediglich Haftungsfragen beim Eintritt in das Geschäft eines Einzelkaufmanns regelt[1344]. Handelsrechtliche Einstandspflichten im Sinne des Bodenschutzrechts bestehen lediglich für juristische Personen, so dass lediglich Fälle, in denen eine Kapitalgesellschaft Einzelkaufmann im Sinne des § 28 HGB ist, unter diesen Tatbestand fallen[1345].

Außerdem fallen in diese Kategorie Einstandspflichten der Mitglieder durch Mitgliederbeiträge in einem Versicherungsverein auf Gegenseitigkeit, der gem. § 16 VAG dem Handelsrecht unterliegt[1346]. Die Bedeutung für die bodenschutzrechtliche Praxis dürfte jedoch gering sein.

Die verbleibenden Einstandspflichten aus handelsrechtlichem Grund sind, wie oben ausgeführt wurde, keine Rechtsnachfolgetatbestände[1347], sondern echte Einstandspflichten. Im Zusammenhang mit dem Bundes-Bodenschutzgesetz ist vor allem § 25 HGB von Bedeutung, soweit ein vollkaufmännisches Handelsgeschäft[1348] durch eine juristische Person nach § 6 HGB[1349] zur Firmenfortführung erworben wird[1350]. Der – nicht notwendigerweise auf Kauf beruhende[1351] – Erwerb muss unter Lebenden erfolgt sein und zu einem Wechsel des Unternehmensträgers geführt haben. Ausreichend für eine Haftung nach § 25 HGB ist, wenn Teile eines Unternehmens, welche die Fortführung des Betriebs oder eines Teilbetriebs (z.B. eine selbständige Zweigniederlassung) ermöglichen, übertragen werden[1352]. Rechtsfolge ist die Haftung des Erwerbers für während des Geschäftsbetriebs begründeten Verbindlichkeiten des früheren Inhabers. Die Verbindlichkeit muss noch nicht fällig, aber nach § 25 Abs. 1 HGB schon im Geschäftsbetrieb des Vorgängers begründet worden sein[1353].

1343 Hilger, in: Holzwarth/Radtke/Hilger/Bachmann, BBodSchG/BBodSchV, 2. Aufl. 2000, § 4 BBodSchG Rn. 110; Becker, DVBl. 1999, 134 (140); Erbguth/Stollmann, DVBl. 2001, 601 (605); Giesberts/Frank, DB 2000, 505 (508); Schrader, Wasser & Boden 1998, 8 (10).

1344 Canaris, Handelsrecht, 23. Aufl. 2000, S. 158; unklar in diesem Zusammenhang Giesberts/Frank, DB 2000, 505 (508).

1345 Marburger/Nolte, in: Hendler/Marburger/Reinhardt/Schröder (Hrsg.), Jahrbuch des Umwelt- und Technikrechts 2000 (UTR Bd. 54), 2000, S. 229 (260 f.) m.w.N.

1346 Vgl. Schmidt, Gesellschaftsrecht, 4. Aufl. 2002, S. 1280.

1347 Becker, DVBl. 1999, 134 (140).

1348 Schmidt, Handelsrecht, 5. Aufl. 1999, S. 239; Baumbach/Hopt, HGB, 30. Aufl. 2000, § 25 Rn. 2.

1349 Vgl. hierzu Canaris, Handelsrecht, 23. Aufl. 2000, S. 47 f.; Baumbach/Hopt, HGB, 30. Aufl. 2000, § 6 Rnrn. 1 ff.

1350 § 26 HGB betrifft in diesem Zusammenhang die zeitlich begrenzte Nachhaftung des früheren Inhabers, § 27 HGB die Haftung des Erben bei Geschäftsfortführung, § 28 HGB die Haftung beim *„Eintritt in das Geschäft eines Einzelkaufmanns."*

1351 Canaris, Handelsrecht, 23. Aufl. 2000, S. 132; Schmidt, Handelsrecht, 5. Aufl. 1999, S. 240; Baumbach/Hopt, HGB, 30. Aufl. 2000, § 25 Rn. 4.

1352 Baumbach/Hopt, 30. Aufl. 2000, § 25 Rn. 6; Schmidt, Handelsrecht, 5. Aufl. 1999, S. 247.

1353 Schmidt, Handelsrecht, 5. Aufl. 1999, S. 247, S. 247; Becker, DVBl. 1999, 134 (140).

Insoweit besteht eine handelsrechtliche Einstandspflicht des neuen für den alten Geschäftsherrn, die eine Haftung nach § 4 Abs. 3 S. 4 HS. 1 BBodSchG nach sich zieht.

Unproblematisch ist die Haftung des Firmenerwerbers, soweit bereits vor Übergang des Unternehmens oder des Unternehmensteils eine Konkretisierung der Sanierungspflicht nach § 4 Abs. 3 BBodSchG durch Verwaltungsakt erfolgt ist[1354].

Die Haftung des früheren Unternehmers wird durch § 25 HGB nicht beseitigt, so dass er neben dem Erwerber als Zustandsverantwortlicher haftet[1355]. Umstritten ist aber, ob die Haftung des früheren Unternehmers gem. § 26 HGB nach fünf Jahren erlischt. Dagegen wird eingewendet, dass es sich hierbei um eine Verjährungsvorschrift handelt, eine Verjährung von öffentlich-rechtlichen Pflichten dem Ordnungsrecht jedoch fremd ist[1356]. Auf der anderen Seite regelt die Vorschrift im eigentlichen Sinne keinen Verjährungstatbestand, auch wenn dies durch die verwendete Überschrift „*Verjährung gegen den früheren Inhaber; Fristen*" nahe liegt[1357]. Die Verweisung in § 26 Abs. 1 S. 3 HGB auf eine entsprechende Anwendung bestimmter Verjährungsvorschriften im BGB spricht gegen die Annahme einer Verjährungsregelung. § 26 HGB ist somit eine Nachhaftungsregelung, bei der nach fünf Jahren die Haftung des Veräußerers entfällt[1358]. Außerdem betrifft dieser Komplex die Zustandshaftung, deren Anknüpfungspunkt das Eigentum an der entsprechenden Fläche ist („*gehört*"). Insoweit ist in jedem Fall mit dem Erwerber ein neuer Zustandsverantwortlicher für die Behörde greifbar, so dass die Behörde mit der Fünf-Jahres-Frist ausreichend geschützt ist.

Nach Ablauf der Fünf-Jahres-Frist kann der Altunternehmer nur noch herangezogen werden, wenn er eine schädliche Bodenveränderung oder Altlast verursacht hat.

Da die Haftung des Altunternehmers sich auf die Haftung des Erwerbers in seiner Stellung als Eigentümer bezieht, endet sie, sobald das kontaminierte Grundstück vom Erwerber auf einen Dritten übertragen wird[1359]. Hingegen bleibt eine etwaige Haftung als ehemaliger Eigentümer nach § 4 Abs. 6 BBodSchG bestehen.

Weiterhin ist zu fragen, ob durch einen – nicht unüblichen – Haftungsausschluss[1360] zwischen Altunternehmer und Erwerber, der eine Erfüllungsübernahme (§§ 329, 415 Abs. 3 BGB) bewirkt[1361], auch bodenschutzrechtliche Verpflichtungen erfasst werden.

Nach § 25 Abs. 2 HGB kann eine solche Abrede gegenüber den Gläubigern geltend gemacht werden, wenn sie in das Handelsregister eingetragen und bekannt gemacht worden ist oder dem Gläubiger mitgeteilt wurde[1362].

1354 Becker DVBl. 1999, 134 (140).

1355 Fall der „*Schuldmitübernahme*"; vgl. Schmidt, Handelsrecht, 5. Aufl. 1999, S. 250.

1356 Frenz, altlasten spektrum 2000, 157 (159).

1357 Zu beachten ist aber, dass es sich hierbei um nichtamtliche Überschriften handelt.

1358 Baumbach/Hopt, HGB, 30. Aufl. 2000, § 26 Rn. 5; Vgl. auch Schmidt, Handelsrecht, 5. Aufl. 1999, S. 250 f.

1359 Schmitz-Rode/Bank, DB 1999, 417; Spieth/Wolfers, altlasten spektrum 1998, 75 (78).

1360 Canaris, Handelsrecht, 23. Aufl. 2000, S. 130.

1361 Vgl. §§ 329, 415 Abs. 3 BGB; Schmidt, Handelsrecht, 5. Aufl. 1999, S. 253.

Deshalb ist zu klären, ob der Altunternehmer diesen zivilrechtlichen Ausschluss der Behörde entgegen halten kann. Mit dem Ausschluss der Haftung entfällt eine handelsrechtliche Einstandspflicht. Da die Vorschrift des § 4 Abs. 3 S. 4 HS. 1 BBodSchG an zivilrechtliche Kategorien anknüpft, entfällt eine Sanierungspflicht, wenn keine Einstandspflicht mehr besteht. Entsprechend der vereinbarten Nachschusspflicht im Rahmen der Gesellschafterhaftung[1363] führt der teilweise Haftungsausschluss zu einer Begrenzung der behördlichen Inanspruchnahme bis zum Erreichen des Haftungsbetrags oder Haftungsanteils.

In der Literatur wird darüber hinaus vereinzelt vertreten, dass ein Haftungsausschluss auch die Haftung für die Verursachung einer schädlichen Bodenveränderung oder Altlast auf dem übertragenen Unternehmensgrundstück gegenüber der Behörde entfallen lässt[1364]. Begründet wird dies mit dem Argument dass die Behörde den Ausschluss der Weiterhaftung für die vor Übergang begründeten Verbindlichkeiten in einem Unternehmen als Gläubigerin der öffentlich-rechtlichen Verbindlichkeit „*Sanierungsverpflichtung*" gegen sich gelten lassen müsse, weil § 25 HGB in seiner Gesamtheit die Möglichkeit eines umfassenden vertraglichen Haftungsausschlusses mit Wirkung auf Dritte zulasse[1365].

Dies ist jedoch abzulehnen. Zum einen stellt der Tatbestand der bodenschutzrechtlichen Verursachungshaftung eine selbständige öffentlich-rechtliche und originäre Eingriffsgrundlage dar. Ferner sind nach einhelliger Meinung polizeirechtliche Pflichten der Disposition durch Privatrechtssubjekte grundsätzlich entzogen[1366]. Als Ausnahmefall mag ein gewillkürter Übergang von Polizeipflichten dort noch hinnehmbar sein, wo der Anknüpfungspunkt der öffentlich-rechtlichen Haftung zivilrechtliche Grundlagen hat, wie z.B. hinsichtlich der Gesamtrechtsnachfolgehaftung oder der gesellschaftsrechtlichen Einstandspflicht. Im Rahmen der Verursacherhaftung wird jedoch im Gegensatz zur Zustandsverantwortung[1367] nicht auf zivilrechtliche Grundlagen zurückgegriffen[1368]. Folgt man der Ansicht, wonach der Ausschluss der Verursacherhaftung vereinbart werden kann, wäre es zudem nur konsequent, auch in anderen Fällen den Verlust der Verursacherhaftung für möglich zu halten. Außerdem ist zu bedenken, dass nach o.g. Auffassung durch den Verkauf eines Handelsgeschäfts mit Haftungsverzicht eine Beendigung der Verursacherhaftung eintritt, was nach h.M.

1362 Canaris, Handelsrecht, 23. Aufl. 2000, S. 136 f.; Schmidt, Handelsrecht, 5. Aufl. 1999, S. 253.

1363 Siehe hierzu oben unter Kap. 3 D I 2. d) (2).

1364 Knopp, in: Knopp/Löhr, Bundes-Bodenschutzgesetz in der betrieblichen und steuerlichen Praxis, 2000, Rn. 134.

1365 Knopp, in: Knopp/Löhr, Bundes-Bodenschutzgesetz in der betrieblichen und steuerlichen Praxis, 2000, Rn. 134.

1366 Drews/Wacke/Vogel/Martens, Gefahrenabwehr, 9. Aufl. 1986, S. 298; Ossenbühl, Zur Haftung des Gesamtrechtsnachfolgers für Altlasten, 1995, S. 38; Kloepfer, Umweltrecht, 2. Aufl. 1998, S. 805; Oldiges, JA 1978, 541 (541 f.); Oerder/Numberger/Schönfeld, BBodSchG, 1999, § 4 Rn. 15; Müller/Süß, altlasten spektrum 1999, 91 (92); Meißner, ZfIR 1999, 407 (411); Müggenborg, SächsVBl. 2000, 77 (82); OVG Münster, NVwZ 1997, 507 (508); Siehe hierzu oben unter Kap. 3 D I 2. b) (1).

1367 Ausnahme ist hier der Inhaber der tatsächlichen Gewalt, wo öffentlich-rechtliche Verantwortlichkeiten nicht automatisch parallel zu zivilrechtlichen Besitzrechtsvorschriften laufen; siehe hierzu auch oben unter Kap. 3 D I 2. c).

1368 Siehe hierzu oben unter Kap. 3 D I 2. c).

weder durch Verjährung[1369], Verzicht[1370] oder Verwirkung[1371] möglich ist. Die nach bisherigem Recht einzige Möglichkeit für eine natürliche Person, der Verursacherverantwortlichkeit zu entgehen, ist in begrenztem Umfang die behördliche Legalisierung[1372] und schließlich der Tod des Verantwortlichen[1373].

Weitere Fälle einer handelsrechtlichen Einstandspflicht sind die den Regelungen in §§ 25 f. HGB nachgebildete Haftungsvorschrift des § 156 UmwG[1374], zeitlich begrenzt durch § 157 UmwG auf fünf Jahre[1375], sowie die ähnlich gelagerte Vorschrift des § 45 UmwG[1376].

f) Derelinquent

Als besonders in § 4 Abs. 3 S. 4 BBodSchG genannter ehemaliger Grundstückseigentümer ist darüber hinaus der Derelinquent sanierungsverantwortlich[1377]. Insoweit handelt es sich lediglich um eine Klarstellung[1378], mit der auf die im Vergleich zum bisher unterschiedlichen Landesrecht einheitliche Derelinquentenhaftung hingewiesen wird[1379]. Die Eigentumsaufgabe selbst richtet sich nach den zivilrechtlichen Vorschriften des § 928 BGB[1380].

g) Früherer Grundstückseigentümer

(1) Gesetzliche Grundlagen

Nach dem Pflichtigenkreis des Bundes-Bodenschutzgesetzes ist gem. § 4 Abs. 6 BBodSchG auch der ehemalige Grundstückseigentümer verantwortlich. Die Vorschrift des § 4 Abs. 6 BBodSchG wurde erst auf Vorschlag des Vermittlungsausschusses in das Bundes-Bodenschutzgesetz aufgenommen[1381]. In der Literatur wurde diese Haftungserweiterung im Vergleich zum bisherigen Recht als *„ordnungs-*

1369 Brandt, Altlastenrecht, 1993, S. 144 f.; VGH Mannheim, UPR 1996, 239 (240); a.A. Ossenbühl, Zur Haftung des Gesamtrechtsnachfolgers für Altlasten, 1995, S. 74 ff.; Martensen, NVwZ 1997, 442 (443 ff.).

1370 Siehe hierzu ausf. Becker, BBodSchG, Losebl., Stand Jan. 2001, § 4 Rn. 47; a.A. Ossenbühl, NVwZ 1995, 547 (548).

1371 VGH Mannheim, UPR 1996, 239 (239 f.); Sanden/Schoeneck, BBodSchG, 1998, § 10 Rn. 14; Brandt, Altlastenrecht, 1993, S. 144; differenzierend Ossenbühl, NVwZ 1995, 547 (549 f.).

1372 Siehe hierzu instruktiv Kloepfer, NuR 1987, 7 (14); auch Breuer, NVwZ 1987, 751 (755 f.); Schink, DVBl. 1986, 161 (166 f.); Fluck, VerwArch 1988, 406 ff.; Pape, NJW 1992, 2661 (2668).

1373 Götz, Allgemeines Polizei- und Ordnungsrecht, 12. Aufl. 1995, Rn. 247.

1374 Siehe hierzu Schmitt/Hörtnagl/Stratz, UmwG/UmwStG, 3. Aufl. 2001, § 156 Rnrn. 3 ff.

1375 Siehe hierzu Schmitt/Hörtnagl/Stratz, UmwG/UmwStG, 3. Aufl. 2001, § 157 Rnrn. 1 ff.

1376 Vgl. hierzu Schmitt/Hörtnagl/Stratz, UmwG/UmwStG, 3. Aufl. 2001, § 45 Rnrn. 1 ff. m.w.N.

1377 Becker, BBodSchG, Losebl., Stand Jan. 2001, § 4 Rn. 23a.

1378 Deshalb ist die Vorschrift eigentlich überflüssig; vgl. Gerhold, altlasten spektrum 1998, 107 (110).

1379 Sanden/Schoeneck, BBodSchG, 1998, § 4 Rn. 45; siehe hierzu auch Lautner, Verwaltungsrundschau 2000, 415 (420).

1380 Sanden/Schoeneck, BBodSchG, 1998, § 4 Rn. 45; ausf. auch Droese, UPR 1999, 86 (89 ff.).

1381 Vgl. auch BT-Drs. 13/6701, S. 51; Müggenborg, NVwZ 2000, 50; Kahl, Die Verwaltung 2000, 29 (55).

rechtlich spektakulär"[1382] oder *„ordnungsrechtlich revolutionär"*[1383] bezeichnet. Diese Einschätzung erscheint übertrieben, existierten doch schon früher in verschiedenen Bundesländern entsprechende Regelungen, etwa § 20 Abs. 1 S. 1 Nr. 5 ThürAbfAG, § 13 Abs. 4 BerlBodSchG oder § 12 HessAltlG[1384]. Gerade letzterem kam nach den Gesetzgebungsmaterialien Vorbildfunktion für § 4 Abs. 6 BBodSchG zu[1385].

Auch die Rechtsprechung hat verschiedentlich eine Weiterhaftung des früheren Eigentümers angenommen[1386].

Außerdem waren nach der Rechtslage der meisten Bundesländer Fallgestaltungen bekannt, nach denen ein früherer Grundstückseigentümer weiterhin sanierungspflichtig blieb, nämlich in den Dereliktionsfällen[1387].

Nicht vom Regelungsbereich des § 4 Abs. 6 BBodSchG erfasst ist der ehemalige Inhaber der tatsächlichen Gewalt. Mit Beendigung der Sachherrschaft über das Grundstück endet angesichts des klaren Wortlauts der Vorschrift auch dessen Sanierungsverantwortlichkeit[1388].

(2) Haftungserleichterungen

Die die Eigentümerstellung überdauernde Haftung[1389] aus § 4 Abs. 6 BBodSchG enthält jedoch einige Haftungserleichterungen. Zum einen erfasst die Regelung ausschließlich Eigentumsübertragungen, die nach Inkrafttreten des Bundes-Bodenschutzgesetzes erfolgt sind. Das bedeutet, dass eine wirksame Übereignung des Grundeigentums durch Auflassung und Eintragung im Grundbuch stattgefunden haben muss[1390]. Erfolgte die Eintragung des Neu-Eigentümers nach dem 1. März

1382 Spieth/Wolfers, NVwZ 1999, 355 (356).

1383 Spieth/Wolfers, altlasten spektrum 1998, 75 (79 f.); auch Kobes, NVwZ 1998, 786 (790); zustimmend auch Kahl, Die Verwaltung 2000, 29 (55).

1384 So auch Kohls, ZUR 2001, 183 (184), Fn. 5.

1385 BT-Drs. 13/6701, S. 51; Kahl, Die Verwaltung 2000, 29 (55); Knopp, ZUR 1999, 210 (213); Vierhaus, NJW 1998, 1262 (1266); Schlemminger/Friedrich, NJW 2002, 2133 (2134).

1386 Sog. TBB-Entscheidung des BGH, NJW 1993, 1200 (1202 f.) = BB 1993, 814 (816) = ZIP 1993, 589 (593); siehe hierzu auch Bauder, BB 1993, 1103 ff.; bzw. indirekt, indem entsprechende Grundstücksübertragungen als sittenwidrig eingestuft wurden; vgl. Scherer-Leydecker, Diskussionsbeitrag, in: Hendler/Marburger/Reinhardt/Schröder (Hrsg.), Bodenschutz und Umweltrecht (UTR Bd. 53), 2000, S. 123 (137).

1387 Ausnahme: Baden-Württemberg und Sachsen kennen keine Verantwortlichkeit des früheren Eigentümers nach allgemeinem Polizei- und Ordnungsrecht (vgl. § 7 PolG BW bzw. § 5 SächsPolG). Zu beachten ist aber, dass – entgegen des Gesetzeswortlauts – angenommen wird, dass die Dereliktion die Polizeipflicht nur für die Zukunft, nicht aber für schon entstandene Gefahren oder Störungen beenden soll; vgl. Rommelfanger/Rimmele, Polizeigesetz des Freistaates Sachsen, 1999, § 5 Rn. 10; spezialgesetzlich ist die Verantwortlichkeit des früheren Eigentümers jedoch verschiedentlich geregelt; siehe oben unter Kap. 1 B IV 4. b).

1388 Erbguth/Stollmann, DVBl. 2001, 601(606); Sanden/Schoeneck, BBodSchG, 1998, § 4 Rn. 45 (zur Dereliktion); Bickel, BBodSchG, 3. Aufl. 2002, § 4 Rn. 48; VGH Mannheim, NVwZ-RR 1991, 27 (zur Rechtslage vor Inkrafttreten des BBodSchG); a.A. Tegtmeyer, Polizeigesetz Nordrhein-Westfalen, 8. Aufl. 1995, § 5 Rn. 7 mit allerdings unzutreffendem Verweis auf VGH Mannheim, DVBl. 1990, 1046 f.

1389 Riedel, ZIP 1999, 94 (98).

1390 Erbguth/Stollmann, DVBl. 2001, 601 (606).

1999, ist § 4 Abs. 6 BBodSchG grundsätzlich anwendbar[1391]. Insoweit stellt sich die Problematik der Rückwirkung nicht.

Außerdem ist nach dieser Vorschrift der frühere Eigentümer nur verantwortlich, wenn er die schädliche Bodenveränderung oder Altlast bei der Eigentumsübertragung positiv kannte[1392] oder kennen musste[1393].

Weiterhin ist derjenige von dieser Haftung ausgenommen, der beim Erwerb des Grundstücks[1394] darauf vertraut hat, dass schädliche Bodenveränderungen oder Altlasten nicht vorhanden sind. Dies gilt auch für Fallgestaltungen, in denen der Erwerb nicht durch Rechtsgeschäft erfolgt[1395], also z.B. beim Erbfall[1396] oder in der Zuteilung im Baulandumlegungs-[1397] oder Flurbereinigungsverfahren[1398]. Außerdem muss sein Vertrauen unter Berücksichtigung der Umstände des Einzelfalles schutzwürdig sein (§ 4 Abs. 6 S. 2 BBodSchG)[1399]. Privilegiert als früherer Eigentümer ist nach Sinn und Zweck der Vorschrift nur der zum Zeitpunkt des Grundstückserwerbs[1400] gutgläubige Alteigentümer[1401].

Erfährt der Alteigentümer zu einem späteren Zeitpunkt von Kontaminationen, ändert dies nichts an seiner Haftungsverschonung. Er ist vor einer behördlichen Inanspruchnahme geschützt[1402].

(3) Verantwortlichkeit für spätere Kontaminationen

Eine Verantwortlichkeit des früheren Eigentümers besteht nur insoweit, als das Grundstück schon während seiner Eigentümerstellung kontaminiert gewesen ist[1403]. Resultieren schädliche Bodenveränderungen und Altlasten aus einer späteren Nutzung, so sind diese dem früheren Eigentümer nicht zurechenbar, da er diese naturgemäß nicht kennen konnte. Gleiches gilt auch für die Fälle, in denen ein Eigentümer z.B. wegen häufig wiederkehrender Hochwasserlagen oder einer entsprechenden Nutzung des Grundstücks vermutet, dass in naher Zukunft auf seinem Grundstück

---

1391 Umstritten ist, ob auch die Auflassung nach dem 1. 3. 1999 erfolgt sein muss. Der in der Vorschrift verwendete Begriff *„übertragen"* legt dies nahe; in diesem Sinne Knopp, ZUR 1999, 210 (213); Vierhaus, NJW 1998, 1262 (1266); Erbguth/Stollmann, DVBl. 2001, 601 (606); a.A. z.B. Sanden/Schoeneck, BBodSchG, 1998, § 4 Rn. 47; Müggenborg, NVwZ 2000, 50.

1392 Sanden/Schoeneck, BBodSchG, 1998, § 4 Rn. 48; Knopp/Albrecht, BB 1998, 1853 (1855).

1393 Vierhaus, NJW 1998, 1262 (1266); Knopp, DVBl. 1999, 1010 (1012).

1394 Nach Müggenborg, NVwZ 2000, 50 gilt als *„Erwerb"* nicht nur der rechtsgeschäftliche Erwerb des Alteigentümers, sondern auch der Erwerb in der Zwangsversteigerung und die Zuteilung in der Flurbereinigung, nicht dagegen die vermögensrechtliche Restitution in den neuen Bundesländern. Auch andere Fälle des gesetzlichen Erwerbs, wie z.B. durch Erbfolge gehören hierzu; vgl. Kohls, ZUR 2001, 183 (185).

1395 BVerfGE 102, 1 (22), wo von der *„vom Eigentümer erworbenen* ***und*** *überlassenen Position"* die Rede ist (Hervorhebung durch den Verfasser).

1396 Zu hier auftretenden Problemen vgl. Kohls, ZUR 2001, 183 ff.

1397 Siehe hierzu Mohr, UPR 2000, 15 f.

1398 Bickel, altlasten spektrum 2001, 61 (62).

1399 Zum Ganzen auch Knopp, ZUR 1999, 210 (213); Knopp, DVBl. 1999, 1010.

1400 Müggenborg, NVwZ 2000, 50; auch Turiaux/Knigge, BB 1999, 377 (383).

1401 Knopp, DVBl. 1999, 1010 (1012); Sanden/Schoeneck, BBodSchG, 1998, § 4 Rn. 47.

1402 Müggenborg, NVwZ 2000, 50.

1403 Wüterich, in: Landel/Vogg/Wüterich, BBodSchG, 2000, § 4 Rn. 184.

mit schädlichen Bodenveränderungen oder Altlasten zu rechnen ist[1404]. Überträgt er das Eigentum an diesem Grundstück, ohne dass zum Zeitpunkt der Übertragung schädliche Bodenveränderungen oder Altlasten bestanden, ist er bodenschutzrechtlich grundsätzlich nicht verantwortlich. Anderes mag gelten, soweit anteilige Kontaminationen, die noch unterhalb der Gefahrenschwelle liegen, zusammen mit später erfolgten Verunreinigungen zu einer schädlichen Bodenveränderung oder Altlast geführt haben[1405].

(4) Keine Anwendbarkeit in Baulandumlegungs- und Flurbereinigungsverfahren

Nicht im Bundes-Bodenschutzgesetz geregelt ist ein weiterer Fall, in dem die Haftung für eine frühere Grundstückseigentümerstellung entfällt, nämlich die Baulandumlegung nach §§ 45 ff. BauGB[1406] und die Landabfindung im Flurbereinigungsverfahren nach § 44 FlurbG[1407]. Der Grundeigentümer eines kontaminierten Grundstücks, dem im gesetzlichen Umlegungsverfahren im Austausch für sein belastetes Grundstück X ein unbelastetes Grundstück Y zugeteilt wird, gilt nach Umlegungsrecht nicht als *„früherer Eigentümer"* des belasteten Grundstücks X.

Hier greift der im Umlegungs- und im Flurbereinigungsverfahren geltende Grundsatz der Surrogation, wonach das Eigentum am Grundstück X sich im Eigentum am Grundstück Y fortsetzt[1408]. Es findet kein Eigentumswechsel statt und somit existiert auch kein *„früheres"* Eigentum[1409].

(5) Auswahlentscheidung der Behörde bei mehreren Verpflichteten

Liegen die oben aufgeführten haftungsbefreienden Voraussetzungen bei einem ehemaligen Eigentümer nicht vor, besteht eine bodenschutzrechtliche *„Ewigkeitshaftung"*, selbst wenn das verunreinigte Grundstück vom Erwerber an einen Dritten weiter veräußert wird[1410]. Wer nach Inkrafttreten des Bundes-Bodenschutzgesetzes einmal Eigentümer eines kontaminierten Grundstücks war, kann von der Behörde bei Vorliegen der gesetzlichen Voraussetzungen – grundsätzlich auch alleine – in Anspruch genommen werden. Greift die Behörde nur einen Alteigentümer heraus und verschont die anderen, kann dies ermessensfehlerhaft sein[1411], ist aber in bestimmten Fallkonstellationen denkbar und nach dem Wortlaut des § 4 Abs. 6 BBodSchG

1404 Siehe hierzu auch die Beispiele von Stahr und v. dem Borne, Diskussionsbeiträge, in: Hendler/Marburger/Reinhardt/Schröder (Hrsg.), Bodenschutz und Umweltrecht (UTR Bd. 53), 2000, S. 123 (134).

1405 Siehe hierzu Wüterich, in: Landel/Vogg/Wüterich, BBodSchG, 2000, § 4 Rn. 184.

1406 Siehe hierzu Löhr, in: Battis/Krautzberger/Löhr, BauGB, 8. Aufl. 2002, vor §§ 45 – 84 Rnrn. 1 ff.

1407 Flurbereinigungsgesetz (FlurbG) in der Fassung der Bekanntmachung v. 16. 3. 1976 (BGBl. I, S. 546), zuletzt geänd. durch G v. 18. 6. 1997 (BGBl. I, S. 1430); siehe hierzu Schwantag, in: Seehusen/Schwede, Flurbereinigungsgesetz, 7. Aufl. 1997, § 44 Rnrn. 1 ff.

1408 Löhr, in: Battis/Krautzberger/Löhr, BauGB, 8. Aufl. 2002, vor §§ 45 – 84 Rn. 7; Schoof, in: Seehusen/Schwede, Flurbereinigungsgesetz, 7. Aufl. 1997, § 68 Rn. 3.

1409 Schoof, in: Seehusen/Schwede, Flurbereinigungsgesetz, 7. Aufl. 1997, § 68 Rn. 3; Mohr, UPR 2000, 15.

1410 Dombert, NJW 2001, 927 (928).

1411 Müggenborg NVwZ 2000, 50 (51).

rechtlich möglich. Angesichts der eindeutigen gesetzlichen Formulierung ist eine einschränkende Interpretation ausgeschlossen.

Zum Teil wird in diesem Zusammenhang vertreten, dass die Behörde immer nur den letzten Voreigentümer in Anspruch nehmen könne und eine *„Haftungskette"* schon deshalb nicht entstehe, weil das BBodSchG lediglich von *„dem"* früheren Eigentümer spreche, bei dem die gesetzlichen Voraussetzungen zutreffen[1412].

Diese Interpretation erscheint jedoch zu eng, weil es in der Zukunft häufig mehrere *„frühere"* Eigentümer eines Grundstücks geben kann, auf welche die gesetzlichen Voraussetzungen zutreffen. Somit kann es auch eine *„Haftungskette"* geben[1413].

Dies kann erhebliche praktische Auswirkungen haben. Insbesondere bei gewerbsmäßigem Handel mit industriell oder gewerblich genutzten Grundstücken[1414] sowie bei firmeninternen Veräußerungen[1415] können sich wegen der Ewigkeitshaftung bodenschutzrechtliche Haftungsrisiken multiplizieren und somit eine erhebliche Belastung darstellen[1416].

(6) Verfassungsmäßigkeit des § 4 Abs. 6 BBodSchG

Der frühere Eigentümer hat mit dem Übergang des Eigentums auf einen neuen Eigentümer keinen aktuellen Bezug zu dem Grundstück mehr. Damit endete zumindest bis zum Inkrafttreten des Bundes-Bodenschutzgesetzes nach ganz herrschender Ansicht seine Polizeipflichtigkeit[1417]. Mit der Einführung einer Verantwortlichkeit des früheren Eigentümers für Bodenkontaminationen wird die Perpetuierung einer früher einmal bestehenden Verantwortlichkeit festgeschrieben, die in der Literatur überwiegend als verfassungsmäßig problematisch angesehen wird[1418].

Insbesondere wird ein Verstoß der Regelung gegen das Übermaßverbot angenommen, wodurch das Grundrecht aus Art. 14 Abs. 1 S. 1 GG verletzt sei[1419].

1412 So etwa Droese, UPR 1999, 86 (91); vgl. auch Erbguth/Stollmann, DVBl. 2001, 601 (607), die den Wortlaut des § 4 Abs. 6 BBodSchG mit § 13 Abs. 4 BerlBodSchG vergleichen.

1413 Giesberts/Frank, DB 2000, 505 (510); Becker, BBodSchG, Losebl., Stand Jan. 2001, § 4 Rn. 74

1414 Gerhold/Simon, altlasten spektrum 1999, 265 (266).

1415 Sog. *„asset deals"*; vgl. Giesberts/Frank, DB 2000, 505 (510).

1416 Zutreffend z.B. Spieth/Wolfers, NVwZ 1999, 355 (357); Riedel, ZIP 1999, 94 (98); Kobes, NVwZ 1998, 786 (790); Kahl, Die Verwaltung 2000, 29 (73);Turiaux/Knigge, BB 1999, 377 (382); a.A. Jorczyk/Duesmann, altlasten spektrum 1999, 71 (75).

1417 Siehe hierzu nur die Nachw. bei Kahl, Die Verwaltung 2000, 29 (56).

1418 Vgl. hierzu etwa Gerhold, altlasten spektrum 1998, 107 (110); Spieth/Wolfers, altlasten spektrum 1998, 75 (79 f.); Spieth/Wolfers, NVwZ 1999, 355 (356 f.); Vierhaus, NJW 1998, 1262 (1266); Kobes, NVwZ 1998, 786 (790); Riedel, ZIP 1999, 94 (98); Knopp/Albrecht, BB 1998, 1853 (1855 f.); Becker, BBodSchG, Losebl., Stand Jan. 2001, § 4 Rn. 63; Müggenborg, SächsVBl. 2000, 108 (110 f.); Knopp, DVBl. 1999, 1011 ff.; Müggenborg, NVwZ 2000, 50 ff.; jüngst hierzu Schlemminger/Friedrich, NJW 2002, 2133 (2133 f.); Grzeszick, NVwZ 2001, 721 (723 ff.).

1419 Instruktiv Dombert, NJW 2001, 927 (930 ff.); Kahl, Die Verwaltung 2000, 29 (55 ff.); Knopp, in: Knopp/Löhr, Bundes-Bodenschutzgesetz in der betrieblichen und steuerlichen Praxis, 2000, Rn. 147; vgl. auch Müggenborg, NVwZ 2000, 50 (51 f.); Wüterich, in: Landel/Vogg/Wüterich, BBodSchG, 2000, § 4 Rn. 190; Kobes, NVwZ 1998, 786 (790); Schlemminger/Friedrich, NJW

Ohne auf Einzelheiten dieser Diskussion[1420] eingehen zu wollen, ist festzustellen, dass sich diese Problematik nach der jüngsten verfassungsgerichtlichen Entscheidung[1421] möglicherweise erledigt, zumindest jedoch verlagert hat[1422]. Das Bundesverfassungsgericht hat in seiner Entscheidung vom 16. Februar 2000 den Anknüpfungspunkt der polizeilichen Zustandshaftung nicht mit der Sozialpflichtigkeit des Eigentums begründet, sondern mit der rechtlichen und tatsächlichen Zugriffsmöglichkeit des jeweiligen Zustandsverantwortlichen auf das Grundstück. Von diesem Kriterium ausgehend, hat die Behörde die Frage der tatsächlichen und rechtlichen Einwirkungsmöglichkeit im Rahmen einer verfassungskonformen Auslegung zu berücksichtigen. Insoweit wird sich eine Anwendung des § 4 Abs. 6 BBodSchG auf die zur Rechtfertigung der Vorschrift genannten Missbrauchstatbestände beschränken[1423].

Vergleicht man die Situation eines früheren Eigentümers, der das Eigentum an seinem Grundstück auf einen anderen übertragen hat, mit der desjenigen, der das Eigentum am Grundstück durch Erklärung gegenüber dem Grundbuchamt aufgegeben hat, so ergeben sich in verschiedener Hinsicht Parallelen.

Die Inanspruchnahme des Derelinquenten wird weitgehend als verfassungsgemäß angesehen, hingegen soll die Inanspruchnahme desjenigen, der sein Grundeigentum an einen Dritten überträgt, verfassungswidrig sein. Begründet wird dies teilweise damit, dass im Fall der Eigentumsübertragung ein nachfolgender Eigentümer vorhanden sei, bei der Dereliktion aber nicht[1424]. Fraglich ist aber, dieses Argument nach der besagten Entscheidung des Bundesverfassungsgerichts tatsächlich noch greift. Die Zustandsverantwortlichkeit wird mit der Möglichkeit, tatsächlich und rechtlich auf das Grundstück einzuwirken, begründet[1425]. Diese Möglichkeit hat nach dem Verlust des Eigentums, sei dieser durch Dereliktion oder durch Eigentumsübertragung herbeigeführt, weder der Derelinquent, noch der Eigentumsübertragende. Zu einem anderen Ergebnis könnte man kommen, wenn der Derelinquent die Möglichkeit hätte, sich das vorher von ihm aufgegebene Grundstück wieder anzueignen[1426]. Tatsächlich ist jedoch die Erklärung zur Eigentumsaufgabe bedingungsfeindlich und unwiderruflich[1427]. Außerdem hat zunächst der Fiskus gem. § 928 Abs. 2 BGB das alleinige Aneignungsrecht[1428]. Erst wenn dieser auf eine Aneignung verzichtet, können Dritte auf das Grundstück zugreifen. Damit hat aber grundsätzlich jede geschäftsfähige

---

2002, 2133 (2134); z.T. wird auch Art. 2 Abs. 1 GG als einschlägig angesehen; vgl. Wolfers, Diskussionsbeitrag, in: Hendler/Marburger/Reinhardt/Schröder (Hrsg.), Bodenschutz und Umweltrecht (UTR Bd. 53), 2000, S. 123 (130); Spieth/Wolfers, NVwZ 1999, 355 (356); auch Art. 3 Abs. 1 GG wird in diesem Zusammenhang angesprochen; vgl. Kahl, Die Verwaltung 2000, 29 (73 f.).

1420 Siehe hierzu ausf. Kahl, Die Verwaltung 2000, 29 (56 ff.); Dombert, NJW 2001, 927 ff.; Knopp, in: Knopp/Löhr, Bundes-Bodenschutzgesetz in der betrieblichen und steuerlichen Praxis, 2000, Rnrn. 147 f.

1421 BVerfGE 102, 1 ff.; siehe hierzu ausf. oben unter Kap. 3 D I 2. c) (2).

1422 Siehe aber auch Müggenborg, NVwZ 2001, 39 (41), der ein gegenteiliges Ergebnis zieht.

1423 Vgl. BT-Drs. 13/6701, S. 51.

1424 Spieth/Wolfers, NVwZ 1999, 355 (356);

1425 BVerfGE 102, 1 (17).

1426 Im Hinblick auf bewegliche Sachen wurde dieses – sehr zweifelhafte – Argument schon als Begründung für eine fortdauernde Haftung des vormaligen Eigentümers herangezogen; vgl. VG Freiburg, DVBl. 1967, 787 (788).

1427 Jauernig, in: Jauernig, BGB, 10. Aufl. 2003, § 928 Rn. 2 m.w.N.

1428 Vgl. auch Droese, UPR 1999, 86 (89).

Person diese Möglichkeit der Aneignung. Der Derelinquent steht folglich jedem sonstigen Dritten gleich. Eine nachwirkende Verantwortlichkeit des Derelinquenten lässt sich nach der angesprochenen Entscheidung des Bundesverfassungsgerichts vom 16. Februar 2000 auch nicht (mehr) aus Art. 14 Abs. 2 GG herleiten, da Anknüpfungspunkt für die ordnungsrechtliche Haftung die tatsächliche und rechtliche Einwirkungsmöglichkeit auf das Grundstück ist.

Eine Vergleichbarkeit der Situation zwischen dem Eigentumsübertragenden und dem Eigentumsaufgebenden ergibt sich auch, wenn man sich folgende Fallgestaltung vorstellt. Der frühere Eigentümer gibt das Eigentum an einem kontaminierten Grundstück durch eine entsprechende Erklärung gegenüber dem Grundbuchamt gem. § 928 Abs. 1 BGB auf[1429], der Fiskus als allein Aneignungsberechtigter verzichtet auf die Aneignung[1430], und ein Dritter eignet sich daraufhin – in rechtlich zulässiger Weise[1431] – das herrenlose Grundstück durch entsprechende Erklärung an. Damit liegt eine Fallgestaltung vor, die einem Kauf mit entsprechender Eigentumsübertragung vergleichbar ist. Warum in diesem Fall der Derelinquent trotz eines nachfolgenden Grundeigentümers und Zustandsverantwortlichen sanierungsverantwortlich sein soll, im Falle einer Eigentumsübertragung dies aber verfassungswidrig sein soll, leuchtet nicht ein. Auch die Versuche in der Literatur, hier durch eine einschränkende Auslegung der Vorschrift nur Dereliktionsfälle erfassen zu wollen, in denen das Grundstück von keinem neuen Eigentümer angeeignet und damit herrenlos wird[1432], überzeugen nicht. Denn dann müsste die Verantwortlichkeit eines Derelinquenten entfallen, wenn sich der Fiskus das Grundstück gem. § 928 Abs. 2 BGB aneignet[1433]. Damit würde aber entgegen der Intention der Vorschrift eine Verlagerung auf von Sanierungskosten auf die öffentliche Hand erst ermöglicht.

Insoweit wäre es nur konsequent, entweder jedwede Art einer Eigentümernachhaftung, also auch die Derelinquentenhaftung, als verfassungswidrig einzustufen, oder dies bei keiner Fallgestaltung anzunehmen.

In beiden Fällen geht es vielmehr um die Verlängerung einer einmal – nach dem Stichtag 1. März 1999 – entstandenen Haftung und damit um eine Inhaltsbestimmung des Eigentums[1434]. Der verfassungsrechtliche und der zivilrechtliche Eigentumsbegriff sind nicht deckungsgleich. Wie nach Art. 14 Abs. 1 GG auch Eigentumspositionen geschützt sind, die zivilrechtlich nicht unter den Begriff „*Eigentum*" fallen[1435], so können grundsätzlich auch Verantwortlichkeiten aus dem Eigentum für

---

1429 Siehe zu Einzelheiten, Jauernig, in: Jauernig, BGB, 10. Aufl. 2003, § 928 Rn. 2; Pischel, VBlBW 1999, 166 (167).

1430 Vgl. § 928 Abs. 2 BGB; hierzu Jauernig, in: Jauernig, BGB, 10. Aufl. 2003, § 928 Rn. 3; Pischel, VBlBW 1999, 166 (167).

1431 BGHZ 108, 278 (282).

1432 So z.B. Kahl, Die Verwaltung 2000, 29 (53); Droese, UPR 1999, 86 (90); ähnlich auch Wolf/Stephan, Polizeigesetz für Baden-Württemberg, 5. Aufl. 1999, § 7 Rn. 7.

1433 Das sieht auch Droese, UPR 1999, 86 (90).

1434 Rengeling, in: Hendler/Marburger/Reinhardt/Schröder (Hrsg.), Bodenschutz und Umweltrecht (UTR Bd. 53), 2000, S. 43 (70); Sanden/Schoeneck, BBodSchG, 1998, § 4 Rn. 49.

1435 Nämlich grundsätzlich alle vermögenswerte Rechtspositionen; vgl. Papier, in: Maunz/Dürig, GG, Losebl., Stand Juni 2002, Art. 14 Rn. 55.

Sachverhalte bestehen, die nach zivilrechtlichen Maßstäben keine Eigentümerstellung vermitteln[1436].

Damit wird eine Person, die nach Inkrafttreten des Bundes-Bodenschutzgesetzes Grundstückseigentümer wird, durch die neue Rechtslage eben nicht mehr automatisch von seiner bodenschutzrechtlichen Verantwortlichkeit frei, wenn er das zivilrechtliche Eigentum an einen Dritten überträgt[1437].

Letztendlich geht es bei der Frage, ob und in welchem Umfang ein ehemaliger Grundstückseigentümer, sei es ein Derelinquent oder ein früherer Eigentümer gem. § 4 Abs. 6 BBodSchG, zur Sanierung herangezogen werden kann, vor allem darum, etwaige Missbrauchsfälle auszuschließen. Fallgestaltungen mit *„versteckten Dereliktionen“* durch Grundstückskaufvertrag und Übereignung[1438] an einen vermögenslosen Dritten sind in der Praxis vorgekommen und von den Gerichten regelmäßig über § 138 BGB entschieden worden[1439]. Mit der Einführung der Eigentümernachhaftung ist ein Rückgriff auf die, in der Behandlung nicht einfachen, zivilrechtlichen Sittenwidrigkeitsklauseln nicht mehr erforderlich[1440]. Da der Verkäufer durch den Verkauf eines kontaminierten Grundstücks wegen § 4 Abs. 6 BBodSchG sich nicht von seiner Sanierungsverantwortlichkeit lösen kann, erweitert diese Vorschrift sogar seine zivilrechtlichen Handlungsmöglichkeiten. Ein Grundstückskaufvertrag, auch mit einem vermögenslosen Dritten, kann nicht mehr als nichtig eingestuft werden, da der Verkäufer nunmehr keine Kostenlasten auf die Allgemeinheit verlagern kann.

3. Rangfolge der Pflichtigen

Sind mehrere Pflichtige für eine kontaminierte Fläche verantwortlich, stellt sich für die anordnende Behörde im Rahmen ihrer Ermessensausübung die Frage, welchen der Verantwortlichen sie kostenpflichtig in Anspruch nehmen kann[1441].

Durch die in § 4 Abs. 3 BBodSchG festgelegte Reihenfolge sollte nach dem Willen des Gesetzgebers der Behörde ein Anhaltspunkt für die Rangfolge der Sanierungs-

---

1436 Vgl. Rengeling, Diskussionsbeitrag, in: Hendler/Marburger/Reinhardt/Schröder (Hrsg.), Bodenschutz und Umweltrecht (UTR Bd. 53), 2000, S. 123 (132).

1437 So Sanden/Schoeneck, BBodSchG, 1998, § 4 Rn. 49.

1438 Wolfers, Diskussionsbeitrag, in: Hendler/Marburger/Reinhardt/Schröder (Hrsg.), Bodenschutz und Umweltrecht (UTR Bd. 53), 2000, S. 123 (130); Erbguth/Stollmann, DVBl. 2001, 601 (606); Schlemminger/Friedrich, NJW 2002, 2133 (2134).

1439 Vgl. BVerfG, Beschluss v. 24. 8. 2000, NVwZ 2001, 65 (66) sowie die Anm. hierzu von Trurnit, altlasten spektrum 2001, 143 f. und die Entscheidungen in dieser Sache des BVerwG, NVwZ 1997, 577 und OVG Schleswig, RdL 1997, 187 (190); siehe auch VGH Mannheim, VBlBW 1998, 312 und Vorinstanz VG Freiburg, ZUR 1998, 42 sowie VGH Mannheim, NJW 1993, 2953 (2954 f.); im vorläufigen Rechtsschutzverfahren hatte der VGH noch eine Sittenwidrigkeit verneint, VGH Mannheim, NVwZ 1996, 1036 ff. = BB 1996, 329 ff.; vgl. hierzu Knopp, BB 1996, 389 ff.; zum Ganzen siehe auch oben unter Kap. 3 D I 2. b) (1).

1440 Siehe jedoch die Rspr. zur Rechtslage in Schleswig-Holstein, nach der, wie auch jetzt nach BBodSchG, auch der frühere Eigentümer polizeipflichtig war; BVerfG, NVwZ 2001, 65 (66); BVerwG, NVwZ 1997, 577; OVG Schleswig, RdL 1997, 187 (190).

1441 Vgl. zur Rechtslage vor Inkrafttreten des BBodSchG Giesberts, Die gerechte Lastenverteilung unter mehreren Störern, 1990; Garbe, DÖV 1998, 632 ff.; Knopp/Albrecht, Altlastenrecht in der Praxis, 2. Aufl. 1998, Rn. 120.

verantwortlichkeit an die Hand gegeben werden[1442]. Diese Rangfolge ist jedoch keine verbindliche Rechtsregel, sondern mehr im Sinne einer Faustregel zu verstehen[1443]. Lässt sich eine Störung nur durch die Heranziehung des Zustandsverantwortlichen schnell und effektiv beseitigen, ist eine entsprechende behördliche Anordnung rechtmäßig[1444].

Daher gelten die schon vor Inkrafttreten des Bundes-Bodenschutzgesetzes angewendeten Auswahlgrundsätze weiter[1445]. Maßgeblicher Gesichtspunkt für die behördliche – nach Ermessen zu treffende – Entscheidung ist die effektive, schnelle und optimale Gefahrenbeseitigung[1446].

Allgemeine Auswahlgrundsätze sind jedoch lediglich Ermessensrichtlinien, von denen die Behörde in Einzelfällen abweichen kann oder gegebenenfalls auch abweichen muss, soweit es hierfür einen sachlichen Grund gibt[1447]. Ob das Argument, hinsichtlich der Rechtsnachfolgeregelung im Bundes-Bodenschutzgesetz bestehe eine unklare Rechtslage, die langwierige prozessuale Auseinandersetzungen befürchten lasse, die bevorzugte Inanspruchnahme des Eigentümers anstelle des Gesamtrechtsnachfolgers des Verursachers zu rechtfertigen vermag[1448], erscheint zweifelhaft. Auch der Umfang der Inanspruchnahme des Eigentümers war höchst umstritten, so dass alleine die Gefahr, dass der in Anspruch genommene Verantwortliche rechtliche Schritte unternimmt, kaum als sachlicher Grund ausreichen kann[1449].

Übermäßige Kostenbelastungen eines in Anspruch genommenen Störers werden zumindest teilweise durch die Kostenausgleichsregelung bei mehreren Pflichtigen in § 24 Abs. 2 BBodSchG gemildert[1450].

II. Gefahrerforschungseingriff

Für den von schädlichen Bodenveränderungen und Altlasten Betroffenen spielt die Verteilung der Verantwortlichkeit für Gefahrerforschungsmaßnahmen aus Kosten-

---

1442 BT-Drs. 13/6701, S. 35; hierzu Buck, NVwZ 2001, 51 (52) m.w.N.; zweifelnd Schink, DÖV 1999, 797 (801).

1443 Vgl. auch Albrecht/Teifel, Rpfleger 1999, 366; Koch, Bodensanierung nach dem Verursacherprinzip, 1985, S. 64; Fleischer, JuS 1988, 530 (532); Knopp, BB 1996, 389 (390); ob diese Regel heute noch gilt, ist indes umstritten; vgl. Lepsius, JZ 2001, 22 (24).

1444 BT-Drs. 13/6701, S. 35.

1445 Siehe nur die Darstellung bei Kügel, NJW 2000, 107 (111) mit Rechtsprechungsnachweisen; Buck, NVwZ 2001, 51 (52); Knopp/Albrecht, Altlastenrecht in der Praxis, Rnrn. 120 ff. m.w.N.; Becker, BBodSchG, Losebl., Stand Jan. 2001, § 4 Rn. 37; Knopp, DÖV 2001, 441 (447); VGH Mannheim, DVBl. 1990, 1046 (1047).

1446 Vgl. § 40 VwVfG; Papier, NVwZ 1986, 256 (262); siehe auch Sanden/Schoeneck, BBodSchG, 1998, § 4 Rn. 51; Bender/Sparwasser/Engel, Umweltrecht, 4. Aufl. 2000, S. 345 jew. m.w.N.; Hoppe/Beckmann/Kauch, Umweltrecht, 2. Aufl. 2000, S. 676; jüngst hierzu auch Buck, NVwZ 2001, 51; Schlette, VerwArch 2000, 41 (43); Vierhaus, NZG 2000, 240 (243); Erbguth/Stollmann, DVBl. 2001, 601 (608) sowie aus der Rspr. OVG Hamburg, NVwZ 2001, 215 (219 f.); VGH Mannheim, NuR 2001, 460 (461).

1447 Vgl. z.B. Kloepfer, Umweltrecht, 2. Aufl. 1998, S. 804; vgl. hierzu auch Pape, NJW 1992, 2661 (2667 f.).

1448 VGH Mannheim, DÖV 2000, 782 = NuR 2000, 333 = NVwZ 2000, 1199.

1449 Knopp, DÖV 2001, 441 (447 f.).

1450 Siehe hierzu unten unter Kap. 3 D III.

sicht eine erheblich Rolle, insbesondere, weil gerade in Altlastenfällen schon bei der Gefahrerforschung erhebliche Kosten entstehen können[1451]. Während im Rahmen von Sanierungsmaßnahmen bereits feststeht, dass der Betroffenen sanierungs- und damit kostenpflichtig ist, stellt sich dieser Sachverhalt im Vorfeld von Sanierungsmaßnahmen häufig anders dar. Der Betroffene kann, wenn er zur Durchführung bzw. zur Kostenübernahme von Erkundungsmaßnahmen herangezogen wird, in vielen Fällen zu Recht den Einwand erheben, seine Untersuchungs- bzw. Kostentragungspflicht sei nicht nachgewiesen. Durch die zum Teil bestehende bisherige landesrechtliche Rechtslage[1452] oder Rechtsprechung[1453], wonach auch ein faktischer Nichtstörer unter gewissen Umständen zur Kostentragung von Erkundungsmaßnahmen verpflichtet sei, kam es zu offensichtlich ungerechten Ergebnissen.

1. Amtsermittlung

Die frühere Streitfrage, unter welchen Bedingungen es der Behörde erlaubt ist, Maßnahmen der Gefahrerforschung auf einen privaten Dritten abzuwälzen[1454], ist nun durch § 9 Abs. 1 BBodSchG geklärt. Diese Vorschrift legt fest, wann die zuständige Behörde Ermittlungen von Amts wegen durchführen muss und modifiziert insoweit den allgemeinen Ermittlungsgrundsatz aus § 24 VwVfG[1455].

Bestehen nach diesen Ermittlungen Anhaltspunkte dafür, dass eine schädliche Bodenveränderung oder Altlast vorhanden ist, so soll die Behörde geeignete Maßnahmen zur Ermittlung des Sachverhalts einleiten. Als Regelfall ist damit festgestellt, dass die Behörde beim Vorliegen entsprechender Anhaltspunkte[1456] erforderliche Maßnahmen zu ergreifen hat, und – wegen der Verwendung des Wortes „*soll*" – nur in atypischen Fällen davon abweichen darf[1457].

§ 9 Abs. 1 S. 2 und S. 3 BBodSchG enthält eine Konkretisierung der Ermittlungsmaßnahmen[1458]. Die Prüfwerte des § 8 Abs. 1 Nr. 1 BBodSchG haben im Zusammenhang mit § 9 BBodSchG die Funktion, die Grenze zu markieren, ab der im Regelfall eine behördliche Untersuchung des Sachverhalts durchzuführen ist. Angesichts der Schwierigkeiten, im Einzelfall genaue Werte zu bestimmen[1459], kann in

---

1451 Götz, Allgemeines Polizei- und Ordnungsrecht, 13. Aufl. 2001, Rn. 156; vgl. hierzu oben unter Kap. 2 B I 1. b).

1452 Vgl. z.B. die Rechtslage in Brandenburg oder Nordrhein-Westfalen; siehe hierzu oben unter Kap. 2 B I 2. b) (1) (c).

1453 So die Rechtsprechung des OVG Saarlouis, DÖV 1984, 471 (472); auch BGHZ 5, 144 (152); vgl. hierzu auch Götz, Allgemeines Polizei- und Ordnungsrecht, 13. Aufl. 2001, Rn. 155; siehe auch Breuer, in: GS Martens, 1987, S. 317 (328 ff. u. 342 f.); Schlabach/Heck, BayVBl. 2001, 262 (263); ausf. zur Problematik auch Dill, Amtsermittlung und Gefahrerforschungseingriffe, 1997, S. 111 ff.

1454 Siehe hierzu oben unter Kap. 2 B I 1. c).

1455 Sanden/Schoeneck, BBodSchG, 1998, § 9 Rn. 6.

1456 Solche können sich insbes. aus der früheren Nutzung des Grundstückes ergeben, s. hierzu im Einzelnen Hilger, in: Holzwarth/Radtke/Hilger/Bachmann, BBodSchG/BBodSchV, 2. Aufl. 2000, § 9 BBodSchG Rn. 3.

1457 Hilger, in: Holzwarth/Radtke/Hilger/Bachmann, BBodSchG/BBodSchV, 2. Aufl. 2000, § 9 BBodSchG Rn. 4; Sanden/Schoeneck, BBodSchG, 1998, § 9 Rn. 9.

1458 Sanden/Schoeneck, BBodSchG, 1998, § 9 Rn. 8.

1459 Zu einem Konzept zur Expositions- und Risikoabschätzung vgl. Freier/Doetsch/Grünhoff/Hempfling/Stubenrauch, altlasten spektrum 1997, 166 ff.

(atypischen) Ausnahmefällen von behördlichen Feststellungen abgesehen werden[1460]. Bei einem Überschreiten der Prüfwerte ist von der Behörde unter den Vorgaben des § 9 Abs. 1 S. 3 BBodSchG festzustellen, ob eine schädliche Bodenveränderung oder Altlast vorliegt oder nicht. Der Grundstückseigentümer und der Inhaber der tatsächlichen Gewalt sind nach § 9 Abs. 1 S. 4 BBodSchG auf Antrag über das Ergebnis der Untersuchungen und der Bewertung schriftlich zu unterrichten[1461]. Die Unterrichtungspflicht der Behörde unterscheidet sich von der allgemeinen Pflicht zur Information der Betroffenen aus § 12 BBodSchG[1462] vor allem dadurch, dass sie unter Umständen bereits weit im Vorfeld von geplanten Sanierungsmaßnahmen greift. Ziel ist es, die durch einen etwaigen Altlastenverdacht reduzierte Verkehrsfähigkeit[1463] vor allem in den Fällen, in denen sich der Verdacht nicht bestätigt, möglichst schnell wieder herzustellen[1464].

Weiterhin stellt sich die Frage, ob die Anordnung von Untersuchungsmaßnahmen auf § 9 Abs. 1 S. 2 BBodSchG gestützt werden kann[1465]. Argument für eine Anordnungsbefugnis ist der Terminus *„notwendige Maßnahmen“*, womit die Anordnung von Untersuchungsmaßnahmen nicht ausgeschlossen ist[1466]. Begründen könnte man eine Einbeziehung zudem damit, dass § 24 Abs.1 BBodSchG hinsichtlich der beinahe gleichlautenden Regelung des § 10 Abs. 1 BBodSchG eine Kostenregelung trifft[1467].

Dagegen nimmt die Kostenregelung des § 24 Abs. 1 BBodSchG ausdrücklich nur auf § 9 Abs. 2 BBodSchG Bezug und lässt die Vorschrift des § 9 Abs. 1 S. 2 BBodSchG unerwähnt. Deshalb ist davon auszugehen, dass die Vorschrift des § 9 Abs. 1 BBodSchG die Behörde zwar zum Tätigwerden verpflichtet, selbst aber keine Rechtsgrundlage für die Anordnung von Maßnahmen darstellt[1468].

2. Untersuchungsanordnung

Die Vorschrift des § 9 Abs. 2 S. 1 BBodSchG regelt die vor Inkrafttreten des Bundes-Bodenschutzgesetzes über lange Zeit strittige Frage, ob und wem gegenüber die zuständige Behörde kostenpflichtige Untersuchungsmaßnahmen anordnen darf[1469].

Voraussetzung für eine Untersuchungsanordnung ist, dass aufgrund konkreter Anhaltspunkte der hinreichende Verdacht einer schädlichen Bodenveränderung oder Altlast besteht. Es muss sich also um Verdachtsflächen im Sinne von § 2 Abs. 4

1460 Sanden/Schoeneck, BBodSchG, 1998, § 9 Rn. 8; a.A. Vierhaus, NJW 1998, 1262 (1264), der von einer Erforschungspflicht ausgeht.

1461 Vgl. hierzu Sanden/Schoeneck, BBodSchG, 1998, § 12.

1462 Siehe hierzu ausf. Fluck, NVwZ 2001, 9 ff.

1463 Vgl. hierzu Kap. 1 B VII 2. d).

1464 BT-Drs. 13/6701, S. 54.

1465 Vgl. hierzu Kobes, NVwZ 1998, 786 (792).

1466 Vgl. hierzu oben unter Kap. 2 B I.

1467 So Kobes, NVwZ 1998, 786 (792).

1468 Sanden/Schoeneck, BBodSchG, 1998, § 9 Rn. 11.

1469 BT-Drs. 13/6701, S. 24; siehe hierzu Kap. 2 B I; angesichts der nun erfolgten gesetzlichen Klarstellung, wird man die hier festgelegte Kostenverteilung auch für wasserrechtliche Untersuchungsanordnungen als bindend ansehen können.

BBodSchG oder um altlastverdächtige Flächen im Sinne von § 2 Abs. 6 BBodSchG handeln[1470].

Bei der Beurteilung der Gefahrenlage sind die betroffenen Rechtsgüter zu berücksichtigen. Je folgenschwerer der mögliche Schaden ist, desto geringere Anforderungen müssen an die Wahrscheinlichkeit einer bestehenden Gefahr gestellt werden[1471]. Dabei ist nicht in jedem Fall eine behördliche Untersuchung erforderlich. Wenn z.B. aus alten Rohrleitungen oder undichten Fässern in größerem Umfang umweltgefährdende Stoffe ausgelaufen und versickert sind, ist ein hinreichender Verdacht anzunehmen[1472]. Die Regelung des § 9 Abs. 2 BBodSchG erweitert die behördliche Anordnungsbefugnis über die im allgemeinem Polizei- und Ordnungsrecht verankerte Gefahrengrenze wegen § 2 Abs. 3 BBodSchG auch auf Sachverhalte im Bereich schädlicher Bodenveränderungen, soweit lediglich erhebliche Nachteile oder Belästigungen vorliegen[1473].

Untersuchungen zur Gefährdungsabschätzung nach § 9 Abs. 2 S. 1 BBodSchG sind zunächst Untersuchungen zur Frage, ob überhaupt schädliche Bodenveränderungen oder Altlasten vorliegen und in welchem Umfang Sanierungsmaßnahmen oder sonstige Maßnahmen zu Gefahrenabwehr erforderlich sind[1474]. Hingegen gehört die Ermittlung der möglichen technischen Maßnahmen zur Sanierung von Altlasten nicht zu den Maßnahmen nach § 9 Abs. 2 S.1 BBodSchG. Vielmehr ist hierfür schon § 13 BBodSchG einschlägig[1475]. Allerdings ist die Abgrenzung in der Praxis wegen der Überschneidungen im Anwendungsbereich nur schwer zu treffen, so dass streitige Fragen im Einzelfall zu klären sind. Abweichend davon, dass der Adressat einer Anordnung grundsätzlich frei darüber entscheiden kann, ob er diese selbst ausführt oder durch einen anderen erfüllen lässt, kann die Behörde gem. § 9 Abs. 2 S. 2 BBodSchG verlangen, dass die angeordneten Untersuchungsmaßnahmen durch Sachverständige oder Untersuchungsstellen nach § 18 BBodSchG – auf Kosten des Pflichtigen[1476] – durchgeführt werden[1477].

Nach der Öffnungsklausel des § 9 Abs. 2 S. 3 BBodSchG können die Länder Einzelheiten der Untersuchungspflicht regeln sowie weitere Mitwirkungs- und Duldungspflichten der nach § 12 BBodSchG Betroffenen[1478] begründen. Neben den Duldungspflichten fallen vor allem Auskunfts- und Informationspflichten unter diese Regelung[1479].

1470 Sanden/Schoeneck, BBodSchG, 1998, § 9 Rn. 15.

1471 Sanden/Schoeneck, BBodSchG, 1998, § 9 Rn. 15; BT-Drs. 13/6701, S. 40.

1472 BT-Drs. 13/6701, S. 40; Kobes, NVwZ 1998, 786 (792).

1473 Sanden/Schoeneck, BBodSchG, 1998, § 9 Rn. 15.

1474 BT-Drs. 13/6701, S. 24, 40; OVG Berlin, NVwZ 2001, 582 (583) = UPR 2001, 196.

1475 OVG Berlin, NVwZ 2001, 582 (583 f.) = UPR 2001, 196 (197 f.).

1476 Kritisch hierzu Di Fabio, NVwZ 1999, 1153 (1155); Schwartmann, DStR 1999, 324 (325).

1477 Sanden/Schoeneck, BBodSchG, 1998, § 9 Rn. 17.

1478 Siehe hierzu Fluck, NVwZ 2001, 9 ff.

1479 Sanden/Schoeneck, BBodSchG, 1998, § 9 Rn. 221.

III. Kostenausgleich zwischen mehreren Verantwortlichen

Die Vorschrift des § 24 Abs. 2 BBodSchG regelt den Ausgleich zwischen mehreren nach Bodenschutzrecht Verpflichteten. Sie knüpft damit an die Regelung zur Sanierungsverpflichtung in § 4 Abs. 3, Abs. 6 BBodSchG an. Ihre Bedeutung im Hinblick auf die bodenschutzrechtliche Kostenkonzeption erlangt sie, weil sie Regelungen zu einem Kosten- und Risikoausgleich zwischen verschiedenen Verantwortlichen trifft.

Die Vorschrift klärt die vor Inkrafttreten des Bundes-Bodenschutzgesetzes umstrittene Frage, ob zwischen verschiedenen Sanierungsverpflichteten Ausgleichsansprüche bestehen[1480]. Solche wurden von der Rechtsprechung mit dem Hinweis auf eine fehlende gesetzliche Ermächtigungsgrundlage abgelehnt[1481]. Dies wurde verschiedentlich als ungerecht angesehen[1482], weshalb einige Bundesländer eigene Ausgleichsregelungen in ihre jeweiligen Altlasten- oder Bodenschutzvorschriften aufgenommen haben[1483]. Diesen schon im Landesrecht teilweise bestehenden Vorschriften folgt nun § 24 Abs. 2 BBodSchG, der bundeseinheitlich einen Ausgleichsanspruch festlegt.

Der Ausgleichsanspruch zwischen den Sanierungsverantwortlichen besteht nur, solange nichts anderes vertraglich vereinbart ist (§ 24 Abs. 2 S. 1 BBodSchG). Der Ausgleichsanspruch nach § 24 Abs. 2 BBodSchG hilft dem Anspruchsberechtigten dann nicht, wenn der Anspruchsgegner zahlungsunfähig ist[1484]. Um hier gegebenenfalls eintretende Härten abzumildern, wurde zum Teil eine Art staatliche Ausfallbürgschaft diskutiert[1485]. Das Insolvenzrisiko des Anspruchsgegners wird der Anspruchs-

---

1480 Gegen einen Ausgleichsanspruch, bzw. Gesamtschuldnerausgleich vgl. nur Heinrichs, in: Palandt, BGB, 62. Aufl. 2003, § 426 Rn. 3a; Papier, DVBl. 1985, 873 (879); Papier, JZ 1994, 810 (818); Papier, Altlasten und polizeirechtliche Störerhaftung, 1985, S. 73; Papier, NVwZ 1986, 256 (263); Knopp, BB 1989, 1425 (1427); Schwachheim, NVwZ 1988, 225 ff.; Giesberts, Die gerechte Lastenverteilung unter mehreren Störern, 1990, S. 215; für einen Ausgleich Rohde, in: Franzius/Wolf/Brandt (Hrsg.), Handbuch der Altlastensanierung (Losebl.), 2. Aufl., Stand Dez. 1999, KZ 10533, Rnrn. 87 ff.; Finkenauer, NJW 1995, 432 ff.; Haibt/Rinne, ZIP 1997, 2113 (2115 f.); Seibert, DVBl. 1992, 664 (673); Haller, ZUR 1996, 21(25 f.); Breuer, NVwZ 1987, 751 (756); Breuer, JuS 1986, 359 (364); Pietzcker, JuS 1986, 719 (722); Kloepfer, NuR 1987, 7 (18); Kloepfer/Thull, DVBl. 1989, 1121 ff.

1481 BGH, NJW 1981, 2457 (2458); vgl. auch BGH, NJW 1987, 187 (188); BGHZ 98, 235 (239 f.); BGHZ 110, 313 (318); OLG Düsseldorf, NVwZ 1989, 993 (997); vgl. aber VGH München, NJW 1993, 81 f., der – wenn auch ohne Begründung – *„lapidar"* eine gesamtschuldnerische Haftung zwischen Handlungs- und Zustandsstörer angenommen hat; vgl. Finkenauer, NJW 1995, 432 ff.; Offen gelassen vom OLG Karlsruhe, BB 1988, 2130 (2132); VGH Kassel, NJW 1984, 1197 (1199).

1482 Franzius, in: Franzius/Wolf/Brandt (Hrsg.), Handbuch der Altlastensanierung (Losebl.), 2. Aufl., Stand Dez. 1999, KZ 10533, Rnrn. 87 ff.; Kloepfer/Thull, DVBl. 1989, 1121; Finkenauer, NJW 1995, 432 f.; Haibt/Rinne, ZIP 1997, 2113 (2115 f.); Seibert, DVBl. 1992, 664 (673); Haller, ZUR 1996, 21(25 f.); Breuer, NVwZ 1987, 751 (756); Breuer, JuS 1986, 359 (364); Pietzcker, JuS 1986, 719 (722); Kloepfer, NuR 1987, 7 (18).

1483 § 10 Abs. 3 S. 3 BodSchG BW; vgl. hierzu Spilok, Bodenschutzgesetz Baden-Württemberg, 1992, § 10 Rn. 3, 9; § 15 BerlBodSchG; § 25 Abs. 2 i.V.m. § 24 Abs. 4 BbgAbfG; § 12 Abs. 2 HessAltlG; § 22 Abs. 3 LAbfWAG RP; § 13 Abs. 3 BremAGAbfG; § 20 Abs. 1 S. 4 ThürAbfAG.

1484 Kahl, Die Verwaltung 2000, 29 (72); Turiaux/Knigge, BB 1999, 377 (382).

1485 Vgl. Giesberts, Die gerechte Lastenverteilung unter mehreren Störern, 1990, S. 216 ff.; Griesbeck, Die materielle Polizeipflicht des Zustandsstörers und die Kostentragungspflicht nach unmittelbarer Ausführung und Ersatzvornahme – dargestellt am Beispiel der Altlastenproblematik, 1991, S. 150 ff.; Schwachheim, NVwZ 1988, 225 (227). Entwickelt wurde dieser Ansatz aus den polizeirechtlichen Entschädigungsregelungen des Nichtstörers; kritisch hierzu Schletberechtigte jedoch tragen müssen. Dies ist auch nicht ungerecht, weil er weiterhin bodenschutzrechtlich als Verantwortlicher zur Gefahrenbeseitigung verpflichtet ist[1486].

1. Rechtsnatur des Ausgleichsanspruchs

In der Literatur umstritten war die Frage, ob die in öffentlich-rechtlichen Vorschriften geregelten Ausgleichsansprüche, die schon vor Inkrafttreten des Bundes-Bodenschutzgesetzes in einigen Landesregelungen existierten[1487], zivilrechtlicher[1488] oder öffentlich-rechtlicher[1489] Natur waren. Die gleiche Frage stellt sich nun im Hinblick auf § 24 Abs. 2 BBodSchG.

Nach allen zur Abgrenzung des öffentlichen Rechts zum Zivilrecht vertretenen Theorien[1490] ist die Zuordnung des Ausgleichsanspruchs zum Zivilrecht eindeutig[1491].

Vertritt man die Interessentheorie, nach der eine Vorschrift dem öffentlichen Recht zuzurechnen ist, wenn sie dem Allgemeininteresse dient[1492], handelt es sich um eine Privatrechtsnorm, weil der Anspruch nach § 24 Abs. 2 BBodSchG dem Individualinteresse des von der Behörde in Anspruch Genommenen dient.

Nach der Subordinations- oder Subjektionstheorie ist ein öffentlich-rechtliches Rechtsverhältnis dann gegeben, wenn ein Über-/Unterordnungsverhältnis zwischen den beteiligten Rechtsträgern besteht[1493], scheidet eine Zuordnung des Ausgleichsanspruchs nach § 24 Abs. 2 BBodSchG zum öffentlichen Recht aus, da sich die beteiligten Rechtsträger rechtlich auf der selben Ebene befinden. Dies wird zum Beispiel durch die Möglichkeit einer vertraglichen Regelung hinsichtlich des Ausgleichsanspruchs belegt.

---

te, VerwArch 2000, 41 (69). Ähnlich wird bei der Frage, ob auch die tatsächliche Durchsetzbarkeit von zivilrechtlichen Ansprüchen im Rahmen der Wertausgleichsberechnung nach § 25 BBodSchG berücksichtigt werden müsse, diskutiert; Kap. 3 E IV 3.

1486 Schlette, VerwArch 2000, 41 (69 f.).

1487 Vgl. Sanden/Schoeneck, BBodSchG, 1998, § 24 Rn. 1 m.w.N.

1488 Oerder, NVwZ 1992, 1031 (1038); Haller, ZUR 1996, 21 (24); Knopp, DÖV 1990, 683 (687); Körner/Vierhaus, LKV 1996, 345 (351); auch die Rechtsprechung ging von der zivilrechtlichen Natur eines solchen Anspruchs aus, BGH, NJW 1990, 2058 (2060).

1489 Herbert, NVwZ 1994, 1061 (1063).

1490 Vgl. hierzu im Einzelnen Ehlers, in: Erichsen (Hrsg.), Allgemeines Verwaltungsrecht, 11. Aufl. 1998, § 2 Rnrn. 14 ff.; vgl. auch Stelkens/Schmitz, in: Stelkens/Bonk/Sachs, VwVfG, 6. Auf. 2001, § 1 Rnrn. 74 ff.; Rennert, in: Eyermann, VwGO, 10. Aufl. 1998, § 40 Rnrn. 41 ff.

1491 Vgl. nur Sanden/Schoeneck, BBodSchG, 1998, § 24 Rn. 27; Gebel/Gündling, altlasten spektrum 2000, 325 (329); inzwischen auch Vierhaus, in: Fluck, Kreislaufwirtschafts-, Abfall- und Bodenschutzrecht, Losebl., 38. Erg.-Lfg., Stand Nov. 2002, BBodSchG § 24 Rn. 148 unter Aufgabe der bisher vertretenen Auffassung, u.a. in der nachfolgenden Fundstelle; a.A., jedoch ohne Begründung, Vierhaus, NJW 1998, 1262 (1267); Schönfeld, NVwZ 2000, 648 (650).

1492 Vgl. etwa BVerfGE 58, 300 (344); BVerwGE 13, 47 (50); BVerwGE 47, 229 (230); Redeker/von Oertzen, VwGO, 12. Aufl. 1997, § 40 Rn. 8; Klappstein, in: Knack, VwVfG, 6. Aufl. 1998, § 1 Rn. 4.1.

1493 BGHZ 14, 222 (227); BGHZ 66, 229 (233 ff.); siehe auch Entscheidung des Gemeinsamen Senats der Obersten Gerichtshöfe des Bundes BGHZ 97, 312 (313 f.).

Nach der herrschenden[1494] Subjektstheorie, die danach unterscheidet, ob eine Norm jedermann berechtigt oder verpflichtet (dann Privatrecht) oder ob sie sich an den Staat wendet (dann öffentliches Recht)[1495], ist § 24 Abs. 2 BBodSchG gleichfalls eine zivilrechtliche Vorschrift, da sie grundsätzlich jeden Rechtsträger berechtigen oder verpflichten kann.

Der Ausgleichsanspruch nach § 24 Abs. 2 BBodSchG ist somit ein zivilrechtlicher Anspruch.

2. Mehrere Verpflichtete

Voraussetzung für die Geltendmachung eines Ausgleichsanspruchs nach § 24 Abs. 2 BBodSchG ist begriffsnotwendig zunächst, dass mehrere Verpflichtete sanierungsverantwortlich sind. Daher ist zu klären, wer wem und in welcher Konstellation ausgleichspflichtig ist.

Dabei ist es aber nicht notwendig, dass die Behörde mehrere Verpflichtete gleichzeitig in Anspruch nimmt. Vielmehr reicht die abstrakte bodenschutzrechtliche Haftung für das Entstehen des Anspruchs aus, so dass die Geltendmachung des Anspruchs schon vor einer behördlichen Inanspruchnahme möglich ist[1496].

Allerdings behandelt das Bundes-Bodenschutzgesetz die verschiedenen Verantwortlichen nicht gleich. Nach der Intention des Gesetzgebers soll beim Vorhandensein von verschiedenen Verantwortlichen der Grundstückseigentümer berechtigt sein, seinerseits den Verursacher in Anspruch zu nehmen. Eine umgekehrte Inanspruchnahme hingegen soll nicht möglich sein[1497]. Dies ergibt sich aus der Formulierung in § 24 Abs. 2 S. 2 BBodSchG, nach der die Verpflichtung zum Ausgleich davon abhängt, inwieweit die Gefahr von dem einen oder dem anderen Teil verursacht worden ist. Diese Privilegierung hätte durchaus deutlicher und verständlicher formuliert werden können[1498].

Da der Grundeigentümer keinen Ausgleichsanspruch gegen einen benachbarten Zustandsverantwortlichen nach § 24 Abs. 2 BBodSchG hat, kann er auch nicht für die Sanierung von benachbarten Grundstücken in analoger Anwendung von § 24 Abs. 2 BBodSchG in Anspruch genommen werden[1499]. Die sich aus Art. 14 Abs. 2 GG ergebende Zustandsverantwortung für ein Grundstück erstreckt sich nur auf das eigene Grundeigentum[1500]. Außerdem wird damit das Insolvenzrisiko des gleichfalls zu-

---

1494 So Stelkens/Schmitz, in: Stelkens/Bonk/Sachs, VwVfG, 6. Aufl. 2001, § 1 Rn. 77.

1495 Kopp/Schenke, VwGO, 12. Aufl. 2000, § 40 Rn. 11.

1496 Knopp, ZUR 1999, 210 (214); Pützenbacher, NJW 1999, 1137 (1139); Frenz, NVwZ 2000, 647 (648); Gebel/Gündling, altlasten spektrum 2000, 325 (329); Schwartmann, DStR 1999, 324 (329); a. A. Knoche, NVwZ 1999, 1198 ff.; Knoche, GewArch 2000, 448 (454); vgl. zum Ganzen auch Wagner, BB 2000, 417 (421 f).

1497 BT-Drs. 13/6701, S. 46; s. auch Vierhaus, NJW 1998, 1262 (1267); Knopp/Albrecht, BB 1998, 1853 (1857); Gebel/Gündling, altlasten spektrum 2000, 325 (329); missverständlich Oberrath, JA 1999, 84 (86).

1498 Zu welchen Auslegungen der Vorschrift die Verwaltungspraxis gelangen kann, verdeutlicht der vom VG Trier, NJW 2001, 531, entschiedene Fall; siehe hierzu die Anm. v. Pützenbacher/Görgen, NJW 2001, 490 ff.

1499 VG Trier, NJW 2001, 531.

1500 VG Trier, NJW 2001, 531.

standsverantwortlichen Nachbarn auf den in Anspruch genommenen Eigentümer verlagert, der im Gegensatz zur öffentlichen Hand in seinem finanziellen Risiko nicht durch § 25 BBodSchG geschützt ist[1501].

Hingegen kann der behördlicherseits verpflichtete frühere Grundstückseigentümer keinen Ausgleichsanspruch gegen den aktuellen Eigentümer geltend machen[1502]. Dies kann zu Ungerechtigkeiten führen, da der frühere Eigentümer zu Recht auf den bei ihm fehlenden Bezug zum Grundstück hinweisen kann, den der aktuelle Eigentümer aus der Sozialpflichtigkeit des Eigentums bzw. der rechtlichen und tatsächlichen Einwirkungsmöglichkeit in jedem Fall hat. Solche Fälle werden jedoch nicht häufig sein, da dieser Gesichtspunkt schon von der Behörde im Rahmen ihrer Ermessensausübung zu prüfen ist. Dagegen kann ein Verursacher gegen andere Mitverursacher Ausgleichsansprüche geltend machen, wenn er zum Beispiel nicht von ihm zu verantwortende Verunreinigungen mitbeseitigt[1503]. Ein weiterer Anwendungsfall des § 24 Abs. 2 BBodSchG ist gegeben, wenn im Rahmen von handels- oder gesellschaftsrechtlichen Einstandspflichten ein Verantwortlicher für eine juristische Person nach § 4 Abs. 3 S. 4 BBodSchG Sanierungspflichten erfüllt[1504]. Allerdings wird diese Fallgestaltung in der Praxis keine Bedeutung erlangen, weil die Inanspruchnahme eines handels- oder gesellschaftsrechtlichen Verpflichteten regelmäßig erst dann erfolgen wird, wenn die primär einstandspflichtige juristische Person nicht zahlungsfähig ist[1505]. Hier wird die Geltendmachung eines Ausgleichsanspruchs nur selten erfolgreich sein; sie erfolgt – meist im Wege eines Mahnverfahrens – lediglich zur Rechtswahrung.

Weitere Fallgestaltungen sind bestimmte gesellschaftsrechtliche Umwandlungstatbestände. So kann bei einer Abspaltung[1506] der Gesamtrechtnachfolger eines weiterhin bestehenden Verursachers einen Ausgleichsanspruch geltend machen, wenn er dessen in der Verursacherhaftung begründeten Sanierungspflichten erfüllt[1507]. Eine analoge Anwendung von § 24 Abs. 2 BBodSchG, wie sie von der Literatur teilweise für diese Konstellation vorgeschlagen wird[1508], ist hier entbehrlich, da auch der nach § 4 Abs. 3 S. 1 BBodSchG in Anspruch genommenen Gesamtrechtnachfolger kostenpflichtig nach § 24 Abs. 1 BBodSchG und somit Verpflichteter im Sinne des § 24 Abs. 2 BBodSchG ist. Allerdings wird in diesen Fällen meist eine vertragliche Regelung im Spaltungs- und Übernahmevertrag bestehen, was zu einem Ausschluss des Ausgleichsanspruchs nach § 24 Abs. 2 BBodSchG führt[1509].

1501 Vgl. hierzu ausf. unten unter Kap. 3 E.

1502 Sanden/Schoeneck, BBodSchG, 1998, § 24 Rn. 29; Vierhaus, NJW 1998, 1262 (1267); a.A. Gebel/Gündling, altlasten spektrum 2000, 325 (331).

1503 Pützenbacher, NJW 1999, 1137 (1140); Körner, DNotZ 2000, 344 (361).

1504 Schlette, VerwArch 2000, 41 (60).

1505 Schlette, VerwArch 2000, 41 (60).

1506 Siehe hierzu ausf. oben unter Kap. 3 D I 2. b) (3) (c).

1507 Schlette, VerwArch 2000, 41 (61).

1508 Becker, BBodSchG, Losebl., Stand Jan. 2001, § 24 Rn. 7b.

1509 Schlette, VerwArch 2000, 41 (61).

3. Anspruchsumfang

Der Ausgleichsanspruch nach § 24 Abs. 2 S. 2 BBodSchG hängt davon ab, inwieweit die Gefahr vorwiegend vom einen oder anderen Teil verursacht worden ist. Ein Ausgleichsanspruch nach § 24 Abs. 2 S. 1 BBodSchG besteht jedoch nur insoweit, als keine anderweitige Regelung getroffen wurde. Damit ist diese Vorschrift zwischen den Vertragsparteien disponibel und kann ausgeschlossen werden[1510]. Wurden im Rahmen eines Grundstückskaufvertrags Gewährleistungsrechte ausgeschlossen, kann der Käufer gegen den Verkäufer auch dann keine Ausgleichsansprüche nach § 24 Abs. 2 BBodSchG geltend machen, wenn dieser der Verursacher der Kontamination ist[1511]. Durch die Übertragung des Kostenausgleichs in die Dispositionsbefugnis der beteiligten Parteien sollte eine zivilrechtliche Austarierung der Risikoverteilungen ermöglicht werden[1512].

Die Umrechnung der Verursachungsbeiträge in Ansprüche erfolgt nach § 24 Abs. 2 S. 2, HS. 2 BBodSchG über eine entsprechende Anwendung der Regelung in § 426 Abs. 1 S. 2 BGB. Diese Umrechnung findet jedoch nicht statt, wenn eine entsprechende vertragliche Regelung vorliegt.

Außerdem besteht eine Sanierungspflicht auch nicht unbegrenzt, so dass der Ausgleichspflichtige die Kosten für eine Luxussanierung nicht tragen muss[1513].

4. Verjährung

Der Ausgleichsanspruch verjährt nach der Vorschrift des § 24 Abs. 2 S. 3 BBodSchG in drei Jahren. Damit wurde die selbe Verjährungsfrist gewählt, wie sie gem. § 852 BGB für Ansprüche aus unerlaubter Handlung gilt[1514].

Fraglich ist, wie sich die bodenschutzrechtliche Verjährung im Verhältnis zu den teilweise deutlich kürzeren Verjährungsfristen des Zivilrechts im Bereich der Sachmängelgewährleistung nach § 438 BGB bzw. 477 BGB a.F. oder des Mietrechts nach § 548 BGB bzw. § 558 BGB a.F. verhält. Hinsichtlich der Konkurrenz zwischen kaufvertrags- oder mietrechtlichen Gewährleistungsansprüchen und deliktischen Ansprüchen geht man davon aus, dass die kurzen Verjährungsfristen aus dem Vertragsrecht die längeren Fristen aus dem Deliktsrecht verdrängen[1515]. Wegen der Ähnlichkeit von deliktsrechtlichen Ansprüchen und dem Ausgleichsanspruch nach Bundes-Bodenschutzgesetz wird deshalb diskutiert, ob auch hier die kurzen Fristen aus Kaufvertrags- oder Mietrecht die Drei-Jahres-Frist des § 24 Abs. 2 BBodSchG ver-

1510 Vierhaus, NJW 1998, 1262 (1267); Kobes, NVwZ 1998, 786 (796).

1511 Pützenbacher, NJW 1999, 1137 (1141) m. Hinw. auf BT-Drs. 13/6701, S. 46.

1512 Siehe hierzu umfassend Fluck/Kirsch, UPR 2001, 253 (254 ff.) mit Behandlung verschiedenster Fallgestaltungen; Gebel/Gündling, altlasten spektrum 2000, 325 (330).

1513 Gebel/Gündling, altlasten spektrum 2000, 325 (329).

1514 Gebel/Gündling, altlasten spektrum 2000, 325 (332); Schlette, VerwArch 2000, 41 (62).

1515 Für Mietrecht: BGHZ 135, 152 (155 f.); Weidenkaff, in: Palandt, BGB, 62. Aufl. 2003, § 548 Rn. 7 Jendrek, in: Erman, BGB, 10. Aufl. 2000, § 558 Rn. 4; Teichmann, in: Jauernig, BGB, 10. Aufl. 2003, § 548 Rn. 1; für Sachmängelgewährleistungsrecht in Bezug auf die Kaufsache: BGH, NJW 1990, 908; BGHZ 114, 34 (38); ansonsten gilt Deliktsrecht grundsätzlich neben Kaufvertragsrecht; vgl. hierzu ausf. Grunewald, in: Erman, BGB, 10. Aufl. 2000, Vor § 459 Rn. 40; zum Ganzen auch Kügel, NJW 1996, 2477 (2483) m.w.N.

drängen[1516]. Dies ist jedoch abzulehnen, da § 24 Abs. 2 BBodSchG eine Spezialregelung zu dieser Frage darstellt, mit welcher der Gesetzgeber den ihm bekannten Problemkreis der häufig viel zu kurzen gesetzlichen Fristen für Sachverhalte mit Bodenkontaminationen in angemessener Weise lösen wollte[1517].

Wollen die Parteien Ansprüche aus dem Vertragsverhältnis innerhalb kürzerer Fristen behandelt wissen, können sie durch eine entsprechende vertragliche Klausel die bodenschutzrechtliche Frist von drei Jahren verkürzen.

Beginn der Verjährungsfrist ist bei behördlicher Ausführung die Beitreibung der Sanierungskosten. In anderen Fällen tritt Verjährung nach Sanierungsbeendigung drei Jahre nach Kenntnis von der Person des Ersatzpflichtigen ein (§ 24 Abs. 2 S. 4 BBodSchG). Der Anspruch verjährt in jedem Fall 30 Jahre nach dem Ende der Sanierungsarbeiten (§ 24 Abs. 2 S. 5 BBodSchG).

5. Zeitlicher Geltungsbereich

Ausgleichsansprüche können erst für Sanierungen entstehen, die im zeitlichen Geltungsbereich des Bundes-Bodenschutzgesetzes ausgeführt wurden[1518]. Damit entfallen jedenfalls für alle Sanierungen, die vor dem 1. März 1999 beendet waren, Ausgleichsansprüche nach § 24 Abs. 2 BBodSchG.

Umstritten ist hingegen, wie Ansprüche in Bezug auf Sanierungen, die vor Inkrafttreten des Bundes-Bodenschutzgesetzes begonnen, aber noch nicht beendet waren, zu beurteilen sind[1519].

Das BBodSchG selbst enthält hierfür im Unterschied zu anderen Regelungen im Bundes-Bodenschutzgesetz keine Übergangsregelung, was für eine Ausweitung der Ausgleichsanspruchsregelung spricht. Dennoch ist vor allem wegen des verfassungsrechtlichen Rückwirkungsverbots[1520] eine Anwendung auf Sanierungen, die vor dem 1. März 1999 begonnen, aber erst nach diesem Datum abgeschlossen wurden, abzulehnen[1521]. Andernfalls könnte es dazu kommen, dass Sanierungen, die schon vor Inkrafttreten des Bundes-Bodenschutzgesetzes hätten abgeschlossen werden

---

1516 So die bisher hierzu ergangene Rspr.; LG Hamburg, NZM 2001, 339 f.; LG Frankenthal, NZM 2002, 583 f. und Teile der Literatur; Landel, in: Landel/Vogg/Wüterich, BBodSchG, 2000, § 24 Rn. 28; Hilger, in: Holzwarth/Radtke/Hilger/Bachmann, BBodSchG/BBodSchV, 2. Aufl. 2000, § 24 BBodSchG Rn. 6; zum Problem siehe auch Schlette, VerwArch 2000, 41 (63).

1517 Siehe hierzu ausf. Moeser/Wilrich, NZM 2002, 552 (554 ff.); Albrecht, BTUC-DS 5/2002, S. 15 ff.; Sondermann/Henke, in: Versteyl/Sondermann, BBodSchG, 2002, § 24 Rn. 31; Frenz, BBodSchG, 2000, § 24 Rn. 39 f.; Schlemminger/Attendorn, NZM 1999, 97 ff; Vierhaus, in: Fluck, Kreislaufwirtschafts-, Abfall- und Bodenschutzrecht, Losebl., 38. Erg.-Lfg., Stand Nov. 2002, BBodSchG § 24 Rn. 142; Bickel, BBodSchG, 3. Aufl. 2002, § 24 Rn. 21; Schlette, VerwArch 2000, 41 (63); auch Weidenkaff, in: Palandt, BGB, 62. Aufl. 2003, § 548 Rn. 7.

1518 Vierhaus, NJW 1998, 1262 (1267); Gebel/Gündling, altlasten spektrum 2000, 325 (332); Knopp/Albrecht, Altlastenrecht in der Praxis, 2. Aufl. 1998, Rn. 128.

1519 Für eine Anwendung Pützenbacher NJW 1999, 1137 (1140); dagegen Vierhaus, NJW 1998, 1262 (1267); auch Knopp/Albrecht, Altlastenrecht in der Praxis, 2. Aufl. 1998, Rn. 128.

1520 Siehe hierzu oben unter Kap. 2 B IV 2. b) (2).

1521 Gebel/Gündling, altlasten spektrum 2000, 325 (329); a.A. Pützenbacher, NJW 1999, 1137 (1140); zur Rechtslage bei Fällen, die vor Inkrafttreten des § 24 Abs. 2 BBodSchG lagen s. Harms, NJW 1999, 3668 ff. m.w.N.

können, über diesen Zeitpunkt hinaus verzögert werden, weil auf diese Weise der Sanierende Ausgleichsansprüche erhielte.

6. Rechtsweg

Der Ausgleichsanspruch ist nach 24 Abs. 2 S. 6 BBodSchG vor den ordentlichen Gerichten geltend zu machen. Damit sind die Zivilgerichte berufen, über öffentlich-rechtliche Fragestellungen zu entscheiden[1522], was zum Teil als problematisch angesehen wird[1523]. Auf der anderen Seite ist dies keineswegs neuartig. So sind andere Ansprüche öffentlich-rechtlicher Natur ebenfalls den Zivilgerichten zugewiesen, wie z.B. § 22 WHG, § 14 BImSchG[1524], Ansprüche aus dem Umwelthaftungsrecht oder der polizeirechtliche Entschädigungsanspruch[1525]. Außerdem sind bodenschutzrechtliche Fallgestaltungen den Zivilgerichten nicht fremd, da diese Fragen nicht selten eine Rolle spielen in Sachmängelgewährleistungsfällen bei Grundstückskäufen[1526], bei Amtshaftungsansprüchen wegen überplanter Altlasten[1527] oder unrichtiger Auskünfte[1528], im Bereich von Miet- und Pachtverträgen wegen Bodenverunreinigungen[1529] und bei Schadenersatzansprüchen gegen Sachverständige wegen fehlerhafter Gutachten[1530].

7. Beweislast und Beweiserleichterung

Häufigster Anwendungsfall einer Geltendmachung des Anspruchs nach § 24 Abs. 2 BBodSchG wird die Inanspruchnahme eines Verursachers durch einen Mitverursacher oder durch den Eigentümer sein. Vor allem bei Flächen mit uneinheitlichen und lang andauernden Kontaminationen wird es dem Anspruchsteller in vielen Fällen nur schwer möglich sein, die Sanierungspflichtigkeit des Anspruchsgegners, die einzelnen Verursachungsbeiträge oder die Kontaminationszeiträume festzustellen[1531]. Nach zivilrechtlichen Darlegungs- und Beweislastgrundsätzen, die für den Anspruch nach § 24 Abs. 2 BBodSchG wegen der Verweisung an die Zivilgerichte Anwendung

---

1522 Siehe zum Öffentlichen Recht in der Rechtsprechung des BGH eingehend Ossenbühl, NJW 2000, 2945 ff.

1523 So z.B. Knopp/Albrecht, BB 1998, 1853 (1857); Vierhaus, NJW 1998, 1262 (1267); vgl. aber Vierhaus, Das Grundeigentum 1999, 224 (229).

1524 Vgl. hierzu Jarass, BImSchG, 5. Aufl. 2002, § 14 Rn. 29.

1525 Vgl. beispielsweise § 58 SächsPolG oder § 43 OBG NW.

1526 BGH, NJW 1979, 2243 f.

1527 BGHZ 106, 323 ff. (Bielefeld); BGHZ 108, 224 ff. (Osnabrück); BGHZ 109, 380 ff. (Dortmund-Dorstfeld); siehe auch BGH, NJW 1991, 2701 f.; OLG Köln, NJW 1991, 2710 ff.; =LG Düsseldorf, NVwZ 1989, 993 ff.; auch Leinemann, NVwZ 1992, 146 ff.; zum Ganzen auch Knopp/Albrecht, Altlastenrecht in der Praxis, 2. Aufl. 1998, Rn. 262.

1528 BGH, NJW 1993, 934.

1529 BGH, NJW 1971, 424 ff.; vgl. zum Ganzen Knoche, NJW 1997, 2080 ff.

1530 BGH, NJW 1976, 1502 f.; BGH, NJW 1965, 298 ff.; BGH, BauR 1979, 76 ff.; vgl. hierzu auch Döbereiner, BauR 1979, 282 (284 ff.); Jessnitzer/Ullrich, Der gerichtliche Sachverständige, 11. Aufl. 2001, Rn. 455 ff.; bzw. Amtshaftungsanspruch gegen Gutachterausschuss, OLG Hamm, NVwZ-RR 2001, 493.

1531 Kobes, NVwZ 1998, 768 (796); Pützenbacher, NJW 1999, 1137 (1140); Vierhaus, NJW 1998, 1262 (1267); Gebel/Gündling, altlasten spektrum 2000, 325 (331); siehe auch Enders, Die zivilrechtliche Verantwortlichkeit für Altlasten und Abfälle, 1999, S. 138 ff.

finden[1532], hat der Anspruchsteller diese anspruchsbegründenden Tatsachen vorzutragen[1533], soweit nicht eine gesetzlich verankerte oder durch die Rechtsprechung herausgebildete Beweiserleichterung oder Beweislastumkehr vorliegt. Im Bundes-Bodenschutzgesetz selbst findet sich hierzu keine Vorschrift[1534]. So gibt es keine Verursachungsvermutung wie in § 348 Abs. 2 UGB-KomE oder §§ 6, 7 UmweltHG[1535] oder eine „*überwiegende Wahrscheinlichkeit*", wie sie in § 303 Abs. 2 UGB-BT des so genannten Professoren-Entwurfs[1536] vorgesehen war.

Dies wird aus verschiedenen Gründen als unbefriedigend angesehen. Bei der Entscheidung, wer behördlicherseits in Anspruch genommen wird und wer damit einen Ausgleichsanspruch mitsamt Durchsetzungsrisiko erhält, ist die Frage etwaiger Ausgleichsansprüche für die Behörde nur ein sekundäres Problem. Daher ist zu klären, ob nicht Beweiserleichterungen oder eine Beweislastumkehr die Durchsetzung des Ausgleichsanspruchs erleichtern können[1537].

Ein gangbarer Weg für Fälle, in denen bei der Auseinandersetzung von mehreren feststehenden Verursachern die Höhe des einzelnen Verursachungsbeitrags nicht festgestellt werden kann, stellt die Schadensschätzung nach § 287 ZPO dar[1538]. Voraussetzung für eine Anwendung des § 287 ZPO ist, dass die grundsätzliche Kausalität eines Verhaltens für die Rechtsgutsverletzung feststeht, die konkrete Schadenshöhe sich jedoch nicht genau feststellen lässt[1539]. Dies ersetzt jedoch für den Anspruchsteller nicht die Notwendigkeit, darzulegen, dass der in Anspruch Genommene auch Verursacher von Bodenkontaminationen ist[1540].

Bei Fallgestaltungen, in denen der Nachweis eines konkreten Haftungsgrundes schwer zu führen ist, hilft diese Vorschrift jedoch nicht weiter[1541]. Hier könnte entweder durch prozessuale Beweiserleichterungen in Form einer Beweislastumkehr oder des so genannten Anscheinsbeweises Abhilfe geschaffen werden.

Im Falle der Beweislastumkehr hat der Anspruchsgegner auf ein entsprechendes Vorbringen des Anspruchsstellers zu beweisen, dass er keine oder keine im Verhältnis zur Inanspruchnahme erhöhten Verursachungsbeiträge zu vertreten hat.

1532 Gebel/Gündling, altlasten spektrum 2000, 325 (332); es gilt somit nicht der verwaltungsrechtliche Untersuchungsgrundsatz des § 86 VwGO; vgl. Schlette, VerwArch 2000, 41 (67).

1533 BGHZ 3, 342 (346); BGHZ 87, 393 (399 f.); Schellhammer, Zivilprozess, 9. Aufl. 2001, Rn. 366, 507; Thomas/Putzo, ZPO, 20. Aufl. 1997, § 284 Vorbem. Rn. 23.

1534 Pützenbacher, NJW 1999, 1137 (1141).

1535 Kloepfer, Umweltrecht, 2. Aufl. 1998, S. 409.

1536 Vgl. Schlette, VerwArch 2000, 41 (67).

1537 Vgl. nur Pützenbacher, NJW 1999, 1137 (1140 f.); Gebel/Gündling, altlasten spektrum 2000, 325 (331 f.); siehe auch Enders, Die zivilrechtliche Verantwortlichkeit für Altlasten und Abfälle, 1999, S. 151.

1538 Kloepfer/Thull, DVBl. 1989, 1121 (1127).

1539 Greger, in: Zöller, ZPO, 22. Aufl. 2001, § 287 Rn. 1.

1540 Vgl. Schellhammer, Zivilprozess, 9. Aufl. 2001, Rn. 575; Greger, in: Zöller, ZPO, 22. Aufl. 2001, § 287 Rn. 3.

1541 Greger, in: Zöller, ZPO, 22. Aufl. 2001, § 287 Rn. 3 m.w.N.

Davon zu unterscheiden ist der so genannte Anscheinsbeweis, der zur freien gerichtlichen Beweiswürdigung des § 286 ZPO gehört[1542]. Hier trifft nach den üblichen zivilprozessualen Grundsätzen den Anspruchssteller die Beweislast[1543]. Wenn dieser aber einen typischen Geschehensablauf und damit verbundenen Erfolg glaubhaft machen kann[1544], wird im Rahmen des Anscheinsbeweises das Verschulden des Anspruchsgegners vermutet. Gleiches kann hinsichtlich des Bestehens eines bestimmten Kausalverlaufs gelten[1545]. Das bedeutet z.B. bei einer industriellen Altlast, dass der Anspruchssteller nachweisen muss, dass der Anspruchsgegner in einem bestimmten Zeitraum mit gefährlichen Stoffen umgegangen ist, die geeignet sind, den vorgefundenen Schaden hervorzurufen[1546].

Kann der Anspruchsgegner diesen Anscheinsbeweis nicht erschüttern, z.B. indem er plausible Möglichkeiten eines anderen Geschehensablaufs darstellt[1547], ist diese anspruchsbegründende Tatsache vom Anspruchssteller nachgewiesen.

Einen anderen Weg stellt die Verursachungsvermutung auf materiell-rechtlicher Ebene dar. Eine solche Verursachungsvermutung ist gesetzlich geregelt in §§ 6, 7 UmweltHG[1548]. Wegen der Vergleichbarkeit der dort geregelten Fallgestaltungen mit Bodenkontaminationen wird eine analoge Anwendung erwogen[1549]. Hier wie dort geht es um umweltbezogene Ansprüche zwischen Privatpersonen, die wegen der Komplexität des Geschehensablaufs zu erheblichen Beweisschwierigkeiten beim Geschädigten führen[1550]. Weiteres Erfordernis einer Analogie ist das Bestehen einer planwidrigen Lücke[1551]. In den Gesetzgebungsmaterialien fehlt jedenfalls jede Beschäftigung mit dieser Problematik, so dass eine planwidrige Lücke angenommen werden kann[1552].

Folgt man dieser Ansicht, hat der Ausgleichsanspruchsteller analog den Vorschriften des Umwelthaftungsgesetzes die Verletzung eines Rechtsgutes, nämlich die seines Grundeigentums, zu beweisen. Des Weiteren hat er die Verursachung der Rechtsgutverletzung durch eine konkret zu bestimmende Umwelteinwirkung analog § 3 Abs. 1 UmweltHG sowie die abstrakte Eignung der Einwirkung zur Herbeiführung der Rechtsgutverletzung zu beweisen. Schließlich muss er glaubhaft machen, dass die

---

1542 Gottwald, FS Lange, 1992, 447 (450); Schellhammer, Zivilprozess, 9. Aufl. 2001, Rn. 518; a.A. Greger, in: Zöller, ZPO, 22. Aufl. 2001, Vor § 284 Rn. 29 (Herleitung aus Gewohnheitsrecht).

1543 Greger, in: Zöller, ZPO, 22. Aufl. 2001, Vor § 284 Rn. 29.

1544 Bzw. umgekehrt; vgl. Thomas/Putzo, ZPO, 20. Aufl. 1997, § 286 Rn. 12.

1545 Vgl. hierzu Gottwald, FS Lange, 1992, 447 (450).

1546 Pützenbacher, NJW 1999, 1137 (1141); Gebel/Gündling, altlasten spektrum 2000, 325 (332).

1547 BGHZ 8, 239 (242 f.); Greger, in: Zöller, ZPO, 22. Aufl. 2001, Vor § 284 Rn. 29; Enders, Die zivilrechtliche Verantwortlichkeit für Altlasten und Abfälle, 1999, S. 148; Thomas/Putzo, ZPO, 20. Aufl. 1997, § 286 Rn. 12.

1548 Kloepfer, Umweltrecht, 2. Aufl. 1998, S. 409; siehe auch Gottwald, FS Lange, 1992, 447 (452 ff.); Enders, Die zivilrechtliche Verantwortlichkeit für Altlasten und Abfälle, 1999, S. 142 f.

1549 Schlette, VerwArch 2000, 41 (68).

1550 Schlette, VerwArch 2000, 41 (68).

1551 BVerfG, JZ 1990, 811 ff.; Schwerdtfeger, Öffentliches Recht in der Fallbearbeitung, 10. Aufl. 1997, Rn. 226; Vgl. auch Ehlers, in: Erichsen (Hrsg.), Allgemeines Verwaltungsrecht, 11. Aufl. 1998, § 2 Rn. 8; Canaris/Larenz, Methodenlehre der Rechtswissenschaft, 3. Aufl. 1995, S. 202 ff.

1552 Schlette, VerwArch 2000, 41 (68).

Anlage oder Benutzung geeignet ist, den geltend gemachten Schaden zu verursachen[1553].

Eine Analogie benachteiligt den Anspruchsgegner auch nicht über Gebühr, da ihm folgerichtig die gleichfalls analog anzuwendenden und recht weitgehenden Einschränkungen des § 6 Abs. 2 – 4 UmweltHG sowie des § 7 UmweltHG zu Gute kommen[1554].

Ob und wie sich die Rechtsprechung zur Behebung der Beweisschwierigkeiten des Anspruchstellers entscheiden wird, lässt sich zum gegenwärtigen Zeitpunkt nicht vorhersagen[1555]. Wahrscheinlich ist jedoch, dass die Rechtsprechung ihre vor Inkrafttreten des Umwelthaftungsgesetzes entwickelte Linie zu Beweiserleichterungen bei Umweltschäden, sei es analog §§ 6, 7 UmweltHG oder sei es in Fortentwicklung ihrer Rechtsprechung[1556], fortführen wird.

Dies ist auch notwendig, da andernfalls die gesetzliche Intention, Gerechtigkeitslücken durch Ausgleichsansprüche zu schaffen, an faktischen Schwierigkeiten scheitern[1557].

E. Wertausgleichsregelung

I. Zielsetzung und Bedeutung

Eine wichtige Regelung im Hinblick auf die Kostenkonzeption des Bundes-Bodenschutzgesetzes ist die – abgesehen von einer ähnlichen Regelung in § 154 BauGB – bundesrechtlich erstmalig in dieser Form eingeführte Wertausgleichsregelung des § 25 BBodSchG[1558]. Nach dieser Vorschrift entsteht beim Vorliegen bestimmter Voraussetzungen ein Wertausgleichsanspruch zugunsten der öffentlichen Hand.

Der Anwendungsbereich des § 25 BBodSchG ist nach der bisherigen Vollzugspraxis eng begrenzt. Diese Vorschrift kommt überhaupt nur dann zum Zuge, wenn die Finanzierung der Sanierungs- oder Sicherungsmaßnahmen durch die öffentliche Hand selbst erfolgt ist. Regelmäßig wird die Behörde aber auf einen Verantwortlichen für die Beseitigung der Altlast zurückgreifen können, da sie sowohl den verhaltensverantwortlichen Verursacher[1559] als auch den so genannten Zustandsstörer[1560] in An-

1553 Siehe hierzu im Ganzen, Baumgärtel, in: Baumgärtel/Laumen, Handbuch der Beweislast im Privatrecht, Band 2, 2. Aufl. 1999, § 906 Rn. 16.

1554 Zu Einzelheiten hierzu vgl. Kloepfer, Umweltrecht, 2. Aufl. 1998, S. 411 ff.

1555 Gebel/Gündling, altlasten spektrum 2000, 325 (332).

1556 Vgl. nur BGHZ 70, 102 (108); BGHZ 92, 143 (146 f.); OLG Hamm, NJW 1988, 1031 ff.; siehe auch schon Steffen, NJW 1990, 1817 ff.

1557 Schlette, VerwArch 2000, 41 (67); Pützenbacher, NJW 1999, 1137 (1140 f.); s. auch Kothe, UPR 1999, 96 (98 f.); siehe auch Enders, Die zivilrechtliche Verantwortlichkeit für Altlasten und Abfälle, 1999, S. 151 f.

1558 Siehe hierzu auch Albrecht, NVwZ 2001, 1120 ff.

1559 Zum Begriff vgl. Götz, Allgemeines Polizei- und Ordnungsrecht, 13. Aufl. 2001, Rnrn. 210 ff. m.w.N.

1560 Z.B. Grundstückseigentümer, aber auch Mieter oder Pächter; vgl. Knopp/Albrecht, Altlastenrecht in der Praxis, 2. Aufl. 1998, Rnrn. 99 ff.

spruch nehmen kann. Der von der Behörde nach der Faust- (nicht Rechts-) Regel "*Handlungsstörer vor Zustandsstörer*"[1561] auszuwählende Sanierungspflichtige hat die Kosten der Sanierung gem. § 24 Abs. 1 BBodSchG zu tragen[1562]. Anderes gilt, wenn die Regelung des § 25 BBodSchG nach den oben beschriebenen Grundsätzen zur Bestimmung des Sanierungsumfangs des Zustandsverantwortlichen herangezogen wird[1563].

Denkbare Fälle einer Sanierung durch die öffentliche Hand, die einen Anspruch nach § 25 BBodSchG auslösen, können sein:

- Nichtgreifbarkeit eines Handlungsverpflichteten und Zahlungsunfähigkeit des Grundstückseigentümers oder unklare Rechtslage hinsichtlich der Grundstückseigentümerstellung, z.B. nach Erbfall oder Anfechtung der Grundstücksübertragung,
- Abwehr akuter Gefahren für die Allgemeinheit durch schnelle Sanierungsmaßnahmen (z.B. bei Trinkwassergefährdungen) im Wege der Ersatzvornahme oder einer unmittelbaren Ausführung,
- Förderung der Sanierung von Altlasten im kommunalen Eigentum durch Landesmittel.

Hingegen kann die Beseitigung von Bodenkontaminationen, die von der öffentlichen Hand selbst verursacht worden sind, oder eine Sanierung aufgrund eigener Zustandshaftung, z.B. als Eigentümerin eines kontaminierten Grundstücks, nicht zu einem Ausgleichsanspruch nach § 25 BBodSchG führen. Im ersten Fall würden nicht öffentlich-rechtliche Ansprüche gesichert, sondern öffentlich-rechtliche Verpflichtungen auf den Eigentümer abgewälzt werden. Ließe man einen Wertausgleichsanspruch in diesen Fällen zu, wäre der Grundstückseigentümer besser beraten, selber die Sanierung durchzuführen und anschließend einen Ausgleichsanspruch nach § 24 Abs. 2 BBodSchG gegen die öffentliche Hand geltend zu machen.

Im zweiten Fall würde ein Ausgleichsanspruch der öffentlichen Hand zu einem Anspruch gegen sich selbst führen[1564], was rechtlich sinnlos ist.

Im ursprünglichen Regierungsentwurf war eine Wertausgleichsregelung nicht vorgesehen, obwohl in zahlreichen Landesgesetzen vergleichbare, wenn auch in ihren jeweiligen Ausgestaltungen recht unterschiedliche Vorschriften seit einiger Zeit bestanden[1565]. Eine Länderinitiative zur Aufnahme einer solchen Regelung[1566] wurde

---

1561 Vgl. auch Albrecht/Teifel, Rpfleger 1999, 366; Koch, Bodensanierung nach dem Verursacherprinzip, 1985, S. 64; Fleischer, JuS 1988, 530 (532); Knopp, BB 1996, 389 (390); ob diese Regel heute noch gilt, ist indes umstritten; vgl. Lepsius, JZ 2001, 22 (24).

1562 Hilger, in: Holzwarth/Radtke/Hilger/Bachmann, BBodSchG/BBodSchV, 2. Aufl. 2000, § 24 BBodSchG Rn. 2

1563 Vgl. hierzu oben unter Kap. 3 D I 2. c) (e) und (f).

1564 Vgl. Becker, BBodSchG, Stand Jan. 2001, § 25 Rn. 8.

1565 Z.B. § 18 BerlBodSchG; hierzu Körner, in: Kommunaler Schadensausgleich (Hrsg.), Kommunale Aufgaben und Umweltrecht, 1996, S. 33 (35 f.); § 35 BbgAbfG, § 13 Abs. 4 BremAGAbfG, § 16 HessAltlG, § 38 NdsAbfG, § 33 Abs. 2 LAbfG NW, § 2 Abs. 3 AAVG NW; § 32 LAbfWAG RP und § 22 ThürAbfAG; vgl. zum Ganzen auch Kretz, in: Franzius/Wolf/Brandt (Hrsg.), Handbuch der Altlastensanierung (Losebl.), 2. Aufl., Stand Dez. 1999, KZ 10163. Der Anwendungsumfang dieser Vorschrift blieb jedoch gering; so sollen die Vorschriften des § 2 Abs. 3 AAVG NW überhaupt nicht angewendet worden sein; vgl. Peine, NuR 2000, 255. Gleimit dem Argument abgelehnt, mit dieser Regelung würde der nicht sanierungspflichtige Eigentümer über ein anderes Etikett zur Kostentragung verpflichtet[1567]. Im Vermittlungsverfahren setzten sich die Länder aber mit ihren Vorstellungen in Form der nunmehr bestehenden Regelung durch[1568].

II. Voraussetzungen

Ein Wertausgleichanspruch nach § 25 BBodSchG entsteht unter folgenden Voraussetzungen:

1. Pflichtenbezug der Maßnahmen nach § 4 BBodSchG

Die den Wertausgleich auslösenden Maßnahmen müssen Maßnahmen zur Erfüllung der bodenschutzrechtlichen Pflichten nach § 4 BBodSchG sein. Daher kommen vom Wortlaut her grundsätzlich auch Vermeidungs- und Abwehrmaßnahmen nach § 4 Abs. 1 und 2 BBodSchG in Betracht, soweit diese durch die öffentliche Hand durchgeführt wurden[1569].

Der größte Teil der wertausgleichspflichtigen Maßnahmen wird Sanierungsmaßnahmen betreffen, aber auch Sanierungsuntersuchungen nach § 13 Abs. 1 BBodSchG und Untersuchungsmaßnahmen nach § 9 BBodSchG können hierunter fallen, da auch diese der Erfüllung der Pflichten nach § 4 BBodSchG dienen[1570].

2. Einsatz öffentlicher Mittel

Gemäß § 25 Abs. 1 S. 1 BBodSchG ist für die Entstehung eines Wertausgleichsanspruchs erforderlich, dass öffentliche Mittel für eine Sanierung eingesetzt worden sind. Dies ist dann der Fall, wenn eine Behörde die Sanierungsmaßnahme selbst durchführt oder diese für den Sanierungsverpflichteten im Wege der Ersatzvornahme durchführen lässt[1571].

Inhaber des Wertausgleichsanspruchs werden regelmäßig die Bundesländer und Gemeinden sein, selten hingegen der Bund. Zahlungen für Sanierungen durch den Bund betreffen beispielsweise die Sanierung von militärischen Altlasten. Zu diesen Sanierungen ist er aber als Verhaltensverantwortlicher bzw. als Rechtsnachfolger

---

ches gilt für die Bundesländer Thüringen und Berlin, wie Schreiben des Thüringer Ministeriums für Landwirtschaft, Naturschutz und Umwelt v. 11. 10. 2000 sowie der Berliner Senatsverwaltung für Stadtentwicklung v. 20. 9. 2000 auf entsprechende Anfragen des Verfassers darlegten.

1566 BT-Drs. 13/6701, S. 59 f., Nr. 60.

1567 BT-Drs. 13/6701, S. 67.

1568 BT-Drs. 13/9637, S. 5 der Anlage.

1569 Sanden/Schoeneck, BBodSchG, 1998, § 25 Rn. 4 verneint deswegen die Praxisrelevanz in diesem Fall.

1570 Sanden/Schoeneck, BBodSchG, 1998, § 25 Rn. 4.

1571 Hilger, in: Holzwarth/Radtke/Hilger/Bachmann, BBodSchG/BBodSchV, 2. Aufl. 2000, § 25 BBodSchG Rn. 2; Gößl, in: Sieder/Zeitler/Dahme/Knopp/Gößl, Bayerisches Wassergesetz, Losebl., Stand Mai 2001, Art. 68a Rn. 47; Bickel, BBodSchG, 3. Aufl. 2002, § 25 Rn. 1; Hipp/Rech/Turian, Das Bundes-Bodenschutzgesetz, 2000, A V Rn. 573, 581.

eines Verhaltensverantwortlichen[1572] oder aber in seiner Stellung als Eigentümer verpflichtet.

Verantwortlich ist der Bund als Verursacher darüber hinaus für Altlasten, die von der Bundeswehr verursacht worden sind, sowie für die von den Besatzungsstreitkräften oder der NVA verursachten Altlasten[1573]. Im Falle der Bereitstellung von finanziellen Mitteln nach dem Bund-Länder-Abkommen zur Altlastenfinanzierung[1574] vom 1. Dezember 1992[1575] entfällt ein etwaiger Wertausgleich wegen der ausschließlichen Anwendbarkeit des o.g. Abkommens auf Fälle der Freistellung nach Art. 1 § 4 Abs. 3 Umweltrahmengesetz (URG)[1576], der so genannten Altlastenfreistellungsklausel. In diesen Fällen schließt § 25 Abs. 1 S. 3 BBodSchG einen Wertausgleich aus.

Der Einsatz öffentlicher Mittel liegt dann vor, wenn Länder und Kommunen als Verwaltungsträger eine Sanierung finanzieren[1577]. Ein Einsatz öffentlicher Mittel ist weiterhin auch dann gegeben, wenn Sanierungen durch öffentlich-rechtlich organisierte Anstalten oder Körperschaften[1578] abgewickelt werden. Aber auch Sanierungsmaßnahmen, die in privatrechtlicher Organisationsform finanziert werden, lösen einen Wertausgleichsanpruch nach § 25 BBodSchG aus, wenn die bereitgestellten Gelder öffentliche Mittel sind[1579].

Schwieriger stellen sich hingegen die Fälle dar, in denen keine vollständige Finanzierung durch die öffentliche Hand erfolgt ist. Da das Altlastenproblem in der Regel ein Finanzierungsproblem ist[1580], wird zunehmend versucht, hier kreative Lösungen unter Einschluss privatrechtlicher Möglichkeiten zu finden[1581]. So werden beispielsweise in Bayern Sanierungen u.a. durch eine privatrechtliche GmbH, die GAB[1582], durchgeführt, einer Gesellschaft, die jeweils zur Hälfte dem Freistaat Bayern und ei-

---

1572 Dies betrifft vor allem Fälle der Rechtsnachfolge des Bundes für das Deutsche Reich, insbesondere Fälle der von den (öffentlich-rechtlich organisierten) Munitionsanstalten (sog. MUNAS) und von den Betreibergesellschaften für Kampfstofffabriken (Montan, heute IVG-AG) verursachten Bodenkontaminationen; vgl. Brandt, Altlastenrecht, 1993, S. 204 f.

1573 Die Bundeswehr in der Nachfolge der NVA; vgl. Brandt, Altlastenrecht, 1993, S. 208.

1574 Ausf. hierzu: Eisenbarth, in: Franzius/Bachmann (Hrsg.), Sanierung kontaminierter Standorte und Bodenschutz 1996, 1996, S. 305 (310 ff.).

1575 Verwaltungsabkommen über die Regelung der Finanzierung der ökologischen Altlasten v. 1. 12. 1992 (BAnz. 1993, S. 2842), geänd. durch Verwaltungsabkommen v. 10. 1. 1995 (BAnz., S. 7905); vgl. auch bzgl. Braunkohlesanierungen das Ergänzende Verwaltungsabkommen über die Regelung der Finanzierung der ökologischen Altlasten in der Fassung v. 10. 1. 1995 über die Finanzierung der Braunkohlesanierung in den Jahren 1998 – 2002 (VA Braunkohlesanierung) v. 18. 7. 1997.

1576 GBl. (DDR) I, S. 649, zuletzt geänd. durch Art. 12 des Gesetzes v. 22. 3. 1991 (BGBl. I, S. 766).

1577 Sanden/Schoeneck, BBodSchG, 1998, § 25 Rn. 5.

1578 Z.B. durch den Abfallentsorgungs- und Altlastensanierungsverband in Nordrhein-Westfalen; vgl. dazu: Brandt, Altlastenrecht, 1993, S. 230 ff.

1579 Bickel, BBodSchG, 3. Aufl. 2002, § 25 Rn. 5; Sanden/Schoeneck, BBodSchG, 1998, § 25 Rn. 5.

1580 Knopp/Albrecht, Altlastenrecht in der Praxis, 2. Aufl. 1998, Rnrn. 15 ff.

1581 Zu privatwirtschaftlichen Lösungen: Nietfeld, in: Franzius/Bachmann (Hrsg.) Sanierung kontaminierter Standorte und Bodenschutz 1996, 1996, S. 159.

1582 Gesellschaft zur Altlastensanierung in Bayern mbH; siehe hierzu auch oben unter Kap. 1 B III 2. b).

nem Verein, dessen Mitglieder bayerische Industrieunternehmen sind[1583], gehört. Auch wenn nach Punkt 4.3.1. BayBodSchVwV[1584] ein Einsatz öffentlicher Mittel bei einer Sanierung durch die GAB vorliegen soll, sind die bei diesen Sanierungen eingesetzten Gelder der Herkunft nach nur in Höhe der staatlichen Gelder, im Falle der GAB also nur zu 50 %, öffentliche Mittel[1585]. Entgegen dem Wortlaut der bayerischen Verwaltungsvorschrift kann ein Wertausgleichsanspruch nur zur Hälfte des eingesetzten Betrags entstehen[1586]. Dieses Ergebnis erscheint unbefriedigend. Hätten die Unternehmen ihre Vereinsbeiträge einer zu 100 % dem Land gehörenden Sanierungs-GmbH zweckgebunden gespendet, wären die eingesetzten Gelder ohne weiteres auch in voller Höhe öffentliche Mittel, mit der Folge, dass der Wertausgleichsanspruch in voller Höhe entstünde.

Diese Schwierigkeiten hätte der Gesetzgeber vermieden, wäre er dem von der Unabhängigen Sachverständigenkommission zum Umweltgesetzbuch aufgezeigten Weg gefolgt. Der Entwurf zum Umweltgesetzbuch (UGB-KomE)[1587] sieht vor, dass generell ein Wertausgleichsanspruch zugunsten desjenigen entsteht, der eine Sanierung finanziert. Nach § 353 Abs. 1 UGB-KomE ist der Eigentümer *„zur Zahlung eines Ausgleichsbetrags an denjenigen verpflichtet, der die Kosten der Maßnahme getragen hat"*, unabhängig davon, ob die eingesetzten Gelder öffentliche Mittel oder privatrechtlicher Herkunft sind[1588].

3. Wesentliche Verkehrswerterhöhung

Weitere Voraussetzung für einen Wertausgleichsanspruch ist, dass sich der Grundstückswert durch die Sanierung nicht nur unwesentlich erhöht (§ 25 Abs. 1 S. 1 BBodSchG). Denkbar wäre, dass eine Festsetzung des Wertausgleichs dann unterbleiben soll, wenn die Kosten dieses Verfahrens den Wertausgleich aufzehren[1589]. Mag diese Ansicht auch das Argument der Praktikabilität für sich haben, so steht sie doch im Widerspruch zur Gesetzesformulierung. Die Vorschrift des § 25 Abs. 2

1583 Gemeinschaftseinrichtung zur Altlastensanierung in Bayern e.V.; Mitglieder sind bekannte bayerische Unternehmen, wie MAN, Audi, BMW oder Siemens, aber auch kleinere Betriebe; vgl. hierzu auch oben unter Kap. 1 B III 2. b).

1584 Verwaltungsvorschrift zum Vollzug des Bodenschutz- und Altlastenrechts in Bayern – BayBodSchVwV – abgedruckt in TerraTech 2001, 19 ff.

1585 Knopp/Albrecht, altlasten spektrum 1999, 204; Landel, in: Landel/Vogg/Wüterich, BBodSchG, 2000, § 25 Rn. 3.

1586 So wohl Gößl, in: Sieder/Zeitler/Dahme/Knopp/Gößl, Bayerisches Wassergesetz, Losebl., Stand Mai 2001, Art. 68a BayWG Rn. 49; a.A., aber ohne Begründung, Drost, Das Wasserrecht in Bayern, Band 2, Losebl., Stand Dez. 2001, Art. 68a BayWG Rn. 41.

1587 Bundesministerium für Umwelt, Naturschutz und Reaktorsicherheit (Hrsg.), Umweltgesetzbuch (UGB-KomE), Entwurf der Unabhängigen Sachverständigenkommission zum Umweltgesetzbuch beim Bundesministerium für Umwelt, Naturschutz und Reaktorsicherheit, 1998.

1588 UGB-KomE, Begründung, S. 1055, wo es heißt: *„Ansprüche der öffentlichen Hand sind nicht ausgeschlossen."* Daraus ergibt sich im Umkehrschluss, dass insbesondere private Sanierer einen Wertausgleichsanspruch erlangen sollen. Ökonomisch kann es für eine Bank durchaus sinnvoll sein, eine Sanierung (vor-) zu finanzieren, da sich ein saniertes Grundstück naturgemäß besser als ein mit nicht kalkulierbaren Risiken belastetes verwerten lässt; siehe auch AAV (Hrsg.), Jahresbericht des Abfallentsorgungs- und Altlastensanierungsverband Nordrhein-Westfalen (AAV) 1997, S. 8.

1589 Sanden/Schoeneck, BBodSchG, 1998, § 25 Rn. 7; nach Gößl, in: Sieder/Zeitler/Dahme/Knopp/Gößl, Bayerisches Wassergesetz, Losebl., Stand Mai 2001, Art. 68a BayWG Rn. 49, sollen Bagatellforderungen ausgeschlossen werden.

BBodSchG stellt bei der Berechnung der Höhe des Wertausgleichs auf einen Vergleich des Wertes, den das Grundstück ohne eine Sanierung gehabt hätte, mit dem Grundstückswert nach erfolgter Sanierung ab[1590]. Eine unwesentliche Werterhöhung kann demnach auch nur eine sein, die relativ gesehen zu einem nur geringen Wertanstieg führt[1591]. Dies kann bei großen und teuren Grundstücken in absoluten Zahlen durchaus ein Betrag sein, der ein Vielfaches der Kosten für das Festsetzungsverfahren ausmacht.

Für diese Auslegung spricht auch, dass ansonsten der Eigentümer eines großen Grundstücks im Vergleich zu einem Eigentümer von vielen kleinen Grundstücken benachteiligt würde, wenn bei diesem je Grundstück nur eine in absoluten Zahlen geringe Wertsteigerung vorliegen würde.

4. Keine oder nur teilweise Kostentragung durch den Grundstückseigentümer

Ein Wertausgleichsanspruch der öffentlichen Hand entsteht, wenn der Grundstückseigentümer die Sanierung nicht oder nicht vollständig finanziert hat, unabhängig davon, ob er zur Sanierung verpflichtet war oder nicht. Das bedeutet, dass auch die Finanzierung einer Sanierung durch den hierzu nicht verpflichteten Grundstückseigentümer den Ausgleichsanspruch der öffentlichen Hand in der entsprechenden Höhe vermeidet oder schmälert[1592].

Bezüglich des Verhältnisses von § 25 BBodSchG zu entsprechenden Regelungen in Altlasten- oder Bodenschutzgesetzen der Länder ergibt sich, dass letztere gemäß Art. 72 GG neben § 25 BBodSchG nicht mehr anwendbar sind, da nunmehr durch Bundesgesetz in verfassungsmäßig zulässiger Weise der Bereich der Kostentragung für Altlasten- und Bodensanierungen geregelt worden ist[1593]. Inwieweit aber weitere Kostenregelungen der Länder[1594] neben § 25 BBodSchG noch anwendbar sind, ist im Gesetz nicht geregelt. Es stellt sich daher insbesondere bei behördlicherseits veranlassten Sanierungsmaßnahmen im Wege der Ersatzvornahme die Frage nach dem Verhältnis zwischen dem Wertausgleichsanspruch nach § 25 BBodSchG und Ansprüchen gegen den Eigentümer aus § 24 Abs. 1 BBodSchG. In der Literatur wird, soweit diese Problematik überhaupt behandelt wird, überwiegend angenommen, dass die Kostentragungspflicht nach § 24 Abs. 1 BBodSchG eines behördlicherseits

---

1590 Sanden/Schoeneck, BBodSchG, 1998, § 25 Rn. 14; a.A. Bickel, BBodSchG, 3. Aufl. 2002, § 25 Rn. 8, der für die Bestimmung des Anfangswertes den Grundstückswert vor der Sanierung heranzieht; dies führt aber dazu, dass nicht nur die Sanierungsmaßnahmen den Grundstückswert erhöhen, sondern auch allgemeine Grundstückswertsteigerungen in den Wertausgleich einfließen, die mit der Sanierungstätigkeit der öffentlichen Hand nichts zu tun haben.

1591 Hilger, in: Holzwarth/Radtke/Hilger/Bachmann, BBodSchG/BBodSchV, 2. Aufl. 2000, § 25 BBodSchG Rn. 4; vorgeschlagen wird als Grenze zur Erheblichkeit ein Wertanstieg über 10 %; vgl. Oerder/Numberger/Schönfeld, BBodSchG, 1999, § 25 Rn. 2; auch Drost, Das Wasserrecht in Bayern, Losebl., Stand Dez. 2001, Art. 68a Rn. 42.

1592 Anders noch der Vorschlag des Bundesrates, nach dem nur der sanierungspflichtige Grundeigentümer einen Wertausgleichsanspruch zugunsten der öffentlichen Hand durch eigene Zahlung vermindern oder vermeiden konnte; vgl. BT-Drs. 13/6701, S. 59, Nr. 60 "*zu tragen hat*"; hierzu auch Hilger, in: Holzwarth/Radtke/Hilger/Bachmann, BBodSchG/BBodSchV, 2. Aufl. 2000, § 25 BBodSchG Rn. 5.

1593 Vgl. Knopp/Albrecht, BB 1998, 1853 (1854 f.) m.w.N.

1594 Solche finden sich meist in den Verwaltungsvollstreckungsgesetzen der Länder.

in Anspruch genommenen Grundeigentümers nicht von § 25 BBodSchG tangiert wird[1595].

Jedenfalls soll die Behörde die Möglichkeit haben, zunächst im Wege der Vollstreckung nach § 24 Abs. 1 BBodSchG i.V.m. den verwaltungsvollstreckungsrechtlichen Regelungen der Länder ihre Ansprüche durchzusetzen. Scheitert dies z.B. wegen des Bestehens anderer und im Range vorgehender Sicherungsrechte, wie Grundschulden, soll sie ein Wertausgleichsverfahren anstrengen können[1596]. Andere Fallgestaltungen, in denen die Vorschrift des § 25 BBodSchG eine Rolle spielen könnte, sollen gegen materielles Recht verstoßende Sanierungsmaßnahmen der öffentlichen Hand sein, z.B. wenn eine später aus anderen Gründen aufgehobene Sanierungsverfügung im Wege des Sofortvollzugs von der Behörde vollzogen wird[1597] oder wenn eine Inanspruchnahme des Grundeigentümers unverhältnismäßig, eine Vollstreckung in das Grundstück aber zulässig wäre[1598].

Der Vorschrift wurde deshalb angesichts dieser doch eher theoretischen Fallgestaltungen ein nur begrenzter Anwendungsbereich prophezeit[1599]. Dennoch drängt sich die Frage auf, ob der Anwendungsbereich des § 25 BBodSchG nicht weiter zu ziehen ist. Die Gesetzesmaterialien sind zur Beantwortung dieser Frage zwar wenig aussagekräftig, immerhin lässt sich aber feststellen, dass Einführung und Ausgestaltung der Regelung Anlass für erhebliche Auseinandersetzungen zwischen Bundesregierung und Bundesrat war[1600]. Nach den Materialen wurde der Vorschlag des Bundesrates zur Einführung einer Wertausgleichsregelung möglicherweise als Kompensation zur – vom Bundesrat zunächst im Grundsatz akzeptierten – Beschränkung der Eigentümerverantwortlichkeit[1601] eingebracht[1602]. Später entfiel im Verfahren vor dem Vermittlungsausschuss[1603] die Haftungsbeschränkung für den Eigentümer[1604], die Wertausgleichsregelung blieb jedoch bestehen[1605].

Zur Klärung dieser Frage ist die Rechtsprechung des Bundesverfassungsgerichts zur Begrenzung der Zustandsverantwortung des Grundeigentümers von Bedeutung. Das Bundesverfassungsgericht hat die Haftungsgrenzen weitgehend analog zur ursprünglichen Fassung der Kostentragungsregelung des Eigentümers im Entwurf der Bundesregierung[1606] und zu § 25 BBodSchG gezogen[1607]. Wenn die Grenze der Inanspruchnahme eines Zustandsverantwortlichen durch § 25 BBodSchG vorgegeben

1595 Sanden/Schoeneck, BBodSchG, 1998, § 25 Rn. 1; Hipp/Rech/Turian, Das Bundes-Bodenschutzgesetz, 2000, A V Rn. 581; Bickel, BBodSchG, 3. Aufl. 2002, § 25 Rn. 1.

1596 Hipp/Rech/Turian, Das Bundes-Bodenschutzgesetz, 2000, A V Rn. 581.

1597 Bickel, BBodSchG, 3. Aufl. 2002, § 25 Rn. 1.

1598 Sanden/Schoeneck, BBodSchG, 1998, § 25 Rn. 1.

1599 Sanden/Schoeneck, BBodSchG, 1998, § 25 Rn. 1.

1600 Vgl. nur die Stellungnahme des Bundesrates, BT-Drs. 13/6701, S. 59 f. sowie die Gegenäußerung der Bundesregierung, S. 67.

1601 Vgl. BT-Drs. 13/6701, S. 58 f.

1602 BT-Drs. 13/6701, S. 59 f.

1603 BT-Drs. 13/8182, S. 8.

1604 BT-Drs. 13/9637, S. 5; siehe hierzu Sanden/Schoeneck, BBodSchG, 1998, § 24 Rn. 12.

1605 Vgl. Sanden/Schoeneck, BBodSchG, 1998, § 25 Rn. 3.

1606 Vgl. die Begründung zu § 25 Abs. 2 (Kosten) des Regierungsentwurfs, BT-Drs. 13/6701, S. 46; auf die Vorschrift nimmt das BVerfG ausdrücklich Bezug; vgl. BVerfGE 102, 1 (4).

1607 Siehe hierzu oben unter Kap. 3 D I 2. c) (2) (e).

ist, spricht dies zunächst gegen eine Vorrangigkeit des § 24 Abs. 1 BBodSchG bei der Heranziehung des Eigentümers.

Dieses Ergebnis wird zudem durch folgendes, rechtssystematisches Argument gestützt: Der Eigentümer eines Grundstücks wird im Hinblick auf die seine Rechtsposition verbessernden Ausnahmen des § 25 Abs. 3 S. 2 BBodSchG (Erlöschen des Ausgleichsbetrags nach vier Jahren), des § 25 Abs. 4 BBodSchG (Abzug von Aufwendungen oder des Kaufpreises bei berechtigtem Vertrauen) und des § 25 Abs. 5 BBodSchG (Absehen einer Festsetzung wegen öffentlichen Interesses oder Unbilligkeit) im Vergleich zu den Kostentragungsregeln der Länder besser gestellt. Daher ist § 25 BBodSchG lex specialis gegenüber den allgemeinen Kostentragungsregelungen der Länder und geht diesen vor[1608].

III. Ausnahmeregelung

1. Freistellung aufgrund Art. 1 § 4 Abs. 3 S. 1 URG in der Fassung des Hemmnisbeseitigungsgesetzes

In den Fällen, in denen eine Freistellung nach dem Umweltrahmengesetz über die so genannte Freistellungsklausel des Art. 1 § 4 Abs. 3 S. 1 URG erfolgt ist, entsteht ebenfalls kein Wertausgleichsanspruch nach § 25 BBodSchG. Diese Formulierung legt nahe, dass eine Wertausgleichspflicht nur entfällt, soweit bereits ein Freistellungsbescheid erlassen wurde. Die Betroffenen fielen bei dieser Auslegung aber den Zufälligkeiten der behördlichen Bearbeitungsdauer zum Opfer und würden in ihrem Vertrauen auf die Übernahme von Sanierungskosten durch die öffentliche Hand enttäuscht[1609]. Daher fallen auch Sachverhalte, in denen noch nicht abschließend über die Freistellung entschieden ist, unter die Privilegierung des § 25 Abs. 1 S. 3 BBodSchG[1610].

Auf der anderen Seite greift die Regelung des § 25 BBodSchG wieder ein, wenn der Freistellungsbescheid wirksam von der Behörde gem. §§ 48, 49 VwVfG zurückgenommen oder widerrufen wurde[1611].

Keine Freistellung im Sinne des § 25 BBodSchG begründen wegen des eindeutigen Gesetzeswortlauts landesrechtliche Freistellungsregelungen[1612], wie etwa nach § 8 SächsAGB bzw. nach der Vorgängerregelung in § 10 Abs. 6 SächsEGAB.

2. Vorrang der bauplanungsrechtlichen Regelungen

Ein Ausgleichsanspruch nach § 25 BBodSchG entsteht weiterhin nicht, wenn die Sanierungsmaßnahme innerhalb eines Sanierungsgebiets gem. §§ 136 ff. BauGB oder im Rahmen einer städtebaulichen Entwicklungsmaßnahme gem. §§ 165 ff. durchgeführt wurde (§ 25 Abs. 1 S. 4 BBodSchG). Grund hierfür ist, dass sich im Rahmen

---

1608 Hilger, in: Holzwarth/Radtke/Hilger/Bachmann, BBodSchG/BBodSchV, 2. Aufl. 2000, § 25 BBodSchG Rn. 6.

1609 Sanden/Schoeneck, BBodSchG, 1998, § 25 Rn. 10.

1610 Riedel, ZIP 1999, 94 (100) m.w.N.

1611 Sanden/Schoeneck, BBodSchG, 1998, § 25 Rn. 10.

1612 Frenz, BBodSchG, 2000, § 25 Rn. 26; Sanden/Schoeneck, BBodSchG, 1998, § 25 Rn. 11; a.A., aber ohne Begründung Landel, in: Landel/Vogg/Wüterich, BBodSchG, 2000, § 25 Rn. 6.

umfassender städtebaulicher Sanierungsmaßnahmen der Anteil einer etwaigen aufgrund des Bundes-Bodenschutzgesetzes durchgeführten Bodensanierung kaum quantifizieren lässt[1613]. § 25 BBodSchG wird daher von der Regelung in § 154 BauGB verdrängt, die sich von der bodenschutzrechtlichen Regelung vor allem darin unterscheidet, dass der Ausgleichsbetrag gem. § 154 Abs. 4 S. 3 BauGB nicht als öffentliche Last auf dem Grundstück ruht[1614].

IV. Berechnung des Ausgleichsbetrags

1. Wertsteigerung durch die vorgenommenen Maßnahmen

Grundsätzlich bemisst sich die Höhe des Wertausgleichsanspruchs gem. § 25 Abs. 1 S. 1 BBodSchG nach der maßnahmenbedingten Wertsteigerung des Grundstücks. Diese wird gemäß dem in § 25 Abs. 2 BBodSchG beschriebenen Vergleich zwischen dem (hypothetischen) Wert des Grundstücks, den es ohne Sanierung zum Zeitpunkt des Abschlusses der Sanierung gehabt hätte (Anfangswert), und dem Wert des Grundstücks nach Abschluss der Sanierung (Endwert) ermittelt.[1615] Warum hier nicht von vornherein auf die Wertermittlungs-Verordnung verwiesen wurde, die für die Wertberechnung im Rahmen von baurechtlichen Sanierungen herangezogen wird[1616], ist unklar[1617]. Die Interessenlage ist bei einer bodenschutzrechtlichen Sanierung keine andere als bei städtebaulichen Sanierungsmaßnahmen. In beiden Fällen geht es um die Abschöpfung von Wertzuwächsen durch Maßnahmen der öffentlichen Hand, die gemeinhin als *„ungerechtfertigte Bereicherung“* des Eigentümers empfunden werden[1618].

2. Beschränkung auf die Höhe der öffentlichen Mittel

Begrenzt wird die Abschöpfung des sanierungsbedingten Wertzuwachses nach oben gem. § 25 Abs. 1 S. 2 BBodSchG zum einen durch die Höhe der von der öffentlichen Hand eingesetzten Mittel. Der Staat soll sich seinerseits durch Sanierungen nicht bereichern[1619].

Abzuziehen vom Wertausgleichsbetrag sind nach § 25 Abs. 4 S. 1, 1. Alt. BBodSchG auf der anderen Seite die Beiträge, die der Eigentümer selbst zur Sicherung oder Sanierung des Grundstücks geleistet hat. Fraglich ist, ob zugunsten des Eigentümers neben den Kosten für Sicherungs- und Sanierungsmaßnahmen auch von ihm getragene Kosten so genannter Erkundungsmaßnahmen vom Wertausgleich abzuziehen sind. Dies könnte man nach dem Wortlaut des § 25 Abs. 2 BBodSchG verneinen, der ausdrücklich von Erkundungs- und Sanierungsmaßnahmen, nicht aber von Sicherungs- und Sanierungsmaßnahmen spricht, mit der Folge, dass Kosten von Erkun-

---

1613 Sanden/Schoeneck, BBodSchG, 1998, § 25 Rn. 12.

1614 Vgl. Knopp/Albrecht, BB 1998, 1853 (1857).

1615 Sanden/Schoeneck, BBodSchG, 1998, § 25 Rn. 14.

1616 Siehe hierzu auch oben unter Kap. 1 B VII 2. b).

1617 Kritisch auch Rengeling, in: Hendler/Marburger/Reinhardt/Schröder (Hrsg.), Bodenschutz und Umweltrecht (UTR Bd. 53), 2000, S. 43 (80).

1618 Sanden/Schoeneck, BBodSchG, 1998, § 25 Rn. 1 mit Verweis auf Enders, DVBl. 1993, 82 (90), Lehmann, Thüringer Abfallwirtschafts- und Altlastengesetz, 1991, § 22 Rn. 1; Kothe, Altlastenrecht in den neuen Bundesländern, 1996, S. 126 m.w.N.

1619 Vgl. auch Sanden/Schoeneck, BBodSchG, 1998, § 25 Rn. 15.

dungsmaßnahmen ausgeschlossen wären. Dem Zweck der Vorschrift entspricht diese Deutung aber nicht, denn hier soll aus Billigkeitsgründen[1620] das sich für den Eigentümer verwirklichende Altlastenrisiko erfasst werden[1621].

Weiterhin wird durch die Regelung in § 25 Abs. 4 S. 1 2. Alt. BBodSchG auch der Betrag auf den Wertausgleich angerechnet, den der Eigentümer im berechtigten Vertrauen darauf gezahlt hat, dass eine Altlast nicht vorhanden sei. In welchem Fall nicht nur ein einfaches, sondern ein qualifiziertes *„berechtigtes"* Vertrauen vorliegen soll, ist nach Maßgabe des Einzelfalls zu entscheiden. Auch hierbei handelt es sich um eine Billigkeitsregelung zugunsten des Eigentümers, in dem sich unverschuldet und unvermutet das Altlastenrisiko verwirklicht. Wegen der Formulierung *„berechtigtes"* Vertrauen wird man strenge Maßstäbe anlegen müssen. Der Eigentümer wird schon die Beachtung von grundlegenden Absicherungsstrategien[1622] nachweisen müssen, so dass bei einer Eintragung des Grundstücks in einen Altlastenkataster oder beim Vorliegen äußerer Umstände, die eine Verunreinigung des Bodens vermuten lassen, eine Anrechnung des Kaufpreises auf den Wertausgleich zugunsten des Eigentümers kaum in Betracht kommt.

3. Berücksichtigung von Ersatzleistungen Dritter

Nach § 25 Abs. 4 S. 2 BBodSchG muss die Behörde etwaige Ersatzansprüche des Eigentümers gegenüber Dritten bei der Berechnung des Wertausgleichs zu Lasten des Grundstückseigentümers berücksichtigen. Zu denken ist hierbei vor allem an zivilrechtliche Ersatzansprüche des Käufers gegen den Verkäufer aus Sachmängelhaftung wegen des Vorhandenseins von Altlasten[1623] oder an Ansprüche des Eigentümers auf Schadenersatz gegen einen Handlungsstörer aus § 823 BGB[1624]. Ob der Grundstückseigentümer seine zivilrechtlichen Ersatzansprüche tatsächlich realisiert, ist für die Berücksichtigung grundsätzlich ohne Belang. Da die Vorschrift des § 25 Abs. 4 BBodSchG eine weitere auf Billigkeitserwägungen beruhende Einschränkung der Kostenlast bei nach wie vor bestehender Möglichkeit einer vollen polizeirechtlichen Haftung darstellt, ist es dem Eigentümer auch zuzumuten, seine zivilrechtlichen Ansprüche zu verfolgen. Die Gefahr, dass der Schuldner nicht zahlungsfähig ist, ist vom Eigentümer daher auch selber zu tragen. Aus der Formulierung des § 25 Abs. 4 S. 2 BBodSchG *„ist (...) zu berücksichtigen"* lässt sich gerade nicht schließen, dass im Rahmen der Entscheidung über den Wertausgleich auch die Durchsetzbarkeit von

1620 Die Aufwendungen des Eigentümers haben an sich keinen Bezug zur Wertsteigerung des Grundstücks, die eben durch den Einsatz öffentliche Mittel eingetreten sein müsste; vgl. Hilger, in: Holzwarth/Radtke/Hilger, BBodSchG/BBodSchV, 2. Aufl. 2000, § 25 BBodSchG Rn. 11.

1621 Sanden/Schoeneck, BBodSchG, 1998, § 25 Rn. 16.

1622 Vgl. hierzu: Knopp, NJW 1992, 2657 ff.; Knopp, NJW 2000, 905 ff.; Rohde, in: Franzius/Wolf/Brandt (Hrsg.), Handbuch der Altlastensanierung (Losebl.), 2. Aufl., Stand Dez. 1999, KZ 10533, Rnrn. 145 ff.; vgl. auch Turiaux/Knigge, BB 1999, 377 (382 f.); jüngst Spieth/Wolfers, NVwZ 1999, 355 (357).

1623 Vgl. hierzu Knopp/Albrecht, Altlastenrecht in der Praxis, 2. Aufl. 1998, Rn. 240; ein Fehler der Kaufsache liegt dann vor, wenn das Grundstück infolge der Bodenverunreinigung nicht oder nur beschränkt zum vertraglichen Gebrauch genutzt werden kann.

1624 Vgl. hierzu: Knopp/Albrecht, Altlastenrecht in der Praxis, 2. Aufl. 1998, Rnrn. 224 ff.

Ersatzansprüchen zu berücksichtigen sei[1625]. Eher noch ließe sich aus der Formulierung *„kann der Eigentümer von Dritten Ersatz erlangen“* schließen, dass es auf die tatsächliche Realisierbarkeit ankommen solle[1626]. Es erscheint rechtssystematisch fragwürdig, die ohnehin sehr eigentümerfreundliche Regelung dahingehend auszudehnen, dass auch das Risiko der Durchsetzbarkeit von zivilrechtlichen Ersatzansprüchen zu berücksichtigen sei[1627]. Angesichts des Bemühens des Gesetzgebers zu größtmöglicher Einzelfallgerechtigkeit ist diese Interpretation aber nicht von der Hand zu weisen.

V. Härtefallklausel

1. Absehen einer Festsetzung wegen öffentlichen Interesses

Von einer Festsetzung des Ausgleichsanspruchs soll gem. § 25 Abs. 5 S. 1 BBodSchG abgesehen werden, wenn dies im öffentlichen Interesse erforderlich ist[1628].

Wann ein solcher Sachverhalt vorliegen könnte, ist unklar. In der Literatur wird regelmäßig die Fallkonstellation angeführt, in der ein sozialhilfeberechtigter Eigentümer in seinem eigenen Haus lebt. Hier soll der Vorschrift des § 88 Abs. 2 Nr. 7 Bundessozialhilfegesetz (BSHG) zu entnehmen sein, dass ein selber bewohntes Hausgrundstück dem Eigentümer zu belassen sei[1629]. Dem widerspräche es, wenn die Festsetzung eines Ausgleichsbetrags erfolgt, der bei Zahlungsunfähigkeit des Eigentümers nur durch die Zwangsvollstreckung in sein Grundstück realisiert werden kann, mit der Folge, dass dieser Eigentümer das Eigentum am selber bewohnten Haus verliert. Abgesehen von dieser kaum alltäglichen Fallkonstellation wird weitaus häufiger von einer Festsetzung aus Gründen des öffentlichen Interesses abzusehen sein, wenn die Kosten des Festsetzungsverfahrens den Wertausgleich aufzehren[1630].

Inwieweit mit Inkrafttreten der neuen Insolvenzordnung (InsO)[1631], mit welcher der Gesetzgeber die Möglichkeit der Unternehmenssanierung anstelle der Liquidierung

---

1625 So aber Sanden/Schoeneck, BBodSchG, 1998, § 25 Rn. 19; Bickel, BBodSchG, 3. Aufl. 2002, § 25 Rn. 11 mit – nicht erläutertem – Hinweis auf § 254 BGB; differenzierend Frenz, BBodSchG, 2000, § 25 Rn. 54.

1626 Bickel, BBodSchG, 3. Aufl. 2002, § 25 Rn. 11.

1627 Frenz, BBodSchG, 2000, § 25 Rn. 55, weist zu Recht auf die Gefahren eines kollusiven Zusammenwirken des Anspruchsschuldners und des Eigentümers zu Lasten des Staates hin. Die dort vorgeschlagene Lösung, nach der es bei **bewusster** Nichtinanspruchnahme eines Dritten ausreicht, dass ein Ersatzanspruch besteht, erscheint zu kompliziert. Die Behörde müsste dann nicht nur das Bestehen von Ersatzansprüchen, sondern auch die Erfolgsaussichten der Durchsetzung prüfen.

1628 Regelmäßig wird hier von einer Ermessensreduzierung auf Null auszugehen sein, so dass eine Festsetzung zu unterbleiben hat, wenn dies das öffentliche Interesse erfordert; vgl. Bickel, BBodSchG, 3. Aufl. 2002, § 25 Rn. 12.

1629 Sanden/Schoeneck, BBodSchG, 1998, § 25 Rn. 20; Bickel, Hessisches Altlastengesetz, 2. Aufl. 1996, § 16 Rn. 6.

1630 Vgl. die Begründung des Ausschusses für Umwelt, Naturschutz und Reaktorsicherheit zur Empfehlung der Einberufung des Vermittlungsausschusses, BT-Drs. 13/8182, S. 10; Becker, BBodSchG, Losebl., Stand Jan. 2001, § 25 Rn. 7.

1631 Insolvenzordnung (InsO) v. 5. 10. 1994 (BGBl. I, S. 2866).

fördert[1632], auch ein Verzicht auf eine Ausgleichsbetragsfestsetzung zur Rettung von Arbeitsplätzen möglich ist, wird sich noch erweisen. Dass die Schaffung und der Erhalt von Arbeitsplätzen auch im öffentlichen Interesse liegen, ist unbestritten[1633]. Allerdings könnte eine Anerkennung dieser öffentlichen Interessen im Rahmen des bodenschutzrechtlichen Festsetzungsverfahrens dazu führen, dass die öffentliche Hand dringende Sanierungen von Grundstücken angeschlagener Unternehmen nun überhaupt nicht mehr in Angriff nimmt, weil sie damit rechnen muss, im Falle der Eigendurchführung der Sanierung den Wertausgleichsanspruch nicht realisieren zu können. Damit steht zu befürchten, dass ökologische Gesichtspunkte zugunsten ökonomischer zurückgedrängt werden.

Weitere Fälle des Absehens einer Ausgleichsbetragsfestsetzung wegen öffentlichen Interesses können bestimmte landesrechtliche Subventionssachverhalte sein[1634], wie z.B. Fälle einer Freistellung nach § 8 SächsAGB bzw. nach der Vorgängerregelung in § 10 Abs. 6 SächsEGAB oder Fälle, in denen die eine öffentlich-rechtliche Körperschaft, z.B. eine Kommune, von einer anderen, z.B. einem Bundesland, Sanierungskostenzuschüsse aus Landesmitteln, etwa aus einem Altlastensanierungsfonds, erhält[1635].

2. Absehen einer Festsetzung wegen unbilliger Härten

Nach § 25 Abs. 5 BBodSchG kann von der Festsetzung eines Wertausgleichs auch abgesehen werden, wenn dies zur Vermeidung unbilliger Härten geboten ist. Mit dieser Regelung lassen sich die Fälle lösen, in denen eine Heranziehung zur Sanierung die so genannte Opfergrenze des Eigentümers überschreiten würde. Auch die verfassungsrechtlich festgelegte Sozialbindung des Eigentums in Art. 14 Abs. 2 GG lässt eine unbeschränkte Auferlegung von Sanierungsmaßnahmen und der daraus folgenden Kostenübernahme nicht zu[1636]. Daher findet eine Lösung von Extremfällen[1637], die bislang wegen fehlender Regelung im allgemeinen Polizei- und Ordnungsrecht unter Zuhilfenahme des Art. 14 Abs. 1 GG entschieden wurden, nun einen Anknüpfungspunkt im Bundes-Bodenschutzgesetz[1638].

VI. Refinanzierung

Gemäß § 25 Abs. 3 BBodSchG wird nach Abschluss der Sicherung oder Sanierung der Ausgleichsbetrag von der zuständigen Behörde festgesetzt. Die Festsetzung erfolgt durch Verwaltungsakt[1639]. Mit Bekanntgabe des Festsetzungsbescheids entsteht die Zahlungspflicht des Eigentümers. Kommt der Eigentümer dieser Verpflichtung

---

1632 Vgl. nur § 1 InsO: *„Das Insolvenzverfahren dient dazu, die Gläubiger eines Schuldners gemeinschaftlich zu befriedigen, indem (...) in einem Insolvenzplan eine (...) Regelung insbesondere zum Erhalt des Unternehmens getroffen wird."*

1633 BVerfGE 93, 165 (175); vgl. auch EuGH, NVwZ 2001, 65 (LS).

1634 Bickel, BBodSchG, 3. Aufl. 2002, § 25 Rn. 12.

1635 Becker, BBodSchG (Losebl.), Stand Jan. 2000, § 25 Rn. 7.

1636 BVerfGE 102, 1 (19); siehe hierzu oben unter Kap. 3 D I 2. c) (2).

1637 Als Beispiel sei hier der von Oerder, NVwZ 1992, 1031 (1037) bzw. DVBl. 1992, 691 geschilderte Fall angeführt, in dem Sanierungskosten in Höhe von ca. 20 Mio. DM prognostiziert wurden bei einem Wert des Grundstücks von 600.000 – 800.000 DM.

1638 Vgl. zur Problematik Enders, DVBl. 1993, 82 (90).

1639 Bickel, BBodSchG, 3. Aufl. 2002, § 25 Rn. 4.

nicht nach, kann der Betrag über die Regelungen des Verwaltungsvollstreckungsrechts beigetrieben werden[1640]. Die Pflicht zur Zahlung des Wertausgleichs erlischt gem. § 25 Abs. 3 S. 2 BBodSchG, wenn der Ausgleichsbetrag nicht innerhalb von vier Jahren nach Abschluss der Sicherungs- oder Sanierungsmaßnahmen festgesetzt wurde. Damit kommt dem Abschluss der Maßnahmen wegen der Bestimmung des *„Verjährungsbeginns"* entscheidende Bedeutung zu[1641]. Nach dem Gesetzeswortlaut ist hier nur auf das Ende der Sicherungs- oder Sanierungsmaßnahmen abzustellen. Sind diese abgeschlossen, beginnt die Festsetzungsfrist zu laufen. Etwaige Kontroll- oder Überwachungsmaßnahmen sind nicht geeignet, den Fristbeginn hinauszuschieben[1642].

VII. Öffentliche Last

Zur Sicherung des Ausgleichsanspruchs der öffentlichen Hand hat der Gesetzgeber eine zusätzliche Haftung des sanierten Grundstücks durch die Ausgestaltung des Ausgleichsbetrags als öffentliche Last in § 25 Abs. 6 BBodSchG eingefügt.

1. Ausgangslage

Eine Sanierung von Grundstücken durch die öffentliche Hand wird vor allem in folgenden Konstellationen vorkommen[1643]: Führt ein Grundstückseigentümer, der als Zustandsstörer behördlich zur Sanierung verpflichtet wurde, diese wegen finanzieller Schwierigkeiten nicht durch, kann die Behörde die Sanierung im Wege der Ersatzvornahme selbst vornehmen[1644]. Die Kosten hierfür können als Kosten der Ersatzvornahme festgesetzt und beigetrieben werden, u.a. auch im Wege der Zwangsversteigerung des Grundstücks[1645]. Allerdings sind solche Forderungen, wenn sie nicht als öffentliche Last ausgestaltet sind, gem. § 10 Abs. 1 Nr. 5 ZVG[1646] Ansprüche der Rangklasse 5 (so genannte Ansprüche des die Zwangsversteigerung betreibenden Gläubigers). Nach der Systematik des Zwangsversteigerungsgesetzes, das für die Verwertung von Grundstücken eine Rangfolge von aus dem Versteigerungserlös zu befriedigenden Forderungen festlegt, gehen diese Ansprüche insbesondere den dinglich durch Hypothek oder Grundschuld gesicherten Ansprüchen nach[1647].

Steckt ein Grundstückseigentümer schon in Liquiditätsschwierigkeiten und kann deshalb die Sanierungskosten nicht bezahlen, so wird es zunehmend wahrscheinlich, dass das Grundstück als Sicherheit für andere Forderungen dient. Ohne eine Sicherung von öffentlichen Ansprüchen aus der Sanierung durch die Ausgestaltung des Ausgleichsbetrags als öffentliche Last würde eine Vollstreckung in das Grundstück

---

1640 Sanden/Schoeneck, BBodSchG, 1998, § 25 Rn. 22.

1641 Vgl. Sanden/Schoeneck, BBodSchG, 1998, § 25 Rn. 22.

1642 Sanden/Schoeneck, BBodSchG, 1998, § 25 Rn. 22.

1643 Vgl. oben unter Kap. 3 E I.

1644 Zur Ersatzvornahme vgl. im Einzelnen Götz, Allgemeines Polizei- und Ordnungsrecht, 13. Aufl. 2001, Rnrn. 392 ff.

1645 Oder über Eintragung einer Zwangshypothek; vgl. Knopp, DVBl. 1999, 1010 (1011) mit Hinw. auf VGH Mannheim.

1646 Zwangsversteigerungsgesetz (ZVG) v. 24. 3. 1897 (RGBl., S. 97) in der Fassung der Bekanntmachung v. 20. 5. 1898 (RGBl., S. 713).

1647 Rosenberg/Gaul/Schilken, Zwangsvollstreckungsrecht, 11. Aufl. 1997, S. 920; Knopp, DVBl. 1999, 1010 (1011).

häufig nicht zu einer Befriedigung der öffentlichen Ansprüche führen, da die vorrangigen dinglichen Sicherheiten den Versteigerungserlös regelmäßig aufzehren.

Dies erscheint insofern nicht gerecht, als die Sanierung eines Altlastengrundstücks den Wert und damit die Sicherheit stark erhöht. Beispielhaft sei der von Bickel[1648] genannte Fall angeführt, bei dem die Sanierung eines Grundstücks eines anschließend in Konkurs gefallenen Eigentümers einen zweistelligen Millionenbetrag kostete. Die durch Hypotheken gesicherten Banken wollten aber auf ihre Sicherheiten nicht verzichten, weil sie sich erhofften, das nach der Sanierung wieder wertvolle Grundstück zur Begleichung ihrer dinglich gesicherten Forderungen verwerten zu können, während die sanierende öffentliche Hand aufgrund des niedrigeren Ranges ihrer Sicherung (bestenfalls Rangklasse 5) leer ausgegangen wäre[1649].

2. Lösungsmöglichkeiten

Die Festlegung des Gesetzgebers, die Ausgleichsforderung des § 25 BBodSchG als öffentliche Last auszugestalten, bewirkt, dass diese Ansprüche der Rangklasse 3 den in diesen Fällen häufig vorzufindenden Ansprüchen der Rangklasse 4 aus dinglichen Sicherheiten (vor allem Hypotheken und Grundschulden zur Sicherung von Darlehensansprüchen) vorgehen[1650].

Eine weitere Möglichkeit wäre gewesen, die Ausgleichsansprüche der öffentlichen Hand als BGB-Grundpfandrecht mit Rangvortritt auszugestalten. Dieser Weg zur Sicherung von Ansprüchen wegen der Sanierung von Altlasten wurde beispielsweise, wenn auch mit gewissen systembedingten Unterschieden, in den USA gewählt[1651]. Solchermaßen ausgestaltete *„Superpfandrechte"* gibt es auch im deutschen Recht, so z.B. im Bereich des Transportrechts[1652], aber auch im Abgabenrecht[1653] oder zugunsten des Lieferanten von Düngemitteln und Saatgut[1654].

1648 Bickel, Hessisches Abfallwirtschafts- und Altlastengesetz – HAbfAG –, 4. Aufl. 1993, § 25 Rn. 2.

1649 Vgl. hierzu auch Tetzlaff, altlasten spektrum 2001, 7 (9); Lwowski/Tetzlaff, WM 2001, 385 (394); Lwowski/Tetzlaff, WuB VI B. § 6 KO 2.99, S. 505 (506).

1650 Hennings, Zwangsversteigerungs- und Zwangsverwaltungsrecht, 4. Aufl. 2000, Rn. 1.97 ff.; Lwowski/Tetzlaff, WuB I F 3 Grundpfandrechte 9.00, S. 978 (980); Tetzlaff, altlasten spektrum 2001, 7 (10); vgl. auch Rosenberg/Gaul/Schilken, Zwangsvollstreckungsrecht, 11. Aufl. 1997, S. 921;.

1651 Vgl. v. Wilmowsky, JZ 1997, 817 (822); Ochsenfeld, Direkthaftung von Konzernobergesellschaften in den USA, 1998, S. 166 f.

1652 Z.B. §§ 443 Abs. 1, 726a Abs. 1 S. 1, 752a Abs. 1 S. 1, 762 Abs. 2 HGB; vgl. hierzu weiterhin v. Wilmowsky, JZ 1997, 817 (820).

1653 Sog. Sachhaftung, § 76 Abs. 1 AO; vgl. Halaczinsky, in: Koch/Scholz, AO, 5. Aufl. 1996, § 76 Rnrn. 2 f.

1654 §§ 1 Abs. 1, 2 Abs. 4 des Gesetzes zur Sicherung der Düngemittel- und Saatgutversorgung v. 19. 1. 1949 (Gesetzblatt der Verwaltung des Vereinigten Wirtschaftsgebiets 1949, S. 8, verlängert durch das Gesetz zur Verlängerung des Gesetzes zur Sicherung der Düngemittel- und Saatgutversorgung v. 30. 7. 1951, BGBl. I, S. 476); in der Literatur wird dieser Anspruch gelegentlich als Anspruch der Rangklasse 3/4 bezeichnet; vgl. Hennings, Zwangsversteigerungs- und Zwangsverwaltungsrecht, 4. Aufl. 2000, Rn. 1.101; Zeller/Stöber, ZVG, 16. Aufl. 1999, § 10 Rn. 7.

3. Probleme

Die Ausgestaltung des Wertausgleichsanspruchs als öffentliche Last könnte sich in verschiedener Hinsicht als problematisch erweisen[1655].

a) Praktische Umsetzung im Verwaltungsverfahren

In der Anfangszeit könnte sich das gesetzlich nicht geklärte Verhältnis zwischen den Kostenersatzregelungen der Länder und dem Bundes-Bodenschutzgesetz als Problem herausstellen, wenn die Behörde die Kosten von Sanierungen, die im Wege der Ersatzvornahme oder der unmittelbaren Ausführung einer Maßnahme erst einmal durch die öffentliche Hand finanziert wurden, mit Hilfe der normalen Kostenersatzregelungen der Länder eintreiben möchte. Dann kann es in längeren Verwaltungsverfahren ohne weiteres vorkommen, dass der Ausgleichsbetrag nicht innerhalb von vier Jahren nach Abschluss der Sanierung festgesetzt worden ist, mit der Folge, dass die Verpflichtung zur Zahlung des Wertausgleichs erlischt.

b) Entwertung von dinglichen Sicherungsrechten

Zu praktischen Schwierigkeiten dürfte es führen, dass Grundstücke, die durch die öffentliche Hand saniert worden sind, wegen der Belastung mit der öffentlichen Last dem Kapitalmarkt als Sicherheit weitgehend verloren gehen[1656]. Daran wird auch die Begrenzung des Ausgleichsanspruchs auf die Höhe der Wertsteigerung nichts ändern, da in den Fällen, in denen die Verunreinigung des sichernden Grundstücks entweder nicht bekannt oder noch nicht eingetreten war, die Entwertung durch Verunreinigungen zum Zeitpunkt der Bestellung von dinglichen Sicherheiten trotz Vornahme von Risikoabschlägen[1657] häufig nicht berücksichtigt worden ist[1658].

Diese Problematik spielte schon bei der Ausgestaltung der baurechtlichen Regelungen zu den städtebaulichen Sanierungen gem. §§ 136 ff. BauGB eine wichtige Rolle. Dort hat sich der Gesetzgeber bewusst aus den o.g. Gründen gegen die Sicherung durch eine öffentliche Last entschieden und in der Vorschrift des § 154 Abs. 4 S. 4 BauGB ausdrücklich festgestellt, dass der Ausgleichsbetrag nicht als öffentliche Last auf dem Grundstück liegt[1659].

c) Erlöschen der öffentlichen Last nach vier Jahren

Die Sicherung des Wertausgleichsanspruchs durch die öffentliche Last hat den weiteren Nachteil, dass die öffentliche Last vier Jahre nach Festsetzung erlischt. Die

---

1655 Vgl. hierzu auch Albrecht/Teifel, Rpfleger 1999, 366 ff.

1656 Diese Problematik ist in Bankenkreisen Anlass kritischer Auseinandersetzung; vgl. Badischer Sparkassen- und Giroverband, Rundschreiben Nr. 253 v. 27. 4. 1998.

1657 Je nach Grundstücksrisikoklasse betragen die Abschläge auf den Verkehrswert mehr als 40%; vgl. Lemser/Tillmann, Wirtschaftlichkeit von Bodensanierungen, 1997, S. 195 m.w.N; siehe auch Weyers, in: Kleiber/Simon/Weyers, Verkehrswertermittlung von Grundstücken, 3. Aufl. 1998, XII Rn. 49; Lwowski/Tetzlaff, WM 2001, 385 (398).

1658 Vgl. Weyers, in: Kleiber/Simon/Weyers, Verkehrswertermittlung von Grundstücken, 3. Aufl. 1998, XII Rn. 194.

1659 Vgl. hierzu Stich, in: Schlichter/Stich, Berliner Kommentar zum Baugesetzbuch, 2. Aufl. 1995, § 154 Rn. 18; Löhr, in: Battis/Krautzberger/Löhr, BauGB, 8. Aufl. 2002, § 154 Rn. 22.

Forderung der öffentlichen Hand rutscht dann in die Rangklasse 7 ab[1660]. Diese Regelung setzt die Behörde unter einen gewissen Zeitdruck, der beispielsweise in Widerspruch zu den Regelungen der neuen Insolvenzordnung stehen könnte, nach der ein Unternehmen eher saniert als liquidiert werden soll. Werden doch Fälle, in denen die öffentliche Hand eine Sanierung anstelle eines sanierungspflichtigen Unternehmens durchführt, hauptsächlich solche sein, in denen eine Sanierung wegen fehlender Eigenmittel unterbleibt. Eine Zwangsversteigerung innerhalb des kurzen Zeitraums von vier Jahren nach der Festsetzung des Ausgleichsbetrags kann zu einer erheblichen wirtschaftlichen Gefährdung eines angeschlagenen Unternehmens führen.

4. Öffentliche Last zugunsten privater Sanierer

Die Vorschrift des § 25 Abs. 1 S. 1 BBodSchG spricht vom Einsatz öffentlicher Mittel, deren Absicherung gem. § 25 Abs. 6 S. 1 BBodSchG durch eine öffentliche Last bewirkt wird. Öffentliche Mittel können auch durch privatrechtliche Organisationen, wie z.B. durch eine vollständig in öffentlicher Hand befindliche Sanierungs-GmbH, eingesetzt werden[1661]. Fraglich ist aber, ob der dann entstehende Wertausgleichsanspruch auch als öffentliche Last abgesichert werden kann, wie dies vor Inkrafttreten des Bundes-Bodenschutzgesetzes in Thüringen und Berlin gesetzlich vorgesehen war[1662], wenn auch die entsprechenden Regelungen in keinem Fall angewendet worden waren[1663].

Die Absicherung von Ansprüchen Privater könnte unter mehreren Gesichtspunkten zweifelhaft sein. Zum einen ist zu fragen, ob eine öffentliche Last überhaupt zugunsten von Privatrechtssubjekten entstehen kann. Grundsätzlich ist dies möglich, wie das Beispiel der öffentlichen Baulasten zeigt. Diese begünstigen regelmäßig Private, z.B. in Form von Wegerechten. Die Baulast wird aber gegenüber der Baubehörde erklärt[1664].

Anders könnte sich die Sachlage im Hinblick auf die Absicherung von Geldforderungen darstellen. Öffentliche Lasten zugunsten von Personen des Privatrechts existieren beispielsweise bei Beliehenen[1665]. Dies lässt sich mit dem Argument, der Beliehene handele als Behörde[1666], noch rechtfertigen. Ob darüber hinaus auch Geldforderungen von privatrechtlich organisierten Versorgungsunternehmen zulässig als

---

1660 Rosenberg/Gaul/Schilken, Zwangsvollstreckungsrecht, 11. Aufl. 1997, S. 922; Bickel, BBodSchG, 3. Aufl. 2002, § 25 Rn. 14.

1661 Vgl. oben unter Kap. 3 II 1. a) und Kap. 1 B III 2. b).

1662 Siehe oben unter Kap. 3 E I.

1663 Schreiben des Thüringer Ministeriums für Landwirtschaft, Naturschutz und Umwelt v. 11. 10. 2000 sowie Schreiben der Berliner Senatsverwaltung für Stadtentwicklung v. 20. 9. 2000 auf entsprechende Anfragen des Verfassers.

1664 Vgl. nur Hennings, Eintragungen in Abteilung II des Grundbuchs, 12. Aufl. 1996, S. 108 ff. mit umfangreichen Gesetzesnachweisen; Beheizung des Nachbargrundstücks als Baulast, OVG Berlin, MDR 1994, 481.

1665 Vgl. z.B. § 25 Abs. 4 Schornsteinfegergesetz (SchfG) v. 15. 9. 1969 (BGBl. I, S. 1634) zuletzt geänd. am 20. 7. 1994 (BGBl. I, S. 1624).

1666 Maurer, Allgemeines Verwaltungsrecht, 13. Aufl. 2000, S. 598; Wolff/Bachoff/Stober, Verwaltungsrecht II, 5. Aufl. 1987, § 104 Rnrn. 8, 10.

öffentliche Last gesichert werden können[1667], ist jedoch umstritten[1668]. Dagegen spricht, dass in diesen Fällen keine öffentliche Abgabe vorliegt[1669], die durch eine öffentliche Last abgesichert werden soll, sondern vielmehr ein privatrechtliches Entgelt geschuldet wird[1670]. Außerdem ist zu bedenken, dass der Staat in diesem Fall einseitig Hoheitsrechte in Anspruch nimmt, die nur ihm offen stehen. Deshalb spricht viel für das Argument, dass der Staat, wenn er zur Erfüllung seiner Aufgaben die Vorteile zivilrechtlicher Rechtsformen in Anspruch nimmt, auch die Nachteile, die sich daraus ergeben, in Kauf nehmen muss[1671].

Nach diesen Grundsätzen ist durchaus zweifelhaft, ob ein Ausgleichsanspruch aus der Sanierung eines Altlastengrundstücks durch eine Sanierungs-GmbH auch durch eine öffentliche Last gesichert werden kann.

5. Eintragung ins Grundbuch

§ 25 Abs. 6 S. 2 BBodSchG enthält eine Ermächtigung für das Bundesministerium der Justiz mit Zustimmung des Bundesrates eine Rechtsverordnung zu erlassen, in der die Art und Weise eines Hinweises auf den Wertausgleichsanspruch im Grundbuch geregelt wird[1672].

Diese inzwischen in Kraft getretene Verordnung über die Eintragung des Bodenschutzlastvermerks[1673] ergänzt die Grundbuchverfügung[1674] um den Abschnitt XIV mit den neuen §§ 93a und 93b. Der bisherige Abschnitt XIV wird zum Abschnitt XV.

§ 93a GBV regelt allgemein die Eintragung öffentlicher Lasten. Danach werden eintragungsfähige öffentliche Lasten nach Maßgabe des § 10 GBV in der zweiten Abteilung[1675] eingetragen. Diese bereits geübte Praxis erhält nun mit § 93a GBV eine gesetzliche Stütze[1676].

1667 Ansprüche der Hamburger Wasserversorgungs GmbH ruhen gem. § 3 AGZVG als öffentliche Last auf dem Grundstück des Schuldners.

1668 Vgl. Hagemann, in: Steiner, Zwangsversteigerung und Zwangsverwaltung, Band 1, 9. Aufl. 1984, § 10 Rn. 68, Stöber, Handbuch der Rechtspraxis, Band 2: Zwangsvollstreckung in das unbewegliche Vermögen, 7. Aufl. 1999, Rn. 74a.

1669 Zum Begriff der Abgabe vgl. Maak, Verkehrslenkende Abgabenmodelle, 1998, S. 21 ff.

1670 Stöber, Handbuch der Rechtspraxis, Band 2: Zwangsvollstreckung in das unbewegliche Vermögen, 7. Aufl. 1999, Rn. 74a.

1671 Loeser/Buchholz, System des Verwaltungsrechts, Band 1, 1994, § 9 Rn. 27. Im umgekehrten Fall der privatrechtlichen Abrechnung von öffentlich-rechtlich ausgestalteten Abwasserbeseitigungsleistungen hat das OVG Magdeburg, LKV 1999, 150, die Einforderung privatrechtlicher Entgelte für unzulässig erklärt; siehe hierzu die ablehnende Anmerkung von Hüting/Koch, LKV 1999, 132 ff.

1672 Siehe hierzu Mayer, RpflStud 1999, 108 ff.

1673 BGBl. I, 497.

1674 Grundbuchverfügung (GBV) in der Fassung der Bekanntmachung v. 24. 1. 1995 (BGBl. I, S. 114), zuletzt geänd. durch Art. 2 der VO v. 10. 2. 1999 (BGBl. I, S. 147).

1675 Zu den Eintragungen in Abteilung II des Grundbuches vgl. im Einzelnen Hennings, Eintragungen in Abteilung II des Grundbuches, 12. Aufl. 1996.

1676 Zur Begründung vgl. BT-Drs. 1016/98, S. 5; zu den hier möglicherweise entstehenden Problemen vgl. auch Sorge, MittBayNot 1999, 232 (237 f.).

Der Bodenschutzlastvermerk ist gem. § 93b GBV mit folgendem Wortlaut einzutragen:

"Bodenschutzlast. Auf dem Grundstück ruht ein Ausgleichsbetrag nach § 25 Bundes-Bodenschutzgesetz als öffentliche Last."

Der Verordnungsentwurf des Justizministeriums vom 23. Dezember 1998[1677] sah noch vor, die Bodenschutzlast nach Erlass des Festsetzungsbescheides um den DM/Euro-Betrag zu ergänzen. Dieser Hinweis im Grundbuch auf die Betragshöhe wurde aufgrund des Widerstands Bayerns gestrichen. Begründet wurde dies damit, dass sich der noch offene Ausgleichsbetrag – wegen der Möglichkeit von Teilzahlungen – ohnehin nicht zuverlässig aus dem Grundbuch ergäbe[1678]. In diesem Punkt unterscheidet sich die Bodenschutzlast aber nicht von Grundpfandrechten, deren Höhe eine wichtige Information über die Belastung des Grundstücks darstellt.

Ebenfalls gestrichen wurde der Verweis auf § 154 Abs. 1 S. 1 HS. 2 BauGB für die Haftung von Miteigentümern sowie von Teil- und Wohnungseigentümern. Hier bestanden Bedenken, ob sich diese Regelung noch innerhalb der Verordnungsermächtigung des § 25 Abs. 6 S. 2 BBodSchG bewegt[1679].

6. Geltendmachung des Wertausgleichsanspruchs im Zwangsversteigerungsverfahren

Mit der Eintragung der Bodenschutzlast in das Grundbuch ist die anspruchsinnehabende Körperschaft im Falle eines Zwangsversteigerungsverfahrens Beteiligte gem. § 9 Nr. 1 ZVG. Die anspruchsinnehabende Körperschaft muss jedoch die öffentliche Last auf Anforderung nach §§ 37 f. ZVG anmelden, da sich die Höhe der Belastung des Grundstücks durch den Wertausgleichsanspruch nicht aus dem Grundbuch ergib[1680]t.

Wie bisher muss die öffentliche Last angemeldet werden, wenn eine Eintragung der Bodenschutzlast ins Grundbuch unterblieben ist[1681].

VIII. Bewertung

Ob § 25 BBodSchG eine gelungene Regelung ist, erscheint zweifelhaft. Die jetzt schon in der Literatur zu beobachtende Uneinigkeit bezüglich der Auslegung und des Anwendungsbereichs der Vorschrift ist ein Indiz für redaktionelle Mängel. Die Hoff-

---

1677 BT-Drs. 1016/98.

1678 BT-Drs. 1016/98 (Beschluss), S. 2; ähnliches Argument bei Klinkenberg, RpflStud. 1999, 108 (109).

1679 Vgl. BT-Drs. 1016/98 (Beschluss), S. 2.

1680 Klinkenberg, RpflStud. 1999, 108 (109).

1681 Die Anmeldung ist weder an eine Form noch an eine Frist gebunden. Sie muss aber beim Amtsgericht, in dessen Bezirk das Grundstück liegt (§ 1 Abs. 1 ZVG), erfolgen und muss Rechtsgrund, Geldbetrag und Rang erkennen lassen. Im Falle der Anmeldung nach Beginn des Verfahrens muss die anmeldende Körperschaft das bisherige Verfahren und damit unter Umständen eingetretene Nachteile gegen sich gelten lassen (§§ 37 Nr. 4 und 5, 45, 66 Abs. 2, 110, 114 ZVG); vgl. zum Ganzen: Böttcher, ZVG, 3. Aufl. 2000, § 9 Rnrn. 16 ff.; Rosenberg/Gaul/Schilken, Zwangsvollstreckungsrecht, 11. Aufl. 1997, S. 917 ff.; Klinkenberg, RpflStud. 1999, 108 (110).

nung des Gesetzgebers, durch eine bundeseinheitliche Regelung des Bodenschutzrechts ein Mehr an Rechtssicherheit zu erreichen, wird einerseits durch den teilweise festgestellten unklaren Wortlaut und andererseits durch das Bemühen, größtmögliche Einzelfallgerechtigkeit zu erreichen, in Frage gestellt. Viele Fragen zum Gesetzesvollzug werden erst nach einer Klärung durch die Gerichte beantwortet sein.

Als umwelt- und wirtschaftspolitisch kontraproduktiv sowie als rechtlich zweifelhaft stellt sich die Absicherung des Wertausgleichsanspruchs als öffentliche Last dar. Hier bietet sich die Ausgestaltung als *„Superpfandrecht“* an. Dieses kann auch zugunsten von privaten Sanierern entstehen. Darüber hinaus verbleibt der Behörde ein größerer zeitlicher Spielraum bei der Realisierung des Wertausgleichs.

Ungeachtet der angesprochenen Schwierigkeiten können sich durch die Einführung der neuen Wertausgleichsregelung auch positive Impulse in Form einer verstärkten Sanierungstätigkeit durch die öffentliche Hand ergeben. Das sanierte Grundstück eines zahlungsunfähigen oder zahlungsunwilligen Eigentümers steht als Sicherheit für die Sanierungskosten zur Verfügung, was die Sanierungsbereitschaft der öffentlichen Hand in vielen Fällen erhöhen könnte[1682]. Gleichwohl ist zu befürchten, dass in Zeiten knapper Kassen eine Sanierung unter Vorleistung der öffentlichen Hand (wegen der möglicherweise erst Jahre später erfolgenden Befriedigung aus dem Grundstück) nicht der Regelfall sein wird.

F. Vertragliche Regelungen zur Übernahme der Kostenverantwortung

Die Übertragung eines Grundstücks erfolgt, abgesehen von den eher seltenen Fallgestaltungen, in denen das Eigentum automatisch übergeht[1683], regelmäßig durch kaufvertragliche Regelungen. Die Vertragsparteien können durch eine entsprechende Gestaltung der Verträge jedem Teil Rechte und Pflichten zuweisen und eine entsprechende Risikoverteilung vornehmen. Dies spielt schon bei unbelasteten Grundstücken eine Rolle, von besonderer Bedeutung ist dies jedoch dann, wenn ein Grundstück verkauft werden soll, das kontaminiert ist oder bei dem ein Kontaminationsverdacht besteht. In diesem Fall sind neben der üblichen Rechts- und Pflichtenzuweisung noch die Risiken einer behördlichen Inanspruchnahme zur Sanierung der Verunreinigungen zu beachten. Besonders wegen der gravierenden finanziellen Folgen, die durch Bodenkontaminationen auf einen nach Bundes-Bodenschutzgesetz Verpflichteten zukommen können, sind vertragliche Regelungen zur Übernahme der Kostenverantwortung im Kaufvertrag angezeigt. Aber auch im Bereich von Miet- und Pachtverträgen finden sich zunehmend Regelungen, welche die Kostenverteilung im Falle von Bodenkontaminationen zum Inhalt haben.

Daneben spielt die Klärung der Verantwortlichkeit für kontaminationsbedingte Kosten auch bei gesellschaftsrechtlichen Umwandlungsvorgängen eine wichtige Rolle. Da

1682 In diese Richtung auch Tetzlaff, altlasten spektrum 2001, 7 (11).

1683 Dies ist zum einen in den Gesamtrechtsnachfolgefällen der Fall, wobei auch diese teilweise eine gewillkürte Eigentumszuweisung ermöglichen, wie z.B. in Umwandlungsfällen; siehe hierzu oben unter Kap. 3 D I 2. b) (3) (c). Daneben gehören noch Fälle, wie die Zuteilung im Zwangsversteigerungs-, Baulandumlegungs- oder Flurbereinigungsverfahren dazu, wo jeweils das Einrücken in die Grundstückseigentümerstellung ohne vertragliche Regelung erfolgt, oder Fälle der Rückabwicklung von angefochtenen oder nichtigen Verträgen hierher; vgl. Bickel, altlasten spektrum 2001, 61 (62); Schlemminger/Friedrich, NJW 2002, 2133 (2136 f.).

dieser Komplex bereits bei der Frage der Gesamtrechtsnachfolge in bodenschutzrechtliche Pflichten im Rahmen von gesellschaftsrechtlichen Umwandlungen ausführlich behandelt worden ist, soll an dieser Stelle auf eine Darstellung von Einzelheiten verzichtet werden[1684].

Gerade im Bereich von Altlasten hat jeder Fall seine Besonderheiten. Deswegen gibt es keine allgemein anwendbare „*Musterklausel*". Vielmehr wird für jeden Fall eine, der jeweiligen Risikolage entsprechende, Spezifikation vorgenommen werden müssen. Dennoch gibt bei der Verteilung von zivilrechtlichen Verantwortlichkeiten und Kostenrisiken Grundmuster.

Mit diesen Regelungen wird auf privatrechtlicher Ebene ein Ausgleich der Interessen der beteiligten Vertragsparteien herbeigeführt. Meist lässt sich auf diese Weise eine gerechte Verteilung der Kostenrisiken herbeiführen. Davon zu unterscheiden ist der öffentlich-rechtliche Sanierungsvertrag, der auch einen privatrechtlichen Ausgleich der verschiedenen Beteiligten enthalten kann. Primär geht es aber um vertragliche Regelungen, mit denen ein Kostenausgleich für bodenschutzrechtliche Verantwortlichkeiten bewirkt werden soll[1685].

I. Vertragliche Regelungen und Pflichtigenkreis in § 4 Abs. 3 BBodSchG

Die vertragliche Regelung der Kostenübernahme bei Sanierungen zwischen zwei zivilrechtlichen Vertragsparteien spielt zum einen beim Ausgleichsanspruch nach § 24 Abs. 2 BBodSchG eine Rolle[1686]. Sie geht dem Ausgleichsanspruch vor, so dass beispielsweise beim Verkauf eines kontaminierten Grundstücks durch den Verursacher der Ausschluss der Haftung zum Verlust des Ausgleichsanspruchs nach § 24 Abs. 2 BBodSchG führt, wenn die Behörde den Käufer zur Sanierung heranzieht[1687]. Zum anderen wird der Käufer den Erwerb eines kontaminierten Grundstücks nur anstreben, wenn ihn der Verkäufer im Falle einer behördlichen Heranziehung zu Sanierungsmaßnahmen von den Kosten freistellt[1688].

Bedeutung erlangen vertragliche Regelungen nach Inkrafttreten des Bundes-Bodenschutzgesetzes auch in Fällen, in denen ein früherer Grundstückseigentümer behördlicherseits zur Sanierung verpflichtet werden soll[1689]. Hierbei kommt es maßgeblich darauf an, ob der frühere Eigentümer positive Kenntnis von der Verunreinigung hatte[1690], oder zumindest das Vorhandensein einer solchen hätte erkennen müssen[1691]. Zur Beurteilung dieser Frage werden zunächst die Kaufverträge heran-

---

1684 Siehe hierzu oben unter Kap. 3 D I 2. b) (3) (c).

1685 Vgl. auch Gerhold/Simon, altlasten spektrum 1999, 265 (266).

1686 Siehe hierzu oben unter Kap. 3 D III.

1687 Vgl. hierzu Knopp, NJW 2000, 905 (906); Pützenbacher, NJW 1999, 1137 (1141); Becker, DVBl. 2000, 595 (600); Steffen/Popp, ZNotP 1999, 303 (312).

1688 Knopp, NJW 2000, 905 (907); Meißner, ZfIR 1999, 407; Körner, DNotZ 2000, 344 (352); siehe auch Garbe-Emden, VA 2000, 57 (61) zum umgekehrten Fall.

1689 Vgl. hierzu ausf. Gerhold/Simon, altlasten spektrum 1999, 265 (266).

1690 Knopp, ZUR 1999, 211 (213); Sanden/Schoeneck, BBodSchG, 1998, § 4 Rn. 48; Vierhaus, NJW 1998, 1262 (1266); Knopp, NJW 2000, 905 (906).

1691 Sanden/Schoeneck, BBodSchG, 1998, § 4 Rn. 48; Vierhaus, NJW 1998, 1262 (1266); Knopp, NJW 2000, 905 (906).

zuziehen sein[1692]. In Kaufverträgen sind regelmäßig Vertragsklauseln über den Zustand des Grundstücks enthalten. Zum einen ist der Verkäufer zivilrechtlich zur Aufklärung verpflichtet[1693], er wird aber auch daran interessiert sein, eine Zustandsbeschreibung des Grundstücks in den Vertrag aufzunehmen, um eine Haftung für Sachmängel oder für zugesicherte Eigenschaften bzw. bei Kenntnis der Verunreinigung, eine Anfechtung des Käufers wegen arglistiger Täuschung zu vermeiden[1694].

Ergibt sich aus solchen Klauseln, dass die Parteien von dem Zustand des Grundstücks positive Kenntnis hatten, steht einer grundsätzlichen Heranziehung auch des früheren Eigentümers nichts im Wege[1695]. Für den Käufer und Eigentümer des Grundstücks ist eine solche Klausel für die Entstehung des Wertausgleichsanspruchs nach § 25 BBodSchG von Bedeutung, da er sich bei einer Sanierung durch die öffentliche Hand nicht auf die Regelung des § 25 Abs. 4 S. 1 BBodSchG berufen kann, wonach Aufwendungen beim Erwerb des Grundstücks im berechtigten Vertrauen auf das Nichtbestehen von Verunreinigungen vom Wertausgleich abzuziehen sind[1696].

Keine Rolle spielt hingegen regelmäßig das Bestehen von vertraglichen Ausgleichsregelungen zwischen verschiedenen Verantwortlichen bei der behördlichen Auswahlentscheidung[1697].

II. Regelungsadressaten

1. Grundstückskaufvertrag

Adressaten von Altlastenklauseln in einem Grundstückskaufvertrag sind der Käufer und der Verkäufer. Je nach Interessenlage und Verhandlungsposition verschiebt sich die Verteilung des Risikos und der Kosten, was sich in entsprechenden Klauseln widerspiegelt. Liegen Anhaltspunkte dafür vor, dass ein Grundstück kontaminiert sein könnte, wirkt sich dies regelmäßig in einer Schwächung der Position des Verkäufers aus. Dies führt entweder zu einer Minderung des erzielbaren Kaufpreises[1698] oder zur Übernahme einer weitgehenden Haftungsübernahme für kontaminationsbedingte Schäden[1699].

Neben bestimmten Vertragsbestandteilen, die unabhängig von der Verhandlungsposition der Vertragspartner in Grundstückskaufverträgen zu finden sind, wie Präam-

1692 Sorge, MittBayNot 1999, 232 (234); Knopp, NJW 2000, 905 (907).

1693 BGH, ZIP 2000, 2257 (2258 f.); Knoche, NJW 1995, 1985 (1987); Knopp, NJW 2000, 905 (907); Knopp/Albrecht, BB 1998, 1853 (1856); Raeschke-Kessler, DVBl. 1992, 683 (688); Vierhaus, NJW 1998, 1262 (1266) m.w.N.; Meißner, ZfIR 1999, 407 (409).

1694 Siehe hierzu Schlemminger, BB 1991, 1433 (1435, 1437); auch Garbe-Emden, VA 2000, 57 (60).

1695 Steffen/Popp, ZNotP 1999, 303 (311); Gerhold/Simon, altlasten spektrum 1999, 265 (266); vgl. zur Möglichkeit einer Versicherung für diese Fälle, Eigen, TerraTech 1999, 23 (24).

1696 Siehe hierzu oben unter Kap. 3 E II 4.

1697 Vgl. hierzu Wüterich, in: Landel/Vogg/Wüterich, BBodSchG, 2000, § 4 Rn. 144 m.w.N.

1698 Schlemminger, BB 1991, 1433 (1435); Körner, DNotZ 2000, 344 (358); Becker, DVBl. 2000, 595 (600).

1699 Schlemminger, BB 1991, 1433 (1436).

bei[1700], Begriffsbestimmungen[1701] oder die beabsichtigte Nutzung[1702], sind weitere Klauseln über Gewährleistung, Zahlungsbedingungen, Verjährung, Rückabwicklung und Kostenerstattung oder Kostenbeteiligung einzufügen[1703], deren konkrete Ausgestaltung jedoch von der Verhandlungsposition der Parteien abhängt.

2. Miet-/Pachtvertrag

Die Interessenlage der an einem Miet- oder Pachtvertrag beteiligten Parteien unterscheidet sich von der Situation beim Kaufvertrag erheblich. Im Gegensatz zum Kaufvertrag, wo durch die Eigentümerstellung Klarheit hinsichtlich der Haftungssituation herrscht, ist beim Mietvertrag bei der Formulierung entsprechender Klauseln ein Konglomerat von verschiedenen Rechtsbeziehungen zu berücksichtigen. Festzuhalten ist jedenfalls, dass der Mieter bei vertragsgemäßem Gebrauch der Mietsache ohne anderslautende Regelung im Mietvertrag keine Schäden beseitigen muss, soweit er die eingetretenen Schäden nicht zu vertreten hat. Ein Verschulden des Mieters wird jedoch regelmäßig nur schwer bewiesen werden können[1704]. Insofern ist dem Vermieter bei entsprechender Nutzung eine Klausel zu empfehlen, nach welcher der Mieter das Grundstück auf eigene Kosten in den Ursprungszustand zu versetzen hat.

1700 Einem Grundstückskaufvertrag eine Präambel voran zu stellen, welche die Interessenlage der Parteien näher beschreibt, ist durchaus üblich geworden. Damit lassen sich künftige Streitigkeiten über den Vertragszweck begrenzen. In einer Präambel gemachte fehlerhafte Zusicherungen können aber auch zu Schadenersatzansprüchen führen, da die Präambel Teil des Vertrags ist; vgl. hierzu Knopp/Albrecht, Bodenschutz- und Altlastenklauseln, 2001, S. 5, Anm. 1.

1701 Generell ist zu empfehlen, in Verträgen eine Definition von vertragsrelevanten Begriffen vorzunehmen, wenn z.B. die rechtliche von der im allgemeinen Sprachgebrauch verwendeten Definition abweicht. So wird im allgemeinen Sprachgebrauch nicht zwischen *„Altlasten"* und *„schädlichen Bodenveränderungen"* unterschieden. Soll in einem Vertrag beispielsweise ein Haftungsausschluss des Verkäufers für jedwede Art von Bodenkontaminationen erfolgen, führt die Verwendung des Begriffs *„Altlasten"* im Vertrag ohne eine entsprechende Klarstellung durch eine Begriffsdefinition zu Unklarheiten darüber, ob auch die Haftung für sonstige schädliche Bodenveränderungen oder für abfallrechtlich relevante Reststoffe ausgeschlossen sein soll. Dies gilt um so mehr, als wegen der regelmäßig in diesem Bereich erfolgenden rechtlichen Beratung der Vertragsparteien die Gerichte bei der Auslegung von Vertragsklauseln nicht den allgemeinen Sprachgebrauch von vornherein zugrunde legen können; vgl. hierzu Knopp/Albrecht, Bodenschutz- und Altlastenklauseln, 2001, S. 5 Anm. 3; auch Götte, in: Wurm/Wagner/Zartmann, Das Rechtsformularhandbuch, 14. Aufl. 1998, S. 590; die vertragliche Definition des Bodens als *„Erdreich, Grundwasser"* umfasst nach der Rspr. nicht eine – mit hohen PAK-Konzentrationen behaftete – private Straße, bestehend aus Teerdecke und Tragschicht; so LG Karlsruhe, DÖV 2002, 349 (350); siehe zum Ganzen auch Wächter, NJW 1997, 2073 (2075 f.).

1702 Mit einer Erläuterung zur beabsichtigten Nutzung wird der nach dem Vertrag vorausgesetzte Gebrauch festgestellt. Damit lassen sich Ansprüche nach § 459 Abs. 1 BGB aus Sachmängelhaftung konkretisieren; vgl. hierzu Knopp/Albrecht, Bodenschutz- und Altlastenklauseln, 2001, S. 5 Anm. 4; siehe auch Wächter, NJW 1997, 2073 (2077 f.); Götte, in: Wurm/Wagner/Zartmann, Das Rechtsformularhandbuch, 14. Aufl. 1998, S. 590. Mit schriftlicher Niederlegung der beabsichtigten Nutzung kann die Vereinbarung einer bestimmten Beschaffenheit verbunden sein mit der Folge, dass bei Abweichen ein Fehler im Sinne des § 434 Abs. 1 S. 1 BGB vorliegen kann; siehe hierzu Putzo, in: Palandt, BGB, 62. Aufl. 2003, § 434 Rn. 13 ff.

1703 Siehe hierzu im Einzelnen die Anmerkungen in Knopp/Albrecht, Bodenschutz- und Altlastenklauseln, 2001, S. 7 ff.; auch Götte, in: Wurm/Wagner/Zartmann, Das Rechtsformularhandbuch, 14. Aufl. 1998, S. 590; Raeschke-Kessler, DVBl. 1992, 683 (688); Schlemminger, BB 1991, 1433 (1437).

1704 Knoche, NJW 1997, 2080 (2081).

Unabhängig davon kann der Mieter grundsätzlich als Inhaber der tatsächlichen Gewalt behördlicherseits zu Sanierungsmaßnahmen auch für nicht verursachte Kontaminationen herangezogen werden[1705], allerdings dann nicht, wenn er nach dem Mietvertrag nicht berechtigt ist, Veränderungen an der Mietsache vorzunehmen[1706]. In diesem Fall hilft wegen der Nichtanwendbarkeit des § 24 Abs. 2 BBodSchG nur eine vertragliche Freistellung des Mieters durch den Vermieter.

G. Kostentragung im Sanierungsvertrag

Neben dem Bereich der Kosten- und Risikoverteilung im Vertragsverhältnis zwischen verschiedenen Zivilrechtssubjekten spielt im Hinblick auf vertragliche Regelungen zur Kostentragung auch das behördliche Altlastenmanagement, geregelt vor allem in der Vorschrift des § 13 BBodSchG, eine Rolle. Ein erfolgreiches behördliches Altlastenmanagement beinhaltet professionellen und ausgewogenen Umgang mit den verschiedenen und häufig differierenden Interessen aller betroffener Beteiligten. Dazu gehören die schon oben beschriebenen Faktoren eines erfolgreichen behördlichen Altlastenmanagements[1707], das im Idealfall zu einem Sanierungsvertrag führt. In diesem kann dann eine abschließende Regelung unter einer vollständigen Beteiligung der verschiedenen Betroffenen im Kooperationswege gefunden werden[1708]. Vorteil für die Behörde ist vor allem das Nichteinlegen zeitverzögernder Rechtsbehelfe, so dass in allen Fällen eine Problemlösung schneller erreicht werden kann, in denen die Voraussetzungen einer Anordnung des Sofortvollzugs nicht vorliegen[1709]. Außerdem bietet sich der Sanierungsvertrag für die Behörde gerade für Fallgestaltungen an, in denen die Klärung des Sachverhalts wegen des komplexen Kontaminationsbildes nur schwer erreicht werden kann und die Behörde Schwierigkeiten hätte, eine den Anforderungen an die Bestimmtheit gem. § 37 VwVfG genügende Verfügung zu erlassen[1710]. Daneben bedeutet die planungstechnische Zuarbeit durch den Privaten, der diese zudem selbst zu finanzieren hat, eine erhebliche Entlastung der öffentlichen Hand[1711]. Der Vorteil für den privaten Grundstückseigentümer liegt vor allem in der Gewinnung von Planungs- und Investitionssicherheit[1712] sowie in der Möglichkeit, eigene Vorstellungen über Ablauf und Durchführung einer Sanierung einzubringen[1713].

1705 Vgl. Knoche, NJW 1997, 2080 (2084).

1706 VGH Mannheim, ZfW 1990, 457; siehe hierzu auch Kügel, NJW 1996, 2477 (2480).

1707 Siehe hierzu oben unter Kap. 1 B V 2. a).

1708 Wegen § 58 Abs. 1 VwVfG, nachdem ein in Rechte Dritter eingreifender öffentlich-rechtlicher Vertrag erst wirksam wird, wenn der Dritte schriftlich zustimmt, kann die Lösung eines Altlastensachverhalts ohnehin nicht gegen den Willen eines Inhabers von geschützten Rechtspositionen erfolgen. Dies wird daher regelmäßig zu einer weitgehenden Einbeziehung der Betroffenen führen; vgl. hierzu auch Sanden/Schoeneck, BBodSchG, 1998, § 13 Rn. 17.

1709 Müllmann, NVwZ 1994, 876 (877); Dombert, ZUR 2000, 303 (304 f.).

1710 Frenz/Heßler, NVwZ 2001, 13 m. Verw. auf OVG Münster, NWVBl. 1993, 154 (155); enger noch VGH Kassel, NJW 1993, 611; siehe hierzu auch Kügel, NJW 1996, 2477 (2482).

1711 Kritisch hierzu Di Fabio, NVwZ 1999, 1153 (1155).

1712 Dombert, ZUR 2000, 303 (305); Müllmann, NVwZ 1994, 876 (877); Heiermann, ZG 1999, 215 (237).

1713 Steffen/Popp, ZNotP 1999, 303 (313); Frenz/Heßler, NVwZ 2001, 13 (14); Dombert, ZUR 2000, 303 (305); Diehr, UPR 1998, 128 (131).

Besonderes Gewicht liegt für die Beteiligten natürlich auf den Regelungen zur Kostentragung, die deshalb besonders behandelt werden sollen.

I. Sanierungsvertragsregelungen im Bundes-Bodenschutzgesetz

Der Sanierungsvertrag als solcher ist im Bundes-Bodenschutzgesetz selbst nicht geregelt, wohl aber in § 13 Abs. 4 BBodSchG genannt. Insoweit ist festzustellen, dass ein Sanierungsvertrag rechtlich möglich ist und der Gesetzgeber offenbar einen Anstoß für den Gesetzesanwender zu konsensualem Handeln geben wollte[1714]. Wegen des Fehlens von bodenschutzrechtlichen Sonderregelungen sind in diesem Bereich die allgemeinen Regelungen in §§ 54 ff. VwVfG einschlägig[1715].

1. Beteiligte eines Sanierungsvertrags

Im Regelfall betrifft ein Sanierungsvertrag das Verhältnis zwischen einem oder mehreren Sanierungspflichtigen und der Behörde. Es ist aber ohne weiteres möglich und insbesondere bei komplexen Altlasten auch sinnvoll, Dritte mit in den Sanierungsvertrag einzubeziehen[1716], wie z.B. Nachbarn, den nicht behördlicherseits zur Sanierung herangezogenen Grundstückseigentümer oder künftige Investoren. Werden Dritte, deren schutzwürdige Rechte von der Sanierungsmaßnahme betroffen sein können[1717], in den Sanierungsvertrag einbezogen, liegt auch deren nach § 58 VwVfG erforderliche schriftlichen Zustimmung vor[1718].

2. Inhalt eines Sanierungsvertrags

Die Vorlage eines Sanierungsplans kann gleichzeitig den Entwurf eines Sanierungsvertrags enthalten, der die Ausführung des Sanierungsplans beinhaltet[1719]. Dies sieht § 13 Abs. 4 BBodSchG ausdrücklich vor.

Daher richtet sich der mögliche Inhalt eines Sanierungsvertrags nach dem Inhalt der Sanierungspläne. Der Sanierungsplan als Hilfsmittel zur Bewältigung komplexer Bodenverunreinigungen kann Festlegungen zu Maßnahmen im Bereich der Klärung technischer und wirtschaftlicher Voraussetzungen treffen, genauso wie zur Festlegung eines Sanierungsziels. Gerade letzteres wird regelmäßig Hauptregelungszweck eines Sanierungsvertrags sein[1720].

1714 Dombert, ZUR 2000, 303 (304); Sahm, UPR 1999, 374 (376); Sanden/Schoeneck, BBodSchG, 1998, § 13 Rn. 15; Garbe-Emden, VA 2000, 57 (58 f.); deutlicher Vierhaus, NJW 1998, 1262 (1268), der von einer erheblichen rechtlichen Aufwertung vertraglicher Lösungen spricht.

1715 Dombert, ZUR 2000, 303 (304).

1716 Dombert, ZUR 2000, 303 (304); Heiermann, ZG 1999, 215 (238); Vierhaus, NJW 1998, 1262 (1268).

1717 Geschützt sind subjektive öffentliche Rechte, hingegen reichen Nachteile oder tatsächliche Beeinträchtigungen nicht aus; vgl. Dombert, ZUR 2000, 303 (306).

1718 Vgl. hierzu Dombert, ZUR 2000, 303 (305).

1719 Sahm, UPR 1999, 374 (375); zur Bündelungswirkung der Verbindlichkeitserklärung eines Sanierungsplans; Fluck, DVBl. 1999, 1551 ff.

1720 Dombert, ZUR 2000, 303 (304); Körner, DNotZ 2000, 344 (364).

Zur Bestimmung von Inhalten eines Sanierungsplans und damit auch eines Sanierungsvertrags nennt § 13 Abs. 1 BBodSchG Regelbeispiele, wie

- eine Zusammenfassung der Gefährdungsabschätzung und der Sanierungsuntersuchungen (Nr.1),
- Angaben über die bisherige und künftige Nutzung der zu sanierenden Grundstücke (Nr. 2) und
- die Darstellung des Sanierungsziels, die hierzu erforderlichen Dekontaminations-, Sicherungs-, Schutz-, Beschränkungs- und Eigenkontrollmaßnahmen sowie die zeitliche Durchführung dieser Maßnahmen.

Diese Regelbeispiele stellen eine Vorlage dar, aus denen die Behörde im Einzelfall die durch Anhang 3 Nr. 2 BBodSchV konkretisierten[1721] erforderlichen Bausteine aussuchen kann[1722].

Weitere Grundvoraussetzung für die behördliche Anforderung eines Sanierungsplans ist außerdem das Bestehen einer Altlast. Das heißt, die Schwelle des Gefahrenverdachts muss überschritten sein[1723]. Außerdem wird ein Planungsbedürfnis gefordert, das nach dem Wortlaut des § 13 Abs. 1 BBodSchG dann gegeben ist, wenn die Altlast eine bestimmte Komplexität enthält, die ein abgestuftes oder abgestimmtes Vorgehen bei der Sanierung erfordert[1724].

Aber auch bei Fallgestaltungen, in denen eine Überschreitung der Gefahrenschwelle (noch) nicht festgestellt werden konnte oder die wegen fehlender Komplexität eine Planung eigentlich nicht erfordern, kann natürlich ein öffentlich-rechtlicher Vertrag geschlossen werden[1725]. Dieser ist dann kein Vertrag im Sinne des § 13 Abs. 4 BBodSchG, da er dessen Voraussetzungen *„Altlast"* bzw. *„Planungsbedürfnis"* nicht erfüllt[1726]; er ist aber nach den allgemeinen Regelungen der §§ 54 ff. VwVfG zulässig.

Für jeden Sanierungsvertrag sollte vor allem behördlicherseits geprüft werden, ob nicht beiderseitig die Unterwerfung unter die sofortige Vollstreckbarkeit vereinbart werden kann[1727]. Damit entfällt für beide Seiten das Erfordernis, erst aus dem Vertrag klagen zu müssen, da ein solcher Vertrag ein eigener vollstreckungsfähiger Titel

1721 Vgl. hierzu Fehlau/Hilger/König, Vollzugshilfe Bodenschutz und Altlastensanierung, 2000, Anhang 3 Rnrn. 57 ff.

1722 Siehe hierzu Sanden/Schoeneck, BBodSchG, 1998, § 13 Rn. 7.

1723 Sanden/Schoeneck, BBodSchG, 1998, § 13 Rn. 8; unzutreffend daher Frenz/Heßler, NVwZ 2001, 13 (14).

1724 Sahm, UPR 1999, 374 (375); Sanden/Schoeneck, BBodSchG, 1998, § 13 Rn. 8.

1725 Müllmann, NVwZ 1994, 876 (878).

1726 Unzutreffend Frenz/Heßler, NVwZ 2001, 13 (14), die auch in solchen Fallgestaltungen schon von einem Sanierungsvertrag sprechen.

1727 Dombert, ZUR 2000, 303 (306); allerdings bestehen hier je nach Behörde und je nach Bundesland unterschiedliche Voraussetzungen; vgl. hierzu im Einzelnen die Kommentierung bei Bonk, in: Stelkens/Bonk/Sachs, VwVfG, 6. Aufl. 2001, § 61 Rnrn. 21 ff. sowie die im dritten Teil des Kommentars dargestellten Abweichungen des Landes- vom Bundesrecht.

ist[1728]. Die Behörde müsste hierfür jedoch gem. § 61 Abs. 1 S. 3 VwVfG die Genehmigung der zuständigen Aufsichtsbehörde einholen[1729].

3. Vergleichs- und Austauschvertrag

Der Sanierungsvertrag als öffentlich-rechtlicher Vertrag kann entweder als Vergleichsvertrag gem. § 55 VwVfG oder als Austauschvertrag gem. § 56 VwVfG geschlossen werden.

Ein Vergleichsvertrag nach § 55 VwVfG kommt dann in Betracht, wenn bei der verständigen Würdigung der Sach- oder Rechtslage eine Ungewissheit durch gegenseitiges Nachgeben beseitigt wird[1730]. Der Vergleichsvertrag eröffnet damit der Behörde nach Ausübung pflichtgemäßen Ermessens die Möglichkeit, die typischerweise bei Altlastenfällen bestehenden Unsicherheiten in tatsächlicher Hinsicht im Kooperationswege zu beseitigen[1731]. In der Praxis bieten sich Vergleichsverträge vor allem dann an, wenn der Nachweis von unterschiedlichen Verursachungsbeiträgen schwierig ist oder das genaue Ausmaß der Gefährdung nicht klar ist[1732].

In rechtlicher Hinsicht kann ein Vergleichsvertrag die Unsicherheit im Hinblick auf das Problem der Legalisierungswirkung von Genehmigungen[1733] oder im Hinblick auf die Heranziehung von Verantwortlichen, denen eine Haftungs- oder Kostenlastbeschränkung aus Gründen der Verhältnismäßigkeit zu Gute kommt[1734], lösen.

Zu beachten sind aber beim Vergleichsvertrag die sonstigen Rechtmäßigkeitsvoraussetzungen, insbesondere gem. § 59 Abs. 2 Nr. 3 VwVfG. Ein Vergleichsvertrag kann nicht rechtmäßig geschlossen werden, wenn die Abschlussvoraussetzungen des § 55 VwVfG nicht vorliegen. Liegt keine Ungewissheit in rechtlicher oder tatsächlicher Hinsicht vor, kann ein Vergleichsvertrag nicht geschlossen werden[1735]. Gleiches gilt, wenn kein gegenseitiges Nachgeben erfolgte[1736].

Außerdem hat der Abschluss des Vergleichsvertrags für die Behörde zweckmäßig zu sein. Das bedeutet, dass die Behörde einen Vergleichsvertrag nur abschließen darf, wenn sie nach der Ausübung pflichtgemäßen Ermessens zu der Überzeugung kommt, dass der Aufwand für die Aufklärung einer Ungewissheit unverhältnismäßig groß wäre[1737]. Daneben gelten die sonstigen Rechtmäßigkeitsvoraussetzungen, wie die Einhaltung von Form- und Verfahrensvorschriften.

1728 Dombert, ZUR 2000, 303 (307).

1729 Frenz/Heßler, NVwZ 2001, 13 m.w.N.; vgl. hierzu Bonk, in: Stelkens/Bonk/Sachs, VwVfG, 6. Aufl. 2001, § 61 Rnrn. 21 ff. m.w.N.

1730 Frenz/Heßler, NVwZ 2001, 13 (14); Sahm, UPR 1999, 374 (376).

1731 Frenz/Heßler, NVwZ 2001, 13 (14).

1732 Sahm, UPR 1999, 374 (376).

1733 Frenz/Heßler, NVwZ 2001, 13 (14).

1734 Sahm, UPR 1999, 374 (376).

1735 Sahm, UPR 1999, 374 (376).

1736 Sahm, UPR 1999, 374 (376).

1737 Vgl. Frenz/Heßler, NVwZ 2001, 13 (15).

Der Schwerpunkt wird in der Praxis jedoch auf Sanierungsverträgen liegen, die als Austauschverträge gem. § 56 VwVfG ausgestaltet sind. Vertragliche Leistung des Sanierungspflichtigen wird regelmäßig die Verpflichtung zur Durchführung der Sanierung sein[1738]. Unter Umständen kann auch die Durchführung von Erschließungsmaßnahmen versprochen werden[1739]. Im Gegenzug wird die Behörde zusagen, gegenüber dem Sanierungspflichtigen nach Beendigung der Sanierung keine weiteren Ansprüche zu erheben[1740]. Eine solche Klausel ist gem. § 56 VwVfG möglich, da die Leistung der Behörde (Entlassung aus der Verantwortlichkeit) zur Gegenleistung des Sanierungspflichtigen (Durchführung der Sanierung) in keinem unangemessenen Verhältnis steht[1741]. Auch entfaltet eine solche Freistellung kein Zustimmungserfordernis von anderen (potenziellen) Verantwortlichen, da es ein subjektiv-öffentliches Recht auf vollumfängliche Heranziehung eines anderen Pflichtigen nicht gibt[1742].
Weitere vertragliche Verpflichtung der Behörde kann die Zusage zur Verbindlicherklärung des Sanierungsplans, mit der für den Sanierungspflichtigen positiven Folge einer Verfahrensbeschleunigung[1743] durch die Genehmigungskonzentration nach § 13 Abs. 6 S. 2 BBodSchG[1744], oder wenn keine Verbindlicherklärung erfolgt, die Erteilung einer Baugenehmigung sein[1745]. Zu beachten ist aber, dass die Verbindlicherklärung als eigenständiger Verwaltungsakt erfolgt[1746] und andere Genehmigungen nur eingeschlossen sind, wenn das Einvernehmen der jeweils zuständigen Behörde vorliegt[1747].

Weiterhin sind auch beim Austauschvertrag die Rechtmäßigkeitsvoraussetzungen des § 59 VwVfG zu beachten[1748]. Insbesondere darf sich die Behörde keine nach § 56 VwVfG unangemessene Gegenleistung versprechen lassen[1749].

4. Anwendungsfälle von Sanierungsverträgen

Besondere Bedeutung erlangt der Sanierungsvertrag vor allem bei den – in der Praxis nicht seltenen – Fallgestaltungen, in denen ein potenzieller Investor ein Investitionsvorhaben durch Kauf und Entwicklung eines Altlastengrundstücks durchführt. An solchen Projekten besteht vielfach auch ein übergreifendes Interesse nicht nur beim Altlasteneigentümer, der ein sanierungsbedürftiges Grundstück veräußern will, sondern auch bei den betroffenen Gemeinden, die sich beispielsweise eine Entwicklung

1738 Sahm, UPR 1999, 374 (378).

1739 Sahm, UPR 1999, 374 (378).

1740 Frenz/Heßler, NVwZ 2001, 13 (14); Dombert, ZUR 2000, 303 (305); Sahm, UPR 1999, 374 (377); Steffen/Popp, ZNotP 1999, 303 (313); Gerhold/Simon, altlasten spektrum 1999, 265 (266).

1741 Dombert, ZUR 2000, 303 (306).

1742 Frenz/Heßler, NVwZ 2001, 13 (15) m.w.N.

1743 Dombert, altlasten spektrum 1999, 272 (274).

1744 Zur Konzentrationswirkung vgl. Dombert, altlasten spektrum 1999, 272 (273).

1745 Sahm, UPR 1999, 374 (377).

1746 Vierhaus, NJW 1998, 1262 (1268).

1747 Sahm, UPR 1999, 374 (377) m. w. Einzelheiten.

1748 Siehe hierzu im Einzelnen Maurer, Allgemeines Verwaltungsrecht, 13. Aufl. 2000, S. 377 ff.

1749 Sahm, UPR 1999, 374 (378).

der Innenstadt oder die Ansiedlung von Gewerbe auf ehemaligen Altlastflächen erhoffen[1750].

Hauptproblem in diesen Fällen ist, dass der Investor für die Durchführung des Vorhabens das Eigentum an dem Grundstück benötigt, er das Risiko, zu einer Sanierung herangezogen zu werden, aber nicht eingehen will. Wird das Grundstück vor Eigentumsübergang nicht vollständig saniert, besteht für den Investor keine Möglichkeit, der bodenschutzrechtlichen Haftung zu entgehen. Soll hingegen eine Sanierung erst im Laufe der Projektentwicklung erfolgen, was häufig die praktikabelste Lösung ist, hilft dem Investor eine Haftungsfreistellung durch den Verkäufer nur bedingt. Wird er von der Behörde in Anspruch genommen, kann er zwar den Verkäufer auf Kostenfreistellung in Anspruch nehmen, trägt aber das Risiko für die Insolvenz des Verkäufers[1751]. Auch die durch die Entscheidung des Bundesverfassungsgerichts vom 16. Februar 2000[1752] ausgesprochene Begrenzung der Haftung hilft dem Investor nicht. Er haftet zwar als Grundstückseigentümer grundsätzlich nur bis zur Höhe des Verkehrswertes, so dass eine entsprechende, diese Problematik berücksichtigende Herabsetzung des Kaufpreises durchsetzbar erscheint. Jedoch ist in diesen Fällen das Bestehen einer Altlast regelmäßig bekannt, so dass nach der Rechtsprechung des Bundesverfassungsgerichts eine Haftungsbegrenzung ausgeschlossen ist[1753].

In der Praxis führen außerdem bestimmte Fallgestaltungen im Rahmen einer Weiterveräußerung eines Altlastengrundstücks zu erheblichen Schwierigkeiten, was anhand des folgenden Beispiels verdeutlicht werden soll:

In einem ersten Kaufvertrag zwischen dem großen und soliden Unternehmen X-AG und dem Käufer Y-GmbH verpflichtete sich die X-AG zur vollständigen Haftungsübernahme im Falle einer behördlichen Heranziehung. Eine Haftungsfreistellung durch ein finanzkräftiges Unternehmen reicht einem Investor in vielen Fällen aus, um ein Projekt zu beginnen. Das Risiko, selbst kostenpflichtig zu werden, ist vergleichsweise gering.

Möchte nun die Y-GmbH das von der X-AG erworbene Grundstück weiter an den Investor Z verkaufen, kann sie nach der Rechtsprechung des Bundesgerichtshofes die Haftungsfreistellung der X-AG regelmäßig nicht übertragen[1754]. Der potenzielle Investor Z müsste sich, wenn er selbst behördlicherseits zur Sanierung herangezogen wird, an seinen Vertragspartner, die Y-GmbH halten. Ist ihm dies zu unsicher, wird er von einem Grundstückskauf Abstand nehmen.

Selbst eine Zustimmung der X-AG zur Übertragung der Freistellung reicht nicht aus, sie kann allenfalls als Angebot zum Abschluss eines Änderungsvertrags mit der Y-GmbH und als Angebot zum Abschluss einer entsprechenden Vereinbarung mit dem Investor Z ausgelegt werden[1755]. Hierzu wird es in der Praxis jedoch selten kommen, da zum einen die X-AG selbst kein Interesse haben wird, Haftungsübernahmen aus-

1750 Siehe hierzu die Beispiele in Kap. 1 B V 1.

1751 Steffen/Popp, ZNotP 1999, 303 (305).

1752 BVerfGE 102, 1 ff.; siehe hierzu oben unter Kap. 3 D I 2. c) (2).

1753 BVerfGE 102, 1 (21 f.).

1754 Siehe hierzu Heinrichs, in: Palandt, BGB, 62. Aufl. 2003, § 399 Rn. 4 m.w.N.

1755 So BGHZ 108, 172 (176); vgl. aber BGH, NJW-RR, 1991, 763 (764); zum Ganzen auch Stürner, in: Jauernig, BGB, 10. Aufl. 2003, §§ 399, 400 Rnrn. 5 und 8.

zuweiten, ohne hierzu verpflichtet zu sein, und zum anderen die Vermehrung von Vertragsparteien zu einem erhöhten Aufwand führt, den der potenzielle Investor häufig vermeiden möchte.

Auf zivilrechtlicher Ebene ist eine Regelung, wonach eine der Vertragsparteien nicht zur Sanierung herangezogen werden kann, ausgeschlossen, da die öffentlich-rechtliche Pflichtenstellung für Zivilrechtssubjekte nicht disponibel ist[1756]. Dies gilt nicht im Hinblick auf öffentlich-rechtliche Verträge. Die Behörde kann sich in einem öffentlich-rechtlichen Vertrag im Rahmen ihres Ermessens verpflichten[1757], einen der Pflichtigen nicht in Anspruch zu nehmen.

Aus diesem Grund empfiehlt es sich – insbesondere, wenn neben Privatinteressen noch ein öffentliches Interesse an einem bestimmten Projekt besteht – einen Sanierungsvertrag unter Einschluss sämtlicher Beteiligter und des potenziellen Investors abzuschließen.

II. Kostenübernahmevereinbarung

Im Einzelfall ist auch an eine Vereinbarung zur Übernahme von Kosten zu denken. Soweit ausschließlich der sanierungspflichtige Private Kosten trägt, beschränkt sich der Text eines Sanierungsvertrags auf eine entsprechend kurz gefasste Klausel.

Gerade in komplexen Sanierungssachverhalten, bei denen verschiedene Parteien die Kosten tragen, ist aber eine detaillierte Kostenübernahmevereinbarung erforderlich. Denkbar sind in diesem Zusammenhang Kostenquotelungen, feste Zuschüsse zum Sanierungsprojekt oder die Kostenübernahme für Teilarbeiten.

Eine Kostenquotelung wird vor allem bei der Beteiligung von mehreren Sanierungspflichtigen in einem Sanierungsprojekt erfolgen. Die Aufnahme einer Quotelungsregelung in einem Sanierungsvertrag ist deswegen empfehlenswert, weil eine solche vertragliche Regelung den Ausgleichsanspruch nach § 24 Abs. 2 BBodSchG verdrängt.

Regelungen zu festen Zuschüssen für ein Sanierungsprojekt werden häufig Fallgestaltungen betreffen, in denen Subventionen oder andere öffentliche Mittel für Sanierungen eingesetzt werden. Allerdings betrifft dies nicht die Fälle, in denen eine pro-

1756 Drews/Wacke/Vogel/Martens, Gefahrenabwehr, 9. Aufl. 1986, S. 298; Ossenbühl, Zur Haftung des Gesamtrechtsnachfolgers für Altlasten, 1995, S. 38; Kloepfer, Umweltrecht, 2. Aufl. 1998, S. 805; Oldiges, JA 1978, 541 (541 f.); Oerder/Numberger/Schönfeld, BBodSchG, 1999, § 4 Rn. 15; Müller/Süß, altlasten spektrum 1999, 91 (92); Meißner, ZfIR 1999, 407 (411); Müggenborg, SächsVBl. 2000, 77 (82); OVG Münster, NVwZ 1997, 507 (508); siehe hierzu auch oben unter Kap. 3 D I 2. b) (1).

1757 Eine behördliche Freistellung eines Verursachers, dessen Verursachungsbeitrag unklar ist, wird in der Literatur als nicht möglich angesehen; vgl. Sahm, UPR 1999, 374 (377). Dies ist in den Fällen, in denen eine behördliche Freistellung eines Verursachers zu Lasten der anderen geht, sicher richtig und ist im Rahmen der behördlichen Ermessensausübung zu berücksichtigen. Erfolgt jedoch keine Verschiebung von Kostenlasten zu Ungunsten Dritter, wird auch eine solche Freistellung grundsätzlich möglich sein.

zentuale Beteiligung der öffentlichen Hand an Sanierungsprojekten gesetzlich oder vertraglich festgeschrieben ist[1758].

Die Kostenübernahme für bestimmte abgrenzbare Teilarbeiten sind dort zu beobachten, wo bestimmte Arbeiten im Rahmen von Sanierungsprojekten besser von einem beteiligten Dritten vorgenommen werden können, als vom Sanierungspflichtigen. Dies kann z.B. dann der Fall sein, wenn im Rahmen von ohnehin notwendigen Aushubarbeiten für ein Gebäude das kontaminierte Erdreich abgetragen wird, oder wenn eine entsprechende Abdeckung als Sicherungsmaßnahme durch eine ohnehin geplante Überbauung erfolgt. Bei diesen Fallgestaltungen kommt eine begrenzte Beteiligung des Investors am Sanierungsprojekt in Frage und kann dementsprechend im Sanierungsvertrag festgehalten werden.

Parallel zur Kostenübernahmevereinbarung, in der die verschiedenen Beteiligten die Übernahme von bestimmten Kostenpositionen oder Kostenanteilen zusagen, ist für den Sanierungspflichtigen als Kehrseite die Freistellung von weiteren behördlichen Forderungen wesentlich. Eine solche Freistellungserklärung, mit der sich die Behörde verpflichtet, nach Durchführung der vereinbarten Sanierungsmaßnahmen und einem entsprechenden Sanierungsergebnis gegen den Vertragspartner keine weiteren Forderungen in Bezug auf den konkreten Sanierungssachverhalt zu stellen, ist rechtlich möglich[1759] und stellt letztlich die Hauptgegenleistung der Behörde im Sanierungsvertrag dar. Daneben können noch weitere Verpflichtungen der Behörde aufgenommen werden, wie z.B. die Erteilung einer bestimmten Baugenehmigung oder die Streichung aus dem Altlastenkataster. Auf diese Behördenhandlungen besteht jedoch beim Vorliegen der gesetzlichen Voraussetzungen ohnehin ein Rechtsanspruch, so dass hierfür der Anreizcharakter zum Abschluss eines öffentlich-rechtlichen Vertrags eher gering bleibt.

H. Finanzierung von Bodensanierungsmaßnahmen nach dem Gemeinlastprinzip

Das Hauptproblem einer Altlastensanierung stellt die Finanzierung dar. Die Sanierung von Bodenkontaminationen, für die kein Verantwortlicher herangezogen werden kann, sind von der öffentlichen Hand nach dem Gemeinlastprinzip zu übernehmen[1760]. Aber auch bei Heranziehung der Grundsätze des Bundesverfassungsgerichts zur Begrenzung der Zustandsverantwortlichkeit[1761] und dem oben genannten Vorschlag eines Finanzierungsmodells über die Wertausgleichsvorschrift nach § 25 BBodSchG kommen auf die öffentliche Hand erhebliche Finanzierungslasten zu.

Die Finanzierungsfrage stellte seit Beginn der Altlastendiskussion auch das Hauptproblem für die Bundesländer dar, die im Bereich der Gefahrenabwehr kostenpflich-

1758 Beispielsweise § 8 SächsAGB bzw. der Vorgängerregelung in § 10 Abs. 6 SächsEGAB, wonach eine Beteiligung von 10 % vom freigestellten Eigentümer zu erbringen ist; siehe hierzu oben unter Kap. 1 B III 2. n).

1759 Frenz/Heßler, NVwZ 2001, 13 (14); Dombert, ZUR 2000, 303 (305); Sahm, UPR 1999, 374 (377).

1760 Vgl. Papier, JZ 1994, 810 (821).

1761 BVerfGE 102, 1 ff.; vgl. hierzu oben unter Kap. 3 D I 2. c) (2).

tig sind[1762]. Nachdem die wegen der nur teilweise möglichen Finanzierungsbeteiligung des Bundes entworfenen und installierten Finanzierungsmodelle lediglich in begrenztem Umfang zu einer Lösung der Altlastenfinanzierungsfrage beitrugen[1763], wurde verschiedentlich vorgeschlagen, den Bundesländern eine eigenständige Finanzierungsmöglichkeit an die Hand zu geben[1764].

Soweit es sich hierbei um Finanzierungsmodelle handelt, die dem Verursacher- oder dem Gemeinlastprinzip gerecht werden, besteht jedoch kein Handlungsbedarf. Das Bundes-Bodenschutzgesetz bewirkt im Vergleich zur bisherigen Rechtslage keine Einschränkung des Verursacherprinzips, sondern erweitert den Kreis der Pflichtigen im Bereich der Zustandsverantwortlichkeit erheblich. Auch die Forderung nach ergänzenden Finanzierungsmöglichkeiten für Sanierungsmaßnahmen nach dem Gemeinlastprinzip verdeckt, dass damit lediglich der Ruf nach Erhebung neuer Abgaben erfolgt. Sanierungsmaßnahmen, für die kein Verantwortlicher herangezogen werden kann, sind – unabhängig vom Inkrafttreten des Bundes-Bodenschutzgesetzes – nach der grundgesetzlichen Aufgabenverteilung von den Bundesländern zu tragen, die diese Kosten gegebenenfalls aus dem regulären Haushalt aufbringen müssen. Verfahrensregelungen in diesem Bereich, wie die Einschaltung privatrechtlicher Sanierungsträger oder die Finanzierung über einen Landesfonds sind den Bundesländern durch das Bundes-Bodenschutzgesetz nicht verwehrt[1765].

Damit beschränkt sich der Kreis von bodenschutzrechtlich regelbaren Finanzierungsmodellen auf bestimmte Formen einer gruppenspezifischen Kostenbeteiligung gemäß dem Gruppenlastprinzip. Von einzelnen Bundesländern eingeführte Modelle in diesem Bereich scheiterten jedoch vor allem an kompetenzrechtlichen Schwierigkeiten. In der Tat könnte eine entsprechende Öffnungsklausel im Bundes-Bodenschutzgesetz, aber auch in einem anderen Gesetz[1766], den Ländern eine Finanzierungsmöglichkeit eröffnen. Im Bereich von Gewässersanierungen besteht im Übrigen eine entsprechende Finanzierungsmöglichkeit über die Abwasserabgabe[1767], deren Zweckbindung in § 13 AbwAG die Verwendung der nicht unerheblichen Mittel[1768] für Maßnahmen der Erhaltung oder Verbesserung der Gewässergüte anordnet. Hierunter fallen vor allem unmittelbare Gewässerschutzmaßnahmen[1769] und da-

---

1762 VGH München, BayVBl. 1997, 660 (661);v. Mutius/Hahn, in: Blume (Hrsg.), Handbuch des Bodenschutzes, 2. Aufl. 1992, S. 654 (676 f.).

1763 Siehe hierzu ausf. oben unter Kap. 1 B III 2.

1764 Vgl. Papier, JZ 1994, 810 (821); Erbguth/Stollmann, UPR 1996, 281 (294); Schink, DÖV 1999, 797 (807); Turnit, altlasten spektrum 2000, 270 (272); Hipp, in: Landeshauptstadt Stuttgart (Hrsg.), Kommunales Altlastenmanagement Baden-Württemberg, 1996, S. 162; Schrader, Wasser & Boden 1998, 8 (13).

1765 Peine, NVwZ 1999, 1165 (1171); Peine, NuR 1999, 121 (127); Peine, in: Breuer (Hrsg.), Konkretisierung von Umweltanforderungen, 1998, S. 184.

1766 Z.B. im KrW-/AbfG oder durch ein Abfallabgabengesetz auf Bundesebene; vgl. Hipp, in: Landeshauptstadt Stuttgart (Hrsg.), Kommunales Altlastenmanagement Baden-Württemberg, 1996, S. 162; siehe hierzu auch oben unter Kap. 1 IV 1.

1767 Vgl. hierzu Kloepfer, Umweltrecht, 2. Aufl. 1998, S. 888.

1768 Für 1992 wird der Betrag von 550 Mio. DM genannt; vgl. Kloepfer, Umweltrecht, 2. Aufl. 1998, S. 903; auf eine Anfrage des Verfassers beim Umweltbundesamt vom 1. Juli 2002 wurden für 2001 folgende Einnahmen aus der Abwasserabgabe genannt: 741,117. Mio. DM.

1769 Kloepfer, Umweltrecht, 2. Aufl. 1998, S. 903.

mit prinzipiell auch Maßnahmen der Altlastensanierung, wenn z.B. die Sanierung aus Gründen des Gewässerschutzes angeordnet wird[1770].

Der Bundesgesetzgeber selbst sah sich jedoch hinsichtlich des Bodenschutzrechts zur Einführung einer entsprechenden Regelung nicht veranlasst. Allerdings wird in der amtlichen Begründung für das Bundes-Bodenschutzgesetz bei der Bezugnahme auf die Kosten auch nicht auf die schon vor Inkrafttreten des Bundes-Bodenschutzgesetzes schwierige finanzielle Lage der Bundesländer eingegangen. Vielmehr wurde die Lage der zuständigen Bundesländer mit der prognostizierten Lage nach Inkrafttreten des Bundes-Bodenschutzgesetzes verglichen[1771].

Das Ergebnis, dass auf die Bundesländer durch das Bundes-Bodenschutzgesetz keine nennenswerten zusätzlichen Kosten zukommen, ist sicher zutreffend. Insbesondere wegen der schon vor Inkrafttreten des Bundes-Bodenschutzgesetzes vorhandenen rechtlichen Regelungen der einzelnen Bundesländer im Bereich des Altlastenrechts waren keine Zusatzausgaben, z.B. durch den Aufbau neuer Behördenstrukturen oder sonstige Anpassungen, zu erwarten[1772]. Die den Bundesländern entstehenden zusätzlichen Kosten durch die – politisch umstrittenen[1773] – erweiterten Ausgleichspflichten bei Anordnungen zu Lasten der Land- und Forstwirtschaft nach § 10 Abs. 2 BBodSchG werden als gering eingeschätzt[1774]. Diese Kosten werden nach Einschätzung des Gesetzgebers durch die erweiterten Heranziehungsmöglichkeiten sowie durch Einsparungen im Verwaltungsverfahren ausgeglichen[1775].

Hingegen ist durch die Ausführungen des Bundesverfassungsgerichts in der Entscheidung vom 16. Februar 2000 zu der behördlichen Kostenentscheidung[1776] eine erhebliche finanzielle Zusatzbelastung der Bundesländer zu erwarten[1777]. Zum einen wird der Verwaltungsaufwand steigen, da die Behörden in vielen Fällen wegen der nur begrenzten Heranziehbarkeit des Zustandsverantwortlichen zu den Kosten weitere Verantwortliche ermitteln müssen, um nicht selbst auf den überschießenden Sanierungskosten sitzen zu bleiben[1778]. Zum anderen verkompliziert sich das Verwaltungsverfahren bei der Inanspruchnahme eines Zustandsverantwortlichen insgesamt[1779], da die Behörden in erheblich größerem Umfang Ermittlungen vornehmen müssen[1780]. Das betrifft zum einen das Verfahren zur Ermittlung des Verkehrswertes[1781] und zum anderen die Aufklärung des Sachverhalts hinsichtlich der Kenntnis bzw. dem Grad der Fahrlässigkeit bei Unkenntnis eines Käufers von der Verunreini-

1770 Köhler, Abwasserabgabengesetz, 1999, § 13 Rn. 24, 45.

1771 BT-Drs. 13/6701, S. 21 f.

1772 BT-Drs. 13/6701, S. 4.

1773 Ziegler, LKV 1998, 249 (251); Schrader, Wasser & Boden 1998, 8.

1774 BT-Drs. 13/6701, S. 4 f.; danach geht eine worstcase-Abschätzung des Umweltbundesamtes von 48 Mio. DM/Jahr für diesen Bereich aus.

1775 BT-Drs. 13/6701, S. 5.

1776 BVerfGE 102, 1 (24); Siehe hierzu oben unter Kap. 3 D I 2. c).

1777 Kobes, altlasten spektrum 2000, 273 (279); Knoche, GewArch 2000, 448 (456).

1778 Knoche, GewArch 2000, 448 (456); vgl. zur bisherigen Heranziehungspraxis Knopp, BB 2000, 1373 (1375).

1779 Müggenborg, NVwZ 2001, 39 (41).

1780 Knopp, BB 2000, 1373 (1375); Knopp, DÖV 2001, 441 (451 f.); Kobes, altlasten spektrum 2000, 273 (277).

1781 Kobes, altlasten spektrum 2000, 273 (278).

gung[1782]. Außerdem ist bei Sanierungsfällen, in denen das Grundstück die Grundlage der privaten Lebensführung bildet, eine Ermittlung der zumutbaren Kostenbelastung vorzunehmen[1783]. Durch die Trennung von Sanierungsverfügung und Kostenbelastung wird es jedoch vor allem in Eilfällen – zulässigerweise[1784] – zu einer Aufspaltung des bisher einheitlichen Verwaltungsverfahrens in ein Sanierungsverfügungs- und in ein Kostenentscheidungsverfahren kommen[1785]. Dies führt zum einen zu einem administrativen Mehraufwand und zum anderen zu einer Verdoppelung der Anfechtungsmöglichkeiten des Betroffenen. Allerdings besteht für diesen nun die Möglichkeit, eine sachlich nicht angreifbare Sanierungsverfügung bestandskräftig werden zu lassen und sich nur gegen die Kostenentscheidung zu wehren[1786]. Diese ihm früher verwehrte Aufspaltung der Anfechtungsmöglichkeiten könnte auch zu einer Entlastung des Verwaltungsverfahrens führen[1787].Insofern ist die Einschätzung, mit der Entscheidung des Bundesverfassungsgerichts seien den Vollzugsbehörden Steine statt Brot gegeben worden[1788], nachvollziehbar.

Die Behörden können allerdings diesen Zusatzaufwand durch verstärkten Einsatz konsensualer Verwaltungstätigkeit minimieren[1789]. Insofern kann die Entscheidung des Bundesverfassungsgerichts vom 16. Februar 2000[1790] auch positive Auswirkungen auf die Verwaltungspraxis haben.

Eine weitere, nicht zu unterschätzende Kostenbelastung für die öffentliche Hand ergibt sich aus der genannten Entscheidung des Bundesverfassungsgerichts[1791] daraus, dass es in den Fällen, in denen kein weiterer Verantwortlicher herangezogen werden kann und die zumutbare Kostenbelastung des Zustandsverantwortlichen unterhalb der tatsächlichen Sanierungskosten liegt, zu einer Finanzierungsbeteiligung der öffentlichen Hand kommen wird[1792].

I. Kritische Würdigung

Auch mit Inkrafttreten des Bundes-Bodenschutzgesetzes sind längst nicht alle Fragen im Hinblick auf den Umgang mit kontaminierten Flächen beantwortet. Mit der Einführung einer bundeseinheitlichen Regelung wird jedoch eines der größten Praxisprobleme, nämlich die Anwendung von mehreren Dutzend verschiedener Wertelisten im Bundesgebiet, angegangen. Gelöst ist dieses Problem jedoch noch bei weitem nicht, da für die meisten der gängigen Schadstoffe noch keine Maßnahmenwerte festgelegt worden sind. Ohne eine präzise Beschreibung dieser Gefahrenschwelle

---

1782 Kobes, altlasten spektrum 2000, 273 (277 f.).

1783 Knopp, DÖV 2001, 441 (451 f.); Kobes, altlasten spektrum 2000, 273 (279).

1784 BVerfGE 102, 1 (24).

1785 Klüppel, Jura 2001, 26 (29); vgl. auch Müggenborg, NVwZ 2001, 39 (41); Kobes, altlasten spektrum 2000, 273 (279); Knopp, DÖV 2001, 441 (451).

1786 Kobes, altlasten spektrum 2000, 273 (279).

1787 Kobes, altlasten spektrum 2000, 273 (279).

1788 Bickel, NJW 2000, 2562; kritisch auch Mohr, altlasten spektrum 2001, 36 (37).

1789 Siehe hierzu oben unter Kap. 1 B V und die Ausführungen zum Sanierungsvertrag unter Kap. 3 G I.

1790 BVerfGE 102, 1 ff.; siehe hierzu oben unter Kap. 3 D I 2. c) (2).

1791 BVerfGE 102, 1 ff.; siehe hierzu oben unter Kap. 3 D I 2. c) (2).

1792 Lepsius, JZ 2001, 22 (27); Klüppel, Jura 2001, 26 (29); siehe hierzu oben unter Kap. 3 D I 2. c) (2) (f).

kann jedoch das erstrebte Ziel, Rechts- und Investitionssicherheit zu erlangen, nicht erreicht werden.

Betroffen vom Fehlen einheitlicher und verbindlicher Werte ist insbesondere der Eigentümer einer verunreinigten Fläche, der diese mit unter Umständen erheblichem finanziellem Aufwand entwickeln möchte. Geht es nur um die Sanierung der Fläche, ist er wegen der zu konstatierenden Unsicherheiten der Behörden bei der Anwendung des neuen Rechts möglicherweise noch im Vorteil. Eine rechtlich auf festen Beinen stehende Vollzugspraxis wird sich mit der Zeit einpendeln. Ist der Eigentümer daran interessiert, die Fläche durch entsprechende Investitionen zu entwickeln, stellt sich das Fehlen von verlässlichen („*Grenz*"-)Werten als negativ dar. Dadurch sind bei der Wirtschaftlichkeitsberechnung eines Investitionsvorhabens größere Unwägbarkeiten einzustellen. Wird ein Vorhaben vorsichtig berechnet, führt dies zwangsläufig dazu, dass ein gewisser Teil von – objektiv betrachtet – wirtschaftlichen Vorhaben wegen subjektiv bestehender Unsicherheiten nicht verwirklicht werden kann.

Beantwortet wurde mit Inkrafttreten des Bundes-Bodenschutzgesetzes hingegen eine Reihe von bisher umstrittenen Rechtsfragen, etwa die Frage der Kostentragungspflicht bei Untersuchungsmaßnahmen oder des Ausgleichsanspruchs zwischen verschiedenen bodenschutzrechtlich Verantwortlichen.

Auf der anderen Seite wurden einige bisher schon bekannte Problemkreise vom Gesetzgeber nicht angegangen. So stellt sich im Nachhinein das Zurückweichen der Bundesregierung vor dem Widerstand der Länder bei der Frage einer Begrenzung der Zustandsverantwortlichkeit als großes Manko des Gesetzgebungsvorhabens dar. So existiert ein vergleichsweise junges Gesetz, das wegen der bekannten Entscheidung des Bundesverfassungsgerichts im Grunde schon wieder novelliert werden müsste.

Dies könnte dann auch Anlass sein, über eine Reformierung der Zustandshaftung bei Umweltschäden im Gesamten nachzudenken. Die Ausführungen des Bundesverfassungsgerichts lassen den Behörden bei der Heranziehung des Eigentümers in vielen Fällen keinen großen Spielraum mehr. Die verfassungsrechtlich zulässige Kostenbelastung des Eigentümers ist in den meisten Fällen nicht höher, als die Behörde über den Wertausgleich nach § 25 BBodSchG abschöpfen könnte. Die Beteiligung des Eigentümers an Sanierungsmaßnahmen über die Haftung des Grundstücks erfüllt die verfassungsgerichtlichen Vorgaben und führt zu einer gerechten Kostenverteilung. Ob dies auf der primären Ebene über eine Beschränkung der Verantwortlichkeit erfolgt, oder, wie vom Bundesverfassungsgericht entschieden, auf der Kostenebene, spielt letztlich eine untergeordnete Rolle.

Das Bundes-Bodenschutzgesetz wirft jedoch auch einige neue Fragen auf, die in der Praxis zu Vollzugsproblemen führen werden. So führt die Ausweitung des Katalogs der Sanierungsverantwortlichen zu einer gewissen Unübersichtlichkeit der Regelung und darüber hinaus auch zu weiteren Schwierigkeiten. Dies hängt zum einen mit der Verweisung auf zivilrechtliche Rechtsinstitute zusammen, etwa mit der Aufnahme einer handels- und gesellschaftsrechtlichen Einstandspflicht oder des Gesamtrechtsnachfolgetatbestands. Hier kann es zu zivilrechtlich geprägten Fallkonstellationen kommen, die der Gesetzgeber nicht im Auge gehabt haben dürfte, und für welche die bodenschutzrechtlichen Vorschriften nicht recht passen möchten.

Nach der Kostenkonzeption des Gesetzgebers zieht die bodenschutzrechtliche Verantwortlichkeit grundsätzlich nach § 24 Abs. 1 BBodSchG die Kostentragungspflicht nach sich. Um eine möglichst breite Finanzierungsbasis zu gewährleisten, hat der Gesetzgeber versucht, einen größtmöglichen Kreis von grundsätzlich kostenpflichtigen Verantwortlichen zu schaffen. Um als unbillig empfundene Inanspruchnahmen zu vermeiden, wurden schon durch das Gesetz eine Reihe von Ausnahmen und Einschränkungen eingeführt, etwa die Verschonung des gutgläubigen früheren Eigentümers oder bestimmte Anrechnungs- und Ausnahmetatbestände bei der Wertausgleichsberechnung. Weitere Einschränkungen ergeben sich aus der Rechtsprechung des Bundesverfassungsgerichts in Bezug auf die Kostenverpflichtung des Eigentümers. Hier kommt es zu der Konstellation, dass der bodenschutzrechtlich voll verantwortliche Eigentümer nur beschränkt haftet. Umgekehrt sind über den Verweis auf das Handels- und Gesellschaftsrecht oder bei Wertausgleichssachverhalten Fallgestaltungen denkbar, in denen Zahlungspflichten ohne eine entsprechende Verantwortlichkeit bestehen. Die Struktur im Bundes-Bodenschutzgesetz in Bezug auf die Kostenverantwortlichkeit mit Tatbeständen und hieran anschließende Ausnahmeregelungen macht das Gesetz unübersichtlich und verkompliziert die Anwendung in der Praxis.

Dennoch gibt es im neuen Bodenschutzrecht auch einige Anknüpfungspunkte, für eine Lösung des Problems des Altlastenproblems in der Zukunft. Hier ist zum einen der Versuch zu nennen, Vorsorge vor Bodenschädigungen zu treffen und Versiegelungen zu vermeiden, sowie die Betonung von konsensualen Handlungsstrategien zur Bewältigung der Altlastenproblematik. Auch die – nicht thematisierte – Einbeziehung der landwirtschaftlichen Bodennutzung in den Anwendungsbereich des Bundes-Bodenschutzgesetzes kann einen Fortschritt zur bisherigen Lage darstellen. Gelingt schließlich in der Zukunft die Lösung des Finanzierungsproblems, wird das Thema „*Altlasten*“ nur noch zeitlich begrenzte Bedeutung haben.

Literaturverzeichnis:

Abfallentsorgungs- und Altlastensanierungsverband Nordrhein-Westfalen (AAV)-Entsorgungsverband (Hrsg.), Jahresbericht 1997, 1998 (zitiert: AAV, Jahresbericht 1997).

Abfallentsorgungs- und Altlastensanierungsverband Nordrhein-Westfalen (AAV)-Entsorgungsverband (Hrsg.), Breiter Konsens für Erhalt des AAV, AAV-Mitteilungen, Ausgabe 1, 2001, S. 1.

Achterberg, Norbert; Krawietz, Werner; Wyduckel, Dieter (Hrsg.), Recht und Staat im sozialen Wandel, Festschrift für Hans Ulrich Scupin, Berlin, 1983.

Adam, Dietrich, Investitionscontrolling, 3. Aufl., München, Wien, 2000.

AHO-Fachkommission (Hrsg.), Untersuchungen für ein Leistungsbild und zur Honorierung für den Planungsbereich „Altlasten", Schriftenreihe des AHO, Nr. 8, 1996.

Albrecht, Eike, Ausgewählte Problemstellungen bei der bodenschutzrechtlichen Kostenkonzeption, BTU Cottbus, Diskussionsschrift (BTUC-DS) 5/2002.

Albrecht, Eike, Das neue Bundes-Bodenschutzgesetz (Teil 3): Ausgleich von Werterhöhungen, Der Umweltbeauftragte, 1999 (6), S. 4 – 5.

Albrecht, Eike, Die Wertausgleichsregelung im Bundes-Bodenschutzgesetz, NVwZ 2001, S. 1120 – 1126.

Albrecht, Eike; Teifel, Jürgen, Auswirkungen der Wertausgleichsregelung im neuen Bundes-Bodenschutzgesetz auf die Kreditsicherung durch Grundstücke, Rpfleger 1999, S. 366 – 368.

Altmeppen, Holger, Gesellschafterhaftung und „Konzernhaftung" bei der GmbH, NJW 2002, S. 321 – 324.

Altmeppen, Holger, Grundlegend Neues zum „qualifiziert faktischen" Konzern und zum Gläubigerschutz in der Einmann-GmbH, ZIP 2001, S. 1837 – 1846.

Antweiler, Clemens, Sanierungsverantwortlichkeit für Altlasten im Konzern, BB 2002, S. 1278 – 1282.

Armbruster, Jörg, Kommunales Altlastenmanagement und die Altlastenkonzeption des Landes Baden-Württemberg, in: Landeshauptstadt Stuttgart, Amt für Umweltschutz (Hrsg.), Kommunales Altlastenmanagement Baden-Württemberg, Stuttgart, 1996, S. 15 – 20.

Arndt, Hans-Wolfgang; Schumacher, Andreas, Echte Fortschritte bei der unechten Rückwirkung?, NJW 1998, S. 1538 – 1539.

Badischer Sparkassen- und Giroverband, Rundschreiben Nr. 253 v. 27. 4. 1998.

Baiker, Rolf, Abfallwirtschafts- und Bodenschutzrecht im Freistaat Sachsen, Dresden, 1994.

Battis, Ulrich; Krautzberger, Michael; Löhr, Rolf-Peter, Baugesetzbuch, 8. Aufl., München 2002 (zitiert: Bearbeiter, in: Battis/Krautzberger/Löhr, BauGB, 8. Aufl. 2002).

Bauder, Wolfgang, Anmerkung zu BGH, Urteil vom 29. 3. 1993 – II ZR 265/91 (TBB), BB 1993, S. 1103 – 1105.

Baumbach, Adolf; Hopt, Klaus J., Handelsgesetzbuch, 30. Aufl., München, 2000.

Baumbach, Adolf; Hueck, Alfred, GmbH-Gesetz, 17. Aufl., München, 2000 (zitiert: Bearbeiter, in: Baumbach/Hueck, GmbHG, 17. Aufl. 2000).

Baumgärtel, Gottfried; Laumen, Hans-Willi, Handbuch der Beweislast im Privatrecht, Band 2, 2. Aufl., Köln, 1999.

Baur, Fritz; Baur, Jürgen F.; Stürner, Rolf, Sachenrecht, 17. Aufl., München 1999 (zitiert: Baur/Stürner, Sachenrecht, 17. Aufl. 1999).

Becker, Bernd, Bundes-Bodenschutzgesetz, Losebl., Stand Januar 2001, Starnberg.

Becker, Bernd, Die neue öffentlich-rechtliche Haftung für die Sanierung schädlicher Bodenveränderungen und Altlasten nach § 4 III BBodSchG, DVBl. 1999, S. 134 – 142.

Becker, Bernd, Überblick über die öffentlich-rechtlichen und privatrechtlichen Folgen des Verkaufs und Kaufs eines kontaminierten Grundstücks unter dem neuen Bundes-Bodenschutzgesetz (BBodSchG), DVBl. 2000, S. 595 – 601.

Beckmann, Martin; Hagmann, Joachim, Rechtsgrundlage der Rekultivierung und Nachsorge von Deponien nach In-Kraft-Treten des BBodSchG, DVBl. 2001, S. 1636 – 1642.

Bender, Bernd; Sparwasser, Reinhard; Engel, Rüdiger, Umweltrecht, 4. Aufl., Heidelberg, 2000.

Berkemann, Jörg, Aus der Rechtsprechung des Bundesverfassungsgerichts, JR 1999, S. 441 – 449.

Bernecker, Gerhard, Planung und Bau verfahrenstechnischer Anlagen, 4. Aufl., Düsseldorf, 2001.

Bettermann, Karl August, Anmerkung zu BSozG, Entsch. v. 16. 8. 1961, 11 RV 1112/60, DVBl. 1961, S. 921 – 923.

Bickel, Christian, Bodenschutz und Altlasten, altlasten spektrum 2001, S. 137 – 142.

Bickel, Christian, Bundes-Bodenschutzgesetz, 3. Aufl., Köln, Berlin, Bonn, München, 2002.

Bickel, Christian, Die Sanierungspflichten nach dem BBodSchG und die behördlichen Gesichtspunkte der Störerauswahl, altlasten spektrum 2001, S. 61 – 68.

Bickel, Christian, Grenzen der Zustandshaftung des Eigentümers für die Grundstückssanierung bei Altlasten, NJW 2000, S. 2562 – 2563.

Bickel, Christian, Hessisches Abfallwirtschafts- und Altlastengesetz – HAbfAG –, 4. Aufl., Wiesbaden, 1993.

Bickel, Christian, Hessisches Altlastengesetz – HAltlastG –, 2. Aufl., Wiesbaden, 1996.

Bitter, Georg, Das „TBB"-Urteil und das immer noch vergessene GmbH-Vertragskonzernrecht, ZIP 2001, S. 265 – 278.

Bizer, Kilian; Ewringmann, Dieter, Abgaben für den Bodenschutz in Sachsen-Anhalt, Baden Baden, 1998.

Blankenhorn, Reinhard, Nutzungsbezogenen Sanierungsziele beim Projekt Singer in Karlsruhe, in: Landeshauptstadt Stuttgart (Hrsg.), Kommunales Altlastenmanagement Baden-Württemberg, Stuttgart, 1996, S. 81 – 83.

Blume, Hans-Peter (Hrsg.), Handbuch des Bodenschutzes, 2. Aufl., Landsberg/Lech, 1992.

Boldt, Gerhardt; Weller, Herbert, Bundesberggesetz, Berlin, 1984.

Borchert, Ralf, Altlastensanierungen der Bundesrepublik Deutschland im Spannungsfeld zwischen mikro- und makroökonomischer Rationalität – Anforderungen an eine kosten-nutzen-orientierte Ordnungspolitik im Bereich von Genehmigungen für Reinigungsanlagen und Deponierungen, Diss., Stuttgart, 1991.

Böttcher, Roland, Gesetz über die Zwangsversteigerung und die Zwangsverwaltung (ZVG), 3. Aufl., München, 2000.

Bracke, Rolf, Die umweltrechtlichen Verwaltungsverfahren als Auswahlkriterien für Altlastensanierungstechniken bei der Erstellung des Sanierungsplanes, in: ECOS (Hrsg.), Bewertung der Umwelt, Aachen, 1995, S. 142 – 150.

Bracke, Rolf; Dreschmann, Peter; Neuenhofer, Beate; Kötter, Ludger, Entwicklung einer Systematik zur Kostenermittlung bei der Altlastensanierung – KOSAL –, UBA-Texte 20/95, Berlin 1995.

Brandt, Edmund, Altlastenrecht, Heidelberg, 1993.

Brandt, Edmund, Die Finanzierung der Altlastensanierung – eine offene Flanke der Bodenschutzgesetzgebung, in: Oldiges, Martin (Hrsg.), Das neue Bundes-Bodenschutzgesetz – Fragen und Erwartungen, Leipzig, 1996, S. 91 – 103.

Brandt, Edmund, Finanzierung der Altlastensanierung im Abfallbereich, F. + E.-Vorhaben Nr. 10302 307 im Auftrag des Umweltbundesamtes, Lüneburg, Januar 1987.

Brandt, Edmund, Gesetzgebungskompetenz des Bundes für ein Bundes-Bodenschutzgesetz, DÖV 1996, S. 675 – 683.

Brandt, Edmund, Grundfragen des Altlasten- und Bodenschutzrechts, in: Erbguth, Wilfried (Hrsg.), Aktuelle Fragen des Altlasten- und Bodenschutzrechts, Baden-Baden, 1997, S. 29 – 42.

Brandt, Edmund, Rechtliche Aspekte der Finanzierung der Altlastensicherung, der landkreis 1986, S. 205 – 207.

Brandt, Edmund, Zum Beitrag des Rechts bei der Bewältigung der Altlastenproblematik unter besonderer Berücksichtigung der kommunalen Ebene, in: Selke, Wolfgang; Hoffmann, Bernd (Hrsg.), Kommunales Altlastenmanagement, Bonn 1992, S. 94 – 103.

Brandt, Edmund; Sanden, Joachim, Neue Störer bei schädlichen Bodenveränderungen und Altlasten, Bodenschutz 1999, S. 136 – 141.

Brandt, Edmund; Smeddinck, Ulrich, Das Niedersächsische Bodenschutzgesetz, NdsVBl. 1999, S. 149 – 155.

Brandt, Edmund; Smeddinck, Ulrich, Der Gefahrenbegriff im Polizeirecht, Jura 1994, S. 225 – 232.

Breuer, Rüdiger (Hrsg.), Konkretisierung von Umweltanforderungen, Düsseldorf, 1998.

Breuer, Rüdiger, „Altlasten" als Bewährungsprobe der polizeilichen Gefahrenabwehr und des Umweltschutzes – OVG Münster, NVwZ 1985, 355, JuS 1986, S. 359 – 364.

Breuer, Rüdiger, Empfehlen sich ergänzende gesetzliche oder untergesetzliche Regelungen der Altlasten und welchen Inhalt sollten sie haben? DVBl. 1994, S. 890 – 901.

Breuer, Rüdiger, Öffentliches und privates Wasserrecht, 2. Aufl., München, 1987.

Breuer, Rüdiger, Rechtsprobleme der Altlasten, NVwZ 1987, S. 751 – 761.

Breuer, Rüdiger, Umweltschutz und Gefahrenabwehr bei Anscheins- und Verdachtslagen, in: Selmer, Peter; Münch, Ingo v. (Hrsg.), Gedächtnisschrift für Wolfgang Martens, Berlin, New York, 1987, S. 317 – 350.

Breuer, Rüdiger; Kloepfer, Michael; Marburger, Peter; Schröder, Meinhard (Hrsg.), Altlasten und Umweltrecht, UTR Band 1, Düsseldorf, 1986, S. 59 – 82.

Britz, Gabriele, Abschied vom Grundsatz fehlender Polizeipflicht von Hoheitsträgern, DÖV 2002, S. 891 – 899.

Brüggemann, Jürgen; Dannemann, Horst; Dombert, Matthias; Ferber, Uwe; Fischer, Jens Uwe; Henrici, Sabine; Lietmann, Christoph; Schulz-Bödeker, Kai Uwe; Simsch, Klaus, Handlungsempfehlungen für ein effektives Flächenrecycling, altlasten spektrum 2000, S. 23 – 40.

Brüssel, Stephan, Die Altlastenproblematik im Kreditgeschäft, Bonn, 1993.

Buch, Ulrich v., Die Gesetzgebungskompetenz für das Bundes-Bodenschutzgesetz, NVwZ 1998, S. 822 – 823.

Buck, Carsten, Die Störerhaftung nach dem Bundes-Bodenschutzgesetz, NVwZ 2001, S. 51 – 52.

Bückmann, Walter (Hrsg.), Bodenschutz: Länderübergreifender Vergleich bestehender Gesetze und Gesetzentwürfe anhand des rechts- und naturwissenschaftlichen Forschungsstandes, Frankfurt a.M., 1996.

Bundesministerium für Umwelt, Naturschutz und Reaktorsicherheit (Hrsg.), Information zum Bundes-Bodenschutzgesetz vom 6. Februar 1998.

Bundesministerium für Umwelt, Naturschutz und Reaktorsicherheit (Hrsg.), Umweltgesetzbuch (UGB-KomE), Entwurf der Unabhängigen Sachverständigenkommission zum Umweltgesetzbuch beim Bundesministerium für Umwelt, Naturschutz und Reaktorsicherheit, Berlin, 1998.

Bundesministerium für Umwelt, Naturschutz und Reaktorsicherheit (Hrsg.), Umweltbericht 1990, BAnz. 145a v. 7. 8. 1990.

Bundesministerium für Verbraucherschutz, Ernährung und Landwirtschaft (Hrsg.), Bericht über den Zustand des Waldes 2000, Berlin, 2001.

Canaris, Claus-Wilhelm, Handelsrecht, 23. Aufl., München, 2000.

Canaris, Claus-Wilhelm; Larenz, Karl, Methodenlehre der Rechtswissenschaft, 3. Aufl., Berlin, Heidelberg, New York, Barcelona, Budapest, Hongkong, London, Mailand, Paris, Santa Clara, Singapur, Tokio, 1995.

Coing, Helmut, Zum Problem des sogenannten Durchgriffs bei juristischen Personen, NJW 1977, S. 1793 – 1797.

Commerzbank (Hrsg.), Wer gehört zu wem, 20. Aufl., Frankfurt, 2000.

Czybulka, Detlef, Kompetenzverteilung im Bodenschutz- und Altlastenrecht, in: Erbguth, Wilfried (Hrsg.), Aktuelle Fragen des Altlasten- und Bodenschutzrechts, Baden Baden, 1997, S. 43 – 54.

Czychowski, Manfred, Wasserhaushaltsgesetz, 7. Aufl., München, 1998.

Daumke, Michael, Grundriß des deutschen Steuerrechts, 4. Aufl., Bielefeld, 1999.

Däumler, Klaus-Dieter, Investitionsrechnung – Leitfaden für Praktiker, 2. Aufl. 1995, Herne, Berlin.

Degenhart, Christoph, Bundeskompetenz für ein Bodenschutzgesetz, in: Oldiges, Martin (Hrsg.), Das Bundes-Bodenschutzgesetz – Fragen und Erwartungen, Leipzig, 1996, S. 31 – 40.

Degenhart, Christoph, Bundeskompetenz für ein Bundes-Bodenschutzgesetz?, ZRP 1997, S. 397 – 399.

Deutscher Industrie und Handelstag (Hrsg.), Altlastensanierung und ihre Finanzierung in den Bundesländern – Eine Zwischenbilanz, Stand: Januar 1991.

Di Fabio, Udo, Das Kooperationsprinzip – ein allgemeiner Rechtsgrundsatz des Umweltrechts, NVwZ 1999, S. 1153 – 1158.

Diehr, Uwe, Der Sanierungsplan nach dem Bundes-Bodenschutzgesetz, UPR 1998, 128 – 131.

Dierkes, Günter, Industrieflächenrecycling – auch für den Eigentümer sinnvoll? Entwicklung von Handlungsstrategien unter dem Aspekt von Kosten und Nutzen, in: Genske, Dieter D.; Noll, Hans-Peter (Hrsg.), Brachflächen und Flächenrecycling, Berlin, 1995, S. 19 – 28.

Dietlein, Johannes, Nachfolge im öffentlichen Recht, Berlin, 1999.

Dill, Ricarda, Amtsermittlung und Gefahrerforschungseingriffe, Stuttgart, München, Hannover, Berlin, Weimar, Dresden, 1997.

Döbereiner, Walter, Die Haftung des gerichtlichen und außergerichtlichen Sachverständigen nach der neueren Rechtsprechung des BVerfG und des BGH, BauR 1979, S. 282 – 286.

Doerfert, Carsten, Die Haftung des Rechtsnachfolgers nach dem Bundes-Bodenschutzgesetz, Verwaltungsrundschau (vr) 1999, S. 229 – 232.

Doerfert, Carsten, Rechtliche Aspekte von Altlasten und Bauleitplanung, in: ECOS (Hrsg.), Bewertung der Umwelt, Aachen, 1995, S. 26 – 38.

Dombert, Matthias, Das Altlastengrundstück als Sacheinlage – Gesellschaftsrecht als Möglichkeit umweltrechtlicher Haftungsvermeidung?, NZG 1998, S. 413 – 417.

Dombert, Matthias, Der Sanierungsvertrag nach § 13 Abs. 4 BBodSchG: Vorzüge, Praxisprobleme uns aktuelle Rechtsfragen, ZUR 2000, S. 303 – 307.

Dombert, Matthias, Die „Konzentrationswirkung" des öffentlich-rechtlichen Vertrages im Rahmen der Altlastensanierung, altlasten spektrum 1999, S. 272 – 275.

Dombert, Matthias, Die Bewertung von Altlasten nach dem neuen Bodenschutzrecht des Bundes, altlasten spektrum 1998, S. 86 – 88.

Dombert, Matthias, Die Freistellungsklausel des Umweltrahmengesetzes, BB 1992, S. 513 – 516.

Dombert, Matthias, Die Treuhandanstalt als Zustandsstörer, BB 1992, S. 1579 – 1583.

Dombert, Matthias, Streben nach effektiverem Bodenschutz an den Grenzen des Grundgesetzes, NJW 2001, S. 927 – 932.

Dombert, Matthias; Reichert, Ronald, Altlasten in den neuen Bundesländern. Die Freistellungsklausel des Einigungsvertrages, NVwZ 1991, S. 744 – 748.

Drax, Manfred, Durchgriffs- und Konzernhaftung der GmbH-Gesellschafter, München, 1992.

Drews, Bill; Wacke, Gerhard; Vogel, Klaus; Martens, Wolfgang, Gefahrenabwehr, 9. Aufl., Köln, Berlin, Bonn, München, 1986.

Droese, Julia, Die Erweiterung des Kreises der Zustandsverantwortlichen nach dem Bundes-Bodenschutzgesetz, UPR 1999, S. 86 – 92.

Drost, Ulrich, Das Wasserrecht in Bayern, Losebl., Stand Dezember 2001, Stuttgart, München, Hannover, Berlin, Weimar, Dresden.

Drukarczyk, Jochen, Finanzierung, 8. Aufl., Stuttgart, 1999.

Duve, Christian, Rechtsberatung durch Mediatoren im Spiegel der Rechtsprechung, BB 2001, S. 692 – 693.

Eberle, Ingo, Der Begriff Altlasten: Genese, Eingrenzung und Anwendungspraxis in den Bundesländern, ZAU 1989, S. 15 – 24.

Eckart, Karl, Agrargeographie Deutschlands, Gotha, 1998.

ECOS (Hrsg.), Bewertung der Umwelt, Aachen, 1995.

Eigen, Norbert, Gerling stellt neues Konzept für die Versicherung von Altlasten vor, TerraTech 1999, 23 – 24.

Eisenbarth, Siegfried, Altlastensanierung und Altlastenfinanzierung – Freistellung und Sanierung in den neuen Ländern unter Beteiligung des Bundes, Bonn, 1995.

Eisenbarth, Siegfried, Das Bund-Länder-Abkommen zur Altlastenfinanzierung, in: Franzius, Volker; Bachmann, Günther (Hrsg.), Sanierung kontaminierter Standorte und Bodenschutz 1996, Berlin, 1996, S. 305 – 319.

Eisenhardt, Ulrich, Gesellschaftsrecht, 9. Aufl., München, 2000.

Enders, Rainald, Die zivilrechtliche Verantwortlichkeit für Altlasten und Abfälle, Berlin, 1999.

Enders, Rainald, Rechtsproblem der Behandlung von Abfallaltanlagen und Altlasten in den neuen Bundesländern, DVBl. 1993, S. 82 – 93.

Enders, Rainald; Uwer, Dirk, Zur Fortentwicklung des Altlastenrechts, BB 1995, S. 629 – 636.

Endres, Alfred; Marburger, Peter (Hrsg.), Umweltschutz durch gesellschaftliche Selbststeuerung, Bonn, 1993.

Endres, Alfred; Rehbinder, Eckard; Schwarze, Reimund (Hrsg.), Haftung und Versicherung für Umweltschäden aus ökonomischer und juristischer Sicht, Berlin, Heidelberg, 1992.

Erbguth, Wilfried (Hrsg.), Aktuelle Fragen des Altlasten- und Bodenschutzrechts, Baden-Baden, 1997.

Erbguth, Wilfried; Stollmann, Frank, Die Bodenschutz- und Altlastengesetze der Länder vor dem Hintergrund des Entwurfs eines Bundes-Bodenschutzgesetzes, UPR 1996, S. 281 – 294.

Erbguth, Wilfried; Stollmann, Frank, Einzelfragen der Sanierung und des Altlastenmanagements im Bundes-Bodenschutzgesetz, NuR 1999, S. 127 – 134.

Erbguth, Wilfried; Stollmann, Frank, Verantwortlichkeit im Bodenschutzrecht, DVBl. 2001, S. 601 – 608.

Erbguth, Wilfried; Stollmann, Frank, Zum Anwendungsbereich des Bundes-Bodenschutzgesetzes, NuR 2001, S. 241 – 245.

Erichsen, Hans-Uwe, Allgemeines Verwaltungsrecht, 11. Aufl., Berlin, New York, 1998 (zitiert: Bearbeiter, in: Erichsen (Hrsg.), Allgemeines Verwaltungsrecht, 11. Aufl. 1998).

Erichsen, Sven, Versicherung von Altlastenrisiken, in: Landeshauptstadt Stuttgart (Hrsg.), Kommunales Altlastenmanagement Baden-Württemberg, Stuttgart, 1996, S. 138 – 139.

Eyermann, Erich, Verwaltungsgerichtsordnung, 10. Aufl., München, 1998 (zitiert: Bearbeiter, in: Eyermann, VwGO, 10. Aufl. 1998).

Fehlau, Klaus-Peter; Hilger, Bernd; König, Wilhelm, Vollzugshilfe Bodenschutz und Altlastensanierung – Erläuterungen zur Bundes-Bodenschutz- und Altlastenverordnung, Berlin, 2000 (zitiert: Bearbeiter, in: Fehlau/Hilger/König, Vollzugshilfe Bodenschutz und Altlastensanierung, 2000).

Fiedler, Jürgen, Neuorientierung der Verfassungsrechtsprechung zum Rückwirkungsverbot und zum Vertrauensschutz?, NJW 1988, S. 1624 – 1631.

Finkenauer, Thomas, Noch einmal: Der gesamtschuldnerische Ausgleich zwischen polizeilich Verantwortlichen, NJW 1995, S. 432 – 434.

Flad, Werner, Bald Beispiel für gutes Recycling, in: Stuttgarter Zeitung v. 21. 11. 2000, S. 21.

Fleischer, Herbert, Polizeirechtliche Fragestellungen in Altlastenfällen – VGH München, NVwZ 1986, 942, JuS 1988, S. 530 – 534.

Fleischer, Holger; Empt, Martin, Gesellschaftsrechtliche Durchgriffs- und Konzernhaftung und öffentlich-rechtliche Altlastenverantwortlichkeit, ZIP 2000, S. 905 – 914.

Fluck, Jürgen, Die „Legalisierungswirkung" von Genehmigungen als ein Zentralproblem öffentlich-rechtlicher Haftung für Altlasten, VerwArch 1988, S. 406 – 444.

Fluck, Jürgen, Die Bündelungswirkung der Verbindlichkeitserklärung von Sanierungsplänen nach dem BBodSchG, DVBl. 1999, S. 1551 – 1558.

Fluck, Jürgen, Die Information Betroffener bei der Altlastensanierung nach § 12 BBodSchG, NVwZ 2001, S. 9 – 13.

Fluck, Jürgen, Kreislaufwirtschafts-, Abfall- und Bodenschutzrecht, Losebl., 38. Erg.-Lfg., Stand Nov. 2002, Heidelberg, (zitiert: Bearbeiter, in: Fluck, Kreislaufwirtschafts-, Abfall- und Bodenschutzrecht, Losebl., 38. Erg.-Lfg., Stand Nov. 2002, BBodSchG).

Fluck, Jürgen; Kirsch, Andrea, § 24 Abs. 2 BBodSchG: Ist stets allein der Handlungsstörer ausgleichspflichtig, UPR 2001, S. 253 – 257.

Fortmann, Jürgen; Hanel, Jürgen, Industriebrachen – für immer verloren?, altlasten-spektrum 1993, S. 61 – 74.

Fouquet, Helmut, Die Sanierungsverantwortlichkeit nach dem Bundes-Bodenschutzgesetz, Heidelberg, 2000.

Frank, Daniel, Umweltrecht und Wirtschaft, Köln, Berlin, Bonn, München, 2000.

Franzius, Volker (Hrsg.), Sanierung kontaminierter Standorte 1994, Berlin, 1994, S. 11 – 14.

Franzius, Volker; Bachmann, Günther (Hrsg.), Sanierung kontaminierter Standorte und Bodenschutz 1996, Berlin, 1996.

Franzius, Volker; Freier, Karin, Podiumsdiskussion „Sanierungsziele", Einführung, in: Franzius, Volker (Hrsg.),Sanierung kontaminierter Standorte 1994, Berlin 1994, S. 11 – 14.

Franzius, Volker; Wolf, Klaus; Brandt, Edmund (Hrsg.), Handbuch der Altlastensanierung, 2. Aufl., Heidelberg, 1999, Losebl., 19. Erg.-Lfg., Stand Dez. 1999, (zitiert: Bearbeiter, in: Franzius,/Wolf/Brandt (Hrsg.), Handbuch der Altlastensanierung, 2. Aufl., Stand Dez. 1999, KZ).

Freier, Karin; Doetsch, Peter; Grünhoff, Dirk; Hempfling, Reinhold; Stubenrauch, Steffen, Konzept zur Expositions- und Risikoabschätzung von Altlasten, altlasten spektrum 1997, S. 166 – 175.

Freisburger, Anke, Gesetzgeberische Reaktionen der Länder auf das Bundes-Bodenschutzgesetz, UPR 1999, S. 381 – 384.

Frenz, Walter, Abfall- und Bodenschutzrecht: Abgrenzung, Parallelen und Zusammenspiel, UPR 2002, S. 201 – 206.

Frenz, Walter, Bundes-Bodenschutzgesetz (BBodSchG), München, 2000.

Frenz, Walter, Das Einstehenmüssen für Sanierungspflichten aus gesellschafts- bzw. handelsrechtlichem Rechtsgrund nach § 4 Abs. 3 S. 4 BBodSchG, altlasten spektrum 2000, S. 157 – 159.

Frenz, Walter, Die antizipierte Mitwirkung im Rahmen des Ausgleichsanspruchs nach § 24 II BBodSchG, NVwZ 2000, S. 647 – 648.

Frenz, Walter, Die Verwirklichung des Verursacherprinzips im Abfallrecht, Berlin, 1996.

Frenz, Walter, Kreislaufwirtschafts- und Abfallgesetz, 3. Aufl., Köln, Berlin, Bonn, München, 2002.

Frenz, Walter; Heßler, Pascal, Altlastensanierung und öffentlich-rechtlicher Sanierungsvertrag, NVwZ 2001, S. 13 – 16.

Frenz, Walter; Sieben, Peter, Das Verhältnis von Bodenschutz- und Wasserrecht, ZfW 2001, S. 152 – 158.

Fugmann-Heesing, Annette, Die Überplanung von Altlasten – Ein Investitionshindernis in den neuen Ländern?, LKV 1996, S. 113 – 119.

Gabler-Verlag (Hrsg.), Wirtschaft-Lexikon, 14. Aufl., Wiesbaden, 1997.

Gaentzsch, Günter, Gesetzliche Anforderungen an den Schutz des Bodens – Anspruch und Wirklichkeit, in: Breuer, Rüdiger (Hrsg.), Konkretisierung von Umweltanforderungen, Düsseldorf, 1998, S. 153 – 161.

Ganske, Joachim, Spaltung der Treuhandunternehmen, DB 1991, S. 791 – 797.

Garbe, Thorsten, Die Störerauswahl und das Gebot der gerechten Lastenverteilung, DÖV 1998, S. 632 – 636.

Garbe-Emden, Joachim, 1 Jahr Bundes-Bodenschutzgesetz: Altlastensanierung auf neuer Rechtsgrundlage – Risiken im Grundstückshandel, Verwaltungsrecht für die Anwaltspraxis (VA) 2000, S. 57 – 62.

Gebel, Titus; Gündling, Benjamin, Ausgleichsansprüche in Altlastenfällen – Rechtslage nach Inkrafttreten des neuen Bodenschutzrechts – altlasten spektrum 2000, S. 325 – 334.

Geisendörfer, Ulrich, Umwelthaftungsrecht in der Marktwirtschaft, VersR 1988, S. 421 – 423.

Genske, Dieter D.; Noll, Hans-Peter (Hrsg.), Brachflächen und Flächenrecycling, Berlin, 1995.

Gerhold, Thomas, Die Behandlung streitiger Rechtsfragen der Sanierungsverantwortlichkeit durch das Bundes-Bodenschutzgesetz (BBodSchG), altlasten spektrum 1998, S. 107 – 112.

Gerhold, Thomas; Simon, Stephan, Auswirkung von BBodSchG und Verordnung auf die Altlastensanierung, altlasten spektrum 1999, S. 265 – 271.

Giesberts, Ludger, Die gerechte Lastenverteilung unter mehreren Störern, Berlin, 1990.

Giesberts, Ludger; Frank, Oliver, Sanierungsverantwortlichkeit nach BBodSchG bei Erwerb, Veräußerung und Umwandlung von Unternehmen und bei Grundstückstransaktionen, DB 2000, S. 505 – 511.

Gottschalck, Detlef, „Investitionshemmnisse" bei der Anwendung des Hemmnisbeseitigungsgesetzes, BB 1997, S. 845 – 850.

Gottwald, Peter, Die Schadenszurechnung nach dem Umwelthaftungsgesetz, in: *Medicus, Dieter; Mertens, Hans-Joachim; Nörr, Knut Wolfgang; Zöllner, Wolfgang (Hrsg.)*, Festschrift für Hermann Lange, Stuttgart, Berlin, Köln, 1992, S. 447 – 467.

Götz, Volkmar, Allgemeines Polizei- und Ordnungsrecht, 12. Aufl., Göttingen, 1995.

Götz, Volkmar, Allgemeines Polizei- und Ordnungsrecht, 13. Aufl., Göttingen, 2001.

Götz, Volkmar, Die Entwicklung des allgemeinen Polizei- und Ordnungsrechts (1987 bis 1989), NVwZ 1990, S. 725 – 733.

Griesbeck, Michael, Die materielle Polizeipflicht des Zustandsstörers und die Kostentragungspflicht nach unmittelbarer Ausführung und Ersatzvornahme – dargestellt am Beispiel der Altlastenproblematik, Berlin, 1991.

Grzeszick, Bernd, Eigentum verpflichtet – auf ewig?, NVwZ 2001, S. 721 – 730.

Hachmann, Rainer; Ulrici, Wolfgang, Altlast-Konflikt-Management: Herausforderung an kommunale Politik und Verwaltung, in: Hermanns, Klaus; Walcha, Henning (Hrsg.), Ökologische Altlasten in der kommunalen Praxis, Köln, 1994, S. 143 – 170.

Haibt, Alexander; Rinne, Alexander, Altlasten als zivilrechtliches Haftungsrisiko und Innenausgleich zwischen mehreren Störern, ZIP 1997, S. 2113 – 2117.

Haller, Robert, Zivilrechtlicher Ausgleich unter öffentlich-rechtlichen Störern, ZUR 1996, S. 21 – 26.

Hammel, Robert, Altlasten und Wirtschaftsförderung, in: Landeshauptstadt Stuttgart, Amt für Umweltschutz (Hrsg.), Kommunales Altlastenmanagement Baden-Württemberg, Stuttgart, 1996, S. 55 – 57.

Hansmann, Klaus, Die Nachsorgepflichten im Immissionsschutzrecht, NVwZ 1993, S. 921 – 928.

Hanusch, Horst, Nutzen-Kosten-Analyse, 2. Aufl., München, 1994.

Harms, Rüdiger, Die Erstattungsfähigkeit von Sanierungskosten für den Käufer eines kontaminierten Grundstücks, NJW 1999, S. 3668 – 3674.

Hasche, Frank, Die Pflichten des Bundes-Bodenschutzgesetzes, UPR 2000, S. 91 – 102.

Heidenhain, Martin, Sonderrechtsnachfolge bei der Spaltung, ZIP 1995, S. 801 – 805.

Heiermann, Ralph, Bundes-Bodenschutzgesetz überwindet Rechtszersplitterung, Zeitschrift für Gesetzgebung (ZG) 1999, S. 215 – 238.

Heilmann, Friedrich, Die staatliche Verantwortlichkeit für die Sanierung ökologischer Altlasten in den neuen Ländern, LKV 1994, S. 305 – 312.

Hellner, Thorwald; Steuer, Stephan (Hrsg.), Bankrecht und Bankpraxis, Losebl., Köln, Stand Jan. 1997 (zitiert: Bearbeiter, in: BuB – Stichwort).

Hellriegel, Mathias, Mediation im Umweltrecht, Berlin 2002.

Hendler, Reinhard, Anmerkung zu BVerfG, Beschluss vom 2. März 1999 – 1 BvL 7/91 –, DVBl. 1999, S. 1501 – 1504.

Hendler, Reinhard, Das Bodenschutzrecht im System des Umweltrechts, in: Hendler, Reinhard; Marburger, Peter; Reinhardt, Michael; Schröder, Meinhard (Hrsg.), Bodenschutz und Umweltrecht, UTR Band 53, Berlin, 2000, S. 87 – 146.

Hendler, Reinhard; Marburger, Peter; Reinhardt, Michael; Schröder, Meinhard (Hrsg.), Bodenschutz und Umweltrecht, UTR Band 53, Berlin, 2000.

Hendler, Reinhard; Marburger, Peter; Reinhardt, Michael; Schröder, Meinhard (Hrsg.), Jahrbuch des Umwelt- und Technikrechts 2000, UTR Band 54, Heidelberg, 2000.

Hennig, Werner; Henke, Norbert; Schlegel, Rainer; Theuerkauf, Walter, Estelmann, Martin, SGB III – Sozialgesetzbuch Drittes Buch – Arbeitsförderungsrecht –, Losebl., 20. Erg.-Lfg. November 2000, Neuwied, (zitiert: Bearbeiter, in: Hennig, SGB III, Losebl., Stand Nov. 2000).

Hennings, Dorothee, Eintragungen in Abteilung II des Grundbuchs, 12. Aufl., Stuttgart, 1996.

Hennings, Dorothee, Zwangsversteigerungs- und Zwangsverwaltungsrecht, 4. Aufl., Stuttgart, 2000.

Herbert, Alexander, Der Ausgleich zwischen mehreren Sanierungsverantwortlichen nach dem Abfallrecht der Länder Hessen, Thüringen und Rheinland-Pfalz, NVwZ 1994, S. 1061 – 1066.

Hermanns, Klaus; Walcha, Henning (Hrsg.), Ökologische Altlasten in der kommunalen Praxis, Köln, 1994.

Herrmann, Nikolaus, Flächensanierung als Rechtsproblem, Baden-Baden, 1989.

Hesse, Konrad, Grundzüge des Verfassungsrechts der Bundesrepublik Deutschland, 20. Aufl., Heidelberg, 1995.

Hettler, Achim; Pfäffle, Berthold; Nagel, Dieter, Sanierung des ehemaligen Gaswerks in Rastatt, altlasten spektrum 1997, S. 70 – 73.

Hilbers, Jürgen; Wolf, Sabine, Flächenrecycling schafft Raum für neue Nutzung, altlasten spektrum 1997, S. 205 – 213.

Hipp, Ludwig, Altlastenförderung des Landes – ein geeignetes Instrument zur Finanzierung des Flächenrecyclings?, in: Landeshauptstadt Stuttgart (Hrsg.), Kommunales Altlastenmanagement Baden-Württemberg, Stuttgart, 1996, S. 161 – 163.

Hipp, Ludwig; Rech, Burghard; Turian, Günther, Das Bundes-Bodenschutzgesetz mit Bodenschutz- und Altlastenverordnung, München, Berlin, 2000.

Holznagel, Bernd, Der Einsatz von Konfliktmittlern, Schiedsrichtern und Verfahrensanwaltern im amerikanischen Umweltrecht, Die Verwaltung 1989, S. 421 – 444.

Holzwarth, Fritz; Radtke, Hansjörg; Hilger, Bernd; Bachmann, Günther, Bundes-Bodenschutzgesetz/Bundes-Bodenschutz- und Altlastenverordnung, 2. Aufl., Berlin, 2000 (zitiert: Bearbeiter, in: Holzwarth/Radtke/Hilger/ Bachmann, BBodSchG/BBodSchV, 2. Aufl. 2000).

Hoppe, Werner; Beckmann, Martin; Kauch, Petra, Umweltrecht, 2. Aufl., München, 2000.

Hübler, Karl-Hermann; Schablitzki, Gerd, Volkswirtschaftliche Verluste durch Bodenbelastung in der Bundesrepublik Deutschland, Berlin, 1991.

Hueck, Alfred, Das Recht der offenen Handelsgesellschaft, 4. Aufl., Berlin, 1971.

Hüffer, Uwe, Aktiengesetz, 5. Aufl., München, 2002.

Hulpke, Herwig; Jorns, Axel C.; Schendel, Frank Andreas, Das Bundes-Bodenschutzgesetz aus industrieller Sicht, altlasten spektrum 1998, 249 – 251.

Hüting, Ralf; Koch, Bernd, Zur Zulässigkeit privatrechtlicher Entgelte im Rahmen der Abwasserbeseitigung, LKV 1999, S. 132 – 134.

Ingenieurtechnischer Verband Altlasten e.V. (Hrsg.), Altlasten – eine Herausforderung für die Industrie (ITVA-Schriftenreihe Band 2), Berlin, 1992.

Jarass, Hans D., Bundes-Immissionsschutzgesetz, 5. Aufl., München, 2002.

Jarass, Hans D.; Pieroth, Bodo, Grundgesetz, 6. Aufl., München, 2002.

Jauernig, Othmar (Hrsg.), Bürgerliches Gesetzbuch, 9. Aufl., München, 1999 (zitiert: Bearbeiter, in: Jauernig, BGB, 9. Aufl. 1999).

Jessnitzer, Kurt; Ullrich, Jürgen, Der gerichtliche Sachverständige, 11. Aufl., Köln, Berlin, Bonn, München, 2001.

Jorczyk, Volker; Duesmann, Lars, Die Beendigung der Zustandshaftung bei Altlasten, altlasten spektrum 1999, S. 71 – 76.

Jörissen, Hermann, Die Umwelthaftung und ihre Versicherbarkeit aus der Sicht des Versicherers, in: Kormann, Joachim (Hrsg.), Umwelthaftung und Umweltmanagement, München, 1994, S. 95 – 105.

Jourdan, Bernd, Theorie und Praxis nutzungsbezogener Sanierungsziele am Beispiel des ehemaligen Kienzle-Areals, in: Landeshauptstadt Stuttgart (Hrsg.), Kommunales Altlastenmanagement Baden-Württemberg, Stuttgart, 1996, S. 84 – 85.

Jürk, Willy, Überblick über die Altlastenregelungen im Recht der Deutschen Bundesländer, altlasten spektrum 1995, S. 84 – 93.

Kahl, Wolfgang, Die Sanierungsverantwortlichkeit nach dem Bundes-Bodenschutzgesetz, Die Verwaltung 2000, S. 29 – 78.

Kallmeyer, Harald (Hrsg.), Umwandlungsgesetz, 2. Aufl., Köln, 2001 (zitiert: Bearbeiter, in: Kallmeyer, UmwG, 2. Aufl. 2001).

Keune, Heinz, Bayern – Der Umweltpakt, Der Umweltbeauftragte,1999, (7), S. 8, 11 – 12.

Kibele, Karlheinz, Die bundesrechtliche Neuregelung des Umgangs mit wassergefährdenden Stoffen, VBlBW 1986, S. 441 – 451.

Kilger, Ralf, Bille-Siedlung: Abschluss der Sanierung, altlasten spektrum 2001, S. 330 – 333.

Kinkel, Klaus, Möglichkeiten und Grenzen der Bewältigung von umwelttypischen Distanz- und Summationsschäden, ZRP 1989, S. 293 – 298.

Kleiber, Wolfgang, Die Verkehrswertermittlung verunreinigter Flächen (Altlasten) als Rechtsproblem, ZfBR 1988, S. 168 – 179.

Kleiber, Wolfgang; Simon, Jürgen; Weyers, Gustav, Verkehrswertermittlung von Grundstücken, 3. Aufl., Köln, 1998 (zitiert: Bearbeiter, in: Kleiber/Simon/Weyers, Verkehrswertermittlung von Grundstücken, 3. Aufl. 1998).

Kleinknecht, Theodor; Meyer, Karlheinz, Strafprozeßordnung, 45. Aufl., München, 2001.

Klinkenberg, Reiner, Bundes-Bodenschutzgesetz und Bodenschutzlastvermerk in Grundbuch und Zwangsversteigerung, RpflStud. 1999, S. 108 – 110.

Klinkhammer, Georg, Das Bundes-Bodenschutzgesetz und seine Ausstrahlungen auf den Versicherungsschutz der Unternehmen, Die Versicherungspraxis (VP) 1998, S. 201 – 207.

Kloepfer, Michael, Die Verantwortlichkeit für Altlasten im öffentlichen Recht, in: Breuer, Rüdiger; Kloepfer, Michael; Marburger, Peter; Schröder, Meinhard (Hrsg.), Altlasten und Umweltrecht, UTR Band 1, Düsseldorf, 1986, S. 17 – 58.

Kloepfer, Michael, Die Verantwortlichkeit für Altlasten im öffentlichen Recht, NuR 1987, S. 7 – 21.

Kloepfer, Michael, Umweltrecht im geeinten Deutschland, DVBl. 1991, S.1 – 7.

Kloepfer, Michael, Umweltrecht, 2. Aufl., München, 1998.

Kloepfer, Michael; Thull, Rüdiger, Der Lastenausgleich unter mehreren polizei- und ordnungsrechtlich Verantwortlichen, DVBl. 1989, S. 1121 – 1128.

Kloke, Adolf; Lühr, Hans-Peter, Aspekte zur Altlastbewertung, in: Neumeier, Hermann; Weber, Hans H. (Hrsg.), Altlasten, 3. Aufl., Berlin, Heidelberg, New York, 1996, S. 181 – 192.

Klüppel, Vera, Zustandshaftung bei der Altlastensanierung, Jura 2001, S. 26 – 29.

Knack, Hans J., Verwaltungsverfahrensgesetz (VwVfG), 6. Aufl., Köln, 1998 (zitiert: Bearbeiter, in: Knack, VwVfG, 6. Aufl. 1998).

Knemeyer, Franz-Ludwig, Polizei- und Ordnungsrecht, 9. Aufl., München, 2002.

Kniesel, Michael, Verantwortlichkeit für Altlasten und ihre Grenzen, BB 1997, S. 2009 – 2014.

Knoche, Joachim, Ausgleichsansprüche nach § 24 II BBodSchG ohne behördliche Verpflichtung eines Sanierungsverantwortlichen, NVwZ 1999, S. 1198 – 1200.

Knoche, Joachim, Der Anfang vom Ende der privaten Sanierungsverantwortlichkeit für Altlasten, GewArch 2000, S. 448 – 457.

Knoche, Joachim, Sachmängelgewährleistung beim Kauf eines Altlastengrundstücks, NJW 1995, S. 1985 – 1992.

Knoche, Joachim, Umweltaltlasten und Mietrecht, NJW 1997, S. 2080 – 2084.

Knopp, Lothar, „Altlasten"-Regelungen im hessischen Abfallrecht, DÖV 1990, S. 683 – 688.

Knopp, Lothar, „Flucht aus der Zustandsverantwortung?" und neues Bundes-Bodenschutzgesetz, DVBl. 1999, S. 1010 – 1014.

Knopp, Lothar, Absicherungsstrategien beim Grundstückskauf und betriebsinterne Vorsorge, NJW 1992, 2657 – 2661.

Knopp, Lothar, Aktuelles aus der „Altlasten-Szene": Freiwerden des Grundstückseigentümers von der Zustandsverantwortung, BB 1996, S. 389 – 392.

Knopp, Lothar, Altlastenrecht in der Praxis, 1. Aufl., Herne, Berlin, 1992.

Knopp, Lothar, Bundes-Bodenschutzgesetz und erste Rechtsprechung, DÖV 2001, S. 441 – 453.

Knopp, Lothar, Bundes-Bodenschutzgesetz: Katalog der Sanierungsverantwortlichen und Wertausgleichsregelung, ZUR 1999, S. 210 – 215.

Knopp, Lothar, Die Duldung behördlicher Untersuchungsmaßnahmen und die Kostentragung bei Verdacht von Kontaminationen im Boden und/oder Grundwasser, BB 1988, S. 923 – 936.

Knopp, Lothar, Erstes Gesetz zur Abfallwirtschaft und zum Bodenschutz im Freistaat Sachsen, LKV 1992, S. 215 – 218.

Knopp, Lothar, Grenzen der Kostentragung durch Grundstückseigentümer bei Altlasten, BB 1989, S. 1425 – 1430.

Knopp, Lothar, Monetäre Bewertung kontaminierter Grundstücke, in: Ingenieurtechnischer Verband Altlasten e.V. (Hrsg.), Altlasten – eine Herausforderung für die Industrie (ITVA-Schriftenreihe Band 2), Berlin, 1992, S. 157 – 167.

Knopp, Lothar, Vertragliche Altlastenregelungen zwischen Sanierungsverantwortlichen i. S. des § 4 III BBodSchG, NJW 2000, S. 905 – 910.

Knopp, Lothar, Zur Neufassung der „Altlastenfreistellungsklausel" in den neuen Bundesländern, BB 1991, S. 1356 – 1359.

Knopp, Lothar; Albrecht, Eike, Altlastenrecht in der Praxis. Unter Berücksichtigung des Bundes-Bodenschutzgesetzes, 2. Aufl., Herne, Berlin, 1998.

Knopp, Lothar; Albrecht, Eike, Bodenschutz- und Altlastenklauseln, Heidelberg, 2001.

Knopp, Lothar; Albrecht, Eike, Das neue Bundes-Bodenschutzgesetz und Altlasten, BB 1998, S. 1853 – 1858.

Knopp, Lothar; Albrecht, Eike, Die Wertausgleichsregelung nach BBodSchG – Problembereiche und Auswirkungen – altlasten spektrum 1999, S. 204 – 210.

Knopp, Lothar; Heinze, Anke, Vorsorgender Bodenschutz und BBodSchG – Eine kritische Bestandsaufnahme –, altlasten spektrum 2000, S. 227 – 234.

Knopp, Lothar; Löhr, Dirk, Bundes-Bodenschutzgesetz in der betrieblichen und steuerlichen Praxis, Heidelberg, 2000 (zitiert: Bearbeiter, in: Knopp/Löhr, Bundes-Bodenschutzgesetz in der betrieblichen und steuerlichen Praxis, 2000).

Kobes, Stefan, Das Bundes-Bodenschutzgesetz, NVwZ 1998, S. 786 – 797.

Kobes, Stefan, Die Untersuchung, Bewertung und Sanierung von Altlasten nach dem Bundes-Bodenschutzgesetz, NVwZ 2000, S. 261 – 268.

Kobes, Stefan, Endlich: Haftungsgrenzen für die Zustandstörer. Zur Haftung des Eigentümers für von ihm nicht verursachte Altlasten. altlasten spektrum 2000, S. 273 – 279.

Kobes, Stefan, Rechtsnachfolge in Freistellungen nach dem Umweltrahmengesetz, VIZ (Zeitschrift für Vermögens- und Immobilienrecht) 1998, S. 481 – 491.

Koch, Hans-Joachim, Bodensanierung nach dem Verursacherprinzip, Heidelberg, 1985.

Kochenburger, Christoph, Die Neuordnung des Altlastenrechts in Hessen, NVwZ 1996, S. 249 – 251.

Köchig, Thomas, Fondsfinanzierung der Sanierung und Umnutzung von Liegenschaften, in: Landeshauptstadt Stuttgart (Hrsg.), Kommunales Altlastenmanagement Baden-Württemberg, Stuttgart, 1996, S. 164 – 166.

Köhler, Helmut, Abwasserabgabengesetz, München, 1999.

Kohls, Malte, Vertrauensschutz für Erben von Altlastengrundstücken?, ZUR 2001, S. 183 – 188.

Köhn, Jürgen, Sanierung kontaminierter Böden auf der Grundlage des Wasserrechts, altlasten spektrum 2002, S. 200 – 203.

Köller, Henning v., Kreislaufwirtschafts- und Abfallgesetz, 2. Aufl., Berlin, 1996.

Kommunaler Schadensausgleich (Hrsg.), Kommunale Aufgaben und Umweltrecht, Berlin, 1996.

Kopp, Ferdinand O.; Ramsauer, Ulrich, Verwaltungsverfahrensgesetz, 7. Aufl., München, 2000.

Kopp, Ferdinand; Schenke, Wolf-Rüdiger, Verwaltungsgerichtsordnung, 12. Aufl., München, 2000.

Köppl, Michael, Die Fortentwicklung des Bodenschutzrechts aus sächsischer Sicht, in: Oldiges, Martin (Hrsg.), Das neue Bundes-Bodenschutzgesetz – Fragen und Erwartungen, Leipzig, 1996, S. 119 – 126.

Kormann, Joachim (Hrsg.), Umwelthaftung und Umweltmanagement, München, 1994.

Körner, Raimund, Das Bundes-Bodenschutzgesetz im Grundstücksverkehr, DNotZ 2000, S. 344 – 365.

Körner, Raimund, Die Bodenschutzgesetze der Länder und das geplante Bundes-Bodenschutzgesetz, in: Kommunaler Schadensausgleich (Hrsg.), Kommunale Aufgaben und Umweltrecht, Berlin, 1996, S. 33 – 38.

Körner, Raimund; Vierhaus, Hans-Peter, Das Berliner Bodenschutzgesetz, LKV 1996, S. 345 – 352.

Kothe, Peter, Altlastenbehandlung in Thüringen als bundesdeutsches Modell?, DÖV 1994, S. 716 – 728.

Kothe, Peter, Altlastenrecht in den neuen Bundesländern, Stuttgart, München, Hannover, Berlin, Weimar, Dresden, 1996.

Kothe, Peter, Die rechtliche Behandlung von Altlasten in Thüringen, LKV 1994, S. 312 – 317.

Kothe, Peter, Was ändert sich im Umgang mit Altlasten und Verdachtsflächen? – Ausgewählte Probleme im Lichte des neuen Bundes-Bodenschutzgesetzes – UPR 1999, S. 96 – 100.

Krämer, Ludwig, Umweltmediation und Umweltpolitik der Europäischen Union, NuR 2002, S. 257 – 264.

Kratzenberg, Rüdiger, Bodenschutz in der Bauleitplanung – Bestandsaufnahme und Ausblick auf die Novellierung des Baugesetzbuchs und das neue Bundes-Bodenschutzgesetz – UPR 1997, S. 177 – 183.

Krause, Lars, TA Siedlungsabfall (TASI), Berlin, 1999.

Kreditanstalt für Wiederaufbau (Hrsg.), Geschäftsbericht 1999, Frankfurt a.M., 2000.

Kretz, Claus, Altlastenrechtliche Regelungen in Landesabfallgesetzen, in: Franzius, Volker; Wolf, Klaus; Brandt, Edmund (Hrsg.), Handbuch der Altlastensanierung (Losebl., Stand 19. Erg.-Lfg. Dez. 1999), 2. Aufl., Heidelberg, 1999, KZ 10163.

Kruschwitz, Lutz, Investitionsrechnung, 9. Aufl., München, Wien, 2003.

Kruse, Heinrich Wilhelm, Lehrbuch des Steuerrechts, Band 1, München, 1991.

Kügel, Wilfried, Die Entwicklung des Altlasten- und Bodenschutzrechts, NJW 2000, S. 107 – 118.

Kügel, Wilfried, Die Entwicklung des Altlastenrechts, NJW 1996, S. 2477 – 2485.

Kühl, Carsten, Strategien zur Finanzierung der Altlastensanierung, Frankfurt a.M., Berlin, Bern, New York, Paris, Wien, 1994.

Kunig, Philip; Paetow, Stefan; Versteyl, Ludger-Anselm, Kreislaufwirtschaft- und Abfallgesetz (KrW-/AbfG), München, 1998 (zitiert: Bearbeiter, in: Kunig/Paetow/Versteyl, KrW-/AbfG, 1998).

Kunig, Philip; Schwermer, Gerfried; Versteyl, Ludger-Anselm, Abfallgesetz, 2. Aufl., München, 1992.

Landel, Christoph; Vogg, Reiner; Wüterich, Christoph, Bundes-Bodenschutzgesetz, Stuttgart, Berlin, Köln, 2000 (zitiert: Bearbeiter, in: Landel/Vogg/Wüterich, BBodSchG, 2000).

Länderarbeitsgemeinschaft Wasser – LAWA (Hrsg.), Leitlinien zur Durchführung dynamischer Kostenvergleichsrechnungen (KVR-Leitlinien), 6. Aufl., Berlin, 1998.

Landeshauptstadt Stuttgart, Amt für Umweltschutz (Hrsg.), Kommunales Altlastenmanagement Baden-Württemberg, Stuttgart, 1996.

Lang, Erich, Praxis der Altlastensanierung bei Bauvorhaben, in: Landeshauptstadt Stuttgart (Hrsg.), Kommunales Altlastenmanagement Baden-Württemberg, Stuttgart, 1996, S. 140.

Lange, Heinrich; Kuchinke, Kurt, Lehrbuch des Erbrechts, 5. Aufl., München, 2001.

Langer, Oliver, Die Sanierung von Altlasten – Spezialgesetzliche Regelungen im Immissionsschutz- und Abfallrecht, Regensburg, 1994.

Larenz, Karl; Wolf, Manfred, Allgemeiner Teil des Bürgerlichen Rechts, 8. Aufl., München, 1997 (zitiert: Larenz/Wolf, BGB-AT, 8. Aufl. 1997).

Laßl, Michael, Leitfaden zur Auswahl von Sanierungsverfahren für Altlasten, in: Selke, Wolfgang; Hoffmann, Bernd (Hrsg.), Wiedernutzung von Industriebrachen, Bonn, 1995, S. 1 – 126.

Laßl, Michael; Beine, Reinhard; Hoffmann, Barbara; Egenolf, Bärbel; Grieseler, Gotthard; Krakau, Ulrike; Overmann, Ludger, Bewertung und Auswahl von Sanierungsverfahren unter Berücksichtigung kommunaler Rahmenbedingungen, altlasten-spektrum 1993, S. 199 – 206.

Lautner, Gerd, Pflichten und Pflichtige nach § 4 Bundes-Bodenschutzgesetz, Verwaltungsrundschau 2000, S. 415 – 421.

Lehmann, Katrin, Thüringer Abfallwirtschafts- und Altlastengesetz, Berlin, Dresden, Hannover, Kiel, Köln, Mainz, München, Schwerin, Stuttgart, Weimar, 1991.

Leinemann, Ralf, Amtshaftung für Altlasten: Ansprüche eines Mieters, NVwZ 1992, S. 146 –148.

Leitzke, Claus; Ulrici, Wolfgang, Altlastenmanagement, Heidelberg, 1999.

Lemser, Bernd; Tillmann, Albert, Wirtschaftlichkeit von Bodensanierungen: Ansätze zur ökonomischen Bewertung von Altlastensanierungen im privaten und öffentlichen Bereich, Berlin, 1997.

Lemser, Bernd; Tillmann, Albert, Zur Entwicklung einer Methode zur ökonomischen Bewertung der Sanierung von Böden, in: Bückmann, Walter (Hrsg.), Bodenschutz: Länderübergreifender Vergleich bestehender Gesetze und Gesetzentwürfe anhand des rechts- und naturwissenschaftlichen Forschungsstandes, Frankfurt a.M., 1996, S. 339 – 350.

Lemser, Bernd; Tillmann, Albert, Altlastensanierung aus betriebswirtschaftlicher Sicht, altlasten spektrum 1996, S. 212 – 217.

Lepsius, Oliver, Zu den Grenzen der Zustandshaftung des Grundeigentümers, JZ 2001, S. 22 – 27.

Leutheusser-Schnarrenberger, Sabine, Wege zur Justizentlastung, NJW 1995, 2441 – 2448.

Limberger, Gerhard; Koch, Detlef, Haftpflichtversicherungsschutz gegen Umweltschäden durch Bodenreinigung, VersR 1994, S. 394 – 401.

Lippe, Nanett v. der, Altlastensanierung in Hamburg – Dekontaminieren oder Sichern?, altlasten spektrum 2000, 71 – 72.

Lisken, Hans; Denninger, Erhard (Hrsg.), Handbuch des Polizeirechts, 3. Aufl., München, 2001 (zitiert: Bearbeiter, in: Lisken/Denninger (Hrsg.), Handbuch des Polizeirechts, 3. Aufl. 2001).

Loeser, Roman; Buchholz, Rainer, System des Verwaltungsrechts: Band 1: Allgemeine Lehren, Methoden und Techniken, Baden Baden, 1994.

Lücke, Jörg, Umweltschutz und Verfassung in der DDR, in: Selmer, Peter; Münch, Ingo von (Hrsg.), Gedächtnisschrift für Wolfgang Martens, Berlin, New York, 1987, S.153 – 175.

Lüdtke-Handjery, Christian, Hofübergabe als vertragliche und erbrechtliche Nachfolge, DNotZ 1985, S. 332 – 367.

Lutter, Marcus (Hrsg.), Umwandlungsgesetz, 2. Aufl., Köln, 2000 (zitiert: Bearbeiter, in: Lutter, UmwG, 2. Aufl. 2000).

Lutter, Marcus; Hommelhoff, Peter, GmbH-Gesetz, 15. Aufl., Köln, 2000.

Lwowski, Hans-Jürgen; Tetzlaff, Christian, Banken und Umweltschäden – Auswirkungen des neuen Bundes-Bodenschutzgesetzes auf die Kreditwirtschaft, Teil I, WM 2001, S. 385 – 400.

Lwowski, Hans-Jürgen; Tetzlaff, Christian, Beseitigung von Umweltlasten im Insolvenzverfahren; Risiken und Handlungsmöglichkeiten für Grundpfandgläubiger unter Berücksichtigung des BBodSchG, Entscheidungssammlung zum Wirtschafts- und Bankrecht (WuB) IV B. § 6 KO, 2.99, Insolvenzrecht/KO, Mai 1999, S. 505 – 508.

Lwowski, Hans-Jürgen; Tetzlaff, Christian, Grenzen der Pflicht von Grundstückseigentümern, Altlasten auf eigene Kosten zu sanieren; Entwertung von Grundpfandrechten durch Altlasten, Entscheidungssammlung zum Wirtschafts- und Bankrecht (WuB) I F 3. Grundpfandrechte 9.00, Kreditsicherungsrecht, Oktober 2000, S. 978 – 980.

Maak, Eckhard, Verkehrslenkende Abgabenmodelle. Gebühren und Beiträge im Dienst der Verkehrssteuerung, Tübingen, 1998.

Machtolf, Monika; Barkowski, Dietmar; Günther, Petra, Bürgerinformation und -beteiligung bei der Altlastensanierung, altlasten spektrum 1997, S. 26 – 31.

Mackenbach, Rainer, Aktives Flächenmanagement mit Hilfe eines Altlastenkatasters, in: Landeshauptstadt Stuttgart (Hrsg.), Kommunales Altlastenmanagement Baden-Württemberg, Stuttgart, 1996, S. 70 – 74.

Mähler, Hans-Georg; Mähler, Gisela, Streitschlichtung – Anwaltssache, hier: Mediation, NJW 1997, S. 1262 – 1266.

Marburger, Peter; Gebhard T., Umweltgenossenschaften, in: Endres, Alfred; Marburger, Peter (Hrsg.), Umweltschutz durch gesellschaftliche Selbststeuerung, Bonn, 1993, S. 116 – 160.

Marburger, Peter; Nolte, Alexander, Die Pflicht zur Bodensanierung nach § 4 Abs. 3 Satz 4 Halbsatz 1 Bundes-Bodenschutzgesetz, in: Hendler/Marburger/Reinhardt/Schröder (Hrsg.), Jahrbuch des Umwelt- und Technikrechts 2000 (UTR Bd. 54), Heidelberg, 2000, S. 229 – 262.

Martensen, Jürgen, Die Verjährung als Grenze polizeirechtlicher Verantwortlichkeit, NVwZ 1997, S. 442 – 446.

Matschke, Manfred Jürgen, Investitionsplanung und Investitionskontrolle, Herne, Berlin, 1993.

Maunz, Theodor; Dürig, Günter, Grundgesetz, Losebl., 40. Erg. Lfg., Stand Juni 2002, München (zitiert: Bearbeiter, in: Maunz/Dürig, GG, Losebl., Stand Juni 2002 1999).

Maurer, Hartmut, Allgemeines Verwaltungsrecht, 13. Aufl., München, 2000.

Maurer, Hartmut, Staatsrecht I, 2. Aufl., München, 2001.

Mayer, Günter, Bundes-Bodenschutzgesetz und Bodenschutzlastvermerk in Grundbuch und Zwangsversteigerung, RpflStud 1999, S. 108 – 110.

McComas, Katherine A., Public Meetings About Local Waste Management Problems : Comparing Participants to Nonparticipants, Environmental Management 2001, S. 135 – 146.

Medicus, Dieter, Anmerkung zum Beschluss des Bundesverfassungsgerichts vom 3. 4. 1990 (BVerfGE 82, 6 ff.), JZ 1993, S. 952 – 954.

Medicus, Dieter, Bürgerliches Recht, 18. Aufl., Köln, Berlin, Bonn, München, 1999.

Medicus, Dieter; Mertens, Hans-Joachim; Nörr, Knut Wolfgang; Zöllner, Wolfgang (Hrsg.), Festschrift für Hermann Lange, Stuttgart, Berlin, Köln, 1992.

Meißner, Martin, Die Sanierungsverantwortlichkeit der gewerblichen Wirtschaft nach dem Bundes-Bodenschutzgesetz, ZfIR 1999, S. 407 – 412.

Michael, Gerhard; Thull, Rüdiger, Die Verantwortlichkeit für DDR-Altlasten beim Erwerb von Altanlagen, BB-Beilage 30 zu Heft 24/1990, S. 1 – 9.

Michel, Lutz, Grundstückserwerb und Altlasten, Düsseldorf, 1990.

Michler, Hans-Peter, Auswirkungen des Bodenschutzgesetzes auf das Anlagenzulassungsrecht, UPR 1999, S. 100 – 105.

Ministerium für Naturschutz und Umwelt des Landes Schleswig-Holstein (Hrsg.), Altlastensituation in Schleswig-Holstein, Kiel, 1995.

Moeser, Ekkehard; Wilrich, Thomas, Verjährung von Vermieter- und Käuferausgleichsansprüchen nach BBodSchG bei Altlastengrundstücken, NZM 2002, S. 552 – 557.

Mohr, Hellmuth, Die Haftung des früheren Eigentümers nach § 4 Abs. 6 BBodSchG bei einer gesetzlichen Umlegung nach §§ 45 ff. BauGB, UPR 2000, S. 15 – 16.

Mohr, Hellmuth, Die Urteile des Bundesverfassungsgerichts zur Haftung des Zustandsstörers: Meilensteine oder Stolpersteine?, altlasten spektrum 2001, S. 36 – 37.

Mohr, Hellmuth, Nochmals: Zur Begrenzung der Zustandshaftung im Altlastenrecht, NVwZ 2001, S. 540.

Moos, Peter, Altlastensanierung der Liegenschaften des Landes – Grundlage für Flächenrecycling, in: NORDAC (Hrsg.), Alternative Finanzierungsmodelle in der Altlastensanierung, Bonn, 1996, S. 22 – 33.

Mosler, Jürgen, Öffentlich-rechtliche Probleme bei der Sanierung von Altlasten, Frankfurt a.M., Bern, New York, Paris, 1989.

Müggenborg, Hans-Jürgen, Die Haftung des früheren Eigentümers nach § 4 Abs. 6 BBodSchG, NVwZ 2000, S. 50 – 52.

Müggenborg, Hans-Jürgen, Grundfragen des Bodenschutz- und Altlastenrechts nach dem Bundes-Bodenschutzgesetz, Teil 2, SächsVBl. 2000, S. 108 – 111.

Müggenborg, Hans-Jürgen, Grundfragen des Bodenschutz- und Altlastenrechts nach dem Bundes-Bodenschutzgesetz, SächsVBl. 2000, S. 77 – 84.

Müggenborg, Hans-Jürgen, Rechtliche Aspekte der Altlastenproblematik und der Freistellungsklauseln, NVwZ 1992, S. 845 – 852.

Müggenborg, Hans-Jürgen, Zur Begrenzung der Zustandshaftung bei Altlasten, NVwZ 2001, S. 39 – 41.

Müller, Friedrich; Christensen, Ralph, Juristische Methodik, 8. Aufl., Berlin, 2002.

Müller, Reinhard; Süß, Wolfgang, Die Heranziehung des Gesamtrechtsnachfolgers als Verhaltensstörer zur Sanierung von Altlasten in den neuen Bundesländern, altlasten spektrum 1999, S. 91 – 97.

Müllmann, Christoph, Altlastensanierung und Kooperationsprinzip – Der öffentlich-rechtliche Vertrag als Alternative zur Ordnungsverfügung, NVwZ 1994, S. 876 – 879.

Murswiek, Dietrich, Umweltrecht und Grundgesetz, Die Verwaltung 2000, S. 241 – 283.

Mutius, Albert v., Der „Störer" im Polizei- und Ordnungsrecht, Jura 1983, S. 298 – 308.

Mutius, Albert v.; Hahn, T., Bodensanierung – Erforderlichkeit, Möglichkeiten und Grenzen rechtsnormativer Regelungen, in: Blume, Hans-Peter (Hrsg.), Handbuch des Bodenschutzes, 2. Aufl., Landsberg/Lech, 1992, S. 654 – 681.

Mutius, Albert, v.; Nolte, Martin, Die Rechtsnachfolge im Bundes-Bodenschutzgesetz, DÖV 2000, S. 1 – 7.

Neteler, Thomas, Entwicklung eines Bewertungsmodells für die nutzungsbezogene Auswahl von verfahren zur Altlastensanierung (Kurzfassung), altlasten-spektrum 1995, S. 158 – 159.

Neumeier, Hermann; Weber, Hans H. (Hrsg.), Altlasten, 3. Aufl., Berlin, Heidelberg, New York, 1996.

Niesel, Klaus (Hrsg.), Arbeitsförderungsgesetz, München, 1995 (zitiert: Bearbeiter, in: Niesel (Hrsg.), AFG, 1995).

Nietfeld, Annette, Privatwirtschaftliche Lösungsansätze zur Finanzierung der Altlastensanierung? in: Franzius, Volker; Bachmann, Günther (Hrsg.), Sanierung kontaminierter Standorte und Bodenschutz 1996, Berlin, 1996, S. 159 – 168.

Nolte, Martin, Erste Rechtsprechung zum Bundes-Bodenschutzgesetz – Anmerkung zum Beschluss des VG Frankfurt a. M. vom 23. 7. 1999 (NuR 1999, 711), NuR 2000, S. 258 – 260.

Nolte, Martin, Gesamtrechtsnachfolge in die abstrakte Verhaltenspflicht bei Altlasten vor und nach In-Kraft-Treten des § 4 III 1 Alt. 2 BBodSchG, NVwZ 2000, S. 1135 – 1137.

Nolte, Martin; Niestedt, Marian, Grundfälle zur Rechtsnachfolge im öffentlichen Recht, JuS 2000, S. 1172 – 1178.

NORDAC (Hrsg.), Alternative Finanzierungsmodelle in der Altlastensanierung, Bonn, 1996.

Oberrath, J. D., Das Bundesbodenschutzgesetz, JA 1999, S. 84 – 86.

Ochsenfeld, Frank, Direkthaftung von Konzernobergesellschaften in den USA: Die Rechtsprechung zum Altlasten-Superfund als Modell für das deutsche Konzernhaftungsrecht?, Berlin, 1998.

Oehler, Ellenor, Umweltschutz und Umweltrecht in der DDR, DVBl. 1990, S. 1322 – 1333.

Oerder, Michael, Altlasten in der anwaltlichen Praxis, DVBl. 1992, S. 691 – 697.

Oerder, Michael, Empfiehlt sich eine eigenständige bundesgesetzliche Regelung der Altlasten, und welchen Inhalt sollte sie haben, NJW 1994, S. 2181 – 2186.

Oerder, Michael, Ordnungspflichten und Altlasten, NVwZ 1992, 1031 – 1039.

Oerder, Michael; Numberger, Ulrich; Schönfeld, Thomas, Bundes-Bodenschutzgesetz, Stuttgart, München, Hannover, Berlin, Weimar, Dresden, 1999.

Oldiges, Martin (Hrsg.), Das neue Bundes-Bodenschutzgesetz – Fragen und Erwartungen, Leipzig, 1996.

Oldiges, Martin, Einführung in das Tagungsthema, in: Oldiges, Martin (Hrsg.), Das neue Bundes-Bodenschutzgesetz – Fragen und Erwartungen, Leipzig, 1996.

Oldiges, Martin, Rechtsnachfolge im Polizei- und Ordnungsrecht, Teil I, JA 1978, S. 541 – 543.

Oldiges, Martin, Verantwortlichkeit im Bodenschutz- und Altlastenrecht, in: Oldiges, Martin (Hrsg.), Das neue Bundes-Bodenschutzgesetz – Fragen und Erwartungen, Leipzig, 1996.

Olfert, Klaus, Finanzierung, 11. Aufl., Ludwigshafen, 2001.

Ossenbühl, Fritz, Anmerkung zu BVerfGE 100, 226 ff., JZ 1999, S. 899 – 900.

Ossenbühl, Fritz, Öffentliches Recht in der Rechtsprechung des BGH, NJW 2000, S. 2945 – 2953.

Ossenbühl, Fritz, Verzicht – Verwirkung und Verjährung als Korrektive einer polizeilichen Ewigkeitshaftung, NVwZ 1995, S. 547 – 550.

Ossenbühl, Fritz, Zur Haftung des Gesamtrechtsnachfolgers für Altlasten, Baden Baden, 1995.

Paetow, Stefan, Das Abfallrecht als Grundlage der Altlastensanierung, NVwZ 1990, S. 510 – 518.

Paintner, Edith, Polizeirecht: Störerhaftung und Dereliktion, JA 1990, S. 133 – 136.

Palandt, Otto, Bürgerliches Gesetzbuch, 62. Aufl., München, 2003 (zitiert: Bearbeiter, in: Palandt, BGB, 62. Aufl. 2003).

Pape, Kay Artur, Die Bewältigung von Altlasten in der Praxis, NJW 1992, S. 2661 – 2668.

Papier, Hans-Jürgen, Altlasten und polizeirechtliche Störerhaftung, DVBl. 1985, S. 873 – 879.

Papier, Hans-Jürgen, Altlasten und polizeirechtliche Störerhaftung, Köln, Berlin, Bonn, München, 1985.

Papier, Hans-Jürgen, Die Verantwortlichkeit für Altlasten im öffentlichen Recht, in: Breuer, Rüdiger; Kloepfer, Michael; Marburger, Peter; Schröder, Meinhard (Hrsg.), Altlasten und Umweltrecht, UTR Band 1, Düsseldorf, 1986, S. 59 – 82.

Papier, Hans-Jürgen, Die Verantwortlichkeit für Altlasten im öffentlichen Recht, NVwZ 1986, S. 256 – 263.

Papier, Hans-Jürgen, Die Weiterentwicklung der Rechtsprechung zur Eigentumsgarantie des Art. 14 GG, DVBl. 2000, S. 1398 – 1407.

Papier, Hans-Jürgen, Empfehlen sich ergänzende gesetzliche oder untergesetzliche Regelungen der Altlasten, und welchen Inhalt sollen sie haben?, JZ 1994, S. 810 – 822.

Papier, Hans-Jürgen, Zur rückwirkenden Haftung des Rechtsnachfolgers, DVBl. 1996, S. 125 – 134.

Paßlick, Hermann, Altlasten aus Sicht der Eingriffsverwaltung und der Bauleitplanung, DVBl. 1992, S. 674 – 682.

Peine, Franz-Joseph, Bodensanierungen und Übergangsrecht – Das Verhältnis des Bundes-Bodenschutzgesetzes zum Altlastsanierungsrecht bei der Erhebung des Wertausgleichs für Bodensanierungen, NuR 2000, S. 255 – 258.

Peine, Franz-Joseph, Bodenschutzrecht und Wasserrecht, UPR 1999, S. 361 – 367.

Peine, Franz-Joseph, Das Bundes-Bodenschutzgesetz, NuR 1999, S. 121 – 127.

Peine, Franz-Joseph, Die Bodenschutzkonzeption der Bundesregierung, UPR 1997, S. 53 – 60.

Peine, Franz-Joseph, Die Rechtsnachfolge in öffentlich-rechtliche Pflichten, DVBl. 1980, S. 941 – 949.

Peine, Franz-Joseph, Die Rechtsnachfolge in öffentlich-rechtliche Rechte u. Pflichten, JuS 1997, 984 – 988.

Peine, Franz-Joseph, Umfassender Bodenschutz in einem Landesbodenschutzgesetz und die Kompetenz des Landesgesetzgebers, NVwZ 1999, S. 1165 – 1171.

Peine, Franz-Joseph, Umfassender Bodenschutz in einem Landesbodenschutzgesetz und die Kompetenz des Landesgesetzgebers, in: Breuer, Rüdiger (Hrsg.), Konkretisierung von Umweltanforderungen, Düsseldorf, 1998, S. 163 – 191.

Peters, Heinz-Joachim, Das neue Altlastenrecht in Baden-Württemberg, VBlBW 1991, S. 49 – 53.

Peters, Heinz-Joachim, Strukturen des neuen Bodenschutzrechts, VBlBW 1999, S. 83 – 86.

Petschow, Ulrich; Meyerhoff, Jürgen; Thomasberger, Claus, Umweltreport DDR, Frankfurt a.M., 1990.

Pflug, Wolfram (Hrsg.), Braunkohletagebau und Rekultivierung, Berlin, Heidelberg, 1998.

Pietras, Claus-Peter; Zimmermann, Kathrin, Neuregelung der Altlastenbewältigung in den neuen Ländern – Finanzierungsmodelle vor dem Hintergrund der Beendigung der Aufgaben der Treuhandanstalt/ Bundesanstalt für vereinigungsbedingte Sonderaufgaben, altlasten spektrum 1999, S. 355 – 360.

Pietzcker, Jost, Öffentliches Recht: Die Altlast, JuS 1986, S. 719 – 724.

Pischel, Gerhard, Dereliktion und Haftung des Zustandsstörers, VBlBW 1999, S. 166 – 168.

Pohl, Andreas, Die Altlastenregelungen der Länder, NJW 1995, S. 1645 – 1650.

Priester, Hans-Joachim, Die eigene GmbH als fremder Dritter – Eigensphäre der Gesellschaft und Verhaltenspflichten ihrer Gesellschafter, ZGR 1993, S. 512 – 533.

Pützenbacher, Stefan, Der Ausgleichsanspruch nach § 24 II BBodSchG, NJW 1999, S. 1137 – 1142.

Pützenbacher, Stefan; Görgen, Kilian, Keine analoge Anwendung von § 24 II BBodSchG, NJW 2001, S. 490 – 492.

Queitsch, Peter, Bundes-Bodenschutzgesetz, 2. Aufl., Köln, 1999.

Radke, Wolfram W.; Herrmann, Nadine E, Rechtsprechung Öffentliches Recht, JA 2000, S. 925 – 928.

Radtke, Hansjörg, Gesetzgebungsvorhaben Bundes-Bodenschutzgesetz, in: Oldiges, Martin (Hrsg.), Das neue Bundes-Bodenschutzgesetz – Fragen und Erwartungen, Leipzig, 1996, S. 15 – 20.

Raeschke-Kessler, Hilmar, Amtshaftung und vertragliche Haftung bei Altlasten, DVBl. 1992, S. 683 – 690.

Rahrbach, Andrea; Hachmann, Rainer; Ulrici, Wolfgang, Konfliktminderung bei der Altlastsanierung, altlasten-spektrum 1993, S. 17 – 30.

Rat von Sachverständigen für Umweltfragen, Altlasten – Sondergutachten Dezember 1989, Stuttgart, 1990 (zitiert: SRU, Altlasten I, 1990, Tz.).

Rat von Sachverständigen für Umweltfragen, Altlasten II – Sondergutachten Februar 1995, Stuttgart, 1995 (zitiert: SRU, Altlasten II, 1995, Tz.).

Rebmann, Kurt; Säcker, Franz Jürgen; Rixeder, Roland (Hrsg.), Münchener Kommentar zum Bürgerlichen Gesetzbuch, 3. Aufl., München, 1993 und 1997; (zitiert: Bearbeiter, in: MüKo, 3. Aufl., Erscheinungsjahr).

Rech, Burghard; Henke, Andreas, Die Abgrenzung von Boden und Grundwasser und die Verzahnung des Bundes-Bodenschutzgesetzes mit dem Wasserrecht, LKV 2000, S. 369 – 376.

Redeker, Konrad; Oertzen, Hans-Joachim v., Verwaltungsgerichtsordnung, 12. Aufl., Stuttgart, 1997.

Rehbinder, Eckard, Der Beitrag von Versicherungs- und Fondslösungen zur Verhütung von Umweltschäden aus juristischer Sicht, in: Endres, Alfred; Rehbinder, Eckard; Schwarze, Reimund (Hrsg.), Haftung und Versicherung für Umweltschäden aus ökonomischer und juristischer Sicht, Berlin, Heidelberg, 1992, S. 120 – 150.

Rehbinder, Eckard, Die Freistellung von Anlagenerwerbern von der Verantwortlichkeit für die Sanierung von Altlasten in den neuen Bundesländern, DVBl. 1991, S. 421 – 427.

Rehbinder, Eckard, Rechtlicher Hintergrund von Prüfwerten nach dem Bundes-Bodenschutzgesetz, altlasten spektrum 1997, S. 263 – 270.

Rengeling, Hans-Werner, Das neue Bodenschutzrecht: Regelungsschwerpunkte, dogmatische Strukturen, Prinzipien, in: Hendler, Reinhard; Marburger, Peter; Reinhardt, Michael; Schröder, Meinhard (Hrsg.), Bodenschutz und Umweltrecht, UTR Band 53, Berlin, 2000, S. 43 – 86.

Reuter, Alexander, Altlast und Grundstückskauf, BB 1988, S. 497 – 503.

Riedel, Ulrike, Anforderungen an die Sanierung und der Umfang der Vorsorgepflicht nach dem Bundes-Bodenschutzgesetz, UPR 1999, S. 92 – 96.

Riedel, Ulrike, Das Bundes-Bodenschutzgesetz und die Sanierungsverantwortlichkeit, ZIP 1999, S. 94 – 100.

Rippen, Gerd, Nutzungsbezogene Bewertung von Boden- und Grundwasserbelastungen, Brachflächenrecycling (4) 1995, S. 45 – 51.

Roellecke, Gerd, Anmerkung zu BVerfG, Beschluß v. 3.4.1990 - 1 BvR 1186/89, JZ 1990, S. 813 – 814.

Rohde, Andreas, Altlasten als zivilrechtliches Problem, in: Franzius, Volker; Wolf, Klaus; Brandt, Edmund (Hrsg.), Handbuch der Altlastensanierung (Losebl., Stand 19. Erg.-Lfg. Dez. 1999), 2. Aufl., Heidelberg, 1999, KZ 10533.

Rommelfanger, Ulrich; Rimmele, Peter, Polizeigesetz des Freistaates Sachsen, Stuttgart, München, Hannover, Berlin, Weimar, Dresden, 1999.

Roschig, Frank, Altlasten als Kriterium einer Investitionsentscheidung, in: Landeshauptstadt Stuttgart (Hrsg.), Kommunales Altlastenmanagement Baden-Württemberg, Stuttgart, 1996, S. 147 – 149.

Rosenberg, Leo; Gaul, Hans Friedhelm; Schilken, Eberhard, Zwangsvollstreckungsrecht, 11. Aufl., München, 1997.

Roth, Günter H., Unterkapitalisierung und persönliche Haftung, ZGR 1993, S. 170 – 209.

Rother, Josef, Zu erfüllende Aufgaben bei der Organisation der Altlastensanierung, in: Zimmermann, Horst (Hrsg.), Organisation und Finanzierung der Altlastensanierung in den neuen Bundesländern, Berlin, 1992, S. 55 – 71.

Sachs, Michael, Grundgesetz, 2. Aufl., München, 1999 (zitiert: Bearbeiter, in: Sachs, GG, 2. Aufl. 1000).

Sachs, Michael, Vereinbarkeit denkmalschutzrechtlicher Bestimmungen mit der Eigentumsgarantie, JuS 2000, S. 399 – 401.

Sahm, Christoph, Der öffentlich-rechtliche Sanierungsvertrag nach dem Bundes-Bodenschutzgesetz, UPR 1999, S. 374 – 380.

Sanden, Joachim, Altlasten-Risikobewältigung durch Kreditgeber, Versicherer und Konkursverwalter, in: Franzius, Volker; Wolf, Klaus; Brandt, Edmund (Hrsg.), Handbuch der Altlastensanierung (Losebl., Stand 19. Erg.-Lfg. Dez. 1999), 2. Aufl., Heidelberg, 1999, KZ 10513.

Sanden, Joachim; Schoeneck, Stefan, Bundes-Bodenschutzgesetz, Heidelberg, 1998.

Sandner, Wolfram, Schafft die Bundes-Bodenschutzverordnung mehr Rechtssicherheit bei der Altlastensanierung?, NJW 2000, S. 2542 – 2547.

Schäfer, Kurt, Zum Altlastenregime des Bundes-Bodenschutzgesetzes, NuR 2001, S. 429 – 432.

Schäfer, Kurt, Zur Vorsorge im Bodenschutzrecht, DVBl. 2002, S. 734 – 738.

Schellhammer, Kurt, Zivilprozess, 9. Aufl., Heidelberg, 2001.

Scherer-Leydecker, Christian, Haftungsbegrenzung bei der Zustandsverantwortlichkeit für Altlasten, altlasten spektrum 2000, S. 225 – 226.

Schillinger, Heike, Mediation im Verwaltungsrecht – Instrument neuer Behördenkultur?, VBlBW 2001, S. 396 – 404.

Schimikowski, Peter, BBodSchG, Umwelthaftpflichtversicherung und Bodenkaskodeckungen, VersR 1998, S. 1452 – 1460.

Schimikowski, Peter, Umwelthaftungsrecht und Umwelthaftpflichtversicherung, 5. Aufl., Karlsruhe, 1998.

Schink, Alexander, Abfallrechtliche Probleme der Sanierung von Altlasten, DVBl. 1985, S. 1149 – 1158.

Schink, Alexander, Amtsermittlung und Gefahrerforschung, DVBl. 1989, S. 1182 – 1188.

Schink, Alexander, Die Altlastenregelungen des Entwurfs des Bundesbodenschutzgesetzes, DÖV 1995, S. 213 – 225.

Schink, Alexander, Rechtsfragen der Altlasten, GewArch 1995, S. 441 – 457.

Schink, Alexander, Rechtsfragen der Altlasten, GewArch 1996, S. 6 – 14.

Schink, Alexander, Verantwortlichkeit für die Gefahrenabwehr und die Sanierung schädlicher Bodenveränderungen nach dem Bundesbodenschutzgesetz, DÖV 1999, S. 797 – 807.

Schink, Alexander, Wasserrechtliche Probleme der Sanierung von Altlasten, DVBl. 1986, S. 161 – 170.

Schink, Alexander; Schmeken, Werner; Schwade, Wolfgang, Abfallgesetz des Landes Nordrhein-Westfalen, 2. Aufl., Tönisvorst, 1996 (zitiert: Bearbeiter, in: Schink/Schmeken/Schwade, Abfallgesetz des Landes NW, 2. Aufl. 1996).

Schlabach, Erhard; Heck, Matthias, Die Verantwortlichkeit des Zustandsstörers für schädliche Bodenveränderungen und Altlasten nach dem BBodSchG, VBlBW 1999, S. 406 – 415.

Schlabach, Erhard; Heck, Matthias, Verhaltensverantwortlichkeit nach dem BBodSchG, VBlBW 2001, S. 46 – 54.

Schlabach, Erhard; Heck, Matthias, Erkundung von Verdachtsflächen im Weg der Amtsermittlung nach § 9 Abs. 1 BBodSchG – Generelle Kostenfreiheit für den ermittelten Störer?, BayVBl. 2001, S. 262 – 267.

Schlabach, Erhard; Simon, Alexander, Die Rechtsnachfolge beim Verhaltensstörer, NVwZ 1992, S. 143 – 146.

Schlemminger, Horst, Die Gestaltung von Grundstückskaufverträgen bei festgestellten Altlasten oder Altlastenverdacht, BB 1991, S. 1433 – 1439.

Schlemminger, Horst; Attendorn, Thorsten, Überlagert die kurze nietrechtliche Verjährungsfrist konkurrierende Ausgleichsansprüche nach § 24 II BBodSchG?, NZM 1999, S. 97 – 101.

Schlemminger, Horst; Friedrich, Guido, Die bodenschutzrechtliche Verantwortlichkeit des Alteigentümers – „der dünne Draht" zwischen Ent- und Ewigkeitshaftung, NJW 2002, S. 2133 – 2138.

Schlette, Volker, Ausgleichsansprüche zwischen mehreren Umweltstörern gemäß § 24 Abs. 2 Bundes-Bodenschutzgesetz, VerwArch 91 (2000), S. 41 – 73.

Schlichter, Otto; Stich, Rudolf, Berliner Kommentar zum Baugesetzbuch, 2. Aufl., Köln, 1995.

Schmelzle, Peter M., Umnutzung von Altlastenflächen ist Teamarbeit. Ein Beispiel aus der Praxis, in: Landeshauptstadt Stuttgart (Hrsg.), Kommunales Altlastenmanagement Baden-Württemberg, Stuttgart, 1996, S. 62 – 65.

Schmid, Hartmut; Burger, Dieter; Thater, Michael, Dioxinsanierung im Innenstadtbereich von Rheinfelden, TerraTech 1998, S. 53 – 56.

Schmidt, Burkhard, „Baudenkmäler sind die letzte Steueroase", Die Welt v. 26. 1. 2000.

Schmidt, Karsten, „Altlasten in der Insolvenz" – unendliche Geschichte oder ausgeschriebenes Drama?, ZIP 2000, S. 1913 – 1921.

Schmidt, Karsten, Gesellschaftsrecht, 4. Aufl., Köln, Berlin, Bonn, München, 2002.

Schmidt, Karsten, Handelsrecht, 5. Aufl., Köln, Berlin, Bonn, München, 1999.

Schmidt, Ludwig, Einkommensteuergesetz, 21. Aufl., München, 2002, (zitiert: Bearbeiter, in: Schmidt, EStG, 21. Aufl. 2002).

Schmidt-Assmann, Eberhard (Hrsg.), Besonderes Verwaltungsrecht, 11. Aufl., Berlin, 1999 (zitiert: Bearbeiter, in: Schmidt-Assmann (Hrsg.), Besonderes Verwaltungsrecht, 11. Aufl. 1999).

Schmidt-Jortzig, Edzard, Beendigung polizeilicher Zustandsverantwortlichkeit durch Dereliktion, in: Achterberg, Norbert; Krawietz, Werner; Wyduckel, Dieter, Recht und Staat im sozialen Wandel, Festschrift für Hans Ulrich Scupin, Berlin, 1983, S. 819 – 829, (zitiert: Schmidt-Jortzig, FS für Scupin, 1983).

Schmidt-Salzer, Joachim; Schramm, Stephan, Kommentar zur Umwelthaftpflichtversicherung, Heidelberg, 1993.

Schmitt, Joachim; Hörtnagl, Robert; Stratz, Christian, Umwandlungsgesetz – Umwandlungssteuergesetz, 3. Aufl., München, 2001.

Schmitz, Joachim, Sanierung der Altlast Dhünnaue in Leverkusen, TerraTech 1997, S. 29 – 31.

Schmitz-Rode, Wolfgang; Bank, Stephan, Die konzernrechtliche Haftung nach dem Bundes-Bodenschutzgesetz, DB 1999, S. 417 – 420.

Schöbel, Heino, Verhandlungsmanagement und Mediation in der Juristenausbildung, JuS 2000, S. 372 – 377.

Schoch, Friedrich, Entschädigung bei Inanspruchnahme wegen Verdachts- oder Anscheinsgefahr – BGHZ 117, 303, JuS 1993, S. 724 – 727.

Schoch, Friedrich, Grundfälle zum Polizei- und Ordnungsrecht, JuS 1994, S. 1026 – 1031.

Schoeneck, Stefan, Anmerkung zu OVG Münster: Lizenzmodell verfassungswidrig, ZUR 1996, S. 213 – 214.

Schölmerich, Uwe, 70 Jahre forstliche Rekultivierung – Erfahrungen und Folgerungen, in: Pflug, Wolfram (Hrsg.), Braunkohletagebau und Rekultivierung, Berlin, Heidelberg, 1998, S. 142 – 156.

Schönfeld, Thomas, Nochmals: Ausgleichsansprüche nach § 24 II BBodSchG ohne behördliche Verpflichtung eines Sanierungsverantwortlichen?, NVwZ 2000, S. 648 – 650.

Schöpflin, Martin, Verhandeln und Mediation, JA 2000, S. 157 – 164.

Schrader, Christian, Das neue Bundes-Bodenschutzgesetz, Wasser & Boden 1998, S. 8 – 13.

Schramm, Volker, Konzernverantwortung und Haftungsdurchgriff im qualifizierten faktischen GmbH-Konzern, München, 1991.

Schwachheim, Jürgen F., Zum Gesamtschuldnerausgleich unter mehreren Störern, NVwZ 1988, S. 225 – 227.

Schwartmann, Rolf, Das neue Bundes-Bodenschutzgesetz: Altlastenrisiko, Konzernhaftung und Gesamtschuldnerausgleich, DStR 1999, S. 324 – 329.

Schwartmann, Rolf, Zur Einschränkung der Haftung des Gesamtrechtsnachfolgers gem. § 4 Abs. 3 Satz 1 BBodSchG, ZfIR 2000, S. 256 – 259.

Schwartmann, Rolf; Vogelheim, Markus, Die Beschränkung der öffentlich-rechtlichen Altlastenhaftung des Erben, ZEV (Zeitschrift für Erbrecht und Vermögensnachfolge) 2001, S. 101 – 104.

Schwerdtfeger, Gunther, Öffentliches Recht in der Fallbearbeitung, 10. Aufl., München, 1997.

Seehusen, August W.; Schwede, Thomas, Flurbereinigungsgesetz, 7. Aufl., Köln, 1997 (zitiert: Bearbeiter, in: Seehusen/Schwede, Flurbereinigungsgesetz, 7. Aufl. 1997).

Seibert, Max-Jürgen, Altlasten in der verwaltungsgerichtlichen Rechtsprechung, DVBl. 1992, S. 664 – 673.

Seibert, Max-Jürgen, Zum Zusammenhang von Ordnungs- und Kostentragungspflicht, DVBl. 1985, S. 328 – 329.

Seifart, Werner; Campenhausen, Axel Freiherr v., Handbuch des Stiftungsrechts, 2. Aufl., München, 1999.

Selke, Wolfgang, Kommunale Strategien im Umgang mit Altlasten, in: Selke, Wolfgang; Hoffmann, Bernd (Hrsg.), Kommunales Altlastenmanagement, Bonn, 1992, S. 15 – 54.

Selke, Wolfgang; Hoffmann, Bernd (Hrsg.), Kommunales Altlastenmanagement, Bonn, 1992.

Selmer, Peter; Münch, Ingo v. (Hrsg.), Gedächtnisschrift für Wolfgang Martens, Berlin, New York, 1987 (zitiert: Bearbeiter, in: GS Martens, 1987).

Sepp, Michael, Rechtsfragen der Altlasten in den neuen Bundesländern, Aachen, 1996.

Sieder, Frank; Zeitler, Herbert; Dahme, Heinz; Knopp, Günther-Michael; Gößl, Thomas, Bayerisches Wassergesetz, Losebl., Stand Mai 2001, München (zitiert: Bearbeiter, in: Sieder/Zeitler/Dahme/Knopp/Gößl, Bayerisches Wassergesetz, Losebl., Stand Mai 2001).

Sieder, Frank; Zeitler, Herbert; Dahme, Heinz; Knopp, Günther-Michael; Gößl, Thomas, Wasserhaushaltsgesetz, Abwasserabgabengesetz, Losebl., Stand März 2002, München (zitiert: Bearbeiter, in: Sieder/Zeitler/Dahme/Knopp/Gößl, WHG, Losebl., Stand März 2002).

Siederer, Wolfgang, Die vermögensrechtliche Zuordnung von Alt-Deponien in der Rechtsprechung des Bundesverwaltungsgerichts, LKV 2001, S. 192 – 196.

Skokowa, Barbara, Bodenrechtliche Vollzugsprobleme der unteren und mittleren Verwaltungsbehörden, in: Oldiges, Martin (Hrsg.), Das neue Bundes-Bodenschutzgesetz – Fragen und Erwartungen, Leipzig, 1996, S. 143 – 153.

Sorge, Hans-Ulrich, Das Bundes-Bodenschutzgesetz und seine Auswirkungen auf den Grundstückskaufvertrag, MittBayNot 1999, S. 232 – 241.

Spannowsky, Willy, Das Prinzip gerechter Lastenverteilung und die Kostentragungslast des Zustandsstörers, DVBl. 1994, S. 560 – 567.

Spieth, Rolf Friedrich; Wolfers, Benedikt, Die neuen Störer: Zur Ausdehnung der Altlastenhaftung in § 4 BBodSchG, NVwZ 1999, S. 355 – 360.

Spieth, Rolf Friedrich; Wolfers, Benedikt, Haftung ohne Grenzen? Zur Erweiterung der Altlastenhaftung im Bundes-Bodenschutzgesetz, altlasten spektrum 1998, S. 75 – 86.

Spilok, Gerhard, Bodenschutzgesetz Baden-Württemberg, Stuttgart, Berlin, Köln, 1992.

Staatliche Zentralverwaltung für Statistik (Hrsg.), Statistisches Jahrbuch 1988 der Deutschen Demokratischen Republik, Berlin, 1988.

Staatsministerium für Umwelt und Landwirtschaft; Sächsisches Landesamt für Umwelt und Geologie (Hrsg.), Marktorientierte Bewertung altlastenbehafteter Grundstücke, Dresden, 2001.

Stadie, Holger, Rechtsnachfolge im Verwaltungsrecht, DVBl. 1990, S. 501 – 508.

Staudinger, J. v., Kommentar zum Bürgerlichen Gesetzbuch, Berlin, 1997 – 2000 (zitiert: Bearbeiter, in: Staudinger, BGB, Erscheinungsjahr).

Staudt, Erich, „Altlasten" in ökonomischer Sicht, in: Wagner, Gerd Rainer (Hrsg.), Altlasten und Entsorgungsökonomie, Düsseldorf, 1987, S. 117 – 136.

Steding, Rolf, Das Treuhandgesetz im Spannungsfeld der Privatisierung ostdeutscher Unternehmen, Neue Justiz 2000, S. 281 – 285.

Steffen, Erich, Verschuldenshaftung und Gefährdungshaftung für Umweltschäden, NJW 1990, S. 1817 – 1822.

Steffen, Ulrich; Popp, Petra, Das Bundes-Bodenschutzgesetz in der zivil- und verwaltungsrechtlichen Vertragsgestaltung, ZNotP 1999, 303 – 313.

Stegmann, Rainer, Einführung in das Altlastenproblem aus naturwissenschaftlich-technischer Sicht, in: Breuer, Rüdiger; Kloepfer, Michael; Marburger, Peter; Schröder, Meinhard (Hrsg.), Altlasten und Umweltrecht, UTR Band 1, Düsseldorf, 1986, S. 1 – 15.

Steiner, Anton, Zwangsversteigerung und Zwangsverwaltung, Band 1, 9. Aufl., Neuwied, 1984 (zitiert: Bearbeiter, in: Steiner, Zwangsversteigerung und Zwangsverwaltung, Band 1, 9. Aufl. 1984).

Stelkens, Paul; Bonk, Joachim; Sachs, Michael, Verwaltungsverfahrensgesetz, 6. Aufl., München, 2001 (zitiert: Bearbeiter, in: Stelkens/Bonk/Sachs, VwVfG, 6. Aufl. 2001).

Stenzel, Hans-Günter, Kontaminierte Fläche als Spekulationsobjekt, in: Landeshauptstadt Stuttgart (Hrsg.), Kommunales Altlastenmanagement Baden-Württemberg, Stuttgart, 1996, S. 154 – 158.

Stietzel, Hans-Joachim; Schött, Wolfram, Der Forschungsschwerpunkt „Modellhafte Sanierung von Altlasten" des Bundesministeriums für Forschung und Technologie, altlasten-spektrum 1993, S. 12 – 16.

Stintzing, Heike, Das Eintrittsrecht des nichtehelichen Lebenspartners gem. § 569a II BGB – BGH, NJW 1993, 999 –, JuS 1994, S. 550 – 555.

Stobbe, Alfred, Mikroökonomik, 2. Aufl., Berlin, Heidelberg, New York, London, Paris, Tokyo, Hong Kong, Barcelona, Budapest, 1991.

Stöber, Kurt, Handbuch der Rechtspraxis, Band 2: Zwangsvollstreckung in das unbewegliche Vermögen, 7. Aufl., München, 1999.

Stöber, Kurt, Handbuch zum Vereinsrecht, 8. Aufl., Köln, 2000.

Striewe, Peter, Rechtsprobleme der Altlastenbeseitigung, ZfW 1986, S. 273 – 291.

Stubbe, Christian, Wirtschaftsmediation und Claim Management, BB 2001, S. 685 – 692.

Stüer, Bernhard; Hönig, Dietmar, Umweltrecht – Rechtsprechungsbericht 1999/2000, DVBl. 2000, S. 1189 – 1202.

Sudhoff, Heinrich, Unternehmensnachfolge, 4. Aufl., München, 2000 (zitiert: Bearbeiter, in: Sudhoff, Unternehmensnachfolge, 4. Aufl. 2000).

Tegtmeyer, Henning, Polizeigesetz Nordrhein-Westfalen, 8. Aufl., Stuttgart, München, Hannover, Berlin, Weimar, Dresden, 1995.

Tetzlaff, Christian, Altlastensanierung im Konkurs des Sanierungspflichtigen – ein Anwendungsfall des § 25 Bundes-Bodenschutzgesetz, altlasten spektrum 2001, S. 7 – 16.

Theuer, Andreas, Die Sanierungsverantwortlichkeit des Gesamtrechtsnachfolgers nach dem Bundesbodenschutzgesetz am Beispiel der Spaltung von Unternehmen, DB 1999, S. 621 – 624.

Thomas, Heinz; Putzo, Hans, Zivilprozessordnung, 20. Aufl., München, 1997.

Thurston, Eden; Reader, Richard J., Impacts of Experimentally Applied Mountain Biking and Hiking on Vegetation and Soil of a Deciduous Forest, Environmental Management 2001, S. 397 – 409.

Tils, Ralf, „Vorsicht: Mediation!", Forschungsjournal Neue Soziale Bewegung (NSB) 1997, S. 43 – 52.

Timm, Wolfram; Schöne, Torsten, Die Thesen der Treuhandanstalt zu Haftungsfragen – eine kritische Bestandsaufnahme, ZIP 1992, S. 969 – 979.

Tomerius, Stephan, Bundes-Bodenschutzgesetz und kommunales Flächenrecycling, ZUR 1999, S. 78 – 87.

Trittin, Jürgen, Die Zukunft des Bodenschutzes und der Altlasten – was bleibt zu tun?, altlasten spektrum 1999, S. 65 – 66.

Trurnit, Christoph, Erneut: BVerfG und die Grenzen der Zustandsverantwortlichkeit bei Altlasten, altlasten spektrum 2001, S. 143 – 144.

Trurnit, Christoph, Grenzen der Zustandsverantwortlichkeit für Altlasten, altlasten spektrum 2000, S. 270 – 272.

Turiaux, André; Knigge, Dagmar, Bundes-Bodenschutzgesetz – Altlastensanierung und Konzernhaftung, BB 1999, S. 377 – 384.

Ulrici, Wolfgang; Hachmann, Rainer, Maßnahmen zur Konfliktminderung bei der Altlastensanierung, in: Franzius, Volker; Wolf, Klaus; Brandt, Edmund (Hrsg.), Handbuch der Altlastensanierung (Losebl., Stand 19. Erg.-Lfg. Dez. 1999), 2. Aufl., Heidelberg, 1999, KZ 12643.

Umweltbundesamt (Hrsg.), Internationale Erfahrungen zur Altlastensanierung – Synopse, Bewertung und Prüfung der Übertragbarkeit von Methoden und Konzeption –, Berlin, 1995.

Vallendar, Willi, Die Betriebseinstellung – ein neuer Regelungstatbestand des BImSchG, UPR 1991, S. 91 – 96.

Venhorst, Georg, Theoretische privatwirtschaftliche Entscheidungshilfen zur Altlastensanierung, EntsorgungsPraxis (1 – 2) 1991, S. 19 – 24.

Versteyl, Ludger-Anselm, Die Sanierung kontaminierter Flächen nach dem Bundes-Bodenschutzgesetz, in: Hendler, Reinhard; Marburger, Peter; Reinhardt, Michael; Schröder, Meinhard (Hrsg.), Bodenschutz und Umweltrecht, UTR Band 53, Berlin, 2000, S. 147 – 202.

Versteyl, Ludger-Anselm, Das Lizenzmodell NRW – vom Ende einer Einzellösung, UPR 2000, S. 297 – 300.

Versteyl, Ludger-Anselm; Dageförde, Angela, Rechtliche Rahmenbedingungen zur Entsorgung von Böden und Bauschutt aus der Altlastensanierung, NuR 2002, S. 189 – 197.

Versteyl, Ludger-Anselm; Sondermann, Wolf Dieter, Bundes-Bodenschutzgesetz, München, 2002.

Vierhaus, Hans-Peter, Das Bundes-Bodenschutzgesetz, NJW 1998, S. 1262 – 1269.

Vierhaus, Hans-Peter, Die Ausweitung des Kreises der Verantwortlichen durch das Bundes-Bodenschutzgesetz, NZG 2000, S. 240 – 243.

Vogel, Joachim, Versicherungsmöglichkeiten bei Bodenkontaminationen, Bodenschutz 1998, S. 58 – 61.

Wächter, Gerd H., Praktische Fragen der Gestaltung und Auslegung von Altlastenklauseln in Grundstücks- und Unternehmenskaufverträgen, NJW 1997, S. 2073 – 2084.

Wagner, Gerd Rainer (Hrsg.), Altlasten und Entsorgungsökonomie, Düsseldorf, 1987.

Wagner, Gerd Rainer; Fichtner, Sabine, Ansatzpunkte betrieblicher und überbetrieblicher Handhabung des Umweltproblems Altlasten, in: Wagner, Gerd Rainer (Hrsg.), Altlasten und Entsorgungsökonomie, Düsseldorf, 1987, S. 7 – 30.

Wagner, Gerhard, Ausgleichsansprüche unter mehreren Verantwortlichen nach dem Bundes-Bodenschutzgesetz, BB 2000, S. 417 – 428.

Wagner, Gerhard, Kollektives Umwelthaftungsrecht auf genossenschaftlicher Grundlage, Berlin, 1990.

Wagner, Volkmar; Engelhard, Matthias, Mediation im Umwelt- und Planungsrecht als Alternative zur behördlichen oder gerichtlichen Streitentscheidung, NVwZ 2001, S. 370 – 374.

Wallerath, Maximilian; Strätker, Georg, Zustandshaftung von Hoheitsträgern und zivilrechtlicher Eigentumsbegriff im Ordnungsrecht – VGH Mannheim, VBlBW 1996, 351, JuS 1999, S. 127 – 134.

Weimar, Robert; Bartscher, Bruno, Treuhandanstalt und Konzernrecht, ZIP 1991, S. 69 – 79.

Weiß, Wolfgang, Der Gefahrerforschungseingriff bei Altlasten – Versuch einer Neubestimmung, NVwZ 1997, S. 737 – 744.

Werner, Gerhard, Das neue Bundes-Bodenschutzgesetz, Kommunalzeitschrift des Gemeindetags Baden-Württemberg (BWGZ) 1998, S. 847 – 851.

Westermann, Harm Peter (Hrsg.), Erman Bürgerliches Gesetzbuch, 10. Aufl., Köln, 2000 (zitiert: Bearbeiter, in: Erman, BGB, 10. Aufl. 2000).

Weyers, Gustav, Altlasten und ihre Auswirkungen auf den Grundstückswert, Der öffentlich bestellte und vereidigte Sachverständige (DS) 1988 (1 – 2), S. 13 – 23.

Wiegand, Günter; Heider, Leonhard; Geyer, Klaus, Ordnungsbehördengesetz Nordrhein-Westfalen, 9. Aufl., Köln, 2001.

Wieland, Karl, Handelsrecht, Bd. 1, Das kaufmännische Unternehmen und die Handelsgesellschaften, München, 1921; Bd. 2, Die Kapitalgesellschaften, München, 1931.

Wilmowsky, Peter v., Gesetzliche Sicherungsrechte für Altlastensanierungspflichten, JZ 1997, S. 817 – 825.

Wilrich, Thomas, Die Übertragung der Altlastenhaftungsfreistellung nach dem Umweltrahmengesetz beim Grundstücks- und Unternehmenskauf, ZfIR 2002, S. 421 – 430.

Winter, Gerhard; Morisak, Helmut, Zusammenarbeit mit Umweltbehörden beim Motorenwerk Mercedes Benz in Stuttgart, in: Landeshauptstadt Stuttgart, Amt für Umweltschutz (Hrsg.), Kommunales Altlastenmanagement Baden-Württemberg, Stuttgart, 1996, S. 86 – 90.

Winter, Stephan, Fondslösungen im Umweltrecht, Heidelberg, 1993.

Wöhe, Günter, Einführung in die Allgemeine Betriebswirtschaftslehre, 21. Aufl., München, 2002.

Wolf, Heinz; Stephan, Ulrich, Polizeigesetz für Baden-Württemberg, 5. Aufl., Stuttgart, München, Hannover, Berlin, Weimar, Dresden, 1999.

Wolff, Hans J.; Bachoff, Otto; Stober, Rolf, Verwaltungsrecht II, Besonderes Organisations- und Dienstrecht, 5. Aufl., München, 1987.

Wussow, Werner, Unfallhaftpflichtrecht, 14. Aufl., Köln, Berlin, Bonn, München, 1996, (zitiert: Bearbeiter, in: Wussow, Unfallhaftpflichtrecht, 14. Aufl. 1996).

Zeddel, Andreas; Huhn, Wolfgang, Prüfwerte nach dem BBodSchG mit einheitlichem Gefahrenbezug, altlasten spektrum 1998, S. 196 – 203.

Zeller, Friedrich; Stöber, Kurt, Zwangsversteigerungsgesetz, Kommentar zum ZVG, 16. Aufl., München, 1999.

Ziegler, Wolfgang, Das neue Gesetz des Bundes zum Bodenschutz, LKV 1998, S. 249 – 252.

Zimmermann, Horst (Hrsg.), Organisation und Finanzierung der Altlastensanierung in den neuen Bundesländern, Berlin, 1992.

Zimmermann, Horst, in: Zimmermann, Horst (Hrsg.), Organisation und Finanzierung der Altlastensanierung in den neuen Bundesländern, 1992, S. 21 – 54.

Zimmermann, Joachim v., Die Altlastenkonzepte der Länder im Vergleich, in: Landeshauptstadt Stuttgart, Kommunales Altlastenmanagement Baden-Württemberg, Stuttgart, 1996, S. 21 – 25.

Zimmermann, Peter; Heller, Robert E., Der Verkehrswert von Grundstücken, 2. Aufl., München, 1999.

Zöller, Richard, Zivilprozeßordnung, (ZPO), 22. Aufl., Köln, 2001 (zitiert: Bearbeiter, in: Zöller, ZPO, 22. Aufl. 2001).

FSC
www.fsc.org
MIX
Papier | Fördert gute Waldnutzung
FSC® C083411

Kolibri 360 GmbH
Ferdinand-Jühlke-Straße 7
99095 Erfurt, Deutschland
produktsicherheit@kolibri360.de

Druck:
CPI Druckdienstleistungen GmbH
im Auftrag der
Kolibri 360 GmbH
Ferdinand-Jühlke-Str. 7
99095 Erfurt